最高人民法院案例指导与参考丛书

最高人民法院
行政案例指导与参考

（第二版）

最高人民法院案例
指导与参考丛书编选组 编

人民法院出版社

图书在版编目（CIP）数据

最高人民法院行政案例指导与参考 / 最高人民法院案例指导与参考丛书编选组编. -- 2版. -- 北京 : 人民法院出版社, 2023.10
（最高人民法院案例指导与参考丛书）
ISBN 978-7-5109-3925-9

Ⅰ. ①最… Ⅱ. ①最… Ⅲ. ①行政法－案例－中国 Ⅳ. ①D922.110.5

中国国家版本馆CIP数据核字(2023)第194658号

最高人民法院行政案例指导与参考(第二版)

最高人民法院案例指导与参考丛书编选组　编

责任编辑　马　倩
执行编辑　白　鸽
出版发行　人民法院出版社
地　　址　北京市东城区东交民巷27号(100745)
电　　话　(010)67550662(责任编辑)　67550558(发行部查询)
　　　　　65223677(读者服务部)
客服QQ　2092078039
网　　址　http://www.courtbook.com.cn
E-mail　courtpress@sohu.com
印　　刷　保定市中画美凯印刷有限公司
经　　销　新华书店

开　　本　787毫米×1092毫米　1/16
字　　数　584千字
印　　张　40.75
版　　次　2023年10月第1版　2023年10月第1次印刷
书　　号　ISBN 978-7-5109-3925-9
定　　价　125.00元

出版说明

案例指导制度是一项具有中国特色的司法制度。自建立以来，案例指导制度发展迅速，在统一裁判标准、提高审判质量、提升司法公信力方面发挥了重要作用。最高人民法院院长张军指出，人民法院要组织编写集中反映案件审理中的难点、争点和痛点问题，能够指导广大法官公正高效办案的案例教程，使之充分发挥促进公正司法、统一裁判尺度的重要作用。基于此，我们编辑了《最高人民法院案例指导与参考丛书》，将最高人民法院出台的指导性案例分类汇编成册，并收录近几年来《最高人民法院公报》《中国审判指导丛书》中公布的具有重要参考价值的典型案例，为广大法官审理类似案件提供指导与参考，使公众从案例中直观领悟法律的原则和精神，更好地发挥司法的指导引领作用。

本丛书具有以下特点：

第一，精选案例、指导实践。本丛书收录了截至目前最高人民法院发布的有效指导性案例以及部分指导性案例理解与参照适用的权威论述，并对近几年来《最高人民法院公报》《民事审判指导与参考》《执行工作指导》《商事审判指导》《立案工作指导》《审判监督指导》《知识产权审判指导》等《中国审判指导丛书》中刊发的典型案例进行了系统梳理，精选出社会广泛关注、法律规定比较原则、具有典型性、疑难复杂或者新类型的案例予以收录。这些案例经过了最高人民法院的层层筛选，案例中所蕴含的裁判思路、裁判标准和裁判方法将为广大法律工作者从“抽象到具体”的法律适用，提供从“具体到具体”的参照，对司法实践中的法律适用难点问题进行实例指导。

第二，精细编排，精准参照。本丛书将最高人民法院公布的有效指导性案例以及分布在《最高人民法院公报》和最高人民法院各审判业务庭出版的审判参考类图书中的大量案例进行了精细分类编排，以案件类型为分卷标准，目前已陆续出版了合同、物权、侵权、劳动、婚姻家庭与继承、知识产权、保险、票据、公司、行政、执行、环境资源、建设工程、人格权等案例指导与参考分册，各分册以案由、公布载体对精选收录的案例进一步细化分类，每一案例均注明案例来源，方便读者进行同类案件查找比对。各分册还特别提炼了所收录案例的裁判要点，并在目录中进行醒目提示，使读者对案例的指导与参考要点一目了然，准确定位所需参照案例。在部分指导性案例后附录最高人民法院案例指导工作办公室撰写的理解与参照文章，有助于读者领会和把握案例的精神实质和指导与参考意义。

本丛书一经推出便得到读者广泛好评。因近几年我国法律的立改废释工作举措密集，同时新类型案件层出不穷，本丛书编写组特对丛书进行了更新，以期为读者提供最新、最全的最高人民法院案例指导与参考。衷心希望本丛书的出版能够为法律实务工作提供切实有效的办案指导与参考，同时也能够为法学理论研究提供权威、真实的案例素材。书中存在的不当之处，敬请广大读者批评指正。

编　者

二〇二三年九月

目录

行政处罚

行政强制措施

行政许可

行政征收

行政登记

行政确认

行政允诺

政府信息公开

行政批复

行政处理

行政复议

行政裁决

行政协议

行政补偿

行政赔偿

行政公益诉讼

其他

行政处罚

1. 鲁潍（福建）盐业进出口有限公司苏州分公司诉江苏省苏州市盐务管理局盐业行政处罚案*

地方政府规章违反法律规定设定许可、处罚的，人民法院在行政审判中不予适用

（最高人民法院审判委员会讨论通过 2012年4月9日发布）

【关键词】

行政 行政许可 行政处罚 规章参照 盐业管理

【裁判要点】

1. 盐业管理的法律、行政法规没有设定工业盐准运证的行政许可，地方性法规或者地方政府规章不能设定工业盐准运证这一新的行政许可。

2. 盐业管理的法律、行政法规对盐业公司之外的其他企业经营盐的批发业务没有设定行政处罚，地方政府规章不能对该行为设定行政处罚。

3. 地方政府规章违反法律规定设定许可、处罚的，人民法院在行政审判中不予适用。

【相关法条】

《中华人民共和国行政许可法》第十五条第一款、

* 摘自2012年4月9日最高人民法院发布的第二批指导性案例（指导案例5号）。

第十六条第二款、第三款

《中华人民共和国行政处罚法》第十三条[①]

《中华人民共和国行政诉讼法》第五十三条第一款

《中华人民共和国立法法》第七十九条[②]

【基本案情】

原告鲁潍（福建）盐业进出口有限公司苏州分公司（以下简称鲁潍公司）诉称：被告江苏省苏州市盐务管理局（以下简称苏州盐务局）根据《江苏省〈盐业管理条例〉实施办法》（以下简称《江苏盐业实施办法》）的规定，认定鲁潍公司未经批准购买、运输工业盐违法，并对鲁潍公司作出行政处罚，其具体行政行为执法主体错误、适用法律错误。苏州盐务局无权管理工业盐，也无相应执法权。根据原国家计委、原国家经贸委《关于改进工业盐供销和价格管理办法的通知》等规定，国家取消了工业盐准运证和准运章制度，工业盐也不属于国家限制买卖的物品。《江苏盐业实施办法》的相关规定与上述规定精神不符，不仅违反了《国务院关于禁止在市场经济活动中实行地区封锁的规定》，而且违反了《中华人民共和国行政许可法》（以下简称《行政许可法》）和《中华人民共和国行政处罚法》（以下简称《行政处罚法》）的规定，属于违反上位法设定行政许可和处罚，故请求法院判决撤销苏州盐务局作出的（苏）盐政一般〔2009〕第001-B号处罚决定。

被告苏州盐务局辩称：根据国务院《盐业管理条例》第四条和《江苏盐业实施办法》第四条的规定，苏州盐务局有作出盐务行政处罚的相应职权。《江苏盐业实施办法》是根据《盐业管理条例》的授权制定的，属于

---

① 对应《中华人民共和国行政处罚法》（2021年修订）第十四条："地方政府规章可以在法律、法规规定的给予行政处罚的行为、种类和幅度的范围内作出具体规定。尚未制定法律、法规的，地方政府规章对违反行政管理秩序的行为，可以设定警告、通报批评或者一定数额罚款的行政处罚。罚款的限额由省、自治区、直辖市人民代表大会常务委员会规定。"下同。

② 对应《中华人民共和国立法法》（2023年修正）第八十九条："地方性法规、自治条例和单行条例公布后，其文本以及草案的说明、审议结果报告等，应当及时在本级人民代表大会常务委员会公报和中国人大网、本地方人民代表大会网站以及在本行政区域范围内发行的报纸上刊载。在常务委员会公报上刊登的地方性法规、自治条例和单行条例文本为标准文本。"下同。

法规授权制定，整体合法有效。苏州盐务局根据《江苏盐业实施办法》设立准运证制度的规定作出行政处罚并无不当。《行政许可法》《行政处罚法》均在《江苏盐业实施办法》之后实施，根据《中华人民共和国立法法》（以下简称《立法法》）法不溯及既往的规定，《江苏盐业实施办法》仍然应当适用。鲁潍公司未经省盐业公司或盐业行政主管部门批准而购买工业盐的行为，违反了《盐业管理条例》的相关规定，苏州盐务局作出的处罚决定，认定事实清楚，证据确凿，适用法规、规范性文件正确，程序合法，请求法院驳回鲁潍公司的诉讼请求。

法院经审理查明：2007 年 11 月 12 日，鲁潍公司从江西等地购进 360 吨工业盐。苏州盐务局认为鲁潍公司进行工业盐购销和运输时，应当按照《江苏盐业实施办法》的规定办理工业盐准运证，鲁潍公司未办理工业盐准运证即从省外购进工业盐涉嫌违法。2009 年 2 月 26 日，苏州盐务局经听证、集体讨论后认为，鲁潍公司未经江苏省盐业公司调拨或盐业行政主管部门批准从省外购进盐产品的行为，违反了《盐业管理条例》第二十条、《江苏盐业实施办法》第二十三条、第三十二条第二项的规定，并根据《江苏盐业实施办法》第四十二条的规定，对鲁潍公司作出了（苏）盐政一般〔2009〕第 001-B 号处罚决定书，决定没收鲁潍公司违法购进的精制工业盐 121.7 吨、粉盐 93.1 吨，并处罚款 122363 元。鲁潍公司不服该决定，于 2 月 27 日向苏州市人民政府申请行政复议。苏州市人民政府于 4 月 24 日作出了〔2009〕苏行复第 8 号复议决定书，维持了苏州盐务局作出的处罚决定。

【裁判结果】

江苏省苏州市金阊区人民法院于 2011 年 4 月 29 日以（2009）金行初字第 0027 号行政判决书，判决撤销苏州盐务局（苏）盐政一般〔2009〕第 001-B 号处罚决定书。

【裁判理由】

法院生效裁判认为：苏州盐务局系苏州市人民政府盐业行政主管部门，根据《盐业管理条例》第四条和《江苏盐业实施办法》第四条、第六条的规定，有权对苏州市范围内包括工业盐在内的盐业经营活动进行行政管理，具有合法执法主体资格。

苏州盐务局对盐业违法案件进行查处时，应适用合法有效的法律规范。《立法法》第七十九条规定，法律的效力高于行政法规、地方性法规、规章；行政法规的效力高于地方性法规、规章。苏州盐务局的具体行政行为涉及行政许可、行政处罚，应依照《行政许可法》《行政处罚法》的规定实施。法不溯及既往是指法律的规定仅适用于法律生效以后的事件和行为，对于法律生效以前的事件和行为不适用。《行政许可法》第八十三条第二款规定，本法施行前有关行政许可的规定，制定机关应当依照本法规定予以清理；不符合本法规定的，自本法施行之日起停止执行。《行政处罚法》第六十四条第二款[①]规定，本法公布前制定的法规和规章关于行政处罚的规定与本法不符合的，应当自本法公布之日起，依照本法规定予以修订，在 1997 年 12 月 31 日前修订完毕。因此，苏州盐务局有关法不溯及既往的抗辩理由不成立。根据《行政许可法》第十五条第一款、第十六条第三款的规定，在已经制定法律、行政法规的情况下，地方政府规章只能在法律、行政法规设定的行政许可事项范围内对实施该行政许可作出具体规定，不能设定新的行政许可。法律及《盐业管理条例》没有设定工业盐准运证这一行政许可，地方政府规章不能设定工业盐准运证制度。根据《行政处罚法》第十三条的规定，在已经制定行政法规的情况下，地方政府规章只能在行政法规规定的给予行政处罚的行为、种类和幅度内作出具体规定，《盐业管理条例》对盐业公司之外的其他企业经营盐的批发业务没有设定行政处罚，地方政府规章不能对该行为设定行政处罚。

人民法院审理行政案件，依据法律、行政法规、地方性法规，参照规章。苏州盐务局在依职权对鲁潍公司作出行政处罚时，虽然适用了《江苏盐业实施办法》，但是未遵循《立法法》第七十九条关于法律效力等级的规定，未依照《行政许可法》和《行政处罚法》的相关规定，属于适用法律错误，依法应予撤销。

---

① 《中华人民共和国行政处罚法》（2021 年修订）本款已被删除。

理解与参照

《鲁潍（福建）盐业进出口有限公司苏州分公司诉江苏省苏州市盐务管理局盐业行政处罚案》的理解与参照*

最高人民法院案例指导工作办公室

2012年4月9日，最高人民法院发布了指导性案例《鲁潍（福建）盐业进出口有限公司苏州分公司诉江苏省苏州市盐务管理局盐业行政处罚案》（指导案例5号）。为了正确理解和准确参照适用该指导性案例，现对该指导性案例的推选经过、裁判要点等有关情况说明如下。

一、推选过程及其意义

江苏省苏州市金阊区人民法院就该案例涉及的法律适用问题逐级请示至最高人民法院，2011年1月17日最高人民法院作出〔2010〕行他字第82号《关于经营工业用盐是否需要办理工业盐准运证等请示的答复》。同年4月29日，江苏省苏州市金阊区人民法院作出本案判决，当事人均未上诉。后最高人民法院行政审判庭根据《最高人民法院关于案例指导工作的规定》第四条第一款的规定，向最高人民法院案例指导工作办公室推荐该备选指导性案例。最高人民法院案例指导工作办公室经研究讨论认为，该案例对于处理类似案件具有指导意义，同意将该案例作为备选指导性案

* 摘自《最高人民法院司法解释与指导性案例理解与适用》（第一卷），人民法院出版社2013年版，第587~591页。

例。2012 年 2 月 23 日，最高人民法院审委会经讨论认为，该案例符合《最高人民法院关于案例指导工作的规定》第二条的有关规定，同意将该案例确定为指导性案例。4 月 9 日，最高人民法院将该案例作为第二批指导性案例予以发布。

该案例主要涉及地方性法规、规章对行政许可、行政处罚的设定权以及人民法院在行政诉讼中如何正确参照适用规章问题。盐业管理领域的立法较少，全国人大及其常委会没有专门制定盐业管理方面的法律，目前常用的上位法主要有国务院制定的《盐业管理条例》和《食盐专营办法》。而不少省、自治区和直辖市都通过地方性法规或者规章的形式制定了本地区的盐业管理的实施办法。其中一些地方性法规或规章对工业盐的经营、运输均设定了行政许可，对未取得行政许可经营工业盐的行为设定了行政处罚。人民法院在审理因此而引发的行政诉讼案件中，究竟应当如何适用法律规范，实践中存在不同认识。本案例的生效判决对地方性法规、规章能否设定经营工业盐行政许可并规定相应的罚则作了明确的裁判，对如何判断下位法与上位法相抵触、如何理解《中华人民共和国行政诉讼法》(以下简称《行政诉讼法》) 参照规章的规定也作了较为全面的阐述。因此，本案例对类似案件的处理具有指导意义。

二、裁判要点的理解与说明

该指导性案例的裁判要点确认：盐业管理的法律、行政法规没有设定工业盐准运证的行政许可，地方性法规或者地方政府规章不能设定工业盐准运证这一新的行政许可。盐业管理的法律、行政法规对盐业公司之外的其他企业经营盐的批发业务没有设定行政处罚，地方政府规章不能对该行为设定行政处罚。地方政府规章违反法律规定设定许可、处罚的，人民法院在行政审判中不予适用。现围绕与该裁判要点相关的问题逐一说明如下：

(一) 关于地方性法规或地方政府规章能否设定工业盐准运证这一新的行政许可问题

行政许可是行政机关根据公民、法人或者其他组织的申请，经依法审查，准予申请人从事特定活动的一种行政管理措施。《中华人民共和国行政许可法》（以下简称《行政许可法》）是规范行政许可的基本法，它规定了哪些情况需要设置行政许可、哪些情况可以不设定行政许可。一般来说，随着市场经济的不断发展和行政审批制度的持续改革，国家需要通过行政许可方式进行社会管理的领域应当逐渐减少。特别是那些市场竞争机制能够有效调节的、行业组织或者中介机构能够自律管理的或者行政机关采用事后监督等其他行政管理方式能够解决的，就不宜设定行政许可。根据《行政许可法》规定，全国人大常委会可以通过法律设定所有的行政许可。而对于那些尚未制定法律，但又确需设定行政许可的，国务院可以通过制定行政法规来设定。但是，地方性法规和地方性规章对行政许可的设定权则有较多限制。只有尚未制定法律、行政法规的，地方性法规才可以设定行政许可；尚未制定法律、行政法规和地方性法规的，因行政管理的需要，确需立即实施行政许可的，省、自治区、直辖市人民政府规章可以设定临时性的行政许可。临时性的行政许可实施满一年需要继续实施的，应当提请本级人民代表大会及其常务委员会制定地方性法规。换言之，在已经制定了法律、行政法规的情况下，地方性法规和地方性规章都不得创设行政许可；只能在法律、行政法规设定的行政许可事项范围内，对实施该行政许可作出具体规定。对行政许可条件作出的具体规定，不得增设违反法律、行政法规的其他条件。

在盐业管理领域，《盐业管理条例》这一行政法规并没有设定工业盐准运证之类的行政许可，这已经说明国务院并不认为需要设定类似的行政许可。因此，地方性法规、地方政府规章不能在行政法规没有规定的情况下，创设新的行政许可。

（二）关于地方政府规章能否对其他企业经营盐的批发业务设定行政处罚问题

《中华人民共和国行政处罚法》（以下简称《行政处罚法》）第十三条规定："省、自治区、直辖市人民政府和省、自治区人民政府所在地的市人民政府以及经国务院批准的较大的市人民政府制定的规章可以在法律、法规规定的给予行政处罚的行为、种类和幅度的范围内作出具体规定。尚未制定法律、法规的，前款规定的人民政府制定的规章对违反行政管理秩序的行为，可以设定警告或者一定数量罚款的行政处罚……”① 因此，在已经制定行政法规的情况下，地方政府规章只能在行政法规规定的给予行政处罚的行为、种类和幅度的范围内作出具体规定。地方性法规和地方性规章对未办理工业盐准运证的经营单位设定行政处罚，应当遵守《行政处罚法》所确立的原则和规定。由于《盐业管理条例》对盐业公司之外的其他企业经营盐的批发业务没有规定行政处罚，也没有规定对未办理工业盐准运证的单位从事工业盐经营要予以行政处罚，故地方政府规章不能对盐业公司之外的其他企业经营盐的批发业务的行为和未办理工业盐准运证的单位从事工业盐经营规定行政处罚。

（三）关于如何参照适用规章的问题

根据《行政诉讼法》和《中华人民共和国立法法》（以下简称《立法法》）有关规定，人民法院审理行政案件，依据法律、行政法规、地方性法规、自治条例和单行条例，参照规章。所谓参照规章，是指人民法院在适用规章时，首先应当对规章的相关规定是否合法有效、是否与上位法一致进行审查判断；只有那些符合上位法规定、合法有效的规章，人民法院才可以参照适用。

《江苏省〈盐业管理条例〉实施办法》规定，盐的运销站发运盐产品实行准运证制度。在途及运输期间必须货、单、证同行。无单、无证的，运输部门不得承运，购盐单位不得入库。未经省盐业公司调拨或盐业行政主管部门批准而私运、私销、私购的盐产品视为私盐，由盐业行政主管部门就地封存，没收其盐产品和非法所得，并可处以不超过其盐产品总价值三倍以下的罚款。江苏省苏州市盐务管理局对鲁潍（福建）盐业进出口有

---

① 对应《中华人民共和国行政处罚法》（2021 年修订）第十四条：“地方政府规章可以在法律、法规规定的给予行政处罚的行为、种类和幅度的范围内作出具体规定。尚未制定法律、法规的，地方政府规章对违反行政管理秩序的行为，可以设定警告、通报批评或者一定数额罚款的行政处罚……”下同。

限公司苏州分公司作出行政处罚，虽然符合《江苏省〈盐业管理条例〉实施办法》的上述规定，但是由于该实施办法的规定，违反了《行政许可法》第十五条第一款、第十六条第三款、第八十三条第二款的规定和《行政处罚法》第十三条、第六十四条第二款[①]的相关规定，人民法院在审理时应当不予参照适用。

三、其他需要说明的问题

（一）关于谁有权设定工业盐准运证行政许可的问题

盐业行政主管部门对食盐和工业盐的管理必须依法进行。对工业盐设定行政许可、对未取得行政许可擅自经营工业盐的单位进行处罚，必须遵循《立法法》《行政许可法》《行政处罚法》的相关规定，这是依法行政的基本要求。人民法院在审理行政案件时也应当遵循法治统一原则，正确选择适用法律。如有权机关认为经营工业盐确需办理工业盐准运证，也应当通过修改《盐业管理条例》的方式加以规定。必要时，国务院也可以采用发布决定的方式设定行政许可。地方性法规和省、自治区、直辖市人民政府规章，即使经依法授权设定行政许可，也不得限制其他地区的个人或者企业到本地区从事生产经营和提供服务，不得限制其他地区的商品进入本地区市场。地方性法规和规章对于没有上位法依据、设立的与《行政许可法》规定不一致的行政许可，要及时予以修改或者废止；对确需制定法律、法规的，要抓紧依法上升为法律、法规；国务院各部门对因行政管理需要必须实施行政许可又一时不能制定行政法规的，应当报国务院发布决定。凡与《行政许可法》不一致的有关行政许可的规定，自《行政许可法》施行之日起一律停止执行。

（二）关于地方性法规、规章变相设置行政许可的问题

根据《行政许可法》的规定，行政许可可以分为普通许可、特许、认

① 《中华人民共和国行政处罚法》（2021 年修订）本款已被删除。

可、核准、登记，而行政许可形式的称谓主要有许可、审批、颁发许可证、执照等。但也有一些地方性法规、规章甚至规范性文件为了规避《行政许可法》的规定，不以许可名义出现，而是变相设定行政许可。例如，规定相对人在从事特定活动前要到行政机关备案、先行经过行政机关确认等。对行政机关要求备案、确认等管理措施是否属于行政许可的判断，则应结合《行政许可法》的相关条文综合进行。只要这种备案、确认等管理措施限制相对人从事特定活动，或者对相对人从事特定活动设置了一定的前提条件，那么不论其形式称谓如何，都应当认定为是一种行政许可；违反《行政许可法》规定的，人民法院在审理中均不应当适用。

（三）关于法院能否直接宣告地方政府规章无效的问题

根据《立法法》所确立的原则，人民法院在审理案件时具有法律规范的选择适用权。在案件审理时，一般应当按照上位法优于下位法、后法优于前法以及特别法优于一般法等法律适用规则，判断和选择所应适用的法律规范。下位法的规定不符合上位法的，人民法院原则上应当适用上位法。当前许多具体行政行为是依据下位法作出的，且未援引和适用上位法。在这种情况下，为维护法制统一，人民法院审查具体行政行为的合法性时，应当对下位法是否符合上位法一并进行判断。但是值得强调的是，现行法律制度下，人民法院无权撤销、改变甚至宣布规章无效，只有在个案裁判中才具有法律规范的选择适用权。因此，法院一般不宜直接在判决书中宣告违反上位法的规章无效，而应直接依据合法的上位法对被诉具体行政行为是否合法作出认定。而对于那些被人民法院生效裁判认定为违反上位法进而不予适用的规章，制定机关或者其他有权机关也应当及时对相关条款依法予以修订或者废止。

（执笔人：耿宝建、姚宝华）

2. 黄某富、何某琼、何某诉四川省成都市金堂工商行政管理局行政处罚案*

没收较大数额涉案财产的行政处罚应当适用听证程序

（最高人民法院审判委员会讨论通过 2012年4月9日发布）

【关键词】

行政诉讼 行政处罚 没收较大数额财产 听证程序

【裁判要点】

行政机关作出没收较大数额涉案财产的行政处罚决定时，未告知当事人有要求举行听证的权利或者未依法举行听证的，人民法院应当依法认定该行政处罚违反法定程序。

【相关法条】

《中华人民共和国行政处罚法》第四十二条①

* 摘自2012年4月9日最高人民法院发布的第二批指导性案例（指导案例6号）。

① 对应《中华人民共和国行政处罚法》（2021年修订）第六十三条、第六十四条。第六十三条规定：“行政机关拟作出下列行政处罚决定，应当告知当事人有要求听证的权利，当事人要求听证的，行政机关应当组织听证：（一）较大数额罚款；（二）没收较大数额违法所得、没收较大价值非法财物；（三）降低资质等级、吊销许可证件；（四）责令停产停业、责令关闭、限制从业；（五）其他较重的行政处罚；（六）法律、法规、规章规定的其他情形。当事人不承担行政机关组织听证的费用。”下同。

【基本案情】

原告黄某富、何某琼、何某诉称：被告四川省成都市金堂工商行政管理局（简称金堂工商局）行政处罚行为违法，请求人民法院依法撤销成工商金堂处字〔2005〕第02026号《行政处罚决定书》，返还电脑主机33台。

被告金堂工商局辩称：原告违法经营行为应当受到行政处罚，对其进行行政处罚的事实清楚、证据确实充分、程序合法、处罚适当；所扣留的电脑主机是32台而非33台。

法院经审理查明：2003年12月20日，四川省金堂县图书馆与原告何某琼之夫黄某富联办多媒体电子阅览室。经双方协商，由黄某富出资金和场地，每年向金堂县图书馆缴管理费2400元。2004年4月2日，黄某富以其子何某的名义开通了ADSL84992722（期限到2005年6月30日），在金堂县赵镇桔园路一门面房挂牌开业。4月中旬，金堂县文体广电局市场科以整顿网吧为由要求其停办。经金堂县图书馆与黄某富协商，金堂县图书馆于5月中旬退还黄某富2400元管理费，摘除了“金堂县图书馆多媒体电子阅览室”的牌子。2005年6月2日，金堂工商局会同金堂县文体广电局、金堂县公安局对原告金堂县赵镇桔园路门面房进行检查时发现，金堂实验中学初一学生叶某、杨某、郑某和数名成年人在上网游戏。原告未能出示《网络文化经营许可证》和营业执照。金堂工商局按照《互联网上网服务营业场所管理条例》第二十七条“擅自设立互联网上网服务营业场所，或者擅自从事互联网上网服务经营活动的，由工商行政管理部门或者由工商行政管理部门会同公安机关依法予以取缔，查封其从事违法经营活动的场所，扣押从事违法经营活动的专用工具、设备”① 的规定，以成工商金堂扣字〔2005〕第02747号《扣留财物通知书》决定扣留原告的32台电脑主机。何某琼对该扣押行为及扣押电脑主机数量有异议遂诉至法

---

① 对应《互联网上网服务营业场所管理条例》（2022年修订）第二十七条：“违反本条例的规定，擅自从事互联网上网服务经营活动的，由文化行政部门或者由文化行政部门会同公安机关依法予以取缔，查封其从事违法经营活动的场所，扣押从事违法经营活动的专用工具、设备……”下同。

院，认为实际扣押了其33台电脑主机，并请求撤销该《扣留财物通知书》。2005年10月8日金堂县人民法院作出〔2005〕金堂行初字第13号《行政判决书》，维持了成工商金堂扣字〔2005〕第02747号《扣留财物通知书》，但同时确认金堂工商局扣押了何某琼33台电脑主机。同年10月12日，金堂工商局以原告的行为违反了《互联网上网服务营业场所管理条例》第七条[①]、第二十七条的规定作出了成工商金堂处字〔2005〕第02026号《行政处罚决定书》，决定“没收在何某琼商业楼扣留的从事违法经营活动的电脑主机32台”。

【裁判结果】

四川省金堂县人民法院于2006年5月25日作出（2006）金堂行初字第3号行政判决：一、撤销成工商金堂处字〔2005〕第02026号《行政处罚决定书》；二、金堂工商局在判决生效之日起30日内重新作出具体行政行为；三、金堂工商局在本判决生效之日起15日内履行超期扣留原告黄某富、何某琼、何某的电脑主机33台所应履行的法定职责。宣判后，金堂工商局向四川省成都市中级人民法院提起上诉。成都市中级人民法院于2006年9月28日以同样的事实作出（2006）成行终字第228号行政判决，撤销一审行政判决第三项，对其他判项予以维持。

【裁判理由】

法院生效裁判认为：《中华人民共和国行政处罚法》第四十二条规定：“行政机关作出责令停产停业、吊销许可证或者执照、较大数额罚款等行政处罚决定之前，应当告知当事人有要求举行听证的权利……”虽然该条规定没有明确列举“没收财产”，但是该条中的“等”系不完全列举，应当包括与明文列举的“责令停产停业、吊销许可证或者执照、较大数额罚款”类似的其他对相对人权益产生较大影响的行政处罚。为了保证行政相

① 对应《互联网上网服务营业场所管理条例》（2022年修订）第七条：“国家对互联网上网服务营业场所经营单位的经营活动实行许可制度。未经许可，任何组织和个人不得从事互联网上网服务经营活动。”

对人充分行使陈述权和申辩权，保障行政处罚决定的合法性和合理性，对没收较大数额财产的行政处罚，也应当根据《中华人民共和国行政处罚法》第四十二条的规定适用听证程序。关于没收较大数额的财产标准，应比照《四川省行政处罚听证程序暂行规定》第三条“本规定所称较大数额的罚款，是指对非经营活动中的违法行为处以1000元以上，对经营活动中的违法行为处以20000元以上罚款”① 中对罚款数额的规定。因此，金堂工商局没收黄某富等三人32台电脑主机的行政处罚决定，应属没收较大数额的财产，对黄某富等三人的利益产生重大影响的行为，金堂工商局在作出行政处罚前应当告知被处罚人有要求听证的权利。本案中，金堂工商局在作出处罚决定前只按照行政处罚一般程序告知黄某富等三人有陈述、申辩的权利，而没有告知听证权利，违反了法定程序，依法应予撤销。

理解与参照

《黄某富、何某琼、何某诉成都市金堂工商行政管理局行政处罚案》的理解与参照*

最高人民法院案例指导工作办公室

2012年4月9日，最高人民法院发布了指导性案例《黄某富、何某琼、何某诉成都市金堂工商行政管理局行政处罚案》(指导案例6号)。为

---

① 《四川省行政处罚听证程序暂行规定》已于2017年3月1日失效，本条对应《四川省行政处罚听证程序规定》第四条：“本规定所称较大数额，是指对非经营活动中公民的违法行为处以罚款或者没收财产2000元以上、法人或者其他组织的违法行为处以罚款或者没收财产2万元以上……”

* 摘自《最高人民法院司法解释与指导性案例理解与适用》(第一卷)，人民法院出版社2013年版，第592~598页。

了正确理解和准确参照适用该指导性案例，现对该指导性案例的推选经过、裁判要点等有关情况说明如下。

一、推选过程及其意义

黄某富、何某琼、何某诉成都市金堂工商行政管理局行政处罚案，由四川省成都市中级人民法院作为备选指导性案例报送四川省高级人民法院，四川省高级人民法院审判委员会经讨论决定，将本案作为备选指导性案例向最高人民法院案例指导工作办公室推荐。最高人民法院案例指导工作办公室经研究讨论后将该案例送最高人民法院行政庭审查和征求意见。行政庭认为，该案例对行政处罚规定的较为原则的听证程序的适用范围进行了细化，准确把握了听证程序的立法原意和适用原则，对处理类似案件具有一定指导意义，同意将该案例作为指导性案例。2012 年 2 月 13 日，最高人民法院审委会经讨论认为，该案例符合《最高人民法院关于案例指导工作的规定》第二条的有关规定，同意将该案例确定为指导性案例。4 月 9 日，最高人民法院将该案例作为第二批指导性案例予以发布。

该案例涉及行政机关作出没收较大数额涉案财产的行政处罚时，是否应当适用听证程序的问题。《中华人民共和国行政处罚法》（以下简称《行政处罚法》）第四十二条规定："行政机关作出责令停产停业、吊销许可证或者执照、较大数额罚款等行政处罚决定之前，应当告知当事人有要求举行听证的权利……"① 该条以列举方式对听证程序的适用范围作出了规定，但没有对较大数额的没收是否适用听证程序作出列举，司法实践中也存在争议。根据立法精神，没收较大数额财产或违法所得同样属于财产处罚范畴，亦应适用听证程序。因此，上述条文中的"等"应当包含没收财产或违法所得等财产罚种。

---

① 对应《中华人民共和国行政处罚法》（2021 年修订）第六十三条、第六十四条。第六十三条规定："行政机关拟作出下列行政处罚决定，应当告知当事人有要求听证的权利，当事人要求听证的，行政机关应当组织听证：（一）较大数额罚款；（二）没收较大数额违法所得、没收较大价值非法财物；（三）降低资质等级、吊销许可证件；（四）责令停产停业、责令关闭、限制从业；（五）其他较重的行政处罚；（六）法律、法规、规章规定的其他情形。当事人不承担行政机关组织听证的费用。"下同。

本案中，金堂工商局依法对无照且无许可经营的网吧进行查处，并作出“没收在何某琼商业楼扣留的从事违法经营活动的电脑主机32台”的处罚决定，属于没收较大数额财产，对黄某富等三人的利益产生重大影响的行为，金堂工商局在作出行政处罚前应当告知被处罚人有要求听证的权利。但是金堂工商局在作出处罚决定前只按照行政处罚一般程序告知黄某富等三人有陈述、申辩的权利，而没有告知听证权利，违反了法定程序，依法应予撤销。

该案例从立法本意出发，将法律没有明文列举的“没收较大数额财产”的行政处罚也列入应当举行听证的范围，充分保障了行政相对人的权益，对于促进依法行政、建设和谐社会意义重大。

二、裁判要点的理解与说明

该指导性案例的裁判要点确认：行政机关作出没收较大数额涉案财产的行政处罚决定时，未告知当事人有要求举行听证的权利或者未依法举行听证的，人民法院应当依法认定该行政处罚违反法定程序。现围绕与该裁判要点相关的问题逐一说明如下：

(一) 关于《行政处罚法》中的听证程序

听证程序即听取利害关系人的意见的程序，是公正行使权利的基本内容，它渊源于英美法系的自然公正原则。听证最初适用于司法领域，谓之司法听证 (Judicial hearing)，指法官判案时必须听取双方意见，不能偏听一面之词；后来逐渐为立法吸收，适用于立法领域，称立法听证 (Legislative hearing)。20世纪初期，随着行政权力的不断扩张，听证开始在行政领域正式运用，它表现为行政主体的决定对当事人有不利影响时，必须听取当事人的意见，不能片面认定事实，剥夺对方辩护权利。[①] 时至今日，听证制度已成为当今世界法治各国行政程序立法的核心内容。自1996年我国《行政处罚法》专章规定了听证程序，标志着我国独立的行政听证制度产

① 赵勤：《中美环境行政听证程序的比较》，载《法学杂志》1999年第2期。

生以来，《中华人民共和国价格法》《中华人民共和国立法法》也相继对听证制度作了相关规定。

行政处罚中的听证，是指行政机关在行政处罚中应听取当事人的陈述、意见、要求或证明，以便作出公正、合法的裁决，保障当事人的合法权益。[①] 我国《行政处罚法》专设第五章第三节对听证程序作出规定。其中第四十二条规定："行政机关作出责令停产停业、吊销许可证或者执照、较大数额罚款等行政处罚决定之前，应当告知当事人有要求举行听证的权利；当事人要求听证的，行政机关应当组织听证……"行政处罚中，适用听证的条件有两个，一是处罚的种类，二是当事人的听证要求。听证的最初目的是以自然的公正来防止行政处罚权的滥用，同时最大限度地保障当事人的合法权益。当然，考虑到行政效率的要求，不可能对全部行政处罚设置听证，应只对较重大的、对当事人的合法权益有较大影响的处罚设立听证程序。因此，《行政处罚法》将听证程序的范围局限于责令停产停业、吊销许可证或者执照、较大数额罚款等行政处罚。

正当程序原则是最低限度的程序正义要求。当行政机关作出行政处罚时，应当告知当事人有要求举行听证的权利而没有告知的，或者未依法举行听证的，人民法院应当根据《中华人民共和国行政诉讼法》第五十四条[②]的规定，以违反法定程序为由，撤销或部分撤销原具体行政行为，并可以判决行政机关重新作出具体行政行为。

（二）《行政处罚法》第四十二条中"等"字的理解

《行政处罚法》第四十二条采用列举方式，明确规定应当听证的处罚决定种类为"责令停产停业、吊销许可证或者执照、较大数额罚款等"。单纯从文义解释上看，对应当进行听证的处罚决定可以有两种理解：一是闭合式的理解，即仅包括责令停产停业、吊销许可证或者执照、较大数额罚款三类；二是开放式的理解，即除了该三种行政处罚之外，还包括其他

① 李海容：《中日行政听证程序比较》，载《法律适用》2001年第12期。

② 《中华人民共和国行政诉讼法》于2014年第一次修正，本条被拆分修改为第六十九条、第七十条、第七十二条、第七十七条。2017年第二次修正时未作修改。

在性质上相似的行政处罚。二者主要分歧在于对“等”字的理解，即我们通常说的“等内”还是“等外”问题。要对此作出正确解答，首先要探寻该条文的立法本意。

听证程序是较为正规地听取行政相对人意见的程序，目的在于弄清事实、发现真相，给予当事人就重要的事实表达意见的机会。其本质便是公民运用法定权利抵抗行政机关可能的不当行政行为，缩小公民与行政机关之间地位不平等所造成的巨大反差。① 一般而言，行政听证程序适用的前提是行政机关有可能作出重大的、影响相对人权利义务关系的决定。也就是说，如果行政机关的一个决定可能对相对人的权利义务产生重大影响，那么，行政机关应当举行听证，由第三人主持，听取行政机关和相对人的陈述、申辩和质证，然后根据双方质证、核实的材料再作出行政决定。在行政处罚领域，如果行政机关的行政处罚会对相对人产生重大影响，那么行政机关应当告知相对人有要求听证的权利。从这个角度上说，对相对人产生重大影响的行政处罚决定当然不仅限于《行政处罚法》第四十二条所明文列举的三种，还应该包括其他与该三种行政处罚类似且对相对人权利义务产生重大影响的行政处罚。其实这也是《行政处罚法》设立听证程序的立法本意所在。

第八届全国人大法律委员会关于《中华人民共和国行政处罚法（草案）》审议结果的报告指出：草案规定，对行政机关作出的责令停产停业、吊销营业执照、较大数额罚款三种行政处罚，当事人可以要求举行听证。有代表提出，这一规定仅适用于这三种行政处罚，范围较窄，吊销各种许可证和执照也是对当事人权益影响较大的行政处罚，建议扩大允许听证的范围，以更充分地保护当事人权益。因此，对该条进行修改，不仅增加了“吊销许可证”内容，还多了“等”字。由此可见，立法机关和人大代表当时已认识到听证范围较窄的问题，用完全列举法对以后听证范围扩大将形成障碍，因此“等”是一种立法技巧，为扩大听证范围埋下伏笔。②

---

① 易玮：《论行政听证程序的意义》，载《和田师范专科学校学报》2006年第4期。

② 徐辉：《我国行政立法与执法领域听证制度的适用范围》，载《中共福建省委党校学报》2006年第5期。

如果是“等内”，完全可以采取草案中的表述方式，而没有必要加一个引起歧义的“等”字。

具体到本案涉及的没收较大数额财产是否应适用听证程序的问题，因《行政处罚法》第四十二条没有明确规定，一些地方公安机关曾就对于没收较大数额的违法所得或者非法财物是否适用听证程序请示公安部。后公安部向最高人民法院行政庭咨询，并请示全国人大常委会法工委，得到的答复都是：《行政处罚法》第四十二条第一款规定的听证范围是“责令停产停业、吊销许可证或者执照、较大数额罚款等行政处罚”，这里的“等”是开放式的不完全列举。没收较大数额的违法所得或者非法财物，都对相对人的权益影响很大，所以，应当属于“等”之列。

2004年最高人民法院给新疆维吾尔自治区高级人民法院《关于没收财产是否应进行听证及没收经营药品行为等有关法律问题的答复》中亦遵循立法本意，进一步明确：“人民法院经审理认定，行政机关作出没收较大数额财产的行政处罚决定前，未告知当事人有权要求举行听证或者未按规定举行听证的，应当根据《行政处罚法》的有关规定，确认该行政处罚决定违反法定程序。”虽然该答复仅是个案答复，不属于司法解释，但对司法实践中此类问题的处理给了一个正确的指引。

综上，从立法到司法都一致认为，《行政处罚法》第四十二条的“等”字，系开放式的不完全列举，应当是指其明文列举的三种行政处罚以外，并且与列举处罚类似的其他对相对人权益产生重大影响的行政处罚。这样“没收较大数额涉案财产”是否属于“等”之列也就有了讨论的前提。

（三）对“没收较大数额涉案财产”的理解

本案例中使用了“没收较大数额涉案财产”，对此应如何理解，进一步对如何认定“较大数额”可能会有疑问。

既然认可《行政处罚法》第四十二条“等”字系不完全列举，那么在处理具体案件时，就要看所涉及的行政处罚是否与明文列举的三种行政处罚类似且会对相对人权益产生重大影响。“没收较大数额财产”[①] 与“较大数额罚款”均是对当事人的财产权有重大影响的行政处罚。本案中，行政机关没收了相对人30多台电脑，价值10余万元。对个人来说，其影响远远超过多数较大数额罚款。“举轻以明重”，如果不赋予相对人听证的权利，显然不符合合理性原则，对相对人也不公平。因此，对《行政处罚法》第四十二条的规定予以拓展细化，将没收较大数额财产纳入适用听证程序的范围，符合我国《行政处罚法》的立法本意。

关于“较大数额”的标准问题。我们认为，主要应参照“较大数额罚款”的认定标准。实行中央垂直领导的行政管理部门作出的没收处罚决定，应参照国务院部委的有关较大数额罚款标准的规定认定；其他行政管理部门作出没收处罚决定，应参照省、自治区、直辖市人民政府的相关规定认定。本案中，应参照《四川省行政处罚听证程序暂行规定》关于较大数额罚款的认定标准予以认定。该规定第三条明确，本规定所称较大数额罚款，是指非经营活动中的违法行为处以1000元以上，对经营活动中的违法行为处以2万元以上罚款。[②] 没收30余台电脑价值10万元左右，属于“较大数额”，理应适用听证程序。

这里还要注意“没收较大数额财产”中“财产”的范围问题，没收较大数额财物或者违法所得都应视为“没收较大数额财产”，这里的“财产”既包括实物也包括以金钱、股票、债券等为表现形式的违法所得等。实物原则上包括动产，也应包括不动产。

---

① 为了准确起见，本指导性案例在裁判要点中，使用了“没收较大数额涉案财产”一语。

② 《四川省行政处罚听证程序暂行规定》已于2017年3月1日失效，本条对应《四川省行政处罚听证程序规定》第四条：“本规定所称较大数额，是指对非经营活动中公民的违法行为处以罚款或者没收财产2000元以上、法人或者其他组织的违法行为处以罚款或者没收财产2万元以上……”

三、其他需要说明的问题

（一）应注意对“未告知当事人有要求举行听证的权利或者未依法举行听证”的认定

在没收较大涉案数额财产案件中，行政机关违反法定程序的表现有两种形式：一种是应当告知当事人有听证的权利而未告知。根据《行政处罚法》第四十二条，对于应当举行听证的事项，行政机关有义务告知相对人有申请听证的权利，至于最终是否举行听证仍依相对人的申请。也就是说，我国《行政处罚法》设立的不是强制听证制度，听证程序仍采当事人申请主义，但如果行政机关不告知相对人享有此项权利，便是违反法定程序。另一种是行政机关未依法举行听证的。我国《行政处罚法》设专章对听证程序作出规定，地方政府和行政部门也对听证的具体程序作出了相关规定，如果行政机关在组织听证的过程中违反了这些规定，法院也应当以违反法定程序为由撤销行政机关作出的具体行政行为。之所以这样，是为了防止听证流于形式。

（二）关于人民法院对“行政处罚违反法定程序”的处理

对于人民法院认定该行政处罚违反法定程序的，可能会产生两种结果，一种是撤销该行政处罚，另一种是撤销该行政处罚，并且要求行政机关重新作出行政处罚。有些行政案件，行政机关不仅违反法定程序，并且实体上对相对人给予处罚也是错误的，因此撤销后行政机关不得再次作出行政处罚。有些行政案件，从实体上看行政处罚是没有问题的，仅违反了法定程序，或者相对人应当受到处罚，但处罚过重或不当，加之违反法定程序，因此，法院在撤销原行政处罚时，责令行政机关重新作出具体行政行为。当然有人会问，如果仅仅是违反法定程序，实体处罚没有错误，撤销后行政机关可以以同样的事实和事由作出完全一样的处罚，此种情况撤销原处罚是否必要？我们认为，虽然行政机关完善了听证程序后有可能作出完全与上次一致的处罚，但这仍是程序合法的要求，仍是必需的。正当程序原则是最低限度的程序正义要求，任何人不能未经审判即被定罪，在行政处罚领域也是如此，任何人未经法定的申辩或听证程序，不能被科以行政处罚。当然，由于我国没有确立案卷排他原则，听证笔录仅是行政机关作出行政处罚的根据之一，但是，一般认为，听证笔录对行政主体的决定应有一定约束力，行政主体应“斟酌”听证笔录作出决定。

（三）关于本案例其他方面的指导意义

1. 人民法院在审判实践中，不仅仅是“没收较大数额涉案财产”类案件，对于其他与《行政处罚法》第四十二条明文列举的三种行政处罚类似且对相对人权益产生重大影响的行政处罚案件，要在分析把握住“对相对人权益产生重大影响”这一立法本意的基础上，对是否应适用听证程序作出认定。

2. 行政机关作出具体行政行为必须遵循法定程序。如果违反法定程序，即使具体行政行为实体上是正确的，也有被人民法院依法撤销的危险。程序合法是行政法最为重要的原则，行政机关必须遵守。

3. 地方政府和部门不得对《行政处罚法》第四十二条作限缩解释。1996年《行政处罚法》出台后，不少地方政府和部门规章就听证程序作出专门规定，其中个别地方政府和部门规定只有“责令停产停业、吊销许可证或者执照、较大数额罚款”三种情形适用听证程序，其他一律不予以适用，这是不正确的。根据法律规定，人民法院审理行政案件，依据法律、行政法规、地方性法规、自治条例和单行条例，参照规章。对于那些对《行政处罚法》第四十二条作出限缩解释的，人民法院将不予适用。

4. 行政相对人也应增强权利意识。行政法上的合法原则不仅仅是实体上的，更是程序上的，普通大众都是潜在的行政相对人，要求行政机关在作出具体行政行为时遵循法定程序，也是人民群众根据《中华人民共和国宪法》第二十七条的规定，支持、监督国家机关和国家工作人员工作，使其更好地为人民服务的重要方面。

（执笔人：姚宝华）

▶
食品经营者在食品标签、说明书上应依法标示特别强调的配料、成分的添加量或含量

3. 盐城市奥康食品有限公司东台分公司诉盐城市东台工商行政管理局工商行政处罚案*

（最高人民法院审判委员会讨论通过 2016年5月20日发布）

【关键词】

行政 行政处罚 食品安全标准 食品标签 食品说明书

【裁判要点】

1. 食品经营者在食品标签、食品说明书上特别强调添加、含有一种或多种有价值、有特性的配料、成分，应标示所强调配料、成分的添加量或含量，未标示的，属于违反《中华人民共和国食品安全法》的行为，工商行政管理部门依法对其实施行政处罚的，人民法院应予支持。

2. 所谓"强调"，是指通过名称、色差、字体、字号、图形、排列顺序、文字说明、同一内容反复出现或多个内容都指向同一事物等形式进行着重标识。所谓"有价值、有特性的配料"，是指不同于一般配料的特殊配料，对人体有较高的营养作用，其市场价格、营养成分往往高于其他配料。

* 摘自2016年5月30日最高人民法院发布的第12批指导性案例（指导案例60号）。

【相关法条】

《中华人民共和国食品安全法》第二十条、第四十二条第一款（该法于2015年4月24日修订，新法相关法条为第二十六条、第六十七条第一款①）

【基本案情】

原告盐城市奥康食品有限公司东台分公司（以下简称奥康公司）诉称：2012年5月15日，被告盐城市东台工商行政管理局（以下简称东台工商局）作出东工商案字〔2012〕第00298号《行政处罚决定书》，认定原告销售的金龙鱼橄榄原香食用调和油没有标明橄榄油的含量，违反了GB7718—2004《预包装食品标签通则》的规定，责令其改正，并处以合计6万元的罚没款。原告认为，其经营的金龙鱼橄榄原香食用调和油标签上的“橄榄原香”是对产品物理属性的客观描述，并非对某种配料的强调，不需要标明含量或者添加量。橄榄油是和其他配料菜籽油、大豆油相同的普通食用油配料，并无特殊功效或价值，不是“有价值、有特性的配料”。本案应适用《中华人民共和国食品安全法》（以下简称《食品安全法》）规定的国务院卫生行政部门颁布的食品安全国家标准，而被告适用的GB7718—2004《预包装食品标签通则》并不是食品安全国家标准，适用法律错误。综上，请求法院判决撤销被告对其作出的涉案行政处罚决定书。

被告东台工商局辩称：原告奥康公司经营的金龙鱼牌橄榄原香食用调和油标签正面突出“橄榄”二字，配有橄榄图形，吊牌写明“添加了来自意大利的100%特级初榨橄榄油”，但未注明添加量，这就属于食品标签上特别强调添加某种有价值、有特性配料而未标示添加量的情形。GB7718—2004《预包装食品标签通则》作为食品标签强制性标准，在《食品安全法》生效后，即被视为食品安全标准之一，直至被GB7718—2011《预包装食品标签管理通则》替代。因此，其所作出的行政处罚决定定性准确，合理适当，程序合法，请求法院予以维持。

① 《中华人民共和国食品安全法》（2021年修正）未作修改。

法院经审理查明：2011 年 9 月 1 日至 2012 年 2 月 29 日，奥康公司购进净含量 5 升的金龙鱼牌橄榄原香食用调和油 290 瓶，加价销售给千家惠超市，获得销售收入 34800 元，净利润 2836.9 元。2012 年 2 月 21 日，东台工商局行政执法人员在千家惠超市检查时，发现上述金龙鱼牌橄榄原香食用调和油未标示橄榄油的添加量。上述金龙鱼牌橄榄原香食用调和油名称为“橄榄原香食用调和油”，其标签上有“橄榄”二字，配有橄榄图形，标签侧面标示“配料：菜籽油、大豆油、橄榄油”等内容，吊牌上写明：“金龙鱼橄榄原香食用调和油，添加了来自意大利的 100% 特级初榨橄榄油，洋溢着淡淡的橄榄果清香。除富含多种维生素、单不饱和脂肪酸等健康物质外，其橄榄原生精华含有多本酚等天然抗氧化成分，满足自然健康的高品质生活追求。”

东台工商局于 2012 年 2 月 27 日立案调查，并于 5 月 9 日向原告奥康公司送达行政处罚听证告知书。原告在法定期限内未提出陈述和申辩，也未要求举行听证。5 月 15 日，被告向原告送达东工商案字〔2012〕第 298 号行政处罚决定书，认定原告经营标签不符合《食品安全法》规定的食品，属于食品标签上特别强调添加某种有价值、有特性配料而未标示添加量的情形，依照《中华人民共和国行政处罚法》《食品安全法》规定，作出责令改正、没收违法所得 2836.9 元和罚款 57163.1 元，合计罚没款 6 万元的行政处罚。原告不服，申请行政复议，盐城市工商行政管理局复议维持该处罚决定。

【裁判结果】

江苏省东台市人民法院于 2012 年 12 月 15 日作出（2012）东行初字第 0068 号行政判决：维持东台工商局 2012 年 5 月 15 日作出的东工商案字〔2012〕第 00298 号《行政处罚决定书》。宣判后，奥康公司向江苏省盐城市中级人民法院提起上诉。江苏省盐城市中级人民法院于 2013 年 5 月 9 日作出（2013）盐行终字第 0032 号行政判决，维持一审判决。

【裁判理由】

法院生效裁判认为：《食品安全法》第二十条第四项规定，食品安全标准应当包括对与食品安全、营养有关的标签、标识、说明书的要求。[①]第二十二条规定，本法规定的食品安全国家标准公布前，食品生产经营者应当按照现行食用农产品质量安全标准、食品卫生标准、食品质量标准和有关食品的行业标准生产经营食品。[②] GB7718—2004《预包装食品标签通则》由国家质量监督检验检疫总局和国家标准化管理委员会制定，于2005年10月1日实施；《食品安全法》于2009年6月1日实施，新版的GB7718—2011《预包装食品标签管理通则》是由国务院卫生行政部门制定，且明确是食品安全国家标准，于2012年4月20日实施。本案原告奥康公司违法行为发生在2011年9月至2012年2月，GB7718—2004《预包装食品标签通则》属于当时的食品安全国家标准之一。因此，被告东台工商局适用GB7718—2004《预包装食品标签通则》对原告作出行政处罚，并无不当。

GB7718—2004《预包装食品标签通则》规定："预包装食品标签的所有内容，不得以虚假、使消费者误解或欺骗性的文字、图形等方式介绍食品；也不得利用字号大小或色差误导消费者。""如果在食品标签或食品说明书上特别强调添加了某种或数种有价值、有特性的配料，应标示所强调配料的添加量。"这里所指的"强调"，是特别着重或着重提出，一般意义上，通过名称、色差、字体、字号、图形、排列顺序、文字说明、同一内容反复出现或多个内容都指向同一事物等形式表现，均可理解为对某事物的强调。"有价值、有特性的配料"，是指对人体有较高的营养作用，配料本身不同于一般配料的特殊配料。通常理解，此种配料的市场价格或营养成分应高于其他配料。本案中，原告奥康公司认为"橄榄原香"是对产品物理属性的客观描述，并非对某种配料的强调，但从原告销售的金龙鱼牌橄榄原香食用调和油的外包装来看，其标签上以图形、字体、文字说明等方式突出了"橄榄"二字，强调了该食用调和油添加了橄榄油的配料，且

① 对应《中华人民共和国食品安全法》（2021年修订）第二十六条第四项："食品安全标准应当包括下列内容：……（四）对与卫生、营养等食品安全要求有关的标签、标志、说明书的要求。"

② 《中华人民共和国食品安全法》2015年修订后，本条已被删除。

在吊牌（食品标签的组成部分）上有"添加了来自意大利的100%特级初榨橄榄油"等文字叙述，显而易见地向消费者强调该产品添加了橄榄油的配料，该做法本身实际上就是强调"橄榄"在该产品中的价值和特性。一般来说，橄榄油的市场价格或营养作用均高于一般的大豆油、菜籽油等，因此，如在食用调和油中添加了橄榄油，可以认定橄榄油是"有价值、有特性的配料"。因此，奥康公司未标示橄榄油的添加量，属于违反食品安全标准的行为。东台工商局所作行政处罚决定具有事实和法律依据，应予维持。

（生效裁判审判人员：刘红、王为华、周和）

理解与参照

《盐城市奥康食品有限公司东台分公司诉盐城市东台工商行政管理局工商行政处罚案》的理解与参照*

——食品经营者在食品标签、说明书上应依法标示特别强调的配料、成分的添加量或含量

最高人民法院案例指导工作办公室

2016年5月30日，最高人民法院发布了指导案例60号《盐城市奥康食品有限公司东台分公司诉盐城市东台工商行政管理局工商行政处罚案》。

* 摘自《最高人民法院司法解释与指导性案例理解与适用》（第六卷），人民法院出版社2018年版，第807~812页。

为了正确理解和准确参照适用该指导案例，现对该指导案例的推选经过、裁判要点等有关情况予以解释、论证和说明。

一、推选过程及指导意义

盐城市奥康食品有限公司东台分公司（以下简称奥康公司）诉盐城市东台工商行政管理局工商（以下简称东台工商局）行政处罚一案，江苏省东台市人民法院于2012年12月15日作出（2012）东行初字第0068号行政判决。一审宣判后，东台工商局向江苏省盐城市中级人民法院提起上诉，该院于2013年5月9日作出（2013）盐行终字第0032号行政判决，维持一审判决。江苏省高级人民法院研究室经征求行政庭意见并报主管副院长审核后认为，该案例符合备选指导性案例的要求，建议推荐。2014年10月13日，江苏省高级人民法院审判委员会经讨论决定，将本案例作为备选指导性案例向最高人民法院案例指导工作办公室推荐。案例指导工作办公室经审查，认为本案例对审判类似案例具有一定指导价值，且法律效果和社会效果较为突出，具有一定指导价值，同意推荐，并向最高人民法院行政庭、研究室民事处征求意见。2015年7月17日，行政庭同意推荐本案例。10月21日，民事处认为本案例裁判正确，案例所涉法律适用问题裁判难度虽然不大，但社会效果突出，具有一定价值。12月3日，研究室室务会经讨论，同意推荐该案例，建议提交审委会审议。2016年5月10日，最高人民法院审判委员会经讨论同意该案例作为指导性案例。5月30日，最高人民法院以法〔2016〕172号文件将该案例列为第12批指导性案例予以发布。

该指导案例旨在明确食品经营者在食品标签、食品说明书上特别强调添加、含有一种或多种有价值、有特性的配料、成分，应标示所强调配料、成分的添加量或含量，未标示的，属于违反《中华人民共和国食品安全法》（以下简称《食品安全法》）的行为，工商行政管理部门依法对此违法行为实施行政处罚的，人民法院应予支持。食品安全事关国计民生，对食品标签标注内容的要求，属于食品安全标准之一，食品的生产经营者应当严格遵照执行。这既是维护消费者权益的需要，也是加强食品安全管理、促进行业健康发展的重要手段。此案例对类似案件的审判具有较强的指导作用，法律效果和社会效果良好。

二、关于本案例的背景情况

当前食品安全面临严峻的形势，严格执法，维护食品安全事关国计民生，对在生产经营中违背法律规定作不实标示，欺诈、误导消费者的行为，应依法予以制裁。对行政机关依法查处食品安全领域的违法行为，人民法院应当依法予以支持。目前，违反食品安全标准的违法行为层出不穷，违反食品标签、标识、说明书等方面规定的行为，比较隐蔽，有时容易被忽视。食品标签、标识、说明书等是向消费者传递产品信息的重要载体，对消费者的消费行为有直接的指引作用，与消费者的食品安全密切相关。对食品标签等标注内容的要求，属于食品安全标准之一，食品的生产经营者应当严格遵照执行。标签标注的内容应当真实准确，不得误导或欺诈消费者，否则可能严重危及消费者的生命健康安全。近几年，违反食品标签、标识、说明书有关规定的违反食品安全标准的案例较为普遍，具有多种不同的类型。

如苏某前与徐州百鑫商业有限责任公司百惠超市分公司、徐州百鑫商业有限责任公司侵犯消费者权益纠纷一案。2010 年 4 月 12 日，苏某前在徐州百鑫商业有限责任公司百惠超市分公司购买观音王 8 盒，共计花费 3840 元，该茶叶的包装袋上仅有“铁观音”等标识，外包装盒正面写有“观音王”“中国·安溪”字样，其背面有用不干胶粘贴的产品标识，但标注的生产商为冒用他人名义，卫生许可证编号虚假。本案确认的裁判要点认为，产品标识为消费者认识和判断商品特征、价值、适当性和效用的基本依据，是消费者选择和判断产品的重要信息来源。依照《中华人民共和国产品质量法》的规定，销售者应确保产品标识内容的真实性。在没有证据证明经营者销售的食品不符合安全标准，但该食品与产品标识承诺的质量标准不符，或者该食品标签、说明书内容虚假，侵害消费者合法权益，消费者请求经营者依照《中华人民共和国消费者权益保护法》的规定承担加倍赔偿责任的，人民法院应当支持。①

再如，张某军与沈阳兴隆大家庭购物中心有限公司（以下简称兴隆大家庭公司）产品责任纠纷案。2014年3月15日，张某军从兴隆大家庭公司处购买“人字拖”牌黑皮诺干红葡萄酒5瓶，价格为每瓶人民币108元。该酒中文标识注明：原产地为美国，进口商为天津王朝国际酒业有限公司，原料：100%葡萄汁，在标签左下方注有“含微量二氧化硫”字样。经审理查明，兴隆大家庭公司销售的本案涉案食品（干红葡萄酒），在标签标识中对食品添加剂“含微量二氧化硫”未能在成分或者配料表中标注，且在标签外瓶身上标注的“含微量二氧化硫”的字体过小，其违反了《食品安全法》第四十二条②、《食品标识管理规定》第二十五条第一款及《预包装食品标签通则》(食品安全国家标准GB7718—2011）的相关规定，应认定本案涉案食品（干红葡萄酒）标签不符合国家强制性规定，该食品不符合食品安全标准。③

还如，陈某与重庆远东百货有限公司产品质量纠纷案。2012年12月1日，陈某在重庆远东百货有限公司（以下简称远东百货公司）购买了蜂蜜共计21瓶，价款共计873.3元，该批产品外包装标签上标注了质量等级为一级品，食品安全标准符合GB14963要求，但卫生部发布的《食品安全国家标准蜂蜜》（GB14963—2011）中无一级品等级。陈某向重庆市江北区人民法院起诉，请求退货，远东百货公司退还全部货款，增加赔偿一倍货款。法院经审理认为，经营者提供商品或者服务有欺诈行为的，应当按照消费者的要求增加赔偿消费者受到的损失，增加赔偿的金额为消费者购买商品的价款的一倍。据此支持了陈某的诉讼请求。④

从上述案例可以看出，生产者或经营者在食品标签、标识、说明书上标

---

① 本案例可参见《最高人民法院公报》2013年第12期。

② 对应《中华人民共和国食品安全法》(2021年修订）第六十七条。

③ 此案例可参见中国裁判文书网。一审：沈阳市沈河区人民法院于2015年4月15日作出（2015）沈河民五初字第363号民事判决；二审：沈阳市中级人民法院于2015年7月24日作出（2015）沈中民一终字第972号民事判决。

④ 此案例参见最高人民法院于2014年3月12日发布的10起人民法院维护消费者权益典型案例。

注内容不规范，具有违反食品安全标准违法行为的情形比较普遍，表现形式也多种多样，严重影响了消费者的合法权益。这些案例反映的法律问题比较具有代表性，从中总结的裁判要旨对类似案件的审理具有较强的指导作用。

三、裁判要点的理解与说明

该指导案例的裁判要点确认：(1) 食品经营者在食品标签、食品说明书上特别强调添加、含有一种或多种有价值、有特性的配料、成分，应标示所强调配料、成分的添加量或含量，未标示的，属于违反《食品安全法》的行为，工商行政管理部门依法对其实施行政处罚的，人民法院应予支持。(2) 所谓“强调”，是指通过名称、色差、字体、字号、图形、排列顺序、文字说明、同一内容反复出现或多个内容都指向同一事物等形式进行着重标识。所谓“有价值、有特性的配料”，是指不同于一般配料的特殊配料，对人体有较高的营养作用，其市场价格、营养成分往往高于其他配料。现围绕与该裁判要点相关的问题论证和说明如下。

本案中，被告东台工商局在执法检查中，发现原告奥康公司销售的金龙鱼牌名称为“橄榄原香食用调和油”的标签正面突出“橄榄”二字，配有橄榄图形，吊牌写明“添加了来自意大利的100%特级初榨橄榄油”，但未注明添加量，属于食品标签上特别强调添加某种有价值、有特性配料而未标示添加量的情形。据此根据《食品安全法》等有关规定对奥康公司进行了行政处罚。而奥康公司认为，“橄榄原香”是对产品物理属性的客观描述，并非对某种配料的强调，不需要标明含量或添加量。

根据《食品安全法》[①] 第四十二条第一款的规定，预包装食品的包装上应当有标签。标签应当标明食品安全标准规定的有关事项等内容。《食品安全法》第二十条第四项规定，食品安全标准应当包括对与食品安全、

① 《中华人民共和国食品安全法》于2009年出台，并于2015年4月24日修订，本案发生的事实主要在2012年，因此当时适用的是2009年《中华人民共和国食品安全法》的有关规定。其中，2009年《中华人民共和国食品安全法》第二十条第四项修订为2015年《中华人民共和国食品安全法》第二十六条第四项。本文如无特别说明，引用的都是2009年《中华人民共和国食品安全法》的有关规定。

营养有关的标签、标识、说明书的要求。由此可见，食品安全标准的内涵比较广泛，不仅包括危害人体健康物质的限量、食品添加剂的品种和用量等规定，还包括与食品安全、营养有关的标签、标识、说明书的要求。《食品安全法》第二十二条规定，本法规定的食品安全国家标准公布前，食品生产经营者应当按照现行食用农产品质量安全标准、食品卫生标准、食品质量标准和有关食品的行业标准生产经营食品。[①]《预包装食品标签通则》(GB7718—2004)规定："预包装食品标签的所有内容，不得以虚假、使消费者误解或欺骗性的文字、图形等方式介绍食品；也不得利用字号大小或色差误导消费者。""如果在食品标签或食品说明书上特别强调添加了某种或数种有价值、有特性的配料，应标示所强调配料的添加量。"

《食品安全法》和《预包装食品标签通则》(GB7718—2004)对何谓"特别强调"或"强调"，何谓"有价值、有特性的配料"，并未作出明确的规定。本案例裁判要点对裁判标准作出了细化，认为上述规定所谓的"强调"，是特别着重或着重提出，一般意义上，通过名称、色差、字体、字号大小、图形、排列顺序、文字说明、同一内容反复出现或多个内容都指向同一事物等形式表现，均可理解为对某事物的强调。"有价值、有特性的配料"，是指对人体有较高的营养作用，配料本身不同于一般配料的特殊配料。通常理解，此种配料的市场价格或营养成分应高于其他配料。本案例中，原告奥康公司认为"橄榄原香"是对产品物理属性的客观描述，并非对某种配料的强调，但从原告销售的金龙鱼牌橄榄原香食用调和油的外包装来看，其标签上以图形、字体、字号放大、文字说明等方式突出了"橄榄"二字，强调了该食用调和油添加了橄榄油的配料，且在吊牌(食品标签的组成部分)上有"添加了来自意大利的100%特级初榨橄榄油"等文字叙述，显而易见地向消费者强调该产品添加了橄榄油的配料，该做法本身实际上就是强调"橄榄"在该产品中的价值和特性。一般来说，橄榄油的市场价格或营养作用均高于一般的大豆油、菜籽油等。因此，如在食用调和油中添加了橄榄油，可以认定橄榄油是"有价值、有特

① 《中华人民共和国食品安全法》2015年修订后，本条已被删除。

性的配料”。故奥康公司未标示橄榄油的添加量，属于违反食品安全标准的行为。东台工商局所作行政处罚决定具有事实和法律依据，应予维持。

四、其他相关问题的说明

《预包装食品标签通则》（GB7718—2004）由国家质量监督检验检疫总局和国家标准化管理委员会制定，于2005年10月1日实施；《食品安全法》于2009年6月1日实施，新版的《预包装食品标签管理通则》（GB7718—2011）是由国务院卫生行政部门制定，且明确是食品安全国家标准，于2012年4月20日实施。本案原告奥康公司违法行为发生在2011年9月至2012年2月，《预包装食品标签通则》（GB7718—2004）属于当时的食品安全国家标准之一。因此，被告东台工商局适用《预包装食品标签通则》（GB7718—2004）对原告作出行政处罚，并无不当。

另外，卫生行政管理部门发布的《预包装食品标签管理通则》（GB7718—2011）取代了《预包装食品标签通则》（GB7718—2004）作为食品安全国家标准。2011版通则在第4.1.4.1节中规定：“如果在食品标签或食品说明书上特别强调了添加了或含有一种或多种有价值、有特性的配料或成分，应标示所强调配料或成分的添加量或在成品中的含量。”这与2004年版通则对此的规定是一致的。因此，本案例仍然对类似案件的审理具有较强的指导价值。

（执笔人：石磊）

4. 贝某丰诉海宁市公安局交通警察大队道路交通管理行政处罚案*

机动车驾驶人驾驶车辆行经人行横道不礼让行人的，行政机关有权依法作出行政处罚

（最高人民法院审判委员会讨论通过　2017年11月15日发布）

【关键词】

行政　行政处罚　机动车让行　正在通过人行横道

【裁判要点】

礼让行人是文明安全驾驶的基本要求。机动车驾驶人驾驶车辆行经人行横道，遇行人正在人行横道通行或者停留时，应当主动停车让行，除非行人明确示意机动车先通过。公安机关交通管理部门对不礼让行人的机动车驾驶人依法作出行政处罚的，人民法院应予支持。

【相关法条】

《中华人民共和国道路交通安全法》第四十七条第一款

---

* 摘自2017年11月15日最高人民法院发布的第17批指导性案例（指导案例90号）。

【基本案情】

原告贝某丰诉称：其驾驶浙F1××××汽车（以下简称案涉车辆）靠近人行横道时，行人已经停在了人行横道上，故不属于“正在通过人行横道”。而且，案涉车辆经过的西山路系海宁市主干道路，案发路段车流很大，路口也没有红绿灯，如果只要人行横道上有人，机动车就停车让行，会在很大程度上影响通行效率。所以，其可以在确保通行安全的情况下不停车让行而直接通过人行横道，故不应该被处罚。海宁市公安局交通警察大队（以下简称海宁交警大队）作出的编号为3304811102542425的公安交通管理简易程序处罚决定违法。贝某丰请求：撤销海宁交警大队作出的行政处罚决定。

被告海宁交警大队辩称：行人已经先于原告驾驶的案涉车辆进入人行横道，而且正在通过，案涉车辆应当停车让行；如果行人已经停在人行横道上，机动车驾驶人可以示意行人快速通过，行人不走，机动车才可以通过；否则，构成违法。对贝某丰作出的行政处罚决定事实清楚，证据确实充分，适用法律正确，程序合法，请求判决驳回贝某丰的诉讼请求。

法院经审理查明：2015年1月31日，贝某丰驾驶案涉车辆沿海宁市西山路行驶，遇行人正在通过人行横道，未停车让行。海宁交警大队执法交警当场将案涉车辆截停，核实了贝某丰的驾驶员身份，适用简易程序向贝某丰口头告知了违法行为的基本事实、拟作出的行政处罚、依据及其享有的权利等，并在听取贝某丰的陈述和申辩后，当场制作并送达了公安交通管理简易程序处罚决定书，给予贝某丰罚款100元，记3分。贝某丰不服，于2015年2月13日向海宁市人民政府申请行政复议。3月27日，海宁市人民政府作出行政复议决定书，维持了海宁交警大队作出的处罚决定。贝某丰收到行政复议决定书后于2015年4月14日起诉至海宁市人民法院。

【裁判结果】

浙江省海宁市人民法院于2015年6月11日作出(2015)嘉海行初字第6号行政判决:驳回贝某丰的诉讼请求。宣判后,贝某丰不服,提起上诉。浙江省嘉兴市中级人民法院于2015年9月10日作出(2015)浙嘉行终字第52号行政判决:驳回上诉,维持原判。

【裁判理由】

法院生效裁判认为:首先,人行横道是行车道上专供行人横过的通道,是法律为行人横过道路时设置的保护线,在没有设置红绿灯的道路路口,行人有从人行横道上优先通过的权利。机动车作为一种快速交通运输工具,在道路上行驶具有高度的危险性,与行人相比处于强势地位,因此,必须对机动车在道路上行驶时给予一定的权利限制,以保护行人。其次,认定行人是否“正在通过人行横道”应当以特定时间段内行人一系列连续行为为标准,而不能以某个时间点行人的某个特定动作为标准,特别是在该特定动作不是行人在自由状态下自由地作出,而是由于外部的强力原因迫使其不得不作出的情况下。案发时,行人以较快的步频走上人行横道线,并以较快的速度接近案发路口的中央位置,当看到贝某丰驾驶案涉车辆朝自己行走的方向驶来,行人放慢了脚步,以确认案涉车辆是否停下来,但并没有停止脚步,当看到案涉车辆没有明显减速且没有停下来的趋势时,才为了自身安全不得不停下脚步。如果此时案涉车辆有明显减速并停止行驶,则行人肯定会连续不停止地通过路口。可见,在案发时间段内行人的一系列连续行为充分说明行人“正在通过人行横道”。最后,机动车和行人穿过没有设置红绿灯的道路路口属于一个互动的过程,任何一方都无法事先准确判断对方是否会停止让行,因此,处于强势地位的机动车在行经人行横道遇行人通过时应当主动停车让行,而不应利用自己的强势迫使行人停步让行,除非行人明确示意机动车先通过,这既是法律的明确规定,也是保障作为弱势一方的行人安全通过马路、减少交通事故、保障生命安全的现代文明社会的内在要求。综上,贝某丰驾驶机动车行经人行横道时遇行人正在通过而未停车让行，违反了《中华人民共和国道路交通安全法》第四十七条的规定。海宁交警大队根据贝某丰的违法事实，依据法律规定的程序在法定的处罚范围内给予相应的行政处罚，事实清楚，程序合法，处罚适当。

（生效裁判审判人员：樊钢剑、张波诚、张红）

理解与参照

《贝某丰诉海宁市公安局交通警察大队道路交通管理行政处罚案》的理解与参照*

——人行横道前机动车驾驶人具有礼让行人的义务

最高人民法院案例指导工作办公室

2017 年 11 月 15 日，最高人民法院发布了第 17 批指导性案例，包括第 88 号至第 92 号共 5 件指导性案例，总结了行政审判、知识产权审判实践中某些普遍的疑难复杂法律适用问题，有利于进一步明确裁判规则，统一司法尺度。其中，第 90 号指导案例为《贝某丰诉海宁市公安局交通警察大队道路交通管理行政处罚案》。为了正确理解和准确参照适用该指导案例，现对该指导案例的选编过程、裁判要点、参照适用等有关情况予以解释和说明。

---

* 摘自《司法文件选解读》2019 年第 7 辑（总第 79 辑），人民法院出版社 2019 年版，第 18~24 页。

一、选编过程及指导意义

本案由浙江省海宁市人民法院于2015年6月11日作出一审行政判决，原告贝某丰不服，提起上诉，浙江省嘉兴市中级人民法院于2015年9月10日判决：驳回上诉，维持原判。本案是全国首例机动车驾驶人不服因在人行横道前未礼让行人被罚款记分而提起行政诉讼的案件。本案被最高人民法院评为“2015年度推动法治进程十大案件”，并被写入2015年度最高人民法院工作报告。浙江省高级人民法院于2016年8月1日经审判委员会讨论决定将本案作为指导性案例上报。最高人民法院案例指导工作办公室收到该案例后，经过初审，认为基本符合指导性案例的要求。同年11月23日，最高人民法院研究室室务会经讨论认为，该案例符合指导性案例的规定，建议送行政庭征求意见。12月30日，行政庭回复同意推荐该案例作为指导性案例，并对裁判要点提出了修改意见。案例指导工作办公室根据室务会讨论意见及行政庭提供的修改意见对该案例进行了修改，建议提交审委会讨论。2017年10月31日，该案例经最高人民法院民专会第273次会议审议通过。11月15日，最高人民法院以法〔2017〕332号文件将该案例列在第17批指导案例予以发布。

该指导案例旨在明确礼让行人是文明安全驾驶的基本要求。机动车驾驶人驾驶车辆行经人行横道，遇行人正在人行横道通行或者停留时，应当主动停车让行，除非行人明确示意机动车先通过，公安机关交通管理部门对不礼让行人的机动车驾驶人依法作出行政处罚的，人民法院应予支持。该案例明确的裁判规则弥补了《中华人民共和国道路交通安全法》（以下简称《道路交通安全法》）第四十七条第一款规定比较原则的不足，进一步明确了机动车“礼让斑马线”的义务和“行人优先、生命至上”的文明安全驾驶准则，为广大机动车驾驶人确立了行为规范，引导了文明礼让的社会风尚，很好地实现了法律效果和社会效果的统一。

二、关于本案例的相关情况

随着经济社会的飞速发展，我国机动车的数量增长迅速，道路交通问题越来越严重。针对日益严重的道路交通问题，我国通过运用立法、行政执法、司法等诸多措施，对城市道路交通进行了综合治理。例如立法上的“酒驾入刑”，已经取得了较好的社会效果；特别是近年来，全国很多地方还就机动车礼让行人开展了专项教育宣传、整治行动，全国很多城市推进的“礼让斑马线”活动。与酒驾、闯红灯、超速行驶等交通违法行为相比较，机动车在人行横道前不礼让行人的现象更加普遍，也更加不为社会公众关注，但由此造成的交通事故屡见不鲜，给社会带来了严重的安全隐患。为此，《道路交通安全法》第四十七条第一款规定，机动车行经人行横道时，应当减速行驶；遇行人正在通过人行横道，应当停车让行。此规定对于人行横道前不礼让行人的问题进行了规制，考察其立法目的，该条规定实质上涉及通行安全与通行效率相冲突的情形下如何处理的问题。但对于何为“正在通过人行横道”，在人行横道停留能否认定为“正在通过人行横道”，司法中对此认识不一，本案经过法院的审判后，进一步明确了规则，规范了社会行为，取得了良好的法律效果和社会效果，非常具有典型意义。

本案的基本案情是：2015 年 1 月 31 日，贝某丰驾驶案涉车辆沿浙江省海宁市西山路行驶，遇行人正在通过人行横道，未停车让行。海宁市公安局交通警察大队（以下简称海宁交警大队）执法交警当场将案涉车辆截停，核实了贝某丰的驾驶员身份，适用简易程序向贝某丰口头告知了违法行为的基本事实、拟作出的行政处罚、依据及其享有的权利等，并在听取贝某丰的陈述和申辩后，当场制作并送达了公安交通管理简易程序处罚决定书，给予贝某丰罚款 100 元，记 3 分。贝某丰不服，于 2015 年 2 月 13 日向海宁市人民政府申请行政复议。3 月 27 日，海宁市人民政府作出行政复议决定书，维持了海宁交警大队作出的处罚决定。贝某丰收到行政复议决定书后于 2015 年 4 月 14 日起诉至浙江省海宁市人民法院。浙江省海宁市人民法院于 2015 年 6 月 11 日作出（2015）嘉海行初字第 6 号行政判决：驳回贝某丰的诉讼请求。宣判后，贝某丰不服，提起上诉。浙江省嘉兴市中级人民法院于 2015 年 9 月 10 日作出（2015）浙嘉行终字第 52 号行政判决：驳回上诉，维持原判。

三、裁判要点的理解与说明

该指导案例的裁判要点确认：礼让行人是文明安全驾驶的基本要求。机动车驾驶人驾驶车辆行经人行横道，遇行人正在人行横道通行或者停留时，应当主动停车让行，除非行人明确示意机动车先通过，公安机关交通管理部门对不礼让行人的机动车驾驶人依法作出行政处罚的，人民法院应予支持。现围绕与该裁判要点相关的问题逐一解释和说明如下。

（一）通行安全与通行效率相冲突情形下的价值判断：礼让行人是文明安全驾驶的基本要求

“人权”与“路权”以及“生命权”与“通行自由权”之间的关系既是交通立法思想争论的焦点，也是讨论交通法律问题的核心。在道路交通管理中，安全和效率是两个相互矛盾的价值因素，道路交通立法的目的就是追求这两种利益的合理平衡：一方面要保证通行的安全性，另一方面又要促进道路通行的流畅性。但两者发生冲突时如何处理便是解决问题的关键。

当不同位阶的法的价值发生冲突时，法理上的价值位阶理论便提供了解决的思路，即在先的价值优于在后的价值。按照一般法理，法的价值位阶是自由高于正义、正义高于秩序，人身权利高于财产权利等。根据前述价值位阶法理，人身安全的价值理应高于通行效率的价值。2003 年 10 月 28 日，经全国人大常委会表决通过的《道路交通安全法》在功能定位、价值取向等方面均体现了对人身权的优先保护和以人为本的精神。该法第一条规定：“为了维护道路交通秩序，预防和减少交通事故，保护人身安全，保护公民、法人和其他组织的财产安全及其他合法权益，提高通行效率，制定本法。”由此可见，《道路交通安全法》确立了对人身权优先保护的原则，把对公民人身权、财产权的保护放在了更加重要的位置，这也符合前述的价值位阶理论。实践中，在通行安全和通行效率发生冲突的情形下，通行安全理所当然应当优先于通行效率，故此，本案的裁判要点进一步明确：礼让行人是文明安全驾驶的基本要求。

（二）“正在通过人行横道”的事实判断：机动车驾驶人驾驶车辆行经人行横道，遇行人正在人行横道通行或者停留时，应当主动停车让行

根据《道路交通安全法》第四十七条的规定，人行横道前机动车礼让行人的前提是行人“正在通过人行横道”。但实践中如何认定行人“正在通过人行横道”？根据经验法则，一般而言，如果行人正走在人行横道上，无疑应当认定为正在通过。但是，如果行人已经停在了人行横道上，是否还能认定为正在通过？对于这一问题如何认定是本案的争议焦点之一。

如果行人以通过为目的进入人行横道，即使在人行横道上有短暂停留，也应该认定是“正在通过人行横道”，不能简单以行人“走”或“停”等短暂的特定动作进行判断。这就意味着，“正在通过人行横道”并不意味着“正在走”，行人在人行横道上也可以作短暂停留，以观察交通状况，确保交通安全。试想，如果只要行人在人行横道上不“走”了就不被认为是“正在通过人行横道”，机动车就可以不礼让的话，那么机动车就会肆无忌惮地利用自身的强势地位，迫使弱势的行人停下来。当看到机动车靠近人行横道时没有减速或停车的趋势，行人为了保护自身的生命财产安全，就会本能地主动停下来，待机动车通过后再通过。在此情形下，行人实际上是在机动车的强迫下停下来。如此，行人在人行横道上的优先通行权将无法保障，《道路交通安全法》第四十七条的立法目的将无法实现。现实生活中，杭州地区的“礼让斑马线”现象具有典型示范意义，机动车驾驶人驾驶车辆行经人行横道，遇行人正在人行横道通行或者停留时，机动车驾驶人（特别是公共交通工具驾驶人）会主动示意行人先行通过，体现了良好的文明形象，也给社会公众留下了特别深刻的印象。

本案中，尽管行人在进入人行横道并走到道路中央位置后停在了人行横道上，但行人停下来，是因为看到贝某丰驾驶车辆没有停车让行的趋势，行人出于自我保护，才被迫停了下来，行人后来快速通过道路的行为就足以说明。所以，应当认定行人“正在通过人行横道”，贝某丰驾驶的案涉车辆应当停车让行。贝某丰驾车未停车让行，违反了《道路交通安全

法》第四十七条的规定。本案中，公安机关交通管理部门对机动车驾驶人违反道路交通安全法律、法规的行为，除依法给予行政处罚外，实行累积记分制度。海宁交警大队对贝某丰驾车未礼让行人的违法行为予以记3分，符合法律规定。因此，本案例将裁判要旨明确为：机动车驾驶人驾驶车辆行经人行横道，遇行人正在人行横道通行或者停留时，应当主动停车让行。针对“行人正在通过人行横道”如何认定，在裁判要点中进行了进一步的解释，即即使是短暂的停留，也应视为“行人正在通过人行横道”，机动车驾驶人也应当让行人优先通行。

（三）比例原则在处理法的价值冲突时的体现：除非行人明确示意机动车先通过

在处理法的价值冲突时，除了遵循价值位阶原则之外，还应遵循比例原则，即即使某种较优越价值的实现必然会以其他价值的损害为代价，也应当使被损害的价值降低到最低限度。因此，本案中行人的优先通行权也并非绝对的，还有一种情形可以进一步讨论，即如果行人在通过斑马线时明确指示机动车驾驶员先行如何处理？此种情形下，从法律层面，则可以视为行人通过自身的行为处分了权利，放弃自身优先通行的权利，属于行人意思自治的体现。这种情形下，机动车驾驶人在确保安全谨慎驾驶的前提下，可以先于行人通过人行横道，此时机动车驾驶人先于行人通行当然具有合理性，不应受到法律的处罚。因此，本案例在裁判要点中明确了机动车驾驶人礼让行人通行的例外规则，即“除非行人明确示意机动车先通过”。

四、参照适用时应注意的问题

“人们遵守法律的主要原因在于，集体成员在信念上接受了这些法律，并且能够在行为上体现这些法律所表达的价值观。”该案旨在明确礼让行人是文明安全驾驶的基本要求，在斑马线上礼让行人也是社会文明程度的标志之一。该案的裁判要点明确规定：机动车驾驶人驾驶车辆行经人行横道，遇行人正在人行横道通行或者停留时，应当主动停车让行，除非行人明确示意机动车先通过。公安机关交通管理部门对不礼让行人的机动车驾驶人依法作出行政处罚的，人民法院应予支持。这是全国首例机动车驾驶人不服因在人行横道前未礼让行人被罚款记分而提起行政诉讼的案件。该案例要点确定的裁判规则弥补了《道路交通安全法》第四十七条第一款规定比较原则的不足，对法律条文规定的“行人正在通过人行横道”进行了进一步解释，明确即使是“行人在人行横道停留时”也应当礼让行人。这进一步明确了机动车“礼让斑马线”的义务和“行人优先、生命至上”的文明安全驾驶准则，为广大机动车驾驶人确立了行为规范，指引和督促其自觉地规范自己的驾驶行为，引导形成文明礼让的良好社会风尚。为此，其他法院在遇到“行人正在人行横道通行或者停留时”类似案情时应当参照适用本案例。

当然，如果实践中遇到行为人在人行横道耍赖、故意在人行横道上长时间停留等极端现象，则涉及治安管理问题，应由相关部门对其进行批评、教育和处罚，则不能参照适用本案例。

（执笔人：杨治、石磊）

5．陈某龙诉成都市成华区环境保护局环境行政处罚案*

（最高人民法院审判委员会讨论通过　2019年12月26日发布）

企业事业单位和其他生产经营者通过私设暗管等逃避监管的方式排放水污染物的，依法应当予以行政处罚

【关键词】

行政　行政处罚　环境保护　私设暗管　逃避监管

【裁判要点】

企业事业单位和其他生产经营者通过私设暗管等逃避监管的方式排放水污染物的，依法应当予以行政处罚；污染者以其排放的水污染物达标、没有对环境造成损害为由，主张不应受到行政处罚的，人民法院不予支持。

【相关法条】

《中华人民共和国水污染防治法》（2017年修正）第三十九条、第八十三条（本案适用的是2008年修订的《中华人民共和国水污染防治法》第二十二条第二款、第七十五条第二款）

* 摘自2019年12月26日最高人民法院发布的第24批指导性案例（指导案例138号）。

【基本案情】

陈某龙系个体工商户龙泉驿区大面街道办德龙加工厂业主，自2011年3月开始加工生产钢化玻璃。2012年11月2日，成都市成华区环境保护局（以下简称成华区环保局）在德龙加工厂位于成都市成华区保和街道办事处天鹅社区一组B-10号的厂房检查时，发现该厂涉嫌私自设置暗管偷排污水。成华区环保局经立案调查后，依照相关法定程序，于2012年12月11日作出成华环保罚字〔2012〕1130-01号行政处罚决定，认定陈某龙的行为违反《中华人民共和国水污染防治法》（以下简称《水污染防治法》）第二十二条第二款规定，遂根据《水污染防治法》第七十五条第二款规定，作出责令立即拆除暗管，并处罚款10万元的处罚决定。陈某龙不服，遂诉至法院，请求撤销该处罚决定。

【裁判结果】

2014年5月21日，成都市成华区人民法院作出（2014）成华行初字第29号行政判决书，判决：驳回原告陈某龙的诉讼请求。陈某龙不服，向成都市中级人民法院提起上诉。2014年8月22日，成都市中级人民法院作出（2014）成行终字第345号行政判决书，判决：驳回原告陈某龙的诉讼请求。2014年10月21日，陈某龙向成都市中级人民法院申请对本案进行再审，该院作出（2014）成行监字第131号裁定书，裁定不予受理陈某龙的再审申请。

【裁判理由】

法院生效裁判认为，德龙加工厂工商登记注册地虽然在成都市龙泉驿区，但其生产加工形成环境违法事实的具体地点在成都市成华区，根据《中华人民共和国行政处罚法》第二十条①、《环境行政处罚办法》第十七条的规定，成华区环保局具有作出被诉处罚决定的行政职权；虽然成都市

① 对应《中华人民共和国行政处罚法》（2021年修订）第二十二条、第二十三条。

成华区环境监测站于2012年5月22日出具的《检测报告》，认为德龙加工厂排放的废水符合排放污水的相关标准，但德龙加工厂私设暗管排放的仍旧属于污水，违反了《水污染防治法》第二十二条第二款的规定；德龙加工厂曾因实施“未办理环评手续、环保设施未验收即投入生产”的违法行为受到过行政处罚，本案违法行为系二次违法行为，成华区环保局在《水污染防治法》第七十五条第二款所规定的幅度内，综合考虑德龙加工厂系二次违法等事实，对德龙加工厂作出罚款10万元的行政处罚并无不妥。

（生效裁判审判人员：李伟东、喻小岷、邱方丽）

理解与参照

《陈某龙诉成都市成华区环境保护局环境行政处罚案》的理解与参照*

——生产者私设暗管排放污水，无论污染物是否达标，该规避监管行为均应受到行政处罚

最高人民法院案例指导工作办公室

2019年12月26日，最高人民法院发布了第24批指导性案例，包括第127号至第139号共13件指导性案例。这批案例为生态环境保护专题指导性案例，总结了近年环境资源审判领域某些疑难复杂的法律适用问题，

* 摘自《司法文件选解读》2023年第5辑（总第123辑），人民法院出版社2023年版，第48~54页。

有利于进一步明确裁判规则，统一司法尺度。其中，第138号指导案例为《陈某龙诉成都市成华区环境保护局环境行政处罚案》。为了正确理解和准确参照适用该指导案例，现对该指导案例的选编过程、裁判要点、参照适用等有关情况予以解释、论证和说明。

一、案例选编过程

该案例曾入选2017年度最高人民法院环境资源刑事、民事、行政十大典型案例。该案例由成都市中级人民法院研究室推荐，经过征求相关业务部门意见，认为该案例具有典型性和指导性，遂作为备选指导性案例报送最高人民法院案例指导工作办公室。案例指导工作办公室将该案例作为环资专题案例之一进行了审查和修改。征求意见中，曾有意见提出该案作出裁判时，适用的《中华人民共和国水污染防治法》（以下简称《水污染防治法》）是旧法，新的《中华人民共和国环境保护法》（以下简称《环境保护法》）是2014年修订的，在法律适用上指导价值减弱。研究室经研究认为，即使经过新法修改，该案例确认的裁判规则仍然具有现实指导意义，对于理解和适用新法相关条文具有指导价值，但确实需要对案例进行相应修改，修改后作为备选指导性案例报送。2019年12月11日，最高人民法院民专会第328次会议讨论通过该案例。2019年12月26日，最高人民法院以法〔2019〕297号文件将该案例编入第24批指导性案例予以发布。

二、关于本案例的相关情况

陈某龙系个体工商户龙泉驿区大面街道办德龙加工厂（以下简称德龙加工厂）业主，自2011年3月开始加工生产钢化玻璃。2012年11月2日，成都市成华区环境保护局（以下简称成华区环保局）在德龙加工厂位于成都市成华区保和街道办事处天鹅社区一组B-10号的厂房检查时，发现该厂涉嫌私自设置暗管偷排污水。成华区环保局经立案调查后，依照相关法定程序，于2012年12月11日作出成华环保罚字〔2012〕1130-01号行政处罚决定，认定陈某龙的行为违反《水污染防治法》（2008年修订，下同）第二十二条第二款①规定，遂根据《水污染防治法》第七十五条第二款②规定，作出责令立即拆除暗管，并处罚款10万元的处罚决定。陈某龙不服，遂诉至法院，请求撤销该处罚决定。

2014年5月21日，成都市成华区人民法院作出（2014）成华行初字第29号行政判决：驳回原告陈某龙的诉讼请求。陈某龙不服，向成都市中级人民法院提起上诉。2014年8月22日，成都市中级人民法院作出（2014）成行终字第345号行政判决：驳回陈某龙的上诉。2014年10月21日，陈某龙向成都市中级人民法院申请对本案进行再审，该院作出（2014）成行监字第131号裁定书，裁定不予受理陈某龙的再审申请。

法院生效裁判认为，德龙加工厂工商登记注册地虽然在成都市龙泉驿区，但其生产加工形成环境违法事实的具体地点在成都市成华区，根据《中华人民共和国行政处罚法》第二十条③、《环境行政处罚办法》第十七条的规定，成华区环保局具有作出被诉处罚决定的行政职权；虽然成都市成华区环境监测站于2012年5月22日出具的《检测报告》，认为德龙加工厂排放的废水符合排放污水的相关标准，但德龙加工厂私设暗管排放的仍旧属于污水，违反了《水污染防治法》第二十二条第二款的规定；德龙加工厂曾因实施"未办理环评手续、环保设施未验收即投入生产"的违法行为受到过行政处罚，本案违法行为系二次违法行为，成华区环保局在《水污染防治法》第七十五条第二款所规定的幅度内，综合考虑德龙加工厂系二次违法等事实，对德龙加工厂作出罚款10万元的行政处罚并无不妥。

私设暗管或采取其他规避监管的方式排放污染物是一种主观恶性更大的违法行为，其不仅可能导致更严重环境污染后果，而且对监管造成了严重的阻碍及干扰，大大增加了执法的执法难度和成本。《水污染防治法》第二十二条规定："向水体排放污染物的企业事业单位和个体工商户，应

① 对应《中华人民共和国水污染防治法》（2017年修正）第三十九条。下同。

② 该款关于"私设暗管"的规定对应《中华人民共和国水污染防治法》（2017年修正）第八十三条。下同。

③ 对应《中华人民共和国行政处罚法》（2021年修订）第二十二条、第二十三条。

当按照法律、行政法规和国务院环境保护主管部门的规定设置排污口……禁止私设暗管或者采取其他规避监管的方式排放水污染物。”2014年修订的《环境保护法》第四十二条第四款规定：“严禁通过暗管、渗井、渗坑、灌注或者篡改、伪造监测数据，或者不正常运行防治污染设施等逃避监管的方式违法排放污染物。”相关的行政处罚规定和司法解释规定只要存在通过暗管、渗井、渗坑、灌注等逃避监管的方式违法排放污染物的行为，不管是否造成损害后果，都视为严重污染环境的行为，执行严格的行政处罚及刑事制裁。本案系典型的逃避监管和查处的环境违法案件，违法行为人不仅有私设暗管排放生产污水的行为，而且在违法事实主体身份上进行隐瞒混淆，法院根据这些重要的违法事实所作出的判决对于社会普遍存在的规避监管的环境违法行为有重要的警示作用。

三、裁判要点的理解与说明

该指导案例的裁判要点确认：企业事业单位和其他生产经营者通过私设暗管等逃避监管的方式排放水污染物的，依法应当予以行政处罚；污染者以其排放的水污染物达标、没有对环境造成损害为由，主张不应受到行政处罚的，人民法院不予支持。现围绕与该裁判要点相关的问题逐一解释和说明如下。

私设暗管排污的行为危害性非常大，对于环保部门来说，暗管排污的行为隐蔽性强、形态各异，查处和认定都较难，因此私设暗管排污这种行为是《环境保护法》《水污染防治法》重点规制的对象。对通过私设暗管等逃避监管的方式排放污水的，应依法进行行政处罚；污染者以排放水污染物达标、没有对环境造成损害为由，主张不应受到处罚的，不予支持。

（一）现有暗管排污防治立法情况

1979年9月，第五届全国人大常委会第十一次会议原则通过了《中华人民共和国环境保护法（试行）》，将“合理利用自然环境，防治环境污染环境和生态破坏”确定为立法宗旨。1989年我国制定了《环境保护法》，但其中并未对通过暗管方式逃避监管排放污染物的行为进行规制。2015年1月1日施行的修订后《环境保护法》对于违反环境法律的排污行为通过多种行政行为进行规制，力图通过形成法律上的“组合拳”来打击环境违法行为，其中第四十二条明确了严禁通过暗管、渗井等逃避监管的方式违法排污的行为。

1984年5月，全国人大常委会通过《水污染防治法》，该法共七章，分为总则、水环境质量标准和污染物排放标准的制定、水污染防治的监督管理、防止地表水污染、防止地下水污染、法律责任、附则。1996年，《水污染防治法》进行了第一次修改，主要针对加强水污染防治的流域管理、加强对城市污水的集中治理、强化对饮用水源的保护。2008年，《水污染防治法》进行了第二次修改，修改后的该法明确了“水污染防治应当坚持预防为主、防治结合、综合治理的原则”，强化了地方政府对水污染防治的责任，增加了水环境生态保护补偿机制的规定，严格了对排放水污染物的要求等内容。其中第二十二条明确了向水体排放污染物的单位应按规定设置排污口，禁止私设暗管或采取其他逃避监管的方式排放水污染物等内容。2017年6月27日，全国人大常委会对《水污染防治法》进行第三次修改，此次修改采纳了更为先进的立法理念，完善了水污染控制法律制度体系。《水污染防治法》的制定和修改对我国水污染的防治发挥了积极作用，但是目前我国水污染形势仍然十分严峻。

（二）私设暗管行为本身即构成违法

水污染防治主要依赖“源头控制”“风险控制”，现行《水污染防治法》的原则是“水污染防治应当坚持预防为主、防治结合、综合治理”，其目的是加强“源头控制”。2008年修订的《水污染防治法》第二十二条规定“向水体排放污染物的企业事业单位和个体工商户，应当按照法律、行政法规和国务院环境保护主管部门的规定设置排污口……禁止私设暗管或者采取其他规避监管的方式排放水污染物”，以法律的形式明确了私设暗管排污是违法行为，也是关于排污口规范化的规定。其中“暗管”是指通过隐蔽的方式达到规避监管目的而设置的排污管道，包括埋入地下的水泥管、瓷管、塑料管等，以及地上的临时排污管道。原国家环境保护总局环发〔2003〕177号《关于“不正常使用”污染物处理设施违法认定和处罚的意见》中明确了针对“通过埋设暗管或者其他隐蔽排放的方式，将污水或者其他污染物不经处理而排入环境”的行为，环保部门可认定其为“不正常使用”污染物处理设施。对环保部门来说，现实中的暗管排污行为形态各异、隐蔽性强，往往认定和取证比较困难。上述两个法条的立法精神和目的均是从法律上约束和杜绝任何单位和个人采取私设暗管等方式规避环境执法部门的监管。法律规定排口规范化，其保护的客体是环保部门正常行使对排污单位的排污行为进行日常监管的权利。因此，私设暗管条款与排污口规范化所保护的客体是一致的，法律责任针对的是违反法律、行政法规、国务院环境保护主管部门的规定设置排污口或者私设暗管排污行为。

（三）暗管排污的污水是否达标不影响违法事实的成立

私设暗管、暗管排污等都是为了逃避监管的表现形式，其本质是“逃避”，对其进行打击和惩戒的是“逃避监管”这一性质的行为。因此，行为人实施逃避监管的行为后，产生的后果并不影响其“逃避监管”违法事实的成立。从《环境保护法》和《水污染防治法》中对私设暗管的排放污染物行为进行规定的具体内容看，针对的是私设暗管的行为，并未载明排放物是否是需要达到对环境造成污染的结果。我国《环境保护法》的立法宗旨，是通过行政、刑事手段全方位打击污染环境的行为。私设暗管的行为目的在于偷排，对此类私设暗管的行为进行打击的立法目的在于预防，而非在于对造成结果的处罚，因此，行为人只要实施了私设暗管的行为即可进行处罚。对此类具有企图进行污染环境的行为的准备动作，应让其不敢进行准备，非以行为造成危害后果为惩罚条件，因此其是否造成损害，以及损害结果的大小不影响对其私设暗管行为的处罚。

“违法成本低，守法成本高”是造成目前水污染和环境破坏的原因，若将污染结果或者排放的废水系污染物作为惩罚标准，一是不利于打击实践中的排污行为，二是也会从侧面给了非法排污行为不良示范效应。从本案中的有效证据以及当事人的庭审陈述能够证明德龙加工厂的涉案生产点存在私设暗管排放生产污水的行为，该行为本身已经构成违法；生产点所排放的生产污水是否达标，这一行为结果并不影响其私设暗管规避监管这一违法事实的成立。

（执笔人：李伟东、朱婧
编审人：石磊）

▶

固体废物产生的臭气浓度超过大气污染物排放标准的，应当适用《大气污染防治法》进行处罚

6. 上海鑫晶山建材开发有限公司诉上海市金山区环境保护局环境行政处罚案*

（最高人民法院审判委员会讨论通过　2019年12月26日发布）

【关键词】

行政　行政处罚　大气污染防治　固体废物污染环境防治　法律适用　超过排放标准

【裁判要点】

企业事业单位和其他生产经营者堆放、处理固体废物产生的臭气浓度超过大气污染物排放标准，环境保护主管部门适用处罚较重的《中华人民共和国大气污染防治法》对其进行处罚，企业事业单位和其他生产经营者主张应当适用《中华人民共和国固体废物污染环境防治法》对其进行处罚的，人民法院不予支持。

【相关法条】

《中华人民共和国环境保护法》第十条

* 摘自2019年12月26日最高人民法院发布的第24批指导性案例（指导案例139号）。

《中华人民共和国大气污染防治法》第十八条、第九十九条

《中华人民共和国固体废物污染环境防治法》第六十八条①

【基本案情】

原告上海鑫晶山建材开发有限公司（以下简称鑫晶山公司）不服上海市金山区环境保护局（以下简称金山环保局）行政处罚提起行政诉讼，诉称：金山环保局以其厂区堆放污泥的臭气浓度超标适用《中华人民共和国大气污染防治法》（以下简称大气污染防治法）进行处罚不当，应当适用《中华人民共和国固体废物污染环境防治法》（以下简称固体废物污染环境防治法）处罚，请求予以撤销。

法院经审理查明：因群众举报，2016年8月17日，被告金山环保局执法人员前往鑫晶山公司进行检查，并由金山环境监测站工作人员对该公司厂界臭气和废气排放口进行气体采样。同月26日，金山环境监测站出具了编号为XF26-2016的《测试报告》，该报告中的《监测报告》显示，依据《恶臭污染物排放标准》（GB 14554-93）规定，臭气浓度厂界标准值二级为20，经对原告厂界四个监测点位各采集三次样品进行检测，3#监测点位臭气浓度一次性最大值为25。2016年9月5日，被告收到前述《测试报告》，遂于当日进行立案。经调查，被告于2016年11月9日制作了金环保改字〔2016〕第224号《责令改正通知书》及《行政处罚听证告知书》，并向原告进行了送达。应原告要求，被告于2016年11月23日组织了听证。2016年12月2日，被告作出第2020160224号《行政处罚决定书》，认定2016年8月17日，被告执法人员对原告无组织排放恶臭污染物进行检查、监测，在原告厂界采样后，经金山环境监测站检测，3#监测点臭气浓度一次性最大值为25，超出《恶臭污染物排放标准》（GB 14554-93）规定的排放限值20，该行为违反了大气污染防治法第十八条的规定，依据大气污染防治法第九十九条第二项的规定，决定对原告罚款25万元。

另查明，2009年11月13日，被告审批通过了原告上报的《多规格环

① 对应《中华人民共和国固体废物污染环境防治法》(2020年修订)第一百零二条。下同。

保型淤泥烧结多孔砖技术改造项目环境影响报告表》，2012 年 12 月 5 日前述技术改造项目通过被告竣工验收。同时，2015 年以来，原告被群众投诉数十起，反映该公司排放刺激性臭气等环境问题。2015 年 9 月 9 日，因原告同年 7 月 20 日厂界两采样点臭气浓度最大测定值超标，被告对该公司作出金环保改字〔2015〕第 479 号《责令改正通知书》，并于同年 9 月 18 日作出第 2020150479 号《行政处罚决定书》，决定对原告罚款 35000 元。

【裁判结果】

上海市金山区人民法院于 2017 年 3 月 27 日作出（2017）沪 0116 行初 3 号行政判决：驳回原告鑫晶山公司的诉讼请求。宣判后，当事人服判息诉，均未提起上诉，判决已发生法律效力。

【裁判理由】

法院生效裁判认为，本案核心争议焦点在于被告适用大气污染防治法对原告涉案行为进行处罚是否正确。其中涉及固体废物污染环境防治法第六十八条第一款第七项、第二款及大气污染防治法第九十九条第二项之间的选择适用问题。前者规定，未采取相应防范措施，造成工业固体废物扬散、流失、渗漏或者造成其他环境污染的，处 1 万元以上 10 万元以下的罚款；后者规定，超过大气污染物排放标准或者超过重点大气污染物排放总量控制指标排放大气污染物的，由县级以上人民政府环境保护主管部门责令改正或者限制生产、停产整治，并处 10 万元以上 100 万元以下的罚款；情节严重的，报经有批准权的人民政府批准，责令停业、关闭。前者规制的是未采取防范措施造成工业固体废物污染环境的行为，后者规制的是超标排放大气污染物的行为；前者有未采取防范措施的行为并具备一定环境污染后果即可构成，后者排污单位排放大气污染物必须超过排放标准或者重点大气污染物排放总量控制指标才可构成。本案并无证据可证实臭气是否来源于任何工业固体废物，且被告接到群众有关原告排放臭气的投诉后进行执法检查，检查、监测对象是原告排放大气污染物的情况，适用对象方面与大气污染防治法更为匹配；《监测报告》显示臭气浓度超过大气污染物排放标准，行为后果方面适用大气污染防治法第九十九条第二项规定更为准确，故被诉行政处罚决定适用法律并无不当。

（生效裁判审判人员：徐跃、许颖、崔胜东）

理解与参照

《上海鑫晶山建材开发有限公司诉上海市金山区环境保护局环保行政处罚案》的理解与参照*

——环境行政处罚案件中的法律适用与选择

最高人民法院案例指导工作办公室

2019年12月26日，最高人民法院发布了第24批指导性案例，包括第127号至第139号共13件指导性案例。这批案例为生态环境保护专题指导性案例，总结了近些年环境资源审判领域中某些普遍的疑难复杂法律适用问题，有利于进一步明确裁判规则，统一司法尺度。其中，第139号指导案例为《上海鑫晶山建材开发有限公司诉上海市金山区环境保护局环保行政处罚案》。为了正确理解和准确参照适用该指导案例，现对该指导案例的选编过程、裁判要点、参照适用等有关情况予以解释、论证和说明。

一、案例选编过程

本案例系由上海市金山区人民法院于2017年3月27日作出一审判决

* 摘自《司法文件选解读》2023年第5辑（总第123辑），人民法院出版社2023年版，第55~64页。

并生效。上海市金山区人民法院审判委员会于2018年第381次会议（2018年1月17日）讨论决定，将该案作为备选指导性案例提交上海市高级人民法院审判委员会讨论。上海市高级人民法院审委会于2019年第1次会议（2019年2月13日）讨论通过，同意将该案例作为备选指导性案例向最高人民法院案例指导工作办公室推荐。该案例经最高人民法院环资庭初审认可后，由案例指导工作办公室作为生态环境保护专题案例之一进行了修改，并提交研究室室务会讨论。2019年9月16日，研究室室务会讨论同意推荐，并送环资庭再次征求意见。环资庭同意修改后的案例裁判要点。12月11日，最高人民法院民专会第328次会议讨论通过该案例。2019年12月26日，最高人民法院以法〔2019〕297号文件将该案例编入第24批指导性案例予以发布。

二、关于本案例的相关情况

2016年8月17日，因群众举报，上海市金山区环境保护局（以下简称金山环保局）执法人员前往上海鑫晶山建材开发有限公司（以下简称鑫晶山公司）进行检查，并由金山环境监测站工作人员对该公司厂界臭气和废气排放口进行气体采样。同月26日，金山环境监测站出具了编号为XF26-2016的测试报告，该报告中的监测报告显示，依据《恶臭污染物排放标准》（GB 14554-93）规定，臭气浓度厂界标准值二级为20，经对鑫晶山公司厂界四个监测点位各采集三次样品进行检测，3#监测点位臭气浓度一次性最大值为25。2016年9月5日，金山环保局收到前述测试报告，遂于当日进行立案。金山环保局经调查，于2016年11月9日制作了金环保改字〔2016〕第224号责令改正通知书及行政处罚听证告知书，并向鑫晶山公司进行了送达。应鑫晶山公司要求，金山环保局于2016年11月23日组织了听证。2016年12月2日，金山环保局作出第2020160224号行政处罚决定书，认定2016年8月17日金山环保局执法人员对鑫晶山公司无组织排放恶臭污染物进行检查、监测，在原告厂界采样后，经金山环境监测站检测，3#监测点臭气浓度一次性最大值为25，超出《恶臭污染物排放标准》（GB 14554-93）规定的排放限值20，该行为违反了《中华人民共和国大气污染防治法》(2015年修订，以下简称《大气污染防治法》，下同)第十八条①的规定，依据《大气污染防治法》第九十九条第二项②的规定，决定对鑫晶山公司罚款人民币25万元(以下币种均为人民币)。

另查明，2009年11月13日，金山环保局审批通过了鑫晶山公司上报的《多规格环保型淤泥烧结多孔砖技术改造项目环境影响报告表》，2012年12月5日前述技术改造项目通过金山环保局竣工验收。同时，2015年以来，鑫晶山公司被群众投诉数十起，反映该公司排放刺激性臭气等环境问题。2015年9月9日，因鑫晶山公司同年7月20日厂界两采样点臭气浓度最大测定值超标，金山环保局对该公司作出金环保改字〔2015〕第479号责令改正通知书，并于同年9月18日作出第2020150479号行政处罚决定书，决定对鑫晶山公司罚款35000元。

鑫晶山公司不服金山环保局2016年12月2日所作第2020160224号行政处罚决定书，认为臭气来源于厂区内堆积的污泥，而污泥属一般固体废物，因之造成的污染应适用《中华人民共和国固体废物污染环境防治法》(2015年修正，以下简称《固体废物污染环境防治法》，下同)第六十八条③第一款第七项及第二款的规定，处1万元以上10万元以下的罚款，但金山环保局适用了罚款数额更高的《大气污染防治法》第九十九条第二项规定，被诉行政处罚决定适用法律错误，请求予以撤销。

---

① 该条规定："企业事业单位和其他生产经营者建设对大气环境有影响的项目，应当依法进行环境影响评价、公开环境影响评价文件；向大气排放污染物的，应当符合大气污染物排放标准，遵守重点大气污染物排放总量控制要求。"

② 该法于2018年修正，2015年修订的《大气污染防治法》第九十九条第二项规定："违反本法规定，有下列行为之一的，由县级以上人民政府环境保护主管部门责令改正或者限制生产、停产整治，并处十万元以上一百万元以下的罚款；情节严重的，报经有批准权的人民政府批准，责令停业、关闭……(二)超过大气污染物排放标准或者超过重点大气污染物排放总量控制指标排放大气污染物的……"下同。

③ 该法于2020年修订，本条对应修订后的第一百零二条。2015年修正的《固体废物污染环境防治法》第六十八条第一款第七项规定："违反本法规定，有下列行为之一的，由县级以上人民政府环境保护行政主管部门责令停止违法行为，限期改正，处以罚款……(七)未采取相应防范措施，造成工业固体废物扬散、流失、渗漏或者造成其他环境污染的……"第二款规定："有前款第一项、第八项行为之一的，处五千元以上五万元以下的罚款；有前款第二项、第三项、第四项、第五项、第六项、第七项行为之一的，处一万元以上十万元以下的罚款。"

就案情而言，除涉及大气污染臭气浓度的检测与标准等专业技术问题外，本案并不复杂，基本事实在于：原告鑫晶山公司厂界监测点臭气浓度一次性最大值为25（臭气浓度为无量纲量），超出国家标准规定的排放限值20。综合案情及当事人诉辩意见，本案核心争议焦点是被告金山环保局适用大气污染防治法对原告涉案行为进行处罚是否正确。其中涉及《固体废物污染环境防治法》第六十八条第一款第七项、第二款及《大气污染防治法》第九十九条第二项间的选择适用问题。因此，从实质而言，本案最大的法律争议和价值在于环境法律规范的选择适用。

行政诉讼中的法律适用是指人民法院按照法定程序，将法律、法规、规章和其他规范性文件具体运用于行政案件，对行政行为合法性进行审查的活动；该问题在行政诉讼中极为重要，由于涉及的被告法律地位的特殊性及行政机构本身可能具备的“立法权限”，产生了在民事诉讼和刑事诉讼中没有的问题。[①] 对于法律规范存在竞合、冲突或其他难以选择适用之情形，《中华人民共和国立法法》（2015年修正）第八十七条、第八十八条、第八十九条、第九十二条[②]等条文以及学理已经给出了重要的制度性解决方案：上位法优于下位法、特别法优于一般法、新法优于旧法。上述适用规则也被《最高人民法院关于审理行政案件适用法律规范问题的座谈会纪要》（法〔2004〕96号）所吸收、重申。但在部分特殊情况下，尤其是在环境执法、司法领域环境法律规范多、修改频繁、规制情形多有交叉的情况下，前述规则适用往往存在困难。因此，本案裁判对于如何在环境处罚案件中选择适用法律规范提供了一个可供参考的新路径，为提高环境执法、司法的法律适用准确度提供了补充性指引。此外，裁判说理过程也蕴含了加强环境执法力度，以最严格制度保护生态环境的理念。

三、裁判要点的理解与说明

该指导案例的裁判要点确认：企业事业单位和其他生产经营者堆放、

① 参见江必新、梁凤云：《行政诉讼法理论与实务》，法律出版社2016年版，第1453页。

② 分别对应《中华人民共和国立法法》（2023年修正）第九十八条、第九十九条、第一百条、第一百零三条。

处理固体废物产生的臭气浓度超过大气污染物排放标准，环境保护主管部门应适用处罚较重的《大气污染防治法》对其进行处罚，企业事业单位和其他生产经营者主张应当适用《固体废物污染环境防治法》进行处罚的，人民法院不予支持。现围绕与该裁判要点相关的问题逐一解释和说明如下。

（一）法律适用规则在环境行政处罚中的运用

法律条文的概括性、抽象性保证了立法的简洁、精练以及适用情形的涵摄范围，其规范作用的发挥依赖于适用者结合个别具体事实，对其赋予一定的法律效果。[①] 但在案件事实兼涉多个法律规范时，法律条文之间的协调适用就会存在一定困难，甚至彼此产生冲突。因此，正如前述，法学理论及实定法上的法律选择适用规则是：上位法优于下位法、特别法优于一般法、新法优于旧法。下位法不符合上位法规定的，适用上位法；特别规定与一般规定不一致的，适用特别法；新的规定与旧的规定不一致的，适用新法。上述规则对于法律规范间的选择意义重大，有效解决了诸多法律适用难题。

具体到环境法律规范中，法律条文间的竞合时有发生，法律选择适用问题较其他行政领域更为突出。这是与现阶段中国环境法律规范的特点和社会环境的要求相关联的。随着社会经济跳跃式发展，人们对于生态环境保护的要求愈发高涨，而与原社会发展相对缓慢阶段相适应的既有环境法律规范不断受到挑战，既有处罚幅度也无法与飞速发展的现实相适应，但大量的环境法律规范客观上难以实时、全面、系统、彼此严密衔接地修订。环境违法行为法律竞合、法律冲突多可通过前述法律适用一般规则予以解决，但无法发挥全部效用甚至失灵的情形也不鲜见。

以本案所涉《大气污染防治法》《固体废物污染环境防治法》为例，《大气污染防治法》于1987年由第六届全国人大常委会第二十二次会议通

① 参见李洪雷：《行政法释义学：行政法学理的更新》，中国人民大学出版社2014年版，第116页。

过，1995 年、2000 年、2015 年、2018 年进行了多次修订、修正。《固体废物污染环境防治法》于 1995 年由第八届全国人大常委会第十六次会议通过，2004 年、2013 年、2015 年、2016 年、2020 年也进行了多次修订、修正。企业事业单位和其他生产经营者堆放、处理固体废物产生的臭气浓度超过大气污染物排放标准，客观上既涉及大气污染，又有固体物体废物堆放于现场，环境保护部门应适用《大气污染防治法》还是《固体废物污染环境防治法》就成了争议焦点。从处罚相对人角度而言，其自然希望适用处罚幅度较轻的后者。而按照法律适用一般规则，从位阶分析，因为两部法律都是全国人大常委会通过，法律位阶相同，不存在上位法、下位法的问题；从规范特定性角度分析，两部法律分别规制大气污染、固体废物污染的行为，难言谁为特别、谁为一般；从时间分析，两部法律均已持续多番修改，也难言谁为新法、谁为旧法。法律适用一般规则在本案中适用存在困难。

（二）堆放、处理固体废物致臭气浓度超标时的法律选择与适用的考量

在法律适用一般规则失灵时，就需要执法者、司法者综合案件情况进行衡平，确定最为贴切的法律适用规范。就环境法律规范的法律适用与解释，需避免孤立、机械理解法律条文，应基于法解释的方法、执法监管的有效性、环境利益的衡平等多个角度进行总体化、系统化考量。

第一，从构成要件角度分析，适用《大气污染防治法》更为匹配和周延。这实际上是运用文义解释的法解释方法，按照法律条文所使用词语的通常意义或法律特殊意义对法律条文进行解释、理解。① 就适用对象而言，《固体废物污染环境防治法》适用于工业固体废物，从本案查明事实来看，并不能证明企业产生的臭气全部来源于污泥，即不能排除生产作业过程中其他污染物产生的臭气，适用《固体废物污染环境防治法》显不周延。《大气污染防治法》第八十条规定：“企业事业单位和其他生产经营者在生

① 参见梁慧星：《裁判的方法》，法律出版社 2012 年版，第 106 页。

产经营活动中产生恶臭气体的，应当科学选址，设置合理的防护距离，并安装净化装置或者采取其他措施，防止排放恶臭气体。”从《大气污染防治法》适用对象来看，涉案行为产生的臭气可归类为“恶臭”范围，与该法适用对象相互匹配。就行为方式及后果而言，《固体废物污染环境防治法》第六十八条第一款第七项、第二款规定的是扬散、流失、渗漏或者造成其他环境污染，《大气污染防治法》第九十九条第二项规定的则是造成大气污染且达到超标排放。涉案固废产生臭气时样态为“堆放”，不属于《固体废物污染环境防治法》中规定的扬散、流失、渗漏。至于是否属于“或者造成其他环境污染”，从语义角度分析，“造成其他环境污染”的立法表述并未规定确切的、可量化的标准，其行为后果未要求超过国家相应标准；而《大气污染防治法》规定的行为后果须是排放大气污染物超标。原告涉案行为产生的臭气浓度已超过国家标准，故适用《大气污染防治法》予以处理更为恰当。申言之，在选择适用法律时，不应拘泥于法律中的单个条款，须结合整部法律中关于适用对象、行为后果、处罚规定以及立法目的等进行综合认定。

第二，从责罚相当角度分析，适用《大气污染防治法》更有利于环境监管。《中华人民共和国行政处罚法》（2017 年修正）第四条第二款规定，设定和实施行政处罚必须以事实为依据，与违法行为的事实、性质、情节及社会危害程度相当。[①] 本案中，涉案企业堆放污泥产生大量臭气，环保局先后接到几十封投诉举报信反映空气质量问题，严重影响了周边居民正常生活，且恶臭浓度已超过大气污染物排放标准，行为后果较为严重。《大气污染防治法》的处罚幅度为 10 万元到 100 万元，《固体废物污染环境防治法》为 1 万元到 10 万元，对于造成臭气浓度超标的严重后果的行为适用《大气污染防治法》予以处罚，贯彻了责罚相当原则，有利于环境效益与法律效果的统一。

第三，从环保利益衡平角度分析，适用《大气污染防治法》更有利于

---

① 本条对应《中华人民共和国行政处罚法》（2021 条修订）第五条第二款：“设定和实施行政处罚必须以事实为依据，与违法行为的事实、性质、情节以及社会危害程度相当。”

发挥环境审判司法能动性。习近平总书记在党的十九大报告中指出：既要创造更多物质财富和精神财富以满足人民日益增长的美好生活需要，也要提供更多优质生态产品以满足人民日益增长的优美生态环境需要。[①] 面对我国资源储备趋紧、环境污染严重、生态系统退化的严峻形势，应遵循最严格制度、最严密法治理念，充分发挥环境资源审判司法能动性，服务生态保护大局。在环境资源案件审理中，应从更有利于环境资源保护与监管的角度进行解释和认定。本案裁判充分考虑涉案行为的环境影响及社会影响，从大气污染防治角度出发，对于环境执法机关在执法过程中适用更为严格的《大气污染防治法》进行处罚予以认可，提高了企业的环境违法成本，对于污染行为可起到更强的威慑作用，符合环境保护利益衡平原则。

综上，企业事业单位和其他生产经营者堆放、处理固体废物产生的臭气浓度超过大气污染物排放标准，环境保护主管部门适用处罚较重的《大气污染防治法》对其进行处罚，符合法律规定，责罚相当，有利于有效震慑环境违法行为，法律适用准确。环境处罚相对人主张适用处罚较轻的固体废物污染环境防治法进行处罚的，人民法院不予支持。

（执笔人：崔胜东、朱婧

编审人：石磊）

① 习近平：《决胜全面建成小康社会 夺取新时代中国特色社会主义伟大胜利——在中国共产党第十九次全国代表大会上的报告》，人民出版社 2017 年版，第 50 页。

7. 海南临高盈海船务有限公司诉三沙市渔政支队行政处罚案*

(最高人民法院审判委员会讨论通过 2021年12月1日发布)

行为人非法运输《濒危野生动植物种国际贸易公约》附录一、附录二中的珊瑚、砗磲，行政机关依照《野生动物保护法》等有关规定作出行政处罚的，法院应予支持

【关键词】

行政 行政处罚 《濒危野生动植物种国际贸易公约》 非法运输 珍贵、濒危水生野生动物及其制品 珊瑚、砗磲

【裁判要点】

我国为《濒危野生动植物种国际贸易公约》缔约国，对于列入该公约附录一、附录二中的珊瑚、砗磲的所有种，无论活体、死体，还是相关制品，均应依法给予保护。行为人非法运输该公约附录一、附录二中的珊瑚、砗磲，行政机关依照《野生动物保护法》等有关规定作出行政处罚的，人民法院应予支持。

【相关法条】

《中华人民共和国野生动物保护法》(2018年10月26日修订)第三十三条(本案适用的是2009年8月27

* 摘自2021年12月1日最高人民法院发布的第31批指导性案例(指导案例177号)。

日修正的《中华人民共和国野生动物保护法》第二十三条）

《中华人民共和国水生野生动物保护实施条例》（2013 年 12 月 7 日修订）第二条、第二十条、第二十八条、第四十八条

【基本案情】

砗磲是一种主要生活在热带海域的珍贵贝类，在我国及世界范围内均为重点保护的水生野生动物。砗磲全部 9 个种均为《濒危野生动植物种国际贸易公约》附录二物种，其中的大砗磲（又名库氏砗磲）为国家一级保护动物。2014 年 8 月 21 日，海南省公安边防总队海警第三支队在三沙海域开展巡逻管控过程中，发现原告海南临高盈海船务有限公司（以下简称盈海公司）所属的“椰丰 616”号船违法装载大量砗磲贝壳，遂将其查获，并将该案交由三沙市综合执法局先行查处。后因该案属于被告三沙市渔政支队的职权范围，三沙市综合执法局将该案转交被告具体办理。经查实，原告未持有《水生野生动物特许运输许可证》，涉案船舶共装载砗磲贝壳 250 吨，经专业机构鉴定和评估，该 250 吨砗磲贝壳中 98% 为大砗磲，属国家一级保护动物，2% 为砗蠔（属于砗磲科），属《濒危野生动植物种国际贸易公约》附录二物种，涉案砗磲贝壳总价值为 373500 元。据此，被告作出琼三沙渔政罚字〔2018〕01 号行政处罚决定书，以原告的“椰丰 616”号船未持有《水生野生动物特许运输许可证》擅自运输砗磲贝壳的行为违反《中华人民共和国野生动物保护法》等法律规定，对原告处以没收砗磲贝壳 250 吨及按照实物价值 3 倍罚款人民币 1120500 元的行政处罚。原告不服，向海口海事法院提起行政诉讼，请求撤销该行政处罚决定。

【裁判结果】

海口海事法院于 2018 年 11 月 30 日作出（2018）琼 72 行初 14 号行政判决，认为三沙市渔政支队作出的行政处罚决定事实清楚，证据确凿，适用法律、法规正确，符合法定程序，判决驳回原告盈海公司的诉讼请求。判决后，盈海公司提出上诉，海南省高级人民法院于 2019 年 4 月 10 日作出（2019）琼行终 125 号行政判决：驳回上诉，维持原判。

【裁判理由】

法院生效裁判认为：1. 我国作为《濒危野生动植物种国际贸易公约》缔约国，应当严格、全面履行公约义务，对已列入该公约附录一、附录二中的珊瑚、砗磲的所有种，无论活体、死体，还是相关制品，均应依法给予保护。砗磲属受保护的珍贵、濒危水生野生动物，砗磲贝壳为受我国法律保护的水生野生动物产品。根据《最高人民法院关于审理发生在我国管辖海域相关案件若干问题的规定（二）》第七条第三款及《中华人民共和国水生野生动物保护实施条例》第二条的规定，列入《国家重点保护野生动物名录》中国家一、二级保护的，以及列入《濒危野生动植物种国际贸易公约》附录一、附录二中所有水生野生动物物种，无论属于活体、死体，还是相关制品（水生野生动物的任何部分及其衍生品），均受到法律保护。案涉大砗磲属《国家重点保护野生动物名录》中的国家一级保护动物，砗蠔属《濒危野生动植物种国际贸易公约》附录二物种，二者均受法律保护。盈海公司运输行为的客体虽然是砗磲贝壳，但作为双壳纲动物，砗磲的贝壳属于其作为动物的一部分，因此，应当将砗磲贝壳认定为《中华人民共和国水生野生动物保护实施条例》第二条规定应受保护的水生野生动物产品；盈海公司关于其运输的砗磲为死体，不违反法律、行政法规的抗辩不能成立。

2. 非法开发利用野生动物资源“产业链”中所涉及的非法采捕、收购、运输、加工、销售珍贵、濒危野生动物及其制品等行为均构成违法并须承担相应的法律责任。非法运输珍贵、濒危野生动物及其产品的行为是非法开发利用野生动物资源“产业链”的重要一环，应承担相应的法律后果和责任。根据案发时生效的《中华人民共和国野生动物保护法》（2009年8月27日修订）第二十三条、《中华人民共和国水生野生动物保护实施条例》第二十条及《中华人民共和国水生野生动物利用特许办法》第二十九条[①]的规定，运输、携带国家重点保护野生动物或者其产品出县境的，

① 《中华人民共和国水生野生动物利用特许办法》（2017年修改）已删除本条。

必须经省、自治区、直辖市政府野生动物行政主管部门或者其授权的单位批准并取得相应许可证明。本案中，盈海公司未经批准并取得相关许可证明，就将案涉砗磲贝壳从三沙市向海南岛运输，已构成违法，故三沙市渔政支队对其处以罚款具有法律、行政法规依据。

（生效裁判审判人员：王峻、张爽、冯坤）

理解与参照

《海南临高盈海船务有限公司诉三沙市渔政支队行政处罚案》的理解与参照*

——行政机关有权依法对行为人非法运输《濒危野生动植物种国际贸易公约》附录中的珊瑚、砗磲进行行政处罚

最高人民法院案例指导工作办公室

为了正确理解和准确参照适用第177号指导性案例，现对该指导性案例的裁判要点、参照适用等有关情况予以解释、论证和说明。

一、本案例的基本情况

2014年8月21日，海南省公安边防总队海警第三支队在三沙海域开展巡逻管控过程中，发现原告海南临高盈海船务有限公司（以下简称盈海

* 摘自《人民司法·案例》2022年第26期。

公司)所属的“椰丰616”号船违法装载大量砗磲贝壳,遂将其查获,并将该案交由三沙市综合执法局先行查处。后因该案属于被告三沙市渔政支队的职权范围,三沙市综合执法局将该案转交其具体办理。经查实,盈海公司未持有水生野生动物特许运输许可证,涉案船舶共装载砗磲贝壳250吨。经专业机构鉴定和评估,该250吨砗磲贝壳中98%为大砗磲,属国家一级保护动物,2%为砗磲(属于砗磲科),属《濒危野生动植物种国际贸易公约》(以下简称《公约》)附录二中的保护动物,涉案碎碟贝壳总价值为373500元。据此,三沙渔政支队作出琼三沙渔政罚字〔2018〕01号行政处罚决定书,以盈海公司“椰丰616”号船未持有水生野生动物特许运输许可证擅自运输砗磲贝壳的行为违反《中华人民共和国野生动物保护法》(以下简称《野生动物保护法》)等法律规定,对其处以没收砗磲贝壳250吨及按照实物价值3倍罚款即1120500元的行政处罚。盈海公司不服,向海口海事法院提起行政诉讼,请求撤销该行政处罚决定。海口海事法院于2018年11月30日作出(2018)琼72行初14号行政判决,认为三沙市渔政支队作出的行政处罚决定事实清楚,证据确凿,适用法律、法规正确,符合法定程序,判决驳回盈海公司的诉讼请求。一审判决后,盈海公司提起上诉,海南省高级人民法院于2019年4月10日作出(2019)琼行终125号行政判决:驳回上诉,维持原判。

砗磲属双壳纲帘蛤目砗磲科,主要生活在热带海域,在我国主要分布在海南省及台湾地区附近海域以及南海各岛礁,是珊瑚礁生态系统的重要组成部分,对维护南海海域珊瑚礁生态系统平衡和生物多样性具有重要作用。砗磲是一种珍贵、濒危的野生水生动物,砗磲科全部9个种均为《公约》附录二保护物种,4个种为世界自然保护联盟(IUCN)确定的易危物种。我国1989年首次发布《国家重点保护野生动物名录》时,也将库氏砗磲(大砗磲)列为国家一级保护动物,但砗磲科的其他物种未列入该名录;直到2018年10月9日,农业农村部发布第69号公告即《〈濒危野生动植物种国际贸易公约〉附录水生动物物种核准为国家重点保护野生动物名录》时,首次将除库氏砗磲外的砗磲科所有种核准为国家二级保护动物。

本案案发于2014年，当时农业农村部第69号公告尚未发布和生效，因此本案第一个要解决的问题是：对已纳入《公约》附录，但未纳入我国《国家重点保护野生动物名录》的物种如何保护？与此同时，社会公众长期以来有一个错误认识，认为采挖砗磲违法，运输砗磲不违法；采挖活体砗磲违法，采挖死体砗磲不违法。本案中，盈海公司“椰丰616”号船运输的砗磲是死体，且没有证据证明是该公司采挖的，因此，本案第二个要解决的问题是：运输死体砗磲是否构成违法？最高人民法院此前发布的《关于审理发生在我国管辖海域相关案件若干问题的规定（二）》［以下简称《管辖海域规定（二）》］比较好地解决了前述两个难题。

本案通过正确理解和适用《管辖海域规定（二）》第七条第三款规定，援引《公约》认定列入我国重点保护野生动物名录以及列入《公约》附录一、附录二中所有水生野生动物物种，无论属于活体还是死体，均受到法律保护；对破坏野生动物资源违法产业链中的各个环节，如采捕、收购、运输、加工、销售珍贵濒危野生动物及其制品等行为，依法予以全面打击。本案的说理过程和裁判结果，积极援引《公约》，依法扩大该国际公约在中国海洋环境资源类案件中适用的效率和范围，系统展现了中国法院在司法过程中正确理解和适用《公约》，严格、全面履行国际公约缔约国义务，致力于保护海洋生物多样性、促进海洋生物资源可持续发展、构建人类海洋命运共同体的坚定决心和为此所作出的努力。

二、裁判要点的理解与说明

该指导性案例的裁判要点确认：我国为《公约》缔约国，对于列入该公约附录一、附录二中的珊瑚、砗磲的所有种，无论活体、死体，还是相关制品，均应依法给予保护。行为人非法运输该公约附录一、附录二中的珊瑚、砗磲，行政机关依照《野生动物保护法》等有关规定作出行政处罚的，人民法院应予支持。现围绕与该裁判要点相关的问题解释和说明如下：

(一)关于列入《公约》附录一、附录二中的珊瑚、砗磲所有种的保护问题

《公约》于1981年4月8日对我国生效后，我国建立了以野生动物保护法、《野生植物保护条例》《濒危野生动植物进出口管理条例》为主体的履约立法体系，在《公约》秘书处组织的履约国内立法评估中被评为最高等级。即便已经有如此完善和强有力的立法保护体系，也不能完全跟上濒危野生动物保护的实践需求。根据《野生动物保护法》第三十五条第四款等法律条款的规定，《公约》附录物种需经相关行政主管机关核准，并列入《国家重点保护野生动物名录》后，方可纳入我国野生动物保护体系进行保护。实务操作中，某一物种要被纳入《国家重点保护野生动物名录》，常常需要一个较为严谨且略显复杂的论证、审核程序，这一过程往往耗时较长。因此，关于《公约》附录转化为《国家重点保护野生动物名录》的规定一定程度上影响到执法和司法机关对《公约》附录物种采取保护措施的及时性和有效性，也导致司法实践中对于《公约》附录一、附录二物种是否必然等同于相关法律条款中的珍贵、濒危野生动物这一问题长期存在争议。以本案为例，案涉大砗磲(库氏砗磲)属《国家重点保护野生动物名录》中所列的国家一级保护动物，但砗磲虽属《濒危野生动植物种国际贸易公约》附录二中的物种，但并未列入我国《国家重点保护野生动物名录》当中，由此导致砗磲是否属于受保护物种存在争议。

针对这一问题，最高人民法院出台了一系列司法解释，有效提高了《公约》向国内法转化的效率，有力强化了对野生动物资源的司法保护。2000年11月27日，最高人民法院发布了《关于审理破坏野生动物资源刑事案件具体应用法律若干问题的解释》(已失效，以下简称《野生动物资源刑事案件解释》)，首次确认《公约》附录一、附录二物种可直接被认定为《中华人民共和国刑法》第三百四十一条所称的珍贵、濒危野生动物，在刑事层面上解决了《国家重点保护野生动物名录》与《公约》附录的关系问题。这一裁判规则的确立极大地简化了《公约》条款向我国国内法规则转化的流程，提高了转化效率，确保了相关刑事司法

工作能够及时与国际接轨，取得了良好的社会效果和法律效果，并被一系列行政机关采纳和吸收。然而，《野生动物资源刑事案件解释》仅适用于刑事案件，没有解决行政和民事案件的审理过程中能否直接适用《公约》附录的问题。

为此，最高人民法院在2016年8月1日发布《管辖海域规定（二）》，在前言部分中明确了其制定依据和解释对象包括《中华人民共和国刑法》《中华人民共和国渔业法》《中华人民共和国民事诉讼法》《中华人民共和国刑事诉讼法》和《中华人民共和国行政诉讼法》等一系列法律。因此，《管辖海域规定（二）》是一部综合性的司法解释，除明确规定了适用范围的条款外，该司法解释的所有条款在刑事、行政和民事诉讼中均可适用。《管辖海域规定（二）》第七条第三款明确，该解释中的珊瑚、砗磲，是指列入《国家重点保护野生动物名录》中国家一、二级保护的，以及列入《公约》附录一、附录二中的珊瑚、砗磲的所有种，包括活体和死体。也就是说，在涉珊瑚、砗磲的非刑事诉讼中，亦可援引《管辖海域规定（二）》第七条第三款的规定，依据《公约》附录确定特定物种是否属于珍贵、濒危野生动物。

综上，在涉及珊瑚、砗磲的各类案件的审理过程中，如需确定其是否属于珍贵、濒危水生野生动物，均应综合考虑《国家重点保护野生动物名录》和《公约》附录一、附录二，不能仅以相关物种未记载于《国家重点保护野生动物名录》而否认其属于珍贵、濒危水生野生动物。

（二）关于珊瑚、砗磲活体、死体及相关制品的保护问题

较长一段时间内，司法理论和实务界一直有一种错误的观点，即开发、利用砗磲、珊瑚等动物的死体或其贝壳、外骨骼遗存并未侵犯野生动物保护法等法律所要保护的法益，这一行为不属于违法或犯罪行为。即使在《管辖海域规定（二）》出台后，亦有观点认为，违法行为人开发、利用此类动物的死体或遗存的，应当适当减轻其法律责任。

笔者认为，这两种观点都是错误的。首先，将对珍贵、濒危野生动物的保护从活体延伸至死体、制品符合《公约》规定和国际立法趋势。《公

约》第1条明确规定，对特定物种的保护包含对其活体和死体的保护，也包括其任何可辨认的部分或衍生物。我国相关立法也有相关的规定，如根据《中华人民共和国水生野生动物保护实施条例》第二条的规定，水生野生动物产品包括珍贵、濒危水生野生动物的任何部分及其衍生物。因此，砗磲死体及其遗留物仍属于法律禁止开发、利用的水生野生动物或其产品。其次，无论从《公约》还是国内立法的立法目的和保护法益来看，之所以要禁止非法开发、利用珍贵、濒危野生动物及其产品、制品，是为了保护野生动物，拯救珍贵、濒危野生动物，维护生物多样性和生态平衡，推进生态文明建设。而砗磲、珊瑚的死体和活体均是海底生态环境的重要组成部分，在维持生态平衡、维护生物多样性等方面的意义同样重要，对于南海诸岛的生态环境和生物多样性而言其生态作用更为明显。再次，砗磲、珊瑚等海洋生物的主要经济价值并非体现于其机体的有生命部分，而体现于其机体的无生命部分，如砗磲贝壳、珊瑚的外骨骼，如果不能限制对于其死体的收购、运输、出售行为，则无法起到保护相关物种的作用。最后，由于砗磲、珊瑚等海洋水生野生动物生活环境的特殊性，即使违法行为人非法捕捞、捕猎、杀害了此类动物，也往往难以第一时间被发现。鉴于此，通过保护此类动物的死体能够更好地实现保护其活体的目的。综上，无论违法行为人捕捞、收购、运输、出售的是珊瑚、砗磲的活体、死体或组成部分，均应当同等承担相应的法律责任。

（三）关于行为人非法运输珊瑚、砗磲（包括死体）的行政处罚问题

在司法实践和公众认知中，往往存在一个误区，即认为运输、携带珍贵、濒危野生动物，尤其是相关野生动物的组成部分或制品不构成违法，或违法程度较轻。必须指出，一方面，这种错误认识与我国野生动物保护法律制度的具体规定不符。我国相关法律很早就确立了对珍贵、濒危野生动物进行全流程保护的精神，无论是非法采捕、收购、运输，还是加工、销售珍贵、濒危野生动物，均属于违法行为，并要根据情节承担不同的法律责任。以本案所涉运输砗磲为例，我国《野生动物保护法》第三十三

条、《中华人民共和国水生野生动物保护实施条例》第二十条、《中华人民共和国水生野生动物利用特许办法》第二十九条①均规定，跨越县境运输国家重点保护野生动物或其产品需经批准并取得相应许可证明。因此，只要行为人实施了非法运输、携带珍贵、濒危水生野生动物的行为，就已构成违法并需承担相应的法律责任。

另一方面，对破坏濒危野生动物资源产业链的全面打击是濒危野生动物保护的必由之路。捕捞是濒危野生水生动物资源被破坏的直接原因和首个环节，但濒危野生水生动物资源的破坏并不止于人们的无序捕捞。紧随其后的高效运输、市场的迫切需求、体系完备的销售网络，早已形成一条产业链，助长了人们对野生水生动物的疯狂捕捞，如此循环，野生水生动物资源一步步走向枯竭。在这个过程中，捕捞、运输、销售都是濒危野生动物资源破坏的元凶。例如本案中的砗磲，由于砗磲贝壳制品的装饰作用被市场过度炒作，一段时间以来在我国南海海域违法采挖砗磲现象屡禁不止，甚至有形成采挖、运输、加工、销售、购买全产业链条的趋势。要想遏制这一不良趋势，必须对涉砗磲违法采挖、运输、销售、购买砗磲的各环节行为人进行全产业链条的打击。

本案中，海南两级法院通过对相对人非法运输珍贵、濒危水生野生动物行为的处理，体现了我国法律对于珍贵、濒危水生野生动物进行全流程保护的立法和司法精神。

三、参照适用时应注意的问题

本案例在参照适用时应当注意以下几点：一是农业农村部发布了第69号公告即《〈濒危野生动植物种国际贸易公约〉附录水生动物物种核准为国家重点保护野生动物名录》，将未纳入我国野生动物保护名录，但已列入《公约》附录的野生动物物种的国内保护等级进行了核定，现在审理案件时对涉案的野生动物应当按69号公告核定的等级进行保护。二是我国近几年对野生动植物种保护等级进行了较为频繁的调整，审理案件时应当注

① 《中华人民共和国水生野生动物利用特许办法》（2017年修改）已删除本条。

意等级变化并根据案发时间确定适用标准。三是虽然珍贵、濒危野生动物的死体和活体均予以保护，但在确定涉案野生动物价值时，应当严格按照农业农村部2019年第5号令，即《水生野生动物及其制品价值评估办法》的规定核定，注意死体的涉案部分系数，死体价值可能低于活体。

（执笔人：吴永林、焦南、朱婧）

8. 北海市乃志海洋科技有限公司诉北海市海洋与渔业局行政处罚案*

(最高人民法院审判委员会讨论通过 2021年12月1日发布)

▶ 未依法取得海域使用权，在海岸线向海一侧以平整场地及围堰护岸等方式，实施筑堤围割海域，将海域填成土地并形成有效岸线，改变海域自然属性的用海活动，可以认定为构成非法围海、填海

【关键词】

行政 行政处罚 非法围海、填海 海岸线保护 海洋生态环境 共同违法认定 从轻或者减轻行政处罚

【裁判要点】

1. 行为人未依法取得海域使用权，在海岸线向海一侧以平整场地及围堰护岸等方式，实施筑堤围割海域，将海域填成土地并形成有效岸线，改变海域自然属性的用海活动可以认定为构成非法围海、填海。

2. 同一海域内，行为人在无共同违法意思联络的情形下，先后各自以其独立的行为进行围海、填海，并造成不同损害后果的，不属于共同违法的情形。行政机关认定各行为人的上述行为已构成独立的行政违法行为，并对各行为人进行相互独立的行政处罚，人民法院应予支持。对于同一海域内先后存在两个以上

* 摘自2021年12月1日最高人民法院发布的第31批指导性案例（指导案例178号）。

相互独立的非法围海、填海行为，行为人应各自承担相应的行政法律责任，在后的违法行为不因在先的违法行为适用从轻或者减轻行政处罚的有关规定。

【相关法条】

《中华人民共和国行政处罚法》（2021年1月22日修订）第三十二条（本案适用的是2017年9月1日修订的《中华人民共和国行政处罚法》第二十七条）

《中华人民共和国海域使用管理法》第四十二条

【基本案情】

北海市乃志海洋科技有限公司（以下简称乃志公司）诉称：其未实施围海、填海行为，实施该行为的主体是北海市渔沣海水养殖有限公司（以下简称渔沣公司）。即使认定其存在非法围海、填海行为，因其与渔沣公司在同一海域内实施了占用海域行为，应由所有实施违法行为的主体共同承担责任，对其从轻或减轻处罚。北海市海洋与渔业局（以下简称海洋渔业局）以乃志公司非法占用并实施围海、填海0.38公顷海域，作出缴纳海域使用金15倍罚款的行政处罚，缺乏事实和法律依据，属于从重处罚，请求撤销该行政处罚决定。

海洋渔业局辩称：现场调查笔录及照片等证据证实乃志公司实施了围海造地的行为，其分别对乃志公司和渔沣公司的违法行为进行了查处，确定乃志公司缴纳罚款数额符合法律规定。

法院经审理查明：2013年6月1日，渔沣公司与北海市铁山港区兴港镇石头埠村小组签订《农村土地租赁合同》，约定石头埠村小组将位于石头埠村海边的空地租给渔沣公司管理使用，该地块位于石头埠村海边左邻避风港右靠北林码头，与海堤公路平齐，沿街边100米，沿海上进深145米，共21.78亩，作为海产品冷冻场地。合同涉及租用的海边空地实际位置在海岸线之外。同年7～9月，渔沣公司雇请他人抽取海沙填到涉案海域，形成沙堆。2016 年 5 月 12 日，乃志公司与渔沣公司签订《土地承包合同转让协议》，乃志公司取得渔沣公司在原合同中的权利。同年 7 月至 9 月间，乃志公司在未依法取得海域使用权的情况下，对其租赁的海边空地（实为海滩涂）利用机械和车辆从外运来泥土、建筑废料进行场地平整，建设临时码头，形成陆域，准备建设冷冻厂。

2017 年 10 月，海洋渔业局对该围海、填海施工行为进行立案查处，测定乃志公司填占海域面积为 0. 38 公顷。经听取乃志公司陈述申辩意见，召开听证会，并经两次会审，海洋渔业局作出北海渔处罚〔2017〕09 号行政处罚决定书，对乃志公司作出行政处罚：责令退还非法占用海域，恢复海域原状，并处非法占用海域期间内该海域面积应缴纳海域使用金 15 倍计人民币 256. 77 万元的罚款。乃志公司不服，提起行政诉讼，请求撤销该行政处罚决定。

【裁判结果】

北海海事法院于 2018 年 9 月 17 日作出（2018）桂 72 行初 2 号行政判决，驳回原告乃志公司的诉讼请求。宣判后，乃志公司提出上诉。广西壮族自治区高级人民法院于 2019 年 6 月 26 日作出（2018）桂行终 1163 号行政判决：驳回上诉，维持原判。

【裁判理由】

法院生效裁判认为：乃志公司占用的海边空地在海岸线（天然岸线）之外向海一侧，实为海滩涂。其公司使用自有铲车、勾机等机械，从外运来泥土和建筑废料对渔沣公司吹填形成的沙堆进行平整、充实，形成临时码头，并在临时码头西南面新填了部分海域，建造了临时码头北面靠海一侧的沙袋围堰和护岸设施。上述平整填充场地以及围堰护岸等行为，导致海域自然属性改变，形成有效岸线，属于围海、填海行为。乃志公司未取得案涉 0. 38 公顷海域的合法使用权，在该区域内进行围海、填海，构成非法围海、填海。

渔沣公司与乃志公司均在案涉海域进行了一定的围海、填海活动，但二者的违法行为具有可分性和独立性，并非共同违法行为。首先，渔沣公司与乃志公司既无共同违法的意思联络，亦非共同实施违法行为。从时间上分析，渔沣公司系于2013年7月至9月间雇请他人抽取海沙填到涉案海域，形成沙堆。而乃志公司系于2016年5月12日通过签订转让协议的方式取得渔沣公司在原合同中的权利，并于2016年7月至9月间对涉案海域进行场地平整，建设临时码头，形成陆域。二者进行围海、填海活动的时间间隔较远，相互独立，并无彼此配合的情形。其次，渔沣公司与乃志公司的违法性质不同。渔沣公司仅是抽取海沙填入涉案海域，形成沙堆，其行为违法程度较轻。而乃志公司已对涉案海域进行了围堰和场地平整，并建设临时码头，形成了陆域，其行为违法情节更严重，性质更为恶劣。最后，渔沣公司与乃志公司的行为所造成的损害后果不同。渔沣公司的行为尚未完全改变涉案海域的海洋环境，而乃志公司对涉案海域进行围堰及场地平整，设立临时码头，形成了陆域，其行为已完全改变了涉案海域的海洋生态环境，构成了非法围海、填海，损害后果更为严重。海洋渔业局认定乃志公司与渔沣公司的违法行为相互独立并分别立案查处，有事实及法律依据，并无不当。乃志公司主张海洋渔业局存在选择性执法，以及渔沣公司应当与其共同承担责任的抗辩意见不能成立。

乃志公司被查处后并未主动采取措施减轻或消除其围海、填海造地的危害后果，不存在从轻或减轻处罚的情形，故乃志公司主张从轻或减轻行政处罚，缺乏法律依据。乃志公司平整和围填涉案海域，占填海域面积为0.38公顷，其行为改变了该海域的自然属性，形成陆域，对近海生态造成不利的影响。海洋渔业局依据《中华人民共和国海域使用管理法》第四十二条规定的“处非法占用海域期间内该海域面积应缴纳的海域使用金十倍以上二十倍以下的罚款”，决定按15倍处罚，未违反《中华人民共和国行政处罚法》关于行政处罚适用的相关规定，符合《中国海监总队关于进一步规范海洋行政处罚裁量权行使的若干意见》对于行政处罚幅度中的一般处罚，并非从重处罚，作出罚款人民币256.77万元的处罚决定，认定事实清楚，适用法律并无不当。

（生效裁判审判人员：张辉、蒋新江、熊梅）

理解与参照

《北海市乃志海洋科技有限公司诉北海市海洋与渔业局行政处罚案》的理解与参照*

——非法围海填海共同违法行为的认定及其法律责任

最高人民法院案例指导工作办公室

为了正确理解和准确参照适用第 178 号指导性案例，现对该指导性案例的裁判要点、参照适用等有关情况予以解释、论证和说明。

一、本案例的基本情况

2013 年 6 月 1 日，广西壮族自治区北海市渔沣海水养殖有限公司（以下简称渔沣公司）与案外村民小组签订土地租赁合同，租赁该村附近海边空地（实为海滩涂）。同年 7 至 9 月间，渔沣公司抽取海沙填至其租赁的区域，形成沙堆。2016 年 5 月 12 日，北海市乃志海洋科技有限公司（以下简称乃志公司）与渔沣公司签订转让协议，取得渔沣公司在上述租赁合同中的权利。之后，乃志公司在未依法取得海域使用权的情形下，对该区域进行场地平整，建设临时码头，形成陆域。

2017 年 10 月，北海市海洋与渔业局（以下简称海洋渔业局）对该围填海施工行为进行立案查处，测定乃志公司填占海域面积为 0.38 公顷。海洋渔业局认定乃志公司填占海域行为违法，依法作出行政处罚，责令乃志公司退还非法占用海域，恢复海域原状，并处非法占用海域期间内该海域

* 摘自《人民司法·案例》2022 年第 26 期。

面积应缴纳海域使用金15倍计256.77万元的罚款。

乃志公司不服该行政处罚决定，提起本案诉讼，请求撤销该行政处罚决定。北海海事法院于2018年9月17日作出（2018）桂72行初2号行政判决，驳回乃志公司的诉讼请求。宣判后，乃志公司不服，提起上诉。广西壮族自治区高级人民法院于2019年6月26日作出（2018）桂行终1163号行政判决：驳回上诉，维持原判。

本案涉及同一海域内两个主体实施了围海、填海行为，如何认定违法主体、填占海域面积，以及是否构成共同违法、法律责任如何确定等问题，是该类案件审理的难点。

2018年7月，国务院印发了《关于加强滨海湿地保护严格管控围填海的通知》，对加强管控围填海提出了明确的要求。但因海岸线相关法律法规体系不健全，存在开发利用缺少统筹规划、多头行政管理的客观情况，非法围海、填海行为的认定及查处面临取证难、处罚难、执行难等困境。

关于涉海洋行政处罚中共同违法行为认定，法律规定及司法实务均不明确。(1) 从域外法律制度考察，《奥地利行政处罚法》第7条规定："教唆或便利他人违反行政义务之行为，按照正犯之行为处罚之，即使正犯未受处罚时，亦同。"可见，奥地利行政处罚制度对共同违法中的教唆行为或帮助行为采取的是统一按正犯进行处罚的立法模式。《德国行政秩序法》第14条则规定，只要行为人共同参与了一项行政违法行为，均构成共同违法，但又对各行为人分别予以处罚。(2) 从我国法律规定看，《国土资源违法行为查处工作规程》中明确规定："同一违法行为有两个以上当事人的，应当认定为共同违法责任主体。"《北京市工商行政管理局行政处罚裁量权实施办法（试行）》第二十四条第二项、第二十五条第三项则规定共同违法行为中次要作用或辅助作用可以从轻处罚，主要作用给予从重处罚。但上述规定均未明确共同违法的构成要件。(3) 从司法实践考察，采取一事一罚的情形较为常见。在介某超诉河南省舞阳县林业局行政处罚决定一案中，舞阳县人民法院认为，介某超等8人在未办理采伐证的情况下采伐杨树，属于共同实施的一个违法行为，只能作出一个处罚决定，舞阳县林业局分别对8人作出处罚决定，适用法律错误。该判决的说理在一定程度上确立了共同违法行为的认定标准，即多个行为人共同实施同一违反行政法律法规的行为，应按同一违法行为进行认定和处罚。

本案例通过对围海、填海等用海方式的定义，明确了非法围海、填海行为客观要件标准，对涉海洋行政处罚中非法围海填海共同违法行为的构成要件作出界定，并对先后违法行为法律责任的区分以及适用从轻、减轻处罚等问题予以明确，为同一海域内存在两个以上违法行为的海洋行政执法中违法主体及填占面积的认定提供了可借鉴的事实查明方法，就解决司法实践中此类案件处理中的疑难问题提供可参照的具体适用规则。案涉海域位于码头、村庄附近，属于中国南海西北部的北部湾海区，该海区拥有国家一级保护动物中华白海豚、布氏鲸等多种珍稀海洋生物，是我国海洋生物多样性较高的海区之一。本案的处理对于提升公民、企业依法用海意识，打击非法用海行为，维护国家海岸线安全，保护周边海洋生态环境及海洋生物多样性，具有积极的作用。

二、裁判要点的理解与说明

该指导性案例的裁判要点确认：(1) 行为人未依法取得海域使用权，在海岸线向海一侧以平整场地及围堰护岸等方式，实施筑堤围割海域，将海域填成土地并形成有效岸线，改变海域自然属性的用海活动，可以认定为构成非法围海、填海。(2) 同一海域内，行为人在无共同违法意思联络的情形下，先后各自以其独立的行为进行围海、填海，并造成不同损害后果的，不属于共同违法的情形。行政机关认定各行为人的上述行为已构成独立的行政违法行为，并对各行为人进行相互独立的行政处罚，人民法院应予支持。对于同一海域内先后存在两个以上相互独立的非法围海、填海行为，行为人应各自承担相应的行政法律责任，在后的违法行为不因在先的违法行为适用从轻或者减轻行政处罚的有关规定。

现围绕与该裁判要点相关的问题解释和说明如下：

(一) 关于非法围海、填海行为的认定

1. 处罚法定原则包含受处罚的行为法定。《中华人民共和国行政处罚

法》（以下简称《行政处罚法》）第四条规定，公民、法人或者其他组织违反行政管理秩序的行为，应当给予行政处罚的，依照本法由法律、法规、规章规定，并由行政机关依照本法规定的程序实施。该条明确了处罚法定原则，包含受处罚的行为法定。但该法对于应受行政处罚的行为之构成要件没有作出具体的规定。《中华人民共和国海域使用管理法》（以下简称《海域使用管理法》）第四条第二款规定，国家严格管理填海、围海等改变海域自然属性的用海活动。第四十二条规定，未经批准或者骗取批准，非法占用海域的，责令退还非法占用的海域，恢复海域原状，没收违法所得，并处非法占用海域期间内该海域面积应缴纳的海域使用金五倍以上十五倍以下的罚款；对未经批准或者骗取批准，进行围海、填海活动的，并处非法占用海域期间内该海域面积应缴纳的海域使用金十倍以上二十倍以下的罚款。上述规定是非法围海、填海行为属于受海洋行政处罚行为的法律依据。对于什么是非法围海、填海行为，在海域使用管理法、《海洋行政处罚实施办法》中未予明确，仅在《海域使用管理法》第三条第二款明确了未依法取得海域使用权的用海活动属于非法用海行为的成立条件之一。鉴于行政处罚与刑罚的共同之处是对违法行为的制裁，区别在于罪与非罪的界限，只有违反法律严重到立法视为犯罪时，才对行为进行刑事制裁；而对于没有构成刑事犯罪的轻微违法行为，一般视为行政违法，纳入行政处罚的范围。因此，受行政处罚的违法行为构成要件，可参考刑事犯罪行为构成要件予以确定。行政违法行为成立要件包括违法客体、违法客观方面、违法主体、违法主观方面。就非法围海、填海行为的认定，关键是明确违法客观方面要件。

2. 非法围海、填海行为的客观方面要件。围海、填海属于海域使用的方式，国海管字〔2008〕273号国家海洋局《关于印发〈海域使用分类体系〉和〈海籍调查规范〉的通知》（已失效）对围海作出界定："围海指通过筑堤或其他手段，以全部或部分闭合形式围割海域进行海洋开发活动的用海方式。"对填海的定义是："填海造地是指筑堤围割海域填成土地，并形成有效岸线的用海方式。"国家海洋局《海域勘界技术规程》（国海管字〔2002〕139号）规定，海岸线是指平均大潮高潮时水陆分界的痕迹线。有效岸线是以天然岸线和2000年1月1日前建成的人工岸线为海域勘界有效岸线。海洋与土地自然属性不同，将海域填成土地必会导致海域自然属性改变。故，围海、填海行为可定义为通过筑堤围割海域，将海域填成土地并形成有效岸线，改变海域自然属性的用海活动。非法围海、填海行为的客观方面外在表现是，行为人未依法取得海域使用权，在海岸线向海一侧以平整场地及围堰护岸等方式，实施筑堤围割海域的用海活动，后果是将海域填成土地并形成有效岸线，改变海域自然属性。

3. 海洋行政管理过程中海岸线的认定。对于是否构成非法围海、填海行为的认定，基本前提是该行为发生在海域范围内。《海域使用管理法》第二条第一款、第二款规定，本法所称海域，是指中华人民共和国内水、领海的水面、水体、海床和底土。本法所称内水，是指中华人民共和国领海基线向陆地一侧至海岸线的海域。海岸线是海洋与陆地分界线，又称陆海分界线，故确定了海岸线即能判断行为是否发生在海域范围内。关于海岸线，在海洋行政管理的相关法律、法规、规章中没有明确的定义，而是散见于《地形图图式》《中国海图图式》以及海洋学术语、海洋地质学等国家标准文件中。海岸线类型分为人工岸线和自然岸线。《地形图图式》对自然岸线的定义是指以平均大潮高潮的痕迹所形成的水陆分界线，一般可根据当地的海蚀阶地、海滩堆积物或海滨植被来确定。由于自然因素如潮汐作用，平均大潮高潮的痕迹不是一条固定的线，而是随着潮汐变化在一个条状带区域内的动态线的合集。而人类开发活动会导致海岸线类型发生转变，空间位置亦发生变化。在海洋行政管理过程中涉及海岸线的确定，则不能以自然地理环境以及擅自开发形成的人工岸线来认定，而应以依法划定的海岸线为准，即根据国家统一部署开展并经省级人民政府批准的海岸线修测成果为准。本案采用的是国家海洋局“908专项”海岸线修测后，广西壮族自治区人民政府批复的海岸线。又由于我国对国土自然资源管理的客观历史情况，陆地资源和海洋资源曾分别由不同的行政主管部门管理。土地行政管理部门在第二次全国土地调查过程中测定的海陆分界线，与海洋行政主管部门依法开展海岸线修测确定的大陆海岸线并不完全一致，存在交叉重叠区域。在本案例中表现为，有部分土地经政府土地管理部门批准取得相关土地证书，海洋渔业局作出涉案行政处罚决定时，扣除了该证书记载的面积。乃志公司占用的海边空地在海岸线之外向海一侧，属于海域，其公司从外运来泥土和建筑废料对渔沣公司吹填形成的沙堆进行平整、充实，形成临时码头，并在临时码头西南面新填了部分海域，在北面靠海一侧建造沙袋围堰和护岸设施。上述平整填充场地以及围堰护岸等行为，导致海域自然属性改变，形成有效岸线，属于围海填海行为。乃志公司未取得案涉0.38公顷海域的合法使用权，在该区域内进行围海、填海，构成非法围海、填海。

（二）关于非法围海、填海共同违法行为的认定及责任承担

1. 共同违法行为的认定。本案系涉海域使用管理的海洋行政处罚案件，即行政处罚案件中的一种特殊类型。现行的行政法律、法规及规章对行为人的共同违法行为未作明确规定，而仅对行为人的何种行为应受行政处罚进行了概括性规定。如《行政处罚法》（2017年修正）第三条第一款规定：“公民、法人或者其他组织违反行政管理秩序的行为，应当给予行政处罚的，依照本法由法律、法规或者规章规定，并由行政机关依照本法规定的程序实施。”《行政处罚法》（2021年修订）第四条规定：“公民、法人或者其他组织违反行政管理秩序的行为，应当给予行政处罚的，依照本法由法律、法规、规章规定，并由行政机关依照本法规定的程序实施。”《海洋行政处罚实施办法》第二条则规定：“单位和个人违反海域使用、海洋环境保护、铺设海底电缆管道、涉外海洋科学研究管理等海洋法律、法规或者规章，海洋行政处罚实施机关依法给予海洋行政处罚的，适用本办法。”对于如何认定同一违法行为，其构成要件应包括什么，法律法规仍未有明确规定，属于法律应填补的漏洞，需要行政机关以违法行为的构成要件为基础，综合考虑违法行为人的主观意图、行为的外在形态和所处的时空状态、受侵害的法益属性及多个法益之间的关系等因素，并在遵循有关拟制行为个数的法律规定的前提下加以认定。共同违法行为是指二人以上故意共同实施违反行政法律法规的行为，而海洋行政处罚针对的是行为人违反海洋行政法律、法规或规章等海洋行政管理秩序的行为进行的处

罚，行为人实施的行为侵犯了海洋行政法律、法规保护的利益，其行为同时具有违法、侵权的属性。具体而言，应当包括以下几个构成要件：一是主体须是二人以上，包括自然人、法人及其他非法人组织。二是行为人主观上必须具有共同的违法故意和意思联络，认识到共同违法行为发生的危害后果，并决意共同实施违法行为，且希望结果的发生。三是行为人共同实施了违反海洋行政法律、法规或规章等海洋行政管理秩序的行为，即各行为人所实施的是同一违法行为，而非各自独立的、性质各不相同的违法行为。对于独立性，可以从实施行为的时间、地点、空间加以判断，同时满足以上几个要件的，才考虑认定为共同违法行为。适用以上具体规则时，还应注意，不能仅以各行为人的行为违反两个以上法律规范，即认定不构成共同违法行为，也不能仅以各行为人在同一空间内实施同类违法行为，便认定构成共同违法行为。此外，在认定行为是否构成共同违法行为时，还应当注意行为人的行为是否造成共同的损害后果。虽然损害后果并非认定行为人构成行政违法并进行处罚的必要条件，但是否造成共同的损害后果，对于认定行为是否构成共同违法具有重要的作用。

本案例中，渔沣公司与乃志公司均在案涉海域进行了一定的围海、填海活动，但二者的违法行为具有可分性和独立性，并非共同违法行为。首先，主观要件方面，渔沣公司与乃志公司无共同违法的意思联络，未约定共同实施围海、填海并协商分工、配合，亦无共同希望同一违法结果的发生。其次，客观要件方面，从时间上分析，渔沣公司系于2013年7月至9月间雇请他人抽取海沙填到涉案海域，形成沙滩。而乃志公司系于2016年5月12日通过签订转让协议的方式取得渔沣公司在原合同中的权利后，才开始对涉案海域进行场地平整，建设临时码头，形成陆域。两公司系先后进行围海、填海活动，不存在实施违法行为时间重叠的情形。再次，违法性质方面，两公司实施行为的违法性质不同。渔沣公司仅是抽取海沙填入涉案海域，形成沙滩，其行为违法程度较轻。而乃志公司对涉案海域进行围堰和场地平整，并建设临时码头，形成了陆域，其行为违法情节更严重，性质更为恶劣。最后，造成的损害后果不同，渔沣公司的行为尚未完全改变涉案海域的海洋环境，而乃志公司对涉案海域进行围堰及场地平整，设立临时码头，形成了陆域，其行为已完全改变了涉案海域的海洋生态环境，构成了非法围海、填海，损害后果更为严重。因此，海洋渔业局认定乃志公司与渔沣公司的违法行为相互独立并分别立案查处，有事实及法律依据，并无不当。乃志公司主张海洋渔业局存在选择性执法，以及渔沣公司应当与其共同承担责任的抗辩意见不能成立。

2. 从轻、减轻处罚的适用应遵循法定原则。对于适用从轻、减轻处罚的条件，法律有明确的规定。本案生效裁判文书作出时，《行政处罚法》（2021年修订）尚未施行。《行政处罚法》（2017年修正）第二十七条规定应当从轻或者减轻行政处罚的条件是：（1）主动消除或者减轻违法行为危害后果的；（2）受他人胁迫有违法行为的；（3）配合行政机关查处违法行为有立功表现的；（4）其他依法从轻或者减轻行政处罚的。《行政处罚法》（2021年修订）第三十二条规定应当从轻或者减轻行政处罚的条件包括：（1）主动消除或者减轻违法行为危害后果的；（2）受他人胁迫或者诱骗实施违法行为的；（3）主动供述行政机关尚未掌握的违法行为的；（4）配合行政机关查处违法行为有立功表现的；（5）法律、法规、规章规定其他应当从轻或者减轻行政处罚的。以上规定均没有关于"同一海域内先后存在两个以上相互独立的非法围海、填海行为应当从轻或减轻处罚"的内容。对于上述规定中的其他情形，《海域使用管理法》《海洋行政处罚实施办法》等涉海洋行政处罚领域的特别法、法规、规章中未作出进一步细化的规定。

《行政处罚法》（2017年修正）第四条第二款规定，设定和实施行政处罚必须以事实为依据，与违法行为的事实、性质、情节以及社会危害程度相当。《行政处罚法》（2021年修订）第五条第二款规定，设定和实施行政处罚必须以事实为依据，与违法行为的事实、性质、情节以及社会危害程度相当。上述条文规定了行政处罚设定和实施必须以事实为依据，坚持过罚相当原则，意味着决定行政处罚具体尺度的，只能是违法行为本身。过罚相当原则是行政处罚设定和实施的法定原则，行政处罚裁量权的行使应当遵循过罚相当原则。在法律、法规、规章未对适用从轻、减轻处罚的其他情形予以明确的情况下，应考虑是否有行政裁量基准。行政裁量基准，是指行政机关专门为规范行政执法裁量制定的具体判断、裁量标准，通常是对法律、法规原则性、抽象性、弹性条款或裁量幅度过大条款的具体化、细化和量化，是法律规制行政裁量权的基本途径之一。《行政处罚法》（2021 年修订）第三十四条规定：“行政机关可以依法制定行政处罚裁量基准，规范行使行政处罚裁量权。行政处罚裁量基准应当向社会公布。”该条明确授予行政机关依法制定行政处罚裁量基准的权力。目前已由相关行政机关制定涉及海洋行政管理裁量基准的有，农业农村部、中国海警局联合制定的《海洋渔业行政处罚自由裁量基准（试行）》，交通运输部海事局制定的《常见海事违法行为行政处罚裁量基准》《海事行政许可裁量基准》等，但至今未有行政机关制定海洋行政处罚裁量基准。根据《海洋行政处罚实施办法》第三条的规定，中国海监机构具有承担海洋行政处罚工作的职权，是实施海洋行政处罚权的执法机构。在法律法规对海洋行政处罚仅作出原则性、抽象性规定，国家海洋局以及县级以上各级人民政府海洋行政主管部门作为海洋行政处罚实施机关未设定海洋行政处罚裁量基准的情况下，中国海监总队作出的《关于进一步规范海洋行政处罚裁量权行使的若干意见》，是在法律、法规规定给予行政处罚的行为、种类和幅度的范围内，对海洋行政处罚裁量规则的具体化、细化及量化，可以视为裁量基准予以参考。《中国海监总队关于进一步规范海洋行政处罚裁量权行使的若干意见》对海洋行政处罚适用从轻或减轻的条件进行了细化、具体化：（1）当事人主动消除或者减轻海洋违法行为危害后果的，如及时退还非法占用的海域、积极恢复海域原状，及时采取措施清理污染、排除危害、对海洋环境和生态进行补救等；（2）受他人胁迫而实施海洋违法行为的；（3）配合海洋行政主管部门及其所属中国海监机构查处违法行为有立功表现的，如积极配合调查取证，主动提供涉案材料和有关线索，坦白自身违法事实或揭发、检举其他违法行为等；（4）主动纠正自己的违法行为，积极服从海洋行政主管部门及其所属中国海监机构管理、监督的；（5）海洋管理法律、法规和规章规定的其他可以从轻和减轻行政处罚的情形。上述规定亦无同一海域内先后存在两个以上相互独立的非法围海、填海行为，可以从轻或减轻行政处罚的情形。因此，同一海域内先后存在两个以上相互独立的非法围海、填海行为，在后违法行为不因在先违法行为适用从轻或者减轻行政处罚的相关规定。

本案例中，海洋渔业局作出涉案行政处罚决定符合过罚相当原则。乃志公司被查处后并未主动采取措施减轻或消除其围填海造地的危害后果，不存在从轻或减轻处罚的情形，故海洋渔业局在涉案行政处罚决定中不予从轻、减轻处罚并无不当。海洋渔业局依据《海域使用管理法》第四十二条规定，决定按15倍处罚，未违反《行政处罚法》关于行政处罚适用的相关规定，符合《中国海监总队关于进一步规范海洋行政处罚裁量权行使的若干意见》对于行政处罚幅度中的一般处罚，并非从重处罚。作出罚款256.77万元的行政处罚决定，属于裁量幅度内的处理，符合比例原则，不存在明显失当。

三、参照适用时应注意的问题

（一）关于相关法律规范和法律标准的适用

本案二审生效裁判文书作出的时间为2019年6月26日，适用当时的《行政处罚法》（2017年修正）。参照适用中，需引用2021年修订的《行政处罚法》的相关规定。

国海管字〔2008〕273号《国家海洋局关于印发〈海域使用分类体系〉和〈海籍调查规范〉的通知》已废止，在裁判文书中不能再直接引用，目前适用的是《海籍调查规范》（中华人民共和国海洋行业标准HY/T 124—2009）以及《财政部国家海洋局关于印发〈调整海域无居民海岛使用金征收标准〉的通知》（财综〔2018〕15号）。《海籍调查规范》（中华人民共和国海洋行业标准HY/T 124—2009）未对“填海造地”的定义作出新的界定。财综〔2018〕15号通知第三条“用海方式界定”规定，填海造地用海是指筑堤围割海域填成土地，并形成有效岸线的用海。围海用海是指通过筑堤或其他手段，以完全或不完全闭合形式围割海域进行海洋开发活动的用海。对于围海、填海的定义没有实质修改。

关于海岸线的认定，待第三次全国国土调查与海岸线修测的衔接工作完成后，应以政府新批复的海岸线为准。

（二）关于填占海域面积的认定

司法实务中，原告主张扣除填占海域面积的理由，主要是其实施围海、填海的海域内原有码头、道路（施工便道）、栈道、栈桥等土地或建筑物、构筑物。法院判决支持原告主张的案件大多是已取得海域使用权后改变用海方式的情形。未支持原告主张的案件，法院未在判决书中明确分析理由。对于填占海域面积认定，除了上述情形外，还有因海岸线修测与土地调查不同步，以及国土资源曾多头管理造成围填海历史问题等原因，在原告已依法取得用地批复或国有土地使用证、不动产权证书时，是否可以相应扣除，值得进一步探讨。

（执笔人：熊梅、彭绍征、朱婧）

9. 陈某诉济南市城市公共客运管理服务中心客运管理行政处罚案*

行政机关在依据现行法律法规进行处罚时，应当尽可能将对当事人的不利影响控制在最小范围和限度内，以达到实现行政管理目标和保护新生事物之间的平衡

【裁判摘要】

随着“互联网+”与传统行业的融合发展，客运市场上出现了“网约车”现象，该形式在很多城市和部分人群中确有实际需求且已客观存在。但这种客运行为与传统出租汽车客运经营一样，同样关系到公民生命财产的安全，关系到政府对公共服务领域的有序管理，应当在法律、法规的框架内依法、有序进行。对于此类问题形成的诉讼，法院应当坚持以事实为根据，以法律为准绳，结合涉案行为的社会危害性、行政处罚程序的正当性和行政处罚的比例原则等问题进行综合考量判断。

原告：陈某，男，30岁，汉族，住山东省曲阜市。

被告：济南市城市公共客运管理服务中心。住所地：济南市市中区。

法定代表人：崔某，该中心主任。

原告陈某因与被告济南市城市公共客运管理服务中心（以下简称济南客运管理中心）发生行政处罚纠纷，

* 摘自《最高人民法院公报》2018年第2期。

向山东省济南市市中区人民法院提起诉讼。

原告陈某诉称：被告济南客运管理中心于2015年2月13日作出鲁济交（01）罚（2015）8716号《行政处罚决定书》，认定陈某非法经营客运出租汽车，违反《山东省道路运输条例》第六十九条第二款[①]之规定，决定责令停止违法行为，处2万元罚款；没收非法所得。该行政处罚决定存在处罚主体错误，认定事实错误，执法程序违法，适用法律错误等诸多情形，严重侵犯其合法权益。请求依法撤销济南客运管理中心于2015年2月13日作出鲁济交（01）罚（2015）8716号《行政处罚决定书》。

被告济南客运管理中心辩称：（1）其作为济南市客运出租汽车行政管理机构，有权对未经许可擅自从事出租客运经营的行为作出处罚。（2）原告陈某提供“预约出租汽车经营服务”，且车辆无合法的运营证，属于未经许可擅自从事出租汽车客运经营。以上事实有陈某事后接受媒体采访自认、现场录像、现场笔录、调查笔录等证据相互印证，被诉处罚决定认定事实清楚。（3）在调查、告知、送达等执法过程中，执法人员出示了执法证件，听取了陈某的陈述和申辩，被诉处罚决定程序合法。（4）陈某的上述经营行为违反了《山东省道路运输条例》第八条、《济南市城市客运出租汽车管理条例》第十六条[②]的规定，其按照《山东省道路运输条例》第六十九条第二款、《济南市客运出租汽车管理条例》第四十一条[③]之规定作出被诉处罚决定，适用法律正确。综上，被诉处罚决定合法，请求驳回陈某的诉讼请求。

山东省济南市市中区人民法院一审查明：2015年1月7日，两名乘客通过网络召车软件与原告陈某取得联系，约定陈某驾车将乘客从济南市八一立交桥附近送至济南西站，由乘客支付车费。当日11时许，陈某驾驶私人小汽车（车号鲁AV××××号）行至济南西站送客平台时，被告济南客运管理中心的工作人员对其进行调查，查明陈某未取得出租汽车客运资格证，驾驶的车辆未取得车辆运营证。济南客运管理中心认为陈某涉嫌未经

① 对应《山东省道路运输条例》（2022年）第六十一条第二款。下同。
② 参见《济南市城市客运出租汽车管理条例》（2022年）第八条。下同。
③ 参见《济南市城市客运出租汽车管理条例》（2022年）第四十七条、第四十八条。

许可擅自从事出租汽车客运经营，对其下达《行政强制措施决定书》，暂扣其车辆。济南客运管理中心于2015年1月26日向陈某送达鲁济交（01）违通（2015）8716号《违法行为通知书》，认为其未经许可擅自从事出租汽车客运经营，拟处2万元罚款，没收违法所得。陈某其后要求听证。在听证过程中，济南客运管理中心办案人员陈述了陈某的违法事实、有关证据、处理意见等，陈某对事实认定、法律适用和执法程序均提出质疑。2015年2月13日，济南客运管理中心作出鲁济交（01）罚（2015）8716号《行政处罚决定书》并送达陈某，以其非法经营客运出租汽车，违反《山东省道路运输条例》第六十九条第二款之规定为由，责令停止违法行为，处2万元罚款并没收非法所得。陈某不服，在法定期限内提起行政诉讼。

另查明：根据济南市人民政府办公厅济政办发〔2004〕42号《关于印发济南市市政公用事业局主要职责、内设机构和人员编制暂行规定的通知》，被告济南客运管理中心为自收自支事业单位，负责城市公共客运行业营运指导和技术服务，协助有关部门制定公共交通、客运出租服务标准，并承担监督检查职责。根据济政办发〔2010〕22号《济南市交通运输局主要职责内设机构和人员编制规定》，2010年济南市机构职能调整时，济南客运管理中心随行政职能调整从济南市市政公用事业局整建制划归济南市交通运输局，现为济南市交通运输局下属具有独立法人资格的事业单位。

山东省济南市市中区人民法院一审认为：近年来，随着“互联网+”与传统行业的融合发展，市场上出现了通过网络约车软件进行客运服务的行为。本案系针对网约车运输经营行为予以行政处罚的案件，争议焦点集中于以下两个方面：

一、原告陈某的行为是否构成未经许可擅自从事出租汽车客运经营

本案中，原告陈某在与乘客通过网络约车软件取得联系后，使用未取得运营证的车辆将乘客从济南市八一立交桥附近送至济南西站，并按约定

收取了车费。上述行为是否属于《山东省道路运输条例》第八条和《济南市城市客运出租汽车管理条例》第十六条规定的未经许可擅自从事出租汽车客运经营的行为，有两种不同观点：一种观点认为，此种行为属于违法，法律规定清楚无疑。陈某的车辆未取得运营证，且向乘客收取了费用，完全符合《山东省道路运输条例》第八条和《济南市城市客运出租汽车管理条例》第十六条规定的未经许可擅自从事出租汽车客运经营的所有法定事实要件。另一种观点认为，网约车进入出租车市场具有必然性，符合社会发展规律，因此，不宜以上述规定来否定新业态的经营模式。

网约车这种客运服务的新业态，作为共享经济产物，其运营有助于提高闲置资源的利用效率，缓解运输服务供需时空匹配的冲突，有助于在更大程度上满足人民群众的实际需求。因此，当一项新技术或新商业模式出现时，基于竞争理念和公共政策的考虑，不能一概将其排斥于市场之外，否则经济发展就会渐渐缓慢直至最后停滞不前。但是同样不容否认的是，网约车的运营需要有效的监管。网约车这种客运行为与传统出租汽车客运经营一样，同样关系到公众的生命财产安全，关系到政府对公共服务领域的有序管理，应当在法律、法规的框架内依法、有序进行。只要是有效的法律、法规，就应当得到普遍的尊重和执行，这是法治精神的基本要求、法治社会的重要体现。因此，在本案中，我们既要依据现行有效的法律规定审查被诉行政行为的合法性，以体现法律的权威性和严肃性，同时也要充分考虑科技进步激发的社会需求、市场创新等相关因素，作出既符合依法行政的当下要求，又为未来的社会发展和法律变化留有适度空间的司法判断。

综上，原告陈某的行为构成未经许可擅自从事出租汽车客运经营，违反了现行法律的规定。但虑及网约车这种共享经济新业态的特殊背景，该行为的社会危害性较小。因此，在本案审理中，应当对行政处罚是否畸重的情形予以特别关注。

二、被诉行政处罚决定的处罚幅度是否畸重

行政处罚应当遵循比例原则，做到罚当其过。处罚结果应当与违法行

为的事实、性质、情节以及社会危害程度相当，以达到制止违法行为不再发生的目的。本案中，原告陈某通过网络约车软件进行道路运输经营，而原告与网络约车平台的关系及与乘客最终产生的车费是否实际支付或结算完毕，被告济南客运管理中心未提供证据证明，具体几方受益也没有证据证明，尚不明确。因此，虽然被告对未经许可擅自从事出租汽车客运的行为可以依法进行处罚，但原告在本案所涉道路运输经营行为中仅具体实施了其中的部分行为，在现有证据下，被告将本案行政处罚所针对的违法行为及其后果全部归责于原告，并对其个人作出了较重的行政处罚，处罚幅度和数额畸重，存在明显不当。根据《中华人民共和国行政诉讼法》第七十条规定的精神，依法应当予以撤销。此外，行政处罚决定书的内容需明确具体，载明行政管理相对人违反法律、法规或者规章的事实和证据。本案中，被告作出的行政处罚决定书，没有载明原告违法事实的时间、地点、经过以及相关道路运输经营行为的具体情节等事项，据此也应当予以撤销。至于原告有关处罚主体错误，执法程序违法的诉讼理由，经审查，被告的相关抗辩理由成立，对原告的上述主张，不予支持。综上，山东省济南市市中区人民法院依照《中华人民共和国行政诉讼法》第七十条第六项之规定，判决如下：

撤销被告济南市城市公共客运管理服务中心于2015年2月13日作出的鲁济交（01）罚（2015）8716号《行政处罚决定书》。案件受理费50元由被告济南市城市公共客运管理服务中心负担。

济南客运管理中心不服一审判决，向山东省济南市中级人民法院提起上诉称：（1）原审判决认为被诉行政处罚决定存在明显不当，应予以撤销的理由不成立。被上诉人陈某非法经营行为的社会危害性并非原审法院认为的“较小”，原审法院也未就该问题进行过调查。上诉人作出2万元的处罚符合法律规定，不存在畸重的问题。陈某与乘客的结算证据不是查处非法经营的必要证据，陈某与“网络约车平台”的关系不影响对陈某的处罚幅度。上诉人在作出被诉行政处罚决定时，“网络约车平台”公司并没有纳入行政监管范围，上诉人对其没有执法权、处罚权。（2）行政处罚决定书的载明事项符合法律规定。《中华人民共和国行政处罚法》并未规定行政处罚决定书必须载明违法事实的时间、地点、经过以及其他具体情况。上诉人在其他法律文书中已经将陈某行为的性质、情节程度以及拟处罚的理由和依据依法告知了陈某，并未侵犯陈某的任何权益。综上，原审法院超越案件事实，基于网约车系新业态的特殊背景作出判决，明显不当。请求依法撤销原审判决，改判驳回陈某诉讼请求。

被上诉人陈某未提交书面答辩状。

各方当事人二审期间均未向法院提交新证据。

山东省济南市中级人民法院经二审，确认了一审查明的事实。山东省济南市中级人民法院二审认为：

一、本案被诉行政处罚决定是否构成明显不当

比例原则是行政法的重要原则，行政处罚应当遵循比例原则。对当事人实施行政处罚必须与其违法行为的事实、性质、情节和社会危害程度相当。一方面，网约车作为客运服务的新业态和分享经济的产物，有助于缓解客运服务的供需矛盾，满足公众多样化出行需求，符合社会发展趋势和创新需求，对其应当保持适度宽容。另一方面，这种新业态又给既有客运管理秩序带来负面影响，甚至存有安全隐患等问题，确需加强规范引导。《网络预约出租汽车经营服务管理暂行办法》的出台，也从侧面对此予以佐证。当一种新生事物在满足社会需求、促进创新创业方面起到积极推动作用时，对其所带来的社会危害的评判不仅要遵从现行法律法规的规定，亦应充分考虑是否符合社会公众感受。本案被上诉人陈某通过网络约车软件进行道路运输经营的行为，社会危害性较小符合一般社会认知。行政机关在依据现行法律法规对其进行处罚时，应当尽可能将对当事人的不利影响控制在最小范围和限度内，以达到实现行政管理目标和保护新生事物之间的平衡。另外，该行为中有几方主体受益、最终产生的车费是否已经实际支付或结算完毕，上诉人济南客运管理中心未提供证据予以证明。在上述事实尚不明确以及该行为社会危害性较小的情况下，将该行为的后果全部归于被上诉人，并对其个人作出较重处罚，有违比例原则，构成明显不当。原审法院认为处罚幅度和数额畸重，对被诉行政处罚决定予以撤销，

符合法律规定。上诉人关于不存在处罚畸重情形、结算证据等不影响处罚幅度以及对被上诉人行为社会危害性较小的异议等主张均不能成立。

二、本案行政处罚决定书记载事项是否符合法律规定

《中华人民共和国行政处罚法》第三十九条第一款第二项①规定，行政处罚决定书应当载明违反法律、法规或者规章的事实和证据。上述法律条款虽未对其中的“事实”记载应达到何种程度作出明确规定，但行政处罚决定书作为行政机关对当事人作出处罚的书面证明，记载的事实应当明确具体，包含认定的违法事实的时间、地点、经过、情节等事项，让当事人清楚知晓被处罚的事实依据，以达到警示违法行为再次发生的目的。本案中，《行政处罚决定书》载明的被上诉人陈某违法事实为“非法经营客运出租汽车”，但未载明被上诉人的具体违法事实，即违法事实的时间、地点、经过以及相关运输经营行为的具体情节等事项。上述记载事项没有达到明确具体的要求，原审法院认为上诉人济南客运管理中心作出的行政处罚决定书记载事项不符合法律规定，应予撤销，并无不当。此外，《行政处罚决定书》中记载的事实是行政机关最终认定的违法事实，其他法律文书中对具体违法事实的记载不能代替行政处罚决定书中对事实的记载。上诉人关于已在其他法律文书中记载具体违法事实、未侵犯被上诉人合法权益等主张不能成立。

综上，原审判决认定事实清楚，适用法律、法规正确，程序合法，依法应予维持。上诉人济南客运管理中心的上诉理由不能成立，对其上诉请求，不予支持。

据此，山东省济南市中级人民法院依照《中华人民共和国行政诉讼法》第八十九条第一款第一项之规定，判决如下：驳回上诉，维持原判。二审案件受理费50元，由上诉人济南市城市公共客运管理服务中心负担。

本判决为终审判决。

---

① 对应《中华人民共和国行政处罚法》（2021年修订）第五十九条第一款第二项。

10．上海中燃船舶燃料有限公司诉上海市质量技术监督局行政处罚决定案*

行政规范性文件经制定、发布、公布、施行，具备作为实施行政处罚依据的行政法律效力。是否报送备案并非行政规范性文件的生效要件

【裁判摘要】

行政规范性文件经制定、发布、公布、施行，具备作为实施行政处罚依据的行政法律效力。是否报送备案并非行政规范性文件的生效要件；行政规范性文件应当报备而未报备的，该问题应通过行政机关内部督促检查的法定途径予以解决。

根据有关法律、法规、规章规定，涉诉行政规范性文件如果与国家标准、行业标准、地方标准和企业标准存在一定区别，且构成检验、判定在一定地域生产、销售的普通柴油产品质量依据的，对该行政规范性文件的实施问题应当在行政处罚适当性审查中予以衡平考量。故从行政裁量上依法调整处罚结果，进一步提升行政处罚决定的适当性，以更好地体现坚持处罚与教育相结合的行政处罚原则。

原告：上海中燃船舶燃料有限公司，住所地：上海市虹口区四川北路。

法定代表人：孙某刚，该公司董事长。

* 摘自《最高人民法院公报》2020年第10期。

被告：上海市质量技术监督局，住所地：上海市徐汇区宜山路。

法定代表人：黄某路，该局局长。

上海中燃船舶燃料有限公司（以下简称上海中燃公司）因与上海市质量技术监督局（以下简称上海市质监局）质量技术监督行政处罚决定纠纷，向上海市徐汇区人民法院提起诉讼。

原告上海中燃公司诉称：原告销售的0号普通柴油是符合GB 252-2015《普通柴油》（以下简称柴油国家标准）的合格产品，且根据柴油国家标准规定，自2017年7月1日起才执行普通柴油的硫含量从不大于350mg/kg升级到不大于50mg/kg的新标准。2016年3月24日，由上海市环境保护局等六部门共同制定的沪环保防〔2016〕110号《关于实施普通柴油与国Ⅳ标准车用柴油相同硫含量要求的通告》（以下简称110号文）提前实施普通柴油的新标准，未报上海市人民政府备案，并非现行有效的地方产品质量标准；行政处罚决定依据的《上海市大气污染防治条例》第四十七条①等规定，与《中华人民共和国大气污染防治法》及《中华人民共和国环境保护法》等上位法规定抵触。故被告上海市质监局于2017年6月30日对原告作出的第2320170043号质量技术监督行政处罚决定（以下简称被诉处罚决定）违法。请求：(1) 撤销被诉处罚决定；(2) 对被诉处罚决定所依据的110号文的合法性进行审查。

被告上海市质监局辩称：其与其他五部门共同发布的110号文，旨在全面提升上海市非道路移动机械和内河船舶等柴油机用油质量，减少大气流动污染源排放，改善城市空气质量。110号文于2016年3月25日由上海市环境保护局主动向社会进行信息公开，属于《上海市大气污染防治条例》第四十七条第二款中提到的“本市规定的质量标准”，是认定上海市规定的油品质量标准之合法依据。案涉0号普通柴油硫含量超过了110号文对上海市内非道路移动机械和内河船舶用柴油提前适用柴油国家标准中关于硫含量不大于50mg/kg的规定，可以据此认定原告上海中燃公司销售不符合上海市规定的质量标准的产品。作出被诉处罚决定合情合理，于法

① 对应《上海市大气污染防治条例》（2018年修正）第四十八条。下同。

有据。原告作为上海市船舶燃料供应的龙头企业，又是大型央企下属公司，理应认真贯彻落实国家和上海市相关环境保护政策，带头严格遵守相关的法律法规。据此，请求驳回原告的诉讼请求。

上海市徐汇区人民法院一审查明：被告上海市质监局接举报，于2016年11月9日对原告上海中燃公司位于上海市杨浦区军工路3500号经营场所进行执法检查。检查发现其5001、5003储油罐有库存待售的0号普通柴油。上海市质监局对5001、5003罐库存的0号普通柴油进行第一次抽样送检。2016年11月14日，上海市质监局接到上海市石油化工产品质量监督检验站通知，5001、5003罐内两个样品的部分指标不符合相关标准。上海市质监局遂对上海中燃公司5001、5003罐采取查封的行政强制措施，并对两罐内油品进行第二次抽样送检。2016年11月15日，上海市质监局收到上述检验站出具的第一次抽样检验报告，显示5001罐中0号普通柴油硫含量为68.4mg/kg，5003罐中0号普通柴油硫含量为318.1mg/kg。2016年11月21日，上海市质监局收到上述检验站出具的第二次抽样检验报告显示，5001罐中相关油品的硫含量为68.6mg/kg，5003罐中为317.2mg/kg。上海市石油化工产品质量监督检验站出具的四份检验报告中，均载明检验依据是柴油国家标准的技术指标，判定依据为110号文。上海市质监局依据由上海市环境保护局等六部门联合发布的110号文，认定5001、5003罐中的0号普通柴油硫含量大于50mg/kg，为不合格产品。上海市质监局分别于2016年11月16日、21日向上海中燃公司告知两次抽样的检验结果，并于2016年11月28日对上海中燃公司销售不合格普通柴油的违法行为进行立案，上海中燃公司未提出复检申请。

经调查取证之后，被告上海市质监局于2017年6月30日作出被诉处罚决定，认定：原告上海中燃公司销售的0号普通柴油经上海市石油化工产品质量监督检验站检验，硫含量大于50mg/kg，被判定为不合格产品。现查明，2016年4月1日至2016年11月期间，上海中燃公司销售不符合上海市规定的质量标准的0号普通柴油687吨，货值金额3281000元（人民币，下同），违法所得41841.2元。2017年5月22日，执法人员依法向上海中燃公司送达了行政处罚告知书，上海中燃公司提出听证申请，上海市质监局依法召开行政处罚听证会，并于2017年6月26日作出同意拟处罚决定的意见。主要证据有调查笔录、检验报告、供应协议、供油记录、销售发票、整改报告及听证笔录等。上海中燃公司的行为违反了《上海市大气污染防治条例》第四十七条第二款，依据《上海市大气污染防治条例》第九十三条第一款①、《中华人民共和国产品质量法》第五十条，决定给予下列行政处罚：(1) 责令停止销售违法产品；(2) 处违法销售产品货值金额0.5倍的罚款1640500元；(3) 没收违法所得41841.2元；(4) 罚没款共计1682341.2元。

上海市徐汇区人民法院一审认为：被告上海市质监局依法具有对企业在上海市销售不合格产品进行查处的行政职权。原告上海中燃公司在本市销售的0号普通柴油，经上海市石油化工产品质量监督检验站出具的四份检验报告，硫含量都大于50mg/kg，对照110号文中规定的标准，上海市质监局由此认定上海中燃公司销售的0号普通柴油不符合本市规定的质量标准，进而作出被诉处罚决定的理由充分，适用法律法规正确。

关于原告上海中燃公司提出的对110号文进行合法性审查的问题。110号文为减少大气流动污染物源排放，改善城市空气质量而制定，且已由相关部门主动向社会进行信息公开，可以作为被告上海市质监局对上海中燃公司销售的油品进行认定的合法依据。因此，上海中燃公司认为该文并非现行有效的地方产品质量标准的主张不能成立。此外，被诉处罚决定针对的是上海中燃公司的销售行为，110号文的管控范围为上海市范围内非道路移动机械和内河船舶用油的销售环节。因此，上海中燃公司在上海市范围内将普通柴油销售给内河船舶时，必须符合110号文的相关规定。综上，上海中燃公司的诉讼请求缺乏事实和法律依据，不予支持。

据此，上海市徐汇区人民法院依照《中华人民共和国行政诉讼法》第六十九条之规定，于2018年2月22日作出判决：

驳回上海中燃公司的诉讼请求。

一审宣判后，上海中燃公司不服，向上海市第三中级人民法院提起上

① 对应《上海市大气污染防治条例》(2018年修正) 第九十四条。

诉称：按柴油国家标准规定，自2017年7月1日开始，普通柴油的硫含量从不大于350mg/kg升级到不大于50mg/kg。上海中燃公司销售的0号普通柴油符合该国家标准规定的技术要求，依据《中华人民共和国产品质量法》第二十六条第二款、《上海市产品质量条例》第二十七条第一项规定，是符合国家标准的合格产品，不存在以不合格产品冒充合格产品的情形。上海市质监局作出被诉处罚决定，将110号文解释为依据《上海市大气污染防治条例》第四十七条第一款授权制定的燃料地方质量标准，适用《上海市产品质量条例》第二十七条第四项"法律、法规的其他规定"，缺乏法律依据。（1）《上海市大气污染防治条例》第四十七条第一款规定有违《中华人民共和国大气污染防治法》第九条、《中华人民共和国环境保护法》第十六条的规定，违反了《中华人民共和国立法法》第七十二条[①]"省、自治区、直辖市的人民代表大会及其常务委员会根据本行政区域的具体情况和实际需要，在不同宪法、法律、行政法规相抵触的前提下，可以制定地方性法规"之规定。110号文的制定有违授权明确性原则，不仅未能贯彻规范渊源，且与《上海市大气污染防治条例》明确授权内容和明确授权范围不符。（2）110号文违反了《中华人民共和国标准化法》（1989年4月1日起施行）第六条[②]、《中华人民共和国标准化法实施条例》第十六条、第二十四条和《上海市标准化条例》第十四条[③]等关于上报国家有关行政主管部门备案后印刷、出版、发行的规定，不能构成现行有效的授权立法下的地方质量标准。（3）2016年3月24日制定、2016年4月1日就实施的110号文，违反2010年5月1日起施行的上海市人民政府令第26号《上海市行政规范性文件制定和备案规定》（以下简称第26号市府令）第八条第三款、第十八条第一款、第二十四条、第三十条[④]规定，将110号文作为对上海中燃公司行政处罚的依据，不符合现行法律、法规的规

① 对应《中华人民共和国立法法》（2023年修正）第八十条。

② 参见《中华人民共和国标准化法》（2017年修订）第十条至第十三条。

③ 参见《上海市标准化条例》（2019年修订）第九条。

④ 分别对应《上海市行政规范性文件制定和备案规定》（2016年）第九条第七项、第十九条第一款、第二十六条、第三十三条。下同。

定。且上海市质监局未依据《中华人民共和国产品质量法》第五十五条规定，应给予上海中燃公司货值金额50%以下的减轻处罚。请求撤销原判，改判支持其原审诉讼请求。

上海市质监局辩称：（1）110号文具有合法的制定依据。上海市人民政府2013年11月7日制定的《上海市清洁空气行动计划（2013—2017）》要求“提前实施更为严格的油品标准”；2015年5月5日，国家发展和改革委员会等七部门联合印发发改能源〔2015〕974号《关于印发〈加快成品油质量升级工作方案〉的通知》明确，第90次国务院常务会议审议通过了《加快成品油质量升级工作方案》，主要目标中明确要“增加普通柴油升级内容。2016年1月1日起，开始在东部地区重点城市供应与国Ⅳ标准车用柴油相同硫含量的普通柴油”。为贯彻上述要求，上海市环境保护局牵头，由六部门根据《上海市大气污染防治条例》第四十七条第一款规定，共同制定110号文，提前实施柴油国家标准的有关规定。（2）根据《上海市产品质量条例》第二十七条规定，判定产品质量标准的依据除国家标准、行业标准、地方标准和企业标准等之外，还有“法律、法规的其他规定”。110号文对普通柴油硫含量设置的限值属于《上海市大气污染防治条例》第四十七条第一款所规定的“地方质量标准”。（3）110号文系根据第26号市府令规定的程序制定，并由制定机关于2016年3月25日在上海市环境保护局官方网站上向社会公布，属于有效的规范性文件。虽在制定后未报送上海市人民政府备案，但备案并非规范性文件生效的必要条件，属于行政机关内部考核事项，不影响其法律效力。110号文可以作为实施行政管理的依据，判定涉案产品的质量。（4）被诉处罚决定考虑了案件事实、性质、情节等具体情况，在违法销售产品货值金额50%以上三倍以下罚款的裁量中确定为50%，认定事实清楚、证据确凿，法律适用正确，程序合法，裁量合理。请求驳回上诉，维持原判。

上海市第三中级人民法院二审查明：2016年4月至11月期间，上诉人上海中燃公司销售案涉0号普通柴油687吨，分计如下：4月113吨、货值金额477850元，5月40吨、货值金额172000元，6月72吨、货值金额324000元；7～11月共462吨、货值金额2307150元、所得款41841.2

元。被诉处罚决定所确定的罚没款共计 1682341.2 元，已经缴纳。原审判决认定的其他事实清楚，依法予以确认。

另查明：2016 年 3 月 24 日，由上海市环境保护局、上海市经济和信息化委员会、被上诉人上海市质监局、上海市住房和城乡建设管理委员会、上海市交通委员会、上海市农业委员会共同制定 110 号文，于 2016 年 3 月 25 日在上海市环境保护局官网上公布。110 号文内容如下：

为贯彻《上海市清洁空气行动计划（2013—2017）》，确保实现国家发展改革委等七部门《关于印发〈加快成品油质量升级工作方案〉的通知》（发改能源〔2015〕974 号）有关普通柴油升级要求，全面提升本市非道路移动机械和内河船舶等柴油机用油质量，减少大气流动污染源排放，改善城市空气质量，现将有关事项通告如下："一、自 2016 年 4 月 1 日起，本市全面供应与国Ⅳ标准车用柴油相同硫含量的普通柴油（即含硫量不大于 50mg/kg 要求）。二、自 2016 年 4 月 1 日起，本市全面停止供应、销售和使用不符合上述硫含量要求的普通柴油。三、各普通柴油生产和销售企业应当根据本通告组织安排生产和销售计划。各销售企业应当在经营场所，明示本通告的有关内容，履行向用油单位和个人告知有关规定的义务。"

上海市第三中级人民法院二审认为：被上诉人上海市质监局依法具有作出被诉处罚决定的法定职权。上诉人上海中燃公司对被诉处罚决定认定其 2016 年 4 月至 11 月间销售案涉 0 号普通柴油的数量、货值金额、所得款金额和经检验判定硫含量大于 50mg/kg 的结论，以及对作出被诉处罚决定的行政执法程序没有异议。对此事实，予以确认。综合双方当事人发表的质辩意见，归纳本案争议焦点并判评如下：

1. 关于上诉人上海中燃公司对制定 110 号文的依据即《上海市大气污染防治条例》第四十七条第一款规定的质疑问题，即上海市有关部门能否制定严于国家标准的相关燃料地方质量标准的争议。

《中华人民共和国行政诉讼法》第六十三条第一款规定，人民法院审理行政案件，以法律和行政法规、地方性法规为依据。地方性法规适用于本行政区域内发生的行政案件。《上海市大气污染防治条例》自 2014 年 10

月1日起施行，系适用于上海市行政区域内的有效依据。根据该条例第四十七条第一款、第二款的规定，市质量技术监督管理部门可以根据实际情况，会同有关部门制定严于国家标准的车、船、非道路移动机械燃料地方质量标准。本市销售的车、船、非道路移动机械燃料必须符合国家和本市规定的质量标准。在进一步强化大气污染治理，改善环境空气质量，保障人民群众身体健康，大力推进生态文明建设的指导思想下，《上海市清洁空气行动计划（2013—2017）》和经第90次国务院常务会议审议通过的《加快成品油质量升级工作方案》中明确要求“增加普通柴油升级内容。2016年1月1日起，开始在东部地区重点城市供应与国Ⅳ标准车用柴油相同硫含量的普通柴油”的工作目标，经上海市环境保护局牵头由六部门共同制定110号文，提前实施柴油国家标准的有关规定，具有充分的政策、法律基础和现实可行的必要性。因此，上诉人上海中燃公司认为，《上海市大气污染防治条例》第四十七条的燃料地方质量标准规定与上位法相抵触的诉讼意见，依法不予采纳。

2. 关于上诉人上海中燃公司对110号文作为地方质量标准的质疑问题，即是否构成“法律、法规的其他规定”的争议。

《上海市产品质量条例》于2012年9月1日起施行，亦属适用于上海市行政区域内的有效依据。《上海市产品质量条例》第二十七条明确规定，检验、判定产品质量的依据包括：（一）国家标准、行业标准、地方标准和企业标准；（二）产品标识、产品包装上明示的内容，或者以产品说明、实物样品等方式表明的质量状况；（三）国家和市质量技术监督部门批准的产品质量监督抽查技术规范；（四）法律、法规的其他规定。该条规定的第四项，是为了落实法律、法规其他规定的要求，通过设立兜底条款，保证了规定的全面。结合本案而言，110号文作为《上海市大气污染防治条例》第四十七条所规定的燃料地方质量标准，严于柴油国家标准，同样构成了检验、判定上海市生产、销售的普通柴油产品质量的依据。换言之，以“法律、法规的其他规定”对外的地方质量标准，是独立于《上海市产品质量条例》第二十七条前三项规定的检验、判定产品质量的依据，是与国家标准、行业标准、地方标准和企业标准相区别的检验、判定产品质量的依据。因此，上诉人上海中燃公司认为，110 号文违反了相关标准化法律、法规规定，不能构成现行有效的授权立法下的地方质量标准的诉讼意见，依法不予采纳。

3. 关于上诉人上海中燃公司对 110 号文作为实施行政处罚依据效力的质疑问题，即是否符合第 26 号市府令相关规定的争议。

第 26 号市府令于 2010 年 5 月 1 日起施行（经修改，上海市人民政府令 46 号《上海市行政规范性文件制定和备案规定》自 2017 年 1 月 1 日起施行），该规定的目的和依据，是为了规范上海市行政规范性文件的制定和备案，加强对行政规范性文件的监督管理，维护法制统一，促进依法行政。就该规定的适用范围而言，适用于上海市规范性文件的制定、备案及其监督管理。第 26 号市府令中，第二十二条[①]（发布）规定，规范性文件一般应当由制定机关的主要负责人签署发布。发布规范性文件，一般应当载明制定机关、文号、文件名称、发布日期和施行日期等内容。第二十三条（公布）第一款、第二款[②]规定，规范性文件应当由制定机关向社会公布；未向社会公布的，不得作为实施行政管理的依据。规范性文件应当在制定机关指定的政府网站上公布，还可以通过报纸、杂志、广播、电视等新闻媒体公布。第二十四条（施行时间）规定，制定机关应当明确规范性文件的施行日期。规范性文件自发布之日起 30 日以后施行，但有本规定第二十一条第一项、第二项、第三项所列情形，或者发布后不立即施行将有碍法律、法规、规章和国家政策执行的除外。综合上述规定，是否报送备案并非规范性文件的生效要件。结合本案而言，110 号文经制定、发布、公布、施行，具备作为实施行政管理依据的行政法律效力。需要指出，第 26 号市府令第四十四条（督促检查）第二款[③]规定，市和区（县）人民政府办公厅（室）和法制办对规范性文件制定和备案情况进行监督检查，督促制定机关及时执行市、区（县）人民政府的有关决定以及法制办的法制建议；发现应当报备而未报备规范性文件的，督促制定机关限期补报。

---

① 对应《上海市行政规范性文件制定和备案规定》（2016 年）第二十三条。

② 对应《上海市行政规范性文件制定和备案规定》（2016 年）第二十四条第二款。

③ 对应《上海市行政规范性文件制定和备案规定》（2016 年）第五十三条第二款、第三款。

110号文制定后，牵头制定机关未依第26号市府令报送上海市人民政府备案，工作上确有不规范之处，应以此为戒。然而，这并不构成110号文不得作为实施行政管理依据的足够理由，该问题应通过行政机关内部对规范性文件报备情况督促检查的法定途径予以解决。因此，上诉人上海中燃公司认为110号文违反《上海市行政规范性文件制定和备案规定》相关规定，不能作为对上海中燃公司行政处罚的依据的诉讼意见，依法不予采纳。

4. 关于上诉人上海中燃公司对被诉处罚决定裁量的质疑问题，即能否适用《中华人民共和国产品质量法》第五十五条规定对上海中燃公司作销售产品货值金额50%以下减轻处罚的争议。

上诉人上海中燃公司销售的案涉0号普通柴油硫含量大于50mg/kg，不符合110号文规定要求，被判定为不合格产品，事实清楚、证据充分。被上诉人上海市质监局对上海中燃公司作出被诉处罚决定，已经按照法定的销售产品货值金额50%的最低幅度进行量罚，法律适用并无不当。回溯案情，110号文于2016年3月25日在上海市环境保护局官网上公布后，经上海市质监局调查检查认定，上海中燃公司仍继续销售案涉0号普通柴油，时间自2016年4月起至11月累计达8个月之久。上海中燃公司诉称其不知道案涉0号普通柴油为禁止销售产品、应在销售产品货值金额50%幅度以下处罚的诉讼意见，与客观事实和常理不符，不予采纳。

综上所述，上诉人上海中燃公司在上海市销售不符合110号文要求的案涉0号普通柴油的违法行为，应当给予相应的行政处罚，但就本案具体情况而言，案情具有一定的特殊性。由于110号文规定提前实施更为严格的油品标准，自2016年4月1日起在上海市全面停止供应、销售和使用不符合硫含量不大于50mg/kg要求的普通柴油已成必然，故从企业经营角度而言，上海中燃公司之前在上海市储存储备的普通柴油必须退出上海市市场，由此需要一定的时间及成本用于调整经营。故可从行政裁量上依法调整处罚的基数，进一步提升被诉处罚决定的适当性，以更好地体现坚持处罚与教育相结合的行政处罚原则。即对于被上诉人上海市质监局认定上海中燃公司自2016年4月至6月间3个月内共计销售225吨、货值金额

973850元所作的行政处罚计486925元依法予以减除，被诉处罚决定的其他事项予以支持。

有鉴于此，酌情变更被诉处罚决定的主文内容，原审判决亦应予以撤销。据此，上海市第三中级人民法院依据《中华人民共和国行政诉讼法》第七十七条和第八十九条第一款第二项、第三款之规定，于2018年10月25日判决：一、撤销上海市徐汇区人民法院（2017）沪0104行初189号行政判决；二、变更上海市质量技术监督局于2017年6月30日作出的第2320170043号行政处罚决定主文内容，第2项主文“2. 处违法销售产品货值金额0.5倍的罚款壹佰陆拾肆万零伍佰元整”变更为“2. 处违法销售产品货值金额0.5倍的罚款1153575元”；主文内容“罚没款共计壹佰陆拾捌万贰仟叁佰肆拾壹元贰角”变更为“罚没款共计1195416.2元”；三、驳回上海中燃船舶燃料有限公司的其他诉讼请求。一、二审案件受理费各人民币50元，由上海中燃船舶燃料有限公司、上海市质量技术监督局各负担人民币50元。

本判决为终审判决。

行政强制措施

11．刘某务诉山西省太原市公安局交通警察支队晋源一大队道路交通管理行政强制案*

▶ 实施扣留等暂时性控制措施不能代替对案件的实体处理，行政机关无正当理由长期不处理的，构成滥用职权

【裁判摘要】

建设服务型政府，要求行政机关既要严格执法以维护社会管理秩序，也要兼顾相对人实际情况。行政处理存在裁量余地时，应当尽可能选择对相对人合法权益损害最小的方式；实施扣留等暂时性控制措施不能代替对案件的实体处理，行政机关无正当理由长期不处理的，构成滥用职权。

再审申请人（一审原告、二审上诉人）：刘某务，男，1952年11月5日出生，汉族，住山西省吕梁市。

委托代理人：贺某爱（系再审申请人刘某务之妻），女，1956年1月26日出生，汉族，住址同上。

委托代理人：刘某（系再审申请人刘某务之女），女，1981年8月2日出生，汉族，住址同上。

再审被申请人（一审被告、二审被上诉人）：山西省太原市公安局交通警察支队晋源一大队。住所地：山

---

* 摘自《最高人民法院公报》2017年第2期，最高人民法院（2016）最高法行再5号行政判决书。

西省太原市晋源区延盛街 21 号。

法定代表人：阎某生，该大队大队长。

委托代理人：王某军，山西新学府律师事务所律师。

委托代理人：王某庆，山西新学府律师事务所律师。

再审申请人刘某务因诉山西省太原市公安局交通警察支队晋源一大队（以下简称晋源交警一大队）道路交通管理行政强制一案，不服山西省高级人民法院（2010）晋行终字第 75 号行政判决，向本院申请再审。经听证审查后，本院作出（2015）行监字第 156 号行政裁定提审本案。提审后，本院依法组成由审判员耿宝建、代理审判员李涛、代理审判员李纬华参加的合议庭，对本案进行了审理。现已审理终结。

原一、二审法院查明以下主要事实：2001 年 7 月，刘某务通过分期付款的方式在山西省威廉汽车租赁有限公司购买了一辆东风 EQ1208G1 型运输汽车，发动机号码 13××××，车架号码 1102××××，合格证号 014××××，最终上户车牌为晋 A2××××号。刘某务依约付清车款后，车辆仍登记挂靠在该公司名下。2006 年 12 月 12 日，刘某务雇用的司机任某荣驾驶该车辆行驶至太原市和平路西峪乡路口时，晋源交警一大队的执勤民警以该车未经年审为由将该车扣留并于当日存入存车场。2006 年 12 月 14 日，刘某务携带该车审验日期为 2006 年 12 月 13 日的行驶证去处理该起违法行为。晋源交警一大队执勤民警在核实过程中发现该车的发动机号码和车架号码看不到，遂以该车涉嫌套牌及发动机号码和车架号码无法查对为由对该车继续扣留，并口头告知刘某务提供其他合法有效手续。刘某务虽多次托人交涉并提供相关材料，但晋源交警一大队一直以其不能提供车辆合法来历证明为由扣留该车。刘某务不服，提起行政诉讼，请求法院撤销晋源交警一大队的扣留行为并返还该车。在法院审理期间，双方当事人在法院组织下对该车车架号码的焊接处进行了切割查验，切割后显示的该车车架号码为 GAGJBDK01102××××，而刘某务提供的该车行驶证载明的车架号码为 LGAGJBDK01102××××。

山西省太原市中级人民法院一审认为：晋源交警一大队口头通知刘某务提供其他合法有效手续后，刘某务一直没有提供相应的合法手续，故晋源交警一大队扣留涉案车辆于法有据。由于扣留涉案车辆的行为属于事实行为，故晋源交警一大队在行政执法过程中的程序瑕疵不能成为撤销扣留行为的法定事由。刘某务虽然提供了由山西吕梁东风汽车技术服务站出具的更换发动机缸体的相关证明，但未经批准擅自更换发动机、改变发动机号码的行为均为我国相应法律、法规所禁止。刘某务一直未提供该车的其他合法有效手续，故其要求撤销扣留行为，返还涉案车辆的诉讼请求不能成立。据此，一审法院作出（2010）并行初字第3号行政判决：驳回刘某务的诉讼请求。刘某务不服，提起上诉。

山西省高级人民法院二审认为：刘某务对晋源交警一大队于2006年12月12日因涉案车辆未经审验而予扣留并无争议，争议在于刘某务是否提供了该车的合法来历证明，晋源交警一大队是否应及时返还车辆。对于该车的车架号码，切割查验后显示的号码与该车行驶证载明的号码不符。对于该车没有发动机号码，刘某务虽然提供了由山西吕梁东风汽车技术服务站出具的更换发动机缸体的相关证明，但未经批准擅自更换发动机、改变发动机号码的行为均为我国相应法律、法规所禁止。刘某务一直没有提供相应的合法手续，依据当时有效的《道路交通安全违法行为处理程序规定》，晋源交警一大队扣留该车于法有据。依据《道路交通安全违法行为处理程序规定》第十五条[①]之规定，晋源交警一大队作为行政执法机关，对认为来历不明的车辆可以自行调查，但晋源交警一大队一直没有调查，也未及时作出处理，行为不当。据此，二审法院作出（2010）晋行终字第75号行政判决：一、撤销山西省太原市中级人民法院（2010）并行初字第3号行政判决；二、晋源交警一大队在判决生效后30日内对扣留涉案车辆依法作出处理并答复刘某务；三、驳回刘某务的其他诉讼请求。

刘某务在向本院提出的再审申请中请求撤销山西省高级人民法院终审判决，判令再审被申请人返还涉案车辆，并请求判令再审被申请人赔偿涉案车辆损失、涉案车辆营运损失以及交通费、律师费、医疗费、精神损失费、误工费等。其事实与理由为：（1）再审申请人是涉案车辆的实际所有

① 对应《道路交通安全违法行为处理程序规定》（2020年）第三十条。下同。

人。机动车车架号码由17位字符组成，包含了车辆生产厂家、年代、车型、车身型式及代码、发动机代码及组装地点等信息。机动车车架号码第一位是生产国家代码，“L”字母代表该机动车的产地为中国。“L”字母的缺失明显是由于对大梁进行切割时操作不慎所致。法律并不禁止更换发动机，机动车所有人只是在更换发动机之后，有义务申请对机动车行驶证上的发动机号码进行变更。原审法院认定再审申请人无法提供该车的合法来历，构成事实认定错误。(2)再审被申请人未履行法定告知义务，没有作出书面通知，构成不作为。原审法院在此情况下，认定再审申请人应自行主动提供该车的合法手续，并承担相应的举证责任，构成法律适用错误。(3)如果认定再审申请人没有提供该车的合法手续，扣留该车的时间则不受30日的拘束，那么原审判决要求再审被申请人在30日内答复再审申请人没有依据。同时，再审被申请人已经查验了该车的发动机号码、车架号码，原审法院认为再审被申请人“一直没有调查，也未及时作出处理”也不成立。(4)再审被申请人本来答应缴4000元罚款后放车，但由于再审申请人托记者前往取车，再审被申请人便拒绝放车，将车辆一直扣留至今。这造成再审申请人长期诉讼，患上脑干出血，形成三级残疾。

再审被申请人晋源交警一大队提交答辩意见称：(1)涉案车辆被扣留之后，再审申请人虽然提供了该车的来历证明、机动车行驶证、检验合格证等相关材料，但发动机号码、车架号码等相关信息是确认车辆身份及车辆合格与否的唯一资料，同时也是该车的身份证明。再审申请人对涉案车辆未经批准擅自更换发动机、改变发动机号码、改装大梁焊装钢板，将车架号码焊死在新装钢板和大梁之间，造成证车不符无法发还。即使能够证明涉案车辆所有权和合法来历，也依法丧失涉案车辆所有权。(2)因涉案车辆在持续扣留过程中，故再审被申请人的执法行为针对未经年检上路行驶与已达到强制报废标准上路行驶两个违法行为，无需作出两个扣留决定。再审被申请人口头通知继续提供有效合法手续，但再审申请人一直没有前来处理。(3)因再审申请人多次涉访涉诉，为保留证据所需，涉案车辆目前仍由再审被申请人保存。目前，属于强制拆解报废的机动车辆，依法不能返还。(4)对于再审申请人私自改装车辆的行为，应当严厉打击，严格依法处置。故再审被申请人扣留涉案车辆合法，原审判决认定事实基本清楚，适用法律相对准确，请求本院驳回刘某务的再审申请。

在本院对刘某务的再审申请进行审查的听证中，双方当事人对原审判决认定的主要事实均无异议，本院予以确认。

关于再审申请人刘某务在原审期间提交的山西吕梁东风汽车技术服务站出具的更换发动机缸体、更换发动机缸体造成不显示发动机号码、车架用钢板铆钉加固致使车架号码被遮盖等三份证明，再审被申请人晋源交警一大队在本院听证中对上述三份证明的真实性未发表否定意见。本院再审期间依法到该服务站进行了核实，该服务站对该三份证明予以确认。本院要求晋源交警一大队对上述相关证据发表质证意见，晋源交警一大队表示不发表任何意见。本院认为上述三份证据具有真实性、合法性和相关性，依法予以采信。

本院另查明，车架号码，即车辆识别代号，通常也称大架号，由字母和数字共 17 位字符组成，是车辆的重要身份证明。第 1 位字符是国家或者地区代码，中国的代码是“L”。最后 8 位即第 10 位至第 17 位字符代表车辆的年份、生产工厂、生产下线顺序号等信息。对于特定汽车生产厂家生产的特定汽车而言，车架号码最后 8 位字符组成的字符串具有唯一性。

本院审理期间曾组织当事人就赔偿问题进行调解，因双方分歧较大，调解未果。

本院认为：本案的争议焦点为再审被申请人晋源交警一大队扣留涉案车辆的行政强制措施是否合法。具体涉及以下三个问题：

1. 决定扣留涉案车辆的程序是否合法。依照全国人民代表大会常务委员会于 2003 年 10 月 28 日通过的《中华人民共和国道路交通安全法》第九十六条第一款及公安部于 2004 年 4 月 30 日发布的《道路交通安全违法行为处理程序规定》第十三条第二项①的规定，晋源交警一大队在行政执法中发现车辆涉嫌套牌的，有依法扣留的职权。在再审申请人刘某务提交合法年审手续后，晋源交警一大队又发现涉案车辆无发动机号码、无法识别

① 对应《道路交通安全违法行为处理程序规定》（2020 年）第二十七条第二项。

车架号码而涉嫌套牌时，可依法继续扣留。但是，晋源交警一大队决定扣留应遵循《中华人民共和国道路交通安全法》第一百一十二条第一款和《道路交通安全违法行为处理程序规定》第十一条第一款①规定的告知当事人违法行为的基本事实、拟作出行政强制措施的种类、依据及其依法享有的权利，听取当事人的陈述和申辩，制作行政强制措施凭证并送达当事人等行政程序。晋源交警一大队违反上述行政程序，始终未出具任何形式的书面扣留决定，违反法定程序。在刘某务提供合法年审手续后，晋源交警一大队初始以未经年审为由扣留车辆的行为应已结束，其关于以车辆涉嫌套牌为由继续扣留无需另行制作扣留决定的主张，依法不能成立，本院不予支持。

2. 认定涉案车辆涉嫌套牌而持续扣留证据是否充分。比对切割查验后显示的涉案车辆车架号码和涉案车辆行驶证载明的车架号码，前者共16位字符，后者共17位字符，前者缺失了代表车辆生产国家或者地区的首字母。再审申请人刘某务主张缺失的首字母“L”系在切割查验时不慎损毁所致，再审被申请人对此未发表相反意见。鉴于涉案汽车确系中国生产，且对于该型号的东风运输汽车而言，切割查验后显示的车辆车架号码和涉案车辆行驶证载明的车架号码的最后8位字符均为“1102××××”，可以认定被扣留的车辆即为刘某务所持行驶证载明的车辆。晋源交警一大队在刘某务先后提供购车手续、山西省威廉汽车租赁有限公司出具的说明、山西吕梁东风汽车技术服务站出具的三份证明等相关证据材料后，认定涉案车辆涉嫌套牌而持续扣留，构成主要证据不足。

3. 既不调查核实又长期扣留涉案车辆是否构成滥用职权。车辆车体打刻的发动机号码、车架号码，是确认车辆身份的重要证明。根据公安部于2004年4月30日发布的《机动车登记规定》第九条、第十条②的规定，刘某务在车辆生产厂家指定的维修站对涉案车辆的发动机、车架进行维修，并不违法。且仅为对涉案车辆更换发动机缸体而非更换发动机。但刘某务

---

① 对应《道路交通安全违法行为处理程序规定》（2020年）第二十五条第一款。

② 对应《机动车登记规定》（2021年修订）第十六条、第十七条。

未及时请相关单位在相应部位重新打刻号码并履行相应手续不当。在涉案车辆发动机缸体未打刻发动机号码且车架号码被钢板铆钉遮盖无法目视确认的情况下，刘某务让所雇用的司机驾驶车辆上路具有过错，晋源交警一大队认为涉嫌套牌依法有权扣留车辆，刘某务应承担相应责任。但扣留车辆属于暂时性的行政强制措施，不能将扣留行为作为代替实体处理的手段。晋源交警一大队扣留车辆后，应依照《中华人民共和国道路交通安全法》第九十六条第二款和《道路交通安全违法行为处理程序规定》第十五条的规定，分别作出相应处理：如认为刘某务已经提供相应的合法证明，则应及时返还机动车；如对刘某务所提供的机动车来历证明仍有疑问，则应尽快调查核实；如认为刘某务需要补办相应手续，也应依法明确告知补办手续的具体方式方法并依法提供必要的协助。刘某务先后提供的车辆行驶证和相关年审手续、购车手续、山西省威廉汽车租赁有限公司出具的说明、山西吕梁东风汽车技术服务站出具的三份证明，已经能够证明涉案车辆在生产厂家指定的维修站更换发动机缸体及用钢板铆钉加固车架的事实。在此情况下，晋源交警一大队既不返还机动车，又不及时主动调查核实车辆相关来历证明，也不要求刘某务提供相应担保并解除扣留措施，以便车辆能够返回维修站整改或者返回原登记的车辆管理所在相应部位重新打刻号码并履行相应手续，而是反复要求刘某务提供客观上已无法提供的其他合法来历证明，滥用了法律法规赋予的职权。

行政机关进行社会管理的过程，也是服务社会公众和保护公民权利的过程。建设服务型政府，要求行政机关既要严格执法以维护社会管理秩序，也要兼顾相对人实际情况，对虽有过错但已作出合理说明的相对人可以采用多种方式实现行政目的时，在足以实现行政目的的前提下，应尽量减少对相对人权益的损害。实施行政管理不能仅考虑行政机关单方管理需要，而应以既有利于查明事实，又不额外加重相对人负担为原则。实施扣留等暂时性控制措施，应以制止违法行为、防止证据损毁、便于查清事实等为限，不能长期扣留而不处理，给当事人造成不必要的损失。因此，晋源交警一大队扣留涉案车辆后，既不积极调查核实车辆相关来历证明，又长期扣留涉案车辆不予处理，构成滥用职权。

综上，人民法院对行政行为合法性进行审查，应当依据行政机关作出行政行为时所收集的证据、认定的事实、适用的法律和主张的理由来综合判断。本案涉案车辆是经过年审并正常行驶的车辆，晋源交警一大队在作出行政行为时和原一、二审诉讼中均未以车辆系擅自改装而需要强制报废等作为扣留涉案车辆的理由，在本院审理中也未提供证据证明涉案车辆需要强制报废，故对晋源交警一大队有关涉案车辆需要强制报废的主张不应予以支持，且其在再审期间又改变扣留理由，也有违依法行政的基本要求。因此，晋源交警一大队在决定扣留涉案车辆时未遵循法定程序，认定涉案车辆涉嫌套牌而持续扣留主要证据不足，既不调查核实又长期扣留涉案车辆构成滥用职权。因晋源交警一大队未作出书面扣留决定，扣留行为不具有可撤销内容，人民法院应依照《中华人民共和国行政诉讼法》第七十四条第二款第一项的规定确认扣留行为违法并判令返还违法扣留的车辆。一审判决驳回刘某务诉讼请求错误，依法应予撤销。二审判决对扣留行为是否合法未予裁判，判令晋源交警一大队作出处理并驳回刘某务其他诉讼请求错误，依法亦应予撤销。鉴于刘某务对晋源交警一大队扣留涉案车辆造成的停运损失、车辆损坏损失等已另案提起行政赔偿诉讼，故刘某务的赔偿请求应在行政赔偿案件中另行解决。据此，依照《中华人民共和国行政诉讼法》第八十九条第一款第二项及《最高人民法院关于执行〈中华人民共和国行政诉讼法〉若干问题的解释》第七十八条[①]之规定，判决如下：一、撤销山西省高级人民法院（2010）晋行终字第75号行政判决和山西省太原市中级人民法院（2010）并行初字第3号行政判决；二、确认再审被申请人山西省太原市公安局交通警察支队晋源一大队扣留晋A2××××号车辆的行为违法；三、再审被申请人山西省太原市公安局交通警察支队晋源一大队在本判决生效后三十日内将晋A2××××号车辆返还再审申请人刘某务。一、二审案件受理费共计100元，由再审被申请人山西省太原市公安局交通警察支队晋源一大队负担。

本判决为终审判决。

---

① 对应《最高人民法院关于适用〈中华人民共和国行政诉讼法〉的解释》第一百二十二条。

12. 陆某尧诉江苏省泰兴市人民政府济川街道办事处强制拆除案*

▶ 街道办事处在其辖区内片面追求行政效率而牺牲正当程序，不作书面决定就直接强拆房屋的行政行为违法

【裁判摘要】

当事人在获得集体土地使用权并领取相关权证后，在集体土地上建造房屋、栽种树木并增添地上附着物的，街道办事处在其辖区内片面追求行政效率而牺牲正当程序，不作书面决定就直接强拆房屋的行政行为违法。

一、基本案情

陆某尧在取得江苏省泰兴市泰兴镇（现济川街道）南郊村张堡二组138平方米的集体土地使用权并领取相关权证后，除了在该地块上出资建房外，还在房屋北侧未领取权证的空地上栽种树木，建设附着物。2015年12月9日上午，陆某尧后院内的树木被人铲除，道路、墩柱及围栏被人破坏，拆除物被运离现场。当时有济川街道办事处（以下简称街道办）的工作人员在场。此外，作为陆某尧持有权证地块上房屋的动迁主体，街道办曾多次与其商谈房屋的动迁情况，其间也涉及房屋后

* 摘自2018年5月15日最高人民法院发布的人民法院征收拆迁典型案例（第二批）。

院的搬迁事宜。陆某尧认为，在无任何法律文书为依据、未征得其同意的情况下，街道办将后院拆除搬离的行为违法，故以街道办为被告诉至法院，请求判决确认拆除后院的行为违法，并恢复原状。

二、裁判结果

泰州医药高新技术产业开发区人民法院一审认为：涉案附着物被拆除时，街道办有工作人员在场，尽管其辩称系因受托征收项目在附近，并未实际参与拆除活动，但未提交任何证据予以证明。经查，陆某尧房屋及地上附着物位于街道办的行政辖区内，街道办在强拆当天日间对有主的地上附着物采取了有组织的拆除运离，且街道办亦实际经历了该次拆除活动。作为陆某尧所建房屋的动迁主体，街道办具有推进动迁工作，拆除非属动迁范围之涉案附着物的动因，故从常理来看，街道办称系单纯目击而非参与的理由难以成立。据此，在未有其他主体宣告实施拆除或承担责任的情况下，可以推定街道办系该次拆除行为的实施主体。一审法院遂认定街道办为被告，确认其拆除陆某尧房屋北侧地上附着物的行为违法。一审判决后，原、被告双方均未提起上诉。

三、典型意义

不动产征收当中最容易出现的问题是，片面追求行政效率而牺牲正当程序，甚至不作书面决定就直接强拆房屋的事实行为也时有发生。强制拆除房屋以事实行为面目出现，往往会给相对人寻求救济造成困难。按照《行政诉讼法》的规定，起诉人证明被诉行为系行政机关而为是起诉条件之一，但是由于行政机关在强制拆除之前并未制作、送达任何书面法律文书，相对人要想获得行为主体的相关信息和证据往往很难。如何在起诉阶段证明被告为谁，有时成为制约公民、法人或者其他组织行使诉权的主要因素，寻求救济就会陷入僵局。如何破局？如何做到既合乎法律规定，又充分保护诉权，让人民群众感受到公平正义，就是人民法院必须回答的问题。本案中，人民法院注意到强拆行为系动迁的多个执法阶段之一，通过对动迁全过程和有关规定的分析，得出被告街道办具有推进动迁和强拆房屋的动因，为行为主体的推定奠定了事理和情理的基础，为案件处理创造了情理法结合的条件。此案有两点启示意义：一是在行政执法不规范造成相对人举证困难的情况下，人民法院不宜简单以原告举证不力为由拒之门外，在此类案件中要格外关注诉权保护。二是事实行为是否系行政机关而为，人民法院应当从基础事实出发，结合责任政府、诚信政府等法律理念和生活逻辑作出合理判断。

行政许可

13. 张某文、陶某等诉四川省简阳市人民政府侵犯客运人力三轮车经营权案*

(最高人民法院审判委员会讨论通过 2017年11月15日发布)

行政机关未告知行政许可期限后又以期限届满为由终止相对人许可权益，撤销行政行为会给社会公共利益和行政管理秩序带来不利影响的，人民法院应判决确认行政行为违法

【关键词】

行政 行政许可 期限 告知义务 行政程序 确认 违法判决

【裁判要点】

1. 行政许可具有法定期限，行政机关在作出行政许可时，应当明确告知行政许可的期限，行政相对人也有权利知道行政许可的期限。

2. 行政相对人仅以行政机关未告知期限为由，主张行政许可没有期限限制的，人民法院不予支持。

3. 行政机关在作出行政许可时没有告知期限，事后以期限届满为由终止行政相对人行政许可权益的，属于行政程序违法，人民法院应当依法判决撤销被诉行政行为。但如果判决撤销被诉行政行为，将会给社会公共利益和行政管理秩序带来明显不利影响的，人民法院应当判决确认被诉行政行为违法。

* 摘自2017年11月15日最高人民法院发布的第17批指导性案例（指导案例88号）。

【相关法条】

《中华人民共和国行政诉讼法》第八十九条第一款第二项

【基本案情】

1994年12月12日，四川省简阳市人民政府（以下简称简阳市政府）以通告的形式，对本市区范围内客运人力三轮车实行限额管理。1996年8月，简阳市政府对人力客运老年车改型为人力客运三轮车（240辆）的经营者每人收取了有偿使用费3500元。1996年11月，简阳市政府对原有的161辆客运人力三轮车经营者每人收取了有偿使用费2000元。从1996年11月开始，简阳市政府开始实行经营权的有偿使用，有关部门也对限额的401辆客运人力三轮车收取了相关的规费。1999年7月15日、7月28日，简阳市政府针对有偿使用期限已届满两年的客运人力三轮车，发布《关于整顿城区小型车辆营运秩序的公告》（以下简称《公告》）和《关于整顿城区小型车辆营运秩序的补充公告》（以下简称《补充公告》）。其中，《公告》要求“原已具有合法证照的客运人力三轮车经营者必须在1999年7月19日至7月20日到市交警大队办公室重新登记”，《补充公告》要求“经审查，取得经营权的登记者，每辆车按8000元的标准（符合《公告》第六条规定的每辆车按7200元的标准）交纳经营权有偿使用费”。张某文、陶某等182名客运人力三轮车经营者认为简阳市政府作出的《公告》第六条和《补充公告》第二条的规定形成重复收费，侵犯其合法经营权，向四川省简阳市人民法院提起行政诉讼，要求判决撤销简阳市政府作出的上述《公告》和《补充公告》。

【裁判结果】

1999年11月9日，四川省简阳市人民法院依照《中华人民共和国行政诉讼法》第五十四条第一项[①]之规定，以（1999）简阳行初字第36号判

① 对应《中华人民共和国行政诉讼法》（2017年修正）第六十九条。

决维持市政府1999年7月15日、1999年7月28日作出的行政行为。张某文、陶某等不服提起上诉。2000年3月2日，四川省资阳地区中级人民法院以（2000）资行终字第6号行政判决驳回上诉，维持原判。2001年6月13日，四川省高级人民法院以（2001）川行监字第1号行政裁定指令四川省资阳市（原资阳地区）中级人民法院进行再审。2001年11月3日，四川省资阳市中级人民法院以（2001）资行再终字第1号判决撤销原一审、二审判决，驳回原审原告的诉讼请求。张某文、陶某等不服，向四川省高级人民法院提出申诉。2002年7月11日，四川省高级人民法院作出（2002）川行监字第4号驳回再审申请通知书。张某文、陶某等不服，向最高人民法院申请再审。2016年3月23日，最高人民法院裁定提审本案。2017年5月3日，最高人民法院作出（2016）最高法行再81号行政判决：一、撤销四川省资阳市中级人民法院（2001）资行再终字第1号判决；二、确认四川省简阳市人民政府作出的《关于整顿城区小型车辆营运秩序的公告》和《关于整顿城区小型车辆营运秩序的补充公告》违法。

【裁判理由】

最高人民法院认为，本案涉及以下三个主要问题：

关于被诉行政行为的合法性问题。从法律适用上看，《四川省道路运输管理条例》第四条规定："……各级交通行政主管部门……负责本行政区域内营业性车辆类型的调整、数量的投放……"第二十四条规定："经县级以上人民政府批准，客运经营权可以实行有偿使用……"四川省交通厅制定的《四川省小型车辆客运管理规定》（川交运〔1994〕359号）第八条规定："各市、地、州运管部门对小型客运车辆实行额度管理时，经当地政府批准可采用营运证有偿使用的办法，但有偿使用期限一次不得超过两年。"可见，四川省地方性法规已经明确对客运经营权可以实行有偿使用。四川省交通厅制定的规范性文件虽然早于地方性法规，但该规范性文件对营运证实行有期限有偿使用与地方性法规并不冲突。基于行政执法和行政管理需要，客运经营权也需要设定一定的期限。从被诉的行政程序上看，程序明显不当。被诉行政行为的内容是对原已具有合法证照的客运人力三轮车经营者实行重新登记，经审查合格者支付有偿使用费，逾期未登记者自动弃权的措施。该被诉行为是对既有的已经取得合法证照的客运人力三轮车经营者收取有偿使用费，而上述客运人力三轮车经营者的权利是在1996年通过经营权许可取得的。前后两个行政行为之间存在承继和连接关系。对于1996年的经营权许可行为，行政机关作出行政许可等授益性行政行为时，应当明确告知行政许可的期限。行政机关在作出行政许可时，行政相对人也有权知晓行政许可的期限。行政机关在1996年实施人力客运三轮车经营权许可之时，未告知张某文、陶某等人人力客运三轮车两年的经营权有偿使用期限。张某文、陶某等人并不知道其经营权有偿使用的期限。简阳市政府1996年的经营权许可在程序上存在明显不当，直接导致与其存在前后承继关系的本案被诉行政行为的程序明显不当。

关于客运人力三轮车经营权的期限问题。申请人主张，因简阳市政府在1996年实施人力客运三轮车经营权许可时未告知许可期限，据此认为经营许可是无期限的。最高人民法院认为，简阳市政府实施人力客运三轮车经营权许可，目的在于规范人力客运三轮车经营秩序。人力客运三轮车是涉及公共利益的公共资源配置方式，设定一定的期限是必要的。客观上，四川省交通厅制定的《四川省小型车辆客运管理规定》（川交运〔1994〕359号）也明确了许可期限。简阳市政府没有告知许可期限，存在程序上的瑕疵，但申请人仅以此认为行政许可没有期限限制，最高人民法院不予支持。

关于张某文、陶某等人实际享受“惠民”政策的问题。简阳市政府根据当地实际存在的道路严重超负荷、空气和噪声污染严重、“脏、乱、差”“挤、堵、窄”等问题进行整治，符合城市管理的需要，符合人民群众的意愿，其正当性应予肯定。简阳市政府为了解决因本案诉讼遗留的信访问题，先后作出两次“惠民”行动，为实质性化解本案争议作出了积极的努力，其后续行为也应予以肯定。本院对张某文、陶某等人接受退市营运的运力配置方案并作出承诺的事实予以确认。但是，行政机关在作出行政行为时必须恪守依法行政的原则，确保行政权力依照法定程序行使。

最高人民法院认为，简阳市政府作出《公告》和《补充公告》在行政程序上存在瑕疵，属于明显不当。但是，虑及本案被诉行政行为作出之后，简阳市城区交通秩序得到好转，城市道路运行能力得到提高，城区市容市貌持续改善，以及通过两次“惠民”行动，绝大多数原401辆三轮车已经分批次完成置换，如果判决撤销被诉行政行为，将会给行政管理秩序和社会公共利益带来明显不利影响。最高人民法院根据《最高人民法院关于执行〈中华人民共和国行政诉讼法〉若干问题的解释》[①] 第五十八条有关情况判决的规定确认被诉行政行为违法。

（生效裁判审判人员：梁凤云、王海峰、仝蕾）

理解与参照

《张某文、陶某等诉四川省简阳市人民政府侵犯客运人力三轮车经营权案》的理解与参照[*]

——行政许可应当遵循正当程序告知行政许可期限

最高人民法院案例指导工作办公室

2017年11月15日，最高人民法院发布了第17批指导性案例，包括第88号至第92号共5件指导性案例，总结了行政审判、知识产权审判实践中某些普遍的疑难复杂法律适用问题，有利于进一步明确裁判规则，统

① 《最高人民法院关于执行〈中华人民共和国行政诉讼法〉若干问题的解释》已于2018年2月8日失效。

* 摘自《司法文件选解读》2019年第7辑（总第79辑），人民法院出版社2019年版，第1~7页。

一司法尺度。其中，第 88 号指导案例为《张某文、陶某等诉四川省简阳市人民政府侵犯客运人力三轮车经营权案》。为了正确理解和准确参照适用该指导案例，现对该指导案例的选编过程、裁判要点、参照适用等有关情况予以解释和说明。

一、选编过程及指导意义

该案为最高人民法院提审审理的案件，涉及客运人力三轮车经营权许可期限以及行政机关在实施经营权许可时所应当遵循的正当法律程序等问题。该案例于 2017 年 6 月 13 日作为第一批“最高人民法院行政审判十大典型案例”之一发布。同年 7 月，最高人民法院行政庭向案例指导工作办公室推荐该案例作为备选指导性案例。办公室经过初审，认为该案例基本符合指导性案例要求。8 月 30 日，最高人民法院研究室室务会经过讨论原则同意推荐，建议修改后送行政庭案件承办人征求意见，再报审委会审议。9 月 12 日，案例指导工作办公室修改完成该备选指导性案例文本及相关材料，并报审委会审议。10 月 31 日，该案例经最高人民法院民专会第 273 次会议审议通过。11 月 15 日，最高人民法院以法〔2017〕332 号文件将该案例列入第 17 批指导案例予以发布。

该指导案例旨在明确行政许可具有法定期限，行政机关在作出行政许可时，应当履行告知义务，行政相对人仅以行政机关未告知期限为由，主张行政许可没有期限限制的，人民法院不予支持。还明确行政机关在作出行政许可时没有告知期限，事后以期限届满为由终止行政相对人行政许可权益的，属于行政程序违法，如果判决撤销被诉行政行为，将会给社会公共利益和行政管理秩序带来明显不利影响的，人民法院应当判决确认被诉行政行为违法。该案例进一步明确了正当程序原则，有利于促进行政机关对许可事项依法进行监督管理，也有利于保障行政相对人的知情权、选择权，从源头上避免和减少行政纠纷的发生。在该案例中，人民法院对“情势”判决的依法适用，既对被诉行政行为的合法性进行了审查，同时也注意到了业已形成的社会公共利益，确保了公共利益和个人利益的平衡，使近二十年的行政纠纷得以彻底化解，法律效果和社会效果积极良好，为解决历史形成的类似行政纠纷案件提供了良好范本。

二、关于本案例的相关情况

本案的基本情况是：1996年8月，四川省简阳市人民政府（以下简称市政府）对240辆人力客运老年车改型为人力客运三轮车的经营者每人收取了有偿使用费3500元。1996年11月，对原有的161辆客运人力三轮车经营者每人收取了有偿使用费2000元。从1996年11月开始，市政府开始实行经营权有偿使用，有关部门对限额的401辆客运人力三轮车收取了相关的规费。1999年7月15日、7月28日，市政府针对有偿使用期限已届满两年的客运人力三轮车，发布《关于整顿城区小型车辆营运秩序的公告》（以下简称《公告》）和《关于整顿城区小型车辆营运秩序的补充公告》（以下简称《补充公告》）。其中，《公告》要求“原已具有合法证照的客运人力三轮车经营者必须在1999年7月19日至7月20日到市交警大队办公室重新登记”，《补充公告》要求“经审查，取得经营权的登记者，每辆车按8000元的标准（符合《公告》第六条规定的每辆车按7200元的标准）交纳经营权有偿使用费”。张某文等182名经营者认为市政府作出的《公告》和《补充公告》侵犯其经营自主权，向简阳市人民法院提起行政诉讼。

简阳市人民法院经审理认为，市政府在行政法规、地方性法规、规章对经营权有偿使用期限未作明确规定的情况下，执行上级行政主管部门四川省交通厅《四川省小型车辆营运管理规定》中“有偿使用期限一次不得超过两年”的规定，对已实行经营权有偿使用期限超过两年的原告，以公告形式决定其重新登记并支付有偿使用费的行为，并无不当。判决维持市政府作出的《公告》和《补充公告》。张某文等不服，向四川省资阳地区（现为资阳市）中级人民法院提起上诉。四川省资阳地区中级人民法院以与一审基本相同的理由判决驳回上诉，维持原判。

后本案经最高人民法院裁定提审。最高人民法院认为，行政机关作出行政许可等授益性行政行为时，应当明确告知行政许可的期限。行政机关在作出行政许可时，行政相对人也有权知晓行政许可的期限。明确行政许可的期限，既是为了保障公共利益的需要，也是为了保障许可申请人的选择权利。市政府1996年的经营权许可在程序上存在明显不当，直接导致与其存在前后承继关系的本案被诉行政程序明显不当。本案中，四川省交通厅制定的规范性文件明确了许可期限。申请人关于本案行政许可没有期限限制的主张不能成立。虑及本案被诉行政行为作出之后，简阳市城区交通秩序得到好转，城市道路运行能力得到提高，城区市容市貌持续改善，以及通过两次“惠民”行动，绝大多数三轮车主已经分批次完成置换，如果判决撤销被诉行政行为，将会给行政管理秩序和社会公共利益带来不利影响。判决确认简阳市人民政府作出的《公告》和《补充公告》违法。

本案的焦点问题有两个：一是被诉行政行为是否合法，即被诉行政行为的前续行政行为存在未告知许可期限情形，是否属于违法？在本案审理过程中，对于被诉行政行为的合法性审查，不可避免地审查撤销行政许可之前的设定行政许可行政行为的合法性。特别是前续行政行为缺乏合法性的情况下，是否影响后续行政行为的合法性。本案裁判认为，行政许可的设定必须具有法律依据，特别是行政许可期限的设定，可能对当事人的实体权益产生重大影响。如果行政机关在设定行政许可时没有告知利害关系人许可期限，构成程序违法，该违法性也将影响到本案被诉的撤销行政许可行为的合法性。二是如果判决撤销被诉行政行为将会给社会公共利益和行政管理秩序带来明显不利影响，采取何种判决方式？对于撤销行政行为将会给国家利益、社会公共利益带来严重损害或者不利影响的，人民法院应当进行利益权衡，在注意保障国家利益、社会公共利益的同时，也要保障当事人的合法权益，在确认被诉行政行为违法的同时，确保当事人能够通过行政赔偿等途径解决其实体权益保障问题。

本案所确立或者蕴含的行政行为违法性的继承、正当程序、信赖利益等在司法实务界和学术界产生了积极影响。对于此判决所确立的规则，学术界延伸探讨了行政行为的附款（包括纯粹的附款与不纯粹的附款）、行政许可的效力期限、信赖利益等问题，对域外司法也产生一定影响。例如我国台湾地区的学术界和司法实务界对本判决也进行了深入研究并给予极大关注。本裁判对于彻底化解行政纠纷也产生了积极意义。本案中，最高人民法院依法通知被诉行政机关负责人——简阳市副市长出庭应诉，有力促进了行政机关的法治意识，有力促进了行政纠纷的实质性化解，有力推动了官民平等观念的树立，取得了良好的法律效果和社会效果。

三、裁判要点的理解与说明

该指导案例的裁判要点确认：(1) 行政许可具有法定期限，行政机关在作出行政许可时，应当明确告知行政许可的期限，行政相对人也有权利知道行政许可的期限。(2) 行政相对人仅以行政机关未告知期限为由，主张行政许可没有期限限制的，人民法院不予支持。(3) 行政机关在作出行政许可时没有告知期限，事后以期限届满为由终止行政相对人行政许可权益的，属于行政程序违法，人民法院应当依法判决撤销被诉行政行为。但如果判决撤销被诉行政行为，将会给社会公共利益和行政管理秩序带来明显不利影响的，人民法院应当判决确认被诉行政行为违法。现围绕与该裁判要点相关的问题逐一解释和说明如下。

关于行政许可的期限。行政许可的期限是行政许可合法性的重要组成部分。根据《中华人民共和国行政许可法》（以下简称《行政许可法》）第十八条的规定，设定行政许可，应当规定行政许可的实施机关、条件、程序、期限。本案被诉行政行为以及被诉行政行为的前续行政行为发生时，行政许可法尚未制定和实施。但是，行政机关在设定和实施行政许可过程中，行政许可的期限是一个必备的要素，必备的合法性要件。因此，行政机关在作出行政许可行为时，告知许可期限，是一个正当法律程序。如果行政机关未告知许可期限，应当认定该许可缺乏合法性。

关于行政相对人以未告知期限为由认为行政许可没有期限的问题。行政机关的行政行为，特别是行政许可行为，应当设定一定的期限。对于期限的含义，大陆法系国家有的认为属于附款，有的认为属于行政行为的内容。我们认为，该期限属于行政行为的内容，构成行政行为合法的要件。构成行政行为合法的要件，直接的结论就是，被诉行政行为缺乏合法性要件。同时，该合法性要件的缺乏并不必然推定行政相对人的主张就是成立的，也就是说，结合行政管理的目的，行政许可是一种排除性的许可，占用了公共资源，不能是无期限的。法院也不能基于行政机关没有告知许可期限，就推定行政相对人关于无期限的主张成立。

关于情况判决的问题。情况判决是一种衡平判决，即人民法院在对公共利益和私人利益进行衡量之后作出的判决。大陆法系国家一般称为情势判决或者情况判决。行政诉讼是"民告官"的诉讼，人民法院在审理行政案件时，既要坚持对行政行为的合法性审查，也要注意私人权益的保障。本案中，如果撤销被诉行政行为，可能导致已经形成的行政管理秩序紊乱，所以采取了确认违法的转换判决。这类转换判决实际上已经否定了行政行为的合法性。根据《中华人民共和国国家赔偿法》的规定，行政赔偿应当以行政行为确认违法为前提，确认违法之后，相对人如果认为其合法权益受到损害的，还可以另行提起行政赔偿诉讼加以解决。

四、参照适用时应注意的问题

在本案例适用过程中，应当注意以下几个问题。

一是本案属于历史性老案，在适用法律过程中没有援引最新的法律和司法解释的规定。本案涉及的行政许可期限问题、信赖利益保障问题以及情况判决等问题，在本案发生之后，《行政许可法》及2000年的《最高人民法院关于执行〈中华人民共和国行政诉讼法〉若干问题的解释》（以下简称《行政诉讼法司法解释》）才出台，因此，无法引用相关规定。本案确立的规则，符合法律和司法解释的规定。对于《行政许可法》及《行政诉讼法司法解释》发布之后发生的行政案件，可以适用相关法律和司法解释的规定。

二是对于历史性老案的处理，应当注重实体权益的保障。对于本案涉及的被诉行政行为的合法性问题，在判断上比较容易，或者说行政许可行为没有告知许可期限，违反了正当程序原则，是一般的共识和观念。对于这类行政案件，人民法院应当从保障当事人实体权益的角度，在选择裁判方式时既要坚持对行政行为合法性审查，也要注重当事人实体权益能够通过正当诉讼程序予以救济。

（执笔人：梁凤云、石磊）

政府与海域使用权人以行政协议方式约定到期后不再续期的，应认定有效

14．江苏瑞达海洋食品有限公司诉盐城市大丰区人民政府等海域使用权行政许可纠纷案*

【裁判摘要】

海域使用权人在海域使用期限届满前有权申请续期，但政府与海域使用权人以行政协议方式约定到期后不再续期的，该约定不违反我国法律法规的强制性规定，应认定有效。

原告：江苏瑞达海洋食品有限公司，住所地：江苏省盐城市大丰区海洋经济综合开发区纬四路北。

法定代表人：徐某，该公司执行董事。

被告：盐城市大丰区人民政府，住所地：江苏省盐城市大丰区大华东路1号。

法定代表人：宋某，该区区长。

被告：盐城市大丰区自然资源和规划局，住所地：江苏省盐城市大丰区幸福西大街。

法定代表人：商某星，该局局长。

原告江苏瑞达海洋食品有限公司因与被告盐城市大丰区人民政府（以下简称大丰区政府）、被告盐城市大

* 摘自《最高人民法院公报》2020年第8期。

丰区自然资源和规划局（以下简称大丰区自然资源局）发生海域使用权行政许可纠纷，向上海海事法院提起诉讼。

原告江苏瑞达海洋食品有限公司诉称：2015 年 8 月，原告通过投标与被告大丰区自然资源局签订东沙紫菜养殖海域使用权出让合同，期限为三年。2018 年初，原告向被告大丰区政府提出海域使用权续期申请，同年 5 月，大丰区自然资源局作出《关于海域使用权不予续期的答复》，写明原告申请海域使用权续期的报告已收悉，答复称海域使用权合同明确约定，海域使用权到期后不续期。此后，大丰区自然资源局向原告发出《关于清理东沙紫菜养殖的通知》，要求海域使用权期满的业主立即停止紫菜养殖行为，拆除全部人工设施设备等。原告认为，其向原批准用海单位大丰区政府提出续期申请，应由大丰区政府给予答复，大丰区政府并未在原行政许可有效期届满前作出是否准予延续的决定，应视为准予延续。根据《中华人民共和国海域使用管理法》（以下简称《海域使用管理法》）第二十六条的规定，海域使用权人到期前有权申请续期，除根据公共利益或者国家安全需要收回海域使用权的外，原批准用海的人民政府应当批准续期。综上，请求判决：（1）撤销大丰区自然资源局向原告发出的“关于海域使用权不予续期的答复”；（2）大丰区自然资源局和大丰区政府履行法定职责，对原告海域使用权依法予以续期。

被告大丰区人民政府、大丰区自然资源局辩称：涉案的海域使用权出让合同和海域使用权证书上均写明了到期后不再续期，申请续期不应适用于通过招投标取得的海域使用权。东沙紫菜养殖海域部分与盐城湿地珍禽国家级自然保护区范围重合或邻近，在此海域养殖紫菜违反自然保护区管理的相关法规，且在保护区的实验区内养殖还必须取得保护区管理部门的批准，大丰区政府部门曾向保护区管理部门提出申请，但未获得批准。东沙养殖海域部分在生态红线范围内，根据生态红线保护规划，对于红线区实行限批制度，严格控制开发强度，加强生态保护与修复。2018 年期间，盐城市黄海湿地申报世界自然遗产工作正在进行当中，东沙养殖海域与黄海湿地申遗的提名地重合或邻近，在该海域继续进行紫菜养殖不利于对遗产地的保护。当前中央政府对海洋采取更为严格的督察措施，并在督察过程中具体指出了大丰东沙海域养殖中存在的问题。盐城黄海湿地作为丹顶鹤等候鸟的栖息地，也是世界遗产提名地，对其附近海域退渔还湿，恢复海洋生态，是当前的大趋势，也是保护社会公共长远利益的需要。综上，请求驳回原告江苏瑞达海洋食品有限公司的诉讼请求。

上海海事法院一审查明：2015 年 8 月，原告江苏瑞达海洋食品有限公司参与被告大丰区自然资源局组织的海域使用权出让招投标，并通过投标与大丰区自然资源局签订三份 2015 年东沙紫菜养殖海域使用权第一轮出让合同，上述合同分别对应三、四、五标段，出让海域均位于东沙辐射沙洲，海域规定用途为紫菜养殖，合同确定的海域面积分别为 145.099 公顷、97.668 公顷、142.991 公顷。上述合同约定的海域使用权期限均为自 2015 年 8 月 20 日至 2018 年 6 月 30 日。上述合同第十条均写明："合同期满，海域使用权终止，本海域使用权不予续期。"此后，原告取得对应的三份海域使用权证书，证书写明的登记机关为大丰区自然资源局，发证机关为被告大丰区政府。证书载明的终止日期为 2018 年 6 月 30 日，并写明"招标海域到期后不再续期"。

2018 年 3 月 29 日，原告江苏瑞达海洋食品有限公司向被告大丰区政府、大丰区自然资源局邮寄海域使用权续期申请。大丰区自然资源局向原告出具"关于海域使用权不予续期的答复"，写明原告申请海域使用权续期的报告已收悉，答复称海域使用权合同明确约定，海域使用权到期后不续期，且根据 2014 年 5 月大丰区政府《关于进一步加强东沙养殖用海管理工作的通知》规定，海域使用权到期后，原用海人应及时无条件交滩，由主管部门组织招标出让，故相应海域证上已注明"到期后不续期"。原告于 2018 年 5 月 26 日收到上述答复。2018 年 8 月 30 日，大丰区自然资源局向各紫菜养殖业主发出《关于清理东沙紫菜养殖的通知》，写明根据《海域使用管理法》第二十九条规定，海域使用权期满，未申请续期或申请续期未获批准的，海域使用权终止。海域使用权终止后，原海域使用权人应当拆除可能造成海洋环境污染或者影响其他用海项目的用海设施和构筑物。根据法律规定和上级要求，请东沙海域使用权期满的业主立即停止紫菜养殖行为，拆除全部人工设施设备，清除海洋漂浮垃圾及生产生活垃圾。

另查明，原告江苏瑞达海洋食品有限公司原取得的海域使用权涉及海域位于大丰区东沙辐射沙洲，与江苏省海洋生态红线区毗邻，且邻近盐城湿地珍禽国家级自然保护区和盐城黄海湿地。在原告取得涉案海域使用权之前，相关海域也曾于2012年以招投标的方式组织出让，2015年海域使用权到期之后，当地政府又重新组织招投标，原告竞标取得涉案海域使用权。2018年1月，盐城市政府正式向世界遗产中心提交申遗正式文本。2018年8月24日，盐城市人民政府办公室发出《市政府办公室关于做好遗产提名地国家检查评估相关工作的通知》，其附件重点工作任务交办单中写明要求被告大丰区政府对东沙紫菜养殖进行清理。2019年7月，经世界自然遗产大会表决，盐城黄海湿地被成功列为世界自然遗产。

上海海事法院一审认为：根据《海域使用管理法》第七条、第十七条之规定，被告大丰区自然资源局作为海洋行政主管部门，具有涉案海域管理的法定职责，有权对海域使用申请进行审核。其所作出的涉案答复属于其行政管理权限范围，并未超越职权。被告大丰区政府作为原批准用海的政府机关，具有对海域使用申请决定是否进行批准的法定职责。

本案的主要争议是被告大丰区政府、大丰区自然资源局拒绝原告江苏瑞达海洋食品有限公司的海域使用权续期申请是否具有事实和法律依据以及大丰区自然资源局向原告江苏瑞达海洋食品有限公司发出的《关于海域使用权不予续期的答复》是否有效。首先，根据《海域使用管理法》第二十条的规定，海域使用权可以通过招标或者拍卖的方式取得。招标或者拍卖方案由海洋行政主管部门制订，报有审批权的人民政府批准后组织实施。海域使用权出让合同条款，是招标方案的主要组成部分，制定该合同条款依法属于大丰自然资源局和大丰区政府的权限范围。其次，涉案海域使用权出让合同第十条明确写明“合同期满，海域使用权终止，本海域使用权不予续期”，意思清晰明确并无歧义。相关合同的签订并无欺诈、胁迫行为存在，原告对合同相关条款应当是明知且理解其含义的，参加投标并签订合同，意味着接受招标方案和合同条款的限定条件。涉案海域使用权出让合同“到期不予续期”的约定为有效约定。最后，原告认为该条款无效的主要理由在于其违反了《海域使用管理法》第二十六条关于海域使用权人申请续期的相关规定。法院认为，该条是对于一般情况下海域使用权人申请续期权利的规定，并非强制性的规定，其并不排除政府机关与海域使用权人对于使用权到期后是否续期以及续期方式通过明确约定的方式进行变更。由于海域使用权这一国家自然资源具有稀缺性特点，政府机关通过定期招投标的方式进行海域使用权出让，系以市场化手段促进自然资源的优化配置，以竞争性方式最大化保障和体现国有资产的价值，是政府更公开透明行使海域使用权出让管理职权的体现。尤其考虑到涉案海域毗邻国家级自然保护区、盐城黄海湿地以及江苏省海洋生态红线，对于是否能够持续地进行养殖开发，具有一定的不确定性，政府以该条款对相关海域的使用权出让作出一定的限定，具有合理性，也并未违反法律法规的强制性规定。综上，涉案海域使用权出让合同以及海域使用权证中均明确写明了“到期不予续期”，涉案海域使用权到期后，两被告有权依据相关法律法规并结合海域管理开发的实际情况，决定是否继续将该海域进行出让以及出让的具体方式。

被告大丰区政府、大丰区自然资源局在庭审过程中表示，我国近海海域面临过度开发的问题，海洋生态破坏严重，因此国家对于海洋生态环境保护给予了前所未有的重视，多次组织进行海洋督察，并具体指出了大丰东沙海域养殖中存在的问题。盐城黄海湿地作为丹顶鹤等候鸟的栖息地，也是世界遗产提名地，对其附近海域退渔还湿，恢复海洋生态，是当前的大趋势，也是保护社会公共长远利益的需要。政府综合考虑以上因素，暂时不再组织对涉案海域的出让。法院认为，两被告以维护社会公共利益为由，决定不立即进行相关海域使用权的出让，属于依法行使海域管理职权的行政权力范围，并无不当。大丰区自然资源局作为海洋行政管理部门，同时作为大丰区政府的下级机关，其对原告江苏瑞达海洋食品有限公司作出的不予续期的答复属于合法有效的答复。

上海海事法院依照《海域使用管理法》第七条第一款、第十七条第一款、第二十条、第二十六条，《中华人民共和国行政诉讼法》第六十九条，《最高人民法院关于适用〈中华人民共和国行政诉讼法〉的解释》第六十四条之规定，于 2019 年 12 月 4 日判决如下：驳回原告江苏瑞达海洋食品有限公司对被告盐城市大丰区人民政府、被告盐城市大丰区自然资源和规划局的诉讼请求。

一审宣判后，各方当事人均未上诉，判决已发生法律效力。

15．中国石化销售有限公司江苏盐城石油分公司诉江苏省射阳县国土资源局撤销行政许可案*

▶ 行政机关撤销已经生效的行政许可，应当保障行政相对人依法行使陈述、申辩等权利

【裁判摘要】

行政机关撤销已经生效的行政许可，应当遵守行政许可法规定的法定程序，保障行政相对人依法行使陈述、申辩等权利。

原告：中国石化销售有限公司江苏盐城石油分公司，住所地：江苏省盐城市青年中路。

法定代表人：顾某平，该公司经理。

被告：江苏省射阳县国土资源局，住所地：江苏省射阳县合德镇人民路。

法定代表人：陈某祥，该局局长。

第三人：盐城标邮汽车服务有限公司，住所地：江苏省射阳县合德镇解放路。

法定代表人：姜某标，该公司董事长。

原告中国石化销售有限公司江苏盐城石油分公司（以下简称中石化盐城分公司）因与被告江苏省射阳县国土资源局（以下简称射阳国土局）、第三人盐城标邮

* 摘自《最高人民法院公报》2021年第11期。

汽车服务有限公司（以下简称标邮公司）发生撤销行政许可纠纷，向江苏省建湖县人民法院提起诉讼。

原告中石化盐城分公司诉称：我公司加油站罩棚使用年限较长，根据上级部门要求，需要维修改建，该项目从开始立项申请到批复，我公司均严格按照射阳县住房和城乡建设局（以下简称射阳住建局）的要求实施，射阳住建局派人实地勘查后，于2017年6月2日向原告发放了射建临证字〔2017〕第0007240号《射阳县城市临时建设许可证》，但射阳住建局在没有事实证据的情况下，认定原告“申请维修改建时隐瞒真实情况”，于2017年6月9日作出了射住建撤字〔2017〕第1号《撤销行政许可决定书》，决定撤销第0007240号临时规划许可证，严重侵犯了原告的合法权益，拖延了罩棚维修进程，给原告造成很大经济损失，故请求人民法院依法判令撤销射阳住建局作出的射住建撤字〔2017〕第1号《撤销行政许可决定书》，并承担诉讼费用等。

被告射阳国土局辩称：2017年6月2日，射阳住建局依原告中石化盐城分公司的申请向其颁发了罩棚维修射建临证字第0007240号临时规划许可证，后在2017年6月6日，收到利害关系人第三人标邮公司法定代表人姜某标的实名举报，称“中石化盐城分公司提供虚假申报材料，骗取建设规划”。射阳住建局收到举报信后对发证情况进行了重新审查，发现原告在2013年将原罩棚拆除，同年9月28日重建时射阳住建局对其处罚过，故认为原告申请罩棚维修改建隐瞒真实情况，违反了《中华人民共和国行政许可法》相关条款的规定，依法将射建临证字第0007240号临时规划许可证予以撤销，该撤销行为认定事实清楚、证据确凿、程序合法，故请求法院依法判决驳回原告诉讼请求。

建湖县人民法院一审查明：2013年原告中石化盐城分公司射阳解放路加油站经有关部门审核同意实施油气回收改造工程，在改造过程中，原告将加油站原罩棚拆除。2013年9月28日，原告未经城乡规划主管部门批准，擅自重建罩棚。2014年1月17日，射阳住建局对原告作出射建罚字〔2013〕第473号《行政处罚决定书》，认定其重建违反了《中华人民共和国城乡规划法》第四十条的规定，对其作出限十五日内自行改正，并按工程造价6%的标准处罚款8560元的行政处罚。2016年11月12日，原告向射阳住建局提出书面请示，请求对其罩棚实施改建，并于2016年12月29日提交《射阳县建筑工程规划许可证申请书》。2017年6月2日，射阳住建局向原告发放了射建临证字第0007240号《射阳县城市临时建设许可证》，对罩棚维修改建的规格及范围作了明确规定，原告迅即筹备准备维修改建。2017年6月9日，射阳住建局对原告作出射住建撤字〔2017〕第1号《撤销行政许可决定书》，在决定书中，射阳住建局以原告申请加油站罩棚维修改建时隐瞒真实情况为由，根据《中华人民共和国行政许可法》第七十条第四项的规定，决定在撤销行政许可的同时一并撤销射建临证字第0007240号临时规划许可证，并要求原告交回该证。原告不服，向法院提起行政诉讼。

另查明，2017年8月18日，射阳县根据《中共中央、国务院关于进一步加强城市规划建设管理工作的若干意见》精神，作出射编委（2017）57号《关于调整县规划局机构设置的通知》，将射阳住建局的规划及规划监管等相关职能整体划转到射阳国土局。

建湖县人民法院一审认为：《中华人民共和国行政诉讼法》第二十六条第六款规定："行政机关被撤销或者职权变更的，继续行使其职权的行政机关是被告。"本案原告中石化盐城分公司以射阳住建局为被告提起行政诉讼后，射阳住建局规划及规划监管等职能整体划转到射阳国土局，故原告将被告变更为射阳国土局符合法律规定，射阳国土局为本案适格被告。

射阳住建局依原告中石化盐城分公司的申请于2017年6月2日向其发放了射建临证字第0007240号《射阳县城市临时建设许可证》，仅仅相隔七日后，于2017年6月9日，又向其作出了射住建撤字〔2017〕第1号《撤销行政许可决定书》，对此，《中华人民共和国行政许可法》虽然没有规定撤销行政许可的具体程序，但该法总则中第五条、第七条规定了设定和实施行政许可所应遵守的原则、程序和利害关系人享有的法定程序权利。没有设定行政机关撤销行政许可所要遵循的具体程序性义务，并不意味着其就可以不要程序，程序合法的底线在于正当程序原则，行政机关在此情况下应当遵循这一法律原则。根据这一法律的要求，行政机关作出影响当事人权益的行政行为时，应当履行事先告知、说明根据和理由、听取相对人的陈述和申辩、事后为相对人提供相应的救济途径等正当法律程序。本案射阳住建局在对原告作出〔2017〕第1号《撤销行政许可决定书》时，对原告已积极着手筹备建设的罩棚维修改建工程造成非常不利影响，其作出该行政行为时应当遵循公开、公平、公正的原则，应当听取行政相对人即本案原告就其在申请改建加油站罩棚维修改建时是否隐瞒真实情况进行陈述和申辩，即应受正当程序的控制。射阳住建局仅根据第三人法定代表人姜某标的举报，结合调查的情况作出该行政行为，在向原告颁发临时规划许可证七日后即予以撤销，并未听取原告的陈述和申辩，故本案被诉行政行为即射住建撤字〔2017〕第1号《撤销行政许可决定书》违背公开、公平、公正的正当程序原则，不具有合法性，依法应予撤销。

综上，建湖县人民法院依照《中华人民共和国行政诉讼法》第七十条第三项之规定，于2017年12月13日判决如下：撤销射阳县住房和城乡建设局于2017年6月9日作出的射住建撤字〔2017〕第1号《撤销行政许可决定书》。

一审宣判后，一审第三人标邮公司不服，向盐城市中级人民法院提起上诉，后经法律释明，标邮公司主动撤回上诉。

盐城市中级人民法院依照《中华人民共和国行政诉讼法》第六十二条之规定，于2018年5月25日裁定：准予盐城标邮汽车服务有限公司撤回上诉。

一审判决已发生法律效力。

16. 余姚市甬兴气体分滤厂与余姚市住房和城乡建设局燃气经营许可纠纷案*

理由不能成立的不予行政许可决定被人民法院判决撤销并责令重作的情况下，行政机关仍以相同理由再次作出不予行政许可决定，应认定为滥用职权

【裁判摘要】

具有行政许可权的行政机关作出不予行政许可决定的理由不能成立，且该决定已被人民法院判决撤销并责令重作的情况下，行政机关仍以相同理由再次作出不予行政许可决定，应认定为滥用职权。

原告：余姚市甬兴气体分滤厂，住所地：浙江省余姚市泗门镇。

法定代表人：施某清，该厂厂长。

被告：余姚市住房和城乡建设局，住所地：浙江省余姚市南滨江路。

法定代表人：谢某，该局局长。

原告余姚市甬兴气体分滤厂（以下简称甬兴气体分滤厂）因与被告余姚市住房和城乡建设局（以下简称余姚市住建局）发生燃气经营许可纠纷，向浙江省余姚市人民法院提起行政诉讼。

原告甬兴气体分滤厂诉称：2018 年 8 月 17 日，原

---

* 摘自《最高人民法院公报》2022 年第 2 期。

告向被告余姚市住建局申请核发瓶装燃气经营许可证。被告于 2018 年 8 月 27 日作出《行政许可决定书》，以目前泗门镇已有一座瓶装液化石油气储配站，可以满足当地需求，不存在供气不足现象为由，决定不予核发原告瓶装燃气经营许可证。原告不服，依法于 2018 年 11 月 8 日向余姚市人民法院提起行政诉讼。经审理，余姚市人民法院于 2019 年 4 月 4 日作出（2018）浙 0281 行初 94 号《行政判决书》，认定行政许可决定适用法律不当，依据不足，理由难以成立，判决撤销《行政许可决定书》并责令被告重新作出决定。2019 年 7 月 11 日，被告仍然以泗门镇无须新增储配站为由，作出《余姚市住房和城乡建设局不予行政许可决定书》（以下简称《不予行政许可决定书》），作出不予许可决定。综上，根据《中华人民共和国行政诉讼法》第七十一条规定，人民法院判决被告重新作出行政行为的，被告不得以同一事实和理由作出与原行政行为基本相同的行政行为。而被告作出的《不予行政许可决定书》所依据的事实和理由，与原判决撤销的决定书事实和理由完全相同，没有对实质性的事实和理由作改变。因此，被告以同样的事实理由再次作出本案不予许可决定，明显违反了《中华人民共和国行政诉讼法》的规定。起诉请求判令：撤销被告于 2019 年 7 月 11 日作出的《不予行政许可决定书》，责令被告重新作出行政许可决定，本案诉讼费由被告承担。

被告余姚市住建局辩称：首先，被告于 2019 年 7 月 11 日重新作出的《不予行政许可决定书》证据确凿，不属于“以同一事实和理由作出与原行政行为基本相同行政行为的情形”。所谓“同一事实与理由”是指行政机关重新作出的行政行为所依据的主要证据、事实和理由与原行政行为基本相同，从而造成重新作出的行政行为直接与人民法院生效判决认定的事实和理由相抵触的情形。生效判决仅仅是以被告证据不足为由撤销原行政行为，被告重新作出行政行为时，依据新的证据补充认定相关事实，完善决定理由，重新作出了行政决定。该决定仅是结果与原行政行为相同，但作出决定的事实和理由与原决定不同，不属于“以同一事实和理由”［参见最高人民法院（2019）最高法行再 115 号行政判决书］。（2018）浙 0281 行初 94 号案件中，余姚市人民法院对原不予行政许可决定以补充说明缺乏专业评判依据，理由难以成立为由，作出撤销判决。被告在判决生效后，就“泗门镇是否需要新增储配站”委托杭州市城乡建设设计院股份有限公司（以下简称城建设计公司）进行评估，城建设计公司于2019年7月8日作出《关于〈余姚市域燃气专项规划（2014—2030年）〉中“泗门镇储配站是否新增”的相关情况说明》（以下简称《相关情况说明》），结论为“泗门镇2030年前无需新增储配站”。城建设计公司作为专业机构，依据客观真实的数据作出专业评价。被告以此为依据作出行政决定，证据确凿。该情况说明属新证据，完善了被告作出不予许可决定的理由，不属于“以同一事实和理由作出与原行政行为基本相同行政行为的情形”。其次，被告作出《不予行政许可决定书》适用法律、法规正确，符合法定程序。（2018）浙0281行初94号案件中，余姚市人民法院认为原行政许可决定依据《中华人民共和国行政许可法》第三十八条第一款规定，属适用法律不当。现被告依据《中华人民共和国行政许可法》第三十八条第二款作出《不予行政许可决定书》，对法律适用予以了纠正。另外，被告作出《不予行政许可决定书》符合法定程序。被告在判决书确定的期限内重新作出《不予行政许可决定书》。综上，被告于2019年7月11日作出的《不予行政许可决定书》证据确凿，适用法律、法规正确，符合法定程序，且不属于“以同一事实和理由作出与原行政行为基本相同行政行为的情形”。原告要求撤销该决定的理由不能成立，请求依法驳回原告的诉讼请求。

浙江省余姚市人民法院一审查明：（2018）浙0281行初94号行政判决书中查明，被告余姚市住建局于2018年8月17日收到原告甬兴气体分滤厂的瓶装燃气经营许可证核发行政许可申请，根据《中华人民共和国行政许可法》第三十八条第一款规定于2018年8月27日作出不予许可决定，并同时作出“关于余姚市甬兴气体分滤厂申请瓶装燃气经营许可证不予许可的补充说明”。原告不服该决定，于2018年11月8日向法院提起行政诉讼。法院经审理认为，被告于2018年8月27日作出的行政许可决定，适用法律不当，补充说明依据不足，理由难以成立，依法应予撤销。判决：一、撤销被告于2018年8月27日作出的《行政许可决定书》；二、责令被告对原告提出的瓶装燃气经营许可证的核发申请于本判决生效之日起20个工作日内重新作出决定；三、驳回原告的其他诉讼请求。

被告余姚市住建局不服该判决提起上诉，宁波市中级人民法院于2019年6月17日裁定准许余姚市住建局撤回上诉。2019年7月11日，被告以城建设计公司出具的《相关情况说明》作为依据，以不符合规划条件作为理由，根据《中华人民共和国行政许可法》第三十八条第二款的规定，重新作出《不予行政许可决定书》。

城建设计公司具有城乡规划编制资质证书、工程设计资质证书、工程咨询单位甲级资信证书、工程咨询单位资格证书的资质，对市政公用工程、石油天然气等具有编制规划和规划咨询评估等资格。2019年7月8日，该公司针对《余姚市域燃气专项规划（2014—2030年）》中“泗门镇可根据区域燃气实际供应的需要，在现状基础上新增液化石油气储配站1座，储罐规模为100m^3”的内容作出规划说明，并出具了《相关情况说明》。

浙江省余姚市人民法院一审认为：根据《燃气经营许可管理办法》第三条的规定，被告余姚市住建局对在余姚市域范围内瓶装燃气经营许可的申请具有核发行政许可的法定职权。

《中华人民共和国行政诉讼法》第七十一条规定，人民法院判决被告重新作出行政行为的，被告不得以同一的事实和理由作出与原行政行为基本相同的行政行为。《最高人民法院关于适用〈中华人民共和国行政诉讼法〉的解释》（以下简称《解释》）第九十条第一款规定，人民法院判决被告重新作出行政行为，被告重新作出的行政行为与原行政行为的结果相同，但主要事实或主要理由有改变的，不属于《中华人民共和国行政诉讼法》第七十一条规定的情形。本案中，被告余姚市住建局根据（2018）浙0281行初94号行政判决所确定的义务，在重新作出不予行政许可决定前，委托城建设计公司对《余姚市域燃气专项规划（2014—2030年）》中“泗门镇储配站是否新增”的规划问题进行咨询评估，该公司根据余姚市域液化石油气储配站供应规模、供应能力进行评估分析的基础上，针对“泗门镇可根据区域瓶装燃气实际供应的需要，在现状基础上新增液化石油气储配站1座，储罐规模为100m^3”的规划条文作出说明，形成了《相关情况说明》，该说明作为新的证据事实，具有客观性、专业性和关联性，被告以此作为新的依据和理由，不属于“以同一事实和理由作出与原行政行为基本相同的行政行为”的情形，并结合“可根据区域瓶装燃气实际供应的需要”及“可适时增设液化石油气储配站1座”的弹性规划，被告重新作出不予行政许可决定，并无不当，且该决定不违反《中华人民共和国行政诉讼法》第七十一条和《解释》第九十条的规定。综上，被告重新作出的行政决定，于理有据，证据充分，程序合法，适用法律、法规正确，应予以维持。原告甬兴气体分滤厂提出被告以同一事实和理由作出与原行政行为基本相同的行政行为违反法律规定，要求被告撤销重作的主张，理由不能成立，不予支持。

据此，浙江省余姚市人民法院依照《中华人民共和国行政诉讼法》第六十九条的规定，于2019年10月30日判决如下：驳回原告余姚市甬兴气体分滤厂的诉讼请求。

甬兴气体分滤厂不服一审判决，向浙江省宁波市中级人民法院提起上诉称：（1）城建设计公司不具备论证“泗门镇2030年前无需新增储配站”的资格，其出具的《相关情况说明》所依据的材料不真实、不充分，欠缺合法形式要件，《相关情况说明》不是司法鉴定意见，结论不具有客观公正性。一审法院采信《相关情况说明》错误，属于认定事实不清。（2）余姚市住建局作出的《不予行政许可决定书》所依据的事实和理由，与生效行政判决撤销的决定书的事实和理由完全相同，无非是余姚市住建局以自己提供的数据炮制了一份《相关情况说明》，没有对实质性的事实和理由作改变，违反了“人民法院判决被告重新作出行政行为的，被告不得以同一事实和理由作出与原行政行为基本相同的行政行为”的规定。一审法院认为余姚市住建局并非基于同一事实和理由作出判决，属于适用法律错误。综上，请求二审法院撤销一审判决，撤销《不予行政许可决定书》，并责令余姚市住建局重新作出行政许可决定。

被上诉人余姚市住建局辩称：生效判决仅仅是以证据不足为由撤销原行政行为，其重新作出行政行为时，依据新的证据补充认定相关事实，完善决定理由，重新作出了行政决定。该决定仅是结果与原行政行为相同，但作出决定的事实和理由与原决定不同。城建设计公司作为专业机构，依据客观真实的数据作出专业评价，其以此为依据重新作出行政决定，证据确凿。《相关情况说明》属新证据，完善了其作出不予许可决定的理由，不属于“以同一事实和理由作出与原行政行为基本相同的行政行为”的情形。一审判决正确。请求二审法院驳回上诉，维持一审判决。

浙江省宁波市中级人民法院经二审，确认了一审查明的事实。

浙江省宁波市中级人民法院二审认为：在行政诉讼中，人民法院判决被告重新作出行政行为，被告重新作出的行政行为与原行政行为的结果相同，但主要事实或者主要理由有改变的，不属于“以同一事实和理由作出与原行政行为基本相同的行政行为”的情形。根据本案查明的事实，生效的（2018）浙 0281 行初 94 号行政判决认为被上诉人余姚市住建局于 2018 年 8 月 27 日作出的《行政许可决定书》适用法律不当，补充说明依据不足，责令被上诉人重作。被上诉人于 2019 年 7 月 11 日重新作出《不予行政许可决定书》，该两份决定书虽然结果相同，但法律适用不同，证据依据不同，故可以认定主要事实和理由有改变，不属于“以同一事实和理由作出与原行政行为基本相同的行政行为”的情形。上诉人甬兴气体分滤厂认为被上诉人基于同一事实和理由作出被诉行政行为的主张，缺乏事实和法律依据，法院不予支持。城建设计公司具有城乡规划编制资质证书等资质，对石油天然气等具有编制规划和规划咨询评估等资格，且系《余姚市域燃气专项规划（2014—2030 年）》的主要参编单位，该公司在对余姚市域液化石油气储配站供应规模、供应能力进行评估分析的基础上，对《余姚市域燃气专项规划（2014—2030 年）》中“泗门镇可根据区域燃气实际供应的需要，在现状基础上新增液化石油气储配站 1 座，储罐规模为 $100m^3$”的内容作出规划说明，并出具了《相关情况说明》，结论为“泗门镇 2030 年前无需新增储配站”。该情况说明在一定程度上具有客观性、专业性，可以作为余姚市住建局对燃气经营许可是否符合燃气专项规划要求的判断依据。余姚市住建局根据《相关情况说明》，认为上诉人提出的燃气经营许可申请在现阶段不符合燃气专项规划，违反了《城镇燃气管理条例》第十五条第一款第一项和《宁波市燃气管理条例》第十三条第一项的规定，从而作出《不予行政许可决定书》，并无不当。一审法院认定事实清楚，适用法律正确，审判程序合法。上诉人的上诉理由不足，不予支持。

据此，浙江省宁波市中级人民法院依照《中华人民共和国行政诉讼法》第八十九条第一款第一项之规定，于2019年12月24日判决如下：驳回上诉，维持原判。

甬兴气体分滤厂不服二审判决，向浙江省高级人民法院申请再审称：第一，本案被申请人余姚市住建局将申请人申请领取燃气经营许可证的行为错误地认为是申请燃气经营许可，重复行政许可评价错误作出不予许可决定，一、二审判决认定法律行为错误。申请人于2000年经原余姚市城乡建委和宁波市市政公用局批准设立精制液化石油气储罐站，后于2009年11月8日向被申请人申请兼营民用液化石油气充装经营。2009年11月14日，被申请人出具《余姚市建设局关于同意余姚市甬兴气体分滤厂兼营民用液化石油气充装的批复》，批准同意申请人兼营民用液化石油气充装。故申请人经被申请人审查批准同意兼营民用液化石油气充装，也已获得了民用燃气经营许可。本次申请人的申请仅为申领许可证件，而非申请燃气经营审批。因此，被申请人对申请人的申请认识错误，对已经其批准的许可事项重复评价，且作出前后矛盾的许可决定，认定法律行为错误，一、二审法院支持被申请人的许可决定，于法无据。第二，一、二审判决采信证据错误，认定事实不清。一、二审法院作出与（2018）浙0281行初94号判决完全相反判决的唯一依据是《相关情况说明》，该份由城建设计公司作出的说明明显违反现行法律，依据不充分，结论不公正，不能作为裁判的依据。(1）城建设计公司不具备论证本案“泗门镇2030年前无需新增储配站”的资格，无权改变余姚市人民政府依法作出的专项规划。申请人不否认城建设计公司具有城乡规划编制资质，但该资质针对的是对规划编制的资格，而是否新增储备站是行政机关的行政许可事项，该《相关情况说明书》论证结论“泗门镇2030年前无需新增储配站”，属于行政机关的审批权，而不是作为一家企业的权利。同时，具有法律效力的经余姚市人民政府颁布的《余姚市域燃气专项规划（2014—2030年）》就是由城建设计公司参与编制的，该专项规划明确“在现有基础上新增液化石油气储备站 1 座”，现该公司又出具《相关情况说明》说明“泗门镇 2030 年前无需新增储配站”，前后矛盾。同时，根据《中华人民共和国城乡规划法》第四十七条、第四十八条的规定，城乡规划的修改必须要经过严格的程序，由原审批机关审批并报经同级人大备案才能生效。但本案中，被申请人未经任何审批、备案，就擅自委托原编制机构对原规划具体内容进行直接否定（从原先规划的允许设立储配站改变为无需新增储配站），并以此理由对申请人作出不予许可的行政决定，明显违法。一、二审法院对该违法行为不予纠正，反而认定《相关情况说明》可以作为符合规划的判断依据。（2）该《相关情况说明》所依据材料不真实不充分。无论是《相关情况说明》或鉴定结论，都必须是建立在充分的科学数据和客观事实基础上的实证性判断，而不是推理臆断。而城建设计公司仅凭被申请人提供的几个数据，既没有实地调查、核查数据，更没有听取民意，分析泗门镇的经济、人口发展态势，就得出“泗门镇 2030 年前无需新增储配站”，实属不当。（3）该《相关情况说明》欠缺合法的形式要件。《相关情况说明》的合法形式，不仅影响到说明本身的合法性和规范性，而且影响到说明的真实性。其中最基本的形式要件是出具的说明中应当有编制人员或鉴定人员的签名，本案中虽有公章，但没有编制人员的签名，所以本案判决采信的《相关情况说明》明显缺乏基本的合法形式要求，真实性合法性明显可疑。（4）该《相关情况说明》不是司法鉴定意见，其结论不具有客观公正性。该《相关情况说明》系被申请人单方委托城建设计公司形成，该公司又是《余姚市域燃气专项规划（2014—2030 年）》编制单位，被申请人与该公司早有业务往来。尽管申请人不怀疑该公司的专业性，但从形式上不得不使人怀疑该公司是为了套合被申请人的意思出具的《相关情况说明》。因此，由与被申请人有业务往来的第三方出具的《相关情况说明》，不能保证其真实性和公正性。（5）与（2018）浙 0281 行初 94 号判决认定事实自相矛盾。在申请人向一审法院起诉，一审法院支持申请人诉讼请求的（2018）浙 0281 行初 94 号判决书中，一审法院认定余姚燃气规划和发展规划合法有效，该规划明确泗门镇“在现状基础上适时增设液化石油气储配站 1 座，即意味着尚可增加一次行政许可”，也即认为可以新增液化石油气储配站1座。同时也认为“被告也应当根据行政许可法第五条第一款的规定，设定和实施行政许可，应当遵循公开、公正的原则，以维护政府的公信力，促进依法行政，保障市场主体平等参与市场的权利”。而在本案中，相同法院相同审判组织却采信《相关情况说明》，认定事实前后不一，自相矛盾。综上，一、二审判决认定事实不清。第三，一、二审判决适用法律错误。《城镇燃气管理条例》第十五条和《宁波市燃气管理条例》第十三条第一项中规定的“符合燃气发展规划要求”“符合燃气专项规划要求”是对燃气经营企业燃气设施建设项目的建设规划要求，燃气设施工程必须取得规划选址意见或规划许可证，也就是说燃气储备站、点的设置要符合燃气发展规划。因此《余姚市域燃气专项规划（2014—2030年）》中也表述“在现状基础上新增液化石油气‘储备站’1座”。而申请人成立于1993年，储配站也于2000年经有关部门批准布点建设竣工，申请人早在《中华人民共和国行政许可法》《城镇燃气管理条例》《浙江省燃气管理条例》《宁波市燃气管理条例》等法律法规颁布施行前已经合法经营了。因此在评判申请人能否取得燃气经营许可证时，是否符合燃气发展规划要求并不是考量申请人的条件，因为申请人经批准布点建设成立储配站，当然符合规划要求，只要申请人具备其他的条件就应当核发燃气经营许可证。而在（2018）浙0281行初94号案件审理过程中，被申请人曾经明确回答申请人所有条件都符合申请要求，只是被申请人有“自由裁量权”，就有权不予审批。因此被申请人作出被诉不予许可决定和一、二审法院支持被诉行政行为适用上述条款适用错误。第四，一、二审判决说理不明。（1）一、二审判决认为被申请人委托城建设计公司形成的《相关情况说明》，具有客观性、专业性和关联性，可以认定主要事实和理由有改变，不属于“以同一事实和理由作出与原行政行为基本相同的行政行为”的情形。但申请人认为，判断“主要事实或者理由有改变”的标准为：对原行政行为适用法律规范所要求的法律要件事实进行了实质性的改变。本案中，被申请人提供的情况说明，其内核就是原不予许可决定认定中的相同数据和理由，系由所谓第三方公司出具了一份与原相同事实基础的说明而已，其实质并没有改变，并没有足以改变原认定事实或理由的新内容。

因此，一、二审判决认为被诉行政行为不属于“以同一事实和理由作出与原行政行为基本相同的行政行为”的情形，认定事实错误，适用法律错误。(2) 本案行政许可实施过程中，燃气经营许可应当符合燃气发展规划要求，而余姚市燃气专项规划设计在“现状基础上新增液化石油气‘储备站’1座”，新增还是不新增涉及的是作为和不作为的问题，不存在自由裁量出具所谓情况说明来论证不需要新增储配站的余地。因此，本案行政许可行为中，燃气规划允许新增座储配站，被申请人行政机关不存在裁量的余地，不存在可以增设也可以不增设的选择空间。如果允许行政机关所谓弹性规划、弹性许可，明显给权利创造了寻租空间，这与行政许可创设的公开、公平、公正、非歧视的原则初衷相违背。请求撤销一、二审判决和被申请人作出的《不予行政许可决定书》，责令被申请人重新作出行政许可决定。

被申请人余姚市住建局答辩称：第一，一、二审法院对法律行为认定正确。申请人甬兴气体分滤厂在再审申请书中陈述，其已取得被申请人出具的兼营民用液化石油气充装的批复，本次申请为申领许可证，不是燃气经营审批，是被申请人在恶意混淆概念。(1) 颁发许可证不需要单独申请，不存在所谓的申领许可证行为。根据《中华人民共和国行政许可法》第三十九条规定，只要行政机关作出行政许可决定，就要颁发许可证，而不是在申请人取得行政许可决定后，再由申请人另行提出颁发许可证的申请。(2) 退一步讲，即使颁发许可证需要单独申请，申请人的行为也是申请行政许可的行为，而不是申领许可证的行为。首先，申请人申请时提交的材料为《燃气经营许可申请表》、安全管理制度、经营方案等，这些材料是燃气经营许可的申请材料。若如申请人所说，本次申请为取得许可之后申领许可证的行为，申请人为何不提交所谓的批复要求发证，而提交申请燃气经营许可的申请材料。其次，申请人在起诉状中所列的诉讼请求是要求撤销被申请人作出的不予许可决定，而不是要求颁发许可证。最后，按照申请人的陈述，其于2009年已取得兼营民用液化石油气的批复，而申请人直到2018年才向被申请人申请颁发许可证，这又作何解释。第二，一、二审判决认定事实清楚，证据确实、充分。(1) 城建设计公司就“泗门镇储配站是否新增”出具了《相关情况说明》，该情况说明客观、专业，能够作为认定泗门镇是否新增储配站的依据。①城建设计公司是《余姚市域燃气专项规划（2014—2030年）》的编制单位，有权对规划中的规定就相关事项作出说明。②《相关情况说明》所依据的材料客观真实。情况说明的数据由掌握数据的行政机关和公共服务企业提供，比如人口数量由余姚市公安局提供，泗门镇现有居民管道燃气用户数由余姚市城市天然气有限公司提供。③《相关情况说明》论证充分、客观，具有证明力。情况说明依据真实的数据，对余姚市域液化石油气储配站的供应能力，余姚市2020年、2030年液化石油气需求量进行了分析，得出的结论是客观的。④《相关情况说明》具备合法的形式要件。情况说明不是鉴定意见，规划编制人员签名不是必备的形式要件，同时情况说明盖有出具单位公章，代表规划编制单位的意志，与规划文件具有同等效力。（2）申请人提供的证明、居民联名书，不能作为认定瓶装燃气实际供应的需要。即使证明、居民联名信属实，以此来认定瓶装燃气实际供应的需要，也是不可行的。居民个人仅考量个人利益，不会考虑公共利益等其他因素，充气点离家越近越好。而政府执政必须要做到统筹兼顾，平衡各种利益。第三，一、二审法院适用法律正确。（1）根据《城镇燃气管理条例》的规定，国家对燃气经营实行行政许可证制度，从事燃气经营活动的企业，欲获得行政许可，应当具备符合燃气专项规划要求的条件。《余姚市域燃气专项规划（2014—2030年）》第四十九条第二项规定：“泗门镇可根据区域瓶装燃气实际供应的需要，在现状基础上新增液化石油气储配站1座，储罐规模为100m^3。”该项规划条件非常明确，在泗门镇是否新增液化石油气储配站，要根据申请新增燃气经营许可时，当时的储备站是否能够满足实际供气需要而定。即，现有的储配站能满足实际供应需求的，对新增燃气经营申请不予许可；现有的储配站不能满足实际供应需求的，对新增燃气经营申请予以许可。城建设计公司出具的《相关情况说明》明确泗门镇现有的储配站规模能满足余姚市2020年、2030年供应需求，2030年前无须新增储配站。为此，被申请人依据法律和规划，对申请人作出不予许可的决定是正确的。（2）申请人在再审申请书中称，符合燃气专项规划要求是指燃气储配站、点的设置要符合燃气发展规划，申请人的储配站于2000年竣工，当然符合燃气专项规划，其申请燃气经营许可证，是无需再考量是否符合燃气专项规划。申请人将储配站的建设完成与符合燃气专项规划画等号，完全是对法律的曲解。首先，申请燃气经营许可，需要具备的其中两个条件是：①符合燃气发展规划要求；②有符合国家标准的燃气设施。储配站属于燃气设施的一种，属于是否有具备符合国家标准燃气设施条件的范畴，不属于是否符合燃气发展规划要求的范畴。其次，符合燃气发展规划要求是指燃气经营区域、燃气供应方式和规模、燃气设施布局和建设时节等符合燃气专项规划。燃气专项规划的内容包括供应方式和规模、燃气设施布局等。即使储配站的设置符合燃气设施布局的规划，不代表增加燃气供气量和增设供应储气站、点符合规划内容。再次，申请人的储配站于2000年建设完成，当时尚未编制燃气专项规划，何来符合燃气发展规划要求。最后，申请人的储配站是作为工业原料使用的燃气储配站，燃气作为工业原料的使用不是由被申请人主管，储配站的布点不需要征求被申请人的意见，储配站的建设完成不能认为符合燃气设施布局的规划。第四，液化石油气是易燃、易爆、有毒的危化物品，直接关系公共安全和反恐防范，不能降低准入条件，必须严格按照法定条件、标准实施行政许可。(1) 石油液化气爆炸事故一旦发生，后果极其严重。2019年江苏省盐城市响水县陈家港镇储罐发生爆炸事故，并波及周边16家企业。事故造成47人死亡、90人重伤，另有部分群众不同程度受伤，因此要将安全生产作为头等大事来抓。(2)《城镇燃气管理条例》第一条明确，立法目的是加强城镇燃气管理，保障燃气供应，防止和减少燃气安全事故，保障公民生命、财产安全和公共安全，维护燃气经营者和燃气用户的合法权益，促进燃气事业健康发展。条例对燃气经营许可规定的条件之一是符合燃气发展规划。之所以燃气发展要编制规划，是要在确保满足当地居民生活需要的前提下尽量减少燃气经营点，以减少燃气安全事故隐患。若放宽市场准入条件，增加燃气经营点，就大大增加了安全隐患，人民的生命财产安全就多了份威胁。请求再审法院依法维持原判。

浙江省高级人民法院经审查，认为本案情况符合《中华人民共和国行政诉讼法》第九十一条第三项规定的情形。

据此，浙江省高级人民法院依照《中华人民共和国行政诉讼法》第九十二条第二款以及《最高人民法院关于适用〈中华人民共和国行政诉讼法〉的解释》第一百一十六条第一款、第一百一十八条第二款之规定，于2021年1月18日裁定如下：一、本案由本院提审；二、再审期间，中止原判决的执行。

再审期间，双方当事人均未提交新的证据材料。

浙江省高级人民法院再审认为：根据《燃气经营许可管理办法》第三条“住房城乡建设部指导全国燃气经营许可管理工作。县级以上地方人民政府燃气管理部门负责本行政区域内的燃气经营许可管理工作”之规定，被申请人余姚市住建局具有核发瓶装燃气经营许可的法定职权。

《城镇燃气管理条例》第十五条第一款第一项规定：“国家对燃气经营实行许可证制度。从事燃气经营活动的企业，应当具备下列条件：（一）符合燃气发展规划要求……”《宁波市燃气管理条例》第十三条第一项也规定：“从事燃气经营活动的企业，应当具备下列许可条件：（一）符合燃气专项规划要求……”根据上述规定，从事燃气经营活动的企业要获得燃气经营许可证，必须符合当地的燃气发展规划和燃气专项规划的要求。

余姚市人民政府办公室于2016年12月2日发布余政办发〔2016〕105号《关于印发余姚市域燃气专项规划（2014—2030年）的通知》，该专项规划第四十九条规定：“……2）泗门镇可根据区域瓶装燃气实际供应的需要，在现状基础上新增液化石油气储配站1座，储罐规模为100m^3。”2017年5月10日，余姚市人民政府办公室又发布余政办发〔2017〕45号《关于印发余姚市城市燃气“十三五”发展规划的通知》，该发展规划第十二条规定：“加强液化气管理，推行现代服务供应……同时，在农村地区，由于管道天然气尚不能进入，因此，要考虑液化石油气的适度发展，对于偏远乡镇应设置1~2座供应站点，以满足需求。泗门镇根据供气实际需要，可适时增设液化石油气储配站1座。”因此，根据上述余姚市燃气发展规划和专项规划，泗门镇可根据区域瓶装燃气实际供应的需要，新增液化石油气储配站1座。具体到本案，申请人企业位于余姚市泗门镇水阁周村，属于泗门镇范围内，至今为止仅申请人一家企业向余姚市住建局申领瓶装燃气经营许可。在申请人提出瓶装燃气经营许可申请后，余姚市住建局分别于2018年3月27日、2018年8月27日作出不予行政许可决定。在上述两份不予行政许可决定分别被余姚市人民政府、余姚市人民法院撤销并责令重作后，余姚市住建局不审查申请人提出的申请是否符合法律规定的其他条件，却以城建设计公司出具的《相关情况说明》为依据，仍认定申请人不符合规划条件而作出本案被诉不予行政许可决定，明显与余姚市燃气发展规划和专项规划中“泗门镇可根据区域瓶装燃气实际供应的需要，新增液化石油气储配站1座”的要求不符。且城建设计公司的《相关情况说明》，系根据余姚市住建局自身提供的现状实际相关数据出具，非系该公司调查研究分析的结果，并与该公司参与编制的《余姚市域燃气专项规划（2014—2030年）》自相矛盾，故不能作为本案的定案依据。《余姚市域燃气专项规划（2014—2030年）》系经科学调查、论证并经余姚市人民政府常务会议审议通过，未经法定程序审议不得随意变更。现余姚市住建局仅凭参与该专项规划的编制单位出具的《相关情况说明》就擅自变更《余姚市域燃气专项规划（2014—2030年）》中的具体规划，缺乏法律依据。在法院审理期间，余姚市住建局虽然一再强调液化石油气是易燃、易爆、有毒的危化物品，直接关系公共安全和反恐防范，不能降低准入条件，必须严格按照法定条件、标准实施行政许可，且燃气经营许可后难以监管，但却未能提交申请人提出的申请不符合案涉行政许可的法定条件、标准依据以及存在安全隐患的相关证据。余姚市住建局在余姚市人民政府复议和余姚市人民法院判决撤销其不予行政许可行为的情况下，仍然以相同理由作出不予行政许可决定，严重违反了《中华人民共和国行政诉讼法》第七十一条规定，浪费了有限的司法资源，增加了当事人的讼累，显系滥用职权。

综上，一、二审判决认定余姚市住建局非以同一事实和理由作出与原行政行为基本相同的行政行为，适用法律错误，依法应当予以纠正。甬兴气体分滤厂的申请再审理由正当，予以采纳。据此，浙江省高级人民法院依照《中华人民共和国行政诉讼法》第七十条第二项、第五项及第八十九条第一款第二项和《最高人民法院关于适用〈中华人民共和国行政诉讼法〉的解释》第一百一十九条、第一百二十二条之规定，于2021年5月21日作出判决：一、撤销浙江省余姚市人民法院（2019）浙0281行初47号行政判决；二、撤销浙江省宁波市中级人民法院（2019）浙02行终622号行政判决；三、撤销余姚市住房和城乡建设局于2019年7月11日作出的《不予行政许可决定书》，责令余姚市住房和城乡建设局对余姚市甬兴气体分滤厂提出的瓶装燃气经营许可证的核发申请在法定期限内重新作出决定。

本判决为终审判决。

行政征收

建设单位具有不履行建设防空地下室义务的违法行为的，不适用免收建设费的规定

17．内蒙古秋实房地产开发有限责任公司诉呼和浩特市人民防空办公室人防行政征收案*

（最高人民法院审判委员会讨论通过　2013年11月8日发布）

【关键词】

行政　人防行政征收　防空地下室　易地建设费

【裁判要点】

建设单位违反《人民防空法》及有关规定，应当建设防空地下室而不建的，属于不履行法定义务的违法行为。建设单位应当依法缴纳防空地下室易地建设费的，不适用廉租住房和经济适用住房等保障性住房建设项目关于“免收城市基础设施配套费等各种行政事业性收费”的规定。

【相关法条】

《中华人民共和国人民防空法》第二十二条、第四十八条

---

* 摘自2013年11月8日最高人民法院发布的第五批指导性案例（指导案例21号）。

【基本案情】

2008年9月10日，被告呼和浩特市人民防空办公室（以下简称呼市人防办）向原告内蒙古秋实房地产开发有限责任公司（以下简称秋实房地产公司）送达《限期办理“结建”审批手续告知书》，告知秋实房地产公司新建的经济适用住房“秋实第一城”住宅小区工程未按照《中华人民共和国人民防空法》第二十二条、《人民防空工程建设管理规定》第四十五条、第四十七条的规定，同时修建战时可用于防空的地下室，要求秋实房地产公司9月14日前到呼市人防办办理“结建”手续，并提交相关资料。2009年6月18日，呼市人防办对秋实房地产公司作出呼人防征费字（001）号《呼和浩特市人民防空办公室征收防空地下室易地建设费决定书》，决定对秋实房地产公司的“秋实第一城”项目征收“防空地下室易地建设费”172.46万元。秋实房地产公司对“秋实第一城”项目应建防空地下室5518平方米而未建无异议，对呼市人防办作出征费决定的程序合法无异议。

【裁判结果】

内蒙古自治区呼和浩特市新城区人民法院于2010年1月19日作出（2009）新行初字第26号行政判决：维持呼市人防办作出的呼人防征费字（001）号《呼和浩特市人民防空办公室征收防空地下室易地建设费决定书》。宣判后，秋实房地产公司提起上诉。呼和浩特市中级人民法院于2010年4月20日作出（2010）呼行终字第16号行政判决：驳回上诉，维持原判。

【裁判理由】

法院生效裁判认为：《国务院关于解决城市低收入家庭住房困难的若干意见》第十六条规定：“廉租住房和经济适用住房建设、棚户区改造、旧住宅区整治一律免收城市基础设施配套费等各种行政事业性收费和政府性基金。”建设部等七部委《经济适用住房管理办法》第八条规定：“经济适用住房建设项目免收城市基础设施配套费等各种行政事业性收费和政府性基金……”上述关于经济适用住房等保障性住房建设项目免收各种行政事业性收费的规定，虽然没有明确其调整对象，但从立法本意来看，其指向的对象应是合法建设行为。《人民防空法》第二十二条规定：“城市新建民用建筑，按照国家有关规定修建战时可用于防空的地下室。”《人民防空工程建设管理规定》第四十八条第一款规定：“按照规定应当修建防空地下室的民用建筑，因地质、地形等原因不宜修建的，或者规定应建面积小于民用建筑地面首层建筑面积的，经人民防空主管部门批准，可以不修建，但必须按照应修建防空地下室面积所需造价缴纳易地建设费，由人民防空主管部门就近易地修建。”即只有在法律法规规定不宜修建防空地下室的情况下，经济适用住房等保障性住房建设项目才可以不修建防空地下室，并适用免除缴纳防空地下室易地建设费的有关规定。免缴防空地下室易地建设费有关规定适用的对象不应包括违法建设行为，否则就会造成违法成本小于守法成本的情形，违反立法目的，不利于维护国防安全和人民群众的根本利益。秋实房地产公司对依法应当修建的防空地下室没有修建，属于不履行法定义务的违法行为，不能适用免缴防空地下室易地建设费的有关优惠规定。

理解与参照

《内蒙古秋实房地产开发有限责任公司诉呼和浩特市人民防空办公室人防行政征收案》的理解与参照*

——违法不建防空地下室应缴纳防空地下室异地建设费

最高人民法院案例指导工作办公室

2013年11月8日，最高人民法院发布了指导案例21号《内蒙古秋实房地产开发有限责任公司诉呼和浩特市人民防空办公室人防行政征收案》。为了正确理解和准确参照适用该指导性案例，现对该指导性案例的推选经过、裁判要点等有关情况予以解释、论证和说明。

一、推选过程及其指导意义

该案例由内蒙古自治区呼和浩特市中级人民法院行政审判庭作为备选案例报送内蒙古自治区高级人民法院行政审判庭。内蒙古自治区高级人民法院行政审判庭经讨论决定，将本案例作为备选案例向最高人民法院行政审判庭推荐。最高人民法院行政审判庭经研究讨论后将该案例作为第60号案例刊登于《中国行政审判案例》丛书第2卷，并将该案例作为备选指导

* 摘自《最高人民法院司法解释与指导性案例理解与适用》（第二卷），人民法院出版社2014年版，第485~489页。

案例送最高人民法院案例指导工作办公室。该庭推荐意见认为：本案例具体分析了防空地下室易地建设费的法律属性，指出其虽为行政事业性收费，但本质上是人防建设法定义务的一种转化形式，建设单位必须履行，国务院七部委有关经济适用住房建设项目“免收城市基础设施配套费等各种行政事业性收费”的规定不适用于此种情形。该案例结论正确，符合立法本意，对于明确相关法规适用标准、促进房地产行业履行国家法定防空义务意义重大。最高人民法院案例指导工作办公室经集体讨论，并征求了研究室民事处、最高人民法院院行政庭、国家人防办、住建部的意见。2013年9月2日，最高人民法院研究室室务会经讨论并报院领导同意提交审委会审议。10月28日，最高人民法院审判委员会经讨论认为，该案例符合《最高人民法院关于案例指导工作的规定》第二条的有关规定，同意将该案例确定为指导性案例。11月8日，最高人民法院以法〔2013〕241号文件将该案例列为第五批指导性案例予以发布。

该指导案例旨在明确人民防空法与保障性住房相关优惠规定的法律适用关系。该案例明确了建设单位违反人民防空法及有关规定，应当建设防空地下室而不建的，属于不履行法定义务的违法行为，不适用廉租住房和经济适用住房等保障性住房建设项目免收行政事业性收费的优惠规定。该案例贯彻了《中华人民共和国人民防空法》（以下简称《人民防空法》）的要求，有利于加强人民防空建设，维护人民群众的生命安全，促进人民防空建设与城市建设协调发展。

二、裁判要点的理解与说明

该指导案例的裁判要点确认：建设单位违反《人民防空法》及有关规定，应当建设防空地下室而不建的，属于不履行法定义务的违法行为。建设单位应当依法缴纳防空地下室易地建设费的，不适用廉租住房和经济适用住房等保障性住房建设项目关于“免收城市基础设施配套费等各种行政事业性收费”的规定。现围绕与该裁判要点相关的问题逐一论证和说明如下：

(一) 关于对《人民防空法》有关规定的理解

《人民防空法》[1] 第二十二条规定:“城市新建民用建筑,按照国家有关规定修建战时可用于防空的地下室。”《人民防空工程建设管理规定》[2] 第四十八条第一款规定:“按照规定应当修建防空地下室的民用建筑,因地质、地形等原因不宜修建的,或者规定应建面积小于民用建筑地面首层建筑面积的,经人民防空主管部门批准,可以不修建,但必须按照应修建防空地下室面积所需造价缴纳易地建设费,由人民防空主管部门就近易地修建。”根据上述规定,城市新建民用建筑都应当依法修建防空地下室。但是,确实有客观原因不能修建的,有关行政规章也根据《人民防空法》立法精神作了例外规定,即《人民防空工程建设管理规定》第四十八条规定的“因地质、地形等原因不宜修建的”或者“规定应建面积小于民用建筑地面首层建筑面积的”。这两种情形经人民防空主管部门批准,是可以不修建防空地下室的。但是,根据上述规定,合法可以不修建防空地下室的,还有缴纳相应的易地建设费的法定义务。

关于经批准不修建防空地下室应缴纳的易地建设费性质。这种情形下缴纳的易地建设费属于行政事业性收费,主要理由如下:一是人防办作为人民防空的政府主管部门,在收取防空地下室易地建设费后出具的票据是行政事业性收费收据,收费进入财政统一账户。二是《人民防空工程建设管理规定》第五十四条第二款规定:“建设单位缴纳易地建设费后,人民防空主管部门应当向建设单位出具由财政部或者省、自治区、直辖市人民政府财政主管部门统一印制的行政事业性收费票据。”因此,合法可以不修建防空地下室情形下缴纳的易地建设费属于行政事业性收费。

---

① 《人民防空法》根据《全国人民代表大会常务委员会关于修改部分法律的决定》(发布日期:2009年8月27日,实施日期:2009年8月27日)修改。

② 《人民防空工程建设管理规定》由国家国防动员委员会、国家发展计划委员会、建设部、财政部联合发布,2003年2月21日实施。

（二）关于对廉租住房和经济适用住房等保障性住房建设项目免收城市基础设施配套费等各种行政事业性收费的理解

《国务院关于解决城市低收入家庭住房困难的若干意见》（国发〔2007〕24号）第十六条规定："……廉租住房和经济适用住房建设、棚户区改造、旧住宅区整治一律免收城市基础设施配套费等各种行政事业性收费和政府性基金……"建设部等七部委《经济适用住房管理办法》（建住房〔2007〕258号）第八条规定："经济适用住房建设项目免收城市基础设施配套费等各种行政事业性收费和政府性基金……"上述两项规定从字面看，没有明确适用对象，似乎保障性住房建设项目一律免收各种行政事业性收费，包括防空地下室易地建设费。但上述两项规定的立法本意是政府通过提供政策优惠，降低保障性住房建设成本，鼓励房地产开发商建设保障性住房项目，从而满足低收入住房困难家庭的购房需求。因此，其免除的行政事业性收费，应当指向的是建设单位的合法建设行为，建设单位违法建设产生的法定义务不应列为免除的对象。也就是说，建设单位的建设行为如果符合法律规定，本来应当缴纳的行政事业性收费，可以根据保障性住房免收费用的优惠规定予以免除。但是，建设单位违法建设，建造的住房不符合基本建筑规范要求，由此而产生的法定义务或应承担的法律责任在性质上不属于行政事业性收费，不能免除。

（三）关于本案例中所涉争议问题的法律适用

本指导案例裁判要点涉及的焦点问题是建设保障性住房未同时依法修建战时可用于防空的地下室是否需要交纳防空地下室易地建设费。根据前述分析，两种可以不建防空地下室的合法情形，本来应该按规定缴纳易地建设费，但是如果属于保障性住房建设项目，根据保障性住房有关优惠规定，该项行政事业性收费属于免除范围。但并不具有合法可以不修建防空地下室情形，也未经人防主管部门批准不修建防空地下室的，即使是保障性住房建设项目，是否也可以享受免缴易地建设费的优惠规定呢？

在本指导案例中，内蒙古秋实房地产开发有限责任公司（以下简称内蒙古秋实房地产公司）新建的“秋实第一城”项目虽然属于保障性住房建设项目，但并没有《人民防空工程建设管理规定》第四十八条第一款规定的两种例外情形，即依法应当修建防空地下室，该项目在建设时应当修建而未建防空地下室的行为显属违法建设行为。《人民防空法》及其相关配套措施规定了建设单位在新建民用建筑时修建防空地下室的法定义务，并对违法不修建的行为规定了行政处罚措施。《人民防空法》第四十八条规定：“城市新建民用建筑，违反国家有关规定不修建战时可用于防空的地下室的，由县级以上人民政府人民防空主管部门对当事人给予警告，并责令限期修建，可以并处十万元以下的罚款。”《内蒙古自治区实施〈中华人民共和国人民防空法〉办法》第十六条规定：“人民防空重点城市新建十层以上或者基础埋置深度大于三米的九层以下民用建筑，应建与地面首层建筑面积相等的防空地下室。城市规划确定新建的居住区、小区和旧城改造区以及统建住宅，总规划建筑面积在七千平方米以上的，按地面总建筑面积的百分之二修建防空地下室。”该办法第三十八条又规定：“城市新建民用建筑应建防空地下室而不建又拒不缴纳易地建设费的，由旗县级以上人民防空主管部门对当事人给予警告，责令限期修建或者缴纳易地建设费，并处建设单位十万元以下罚款。”因此，建设单位违反人民防空法及其相关配套措施的规定，对必须建设的人防工程没有修建，属于违反法定义务的违法行为，此时其承担的易地建设费虽然也被称为行政事业性收费，但实质上具有行政处罚的性质，是人民防空主管部门依法采取的补救措施，是违法建设单位必须承担的法律责任的转化形式。根据前述分析，关于保障性住房建设项目免除收费的优惠规定，其指向的对象是合法建设行为人，违法建设单位不应当从违法行为中获利，故不能享受免缴易地建设费的优惠待遇。根据《人民防空工程建设管理规定》第四十八条第一款的规定，人民防空主管部门在收取易地建设费后，还应当就近易地修建防空地下室。如果建设单位违法不修建防空地下室，又免除其缴纳易地建设费的义务，那么不仅纵容了建设单位的违法行为，也使相应的补建防空地下室的经费落空。

本指导案例中，内蒙古秋实房地产公司有条件建设防空地下室而违法不修建，属于违法建设行为人，不应享受保障性住房建设项目免收易地建设费的优惠规定。国务院、中央军委于2008年1月8日下发的《关于进一步推进人民防空事业发展的若干意见》第九条再次重申，对于确因地质条件等原因不能修建防空地下室的，要按照规定缴纳易地建设费，对未按规定修建防空地下室，未按规定缴纳易地建设费的，人民防空主管部门要严格依法处理。任何地方和部门不得将少建、不建防空地下室或者减免易地建设费作为招商引资的优惠条件。如果建设单位违反法律规定，逃避人防地下室建设义务，还能享受免收易地建设费的优惠规定，必然会助长不法企业钻法律空子，逃避法定义务，损害国家利益、公共利益。保障性住房建设项目关涉千家万户低收入家庭的切身利益，如果免除了违法建设单位的法定义务，不予以经济上的相关制裁，必然导致大量不法企业在有条件建设防空地下室时不依法修建，在战时将严重威胁到国防利益和低收入家庭的生命和财产安全。如果其他高价住宅都在法律的严格约束下依法修建防空地下室或缴纳易地建设费，而保障性住房在这方面放松管制，必将严重损害社会公平，危及法律尊严。平时建设应当考虑战时需要，立足长远，否则遗患无穷。本指导案例的指导意义就在于堵塞法律漏洞，约束建设单位在建设保障性住房时依法修建防空地下室，防止其逃避法定义务。因此，本指导案例的裁判符合立法本意，适用法律正确，有利于防止建设单位逃避法定义务，有利于保障国防安全，维护社会公共利益，法律效果和社会效果是积极正面的，具有较高的指导价值。

（执笔人：石磊、阎巍）

18. 焦某顺诉河南省新乡市卫滨区人民政府行政征收管理案*

征收决定对当事人财产权益不产生实际影响，其与被诉行政行为之间没有利害关系的，人民法院对当事人提出的撤销决定请求不予支持

【裁判摘要】

政府作出的决定不涉及当事人所有的房屋，对其财产权益不产生实际影响，其与被诉行政行为之间没有利害关系的，对当事人请求政府撤销政府作出的调整征收范围决定的诉讼请求人民法院不予支持。

一、基本案情

2014年6月27日，河南省新乡市卫滨区人民政府（以下简称卫滨区政府）作出卫政（2014）41号《关于调整京广铁路与中同街交汇处西北区域征收范围的决定》（以下简称《调整征收范围决定》），将房屋征收范围调整为京广铁路以西、卫河以南、中同大街以北（不包含中同大街1××号住宅房）、立新巷以东。焦某顺系中同大街1××号住宅房的所有权人。焦某顺认为卫滨区政府作出《调整征收范围决定》不应将其所有的房屋排除在外，且《调整征收范围决定》作出后未及时公告，对原房屋征收范围不产生调整的效力，请求人民法

* 摘自2018年5月15日最高人民法院发布的人民法院征收拆迁典型案例（第二批）。

院判决撤销《调整征收范围决定》。

二、裁判结果

新乡市中级人民法院一审认为：卫滨区政府作出的《调整征收范围决定》不涉及焦某顺所有的房屋，对其财产权益不产生实际影响，焦某顺与被诉行政行为之间没有利害关系，遂裁定驳回了焦某顺的起诉。焦某顺提起上诉，河南省高级人民法院二审驳回上诉、维持原裁定。

三、典型意义

在行政诉讼中，公民权利意识特别是诉讼意识持续高涨是社会和法治进步的体现。但是公民、法人或者其他组织提起行政诉讼应当具有诉的利益及诉的必要性，即与被诉行政行为之间存在“利害关系”。人民法院要依法审查被诉行政行为是否对当事人权利义务造成影响？是否会导致当事人权利义务发生增减得失？既不能对当事人合法权利的影响视而不见，损害当事人的合法诉权；也不得虚化、弱化利害关系的起诉条件，受理不符合《中华人民共和国行政诉讼法》规定的受案范围条件的案件，造成当事人不必要的诉累。本案中，被告卫滨区政府决定不再征收焦某顺所有的房屋，作出了《调整征收范围决定》。由于《调整征收范围决定》对焦某顺的财产权益不产生实际影响，其提起本案之诉不具有值得保护的实际权益。人民法院依法审查后，裁定驳回起诉，有利于引导当事人合理表达诉求，保护和规范当事人依法行使诉权。

行政登记

19. 昆山城开锦亭置业有限公司诉昆山市国土资源局不动产行政登记及行政赔偿纠纷案*

登记机关如将缺乏法律依据的约定内容进行登记，有违物权法定原则，当事人请求撤销相关登记内容的，人民法院应予支持

【裁判摘要】

不动产登记系对物权的公示，涉及民事、行政双重法律关系，既应遵循物权法定等民事法律规范，又应符合不动产登记相关行政法规。物权的种类和内容由法律规定，当事人无权通过约定变更物权的法定内容。登记机关如将缺乏法律依据的约定内容进行登记，有违物权法定原则，当事人请求撤销相关登记内容的，人民法院应予支持。

原告：昆山城开锦亭置业有限公司，住所地：江苏省昆山市花桥镇。

法定代表人：费某祥，该公司董事长。

被告：昆山市国土资源局，住所地：江苏省昆山市同丰西路。

法定代表人：李某，该局局长。

原告昆山城开锦亭置业有限公司（以下简称城开公司）因与被告昆山市国土资源局发生不动产行政登记及

* 摘自《最高人民法院公报》2022年第8期。

行政赔偿纠纷，向江苏省昆山市人民法院提起诉讼，后经江苏省苏州市中级人民法院指定管辖，由江苏省苏州市姑苏区人民法院立案受理。

原告城开公司诉称：游站商业中心是原告在昆山市花桥镇徐公桥路东侧 C25 地块上开发建设的商业项目。2008 年 1 月，原告以公开出让（挂牌）方式取得开发土地，并与被告昆山市国土资源局及江苏昆山花桥经济开发区管理委员会（以下简称花桥管委会）签订国有土地使用权出让合同。土地用途为商业、酒店、办公、科研用地。2013 年 11 月，原告、被告、花桥管委会签订补充协议，同意增加地下一层空间建设用地使用权，面积为 6754.91 平方米，用途为商业，原告补交了土地出让金。商业中心竣工后，2017 年 4 月在为地下商业房产办理不动产权属登记时，被告在不动产权证书附记栏中加注了“新建，办理自用房手续，不得对外销售。如需进行二手房转让，必须先行征得花桥管委会同意”这一限制不动产物权的文字内容。鉴于商业中心项目存在巨大资金缺口，为解决企业融资问题，原告自 2015 年 1 月起多次向花桥管委会、昆山市住房和城乡建设局和被告提交书面申请，请求撤销产权证附记栏中所加注的权利限制性文字内容，均未能解决。原告认为，不动产权证书附记栏中越权加注限制不动产物权的文字内容，侵犯了原告合法的财产权利，应予以撤销，并应赔偿原告相应融资损失。现原告向法院起诉请求：（1）判决撤销被告在 2017 年 4 月 6 日苏（2017）昆山市不动产权第 004××××号《不动产权证书》附注栏中越权加注的“新建，办理自用房手续，不得对外销售。如需进行二手房转让，必须先行征得花桥管委会同意”这一限制不动产物权的文字内容；（2）判决被告赔偿原告 2017 年 4 月至 2018 年 4 月期间的利息差额损失 11111335 元；（3）本案诉讼费用由被告承担。

被告昆山市国土资源局辩称：2017 年 3 月，原告城开公司作为申请人向被告提交了涉案不动产产权登记书面申请及相关办证材料，被告依照程序为原告办理了涉案不动产产权登记，颁发了不动产产权证，程序合法，依据充分。经原告申请，在不改变原出让经济技术指标的前提下，相关部门同意将涉案不动产地下 6754.91 平方米空间作为地下商业开发，但明确不得对外销售。后原告办理了相关用地手续。涉案不动产在后续登记时已有不得对外销售等相关权利限制信息。原告在向被告申请办理涉案不动产的产权登记时提供了申请一份，可以看出原告是知晓并同意涉案不动产的限制情况的，且再次明确了不对外销售，并由花桥管委会盖章确认。被告根据涉案不动产的原登记的限制情况以及原告的申请在涉案不动产证中继续记载不得对外销售的相关内容，并没有违反法律规定，也没有侵害原告的合法权益。请求依法驳回原告的诉讼请求。

苏州市姑苏区人民法院一审查明：2008 年 1 月，原告方股东与被告昆山市国土资源局及花桥管委会就昆山市花桥镇徐公桥路东侧 C25 地块国有土地使用权签订国有土地使用权出让合同。2008 年 10 月，经相关各方签订补充协议，将上述国有土地使用权变更给原告城开公司。之后，又经数次补充协议调整了土地用途和容积率。原告在该地块进行游站商业中心项目建设。2013 年 9 月，花桥经济开发区规划建设局发布《关于游站项目地下空间调整的公示意见》，载明：为更有效地使用地下空间，节约土地资源，在不改变原出让经济技术指标的前提下，拟将涉案地块的地下 6754.91 平方米空间作为地下商业开发，不对外销售。2013 年 9 月，原告与花桥管委会共同向被告提交了一份《游站商业中心项目各业态面积情况说明》，其中地下室部分记载：总面积 23843.19 平方米，其中车库 17088.28 平方米，地下商业 6754.91 平方米，地下室不对外分割销售。2013 年 10 月，原告向被告提交了《关于游站商业中心项目地下商业情况说明》，申请将 6754.91 平方米地下空间用于地下商业开发，不对外进行销售。2013 年 11 月，原告、被告、花桥管委会再次签订补充协议，同意增加地下一层空间建设用地使用权，面积为 6754.91 平方米，用途为商业，原告补交了土地出让金。

2015 年 10 月，昆山市人民政府向原告城开公司颁发了国有土地使用权证，使用权面积 6754.91 平方米，用途为商业。在该证记事栏记载：该地块为地下一层空间建设用地使用权，不得对外分割销售。

2016 年 6 月，原告城开公司就游站商业中心地下室 1~43 室，商业面积 6754.91 平方米，共 43 套房屋领取了房屋所有权初始登记证明，每份登记证明的备注栏均载明：办理自用房手续，不得对外销售；如需进行二手房转让，必须先行征得花桥管委会同意。

2016年6月，昆山市实行不动产统一登记，由被告昆山市国土资源局负责该区域内房屋所有权及国有土地使用权的登记事项。

2016年12月，原告城开公司向花桥管委会提交了一份关于“游站商业中心”项目地下室商业产证办理事宜的申请，提出：地下室商业产权的初始登记目前已完成，总计43户，根据管委会“游站商业中心地下室商业不得分割销售”的要求，由于目前无法办理地下室商业的分割手续，造成后期无法办理地下室商业的产权证；为此，原告准备将地下室商业办理一份产证，不进行分割办理。花桥管委会于2017年2月在该申请书上加盖了公章。

2017年3月，原告城开公司向被告昆山市国土资源局提交了游站商业中心地下室商业的不动产变更登记申请书，并提供了相关材料。被告经审核后于2017年4月向原告颁发了苏（2017）昆山市不动产权第004××××号不动产权证书，记载：权利类型为国有建设用地使用权/房屋所有权，面积为土地使用权面积6754.91平方米/房屋建筑面积6754.91平方米；附记栏中注明：“新建，办理自用房手续，不得对外销售。如需进行二手房转让，必须先行征得花桥管委会同意”。

苏州市姑苏区人民法院一审认为：本案的争议焦点有三个方面：（1）2017年的登记行为是否可诉；（2）涉案不动产登记的附记事项是否合法；（3）原告城开公司的行政赔偿请求应否支持。

（一）诉争不动产登记属于可诉的行政行为

游站商业中心地下室商业部分2015年的国有土地使用权登记及2016年的房屋所有权登记均是独立且已完成的登记行为。因登记部门不同等原因，房屋及其所占土地的登记存在不一致，即房屋分成43份进行所有权登记，土地使用权按1份使用权登记，土地使用权证附记栏注明不得对外分割销售，每份房屋所有权登记证明附记栏注明不得对外销售等内容。涉案2017年不动产登记，系将上述房屋所有权与土地使用权合并进行统一登记，且将43套房屋归并成1份进行所有权登记，附记栏注明不得对外销售等内容，未记载不得对外分割销售的内容。因此，涉案2017年不动产登记并非简单地对2015年、2016年两次发证的合并换证，还涉及权利状态、附记事项等变化，应属于变更登记，该变更登记对原告权利义务产生实际影响，属于可诉的行政行为。

（二）诉争不动产登记的附记内容违背物权法定原则

《中华人民共和国民法总则》第一百一十六条①规定："物权的种类和内容，由法律规定。"《中华人民共和国物权法》第五条②规定："物权的种类和内容，由法律规定。"根据物权法定原则，物权的种类、内容均由法律明确规定，当事人之间不能任意创立物权或约定变更物权的法定内容。《中华人民共和国物权法》第九条第一款③规定："不动产物权的设立、变更、转让和消灭，经依法登记，发生效力；未经登记，不发生效力，但法律另有规定的除外。"不动产物权经登记发生法律效力，登记起到了物权公示作用，不动产登记簿是物权归属和内容的根据。不动产权属证书记载的事项，应当与不动产登记簿一致。本案中，原告城开公司通过土地出让方式合法取得了昆山市花桥镇徐公桥路东侧C25地块的国有土地使用权，在该地块上开发建设了游站商业中心项目，原告对该房产依法享有直接支配和排他的权利，享有完整的占有、使用、收益、处分的权利。原告享有的上述物权内容是法定的，不应受到任意限制。涉案不动产登记违背了物权法定原则及相关规定。

（三）附记内容违反不动产登记行政法规

《不动产登记暂行条例》第二条第一款规定："本条例所称不动产登记，是指不动产登记机构依法将不动产权利归属和其他法定事项记载于不动产登记簿的行为。"《不动产登记暂行条例》对于不动产登记簿的记载事项作了明确规定。第八条规定："不动产以不动产单元为基本单位进行登记。不动产单元具有唯一编码。不动产登记机构应当按照国务院国土资源主管部门的规定设立统一的不动产登记簿。不动产登记簿应当记载以下事项：（一）不动产的坐落、界址、空间界限、面积、用途等自然状况；

① 对应《中华人民共和国民法典》第一百一十六条。

② 对应《中华人民共和国民法典》第一百一十六条。

③ 对应《中华人民共和国民法典》第二百零九条第一款。

（二）不动产权利的主体、类型、内容、来源、期限、权利变化等权属状况；（三）涉及不动产权利限制、提示的事项；（四）其他相关事项。”上述条款规定了不动产登记簿的记载事项主要分为不动产的自然状况、权属状况以及其他限制、提示事项等三种类型。其中，不动产限制提示事项主要是针对异议登记、预告登记、查封登记等登记类型而规定的。不动产登记部门在作出不动产登记时，应严格按照条例的规定进行办理，对于任何涉及不动产权利限制、提示的事项，登记必须有法律依据，不能随意对《不动产登记暂行条例》第八条的规定作扩大解释。本案被告于 2017 年作出的涉案不动产登记，其附记内容“不得对外销售。如需进行二手房转让，必须先行征得花桥管委会同意”系对原告物权的限制，该限制内容不符合物权法定原则，仅是原告、被告、花桥管委会就土地出让合同签订补充协议时原告与花桥管委会的约定事项，具有合同相对性，不属于《不动产登记暂行条例》第八条规定的应当登记的涉及不动产权利限制的法定事项范围。因此，涉案登记的附记记载行为缺乏法律依据。

（四）原告城开公司主张的融资利息差额损失缺乏依据

行政赔偿适用于因行政行为违法或无效等造成权利人直接损失的情形。原告城开公司主张行政赔偿，系认为基于涉案不动产登记中附记内容违法，限制其销售而导致其向相关企业、单位借款所产生的利息与同期银行贷款利息的差额。但涉案不动产登记中限制的仅是不得销售，不影响原告进行其他相应利用、处分，且原告所称上述损失与涉案登记行为并无直接的因果关系。因此，原告要求行政赔偿缺乏事实和法律依据。

据此，苏州市姑苏区人民法院依照《中华人民共和国行政诉讼法》第七十条第二项、《中华人民共和国国家赔偿法》第五条第三项的规定，于 2020 年 11 月 20 日作出判决：一、撤销被告昆山市国土资源局于 2017 年 4 月 6 日作出的苏（2017）昆山市不动产权第 004××××号《不动产权证书》附注栏中“不得对外销售。如需进行二手房转让，必须先行征得花桥管委会同意”的内容。二、驳回原告昆山城开锦亭置业有限公司其他诉讼请求。

一审宣判后，双方当事人均未提起上诉，一审判决已发生法律效力。

行政确认

20. 戴某华诉济南市公安消防支队消防验收纠纷案*

▶ 建设工程消防验收备案结果通知具有可诉性

(最高人民法院审判委员会讨论通过 2016年5月20日发布)

【关键词】

行政诉讼 受案范围 行政确认 消防验收 备案结果通知

【裁判要点】

建设工程消防验收备案结果通知含有消防竣工验收是否合格的评定,具有行政确认的性质,当事人对公安机关消防机构的消防验收备案结果通知行为提起行政诉讼的,人民法院应当依法予以受理。

【相关法条】

《中华人民共和国消防法》第四条、第十三条

【基本案情】

原告戴某华诉称:原告所住单元一梯四户,其居住的801室坐东朝西,进户门朝外开启。距离原告门口

* 摘自2016年5月30日最高人民法院发布的第12批指导性案例(指导案例59号)。

0.35米处的南墙挂有高1.6米、宽0.7米、厚0.25米的消火栓。人员入室需后退避让，等门扇开启后再前行入室。原告的门扇开不到60度至70度根本出不来。消防栓的设置和建设影响原告的生活。请求依法撤销被告济南市公安消防支队批准在其门前设置的消防栓通过验收的决定；依法判令被告责令报批单位依据国家标准限期整改。

被告济南市公安消防支队辩称：建设工程消防验收备案结果通知是按照建设工程消防验收评定标准完成工程检查，是检查记录的体现。如果备案结果合格，则表明建设工程是符合相关消防技术规范的；如果不合格，公安机关消防机构将依法采取措施，要求建设单位整改有关问题，其性质属于技术性验收，并不是一项独立、完整的具体行政行为，不具有可诉性，不属于人民法院行政诉讼的受案范围，请求驳回原告的起诉。

法院经审理查明：针对戴某华居住的馆驿街以南棚户区改造工程1-8号楼及地下车库工程，济南市公安消防支队对其消防设施抽查后，于2011年11月21日作出济公消验备〔2011〕第0172号《建设工程消防验收备案结果通知》。

【裁判结果】

济南高新技术产业开发区人民法院于2012年11月13日作出（2012）高行初字第2号行政裁定，驳回原告戴某华的起诉。戴某华不服一审裁定提起上诉。济南市中级人民法院经审理，于2013年1月17日作出（2012）济行终字第223号行政裁定：一、撤销济南高新技术产业开发区人民法院作出的（2012）高行初字第2号行政裁定；二、本案由济南高新技术产业开发区人民法院继续审理。

【裁判理由】

法院生效裁判认为：关于行为的性质。《中华人民共和国消防法》（以下简称《消防法》）第四条第一款规定：“……县级以上地方人民政府公安机关对本行政区域内的消防工作实施监督管理，并由本级人民政府公安机关消防机构负责实施……”[①] 公安部《建设工程消防监督管理规定》[②]第三条第二款规定：“公安机关消防机构依法实施建设工程消防设计审核、消防验收和备案、抽查，对建设工程进行消防监督。”第二十四条第一款规定：“对本规定第十三条、第十四条规定以外的建设工程，建设单位应当在取得施工许可、工程竣工验收合格之日起七日内，通过省级公安机关消防机构网站进行消防设计、竣工验收消防备案，或者到公安机关消防机构业务受理场所进行消防设计、竣工验收消防备案。”上述规定表明，建设工程消防验收备案就是特定的建设工程施工人向公安机关消防机构报告工程完成验收情况，消防机构予以登记备案，以供消防机构检查和监督，备案行为是公安机关消防机构对建设工程实施消防监督和管理的行为。消防机构实施的建设工程消防备案、抽查的行为具有行使行政职权的性质，体现出国家意志性、法律性、公益性、专属性和强制性，备案结果通知是备案行为的组成部分，是备案行为结果的具体表现形式，也具有上述行政职权的特性，应该纳入司法审查的范围。

关于行为的后果。《消防法》第十三条规定：“按照国家工程建设消防技术标准需要进行消防设计的建设工程竣工，依照下列规定进行消防验收、备案……（二）其他建设工程，建设单位在验收后应当报公安机关消防机构备案，公安机关消防机构应当进行抽查。依法应当进行消防验收的建设工程，未经消防验收或者消防验收不合格的，禁止投入使用；其他建设工程经依法抽查不合格的，应当停止使用。”[③] 公安部发布的《建设工程消防监督管理规定》第二十五条第二款、第三款规定：“公安机关消防机构应当在已经备案的消防设计、竣工验收工程中，随机确定检查对象并向

---

① 对应《中华人民共和国消防法》（2021 年修正）第四条第一款：“……县级以上地方人民政府应急管理部门对本行政区域内的消防工作实施监督管理，并由本级人民政府消防救援机构负责实施……”

② 《建设工程消防监督管理规定》已于 2020 年 6 月 1 日失效。下同。

③ 对应《中华人民共和国消防法》（2021 年修正）第十三条：“前款规定以外的其他建设工程，建设单位在验收后应当报住房和城乡建设主管部门备案，住房和城乡建设主管部门应当进行抽查。依法应当进行消防验收的建设工程，未经消防验收或者消防验收不合格的，禁止投入使用；其他建设工程经依法抽查不合格的，应当停止使用。”

社会公告。对确定为检查对象的，公安机关消防机构应当在二十日内按照消防法规和国家工程建设消防技术标准完成图纸检查，或者按照建设工程消防验收评定标准完成工程检查，制作检查记录。检查结果应当向社会公告，检查不合格的，还应当书面通知建设单位。建设单位收到通知后，应当停止施工或者停止使用，组织整改后向公安机关消防机构申请复查。公安机关消防机构应当在收到书面申请之日起二十日内进行复查并出具书面复查意见。”上述规定表明，在竣工验收备案行为中，公安机关消防机构并非仅仅是简单地接受建设单位向其报送的相关资料，还要对备案资料进行审查，完成工程检查。消防机构实施的建设工程消防备案、抽查的行为能产生行政法上的拘束力。对建设单位而言，在工程竣工验收后应当到公安机关消防机构进行验收备案，否则，应当承担相应的行政责任，消防设施经依法抽查不合格的，应当停止使用，并组织整改；对公安机关消防机构而言，备案结果中有抽查是否合格的评定，实质上是一种行政确认行为，即公安机关消防机构对行政相对人的法律事实、法律关系予以认定、确认的行政行为，一旦消防设施被消防机构评定为合格，那就视为消防机构在事实上确认了消防工程质量合格，行政相关人也将受到该行为的拘束。

据此，法院认为作出建设工程消防验收备案通知，是对建设工程消防设施质量监督管理的最后环节，备案结果通知含有消防竣工验收是否合格的评定，具有行政确认的性质，是公安机关消防机构作出的具体行政行为。备案手续的完成能产生行政法上的拘束力。故备案行为是可诉的行政行为，人民法院可以对其进行司法审查。原审裁定认为建设工程消防验收备案结果通知性质属于技术性验收通知，不是具体行政行为，并据此驳回上诉人戴某华的起诉，确有不当。

（生效裁判审判人员：张极峰、孙继发、单蕾）

理解与参照

《戴某华诉济南市公安消防支队消防验收纠纷案》的理解与参照*

——建设工程消防验收备案结果通知具有可诉性

最高人民法院案例指导工作办公室

2016年5月30日，最高人民法院发布了指导案例59号《戴某华诉济南市公安消防支队消防验收纠纷案》。为了正确理解和准确参照适用该指导案例，现对该指导案例的推选经过、裁判要点等有关情况予以解释、论证和说明。

一、推选过程及指导意义

2012年11月13日，本案由济南市高新区人民法院作出一审裁定，驳回原告戴某华的起诉。2013年1月17日，济南市中级人民法院作出二审裁定，撤销了一审裁定。济南市中级人民法院审判委员会经讨论一致认为，该案符合《最高人民法院关于案例指导工作的规定》第二条规定的情形，决定建议推荐。2014年7月22日，山东省高级人民法院审判委员会经讨论决定，一致同意作为备选指导性案例向最高人民法院推荐。最高人

* 摘自《最高人民法院司法解释与指导性案例理解与适用》（第六卷），人民法院出版社2018年版，第800~806页。

民法院案例指导工作办公室经审查，认为本案例符合指导性案例的要求，并送行政庭审查和征求意见。2015年7月17日，行政庭回复同意。12月3日，研究室室务会经讨论，建议提交审委会审议。2016年5月10日，最高人民法院审判委员会经讨论同意该案例作为指导性案例。5月30日，最高人民法院以法〔2016〕172号文件将该案例列入第12批指导性案例予以发布。

该指导案例旨在明确建设工程消防验收备案结果通知含有消防竣工验收是否合格的评定，具有行政确认的性质，当事人对公安消防部门的消防验收备案结果通知行为提起行政诉讼的，人民法院应当依法予以受理。该案例明确建设工程消防验收备案结果通知行为具有行政确认的性质，属于行政诉讼的受案范围，在当前消防安全形势十分严峻的形势下，必将有利于监督消防部门严格履行验收职责，保障人民群众生命、财产的安全。

二、关于本案例的背景情况

实行消防验收备案制度是我国消防验收制度的一项重大变革。按照1998年修改前的《中华人民共和国消防法》(以下简称《消防法》)的规定，公安机关消防机构对所有建设工程实行消防验收。按照2008年修订后的《消防法》的规定，公安机关消防机构对国务院公安部门规定的大型人员密集场所和其他特殊建设工程，实行消防设计审核和消防验收制度，对其他建设工程的消防设计和竣工验收实行备案抽查制度。

关于消防验收备案抽查的具体要求和程序，2008年修订后的《消防法》第十三条①和公安部《建设工程消防监督管理规定》②第二十四条、第二十五条进行了规定。其主要程序为：应当进行消防验收备案的建设工

① 对应《中华人民共和国消防法》(2021年修正)第十三条："国务院住房和城乡建设主管部门规定应当申请消防验收的建设工程竣工，建设单位应当向住房和城乡建设主管部门申请消防验收。前款规定以外的其他建设工程，建设单位在验收后应当报住房和城乡建设主管部门备案，住房和城乡建设主管部门应当进行抽查。依法应当进行消防验收的建设工程，未经消防验收或者消防验收不合格的，禁止投入使用；其他建设工程经依法抽查不合格的，应当停止使用。"下同。

② 《建设工程消防监督管理规定》已于2020年6月1日失效。下同。

程，建设单位应当在工程竣工验收合格之日起 7 日内，通过省级公安消防机构网站或业务受理场所进行竣工验收消防备案；公安消防机构应当在已经备案的竣工验收工程中，随机确定检查对象并向社会公告；对确定为检查对象的，公安消防机构应当在20日内按照消防法规和建设工程消防验收评定标准完成工程检查，制作检查记录，检查结果应当向社会公告。抽查结果通知包括备案编号、项目名称、单位名称、工程地址、办结时间、验收结果。经依法抽查不合格的建设工程，应当禁止使用。

在住房商品化之前，根据掌握的现有资料，基本没有关于消防验收结果的诉讼。住房商品化之后，特别是2008年修订后的《消防法》颁布实施后，对消防验收结果不服引发的纠纷和诉讼在多地开始出现。[①] 本案例中，原告戴某华居住的小区被济南市公安消防支队消防验收抽查，抽查结果为合格。原告戴某华认为其门口的消防栓影响其出入，不符合消防要求，上述验收结果侵犯其合法权益，遂提起诉讼，请求撤销被告的验收决定并判令被告责令建设单位整改。可以预见，随着公众权利意识的不断增强和对消防安全的日益重视，对消防验收结果不服的纠纷和诉讼将逐渐增加。

建设工程消防验收备案结果通知，是公安消防机构对所备案的建设工程进行消防验收抽查后，形成验收结论，并将所得结果告知工程建设单位，是消防验收程序的组成部分。因此，对消防验收备案结果通知不服提起诉讼，实际是将消防验收行为纳入司法审查。消防验收行为是否属于行政行为，对该类纠纷能否受理，司法实践中有较大分歧，主要有三种观点：第一种观点认为，消防验收行为是技术验收行为，不是行政行为，不具有行政可诉性，对验收结果通知不服提起行政诉讼，人民法院不应受理。第二种观点认为，消防验收行为是行政行为，相对人或利害关系人对验收结果通知不服提起行政诉讼的，人民法院应予受理。第三种观点认为，业主可以开发商为被告提起民事诉讼，要求判令被告排除妨碍或赔偿

① 澎立新：《一起消防验收行政诉讼引发的思考》，载《中国公共安全（学术版）》2014 年第 1 期。

损失，消防验收结果可作为一方的证据。

认识的分歧必将直接影响法院对该类案件的立案审查。对原告戴某华的起诉，本案的一审法院持第一种观点，驳回原告的起诉；二审法院持第二种意见，认为应立案受理。若按第三种观点，则原告则可提起民事诉讼。该观点是纠纷的另一种解决方式，与消防验收结果通知行为是否具有行政可诉性关联不大。

本案例确认定消防验收结果通知行为属于行政行为，具有重要的规则意义。一方面，细化了对《中华人民共和国行政诉讼法》（以下简称《行政诉讼法》）第十二条第十二项“认为行政机关侵犯其他人身权、财产权等合法权益的”的理解，统一了法律适用和裁判尺度，在一定程度上扩展了行政案件的受理案件范围。另一方面，将消防验收行为纳入司法审查范畴，改变了公安消防机构的传统认识。一审法院受理戴某华案后，济南市公安消防支队认识到司法审查的正当性，积极参加了后续的诉讼，获得了胜诉。

三、裁判要点的理解与说明

该指导案例的裁判要点确认：建设工程消防验收备案结果通知含有消防竣工验收是否合格的评定，具有行政确认的性质，当事人对公安机关消防机构的消防验收备案结果通知行为提起行政诉讼的，人民法院应当依法予以受理。现围绕与该裁判要点相关的问题逐一论证和说明如下。

（一）消防验收结果通知属行政确认

关于行政确认的概念，学界有争议。通说认为，是指行政主体对行政相对人的法律地位、法律关系和法律事实进行甄别，给予确定、认可、证明并予以宣告的具体行政行为。① 根据这一概念，行政确认主要包括四方面的含义和特征，而这些含义和特征，消防验收结果通知均符合。

---

① 姜明安：《行政法与行政诉讼法》，北京大学出版社、高等教育出版社 1999 年版，第 197 页。

1. 行政确认的主体是特定的国家行政机关或法律、法规授权的组织。《消防法》第四条第一款规定："……县级以上地方人民政府公安机关对本行政区域内的消防工作实施监督管理，并由本级人民政府公安机关消防机构实施……"①《建设工程消防监督管理规定》第三条第二款规定："公安机关消防机构依法实施建设工程消防设计审核、消防验收和备案、抽查，对建设工程进行消防监督。"上述规定表明，对建设工程消防验收备案抽查是公安消防机构的消防监督管理职权，该职权是消防法律法规授予的。消防验收备案结果通知的主体是公安消防机构，符合行政确认主体的特征。

2. 行政确认的内容是对相对人的法律关系或法律事实的确认。针对法律规范规定需要确认的事项，行政主体依据法定条件，按照一定程序，确定特定的法律关系或法律事实是否存在，达到确定或否定行政相对方法律地位或权利义务的目的。具体到消防验收结果通知，根据前述《建设工程消防监督管理规定》第二十四条、第二十五条的规定，由公安消防机构按照消防法规和建设工程消防验收评定标准，进行工程检查，并作出是否合格的认定。该认定是经过一定程序，依据相关标准和条件确定的事实，该事实将确定建设单位享有相关权利或承担相应义务，即验收合格，建设工程可以使用；不合格，则停止使用。因而，该事实是具有法律意义的法律事实。所以，消防验收结果通知从内容上看符合行政确认的特征。

3. 行政确认是具体行政行为。行政行为的概念，学界争议较多，但多数主张，行政行为是指行政主体在实施行政管理活动、行使行政职权过程中所作的具有法律意义的行为。② 该概念表明，行政行为除要求行为主体系行政主体外，行为内容是进行行政管理，行为的后果对行政相对人的权利义务具有拘束力。按照《消防法》规定，公安消防机构负责实施消防工作监督管理，而消防验收是公安消防机构具体实施消防监督管理的一种方

---

① 对应《中华人民共和国消防法》（2021年修正）第四条第一款："……县级以上地方人民政府应急管理部门对本行政区域内的消防工作实施监督管理，并由本级人民政府消防救援机构负责实施……"

② 罗豪才、湛中乐编：《行政法学》，北京大学出版社2006年版，第107页。

式，故该行为系依据法律法规作出的消防监督管理行为，该管理行为体现的是国家意志性。从行为结果上，是否合格的备案结果对建设单位的权利义务直接产生实质影响。消防验收结果通知作为消防验收行为的组成部分，是经法律授权的公安消防机构依据消防法律法规，具体进行消防监督管理的行为，直接决定相对人的建设工程能否投入使用，符合行政行为的特征和要求，属于行政行为。同时，该行政行为是针对某一建设工程的消防验收这一特定事项、针对某一特定的工程建设单位作出的行政行为，属于具体行政行为。

4. 行政确认行为是羁束性行政行为。该类行政行为，行政主体对行政规范的适用没有或少有选择和裁量的余地。行政确认是对特定法律事实或法律关系是否存在的宣告，而某种法律事实或法律关系是否存在，是由客观事实和法律规定决定的，行政主体没有或少有裁量的余地，只能严格按照法律规定和技术规范进行。消防验收结果，由公安消防机构按照消防法规和建设工程消防验收评定标准进行审核，是将技术审查和消防法律法规的规定相结合后的判断结论，是否合格，自由裁量空间较少，符合行政确认特征。

（二）针对消防验收备案结果通知行为的诉讼属于行政诉讼受案范围

从理论上讲，行政确认是具体行政行为，对其提起行政诉讼，在现代法治国家，应当不受任何限制。但是，实践中，不同国家的做法不同。多数赋予行政机关对部分具体行政行为具有终局裁决权，排除司法审查。有的认为行政确认只是其他行政处分行为的前提，不直接处分相对方的权益，从而不主张将其纳入行政诉讼范围。“如果部分行为本身不完全具备最终影响时，它们作为一个程序的部分，不得单独引起昂贵的法律救济程序。”① 在国内，学界对行政确认是否应纳入行政诉讼范围也有不同观点。

① ［德］平特纳：《德国普通行政法》，朱林译，中国政法大学出版社1999年版，第163页。

如有的认为行政确认只是证据，不具有可诉性。[①]

从我国行政诉讼制度和法律规定来看，行政确认属于行政诉讼受案范围。《行政诉讼法》对行政诉讼受案范围采用了原则规定+肯定列举+否定排除的方式。本案审理时，《行政诉讼法》还未修改，关于受案范围的原则规定在1989年制定的《行政诉讼法》第二条。该条第一款规定："公民、法人或者其他组织认为行政机关和行政机关工作人员的具体行政行为侵犯其合法权益，有权依照本法向人民法院提起诉讼。"[②] 关于受案范围的肯定列举在第十一条[③]，该条在第一款列举了八种行政案件，同时在第二款又进行了概括式补充："除前款规定外，人民法院受理法律、法规规定可以提起诉讼的其他行政案件。"关于受案范围的否定排除规定在第十二条[④]，该条规定了四种不属于行政诉讼受案范围的案件。根据前述分析，消防验收备案结果通知属于"具体行政行为"，因而认为其侵犯自己的合法权益提起诉讼，符合《行政诉讼法》的第二条关于受案范围的原则规定，也属于第十一条第八项规定的"认为行政机关侵犯其他人身权、财产权的"[⑤] 范围。同时，最高人民法院于2004年1月14日发布的《最高人民法院关于规范行政案件案由的通知》(法发〔2004〕2号)[⑥] 中，明确指出行政确认是行政行为的一种。因此，消防验收备案结果通知行为属于人民法院行政诉讼案件受案范围，针对其提起的行政诉讼，人民法院应予受理。2014年《行政诉讼法》修改后，将原第二条中的"具体行政行为"

---

① 孟昭阳、李伊玲：《论交通事故责任认定的不可诉性》，载《公安研究》2003年第4期。

② 对应《中华人民共和国行政诉讼法》(2017年修正) 第二条第一款："公民、法人或者其他组织认为行政机关和行政机关工作人员的行政行为侵犯其合法权益，有权依照本法向人民法院提起诉讼。"下同。

③ 对应《中华人民共和国行政诉讼法》(2017年修正) 第十二条。下同。

④ 对应《中华人民共和国行政诉讼法》(2017年修正) 第十三条。

⑤ 对应《中华人民共和国行政诉讼法》(2017年修正) 第十二条第十二项："人民法院受理公民、法人或者其他组织提起的下列诉讼：……（十二）认为行政机关侵犯其他人身权、财产权等合法权益的。"

⑥ 《最高人民法院关于规范行政案件案由的通知》(法发〔2004〕2号) 已于2021年1月1日失效，参见《最高人民法院印发〈关于行政案件案由的暂行规定〉的通知》(法发〔2020〕44号)。

修改为"行政行为",将原十一条规定的八种行政案件修改为十二种行政案件,进一步扩大了行政诉讼受案范围,消防验收备案结果通知行为更应属于其规定范围。

四、其他相关问题的说明

本案例是从诉讼程序上认定针对消防验收备案结果通知行为提起的诉讼属于行政案件的受案范围,将消防验收行为纳入司法审查,适用该案例时,需要注意以下几点:

一是将消防验收备案行为与消防验收备案结果通知行为区分。前者是工程建设方根据《消防法》和《建设工程消防监督管理规定》要求,向公安消防机构提供建设工程消防建设相关信息或资料的行为。该行为需要公安消防机构对材料审核同意后方能最终完成,不按规定备案也将承担相应的责任,具有公安消防机构基于行政管理目的行使职权的过程,在某些方面具有行政行为的特征,有学者将其称为准行政行为。[①] 但该类行为与本案例所涉备案验收结果通知行为明显不同。

从主体上,前者(消防验收备案行为,下同)系由工程建设单位推进,后者(消防验收备案结果通知行为,下同)是由公安消防机构完成。从内容上,前者是工程建设单位向公安消防机构告知建设工程消防建设信息,后者是消防机构向工程建设单位告知消防验收结果,两者的行为方向是相对的。从后果上,前者应备案而不备案,并不对当事人的权利义务产生实质影响。而后者,验收备案结果是否合格,直接影响建设工程能否投入使用,对当事人的权利义务产生直接实质影响。从程序顺序上,前者在前,是基础,后者在后,是结果。没有备案则没有备案抽查,更没有抽查结果通知行为。

二是消防验收备案结果通知行为与消防验收结果通知行为性质一致。根据修订后《消防法》的规定,对国务院公安部门规定的大型人员密集场

---

① 王建英:《建设工程消防设计、竣工验收备案的法律性质及其可诉性探讨》,载《商品与质量》2010年第10期。

所和其他特殊建设工程，实行消防验收制度，对其他建设工程的消防设计和竣工验收实行备案抽查制度。消防验收和消防验收备案抽查，均是对建设工程竣工消防验收，除时间顺序不同外，在主体、行为性质、后果等方面没有任何不同。对“其他建设工程”的消防验收备案抽查结果通知行为提起的诉讼属于人民法院行政案件受案范围，对“国务院公安部门规定的大型人员密集场所和其他特殊建设工程”消防验收结果通知行为提起的诉讼，同样应属于人民法院行政案件受案范围。

三是注意程序结果与实体结果的区分。本案例确定对消防验收备案结果通知行为提起的行政诉讼，人民法院应予受理，系从立案审查的角度，将该类诉讼纳入行政诉讼管辖范围，属法院程序审查结果。之后，公安消防机构的消防验收结果通知应否予以支持，属于该类案件实体审查范畴。

（执笔人：赵雯、石磊）

21．孙某兴诉天津新技术产业园区劳动人事局工伤认定案*

(最高人民法院审判委员会讨论通过　2014年12月25日发布)

职工在从事本职工作中存在过失，不属于排除工伤认定的法定情形

【关键词】

行政　工伤认定　工作原因　工作场所　工作过失

【裁判要点】

1．《工伤保险条例》第十四条第一项规定的“因工作原因”，是指职工受伤与其从事本职工作之间存在关联关系。

2．《工伤保险条例》第十四条第一项规定的“工作场所”，是指与职工工作职责相关的场所，有多个工作场所的，还包括工作时间内职工来往于多个工作场所之间的合理区域。

3．职工在从事本职工作中存在过失，不属于《工伤保险条例》第十六条规定的故意犯罪、醉酒或者吸毒、自残或者自杀情形，不影响工伤的认定。

---

* 摘自2014年12月24日最高人民法院发布的第九批指导性案例（指导案例40号）。

【相关法条】

《工伤保险条例》第十四条第一项、第十六条

【基本案情】

原告孙某兴诉称：其在工作时间、工作地点、因工作原因摔倒致伤，符合《工伤保险条例》规定的情形。天津新技术产业园区劳动人事局（以下简称园区劳动局）不认定工伤的决定，认定事实错误，适用法律不当。请求撤销园区劳动局所作的《工伤认定决定书》，并判令园区劳动局重新作出工伤认定行为。

被告园区劳动局辩称：天津市中力防雷技术有限公司（以下简称中力公司）业务员孙某兴因公外出期间受伤，但受伤不是由于工作原因，而是由于本人注意力不集中，脚底踩空，才在下台阶时摔伤。其受伤结果与其所接受的工作任务没有明显的因果关系，故孙某兴不符合《工伤保险条例》规定的应当认定为工伤的情形。园区劳动局作出的不认定工伤的决定，事实清楚，证据充分，程序合法，应予维持。

第三人中力公司述称：因本公司实行末位淘汰制，孙某兴事发前已被淘汰。但因其原从事本公司的销售工作，还有收回剩余货款的义务，所以才偶尔回公司打电话。事发时，孙某兴已不属于本公司职工，也不是在本公司工作场所范围内摔伤，不符合认定工伤的条件。

法院经审理查明：孙某兴系中力公司员工，2003 年 6 月 10 日上午受中力公司负责人指派去北京机场接人。其从中力公司所在地天津市南开区华苑产业园区国际商业中心（以下简称商业中心）八楼下楼，欲到商业中心院内停放的红旗轿车处去开车，当行至一楼门口台阶处时，孙某兴脚下一滑，从四层台阶处摔倒在地面上，造成四肢不能活动。经医院诊断为颈髓过伸位损伤合并颈部神经根牵拉伤、上唇挫裂伤、左手臂擦伤、左腿皮擦伤。孙某兴向园区劳动局提出工伤认定申请，园区劳动局于 2004 年 3 月 5 日作出（2004）0001 号《工伤认定决定书》，认为根据受伤职工本人的工伤申请和医疗诊断证明书，结合有关调查材料，依据《工伤保险条例》

第十四条第五项的工伤认定标准，没有证据表明孙某兴的摔伤事故系由工作原因造成，决定不认定孙某兴摔伤事故为工伤事故。孙某兴不服园区劳动局《工伤认定决定书》，向天津市第一中级人民法院提起行政诉讼。

【裁判结果】

天津市第一中级人民法院于2005年3月23日作出（2005）一中行初字第39号行政判决：一、撤销园区劳动局所作（2004）0001号《工伤认定决定书》；二、限园区劳动局在判决生效后60日内重新作出具体行政行为。园区劳动局提起上诉，天津市高级人民法院于2005年7月11日作出（2005）津高行终字第0034号行政判决：驳回上诉，维持原判。

【裁判理由】

法院生效裁判认为：各方当事人对园区劳动局依法具有本案行政执法主体资格和法定职权，其作出被诉工伤认定决定符合法定程序，以及孙某兴是在工作时间内摔伤，均无异议。本案争议焦点包括：一是孙某兴摔伤地点是否属于其“工作场所”？二是孙某兴是否“因工作原因”摔伤？三是孙某兴工作过程中不够谨慎的过失是否影响工伤认定？

一、关于孙某兴摔伤地点是否属于其“工作场所”问题

《工伤保险条例》第十四条第一项规定，职工在工作时间和工作场所内，因工作原因受到事故伤害，应当认定为工伤。该规定中的“工作场所”，是指与职工工作职责相关的场所，在有多个工作场所的情形下，还应包括职工来往于多个工作场所之间的合理区域。本案中，位于商业中心八楼的中力公司办公室，是孙某兴的工作场所，而其完成去机场接人的工作任务需驾驶的汽车停车处，是孙某兴的另一处工作场所。汽车停在商业中心一楼的门外，孙某兴要完成开车任务，必须从商业中心八楼下到一楼门外停车处，故从商业中心八楼到停车处是孙某兴来往于两个工作场所之间的合理区域，也应当认定为孙某兴的工作场所。园区劳动局认为孙某兴摔伤地点不属于其工作场所，系将完成工作任务的合理路线排除在工作场

所之外，既不符合立法本意，也有悖于生活常识。

二、关于孙某兴是否“因工作原因”摔伤的问题

《工伤保险条例》第十四条第一项规定的“因工作原因”，指职工受伤与其从事本职工作之间存在关联关系，即职工受伤与其从事本职工作存在一定关联。孙某兴为完成开车接人的工作任务，必须从商业中心八楼的中力公司办公室下到一楼进入汽车驾驶室，该行为与其工作任务密切相关，是孙某兴为完成工作任务客观上必须进行的行为，不属于超出其工作职责范围的其他不相关的个人行为。因此，孙某兴在一楼门口台阶处摔伤，系为完成工作任务所致。园区劳动局主张孙某兴在下楼过程中摔伤，与其开车任务没有直接的因果关系，不符合“因工作原因”致伤，缺乏事实根据。另外，孙某兴接受本单位领导指派的开车接人任务后，从中力公司所在商业中心八楼下到一楼，在前往院内汽车停放处的途中摔倒，孙某兴当时尚未离开公司所在院内，不属于“因公外出”的情形，而是属于在工作时间和工作场所内。

三、关于孙某兴工作中不够谨慎的过失是否影响工伤认定的问题

《工伤保险条例》第十六条规定了排除工伤认定的三种法定情形，即因故意犯罪、醉酒或者吸毒、自残或者自杀的，不得认定为工伤或者视同工伤。职工从事工作中存在过失，不属于上述排除工伤认定的法定情形，不能阻却职工受伤与其从事本职工作之间的关联关系。工伤事故中，受伤职工有时具有疏忽大意、精力不集中等过失行为，工伤保险正是分担事故风险、提供劳动保障的重要制度。如果将职工个人主观上的过失作为认定工伤的排除条件，违反工伤保险“无过失补偿”的基本原则，不符合《工伤保险条例》保障劳动者合法权益的立法目的。据此，即使孙某兴工作中在行走时确实有失谨慎，也不影响其摔伤系“因工作原因”的认定结论。园区劳动局以导致孙某兴摔伤的原因不是雨、雪天气使台阶地滑，而是因为孙某兴自己精力不集中导致为由，主张孙某兴不属于“因工作原因”摔

伤而不予认定工伤，缺乏法律依据。

综上，园区劳动局作出的不予认定孙某兴为工伤的决定，缺乏事实根据，适用法律错误，依法应予撤销。

理解与参照

《孙某兴诉天津新技术产业园区劳动人事局工伤认定案》的理解与参照*

——职工为完成工作任务在转换工作场所的必经区域过失导致自身伤亡的，应当认定为工伤

最高人民法院案例指导工作办公室

2014年12月25日，最高人民法院发布了指导案例40号《孙某兴诉天津新技术产业园区劳动人事局工伤认定案》。为了正确理解和准确参照适用该指导案例，现对该指导案例的推选经过、裁判要点等有关情况予以解释、论证和说明。

一、推选过程及指导意义

2010年11月26日，最高人民法院发布了《最高人民法院关于案例指导工作的规定》（以下简称《规定》）。该《规定》第九条规定，对于本规定施行前，最高人民法院已经发布的对全国法院审判、执行工作具有指

* 摘自《最高人民法院司法解释与指导性案例理解与适用》（第六卷），人民法院出版社2018年版，第677~682页。

导意义的案例，应当清理、编纂后作为指导性案例公布。《最高人民法院公报》（以下简称《公报》）自1985年5月创刊开始即向社会发布各类典型案例，这些案例在案例指导制度确立以前，对于审判和执行工作，事实上发挥了一定的指导或参考作用。2013年4月23日，最高人民法院召开了案例清理工作会议，下发了《最高人民法院案例清理工作会议纪要》（以下简称《会议纪要》），会议决定对《公报》刊发的对全国法院审判、执行工作具有指导意义的案例进行清理、编纂。清理范围原则上以2005年1月后刊发的案例为主。本案例原刊登于《公报》2012年第2期，鉴于其具有较为重要的指导价值，将其列入了《公报》案例清理、编纂的范围。

按照《会议纪要》的要求，最高人民法院行政庭经过初审认为，本案涉及《工作保险条例》有关“工作场所”“工作原因”等工伤认定要素的准确理解，对于各级法院及社保部门正确认定工伤具有较强的指导性。因此，同意推荐本案例。2013年7月9日，案例清理工作领导小组办公室经征求《公报》编辑部意见，将该案例列为第二阶段案例清理范围，并再次送行政庭。行政庭经过复审，经主管院领导审核同意该案例进入下一阶段清理程序，并编写了指导性案例文本。2014年4月22日，案例清理工作领导小组办公室经过修改，将该案例提交研究室室务会讨论，室务会同意推荐该案例，报院领导审核后提交最高人民法院审判委员会审议。10月21日，审判委员会经过讨论同意该案例作为指导性案例。12月25日，最高人民法院以法〔2014〕337号文件将该案例列入第九批指导性案例予以发布。

该指导案例旨在明确工伤认定过程中“工作场所”“工作原因”的内涵并对过失是否影响工伤认定的问题进一步加以明确。这对依法保障劳动者的合法权益，正确理解工伤认定过程中“工作场所”“工作原因”等较为抽象的概念有重要指导意义，具有较强的普遍性和现实意义。

二、关于本案例的背景情况

劳动关系是人类得以存在和发展的最基本的社会关系，相应的，对劳动者进行保障的工伤保险制度也就自然成为世界上历史最悠久、实施范围最广、受益群体最大的社会保障制度。自德国1884年颁布《工伤保险法》首创工伤保险制度以来，已有一百多年的历史。我国的工伤保险制度始于1996年8月劳动部《企业职工工伤保险试行办法》的颁布。其后，国务院于2003年4月颁布了《工伤保险条例》，对工伤保险法律制度进一步加以完善。然而，随着改革开放不断深化带来的用工环境的不断变化，劳动保障领域的问题层出不穷，劳动者的维权意识不断提高，工伤保险制度越来越成为社会关注的热点。为了回应实践需求，2010年10月28日，全国人大常委会审议通过了《中华人民共和国社会保险法》，对工伤保险制度作了一些新的规定。随后，国务院对《工伤保险条例》也进行了修订，并于2011年1月1日起实施。工伤保险法律法规的完善虽然在一定程度上满足了现实生活的需求，但是囿于法律规范用语表达的抽象性与其涵盖范围广泛性之间的正比关系，一部旨在规范实践当中形形色色工伤状况的法律规范，注定会充斥着大量的不确定概念，“工作原因”“工作场所”“工作时间”“上下班途中”等关键性用语的抽象性与社会生活的复杂性、具体性之间的矛盾日益突显。特别是随着我国社会转型不断加速，新型用工方式和新型劳动关系的不断革新，以及工伤保险参保范围的不断扩大，工伤保险行政案件数量呈现出急速上升的趋势。工伤认定过程中的新情况也随之大量涌现，如南京市劳动与社会保障部门对“见义勇为者享受工伤待遇”的认定、天津市劳动与社会保障部门对“高温中暑者视同工伤”的规定等，都对现有工伤保险行政法律规范的适用提出了诸多挑战。这些新情况无疑对工伤认定机构和人民法院行政审判工作形成了压力，如果不能作出及时、准确处理，劳资关系之间的冲突将会加剧，职工劳动保障权与企业经营权之间的利益平衡就会被打破，甚至还会引发极端恶性事件而威胁社会和谐稳定。从最高人民法院近年来通过典型案例、《公报》案例以及参考案例等不同渠道发布的案例情况看，工伤类案件尤其是工伤认定类案件，已经成为当前人民法院最重要的几类新型行政案件之一，而“工作时间”“工作地点”“工作原因”等工伤核心概念的界定无疑均系案件焦点。为进一步明晰相关概念，规范和统一工伤认定的尺度，最高人民法院在对已有案例和司法实践经验进行总结的基础上，着手制定《关于审理工伤保险行政案件若干问题的规定》（以下简称《工伤案件规定》），以期对现行《工伤保险条例》以及司法实践中工伤认定工作中面临的若干问题进一步加以明确，本案就是在这样的背景下产生，并对《工伤案件规定》相关条款的制定产生了积极的影响。

最高人民法院发布的第九批指导性案例中指导案例40号即《孙某兴诉天津新技术产业园区劳动人事局工伤认定案》。该案例准确地阐释了“工作场所”“工作原因”的内涵，并确立了过失不影响工伤认定的审判规则。

三、裁判要点的理解与说明

该指导案例的裁判要点确认：(1)《工伤保险条例》第十四条第一项规定的“因工作原因”，是指职工受伤与其从事本职工作之间存在关联关系。(2)《工伤保险条例》第十四条第一项规定的“工作场所”，是指与职工工作职责相关的场所，有多个工作场所的，还包括工作时间内职工来往于多个工作场所之间的合理区域。(3) 职工在从事本职工作中存在过失，不属于《工伤保险条例》第十六条规定的故意犯罪、醉酒或者吸毒、自残或者自杀情形，不影响工伤的认定。现围绕与该裁判要点相关的问题逐一论证和说明如下：

1. 关于第一个裁判要点的说明。《工伤保险条例》第十四条第一项规定：在工作时间和工作场所内，因工作原因受到事故伤害的应当认定为工伤。在上述工伤认定的“三工”要素中，工作原因是核心要件，即使职工不在工作时间、工作场所内受到伤害，但只要是因为工作原因，就应当认定为工伤。工作场所和工作时间在工伤认定中的作用主要是补强工作原因，以及在工作原因无法查明时，用以推定是否属于工作原因。基于这样的精神，《工伤案件规定》第四条第一项明确指出，在工作场所和工作时间内，没有证据证明是非工作原因导致职工伤亡的亦应认定为工伤。遗憾的是，对于“工作原因”这样一个如此重要的概念，《工伤保险条例》本身并没有作出进一步的规定或解释。在长期的工伤认定和司法实践中，人们习惯于从《工伤保险条例》第一条“为保障因工作遭受事故伤害……”

的文义出发，将这种“工作原因”定位为工作与伤害之间的“因果关系”。这种看似当然的理解却存在着不小的缺陷：从逻辑上讲，“因果关系”要求作为“因”的工作对于作为“果”的伤害具有决定作用，也就是说要形成逻辑上的充分条件关系。但实践当中，伤害却并不总是由工作原因单独或直接导致，其中往往掺杂了多种因素，形成“多因一果”的状态。在此情况下，“多因一果”中的各个“因”与“果”之间在逻辑上就成为必要条件关系而非充分条件关系，而此时，作为原因的“工作”与作为结果的“伤害”之间也就不属于严格逻辑学意义上的“因果关系”。

就本案而言，孙某兴为完成开车接人的工作任务，必须从商业中心八楼的中力公司办公室下到一楼进入汽车驾驶室。该行为与其工作任务密切相关，是孙某兴为完成工作任务客观上必须进行的行为，不属于超出其工作职责范围的其他不相关的个人行为。但是，他在一楼门口台阶处摔伤，却不能完全归因于工作，而是掺杂了个人的过失，在这种情况下，显然不能说是工作原因直接或必然导致孙某兴受到伤害。那么在本案中，工作原因在逻辑上与孙某兴受到的伤害是什么关系呢？虽然孙某兴摔倒并不是由工作原因直接导致，其中还包括了其个人疏忽大意的过失，但是工作原因无疑是导致其在下楼过程中摔倒的必要因素，也就是说，仅有工作原因不必然导致其受到伤害，但是没有工作原因孙某兴则一定不会受到伤害，这种关系就是前文所说的必要条件逻辑关系。如果我们将这种情形排除在工伤保障制度之外，无疑会极大地挫伤职工的工作积极性，因为工作过程中疏忽大意的过失是无法完全避免的。因此，在该案的讨论过程中，我们将“工作原因”不再定位为工作与伤害结果之间的“因果关系”，而是将这种关系界定为伤害与工作之间的关联关系。从逻辑上看，关联关系包括两类：一类是充分条件关系，也就是工作原因直接导致了伤害，例如工作过程中机械设备出现故障将工人的肢体压伤；另一类是必要条件关系，也就是虽然工作本身并不是造成伤害的直接原因，但是如果没有工作则不会出现伤害，本案即是如此。

2. 关于第二个裁判要点的说明。《工伤保险条例》第十四条第一项规定的“工作场所”，是指职工从事职业活动的实际区域，传统上将其分为固定区域、不固定区域和临时区域。固定区域指职工日常工作的区域，主要包括单位所在地以及除单位以外的日常工作区域，如邮递员、快递员所负责的工作区域；不固定区域是指修理工、新闻工作者等因工作性质特殊所导致的经常变动的不确定的工作场所；临时区域是指单位或领导指派临时前往的工作场所。在实践中我们发现，由于工作场所的界定，应当涵盖与职工工作职责相关的所有区域及其自然延伸的合理区域。因此，在有多个工作场所的情形下，工作区域还应当包括职工来往于多个与其工作职责相关的工作场所之间的合理区域。这里所说的“与其工作职责相关的工作场所之间的区域”因其与工作职责有直接关联，是完成工作职责的必经空间，因此是对工作场所的合理延伸，应当认定为工作场所。由此，职工来往于多个与其工作职责相关的工作场所之间的合理区域因工受到伤害的，应当认定为工伤。

本案中，位于商业中心八楼的中力公司办公室，是孙某兴的固定工作场所，而其完成去机场接人工作任务需到达的驾驶汽车的停车处，是孙某兴的另一处不固定的工作场所。汽车停在商业中心一楼的门外，孙某兴要完成开车任务，必须从商业中心八楼下到一楼门外停车处，故从商业中心八楼到停车处是孙某兴来往于两个工作场所之间的合理区域，应当认定为孙某兴的工作场所。园区劳动局认为孙某兴摔伤地点不属于其工作场所，系将完成工作任务的合理路线排除在工作场所之外，不符合立法本意，也有悖于生活常识。因此，“工作场所”应理解为包括工作时间内职工来往于多个工作场所之间的合理区域。

3. 关于第三个裁判要点的说明。《工伤保险条例》第十六条规定：“职工符合本条例第十四条、第十五条的规定，但是有下列情形之一的，不得认定为工伤或者视同工伤：（一）故意犯罪的；（二）醉酒或者吸毒的；（三）自残或者自杀的。”根据该条规定，只有在以上三种法定情形下才能排除工伤认定，职工从事工作中存在过失，不属于上述排除工伤认定的法定情形，不能阻却职工受伤与其从事本职工作之间形成一定的关联关系。工伤保险需要遵循的重要原则之一为“无过失补偿原则”，即无论工伤事故的责任在企业、受伤职工本人还是其同事，均应按照法定的工伤保险待遇标准对伤残职工或工亡职工遗属给予经济补偿。如果将职工个人主观上的过失作为认定工伤的排除条件，有违工伤保险的基本原则，不符合《工伤保险条例》保障劳动者合法权益的立法本意。

四、其他相关问题的说明

本案例相关法条和裁判理由引用了《工伤保险条例》第十六条的相关内容。该条根据2010年12月20日《国务院关于修改〈工伤保险条例〉的决定》进行了修订，但该案作出生效判决在此次修订之前。修订后的第十六条将排除工伤认定的三种法定情形由“因犯罪或者违反治安管理伤亡的、酗酒导致伤亡的、自残或者自杀的”修改为“故意犯罪的、醉酒或者吸毒的、自残或者自杀的”，缩小了排除工伤的情形。上述修订不影响本案例对相关法条的引用和裁判说理。

（执笔人：石磊、阎巍）

22. 王某德诉乐山市人力资源和社会保障局工伤认定案*

（最高人民法院审判委员会讨论通过　2016年9月19日发布）

▶

行政机关作出的程序性行政行为侵犯当事人合法权益，当事人无法针对相关的实体行政行为提起诉讼的，可以针对该程序性行政行为提起行政诉讼

【关键词】

行政诉讼　工伤认定　程序性行政行为　受理

【裁判要点】

当事人认为行政机关作出的程序性行政行为侵犯其人身权、财产权等合法权益，对其权利义务产生明显的实际影响，且无法通过提起针对相关的实体性行政行为的诉讼获得救济，而对该程序性行政行为提起行政诉讼的，人民法院应当依法受理。

【相关法条】

《中华人民共和国行政诉讼法》第十二条、第十三条

【基本案情】

原告王某德系王某兵之父。王某兵是四川嘉宝资产

* 摘自2016年9月19日最高人民法院发布的第14批指导性案例（指导案例69号）。

管理集团有限公司峨眉山分公司职工。2013 年 3 月 18 日，王某兵因交通事故死亡。由于王某兵驾驶摩托车倒地翻覆的原因无法查实，四川省峨眉山市公安局交警大队于同年 4 月 1 日依据《道路交通事故处理程序规定》第五十条的规定，作出乐公交认定〔2013〕第 00035 号《道路交通事故证明》。该《道路交通事故证明》载明：2013 年 3 月 18 日，王某兵驾驶无牌“卡迪王”二轮摩托车由峨眉山市大转盘至小转盘方向行驶。1 时 20 分许，当该车行至省道 S306 线 29. 3KM 处驶入道路右侧与隔离带边缘相擦挂，翻覆于隔离带内，造成车辆受损、王某兵当场死亡的交通事故。

2013 年 4 月 10 日，第三人四川嘉宝资产管理集团有限公司峨眉山分公司就其职工王某兵因交通事故死亡，向被告乐山市人力资源和社会保障局申请工伤认定，并同时提交了峨眉山市公安局交警大队所作的《道路交通事故证明》等证据。被告以公安机关交通管理部门尚未对本案事故作出交通事故认定书为由，于当日作出乐人社工时〔2013〕05 号（峨眉山市）《工伤认定时限中止通知书》（以下简称《中止通知》），并向原告和第三人送达。

2013 年 6 月 24 日，原告通过国内特快专递邮件方式，向被告提交了《恢复工伤认定申请书》，要求被告恢复对王某兵的工伤认定。因被告未恢复对王某兵工伤认定程序，原告遂于同年 7 月 30 日向法院提起行政诉讼，请求判决撤销被告作出的《中止通知》。

【裁判结果】

四川省乐山市市中区人民法院于 2013 年 9 月 25 日作出（2013）乐中行初字第 36 号判决，撤销被告乐山市人力资源和社会保障局于 2013 年 4 月 10 日作出的乐人社工时〔2013〕05 号《中止通知》。一审宣判后，乐山市人力资源和社会保障局提起了上诉。乐山市中级人民法院二审审理过程中，乐山市人力资源和社会保障局递交撤回上诉申请书。乐山市中级人民法院经审查认为，上诉人自愿申请撤回上诉，属其真实意思表示，符合法律规定，遂裁定准许乐山市人力资源和社会保障局撤回上诉。一审判决已发生法律效力。

【裁判理由】

法院生效裁判认为，本案争议的焦点有两个：一是《中止通知》是否属于可诉行政行为；二是《中止通知》是否应当予以撤销。

一、关于《中止通知》是否属于可诉行政行为问题

法院认为，被告作出《中止通知》，属于工伤认定程序中的程序性行政行为，如果该行为不涉及终局性问题，对相对人的权利义务没有实质影响的，属于不成熟的行政行为，不具有可诉性，相对人提起行政诉讼的，不属于人民法院受案范围。但如果该程序性行政行为具有终局性，对相对人权利义务产生实质影响，并且无法通过提起针对相关的实体性行政行为的诉讼获得救济的，则属于可诉行政行为，相对人提起行政诉讼的，属于人民法院行政诉讼受案范围。

虽然根据《中华人民共和国道路交通安全法》第七十三条的规定："公安机关交通管理部门应当根据交通事故现场勘验、检查、调查情况和有关的检验、鉴定结论，及时制作交通事故认定书，作为处理交通事故的证据。交通事故认定书应当载明交通事故的基本事实、成因和当事人的责任，并送达当事人。"但是，在现实道路交通事故中，也存在因道路交通事故成因确实无法查清，公安机关交通管理部门不能作出交通事故认定书的情况。对此，《道路交通事故处理程序规定》第五十条规定："道路交通事故成因无法查清的，公安机关交通管理部门应当出具道路交通事故证明，载明道路交通事故发生的时间、地点、当事人情况及调查得到的事实，分别送达当事人。"[①] 就本案而言，峨眉山市公安局交警大队就王某兵因交通事故死亡，依据所调查的事故情况，只能依法作出《道路交通事故证明》，而无法作出《交通事故认定书》。因此，本案中《道路交通事故证

① 对应《道路交通事故处理程序规定》（2017 年）第六十七条："道路交通事故基本事实无法查清、成因无法判定的，公安机关交通管理部门应当出具道路交通事故证明，载明道路交通事故发生的时间、地点、当事人情况及调查得到的事实，分别送达当事人，并告知申请复核、调解和提起民事诉讼的权利、期限。"

明》已经是公安机关交通管理部门依据《道路交通事故处理程序规定》就事故作出的结论，也就是《工伤保险条例》第二十条第三款中规定的工伤认定决定需要的“司法机关或者有关行政主管部门的结论”。除非出现新事实或者法定理由，否则公安机关交通管理部门不会就本案涉及的交通事故作出其他结论。而本案被告在第三人申请认定工伤时已经提交了相关《道路交通事故证明》的情况下，仍然作出《中止通知》，并且一直到原告起诉之日，被告仍以工伤认定处于中止中为由，拒绝恢复对王某兵死亡是否属于工伤的认定程序。由此可见，虽然被告作出《中止通知》是工伤认定中的一种程序性行为，但该行为将导致原告的合法权益长期，乃至永久得不到依法救济，直接影响了原告的合法权益，对其权利义务产生实质影响，并且原告也无法通过对相关实体性行政行为提起诉讼以获得救济。因此，被告作出《中止通知》，属于可诉行政行为，人民法院应当依法受理。

二、关于《中止通知》应否予以撤销问题

法院认为，《工伤保险条例》第二十条第三款规定：“作出工伤认定决定需要以司法机关或者有关行政主管部门的结论为依据的，在司法机关或者有关行政主管部门尚未作出结论期间，作出工伤认定决定的时限中止。”如前所述，第三人在向被告就王某兵死亡申请工伤认定时已经提交了《道路交通事故证明》。也就是说，第三人申请工伤认定时，并不存在《工伤保险条例》第二十条第三款所规定的依法可以作出中止决定的情形。因此，被告依据《工伤保险条例》第二十条规定，作出《中止通知》属于适用法律、法规错误，应当予以撤销。另外，需要指出的是，在人民法院撤销被告作出的《中止通知》判决生效后，被告对涉案职工认定工伤的程序即应予以恢复。

（生效裁判审判人员：黄英、李巨、彭东）

理解与参照

《王某德诉乐山市人力资源和社会保障局工伤认定案》的理解与参照*

——程序性行政行为的可诉性问题

最高人民法院案例指导工作办公室

2016年9月19日，最高人民法院发布了指导案例69号《王某德诉乐山市人力资源和社会保障局工伤认定案》。为了正确理解和准确参照适用该指导性案例，现对其推选经过、裁判要点等情况予以解释、论证和说明。

一、推选过程及意义

王某德诉乐山市人力资源和社会保障局工伤认定案，由四川省乐山市中级人民法院作为备选指导性案例报送四川省高级人民法院研究室，经提交四川省高级人民法院审判委员会讨论决定，将本案例向最高人民法院案例指导工作办公室推荐。案例指导工作办公室将案例送最高人民法院研究室民事处、行政审判庭以及最高人民法院案例指导工作专家委员会行政法领域的部分专家委员征求意见后，提交最高人民法院审判委员会讨论。最高人民法院审判委员会经讨论认为，该案例符合《最高人民法院关于案例指导工作的规定》第二条的有关规定，同意将该案例确定为指导性案例。

* 摘自《最高人民法院司法解释与指导性案例理解与适用》（第六卷），人民法院出版社2018年版，第891~895页。

2016年9月19日，最高人民法院以法〔2016〕311号文件将案例列入第14批指导性案例予以发布。

本案例是因程序性行政行为是否具有可诉性问题而引发的纠纷。行政机关为正确作出行政行为而实施的调查取证或者要求行政相对人提供相应证据等程序性行为，一般不具有可诉性。但对于对行政相对人实体权利义务产生实质影响的程序性行政行为是否具有可诉性，司法实践中存在较大争议，裁判标准也不统一。案例明确了行政机关实施的程序性行政行为如果对行政相对人的实体权利义务产生了实际影响的，就属于人民法院行政诉讼受案范围。发布该案例，有利于通过司法审查加强对行政权力行使的监督，防止行政机关权力滥用，从而保护行政相对人的合法权益，促进社会和谐。

二、裁判要点的理解与说明

该指导案例的裁判要点确认：当事人认为行政机关作出的程序性行政行为侵犯其人身权、财产权等合法权益，对其权利义务产生明显的实际影响，且无法通过提起针对相关的实体性行政行为的诉讼获得救济，而对该程序性行政行为提起行政诉讼的，人民法院应当依法受理。上述裁判要点针对某个具体程序性行政行为是否可诉，确立了两个司法判断标准：一是该程序性行政行为，侵犯了当事人的人身权、财产权，对其合法权益产生了明显的实际影响；二是该程序性行政行为作出以后，当事人又无法通过提起对相关联的实体性行政行为的诉讼获得救济。只有同时具备前述两个要件，程序性行政行为才具有可诉性。以下围绕与该裁判要点相关的问题进行分析说明。

程序性行政行为，[①] 是指行政主体“在行政程序开始或进行程序中针

① 程序性行政行为不是一个法律概念，我国大陆表述这一概念的用语不尽一致，主要有“程序行政行为”“程序行为”“程序性行政行为”。参见朱维究、阎尔宝：《程序行政行为初论》，载《政法论坛》1997年第3期；赵大光、杨临萍、王振宇：《关于审理行政许可案件若干问题的规定的理解与适用》，载《人民法院报》2010年1月6日；杨科雄：《试论程序性行政行为》，载《法律适用》2010年第8期。我国台湾地区的学者称之为“行政机关程序行为”。

对程序而非就最终实体问题所为之决定或行为，其具有促进程序之进行而最终以达成实体决定之目的”。在传统行政法学理论以及以往的行政审判实践中，受到“司法成熟性”原则以及程序性行政行为不直接涉及相对人权利义务的观念的影响，一般认为只有在后续实体性行政行为的阶段，相对人才可以针对后续实体性行政行为提起行政诉讼；此时，程序性行政行为的违法性已经被吸收到后续的实体性行政行为之后，在针对后续实体性行政行为提起的行政诉讼中，可以以前置的程序性行政行为的违法作为理由而主张后续实体性行政行为的违法性。依据上述理由，一方面没有必要对某个阶段的程序性行政行为进行司法干预；另一方面，不恰当的司法干预将影响一般行政行为合理的流程状态，可能适得其反。因此，司法审查主要应当审查实体性行政行为，而非程序性行政行为。但是，如果行政主体并未在法定、合理的期限内推进行政程序的正常进行，某环节无端中断、中止，行政程序出现不合理的迟延，并导致相对人权益无法及时得到保证，实际影响了相对人合法权益的，该情况下的程序性行政行为法律效力就应当视为独立的、现实的，而并非暂时的，就应当具备可诉性。[①]

从部分国家的规定看，对于程序性行政行为，不能单独提起行政诉讼，例外情形下方才准许。例如，《德国行政法院法》第44条A项的规定：“对于官署程序行为提起救济者，仅得对于本案实体裁决提起救济之同时为之。但官署之程序行为得强制执行或系对第三人所为之者，不在此限。”我国行政诉讼立法和司法实践一直以来对涉及程序性行政行为是否具有可诉性的问题，不甚明确。但是对于判定某个行政行为是否可诉，《中华人民共和国行政诉讼法》（1989年）第十一条第八项和《中华人民共和国行政诉讼法》（2014年修正）第十二条第十二项均规定，人民法院受理公民、法人和其他组织认为“行政机关侵犯其他人身权、财产权”提起的诉讼。这表明当事人的权利是否受到实害，是判定行政行为是否可诉的一个核心要件。《最高人民法院关于执行〈中华人民共和国行政诉讼法〉

① 董保城：《行政程序中程序行为法律性质及其效果之探讨》，载《政法大学评论》1994年第51期。

若干问题的解释》(2000年3月8日颁布)第一条第二款第六项的规定,“对公民、法人或者其他组织权利义务不产生实际影响的行为”,不属于人民法院行政诉讼的受案范围。该条将无实际影响的行政行为排除在行政诉讼受案范围之外。《最高人民法院关于审理行政许可案件若干问题的规定》(2009年12月14日颁布)第三条规定:“公民、法人或者其他组织仅就行政许可程序中的告知补正申请材料、听证等通知行为提起行政诉讼的,人民法院不予受理,但导致许可程序对上述主体事实上终止的除外。”该规定第一次对程序性行政行为可诉问题在司法解释层面作了明确,其中的“通知行为”就是程序性行政行为。只是该司法解释仅仅针对行政许可这一类特殊行政行为,并且也没有将如何判定程序性行政行为的“可诉要件”明确固定下来。综上可知,我国行政诉讼立法和司法领域,对程序性行政行为可诉性问题,同样也采用了“不可诉是原则、可诉是例外”的通行立场和观点,并以程序性行政行为是否对相对人人身、财产权利造成了实际损害和影响为核心判定标准。

当然,从遵循“司法成熟性”原则,坚持以程序性行政行为是否对相对人人身、财产权利造成实际损害和影响为判定标准出发,还应当同时强调,只有相对人确实“无法通过提起针对相关的实体性行政行为的诉讼获得救济”时,其对程序性行政行为提起的诉讼,人民法院才应当受理。正如本案例中,被告作出的《工伤认定时限中止通知书》尽管是工伤认定程序中的一个过程性行政行为,但该过程行为将导致原告的合法权益事实上长期乃至永久得不到依法救济,直接影响了行政相对人的合法权益,并且行政相对人也无法通过对相关的实体性行政行为提起诉讼以获得救济。在此情形下,法律应当赋予行政相对人对程序性行政行为的诉讼权利,以充分保障其权益得到有效救济。根据上述理由和判定标准,法院依法受理了该案件,并对被告作出的《工伤认定时限中止通知书》行为依法进行了审查。

随着我们国家依法行政的不断推进,行政机关行政程序将进一步朝着精细化、科学化方向发展,行政程序在数量上也将不断增加,涉及程序性行政行为提起的行政诉讼也会呈现增多的趋势。因此,对程序性行政行为司法审查相关的问题给予足够重视，进一步明确、统一程序性行政行为可诉性司法审查标准，具有重要的意义。

三、其他需要说明的问题

本案例除了涉及被告作出的《工伤认定时限中止通知书》行为是否可诉问题之外，还涉及对被告作出的该程序性行为合法性的审查判定问题。

《工伤保险条例》（2010年修订）第二十条第三款规定："作出工伤认定决定需要以司法机关或者有关行政主管部门的结论为依据的，在司法机关或者有关行政主管部门尚未作出结论期间，作出工伤认定决定的时限中止。"实践中对于理解执行上述规定，一直存在困惑："在没有相关交通事故责任认定书的情况下，人力资源和社会保障部门能否依职权进行判断申请人是否构成工伤。"本案例中，被告机械地理解适用《工伤保险条例》第二十条第三款的规定，作出了工伤认定决定的时限中止通知书。据了解，实践中不论是行使工伤认定职权的人社部门，还是各地法院，对该条规定认识不统一，人社部门因为没有交通事故责任认定书，而向相对人发出这类中止通知书的情形并不鲜见。最高人民法院行政审判庭2012年即就此问题展开专题研究，召开若干研讨会，并征求立法机关意见，在此基础上，形成了〔2012〕行他字第19号答复意见。该答复意见的主要内容是，《中华人民共和国道路交通安全法》第一百一十九条规定的"交通事故"、非本人主要责任的认定应以公安机关交通管理、交通运输等部门或者司法机关，以及法律法规授权的组织依法出具的相关法律文书为依据。但是，如果上述部门未就交通事故作出责任认定，社会保险行政部门可以根据《工伤保险条例》第十九条的规定，对事故伤害情况进行调查核实并据此对是否构成工伤作出认定。该答复意见后被吸收规定在2014年6月18日法释〔2014〕9号《最高人民法院关于审理工伤保险行政案件若干问题的规定》第一条中。该条第一款规定，人民法院审理工伤认定行政案件，在认定是否存在《工伤保险条例》第十四条第六项"本人主要责任"、第十六条第二项"醉酒或者吸毒"和第十六条第三项"自残或者自杀"等情形时，应当以有权机构出具的事故责任认定书、结论性意见和人民法院生效裁判等法律文书为依据，但有相反证据足以推翻事故责任认定书和结论性意见的除外。第二款规定，前述法律文书不存在或者内容不明确，社会保险行政部门就前款事实作出认定的，人民法院应当结合其提供的相关证据依法进行审查。本案例对被告程序性行政行为的合法性进行审查，作出了符合相关司法解释规定精神的准确判定。将该案例作为指导案例发布，有利于进一步明确并强调上述司法解释规定的精神，统一裁判标准，并指导类案作出正确裁判。

（执笔人：豆晓红、李兵）

职工在工作时间和工作岗位突发疾病，未脱离治疗抢救状态，自发病48小时内死亡的，认定为工伤

23. 上海温和足部保健服务部诉上海市普陀区人力资源和社会保障局工伤认定案*

【裁判摘要】

职工在工作时间和工作岗位上突发疾病，经抢救后医生虽然明确告知家属无法挽救生命，在救护车运送回家途中职工死亡的，仍应认定其未脱离治疗抢救状态。若职工自发病至死亡期间未超过48小时，应视为“48小时之内经抢救无效死亡”，视同工伤。

原告：上海温和足部保健服务部。住所地：上海市普陀区宜川路。

投资人：吴某煌，该部负责人。

被告：上海市普陀区人力资源和社会保障局。住所地：上海市普陀区大渡河。

法定代表人：蔡某勇，该局局长。

第三人：吴某波，男，26岁，汉族，住江苏省射阳县。

第三人：何某美，女，47岁，汉族，住江苏省射阳县。

* 摘自《最高人民法院公报》2017年第2期。

原告上海温和足部保健服务部（以下简称温和足保部）因与被告上海市普陀区人力资源和社会保障局（以下简称普陀区人保局）发生工伤认定纠纷，向上海市普陀区人民法院提起诉讼。

原告温和足保部诉称：被告普陀区人保局作出工伤认定未查清死者吴某海的工作时间、工作岗位及死亡原因，事实认定不清，法律适用错误，请求法院撤销被诉行政行为。

被告普陀区人保局查明：第三人何某美、吴某波于2014年10月13日提出申请，称吴某海于2013年12月23日在工作中突发疾病，于2013年12月24日因抢救无效死亡，要求认定工伤。普陀区人保局认为，吴某海于2013年12月23日工作时突发疾病，当日送同济医院救治，次日死亡。吴某海受到的伤害，符合《工伤保险条例》第十五条第一项之规定、《上海市工伤保险实施办法》第十五条第一项之规定，属于视同工伤范围，现予以视同为工伤。

被告普陀区人保局辩称：被诉行政行为认定事实清楚、适用法律正确、程序合法，请求驳回原告温和足保部诉请。

两第三人共同述称：不同意原告温和足保部的诉讼请求，被告普陀区社保局所作行政行为符合法律规定。

上海市普陀区人民法院一审查明：上海市普陀区劳动人事争议仲裁委员会于2014年8月19日作出普劳人仲（2014）办字第2570号裁决书，认定吴某海与原告温和足保部自2012年12月20日至2013年12月24日存在劳动关系。何某美、吴某波系死者吴某海的妻子和儿子，两人于2014年10月13日向被告普陀区人保局提出申请，要求对吴某海于2013年12月23日在工作中突发疾病于次日抢救无效死亡进行工伤认定。普陀区人保局于2014年10月22日受理后，进行了工伤认定调查，同年12月19日作出普陀人社认（2014）字第1194号认定工伤决定，认为吴某海受到的伤害，符合《工伤保险条例》第十五条第一项之规定、《上海市工伤保险实施办法》第十五条第一项之规定，属于视同工伤范围，现予以视同为工伤。

上海市普陀区人民法院一审认为：根据《工伤保险条例》第五条第二款、《上海市工伤保险实施办法》第五条第二款的规定，被告普陀区人保局作为劳动保障行政部门，依法具有作出工伤认定的执法主体资格。本案中，普陀区人保局提供的证据具有真实性、关联性和合法性，可以作为定案证据，上海市普陀区人民法院予以确认。普陀区人保局收到第三人申请后在10个工作日内予以受理，并在受理后60日内作出了工伤认定，符合法定程序。根据《工伤保险条例》第十五条第一项的规定："职工有下列情形之一的，视同工伤：（一）在工作时间和工作岗位，突发疾病死亡或者在48小时之内经抢救无效死亡的……"本案中，依据普劳人仲（2014）办字第2570号上海市普陀区劳动人事争议仲裁委员会裁决书、普陀区人保局对原告温和足保部投资人吴某煌等的调查笔录、上海市同济医院门急诊病历、居民死亡医学证明书等，可认定吴某海系原告单位的职工，其于2014年12月23日在工作时间和工作岗位上突发疾病，并经送医抢救后于次日死亡。根据《工伤保险条例》第十九条第二款的规定，职工或者其直系亲属认为是工伤，用人单位不认为是工伤的，由用人单位承担举证责任。即原告不认为吴某海是工伤的，应承担相应的举证责任。原告于工伤认定调查程序中未提供相应证据推翻上述结论，并且本案中原告的证据也不足以推翻被告认定的事实。需要指出，普陀区人保局在认定工伤决定书上"吴某海受到的伤害"的表述虽有瑕疵，但该瑕疵不足以撤销被诉行政行为。综上所述，普陀区人保局作出被诉行政行为，主要事实认定清楚、适用法律正确。原告要求撤销被诉行政行为的诉讼请求，缺乏事实证据和法律依据，依法不能成立，难以支持。

据此，上海市普陀区人民法院依照《中华人民共和国行政诉讼法》第六十九条之规定，于2015年6月24日作出判决：驳回原告上海温和足部保健服务部的诉讼请求。

一审宣判后，温和足保部不服，向上海市第二中级人民法院提起上诉称：吴某海发病时非工作时间，死亡地点不明，吴某海患肝硬化，并非突发疾病，也不是经抢救无效死亡，而是慢性病发作并主动放弃治疗所导致。吴某海家属租用非正规救护车运送吴某海回乡，上海化学工业区医疗中心出具的居民死亡医学证明书日期有不当涂改，上述证据真实性存疑。被上诉人普陀区人保局认定事实不清，证据不足，请求二审法院撤销一审判决及普陀区人保局所作工伤认定决定。

被上诉人普陀区人保局辩称：被诉工伤认定决定事实清楚、证据充分、程序合法、适用法律正确。根据居民死亡医学证明书、吴某海病史材料等证据可以证明吴某海是在工作时间、工作岗位上突发疾病送医救治，在48小时之内经抢救无效死亡的。故不同意上诉人温和足保部的上诉请求，一审判决正确，请求二审法院予以维持。

两原审第三人述称：吴某海系在工作岗位上发病，应属工伤。经抢救，医生明确告知吴某海没救了，并让家属准备后事，两原审第三人才拨打120电话叫救护车送吴某海返乡的。一审判决正确，请求二审法院驳回上诉，维持原判。

上海市第二中级人民法院经二审，确认了一审查明的事实。

上海市第二中级人民法院二审认为：被上诉人普陀区人保局具有作出被诉工伤认定的法定职权。被上诉人受理两原审第三人的工伤认定申请后，依法进行了调查，于法定期限内作出被诉工伤认定决定并送达双方当事人，行政程序合法。被上诉人依据温和足保部员工的调查笔录及吴某海的病历材料、居民死亡医学证明书等证据，认定吴某海于2013年12月23日工作时突发疾病，当日送同济医院救治，次日死亡的事实，证据充分、事实清楚。被上诉人依据《工伤保险条例》第十五条第一款第一项、《上海市工伤保险实施办法》第十五条第一款第一项之规定，认定吴某海因病死亡的情形属于视同工伤，适用法律正确。被上诉人所作的工伤认定决定书在使用法律条文时，将上述规定均表述为“第十五条第一项”，未写明第一款，显然不符合规范，应予纠正。

关于上诉人温和足保部对吴某海死亡医学证明真实性存疑的意见，上海市第二中级人民法院认为，死亡医学证明系有资质的医疗机构出具，该证明形式完整、要件齐备，虽然在“死亡日期”的月份处有涂改，但该涂改不影响对吴某海死亡时间的认定，也未与其他证据相矛盾，故该证明的真实性予以认可。

上诉人温和足保部关于运送吴某海回乡的救护车为非正规救护车的意见，被上诉人普陀区人保局认定吴某海死亡的依据是死亡医学证明书，该证明书载明吴某海死亡医院为急诊救护车，即已经对该救护车予以了确认。而且，两原审第三人是通过拨打120电话的正规途径呼叫的救护车，即使该救护车不属于上海市医疗急救中心所有，也不能推断上海化学工业区医疗中心的救护车为非正规救护车。上诉人提供的证据无法证明其该项主张，法院不予支持。

关于上诉人温和足保部认为吴某海死亡系家属主动放弃治疗运送其回乡而导致，不属于《工伤保险条例》第十五条第一款第一项规定的“突发疾病死亡或者在48小时之内经抢救无效死亡”的情形的意见，法院认为，从吴某海发病后被送至同济医院治疗直至在救护车上死亡，其始终未脱离医疗机构的治疗抢救状态，其家属始终未有拒绝接受救治的意思表示，故上诉人的上述主张不能成立。

综上，一审法院判决驳回上诉人温和足保部的诉讼请求并无不当。上诉人的上诉请求和理由缺乏事实证据和法律依据，法院不予支持。据此，上海市第二中级人民法院依照《中华人民共和国行政诉讼法》第八十九条第一款第一项的规定，于2015年10月26日判决：驳回上诉，维持原判。

本判决为终审判决。

24．邓某龙诉深圳市社会保险基金管理局工伤保险待遇决定案*

停工留薪期最长期限不能超过24个月，应是指工伤职工治疗时单次享受的停工留薪期最长不能超过24个月，而非指累计最长不能超过24个月

【裁判摘要】

国务院《工伤保险条例》第三十三条第二款和《广东省工伤保险条例》第二十六条①第一款规定的停工留薪期最长期限不能超过24个月，应是指工伤职工治疗时单次享受的停工留薪期最长不能超过24个月，而非指累计最长不能超过24个月。职工工伤复发，经确认需治疗的，可重新享受《工伤保险条例》规定的停工留薪期待遇。

原告：邓某龙（邓某鹏之父），男，63岁，住河南省太康县。

被告：深圳市社会保险基金管理局。住所地：广东省深圳市福田区。

法定代表人：曾某克，该局局长。

原告邓某龙因与被告深圳市社会保险基金管理局（以下简称深圳社保局）发生工伤保险待遇纠纷，向广东省深圳市盐田区人民法院提起行政诉讼。

原告邓某龙诉称：邓某鹏于2010年12月12日被诊

* 摘自《最高人民法院公报》2019年第11期。
① 对应《广东省工伤保险条例》（2019年修正）第二十五条。下同。

断为职工病（急性淋巴白细胞白血病），随后深圳市人力资源和社会保障局对邓某鹏认定为工伤。2013 年 2 月 7 日，深圳市劳动能力鉴定委员会出具《劳动能力鉴定结论》，认定邓某鹏受伤时间为 2010 年 12 月 12 日，受伤部位为全身多处，邓某鹏构成五级伤残，医疗终结期为 2012 年 12 月 12 日。2016 年 2 月 4 日，邓某鹏白血病复发入院治疗，深圳市劳动能力鉴定委员会于 2016 年 3 月 2 日出具《工伤复发确认意见》，确认邓某鹏属于工伤复发，医疗期为 2016 年 2 月 4 日至 2016 年 8 月 4 日，邓某鹏在住院治疗期间，于 2016 年 4 月 13 日去世。原告作为家属依法向被告深圳社保局申请工伤待遇，要求被告支付医疗费、鉴定费、住院伙食费、丧葬补助金、供养亲属抚恤金和一次性工亡补助金，但被告作出的深工保决字〔2016〕第 4445044 号《深圳市工伤保险待遇决定书》，仅同意支付旧伤复发医疗费、鉴定费、住院伙食补贴，不支持丧葬补助金、供养亲属抚恤金和一次性工亡补助金。原告认为，邓某鹏属于伤残职工在停工留薪期内因工伤导致死亡，其家属依法应当获得丧葬补助金、供养亲属抚恤金和一次性工亡补助金。理由如下：（1）《工伤保险条例》第三十九条和《广东省工伤保险条例》第三十七条[①]均作出了如下规定：职工因工死亡，其近亲属按照下列规定从工伤保险基金领取丧葬补助金、供养亲属抚恤金和一次性工亡补助金。（2）《工伤保险条例》第三十三条规定：职工因工作遭受事故伤害或者患职业病需要暂停工作接受工伤医疗的，在停工留薪期内，原工资福利待遇不变，由所在单位按月支付。停工留薪期一般不超过 12 个月。工伤职工评定伤残等级后，停发原待遇，按照本章的有关规定享受伤残待遇。工伤职工在停工留薪期满后仍需治疗的，继续享受工伤医疗待遇。《工伤保险条例》第三十八条规定：工伤职工工伤复发，确认需要治疗的，享受本条例第三十条、第三十二条和第三十三条规定的工伤待遇。结合《工伤保险条例》第三十三条、《工伤保险条例》第三十八条的规定，以及《广东省工伤保险条例》第二十六条、第三十六条[②]规定，工伤职工

---

① 对应《广东省工伤保险条例》（2019 年修正）第三十五条。下同。

② 对应《广东省工伤保险条例》（2019 年修正）第三十四条。下同。

复发，确认需要治疗的，可以再次享受《工伤保险条例》第三十三条规定的工伤待遇，再次享受停工留薪期。深圳市劳动能力鉴定委员会于2016年3月2日出具《工伤复发确认意见》，确认邓某鹏属于工伤复发后，医疗期为2016年2月4日至2016年8月4日。因此，邓某鹏工伤复发后，可以重新获得停工留薪期。

被告深圳社保局答辩称：根据《广东省工伤保险条例》第三十六条的规定，工伤职工工伤复发，确认需要治疗的，享受本条例第二十五条、第二十六条和第二十八条规定的工伤待遇。其中第二十六条规定，停工留薪期最长不超过24个月，工伤职工在鉴定伤残等级后仍需治疗的，五级至十级伤残，可以享受停工留薪期待遇，但享受停工留薪期待遇并非等同可以重新享受停工留薪期。邓某鹏已经享有过24个月的停工留薪期，且停工留薪期已满，其旧伤复发，不能重新享受停工留薪期，邓某鹏的情形不符合《广东省工伤保险条例》第三十七条第一款、第二款的相关规定，其在旧伤复发期间死亡，因其伤残等级为五级，亦不符合《广东省工伤保险条例》第三十七条第三款的相关规定，即其近亲属不能享受丧葬补助金、供养亲属抚恤金和一次性工亡补助金的待遇。被告依《广东省工伤保险条例》第三十六条的规定作出的各项待遇符合对旧伤复发的特别规定，证据充分，适用法律正确，原告邓某龙的请求没有依据，请求法院依法驳回原告的诉讼请求。

深圳市盐田区人民法院一审查明：邓某鹏于2010年12月12日被诊断为职工病（急性淋巴白细胞白血病），随后深圳市人力资源和社会保障局对邓某鹏认定为工伤。2013年2月7日，深圳市劳动能力鉴定委员会出具《劳动能力鉴定结论》，认定邓某鹏受伤时间为2010年12月12日，受伤部位为全身多处，邓某鹏构成五级伤残，医疗终结期为2012年12月12日。2016年2月4日，邓某鹏白血病复发入院治疗，深圳市劳动能力鉴定委员会于2016年3月2日出具《工伤复发确认意见》，确认邓某鹏属于工伤复发，医疗期为2016年2月4日至2016年8月4日，邓某鹏于2016年4月13日去世。2016年5月9日，被告深圳社保局受理了原告邓某龙作为家属向深圳社保局提出的工伤待遇申请，邓某龙要求深圳社保局支付医疗费、鉴定费、住院伙食费、丧葬补助金、供养亲属抚恤金和一次性工亡补助金，深圳社保局于2016年6月23日作出深工保决字〔2016〕第4445044号《深圳市工伤保险待遇决定书》，同意支付旧伤复发医疗费、鉴定费、住院伙食补贴共计8195.15元，不同意支付丧葬补助金、供养亲属抚恤金和一次性工亡补助金。邓某龙不服，遂提起本案行政诉讼。

本案一审的争议焦点为：（1）邓某鹏因工伤已享有过24个月停工留薪期，其旧伤复发后，能否重新享受停工留薪期；（2）邓某鹏已作出伤残鉴定，停工留薪期满后，工伤复发期间死亡，能否直接适用因工死亡的相关规定。

深圳市盐田区人民法院一审认为：首先，根据《广东省工伤保险条例》第三十六条的规定，工伤职工工伤复发，确认需要治疗的，享受本条例第二十五条、第二十六条和第二十八条规定的工伤待遇。上述三条规定，均是针对治疗工伤方面内容，其中第二十六条第一款明确规定，停工留薪期最长不超过24个月；工伤职工在鉴定伤残等级后仍需治疗的，五级至十级伤残，可以享受停工留薪期待遇。即工伤职工的停工留薪期最多为24个月，同时，享受停工留薪期待遇并非等同享受停工留薪期，即不能据此得出享受停工留薪期待遇便是享受停工留薪期的结论。本案中，邓某鹏受伤时间为2010年12月12日，医疗终结期为2012年12月12日，即其在24个月的停工留薪期已满后，旧伤复发，可以享受停工留薪期待遇，但不能再享受停工留薪期。被告深圳社保局根据上述规定认定邓某鹏不再重复享有停工留薪期，并无不当。其次，根据《广东省工伤保险条例》第三十七条的规定，职工因工死亡，其近亲属可以享有相关补助金等待遇的情形有三种，其中，第一款针对的是非伤残职工，第二款及第三款针对的是伤残职工。本案中，邓某鹏系伤残职工，其应当适用伤残职工的规定。第三款明确规定：一级至四级伤残职工在停工留薪期满后死亡的，其近亲属可以享受丧葬补助金、供养亲属抚恤金。据此可以推断，该种情况下，其他等级伤残职工的近亲属不享受丧葬补助金、供养亲属抚恤金。邓某鹏系在停工留薪期满后死亡，其伤残等级为五级，不符合《广东省工伤保险条例》第三十七条第三款的相关规定。被告根据上述规定认定邓某鹏的近亲属不享有相关补助金等待遇，并无不当。综上所述，被告作出的深工保决字〔2016〕第4445044号《深圳市工伤保险待遇决定书》证据确凿，适用法律、法规正确，符合法定程序，原告邓某龙诉请撤销该决定书，理由不成立，法院不予支持。

深圳市盐田区人民法院依照《中华人民共和国行政诉讼法》第六十九条之规定，于2016年8月30日作出判决：驳回原告邓某龙的诉讼请求。

邓某龙不服一审判决，向广东省深圳市中级人民法院提起上诉称：一审法院理解适用法律错误，请求撤销一审法院判决并依法改判。理由如下：(1) 邓某鹏属于因工死亡，应当获得工亡待遇。①一审法院对《工伤保险条例》第三十九条第一款和《广东省工伤保险条例》第三十七条第一款理解错误。《工伤保险条例》第三十九条第一款和《广东省工伤保险条例》第三十七条第一款的内容均为："职工因工伤死亡，其近亲属按照下列规定从工伤保险基金领取丧葬补助金、供养亲属抚恤金和一次性工亡补助金……"一审法院对此的理解为，该款仅针对非伤残职工，邓某鹏是伤残职工，不适用该条规定。上诉人认为，一审法院的理解有误。第一，法律条款的解释应当以文义解释为优先，根据该条款的字面意思，并没有适用范围限定于非伤残职工，只要死亡原因系因工造成即符合该条规定。第二，《工伤保险条例》第二十八条规定，自劳动能力鉴定结论作出之日起1年后，工伤职工或者其近亲属、所在单位或者经办机构认为伤残情况发生变化的，可以申请劳动能力复查鉴定。邓某鹏本次工伤复发，有权利申请复查鉴定但未进行鉴定即去世，从某种意义上解释也可列入非伤残职工范畴。第三，《深圳市中级人民法院关于审理工伤保险待遇案件的裁判指引(2015)》第十六条第三款规定，用人单位为劳动者缴纳了工伤保险费，双方劳动关系解除或终止后，工伤职工旧伤复发，导致伤残等级加重的，劳动者要求用人单位按照加重后的伤残等级标准支付应由用人单位负担的工伤保险待遇差额的，应予支持。根据该条款的规定，职工工伤复发导致工伤伤残等级增加的，员工可以要求按加重后的伤残等级要求赔偿。邓某鹏因工伤复发死亡，其何止是伤残等级加重，其情节比伤残等级增加更为严重。根据"举轻以明重"的法律原则，工伤复发伤残等级增加可以获得新的赔偿，则工伤复发死亡也应当获得工亡待遇赔偿，否则有违法律精神也违背了广大人民群众所能理解的公平和正义，违背了人民法院审判需要坚持法律效果和社会效果统一的审判原则。因此，上诉人认为，能否适用《工伤保险条例》第三十九条第一款和《广东省工伤保险条例》第三十七条第一款在于职工的死亡原因是否为因工死亡，而非其他因素。②邓某鹏的死亡原因确属因工造成，符合《工伤保险条例》第三十九条第一款和《广东省工伤保险条例》第三十七条第一款规定。2010 年 12 月 12 日，邓某鹏被诊断为职业病（急性淋巴白细胞白血病），2011 年 1 月 25 日，深圳市人力资源和社会保障局对邓某鹏认定为工伤，工伤原因为职业性肿瘤（苯所致白血病），受伤部位为全身多处。2016 年 2 月 4 日，邓某鹏因白血病复发入院治疗，医院的诊断为：急性淋巴细胞白血病、异基因造血干细胞移植术后复发。2016 年 3 月 2 日，深圳市劳动能力鉴定委员会出具《工伤复发确认书》，确认邓某鹏属于工伤复发，医疗期为 2016 年 2 月 4 日至 2016 年 8 月 4 日。2016 年 4 月 13 日，邓某鹏在住院治疗期间不幸死亡，医生出具的死亡诊断为：急性淋巴白细胞白血病、异基因造血干细胞移植术后复发。因此，邓某鹏属于因工死亡，应当获得工亡赔偿。（2）邓某鹏属于伤残职工在停工留薪期内因工伤导致死亡，应当获得工亡待遇。①一审法院对于工伤复发职工的停工留薪期理解错误。对于停工留薪期，一审法院认为，邓某鹏在工伤复发前已经享受了 24 个月的停工留薪期，工伤复发后，不能再享受停工留薪期，但可以继续享受停工留薪待遇。上诉人认为，一审法院的理解存在明显错误，第一，根据《工伤保险条例》第三十八条规定，工伤职工工伤复发，确认需要治疗的，可享受第三十三条规定的工伤待遇。根据《广东省工伤保险条例》第三十六条规定，工伤职工工伤复发，确认需要治疗的，可享受第二十六条规定的工伤待遇。邓某鹏在工伤复发前已经享受了 24 个月停工留薪期，根据一审法院关于停工留薪期无论何种原因都不可超过 24 个月的逻辑，可以直接推论，邓某鹏不能享受《工伤保险条例》第三十三条规定的工伤待遇和《广东省工伤保险条例》第二十六条规定的工伤待遇。这明显是错误的。第二，《广东省工伤保险条例》第二十六条第二款规定，工伤职工在鉴定伤残等级后仍需治疗的，经劳动能力鉴定委员会批准，五级至十级伤残，享受工伤医疗和停工留薪期待遇。该条款对于停工留薪期待遇没有约定期限，仅要求经劳动能力鉴定委员会批准即可。第三，一审法院认为邓某鹏可以享受停工留薪期待遇，但不可享受停工留薪期。该解释违背了法律解释需要优先遵循的文义解释原则，停工留薪期待遇当然包括了享受停工留薪期的内涵，不享受停工留薪期，则不可能享受停工留薪待遇。《广东省工伤保险条例》第二十六条第三款规定："工伤职工在停工留薪期间生活不能自理需要护理的，由所在单位负责。所在单位未派人护理的，应当参照当地护工从事同等级别护理的劳务报酬标准向工伤职工支付护理费。"从该条款中，可以更直观地看出，停工留薪期和停工留薪期待遇的关系，即停工留薪待遇是在停工留薪期基础上产生的，两者是互为依存的关系。②对于停工留薪期的正确理解为：工伤复发员工的停工留薪期，应当从工伤复发之日开始重新计算。第一，工伤复发是指工伤员工的伤情恢复到工伤受伤时的伤情或者比工伤受伤时更为严重的状态。因此，工伤复发的停工留薪期应当要重新起算。《工伤保险条例》第三十八条规定，工伤职工工伤复发，确认需要治疗的，可享受第三十三条规定的工伤待遇，该享受应当是重新享受的意思，工伤复发后的停工留薪期不超过24个月即符合法律规定，而非任何情况下，累计的停工留薪期不超过24个月。第二，《工伤保险条例》第一条规定，工伤保险条例立法原则是为了保障因工作遭受事故伤害或者患职业病的职工获得医疗救治和经济补偿。工伤职工在工伤复发后获得停工留薪期和停工留薪工资、护理费等待遇是受伤员工的基本生存和人权保障。如果以受伤时已经享受了24个月的停工留薪期，认为工伤复发后不能再享受停工留薪期，该解释违背了保障人权的精神，也违背了法律解释应当符合立法目的的原则。第三，《深圳市中级人民法院关于审理工伤保险待遇案件的裁判指引（2015）》第十六条第二款规定，用人单位为劳动者缴纳了工伤保险费，双方劳动关系解除或终止后，工伤职工旧伤复发，用人单位应当依照《广东省工伤保险条例》第二十六条的规定支付停工留薪期工资和护理费。根据该司法裁判指引的精神，工伤职工旧伤复发后是可以重新计算停工留薪期限的。③邓某鹏属于在停工留薪期内因工伤原因死亡。

2016年2月4日，邓某鹏因白血病复发入院治疗。2016年3月2日，深圳市劳动能力鉴定委员会出具《工伤复发确认意见》，确认邓某鹏属于工伤复发，医疗期从2016年2月4日至2016年8月4日，2016年4月13日邓某鹏在住院治疗期间不幸去世。《广东省工伤保险条例》第二十六条规定，停工留薪期根据医疗终结期确定。邓某鹏在深圳市劳动能力鉴定委员会批准的医疗期内死亡，属于在停工留薪期内死亡，应当享受工亡待遇。综上所述，一审法院事实认定和法律适用错误，应当予以纠正，恳请二审法院予以改判。

被上诉人深圳社保局答辩称：一审法院认定事实清楚，适用法律正确，请求二审法院驳回上诉人邓某龙的上诉。

广东省深圳市中级人民法院经二审，确认了一审查明的事实。

广东省深圳市中级人民法院二审认为：本案二审的争议焦点为：（1）已经享有过24个月停工留薪期的伤残职工，工伤复发后能否重新享受停工留薪期；（2）伤残职工在工伤复发治疗期间死亡，其近亲属应否享受丧葬补助金、供养亲属抚恤金和一次性工亡补助金。

对上述问题，国务院《工伤保险条例》第三十三条规定："职工因工作遭受事故伤害或者患职业病需要暂停工作接受工伤医疗的，在停工留薪期内，原工资福利待遇不变，由所在单位按月支付。停工留薪期一般不超过12个月。伤情严重或者情况特殊，经设区的市级劳动能力鉴定委员会确认，可以适当延长，但延长不得超过12个月。工伤职工评定伤残等级后，停发原待遇，按照本章的有关规定享受伤残待遇。工伤职工在停工留薪期满后仍需治疗的，继续享受工伤医疗待遇。生活不能自理的工伤职工在停工留薪期需要护理的，由所在单位负责。"据此，工伤职工的停工留薪期一般不超过12个月，伤情严重或者情况特殊，经设区的市级劳动能力鉴定委员会确认，可以适当延长至24个月。国务院《工伤保险条例》第三十八条同时规定："工伤职工工伤复发，确认需要治疗的，享受本条例第三十条、第三十二条和第三十三条规定的工伤待遇。"据此，工伤职工工伤复发的，在其已经享受的停工留薪期的基础上，另外仍可根据《工伤保险条例》第三十三条的规定享受停工留薪期待遇。此外，《广东省工伤保险条例》第二十六条第一款、第二款规定：“职工因工伤需要暂停工作接受工伤医疗的，在停工留薪期内，原工资福利待遇不变，由所在单位按月支付。停工留薪期根据医疗终结期确定，由劳动能力鉴定委员会确认，最长不超过二十四个月。工伤职工鉴定伤残等级后，停发原待遇，按照本章的有关规定享受伤残待遇。工伤职工在鉴定伤残等级后仍需治疗的，经劳动能力鉴定委员会批准，一级至四级伤残，享受伤残津贴和工伤医疗待遇；五级至十级伤残，享受工伤医疗和停工留薪期待遇。”由此，在广东省行政辖区内，工伤职工的停工留薪期应根据劳动能力鉴定委员会确认的医疗终结期确定，最长不超过 24 个月。《广东省工伤保险条例》第三十六条还规定：“工伤职工工伤复发，确认需要治疗的，享受本条例第二十五条、第二十六条和第二十八条规定的工伤待遇。”故，根据以上行政法规和地方性法规的相关规定，2016 年 2 月邓某鹏工伤复发，最长可享受 24 个月的停工留薪期待遇。深圳市劳动能力鉴定委员会已于 2016 年 3 月 2 日出具了《工伤复发确认意见》，确认邓某鹏属于工伤复发，“医疗期为 2016 年 2 月 4 日至 2016 年 8 月 4 日，深圳市劳动能力鉴定委员会确定的上述邓某鹏工伤复发医疗期 6 个月，即属于停工留薪期。邓某鹏在深圳市劳动能力鉴定委员会确定的工伤复发医疗期期间死亡，属于在停工留薪期内因工伤导致死亡。被上诉人深圳社保局认为职工遭受工伤后（包括旧伤复发）可以享受的停工留薪期前后累计最长不能超过 24 个月，邓某鹏于 2010 年 12 月受工伤后已经享受过 24 个月停工留薪期，故其 2016 年 2 月工伤复发后不能再享受停工留薪期，以上主张不仅有悖国务院《工伤保险条例》第三十八条、《广东省工伤保险条例》第三十六条之规定，而且会造成损害伤情严重、职业病病情严重的工伤职工权益的后果，不予支持。根据国务院《工伤保险条例》第三十九条第一款：职工因工死亡，其近亲属按照下列规定从工伤保险基金领取丧葬补助金、供养亲属抚恤金和一次性工亡补助金：（一）丧葬补助金为 6 个月的统筹地区上年度职工月平均工资；（二）供养亲属抚恤金按照职工本人工资的一定比例发给由因工死亡职工生前提供主要生活来源、无劳动能力的亲属。标准为：配偶每月 40%，其他亲属每人每月 30%，孤寡老人或者孤儿每人每月在上述标准的基础上增加 10%。核定的各供养亲属的抚恤金之和不应高于因工死亡职工生前的工资。供养亲属的具体范围由国务院社会保险行政部门规定；（三）一次性工亡补助金标准为上一年度全国城镇居民人均可支配收入的 20 倍。”和第二款：“伤残职工在停工留薪期内因工伤导致死亡的，其近亲属享受本条第一款规定的待遇。”以及《广东省工伤保险条例》第三十七条第一款、第二款之规定，邓某鹏在工伤复发治疗期间死亡后，其近亲属应享受丧葬补助金、供养亲属抚恤金和一次性工亡补助金。被上诉人深圳社保局应向邓某鹏的近亲属核发丧葬补助金、供养亲属抚恤金和一次性工亡补助金。深圳社保局作出的被诉深工保决字〔2016〕第 4445044 号工伤保险待遇决定因对上述相关法规的规定理解错误，导致错误适用法律和处理不当，依法予以撤销；深圳社保局应针对上诉人邓某龙的工伤保险待遇申请重新作出处理决定。一审判决认定事实清楚，但错误理解和适用法律，应予以纠正。

综上，深圳市中级人民法院依照《工伤保险条例》第三十三条、第三十八条、第三十九第一款、第二款和《广东省工伤保险条例》第二十六条、第三十六条、第三十七条第一款、第二款及《中华人民共和国行政诉讼法》第八十九条第一款第二项、第三款之规定，于 2017 年 5 月 24 日作出判决：一、撤销深圳市盐田区人民法院（2016）粤 0308 行初 1190 号行政判决；二、撤销深圳市社会保险基金管理局作出深工保决字〔2016〕第 4445044 号《深圳市工伤保险待遇决定书》的具体行政行为；三、责令深圳市社会保险基金管理局自本判决生效之日起三十日内对邓某龙的工伤保险待遇申请重新作出处理决定。

本判决为终审判决。

25．北京奥德清洁服务有限公司上海分公司诉上海市长宁区人力资源和社会保障局工伤认定案*

缴纳工伤保险费是单位的法定义务，不能由职工和单位约定排除缴纳义务

【裁判摘要】

职工应当参加工伤保险，缴纳工伤保险费是用人单位的法定义务，不能由职工和用人单位协商排除用人单位的法定缴纳义务。认定工伤并不以用人单位是否缴纳工伤保险费为前提。用人单位未依法缴纳工伤保险费的，职工在被认定为工伤后可以依法请求用人单位承担相应的工伤保险待遇。

原告：北京奥德清洁服务有限公司上海分公司，住所地：上海市长宁区金钟路。

法定代表人：王某龙，该分公司总经理。

被告：上海市长宁区人力资源和社会保障局，住所地：上海市长宁区长宁路。

法定代表人：陈某华，该局局长。

第三人：贾某元，男，51岁，汉族，户籍所在地：安徽省舒城县。

北京奥德清洁服务有限公司上海分公司（以下简称

* 摘自《最高人民法院公报》2020年第1期。

奥德公司）因与上海市长宁区人力资源和社会保障局（以下简称长宁区人社局）发生工伤认定纠纷，向上海铁路运输法院提起诉讼。

原告奥德公司诉称：汪某云于2017年3月8日入职原告处担任保洁员一职，入职后同年4月1日汪某云向公司提出“自动放弃缴纳社保声明”，并需要公司200元社保补助，由此产生的一切后果本人自负与公司无关。汪某云发生交通事故死亡后，被告长宁区人社局应依据汪某云的声明，查明事实不予认定工伤。请求撤销长宁人社认（2018）字第411号认定工伤决定。

被告长宁区人社局辩称：其作出的认定工伤决定事实清楚，证据确凿，程序合法，原告奥德公司提出的不应认定工伤的理由不成立，请求驳回奥德公司的诉讼请求。

第三人贾某元述称：长宁区人社局作出的认定工伤决定合法，不同意奥德公司的诉讼请求。

上海铁路运输法院一审查明：贾某元的妻子汪某云在原告奥德公司担任保洁员一职，工作时间为7时至19时。2017年6月16日6时13分许，汪某云驾驶悬挂牌号为（上海）3384×××的电动自行车，沿北翟路由西向东行驶至申虹路路口，遇吴某驾驶牌号为沪DF9×××的重型特殊结构货车向南右转弯，大货车车头右前角与电动自行车左后侧相撞，汪某云倒地当场死亡。经道路交通事故认定，汪某云与吴某承担事故的同等责任。2018年5月31日，汪某云的丈夫贾某元向被告长宁区人社局提出工伤认定申请，同年6月5日，长宁区人社局受理申请并向奥德公司及贾某元送达受理决定书。长宁区人社局在对汪某云事故情况进行调查后，于2018年8月1日作出长宁人社认（2018）字第411号认定工伤决定书，认定：2017年6月16日6时13分许，汪某云骑电瓶车上班途中，经闵行区北翟路申虹路路口处，遭遇非本人主要责任交通事故死亡。汪某云受到的事故伤害，符合《工伤保险条例》第十四条第六项、《上海市工伤保险实施办法》第十四条第六项之规定，属于工伤认定范围，现予以认定为工伤。并分别送达奥德公司及贾某元。

上海铁路运输法院一审认为：被告长宁区人社局具有作出被诉工伤认

定的职权，长宁区人社局作出的工伤认定事实清楚、程序合法、适用法律正确。案件的争议在于，汪某云向原告奥德公司提交的“自动放弃缴纳社保声明”能否构成奥德公司主张应不予认定工伤的理由。缴纳社会保险费是法律明确规定的用人单位的义务，不可由员工或者用人单位自由处分，且是否缴纳社保与被诉工伤认定并无关联，故对奥德公司的主张不予采信。

据此，上海铁路运输法院依据《中华人民共和国行政诉讼法》第六十九条之规定，于2018年12月21日判决：

驳回原告奥德公司的诉讼请求。

一审判决后，奥德公司不服，向上海市第三中级人民法院提起上诉称：汪某云向奥德公司提出“自动放弃缴纳社保声明”，并需要公司200元社保补助，由此产生的一切后果本人自负与公司无关。一审认为缴纳社会保险费是法律明确规定的用人单位的义务，不可由员工或者用人单位自由处分，这一说法是错误的，于法无据。另被上诉人长宁区人社局没能查明事实，汪某云发生交通事故死亡是因闯红灯应负主要事故责任，故一审判决认定事实错误。请求撤销一审判决，依法改判支持奥德公司的一审诉讼请求。

被上诉人长宁区人社局辩称：经调查核实，汪某云系上诉人奥德公司单位保洁员，其在上班途中发生非本人主要责任的交通事故事实清楚。长宁区人社局所作的工伤认定正确合法。另奥德公司提出汪某云书面放弃缴纳社保不应申请工伤认定的理由不成立。社会保险费的缴纳是用人单位和职工应当履行的法定义务，不因放弃而免除缴纳义务。长宁区人社局受理工伤认定申请以及作出是否认定工伤的行政行为不受伤（亡）者是否缴纳社会保险费的影响。一审判决认定事实清楚，适用法律正确，请求驳回上诉，维持原判。

原审第三人贾某元述称：被上诉人长宁区人社局作出的工伤认定合法，不同意上诉人奥德公司的诉讼请求。

上海市第三中级人民法院经二审，确认了一审查明的事实。

上海市第三中级人民法院二审认为：上诉人奥德公司及原审第三人贾

某元对被上诉人长宁区人社局的职权依据、执法程序没有异议，被上诉人及原审第三人对汪某云与上诉人的劳动关系亦无争议。本案的争议焦点是汪某云在入职后向上诉人提交的“自动放弃缴纳社保声明”能否构成不予认定工伤的理由。根据《中华人民共和国社会保险法》的相关规定，职工应当参加工伤保险，由用人单位缴纳工伤保险费。这是保障公民在工伤情况下，依法从国家和社会获得物质帮助的权利，也是法律明确规定的用人单位的义务，并不是由职工和用人单位自由协商处分的权利。而且是否缴纳社会保险费与认定工伤并无直接关联，社会保险行政部门受理工伤申请以及认定工伤并不以伤（亡）者是否缴纳社会保险费为依据。故对上诉人主张的汪某云放弃缴纳社保不予认定工伤的理由不予采信。另上诉人认为汪某云发生交通事故应负主要事故责任，也无证据证实。故被上诉人认定汪某云符合《工伤保险条例》第十四条第六项、《上海市工伤保险实施办法》第十四条第六项之规定，属于工伤认定范围，所作工伤认定事实清楚、适用法律正确，并无不当。

综上，上诉人奥德公司的上诉请求及理由缺乏事实证据和法律依据，依法不予支持。一审判决驳回奥德公司的诉讼请求正确，应予维持。据此，上海市第三中级人民法院依据《中华人民共和国行政诉讼法》第八十六条、第八十九条第一款第一项之规定，于2019年3月22日判决：驳回上诉，维持原判。

本判决为终审判决。

26. 中核深圳凯利集团有限公司诉深圳市人力资源和社会保障局工伤认定案*

工伤认定是社会保险行政部门依职权对职工是否因工作受伤或患病的事实进行确认，该事实不因职工工作单位的变动而改变

【裁判摘要】

工伤认定作为行政确认行为，是社会保险行政部门依职权对职工是否因工作受伤或患病的事实进行确认，该事实不因职工工作单位的变动而改变。职工患职业病的，应当认定为工伤。

原告：中核深圳凯利集团有限公司，住所地：广东省深圳市福田区滨河路。

法定代表人：刘某，该公司执行董事。

被告：深圳市人力资源和社会保障局，住所地：广东省深圳市福田区福中三路。

法定代表人：王某，该局局长。

第三人：张某丽，女，汉族，1940 年 6 月 24 日出生，住广东省深圳市。

原告中核深圳凯利集团有限公司（以下简称凯利公司）因与被告深圳市人力资源和社会保障局（以下简称深圳市人社局）发生工伤认定纠纷，向广东省深圳市福

* 摘自《最高人民法院公报》2020 年第 12 期。

田区人民法院提起行政诉讼。

原告凯利公司诉称：第三人张某丽系原告退休职工，1991 年入职原告公司，1996 年 6 月退休，在原告公司工作期间没有从事有职业危害的工作。张某丽 1970 年 2 月至 1986 年 6 月在核工业国营 743 矿工作期间，有 19 年放射性粉尘氡气、放射性外照射职业危害接触史，2014 年 10 月 27 日，广东省职业病防治院诊断其为职业性放射性肿瘤。根据《广东省工伤保险条例》第九条第四项的规定，张某丽所患职业病应该认定为工伤。2014 年 11 月 21 日，原告依据职业病诊断证明书向深圳市人社局申请工伤认定，2015 年 1 月 20 日，深圳市人社局作出深人社认字（直）〔2014〕第 1411201 号《深圳市工伤认定书》，认定张某丽不属于或不视同工伤，该认定没有法律依据，请求撤销该工伤认定书，深圳市人社局重新作出张某丽所患职业病为工伤的认定。

被告深圳市人社局答辩称：本案系原告凯利公司作为申报主体提出其单位员工发生工伤的情形，然而张某丽所患职业病与在原告处的工作并不构成任何因果关系，其系患病后到深圳工作，不属于在深参保期间工伤保险基金的保障范畴。因此，本案依据原告的申报，认定张某丽不属工伤，符合事实和法律规定。张某丽患职业病的情形，由于其在职业病接触史期间的用人单位未参加工伤保险，导致其未能享受社会保险待遇，可依据《中华人民共和国职业病防治法》第五十条①、第六十条②及《人力资源和社会保障部关于执行〈工伤保险条例〉若干问题的意见》（人社部发〔2013〕34 号）第九条的规定，由原用人单位承担工伤待遇支付的责任。深圳市人社局作出不予认定工作的行政行为符合《广东省工伤保险条例》的规定，原告的请求没有依据。

第三人张某丽未有陈述意见。

广东省深圳市福田区人民法院一审查明：2014 年 11 月 21 日，凯利公司向深圳市人社局提出工伤认定申请，请求认定公司员工张某丽患职业病

---

① 对应《中华人民共和国职业病防治法》（2018 年修正）第四十九条。

② 对应《中华人民共和国职业病防治法》（2018 年修正）第五十九条。下同。

为工伤，并提交了工伤认定申请表、职业病诊断证明书、中核凯利函、企业法人注册登记资料、员工身份证、退休证明资料等材料。其中，广东省职业病防治院2014年10月27日出具的粤职诊〔2014〕310号《职业病诊断证明书》载明："诊断结论：职业性放射性肿瘤，依据：职业接触史明确，工作中接触放射性粉尘、氡气、放射性外照射；职业病危害接触史：张某丽于1964年8月至1964年12月、1965年12月至1968年11月、1970年2月至1986年7月在核工业国营743矿工作，接触放射性粉尘、氡气、放射性外照射；1986年8月至1987年7月在核工业韶关技工学校工作，1987年8月至1991年9月在核工业广东矿冶局工作，1991年10月至1996年6月在凯利公司处工作，接触职业危害因素情况：无。"凯利公司出具的中核凯利函〔2014〕2号《关于张某丽患职业病的工伤认定的申请》称："张某丽于1964年8月至1986年7月曾在原单位从事接触放射性粉尘、氡气、放射性外照射工作达22年，自1986年8月起直至退休后再无从事放射性等任何相关工作。张某丽原工作单位核工业国营743矿早年已行政关闭，原工作单位所在地韶关市社保局认为张某丽在国营743矿工作期间，韶关市社保局尚未成立，没有缴交过任何社会保险，该局不予受理工伤认定。由于张某丽1991年10月调入凯利公司处工作，一直按照有关要求缴交工伤保险，请求予以认定工伤。"深圳市人社局经审核后，于2015年1月20日作出深人社认字（直）〔2014〕第1411201号《深圳市工伤认定书》，认定张某丽于1991年1月至1996年6月在凯利公司处工作直至退休，在此期间无从事放射性的任何工作（即无职业病危害接触史）。2014年10月27日经广东省职业病防治院诊断为职业放射性肿瘤，其情形不符合《广东省工伤保险条例》第九条第四项的规定，认定张某丽不属于或不视同工伤。凯利公司不服，遂提起行政诉讼。

深圳市福田区人民法院一审认为：第三人张某丽经广东省职业病防治院诊断为职业性放射性肿瘤，诊断依据为张某丽于1964年8月至1964年12月、1965年12月至1968年11月、1970年2月至1986年7月在核工业国营743矿工作，接触放射性粉尘、氡气、放射性外照射，其1991年10月至1996年6月在凯利公司处工作，并无职业病危害接触史。故张某丽所患职业病系其在核工业国营743矿工作造成，并非在凯利公司处工作所造成，深圳市人社局据此作出深人社认字（直）〔2014〕第1411201号《深圳市工伤认定书》，认定张某丽的情形不属于或不视同工伤，事实清楚，依据充分。《中华人民共和国职业病防治法》第六十条规定，劳动者被诊断患有职业病，但用人单位没有依法参加工伤保险的，其医疗和生活保障由该用人单位承担。第六十二条①规定，用人单位已经不存在或者无法确认劳动关系的职业病病人，可以向地方人民政府民政部门申请医疗救助和生活等方面的救助。本案中，广东省职业病防治院出具的《职业病诊断证明书》确认张某丽患职业病的用人单位是核工业国营743矿，故张某丽患职业病的情形应另循法律途径解决。凯利公司诉请撤销工伤认定书，理由不成立，不予支持。

深圳市福田区人民法院依据《中华人民共和国行政诉讼法》第六十九条的规定，于2015年6月17日作出判决：

驳回原告凯利公司的诉讼请求。

凯利公司不服一审判决，向广东省深圳市中级人民法院提起上诉称：一审判决错误，请求撤销一审判决。（1）原审判决适用法律错误。根据《广东省工伤保险条例》第九条第四项“职业病应该认定为工伤”的规定，职业病应该属于工伤。同时，根据《工伤认定办法》第四条第一款规定：“职工发生事故伤害或者按照职业病防治法规定被诊断、鉴定为职业病，所在单位应当自事故伤害发生之日或者被诊断、鉴定为职业病之日起30日内，向统筹地区社会保险行政部门提出工伤认定申请……”以及《广东省工伤保险条例》第十三条②的规定“未参加工伤保险的职工发生伤害事故或者被诊断、鉴定为职业病的，由单位所在地劳动保障行政部门负责工伤认定”，上诉人属于张某丽的用人单位，是符合职工工伤认定申请的合法单位。(2) 被上诉人对张某丽的工伤认定没有法律依据。张某丽系上诉人公司退休职工，1991年入职上诉人公司。由于在1970年2月至1986年6

① 对应《中华人民共和国职业病防治法》（2018年修正）第六十一条。下同。

② 参见《广东省工伤保险条例》（2019年修正）第十二条第二款。

月在位于韶关的核工业国营743矿工作期间，有职业危害接触史，于2014年10月27日经广东省职业病防治院诊断为职业性放射性肿瘤。根据《广东省工伤保险条例》第九条第四项中“职业病应该认定为工伤”的规定，可以确定张某丽因长期从事放射性工作致使其患职业性放射性肿瘤，应认定为工伤。

被上诉人深圳市人社局答辩称：张某丽被广东省职业病防治院诊断为职业性放射性肿瘤，是其1964年8月至1986年7月期间在位于韶关的核工业国营743矿工作造成，而并非在上诉人处工作所造成。根据《中华人民共和国职业病防治法》第六十条规定，应当由核工业国营743厂承担工伤保险及待遇支付责任，鉴于核工业国营743厂已行政关闭，根据《中华人民共和国职业病防治法》第六十二条规定，可以向韶关当地人民政府民政部门申请医疗救助和生活救助。原审判决正确，请求二审法院驳回上诉，维持原判。

原审第三人张某丽未有陈述意见。

广东省深圳市中级人民法院经二审，确认了一审查明的事实。

广东省深圳市中级人民法院二审认为：本案争议焦点是被上诉人深圳市人社局以张某丽在上诉人凯利公司处工作期间无职业病危害接触史为由认定张某丽不属于或不视同工伤是否合法有据。

工伤的核心在于因工作受伤或患病，工伤认定作为行政确认行为，是社会保险行政部门行使职权对职工是否因工作受伤或患病的事实进行确认，该事实不因职工工作单位的变动而改变。《工伤保险条例》第十四条第四项及《广东省工伤保险条例》第九条第四项均明确规定，职工患职业病的，应当认定为工伤。《工伤保险条例》第十九条第一款及《广东省工伤保险条例》第十五条[①]第二款还进一步规定了：“职业诊断和诊断争议的鉴定，依照职业病防治法的有关规定执行。对依法取得的职业病诊断证明书或者职业病诊断鉴定书，社会保险行政部门不再进行调查核实。”由此，上述立法中对于职工患职业病认定为工伤，并无附加其他条件，即并未明

① 对应《广东省工伤保险条例》（2019年修正）第十四条。

文设定职工须在用人单位工作期间患职业病的限制条件。

同时，对于职业病工伤认定的申请主体，《工伤保险条例》第十七条第一款规定，职工被诊断、鉴定为职业病，所在单位应当自被诊断、鉴定为职业病之日起 30 日内，向统筹地区社会保险行政部门提出工伤认定申请。再结合该条例第二条有关用人单位的表述及第十七条第二款、第三款、第四款有关用人单位未在法定时限内提交工伤认定申请之法律责任的规定，可以得出结论：《工伤保险条例》并未将职业病职工的用人单位限定于具有职业病危害因素、导致职工患职业病的工作单位；相反，职工被诊断为职业病时的所在单位即负有作为用人单位申请工伤认定等法定义务，亦即《工伤保险条例》认同其为职业病职工用人单位。

在职业病防治中，国家为职业病病人设定了多层级保障，从享受工伤保险待遇到向用人单位民事索赔，到最后由人民政府救助，体现了国家对职业病病人的特别保护，表明国家旨在对职业病病人设置无漏洞的保障体系。《中华人民共和国职业病防治法》第五十八条①规定，职业病病人的诊疗、康复费用，伤残以及丧失劳动能力的职业病病人的社会保障，按照国家有关工伤保险的规定执行。第六十一条②进一步明确规定，职业病病人变动工作单位，其依法享有的待遇不变。此处所规定的待遇当然包括职业病病人的工伤保险待遇。

具体到本案中，原审第三人张某丽于 2014 年 10 月被诊断为职业性放射性肿瘤，上诉人凯利公司为张某丽获得诊断时的所在单位，有法律效力的《职业病诊断证明书》上载明的用人单位亦为凯利公司。事实上，张某丽已自 1991 年 10 月调入凯利公司单位起一直在凯利公司处工作，直至 1996 年 6 月退休，凯利公司也一直为张某丽缴纳工伤保险。因此，当张某丽被诊断为职业病时，凯利公司作为其所在单位有义务为张某丽提出工伤认定申请，而被上诉人深圳市人社局应依法进行认定。在《工伤保险条例》及《广东省工伤保险条例》均未对职工患职业病认定工伤设置其他限

---

① 对应《中华人民共和国职业病防治法》（2018 年修正）第五十七条。

② 对应《中华人民共和国职业病防治法》（2018 年修正）第六十条。下同。

制条件的情况下，深圳市人社局认定张某丽不属于或不视同工伤属于适用法律错误，依法应予撤销。

被上诉人深圳市人社局以原审第三人张某丽的职业病并非在上诉人凯利公司处工作所造成为由，主张张某丽不属于工伤。然而《工伤保险条例》并未将职业病职工的用人单位限定于具有职业病危害因素、导致职工患职业病的工作单位。如果《工伤保险条例》一方面在第十七条要求职工被诊断为职业病时所在单位申请工伤认定，另一方面又如深圳市人社局所理解，职业病病人只能以导致其患病的工作单位为用人单位方能认定工伤，那《工伤保险条例》第十七条规定就丧失了意义和价值，因为申请只是程序上启动了工伤认定程序，对职业病病人真正有意义的是工伤认定结论。深圳市人社局上述主张没有法律依据，且与工伤保险立法宗旨及相关规定相违，不予采纳。深圳市人社局亦主张根据《中华人民共和国职业病防治法》第六十条规定张某丽应由原工作单位核工业国营743厂承担工伤保险待遇，或根据该法第六十二条向韶关当地人民政府民政部门寻求救助。首先，本案审查对象为工伤认定行为，工伤保险待遇承担与工伤认定属两不同阶段的行政行为，不能以后续工伤保险待遇的承担来否定张某丽的工伤事实。其次，张某丽在核工业国营743矿工作，职业病危害接触的最后时间为1986年7月，此时并未建立工伤保险社会统筹制度；从凯利公司出具的工伤认定申请函来看，张某丽已向韶关市社保局申请过工伤认定，而韶关市社保局正是以没有缴交过任何社会保险为由不予受理工伤认定。相反，凯利公司一直为张某丽缴纳工伤保险，即张某丽不属于《中华人民共和国职业病防治法》第六十条规定之“劳动者被诊断患有职业病，但用人单位没有依法参加工伤保险的”情形。最后，《中华人民共和国职业病防治法》第六十一条明确规定，职业病病人变动工作单位，其依法享有的待遇不变。此处所规定的待遇当然包括职工的工伤保险待遇。而《中华人民共和国职业病防治法》第六十二条有关“用人单位已经不存在或者无法确认劳动关系的职业病病人，可以向地方人民政府民政部门申请医疗救助和生活等方面的救助”之规定，是在工伤保险、用人单位确实缺位时，国家对职业病病人的特别兜底保护。不能因存在人民政府救助这一救济途径，而否定张某丽的工伤事实，进而排除其享受工伤保险待遇的权利。因此，深圳市人社局上述主张，不予支持。

综上，上诉人凯利公司有关撤销被诉工伤认定书的上诉请求成立。被上诉人深圳市人社局作出的被诉《深圳市工伤认定书》适用法律错误，予以撤销。原审判决适用法律错误，亦予撤销。是否认定工伤为深圳市人社局的行政职权，凯利公司原审有关重新作出认定张某丽所患职业病为工伤的决定之诉讼请求，超越司法权限，不予支持。深圳市中级人民法院依照《中华人民共和国行政诉讼法》第七十条第二项、第八十九条第一款第二项，《最高人民法院关于执行〈中华人民共和国行政诉讼法〉若干问题的解释》第六十条第一款及《工伤保险条例》第二十条第一款的规定，于2016年5月20日作出判决：一、撤销广东省深圳市福田区人民法院（2015）深福法行初字第475号行政判决；二、撤销深圳市人力资源和社会保障局于2015年1月20日作出的深人社认字（直）〔2014〕第1411201号《深圳市工伤认定书》；三、深圳市人力资源和社会保障局于本判决生效之日起六十日内对原审第三人张某丽患职业病情形是否属于工伤重新作出具体行政行为；四、驳回上诉人中核深圳凯利集团有限公司的其他诉讼请求。

本判决为终审判决。

27．上海欧帛服饰有限公司诉南京市江宁区人力资源和社会保障局工伤认定决定案*

哺乳期内女职工上班期间返家哺乳、哺乳结束后返回单位工作，往返途中属于“上下班途中”

【裁判摘要】

按照《女职工劳动保护特别规定》，用人单位应在每日工作时间内为哺乳期女职工安排哺乳时间。哺乳期内女职工上班期间返家哺乳、哺乳结束后返回单位工作，往返途中属于《工伤保险条例》第十四条第六项的“上下班途中”，在此过程中因发生非本人主要责任的交通事故受伤，应认定为工伤。

原告：上海欧帛服饰有限公司，住所地：上海市徐汇区田林路。

法定代表人：刘某明，该公司总经理。

被告：南京市江宁区人力资源和社会保障局，住所地：江苏省南京市江宁区东山街道。

法定代表人：杨某清，该局局长。

第三人：周某，女，1995年3月8日出生，汉族，住江苏省南京市江宁区。

原告上海欧帛服饰有限公司（以下简称欧帛公司）

* 摘自《最高人民法院公报》2022年第12期。

因不服被告南京市江宁区人力资源和社会保障局（以下简称江宁区人社局）作出的工伤认定决定，向江苏省南京江北新区人民法院提起诉讼。

原告欧帛公司诉称：第三人周某是原告职工，工作地点为南京市江宁区汤山街道汤泉东路99号汤山百联奥特莱斯广场。2019年12月6日13时55分许，周某未经请假私自外出，于龙铜线（337省道）22公里100米汤山街道老宁峰路路口处遭遇交通事故，后南京市公安局江宁分局交通警察大队作出事故认定书，认定周某无责。后周某以其回家喂奶途中遭遇交通事故为由向被告江宁区人社局申请工伤认定，被告于2020年8月20日作出涉案决定书，以周某受到的事故符合《工伤保险条例》第十四条第六项为由，认定为工伤。欧帛公司认为《工伤保险条例》第十四条第六项之规定，意为职工以上下班为目的，在合理时间内往返于工作单位和居住地之间的合理路线，才视为“上下班途中”。周某发生事故的时间为13时55分，并非上下班时间，亦未按照员工手册规定履行相应手续，其行为是上班期间私自外出进而受到交通事故伤害，已违反公司规章制度，故其受伤情形不符合上述规定的“上下班途中”情形。而江宁区人社局草率作出涉案决定书，损害欧帛公司的合法权益。故提起诉讼，请求法院判决：撤销江宁区人社局作出的涉案决定书，责令其重新作出工伤认定决定书。

被告江宁区人社局辩称：（1）被告认定事实清楚。第三人周某系原告欧帛公司员工，工作职责为店铺店长，工作时间为10时至19时，工作地点为江宁区汤山街道百联奥特莱斯，住南京市江宁区汤山街道。2019年12月6日13时55分，周某驾驶的车牌苏A9××××汽车在沿龙铜线（337省道）22公里100米汤山街道老宁峰路路口与张某某驾驶的苏AU××××的汽车发生交通事故，周某无责。周某于当日在南京市江宁区中医医院入院，经诊断周某创伤性脾破裂，左肾挫伤，低蛋白血症。2019年6月25日，周某育有一女，发生交通事故当日处于哺乳期内。（2）工伤认定程序合法。周某于2020年7月15日向江宁区人社局申请工伤认定，被告于2020年7月27日作出受理决定并于同日向欧帛公司邮寄《工伤认定举证通知书》，于2020年8月14日对周某进行调查，于2020年8月20日作出涉案决定书，于2020年8月24日分别送达欧帛公司、周某。（3）适用法律正确。首先，根据《女职工劳动保护特别规定》第九条规定，欧帛公司应当在周某工作时间内安排1小时哺乳时间，欧帛公司并未提交安排周某哺乳的具体时间相关证据。而周某在工作时间内，合理选择时间回家哺乳，且路线是工作地点到家庭的合理路线，周某因交通事故受伤符合《工伤保险条例》第十四条第六项情形。其次，根据《工伤保险条例》第十九条第二款的规定，欧帛公司虽向江宁区人社局提供了劳动合同、员工手册等证据，但是并未提供欧帛公司对周某进行相关培训、签收员工手册的证据，周某亦不认可接收过员工手册。综上，江宁区人社局作出涉案决定书，事实清楚，程序合法，适用法律、法规准确，请求驳回欧帛公司的诉讼请求。

第三人周某述称：（1）女职工的哺乳时间是法律明确赋予女职工在哺乳期内的特殊权利，用人单位也不能通过约定来排除法律规定，《女职工劳动保护特别规定》第九条规定，用人单位应当在每天的劳动时间内为哺乳期女职工安排1小时的哺乳时间。《江苏省实施〈中华人民共和国母婴保健法〉办法》第二十八条规定，用人单位应当为有不满1周岁婴儿的女职工安排每天不少于1小时哺乳时间。该情况下，哺乳时间和哺乳往返途中的时间，也应当算作劳动时间。事发当天，第三人选择回家哺乳，时间合理，路线合理，完全符合工伤认定的情形。（2）原告欧帛公司所举证的员工手册，第三人从未收到，其制定的内容和程序也不合法，不对第三人产生任何效力。首先，用人单位制定规章制度内容不得违反法律、法规的规定；其次，用人单位规章制度的制定程序应当符合民主性和科学性，应经职工代表大会或者全体职工讨论，平等协商确定；最后，用人单位的规章制度也应当进行公示，否则不应当对劳动者产生效力。综上，第三人认为，被告江宁区人社局作出的涉案认定书认定事实清楚，适用法律正确、程序合法，应当予以维持，请求法院依法驳回欧帛公司的诉请。

江苏省南京江北新区人民法院一审查明：第三人周某系原告欧帛公司职工，工作地点为南京市江宁区汤山街道汤泉东路99号汤山百联奥特莱斯广场，工作时间为10时至19时。2019年6月25日，周某生育一女，休完产假后回单位工作。2019年12月6日13时30分左右，周某从工作地点开车回家。当日 13 时 55 分，案外人张某某驾驶苏 AU××××重型特殊结构货车在沿龙铜线（337 省道）22 公里 100 米汤山街道老宁峰路路口与周某驾驶的汽车发生相撞，造成周某受伤。周某的伤情经诊断为：（1）创伤性脾破裂；（2）左肾挫伤；（3）低蛋白血症，周某受伤时处于哺乳期内。当日，南京市公安局江宁分局交通警察大队出具《道路交通事故认定书》，认定张某某负事故全部责任，周某无责任。2020 年 7 月 15 日，周某的委托代理人向被告江宁区人社局提交工伤认定申请，提出周某于 2019 年 12 月 6 日 13 时 30 分左右驾车回家哺乳途中因交通事故受伤，并提交了企业信息、个人参加社会保险情况、回复函、微信聊天记录、交通事故认定书、汤山街道鹤龄社区居民委员会出具的证明、路线图、出生医学证明、病历、出院记录、疾病诊断书、授权委托书等申请材料。江宁区人社局于 2020 年 7 月 27 日受理该申请并向欧帛公司邮寄工伤认定举证通知书。2020 年 8 月 12 日，欧帛公司作出《工伤认定举证答辩书》并提交劳动合同、员工手册等材料，提出周某并未向公司申请调增其休哺乳假的时间，其外出也未按照公司制度申请外出流程，不符合“上下班途中”的范围。2020 年 8 月 14 日，江宁区人社局对周某进行调查询问。2020 年 8 月 20 日，江宁区人社局作出涉案决定书，认定周某从单位回家给小孩哺乳途中，受到非本人主要责任的交通事故伤害而受伤，符合《工伤保险条例》第十四条第六项的规定，属于工伤认定范围，予以认定为工伤。后江宁区人社局将涉案决定书分别向周某及欧帛公司送达，欧帛公司于 2020 年 8 月 27 日签收。

江苏省南京江北新区人民法院一审认为：《工伤保险条例》第五条第二款规定，县级以上地方各级人民政府社会保险行政部门负责本行政区域内的工伤保险工作。被告江宁区人社局作为县级以上社会保险行政部门，具有负责本行政区域内工伤保险工作的法定职责。《工伤保险条例》第十四条第六项规定：“职工有下列情形之一的，应当认定为工伤……（六）在上下班途中，受到非本人主要责任的交通事故或者城市轨道交通、客运轮渡、火车事故伤害的。”《最高人民法院关于审理工伤保险行政案件若干问题的规定》第六条规定：“对社会保险行政部门认定下列情形为‘上下班途中’的，人民法院应予支持：（一）在合理时间内往返于工作地与住所地、经常居住地、单位宿舍的合理路线的上下班途中；（二）在合理时间内往返于工作地与配偶、父母、子女居住地的合理路线的上下班途中；（三）从事属于日常工作生活所需要的活动，且在合理时间和合理路线的上下班途中；（四）在合理时间内其他合理路线的上下班途中。”

本案中，第三人周某系原告欧帛公司的员工，被告江宁区人社局在受理周某的工伤认定申请后，经过调查并结合证据材料，认定周某从单位回家给小孩哺乳途中，受到非本人主要责任的交通事故伤害而受伤，属于因在上下班途中发生非本人主要责任的交通事故受伤的情形，江宁区人社局据此作出涉案决定书，符合上述规定。《工伤保险条例》第十九条第二款规定，职工或者其近亲属认为是工伤，用人单位不认为是工伤的，由用人单位承担举证责任。《女职工劳动保护特别规定》第九条规定，对哺乳未满1周岁婴儿的女职工，用人单位不得延长劳动时间或者安排夜班劳动。用人单位应当在每天的劳动时间内为哺乳期女职工安排1小时哺乳时间；女职工生育多胞胎的，每多哺乳1个婴儿每天增加1小时哺乳时间。因此，女职工在哺乳期内，用人单位应当在每天的劳动时间内为其安排1小时的哺乳时间。本案中，周某于2019年6月25日生育一女，休完产假后回单位工作，周某工作时尚处在哺乳期内，欧帛公司应当为周某安排1小时的哺乳时间，并及时与周某沟通协商哺乳时间的安排。周某在欧帛公司未与其沟通明确哺乳时间的情形下，根据工作时间灵活安排其每日的哺乳时间，回家哺乳后再返回单位继续工作，往返途中发生的交通事故伤害应视为工伤认定的合理范畴。虽欧帛公司提交的员工手册中载明哺乳假的休假时间及请假流程，但欧帛公司不能证明其就员工手册向周某进行了告知，欧帛公司也未提交证据证明其就哺乳时间相关事宜与周某进行过沟通协商，故欧帛公司应承担不利的法律后果。因此，江宁区人社局作出的涉案决定书认定事实清楚、适用法律正确，保护了女职工的特殊权益。江宁区人社局在收到周某的工伤认定申请后，履行了受理、发送举证通知书等程序，在法定期限内作出涉案决定书并依法送达给相关当事人，江宁区人社局作出行政行为的程序合法。

综上，原告欧帛公司要求撤销涉案决定书缺乏事实和法律依据。江苏省南京江北新区人民法院依照《中华人民共和国行政诉讼法》第六条、第六十九条的规定，于2021年4月19日作出判决：驳回原告上海欧帛服饰有限公司的诉讼请求。

欧帛公司不服一审判决，向江苏省南京市中级人民法院提起上诉。二审中，欧帛公司撤回上诉。南京市中级人民法院于2021年8月9日作出裁定：准许上诉人上海欧帛服饰有限公司撤回上诉。

本裁定为终审裁定。

28. 重庆市涪陵志大物业管理有限公司诉重庆市涪陵区人力资源和社会保障局劳动和社会保障行政确认案*

（最高人民法院审判委员会讨论通过　2018年6月20日发布）

职工见义勇为，为制止违法犯罪行为而受到伤害的，应当视同工伤

【关键词】

行政　行政确认　视同工伤　见义勇为

【裁判要点】

职工见义勇为，为制止违法犯罪行为而受到伤害的，属于《工伤保险条例》第十五条第一款第二项规定的为维护公共利益受到伤害的情形，应当视同工伤。

【相关法条】

《工伤保险条例》第十五条第一款第二项

【基本案情】

罗某均系重庆市涪陵志大物业管理有限公司（以下简称涪陵志大物业公司）保安。2011年12月24日，罗

* 摘自2018年6月20日最高人民法院发布的第18批指导性案例（指导案例94号）。

某均在涪陵志大物业公司服务的圆梦园小区上班（24 小时值班）。8 时 30 分左右，在兴华中路宏富大厦附近有人对一过往行人实施抢劫，罗某均听到呼喊声后立即拦住抢劫者的去路，要求其交出抢劫的物品，在与抢劫者搏斗的过程中，不慎从 22 步台阶上摔倒在巷道拐角的平台上受伤。罗某均于 2012 年 6 月 12 日向被告重庆市涪陵区人力资源和社会保障局（以下简称涪陵区人社局）提出工伤认定申请。涪陵区人社局当日受理后，于 2012 年 6 月 13 日向罗某均发出《认定工伤中止通知书》，要求罗某均补充提交见义勇为的认定材料。2012 年 7 月 20 日，罗某均补充了见义勇为相关材料。涪陵区人社局核实后，根据《工伤保险条例》第十四条第七项之规定，于 2012 年 8 月 9 日作出涪人社伤险认决字〔2012〕676 号《认定工伤决定书》，认定罗某均所受之伤属于因工受伤。涪陵志大物业公司不服，向法院提起行政诉讼。

在诉讼过程中，涪陵区人社局作出《撤销工伤认定决定书》，并于 2013 年 6 月 25 日根据《工伤保险条例》第十五条第一款第二项之规定，作出涪人社伤险认决字〔2013〕524 号《认定工伤决定书》，认定罗某均受伤属于视同因工受伤。涪陵志大物业公司仍然不服，于 2013 年 7 月 15 日向重庆市人力资源和社会保障局申请行政复议，重庆市人力资源和社会保障局于 2013 年 8 月 21 日作出渝人社复决字〔2013〕129 号行政复议决定书，予以维持。涪陵志大物业公司认为涪陵区人社局的认定决定适用法律错误，罗某均所受伤依法不应认定为工伤。遂诉至法院，请求判决撤销认定工伤决定书，并责令被告重新作出认定。

另查明，重庆市涪陵区社会管理综合治理委员会对罗某均的行为进行了表彰，并作出了涪综治委发〔2012〕5 号《关于表彰罗某均同志见义勇为行为的通报》。

【裁判结果】

重庆市涪陵区人民法院于 2013 年 9 月 23 日作出（2013）涪法行初字第 00077 号行政判决，驳回重庆市涪陵志大物业管理有限公司要求撤销被告作出的涪人社伤险认决字〔2013〕524 号《认定工伤决定书》的诉讼请求。一审宣判后，双方当事人均未上诉，裁判现已发生法律效力。

【裁判理由】

法院生效裁判认为：被告涪陵区人社局是县级劳动行政主管部门，根据国务院《工伤保险条例》第五条第二款规定，具有受理本行政区域内的工伤认定申请，并根据事实和法律作出是否工伤认定的行政管理职权。被告根据第三人罗某均提供的重庆市涪陵区社会管理综合治理委员会《关于表彰罗某均同志见义勇为行为的通报》，认定罗某均在见义勇为中受伤，事实清楚，证据充分。罗某均不顾个人安危与违法犯罪行为作斗争，既保护了他人的个人财产和生命安全，也维护了社会治安秩序，弘扬了社会正气。法律对于见义勇为，应当予以大力提倡和鼓励。

《工伤保险条例》第十五条第一款第二项规定，职工在抢险救灾等维护国家利益、公共利益活动中受到伤害的，视同工伤。据此，虽然职工不是在工作地点、因工作原因受到伤害，但其是在维护国家利益、公共利益活动中受到伤害的，也应当按照工伤处理。公民见义勇为，跟违法犯罪行为作斗争，与抢险救灾一样，同样属于维护社会公共利益的行为，应当予以大力提倡和鼓励。因见义勇为、制止违法犯罪行为而受到伤害的，应当适用《工伤保险条例》第十五条第一款第二项的规定，即视同工伤。

另外，《重庆市鼓励公民见义勇为条例》为重庆市地方性法规，其第十九条、第二十一条进一步明确规定，见义勇为受伤视同工伤，享受工伤待遇。该条例上述规定符合《工伤保险条例》的立法精神，有助于最大限度地保障劳动者的合法权益、最大限度地弘扬社会正气，在本案中应当予以适用。

综上，被告涪陵区人社局认定罗某均受伤视同因工受伤，适用法律正确。

（生效裁判审判人员：刘芸、陈其娟、杨忠民）

理解与参照

《重庆市涪陵志大物业管理有限公司诉重庆市涪陵区人力资源和社会保障局劳动和社会保障行政确认案》的理解与参照*

——职工见义勇为制止违法犯罪而受伤的应视同工伤

最高人民法院案例指导工作办公室

2018年6月20日，最高人民法院发布了第18批指导性案例，包括第93号至第96号共4件指导性案例，总结了审判实践中某些普遍的疑难复杂法律适用问题，有利于进一步明确裁判规则，统一司法尺度。其中，指导案例94号为《重庆市涪陵志大物业管理有限公司诉重庆市涪陵区人力资源和社会保障局劳动和社会保障行政确认案》。为了正确理解和准确参照适用该指导案例，现对该指导案例的选编过程、裁判要点、参照适用等有关情况予以解释和说明。

一、选编过程及指导意义

重庆市涪陵区人民法院和重庆市第三中级人民法院认为该案例较为典型，对人民法院审理类似案件具有指导价值，遂作为备选参考性案例向重

---

* 摘自《司法文件选解读》2019年第7辑（总第79辑），人民法院出版社2019年版，第54~65页。

庆市高级人民法院参考性案例编选委员会推荐。重庆市高级人民法院于2016年2月18日经审判委员会讨论，同意将该案例作为重庆法院第19号参考性案例发布，并作为备选指导性案例向最高人民法院推荐。最高人民法院案例指导工作办公室收到该案例后，经初审认为基本符合要求，并提交研究室室务会讨论。2017年7月13日，室务会经讨论原则同意推荐该案例，并要求送相关部门及专家学者征求意见。综合各方意见，案例指导工作办公室对该案例进行了修改，并提交最高人民法院审判委员会进行讨论。2018年6月12日，最高人民法院民专会第288次会议讨论通过该案例。6月20日，最高人民法院以法〔2018〕164号文件将该案例列入第18批指导性案例予以发布。

该指导案例旨在明确职工见义勇为制止违法犯罪而受到伤害的，可以认定属于《工伤保险条例》第十五条第一款第二项规定的为维护公共利益受到伤害的情形，应当视同工伤。该裁判规则既与国家关于视同工伤规定的法律基本原则和精神相符合，亦有利于大力提倡和鼓励见义勇为，对于依法审理类似案件，保护见义勇为职工合法权益、大力弘扬社会主义核心价值观、积极倡导良好社会风尚等具有重要意义。

二、关于本案例的相关情况

（一）本案例的基本案情

罗某均系重庆市涪陵志大物业管理有限公司（以下简称涪陵志大物业公司）保安。2011年12月24日8时30分左右，有人在兴华中路宏富大厦附近对一过往行人实施抢劫。正在涪陵志大物业公司服务的圆梦园小区上班的罗某均听到呼喊声后，立即拦住抢劫者的去路，在与抢劫者搏斗的过程中不慎受伤。重庆市涪陵区社会管理综合治理委员会对罗某均的行为进行了表彰，并作出了涪综治委发〔2012〕5号《关于表彰罗某均同志见义勇为行为的通报》。经罗某均申请，涪陵区人社局于2013年6月25日作出涪人社伤险认决字〔2013〕524号《认定工伤决定书》，认定罗某均受伤属于视同因工受伤。涪陵志大物业公司认为涪陵区人社局的认定决定适用法律确有错误，经复议后诉至法院。

重庆市涪陵区人民法院于2013年9月23日作出（2013）涪法行初字第00077号行政判决，驳回重庆市涪陵志大物业管理有限公司要求撤销被告作出的涪人社伤险认决字〔2013〕524号《认定工伤决定书》的诉讼请求。一审宣判后，双方当事人均未上诉，裁判现已发生法律效力。

（二）本案例所涉主要问题及相关观点

本案例涉及职工见义勇为而受伤的能否视同工伤问题。对此，我国《工伤保险条例》第十五条第一款第二项规定，职工在抢险救灾等维护国家利益、公共利益活动中受到伤害的，视同工伤。该条中“抢险救灾等”中的“等”是仅包含抢险救灾活动，还是包括见义勇为等其他维护国家利益、公共利益的行为？对此，相关法律法规规定并不明确，专家学者认识各异。

西北政法大学经济法学院曹燕教授认为：见义勇为无论其保护的具体对象是谁，都是一种弘扬社会公序良俗的行为，其目的都是维护公共利益，即公益。工伤保险立法的基本理念是由国家、社会共同分担劳动者所受之风险，因此，基于维护社会公序良俗，劳动者见义勇为所受之伤害，无论其行为的实际受益者是谁，都可以解释为《工伤保险条例》第十五条第一款第二项规定的维护公共利益受到的伤害，从而将其视同工伤处理。

而中国人民大学法学院林嘉教授则持不同观点。其认为认定所有制止犯罪的见义勇为为工伤的理由不够充分。一是因为同违法犯罪行为作斗争属于客观方面的行为，但是从保护客体而言，既有可能是保护国家利益、社会公共利益，也有可能是保护他人的人身、财产安全，而《工伤保险条例》中要求的保护目的是保护国家利益、公共利益。所以如果从文义解释上讲，职工保护个人财物而受伤害，不属于保护国家利益、公共利益的范畴。二是从制度目的上讲，工伤保险的主要目的是保护劳动者因工作原因造成伤亡获得救济的相应权益，并且替代雇主责任制，减轻企业负担，但对于见义勇为人员的权益保障则更多是从社会政策考量的目的出发，“不能让英雄流血又流泪”。因此，对于见义勇为人员的权益保障应当采取社会保险、社会救助、社会福利乃至慈善等综合措施实现，不宜对工伤保险中“视同工伤”的范畴作过大的扩张。

基于《工伤保险条例》第十五条第一款第二项规定视同工伤的情形并不限于抢险救灾一种情形，与违法犯罪作斗争型的见义勇为与抢险救灾在本质上均是维护国家利益、公共利益行为，应当获得法律的平等对待。因此，本案例明确职工见义勇为制止违法犯罪行为而受到伤害的应视同工伤，在保护见义勇为职工合法权益的同时，有利于提倡和鼓励公民见义勇为行为，弘扬中华民族的传统美德。

三、裁判要点的理解与说明

该指导案例的裁判要点确认：职工见义勇为，为制止违法犯罪行为而受到伤害的，属于《工伤保险条例》第十五条第一款第二项规定的为维护公共利益受到伤害的情形，应当视同工伤。现围绕与该裁判要点相关的问题逐一解释和说明如下。

（一）关于视同工伤中维护国家及公共利益情形的界定

我国的工伤保险立法经历了从《劳动保险条例》到《企业职工工伤保险试行办法》《工伤保险条例》的发展历程。在此过程中，为更大幅度地保障劳动者的合法权益，立法机关不断地扩展工伤认定的范围，完善视同工伤情形。我国城镇职工的劳动保险制度于1951年由《劳动保险条例》予以确立。1996年，原劳动部制定并颁布了《企业职工工伤保险试行办法》（劳部发〔1996〕266号），以部门规章形式规范了企业工伤保险办法。该办法第八条第六项明确：从事抢险、救灾、救人等维护国家、社会和公众利益的活动的应当认定为工伤。2004年1月1日，国务院颁布施行了《工伤保险条例》，并于2010年进行了修订，简化了工伤认定鉴定争议程序，并进一步扩大了工伤保险的适用范围。其中，该条例第十五条第一款对视同工伤作了规定。该条明确：“职工有下列情形之一的，视同工伤：（一）在工作时间和工作岗位，突发疾病死亡或者在48小时之内经抢救无效死亡的；（二）在抢险救灾等维护国家利益、公共利益活动中受到伤害的；（三）职工原在军队服役，因战、因公负伤致残，已取得革命伤残军人证，到用人单位后旧伤复发的。”

之所以把《工伤保险条例》第十五条第一款第二项中的抢险救灾受伤等情形视同工伤，主要是国家为了鼓励和倡导公民积极维护国家利益、公共利益，是国家法律为实现其价值导向功能而对此种行为予以强制认定的结果。该项规定并没有将职工维护国家利益、公共利益的行为仅仅限制为抢险救灾情形，只要系维护国家利益、公共利益且与抢险救灾价值相当的行为均可视为工伤。同时，该规定亦没有对维护国家利益、公共利益行为时间、地点以及行为原因作出特殊要求，只要根据《中华人民共和国劳动法》以及相关法律规定的精神，在法律未明确禁止的情况下就可以认定视同工伤。即只要是因维护国家利益、公共利益而受伤的行为，不论该行为发生的原因是什么，该行为根据《工伤保险条例》的规定应视同工伤。因此，《工伤保险条例》第十五条第一款第二项规定的视同工伤情形除“抢险救灾”外，还包括其他因维护国家利益、公共利益而受到伤害的情形。

（二）关于职工见义勇为受伤能否视同工伤的实践做法

见义勇为，即看到正义的事情奋勇地去做，语出《论语·为政》“见义不为，无勇也”。作为法律术语，是指自然人在履行法定职责或特定义务之外，为保护国家、公共的或他人的利益，而与各种违法犯罪作斗争、抢险救灾的正义之举。[①] 对职工见义勇为受到伤害的，能否视同工伤，司法实践中认识不统一，下面以实际案例为例予以说明。

1. 见义勇为行为属于维护公共利益、社会利益行为，应视同工伤。

【案例 1】在河南省南阳市中级人民法院审理的李某跃等人诉南阳市人力资源和社会保障局撤销工伤认定决定案［（2011）南行终字第 43 号案件］中，河南中南工业有限责任公司（以下简称中南公司）职工李某 1 于 2008 年 6 月 28 日中午下班后，与同事任某源、孙某增在鸭河口水库洗澡期间，李某 1 为抢救溺水的同事孙某增而不幸遇难。事后，南阳市社会治

① 曾大鹏：《见义勇为立法与学说之反思》，载《法学论坛》2007 年第 2 期。

安综合治理委员会下发《关于表彰见义勇为先进分子李某1同志的决定》(宛综委〔2009〕3号)，授予李某1“南阳市见义勇为先进分子”的荣誉称号。2008年7月2日，中南公司向被告南阳市人力资源和社会保障局(以下简称南阳市人社局)申请工伤认定，被告认为李某1的行为不符合《工伤保险条例》第十五条第一款第二项规定情形，作出“李某1所受伤害不属于工伤”的决定。李某1近亲属原告李某跃等三人不服，向南阳市人民政府申请复议，南阳市人民政府维持了被告的工伤认定决定。李某跃等三人仍不服，遂起诉至法院。

二审法院认为，2004年1月1日起施行的《工伤保险条例》第十五条列出视同工伤的几种情形。其中，第一款第二项所列的“在抢险救灾等维护国家利益、公共利益活动中受到伤害的”视同工伤与1996年10月1日起试行的《企业职工工伤保险试行办法》第八条第六项规定的应当认定工伤的即“从事抢险、救灾、救人等维护国家利益、社会和公众利益的活动的”两项相比，前者比后者更宽泛，更体现出人性化，虽然没把“救人”单列出应当视同为工伤，但从见义勇为舍身救人的行为看，确实是在维护公共利益、社会利益。因为人是社会的基本因素，社会利益包含着每一个自然人的合法利益。本案李某1的行为是见义勇为救人行为，是传承中华民族美德的具体体现，是当今社会需要大力弘扬和提倡的，认定他为维护公共利益而受到伤害，应当视同为工伤，享受工伤待遇，遂判决维持一审法院“撤销被告作出的《工伤认定决定》，并责令被告重新作出工伤认定”的裁判。

2. 见义勇为行为维护的是他人人身财产安全，不应视同工伤。

【案例2】在河南省商丘市中级人民法院审理的李某勤诉商丘市人力资源和社会保障局(以下简称商丘市人社局)撤销工伤认定案[(2013)商行终字第53号]中，原告李某勤之子李某2系新乡中新化工公司职工，2010年11月20日21时与几位女同事在网吧上网时，为保护女同事人身和财产安全，被歹徒连刺数刀死亡。李某2因制止歹徒犯罪行为被获嘉县社会治安综合治理委员会(获综治委〔2011〕3号)追授为见义勇为积极分子，并授予“见义勇为积极分子”称号。后李某勤向河南省人力资源和社会保障厅提交工伤认定申请，河南省人力资源和社会保障厅受理后移送被告商丘市人社局办理。商丘市人社局认为李某2所受伤害不符合《工伤保险条例》第十五条第一款第二项之规定，不属于工伤认定范围，认定为非工伤。李某勤不服，提起行政诉讼。

二审法院认为，《工伤保险条例》第十五条第一款第二项规定“职工有下列情形之一的，视同工伤……（二）在抢险救灾等维护国家利益、公共利益活动中受到伤害的……”上述规定并未将为保护他人的人身、财产安全挺身而出受到伤害的情形列入“视同工伤的情形”。李某2为保护他人的人身和财产安全，被歹徒连刺数刀死亡，其见义勇为的行为是当今社会需要大力弘扬和提倡的，但该行为不符合《工伤保险条例》第十五条规定的“视同工伤”的情形。遂判决撤销一审判决，维持商丘市人社局认定工伤决定。

3. 见义勇为维护的可能是国家利益、公共利益，也可能是个人利益，要以行为所维护的利益为标准判别是否视同工伤。

（1）维护私益的见义勇为不应视同工伤。

【案例3】在湖北省鄂州市中级人民法院审理的杨某诉鄂州市人力资源和社会保障局（以下简称鄂州市人社局）撤销工伤认定案［（2014）鄂鄂州中行终字第00012号］中，原告杨某之夫涂某均系武汉钢铁集团鄂城钢铁有限责任公司（以下简称鄂钢公司）职工。2013年7月29日下午5时左右，涂某均在上班时间，带儿子涂某1及外甥舒某某（二人均系未成年人）在长江游泳，在三人即将被货船吸入船底时，涂某均用左手将涂某1推向船的左边，用右手将舒某某推向右边，致使两人得救，自己却被吸入船底溺水身亡。2013年10月30日，鄂州市见义勇为促进会授予涂某均鄂州市“见义勇为先进个人”荣誉称号。后杨某向被告鄂州市人社局提出确认涂某均为工伤的认定申请。鄂州市人社局为此向鄂州市见义勇为促进会进行调查，该会于2014年5月9日作出《关于授予涂某均为鄂州市“见义勇为先进个人”荣誉称号的说明》，说明涂某均的行为“不属于在抢险救灾等维护国家利益、公共利益活动中受到伤害的行为”。2014年6月5日，鄂州市人社局作出鄂州人社认字〔2014〕090号《不予认定工伤决定书》，决定不予认定工伤。杨某不服，提起诉讼。

二审法院认为，涂某均带其子、外甥两名未成年人到长江游泳，其基于监护职责及先行行为因而具有保证该两人人身安全的法定义务，涂某均救助儿子和外甥是其应履行的法定职责，不属于维护国家利益、公共利益行为。《工伤保险条例》第十五条规定“在抢险救灾等维护国家利益、公共利益活动中受到伤害的”视同工伤，该条款明确限定了只有在国家利益、公共利益活动中受到伤害的才视同工伤，涂某均的行为无论是否属于见义勇为行为，均不属于视同工伤情形。遂判决撤销一审行政判决书，维持鄂州市人力资源和社会保障局《不予认定工伤认定书》。

(2) 维护国家利益、公共利益的见义勇为，应视同工伤。

【案例4】在焦作市解放区人民法院审理的孟某诉焦作市人力资源和社会保障局（以下简称焦作市人社局）撤销工伤认定案［（2013）解行初字第07号］中，原告孟某系第三人焦作市技师学院的教师。2007年10月26日凌晨4时许，原告孟某与樊某在艺新岗东南角联通收费大厅门前地摊吃饭时，樊某看到旁边空桌上有一副眼镜，遂拿起观看，这时一男子过来称眼镜是他的，并讨要眼镜，二人因此发生争执，后男子对樊某进行殴打，孟某见状上前阻拦，也遭到该男子殴打，致其眼部受伤。后孟某被山阳区综治委授予“见义勇为先进个人”。第三人焦作市技师学院向被告市人社局提交了工伤认定申请，焦作市人社局作出焦工伤不认字〔2012〕003号《焦作市职工工伤认定结论通知书》。孟某不服，向焦作市人民政府申请行政复议，后又自愿撤回行政复议申请，后诉至法院。

法院经审理认为，原告孟某系因见义勇为的行为受到他人的伤害，其行为维护了他人的生命安全、维护了社会治安和社会秩序，应视为维护了社会公共利益的情形。被告焦作市人社局认为原告孟某见义勇为的情形明显系维护个人利益的行为，对原告作出不予认定为工伤的具体行政行为缺乏法律依据，遂判决撤销被告焦作市人力资源和社会保障局焦工伤不认字〔2012〕003号《焦作市职工工伤认定结论通知书》，并责令被告焦作市人力资源和社会保障局重新作出工伤认定。

（三）关于见义勇为行为维护的利益属性问题

司法实践中上述案例对见义勇为能否视同工伤的分歧，主要在于对见义勇为行为所维护的利益有不同认识。见义勇为行为维护的到底是国家利益、公共利益，还是他人私人利益问题，可以从国家所发布的相关文件来把握。2012年7月《国务院办公厅转发民政部等部门〈关于加强见义勇为人员权益保护的意见〉的通知》（国办发〔2012〕39号），对见义勇为人员权益保护的政策措施、见义勇为伤亡人员抚恤补助政策等进行了明确。该意见将“见义勇为行为”界定为：国家公民在法定职责、法定义务之外，为保护国家利益、社会公共利益和他人的人身、财产安全挺身而出的见义勇为行为。从上述界定，可以看出见义勇为行为有以下几个特征：一是见义勇为的主体是非负有法定职责或者义务的国家公民；二是见义勇为行为所保护的客体，是国家利益、社会公共利益或者他人的人身、财产安全；三是见义勇为行为人有不顾个人安危，积极主动、挺身而出的行为。因此，见义勇为所维护的利益可以分为国家利益、社会公共利益和他人的人身、财产安全三种。

此外，《关于加强见义勇为人员权益保护的意见》明确：对见义勇为致残人员，凡符合享受工伤保险待遇条件的，依据《工伤保险条例》落实相应待遇；不符合享受工伤保险待遇条件的，按照《伤残抚恤管理办法》及有关规定，由民政部门评定伤残等级并落实相应待遇。根据该规定可知，并非所有的见义勇为均符合享受工伤保险待遇条件。见义勇为行为人能否享受工伤保险待遇，要依据《工伤保险条例》相关规定来判定其是否符合工伤及视同工伤条件。

（四）关于见义勇为行为维护利益的区分问题

见义勇为能否视同工伤，关键在于“见义勇为”行为是否符合“在抢险救灾等维护国家利益、公共利益活动中受到伤害的”规定。按照社会学的观点，利益可以分为四大类，即个人利益、团体利益、国家利益和社会公共利益。国家利益是对国家主权、领土完整以及国家生存发展有好处的利益，公共利益则涉及不特定多数人的利益，个人利益的受益对象仅为个人。一般情况下，见义勇为行为主要可以分为三种类型：第一类是依法制止正在发生的违法犯罪行为；第二类是抢险救灾行为；第三类其他救人行为。违法犯罪行为危害的是国家安全、社会管理秩序、经济秩序以及人民群众的人身财产安全等，而国家安全、社会稳定、人民群众的人身财产安全等是全社会公众的共同诉求。从这一层面上讲，违法犯罪行为如果不予以制止，其将继续危害社会，侵害的则不仅仅是受害人的利益，还使不特定多数人的利益陷入危险之中。因此，制止犯罪行为应是一种维护国家利益、社会公共利益的行为。而抢险救灾与救人行为，则要看见义勇为所涉及的险情、灾害以及危险是否危及国家社会安全及不特定多数人的利益。如果险情与灾害和危险可能危及不特定多数人利益，则见义勇为所维护的应为公共利益；反之，则为个人利益或团体利益。

四、参照适用时应注意的问题

从视同工伤条款的字面来看，职工抢险救灾等行为的受益对象明确限定在国家和社会公共利益，排除维护私人利益的行为。换言之，只有为维护国家利益、社会公共利益而受伤的，才视同工伤。由于实践中见义勇为类型较多，不同类型的见义勇为维护的利益属性可能不同。本案例明确将与违法犯罪作斗争型的见义勇为受伤的行为应视同工伤，对职工因其他类型见义勇为而受伤的，能否视同工伤，应根据其所维护的利益属性进行判断。在见义勇为所维护的利益认定上，应当全面评析见义勇为所涉及的对象行为是否危及国家利益及不特定多数人的利益，如行为可能造成的影响和行为的后果等方面进行综合考量，进而确定见义勇为行为所维护的利益属性。

（执笔人：游中川、石磊）

▶ 受教育者因学校拒发毕业证、学位证可提起行政诉讼

29. 田某诉北京科技大学拒绝颁发毕业证、学位证案*

(最高人民法院审判委员会讨论通过　2014 年 12 月 25 日发布)

【关键词】

行政诉讼　颁发证书　高等学校　受案范围　正当程序

【裁判要点】

1. 高等学校对受教育者因违反校规、校纪而拒绝颁发学历证书、学位证书，受教育者不服的，可以依法提起行政诉讼。

2. 高等学校依据违背国家法律、行政法规或规章的校规、校纪，对受教育者作出退学处理等决定的，人民法院不予支持。

3. 高等学校对因违反校规、校纪的受教育者作出影响其基本权利的决定时，应当允许其申辩并在决定作出后及时送达，否则视为违反法定程序。

---

* 摘自 2014 年 12 月 24 日最高人民法院发布的第九批指导性案例（指导案例 38 号）。

【相关法条】

《中华人民共和国行政诉讼法》第二十五条
《中华人民共和国教育法》第二十一条、第二十二条
《中华人民共和国学位条例》第八条

【基本案情】

原告田某于1994年9月考取北京科技大学，取得本科生的学籍。1996年2月29日，田某在电磁学课程的补考过程中，随身携带写有电磁学公式的纸条。考试中，去上厕所时纸条掉出，被监考教师发现。监考教师虽未发现其有偷看纸条的行为，但还是按照考场纪律，当即停止了田某的考试。被告北京科技大学根据原国家教委关于严肃考场纪律的指示精神，于1994年制定了校发（94）第068号《关于严格考试管理的紧急通知》（简称第068号通知）。该通知规定，凡考试作弊的学生一律按退学处理，取消学籍。被告据此于1996年3月5日认定田某的行为属作弊行为，并作出退学处理决定。同年4月10日，被告填发了学籍变动通知，但退学处理决定和变更学籍的通知未直接向田某宣布、送达，也未给田某办理退学手续，田某继续以该校大学生的身份参加正常学习及学校组织的活动。1996年9月，被告为田某补办了学生证，之后每学年均收取田某交纳的教育费，并为田某进行注册、发放大学生补助津贴，安排田某参加了大学生毕业实习设计，由其论文指导教师领取了学校发放的毕业设计结业费。田某还以该校大学生的名义参加考试，先后取得了大学英语四级、计算机应用水平测试BASIC语言成绩合格证书。被告对原告在该校的四年学习中成绩全部合格，通过毕业实习、毕业设计及论文答辩，获得优秀毕业论文及毕业总成绩为全班第九名的事实无争议。

1998年6月，田某所在院系向被告报送田某所在班级授予学士学位表时，被告有关部门以田某已按退学处理、不具备北京科技大学学籍为由，拒绝为其颁发毕业证书，进而未向教育行政部门呈报田某的毕业派遣资格表。田某所在院系认为原告符合大学毕业和授予学士学位的条件，但由于

当时原告因毕业问题正在与学校交涉，故暂时未在授予学位表中签字，待学籍问题解决后再签。被告因此未将原告列入授予学士学位资格的名单交该校学位评定委员会审核。因被告的部分教师为田某一事向原国家教委申诉，国家教委高校学生司于1998年5月18日致函被告，认为被告对田某违反考场纪律一事处理过重，建议复查。同年6月10日，被告复查后，仍然坚持原结论。田某认为自己符合大学毕业生的法定条件，北京科技大学拒绝给其颁发毕业证、学位证是违法的，遂向北京市海淀区人民法院提起行政诉讼。

【裁判结果】

北京市海淀区人民法院于1999年2月14日作出（1998）海行初字第00142号行政判决：一、北京科技大学在本判决生效之日起30日内向田某颁发大学本科毕业证书；二、北京科技大学在本判决生效之日起60日内组织本校有关院、系及学位评定委员会对田某的学士学位资格进行审核；三、北京科技大学于本判决生效后30日内履行向当地教育行政部门上报有关田某毕业派遣的有关手续的职责；四、驳回田某的其他诉讼请求。北京科技大学提出上诉，北京市第一中级人民法院于1999年4月26日作出（1999）一中行终字第73号行政判决：驳回上诉，维持原判。

【裁判理由】

法院生效裁判认为：根据我国法律、法规规定，高等学校对受教育者有进行学籍管理、奖励或处分的权力，有代表国家对受教育者颁发学历证书、学位证书的职责。高等学校与受教育者之间属于教育行政管理关系，受教育者对高等学校涉及受教育者基本权利的管理行为不服的，有权提起行政诉讼，高等学校是行政诉讼的适格被告。

高等学校依法具有相应的教育自主权，有权制定校纪、校规，并有权对在校学生进行教学管理和违纪处分，但是其制定的校纪、校规和据此进行的教学管理和违纪处分，必须符合法律、法规和规章的规定，必须尊重和保护当事人的合法权益。本案原告在补考中随身携带纸条的行为属于违反考场纪律的行为，被告可以按照有关法律、法规、规章及学校的有关规定处理，但其对原告作出退学处理决定所依据的该校制定的第068号通知，与《普通高等学校学生管理规定》第二十九条[1]规定的法定退学条件相抵触，故被告所作退学处理决定违法。

退学处理决定涉及原告的受教育权利，为充分保障当事人权益，从正当程序原则出发，被告应将此决定向当事人送达、宣布，允许当事人提出申辩意见。而被告既未依此原则处理，也未实际给原告办理注销学籍、迁移户籍、档案等手续。被告于1996年9月为原告补办学生证并注册的事实行为，应视为被告改变了对原告所作的按退学处理的决定，恢复了原告的学籍。被告又安排原告修满四年学业，参加考核、实习及毕业设计并通过论文答辩等。上述一系列行为虽系被告及其所属院系的部分教师具体实施，但因他们均属职务行为，故被告应承担上述行为所产生的法律后果。

国家实行学历证书制度，被告作为国家批准设立的高等学校，对取得普通高等学校学籍、接受正规教育、学习结束达到一定水平和要求的受教育者，应当为其颁发相应的学业证明，以承认该学生具有的相当学历。原告符合上述高等学校毕业生的条件，被告应当依《中华人民共和国教育法》第二十八条[2]第一款第五项及《普通高等学校学生管理规定》第三十五条[3]的规定，为原告颁发大学本科毕业证书。

国家实行学位制度，学位证书是评价个人学术水平的尺度。被告作为国家授权的高等学校学士学位授予机构，应依法定程序对达到一定学术水平或专业技术水平的人员授予相应的学位，颁发学位证书。依《中华人民共和国学位条例暂行实施办法》第四条、第五条、第十八条第三项规定的颁发学士学位证书的法定程序要求，被告首先应组织有关院系审核原告的毕业成绩和毕业鉴定等材料，确定原告是否已较好地掌握本门学科的基础理论、专业知识和基本技能，是否具备从事科学研究工作或担负专门技术

---

① 对应《普通高等学校学生管理规定》(2017年)第三十条。
② 对应《中华人民共和国教育法》(2021年修正)第二十九条。
③ 对应《普通高等学校学生管理规定》(2017年)第三十二条。

工作的初步能力；再决定是否向学位评定委员会提名列入学士学位获得者的名单，学位评定委员会方可依名单审查通过后，由被告对原告授予学士学位。

理解与参照

《田某诉北京科技大学拒绝颁发毕业证、学位证案》的理解与参照*

——受教育者因学校拒发毕业证、学位证可提起行政诉讼

最高人民法院案例指导工作办公室

2014年12月25日，最高人民法院发布了指导案例38号《田某诉北京科技大学拒绝颁发毕业证、学位证案》。为了正确理解和准确参照适用该指导案例，现对该指导案例的推选经过、裁判要点等有关情况予以解释、论证和说明。

一、推选过程及指导意义

2010年11月26日，最高人民法院发布了《最高人民法院关于案例指导工作的规定》（以下简称《规定》），标志着中国特色的案例指导制度得以确立。该《规定》第九条规定，对于本规定施行前，最高人民法院已经发布的对全国法院审判、执行工作具有指导意义的案例，应当清理、编

* 摘自《最高人民法院司法解释与指导性案例理解与适用》（第六卷），人民法院出版社2018年版，第650~667页。

纂后作为指导性案例公布。《最高人民法院公报》（以下简称《公报》）自1985年5月创刊开始即向社会发布各类典型案例，这些案例在案例指导制度确立以前，对于审判和执行工作，事实上发挥了一定的指导或参考作用。2013年4月23日，最高人民法院召开了案例清理工作会议，下发了《最高人民法院案例清理工作会议纪要》（以下简称《会议纪要》），会议决定对《公报》刊发的对全国法院审判、执行工作具有指导意义的案例进行清理、编纂。清理范围原则上以2005年1月后刊发的案例为主。本案例原刊登于《公报》1999年第4期，鉴于其具有较为重要的指导价值，也将其列入了《公报》案例清理、编纂的范围。

按照《会议纪要》的要求，最高人民法院行政庭经过初审，同意推荐该案例。行政庭经审查认为，本案例属于开创性的教育行政经典案例，明确了高校可作为行政诉讼被告，高校作为管理者，对学生作出退学处理等决定时应当遵循正当法律程序原则，以及人民法院有权对规范性文件进行合法性审查等法律适用问题，对于高校作为被告以及类似案件的审查方式具有重要指导价值。2013年7月9日，案例清理工作领导小组办公室经征求《公报》编辑部意见，将该案例列为第二阶段案例清理范围，并再次送行政庭。行政庭经过复审，经主管院领导审核同意该案例进入下一阶段清理程序，并编写了指导性案例文本。2014年4月22日，案例清理工作领导小组办公室经过修改，将该案例提交研究室室务会讨论，室务会同意推荐该案例，报经院领导审核后提交最高人民法院审判委员会审议。10月21日，审判委员会经过讨论同意该案例作为指导性案例。12月25日，最高人民法院以法〔2014〕337号文件将该案例列入第九批指导性案例予以发布。

该指导案例旨在明确高等学校可以成为行政诉讼的适格被告，人民法院对校纪、校规的司法审查权限，以及教育行政管理应当遵循正当法律程序原则等问题。本案作为我国较早的大学生因受高校退学处理产生的教育行政纠纷案件，确认了高等学校作为法律法规授权组织的行政主体地位，可以成为行政诉讼被告。这对规范教育领域乃至其他法律法规授权的组织的管理活动具有积极作用和现实意义。

二、关于本案例的背景情况

自20世纪90年代初期以来，我国教育领域中因招生不公平、学校乱收费等问题引起的纠纷，施教过程中学生与学校之间的纠纷，教师与学校之间在教学服务、待遇保障、惩戒处分等方面的纠纷，以及社会力量办学等引发的纠纷逐渐增多。如20世纪90年代发生的中学教师卢某诉某区教育委员会行政不作为案件，大学生哈某不服学校对其作出的劝其退学决定案件，河南省平顶山煤矿技术学校对学生刘某等四人作出责令退学、注销学籍决定案件，这些案件都发生在田某案之前。但这些涉及学生与学校、教师与学校之间的纠纷属于什么性质，通过什么途径解决，怎么解决都是难点问题。由于缺乏明确的法律规定，加上人们观念的不同，这些纠纷进入诉讼后的处理方式和结果不同。有的法院认为不属于行政诉讼受案范围不予受理，有的法院驳回了学生或教师的诉讼请求，也有的法院作出判决责令学校作出相关行政处理决定。

1998年，北京市海淀区人民法院受理了田某诉北京科技大学拒绝颁发毕业证、学位证一案，判决被告败诉。被告不服，提起上诉，1999年北京市第一中级人民法院判决驳回上诉，维持原判。同期，北京大学1992级电子学系博士研究生刘某文因母校拒绝向其颁发毕业证、学位证将北京大学告上法庭。1999年9月，北京市海淀区人民法院受理此案，一审判决北京大学败诉，北京大学上诉后，北京市第一中级人民法院裁定撤销一审判决，发回重审。2000年12月，北京市海淀区人民法院以“超过诉讼时效”为由，驳回了刘某文的诉讼请求。上述两个案件在当时引起了行政法学界的高度关注，双方当事人更是有的委托了北京大学法学院、中国政法大学的著名教授、博士研究生作为诉讼代理人。2002年10月初，重庆某大学女生李某与其大学生男友张某在外出旅游途中同居并怀孕。事情发生后，学校依据原国家教委颁布的《普通高等学校学生管理规定》等规定以及该校《违纪学生处罚条例》等校规、校纪，认定李某、张某“道德败坏，品行恶劣”，给予两名当事学生勒令退学的处分。两名学生将该大学告上法庭。2003年1月底，重庆市南岸区人民法院作出一审行政裁定，以此纠纷不属于法院受理范围为由驳回了当事人的起诉。原告不服上诉，重庆市中级人民法院维持了一审裁定。

这些案件引起了人们的高度关注，教育行政案件开始进入人们的视野，教育行政案件的一些审判规则引起了人们的热烈讨论。田某案之前，在教育行政领域产生的纠纷，作为民事案件起诉或采取信访形式解决问题的案例在全国非常普遍，真正能够纳入行政诉讼调整的案件极少。当时，较为普遍的观点有的认为学校与学生之间是平等的民事法律关系，也有的认为学校对学生的管理是法律授予的特权。两种观点都认为学校作为行政诉讼的被告，法律依据不足。以上观点均有些偏颇或片面，他们强调的是教育者的权力，而忽视了受教育者的权利和救济，同时也忽略了教育者在实施教育教学活动中，应当在法律监督下进行活动。任何权力的行使不是绝对的，必须有一定的监督制约机制与之相匹配，才能在合法、公正的道路上健康发展。否则，将导致权力的滥用。《中华人民共和国教育法》①(以下简称《教育法》)第二十九条②规定了学校要“维护受教育者、教师及其他职工的合法权益”。《教育法》第四十二条③规定了学生对于学校给予的处分不服可以向有关部门提出申诉，其人身权、财产权受到侵害时，有权申诉或向法院起诉。那么，高等学校教育权的行使由谁来监督？监督权如何行使？学生的权利如何救济？这些都是亟待解决的问题，也是健全教育法规的重要问题。

田某案的判决明确了受教育者的基本权利可以得到司法救济的基本原则，对高校教育管理的自主权与司法审查权的关系也给予了一定的阐释。此后，教育行政案件经过一段时间的曲折反复之后，逐渐打开了进入诉讼途径的大门，案件类型逐渐增多，审判规则进一步明晰。从上述案件可以看到，人们对教育管理的法治理念有了很大转变。过去人们似乎认为学校对学生的管理只是学校内部的事情，按校纪校规处理就可以了，其纠纷的解决也与诉讼无关。但现代教育管理制度首先要求从法律规定上明确教育

① 系指1995年《中华人民共和国教育法》，下同。

② 对应《中华人民共和国教育法》(2021年修正)第三十条。下同。

③ 对应《中华人民共和国教育法》(2021年修正)第四十三条。下同。

者和受教育者的权利和义务，这些权利义务的内容规定在《中华人民共和国宪法》《教育法》和相关的行政法规中，而且要求当受教育者的权利义务受到侵害时，应当有法律的救济途径，这是教育管理制度现代化、法治化的基本内涵。因此，应当从现代法治的内涵和现代教育发展的客观需要去理解和规范教育者和受教育者之间的法律关系。

最高人民法院发布的第九批指导性案例除了指导案例38号《田某诉北京科技大学拒绝颁发毕业证、学位证案》，还有指导案例39号《何某强诉华中科技大学拒绝授予学位案》。两个案例涉及的行政诉讼案由基本相同，但基本案情、裁判结果和法律适用问题有一定区别，为了更全面地阐释教育行政案件的审判规则，两个案例经过审委会讨论，同批作为指导性案例予以发布。

三、裁判要点的理解与说明

该指导案例的裁判要点确认：(1) 高等学校对受教育者因违反校规、校纪而拒绝颁发学历证书、学位证书，受教育者不服的，可以依法提起行政诉讼。(2) 高等学校依据违背国家法律、行政法规或规章的校规、校纪对受教育者作出退学处理等决定的，人民法院不予支持。(3) 高等学校对因违反校规、校纪的受教育者作出影响其基本权利的决定时，应当允许该受教育者申辩并在决定作出后及时向其送达，否则视为违反法定程序。现围绕与该裁判要点相关的问题逐一论证和说明如下。

（一）关于第一个裁判要点的说明

第一个裁判要点涉及两个层面的问题：一是高等学校能否成为行政诉讼中的适格被告；二是高等学校拒绝颁发毕业证、学位证的行为是否属于行政行为，能否纳入行政诉讼的受案范围。第一个问题背后实质是高等学校在行政法律关系中的法律地位问题。第二个问题涉及高等学校拒绝颁发毕业证、学位证行为的法律性质问题。

1. 高等学校能否成为行政诉讼中的适格被告。从高等学校的建构上看，高等学校虽然不是法律意义上的行政机关，但是根据法律的规定，高等学校有对受教育者进行学籍管理等权力。根据《教育法》第三十条①的规定，学校作为一种社会组织，是《教育法》所调整的重要对象，享有一定的权利并承担一定义务。表现在教育管理活动中，学校的管理活动参与到行政法律关系中，其行使的自然是行政方面的权力；其参与民事活动中，又属于民事关系的主体。也就是说，学校在教育教学活动中存在双重的主体资格。按《教育法》的规定，学校特别是高等学校享有办学自主权，其为了实现办学宗旨，独立自主地进行教育教学管理，实施教育活动，这是学校的专有权力。享有该权力，其就应具备和享有实施教育教学活动的资格和能力，这种权力是一种公共的权力，该权力的行使必须符合国家和社会的公共利益，不得滥用办学自主权。高等学校拥有办学自主权，并不意味着学校由此就可以放任自流地办学，自行其是，要有自我约束、自我完善的义务，也需要来自政府和法律的干预和监督。干预和监督体现在立法、行政、经济等方面，以立法监督为例，主要体现在国家发布法令，承认大学的自治、学术自由的同时，也明确规定了一定的权力范围。如《教育法》在第二十八条中规定了教育者享有的权利，学校必须在法律规定的范围内活动。② 以行政干预手段为例，则体现在政府以行政的手段和监督方式，对学校的自主权加以限制。如《教育法》第十四条规定，国家对教育实行分级管理，高校由国务院和省、市、自治区、直辖市的人民政府管理，并明确划分了各自的职责。田某案一审法院在判决中即认为，根据我国法律规定，高等学校对受教育者有进行学籍管理、实施奖

① 对应《中华人民共和国教育法》(2021年修正）第三十一条。

② 《中华人民共和国教育法》第二十八条规定的教育者的权利包括：(1) 按照章程自主管理；(2) 组织实施教育教学活动；(3) 招收学生或其他受教育者；(4) 对受教育者进行学籍管理，实施奖励或处分；(5) 对受教育者颁发相应的学业证书；(6) 聘任教师及其他职工，实施奖励与处分；(7) 管理、使用本单位的设施和经费；(8) 拒绝任何组织和个人对教育教学活动的非法干涉等；(9) 法律、法规规定的其他权利。对应《中华人民共和国教育法》(2021年修正）第二十九条。下同。第二十九条规定的教育者的义务包括：(1) 遵守法律、法规；(2) 贯彻国家的教育方针，执行国家教育教学标准，保证教育教学质量；(3) 维护受教育者、教师及其他职工的合法权益；(4) 以适当方式为受教育者及其监护人了解受教育者的学业成绩及其他有关情况提供便利；(5) 遵照国家有关规定收取费用并公开收费项目；(6) 依法接受监督。

励或处分的权力，有代表国家对受教育者颁发相应的学业证书、学位证书的职责。受教育者在经过考试合格录取后，即享有该校的学籍，取得了在校学习资格。教育者在对受教育者实施管理中，虽然有相应的教育自主权，但不得违背国家法律、法规和规章的规定。

虽然可以明确，高等学校根据法律的授权，具有教育行政管理的职权，但高等学校毕竟不同于行政机关，其行政法地位究竟如何，还是一个需要明确的问题。历史上，由于我国长期政事不分的体制导致对这个问题的理解存在一系列的困扰和障碍。而高等学校行政法地位的模糊自然导致其在行政诉讼中的被告资格的确认困难。为了解决这个问题，司法实践中运用了“法律法规授权的组织”这个概念，但这个概念并没有回答高等学校行政法上的地位问题。本案一审、二审判决书基于种种原因的限制无法对这个问题进行更加深入的阐述。

从世界其他国家看，高等教育都是一个国家重要的公共事务之一。但是对于从事高等教育机构本身的性质，各个国家基于自身不同的体制有不同的定位。在法国行政法上，将公立高等学校界定为“公务法人”。公务法人这个概念王名扬先生在其著作《法国行政法》一书中有深刻阐释。作为一种公共服务分权化的技术手段，公务法人使公共服务脱离国家和地方行政区域的层级制，使其更加贴近社会。公务法人是国家和地方行政区域以公共资金设立的，具有法人资格，有财政自治权，可以制定预算方案，采取必要的措施进行管理，不受所属的设立者的完全摆布。公法上的法人，具有公的特征，是以“公务”为目的而成立的，履行公共职能。

我国行政法上并无“公务法人”的概念。1986 年的《中华人民共和国民法通则》正式确立了我国的法人制度。它将法人分为以营利为目的企业法人和不以营利为目的的非企业法人。非企业法人又包括机关法人、事业单位法人、社会团体法人。据此，公立高等学校被认为是非企业法人中的事业单位法人。1992 年的《中国教育改革的发展纲要》提出，要按照“政事分开”的原则，通过立法，明确高等学校的权利和义务，使高等学校真正成为“面向社会自主办学的法人实体”。1995 年的《教育法》第三十一条第一款规定：“学校及其他教育机构具备法人条件的，自批准设立或者登记注册之日起取得法人资格。”1998年的《中华人民共和国高等教育法》第三十条第一款规定：“高等学校自批准之日起取得法人资格……”对于公立高等学校的法律性质，比较一致的观点是按照1998年10月25日国务院颁布的《事业单位登记管理暂行条例》的规定，将其界定为事业单位。

但将高等学校界定为事业单位，其法律地位仍然处于模糊状态。我们常常面对一种尴尬境地：在组织形态上，一方面，很多的法律法规授权事业单位从事公共服务，履行公权力，有些事业单位实际成为一类特殊的行政主体；另一方面，人们坚持事业单位与企业以及行政机关的区分，并习惯于将事业单位排除在行政机关之外。在司法救济问题上，一方面，面对事业单位与其利用者、使用者之间关系的特殊性，人们无法将所有事业单位与利用者之间的所有关系定性为平等主体之间的民事关系而纳入普通民事诉讼中；另一方面，事业单位与其成员或利用者之间的争议又被排斥在行政诉讼之外，于是此类争议成为司法救济的真空地带。为了解决这一矛盾，行政诉讼实践采用“法律法规授权组织”这一概念，认为凡是法律法规授权组织实施公权力的行为，均可以将其视为行政行为而提起行政诉讼。严格地说，这只是权宜之计。因为，它并没有解决法律法规为什么要授权、在何种情况下授权、对谁授权等基本理论问题。按照《事业单位登记管理条例》的规定：事业单位是指国家为了社会公益目的，由国家机关举办或者其他组织利用国有资产举办的，从事教育、科技、文化、卫生等活动的社会服务组织。事业单位在我国范围很大，既包括类似行政机关的单位，如国务院所属的事业单位、国务院发展研究中心等机构，也包括从事教学和研究的各类公立学校、提供公共服务的公立医院、博物馆、图书馆等。相对于较为明确的行政机关，事业单位的范围和类别显得含糊不清。这种状况既不利于权利义务的确定，也不利于司法实践中被告的确认。因此，有必要对事业单位进行具体的分类，分别确定他们的法律性质，以便对行政主体理论进行更进一步的研究，同时也便于行政诉讼案件的审理。高等学校等事业单位法律地位的模糊造成的困扰，源于我国无公法和私法之分，也无公法人和私法人之别的传统。相比之下，大陆法系国家公务法人的概念以及建立在公私法二元化基础上的特有司法救济制度对我们解决事业单位的定性及救济问题具有借鉴意义。正是鉴于事业单位本身并不能反映学校的公法地位，因此有学者主张借鉴大陆法系的公务法人制度。将高等学校等事业单位定位于公务法人，并区分公务法人与其利用者之间的不同种类的法律关系，提供全面的司法救济途径，绝不只是称谓的改变，而是在我国现有行政体制及救济体制下，更新行政主体学说，改革现行管理和监督体制，提供全面司法保护的一次有益探索。①

但目前，公务法人在我国行政法上仍然只是一个学理概念。前述已分析，行政诉讼实践中，为了解决非国家行政机关作被告的问题，我国司法实践采用了“法律法规授权的组织”这一概念。根据《教育法》及《中华人民共和国学位条例》等教育行政管理有关法律法规的规定，高等学校对受教育者有进行学籍管理、实施奖励或处分的权力，有代表国家对受教育者颁发相应的学业证书、学位证书的职责，是法律法规授权的组织，在行政法上具有行政主体资格。1989年《行政诉讼法》第二十五条第四款规定：“由法律、法规授权的组织所作的具体行政行为，该组织是被告……”本案中，北京科技大学以田某不具备学籍为由，拒绝为其颁发毕业证书、学位证书以及办理毕业派遣手续。因此，田某对该教育行政管理行为不服的，可以依法提起行政诉讼，北京科技大学是适格被告。

2. 本案被诉行为能否纳入行政诉讼的受案范围。

（1）关于被诉行为的法律性质。行政诉讼权是公民的一项重要权利，只要公民认为自己的权益受到公权力侵害，不管客观上是否真正受到侵害，他们都可以行使行政诉讼权，去寻求司法的保障。法院在审查时，应当最大限度地保障公民诉权的充分行使。在本案中，原告起诉称，我国尚未颁布教育行政处罚，以及学生申诉等方面的具体实施办法，学生与学校纠纷形成之后，如何给权利人一个争辩是非的机会处于立法空白。在法无明文禁止的前提下，应当将高等学校对学生的学籍管理、学历证书及学位证书的颁发等理解为高等学校对国家法律法规授予的权力的行使，是行政

① 马怀德：《公务法人问题研究》，载《中国法学》2000年第4期。

法意义上的履行职责行为，符合行政诉讼法所确立的立法精神，属于行政诉讼法所调整的范畴。原告的诉讼请求涉及的主要问题是：被诉行为是否是行政行为？该行为是否在符合1989年《行政诉讼法》第二条、第十一条的规定情况下，属于人民法院行政诉讼的受案范围。

本案争议的焦点问题之一是高校颁发学历证书、学位证书行为是否是行政行为。根据法律规定，这两种证书是国家承认的具有法定效力的证书，是个人学历、知识水平、专业技能等方面的证明，是个人能够进入高一级学校学习或从事相应职业的必要证件，也是用人单位对应聘人员进行优先选拔和录用的凭证。基于行政合同理论，学生通过了学校安排的学习、考试、考核，达到一定水平，有权取得教育者颁发的相关证书，这涉及两个问题：第一，教育者的颁证权力是法律赋予的权力，是代表国家对受教育者的学习经历、学业水平作出的评价，与国家行政管理机关为相对人颁发的许可证同类。第二，受教育者必须完成教育者制订的教育教学计划。获得公正评价权是学生通过参加学习、考试之后，由教育者对学生进行品行考核，对学生的学业成绩和品行作出公正的评价。学校或其他教育机构应当依法对符合规定条件的学生颁发相应的学业证书；经国家批准设立或认可的学校及其他教育机构按照国家有关规定，对达到一定学术水平或专业技术水平的人员授予相应的学位，颁发学位证书。这就意味着学业证书、学位证书的发放行为是一种国家特许的权利，这种权利的行使应当接受来自行政和司法的监督是不容争辩的事实。

关于本类案件所涉行为的性质一直争论不休，这个问题主要关系到公立高等学校和该校学生之间的管理关系的法律属性。公立高等学校和学生之间既有民事关系也有行政关系。田某的请求主要是涉及学籍管理以及文凭发放等和教育职能密切相关的行为，因此，我们应着重分析这种关系的性质。

对于这种关系属于公法关系还是私法关系，存在不同的观点。有人认为属于公法关系。[①] 有人认为随着教育的产业化，教育市场的开放，学校

① 马怀德：《公务法人问题研究》，载《中国法学》2000年第4期。

和学生之间的关系将完全等同于教育服务贸易的提供者和消费者的私法关系。[①] 日本的室井力教授认为："公务员之勤务关系、公立学校、公立医院等营造物之利用关系为民法上之契约关系。"按照他的见解，"公立学校之利用关系与私立学校无异，应视其为民法上之契约，对义务教育可理解为'强制契约'。学校对学生之命令权或惩戒权，系利用学校的契约关系，以为达成教育之目的，本质上教师应具有的权利，无碍其为契约之一种"。[②] 有人认为属于准行政关系，这种关系的产生从形式上看需要一个意思表示的过程，这类法律关系的成立在一定程度上依赖法律关系主体的意思表示。其中公民的意思表示行为由报考行为和报到注册行为两部分组成，教育机构的意思表示行为由公布招生信息、招生、注册三部分组成。但是这种法律关系，从形式上看由意思表示设定，实质上并不完全由意思表示决定，在很大程度上受国家规制。如学校在招生和收费等事项上的权力是受限制的。[③]

判断这种关系属于公法关系还是私法关系，在世界范围内在不同法系的国家法律制度下结论不同。在公法和私法划分的国家，如法国、德国为代表的大陆法系国家通常将公立高等学校与学生的关系作为公法关系的一种，两者间纠纷由行政法院按照行政法的基本理论和法律规定审理。私立高等学校与学生的关系则被视为私法关系，发生纠纷则由普通法院按照民事法律的相关规定审理。而在以美、英为代表的英美法系国家，司法制度中不划分公法和私法，因此，公立高等学校和私立高等学校在司法中被同样看待。

我国因为司法制度中设立了民事法庭和行政法庭，划分公法关系和私法关系不仅是理论界的共识也是司法实践的需要。但是对于公法关系还是私法关系的判断，至今仍然是一个争议颇多的问题。学者们也提出了多个

---

① 劳凯声：《我国教育法制建设的宏观改革背景》，载劳凯声主编：《中国教育法制评论》第1辑，教育科学出版社2002年版，第18页。

② 翁岳生：《行政法与现代法治国家》，我国台湾地区台湾大学法学丛书1990年版，第149页。

③ 蒋少荣：《公民受教育权及其实现中的法律关系》，载劳凯声主编：《中国教育法制评论》第1辑，教育科学出版社2002年版，第394页。

标准。

公立学校与学生之间既有民事法律关系，也有公法关系。但是学校与学生之间是教育与被教育关系。管理与接受管理的关系，显然不是一般的民事关系。而是“以权力服从为基本原则，以领导与被领导、命令与服从的行政领导和管理为主要内容的教育行政关系”。① 因为，如果将学校和学生之间的教育关系视为普通民事关系，则无法解释为什么学校对学生享有特殊的管理权限，如纪律处分，颁布学历学位证书，制定校规校纪。②

公立学校和学生之间的关系不是按照合同的约定进行的，而是按照有关的法律规定。学校和学生之间没有签订合同的行为，而平等主体之间签订合同是民事行为的一个重要表现。没有合同，是否可将招生行为认为是合同的协商，学生报志愿是邀约，学校决定接受是承诺？但是，学生没有和学校签合同，也没有规定权利义务。而在一些招生行为中有合同形式，如《研究生委托培养协议》，虽然也存在一定的提供服务并付费的行为，但是因为其中强烈的权力色彩，这种协议从总的原则来看，作为关系双方主体的学生和学校的地位不完全平等，学生必须接受学校的管理。学校有制定内部规则、制裁和管束学生的权力，甚至可以将学生开除出学校，从根本上改变其法律地位。因此，学生和学校之间不是普通的民事关系，更不是平等的民事法律关系。

有专家认为：“行政法对于保持国家与公民权利之间的平衡起到很大的作用”③，国家通过“对行政争议的解决，来矫正违法或不当的具体行政行为，从而实现行政救济的目的”④。有行政争议，就可能引发行政救济。通过上文分析，高校在对学生管理中，对于学生的学籍管理、颁发学业证书和学位证书的管理性质决定了这种纠纷不同于普通的民事关系，由此引起的纠纷属于行政争议，应当由行政法来调整。

---

① 劳凯声、李凌：《关于高等学校法人地位问题探讨》，载《中国高等教育》1992 年第 11 期。

② 马怀德：《公务法人问题研究》，载《中国法学》2000 年第 4 期。

③ ［英］威廉·韦德：《行政法》，徐炳译，中国大百科全书出版社 1997 年版，第 7 页。

④ 刘恒：《行政救济制度研究》，法律出版社 1998 年版，第 3 页。

（2）是否属于行政诉讼的受案范围。本案被诉行为属于行政法调整的范围，但在我国能否纳入行政诉讼的受案范围，又是接下来的一个问题。对于目前出现较多的关于学生处分的案件，如退学等，是否可诉，有不同的意见。有人认为根据目前的法律规定是不应该受理的。理由是：

第一，对开除学籍处分，法律、法规并未明文规定可向法院起诉，而是规定的申诉。根据《教育法》第四十二条第四项规定，受教育者有“对学校给予的处分不服向有关部门提出申诉，对学校、教师侵犯其人身权、财产权等合法权益，提出申诉或者依法提起诉讼”的权利。尽管开除学籍，也是对受教育权的剥夺，理应包含在人身权、财产权“等合法权益”内，但并不能向法院起诉，因为对开除学籍等处分而引起的纠纷已经规定了特殊的解决机制，即“向有关部门提出申诉”。

第二，按照现行的法律规定，学校对于学生的处分权不是行政权。在我国现行法律上，公立学校的权利即使具有支配性和公益性，也并不当然属于行政权。某种权力是不是行政权，只能根据法律的规定来确定。在我国立法技术上，对作为国家权力的行政权一般表述为“职权”“职责”“权力”“负责……工作”或者“主管……工作”等。在现行法律规范中，还没有把行政权称为“权利”的现象。也就是说，被称为“权利”的肯定不会是行政权，还不至于把行政权混淆为相对人的“权利”。那么《教育法》第二十八条赋予学校的处分权到底是不是一种行政权呢？“学校及其他教育机构行使下列权利……（四）对受教育者进行学籍管理，实施奖励或者处分。”与此相对应，该法使用了“义务”而没有采用“职责”一词。该法第二十九条规定：“学校及其他教育机构应当履行下列义务……”这就表明，无论学校的处分权在本质上是否应当作为一种行政权，但就现行法律规定而言，它并不是一种行政权。

第三，学校的处分权是一种授权或委托的观点，并不正确。如果某项权利本身并非行政权，即使它来源于法律、法规和行政机关，也并非行政诉讼法上的行政授权或行政委托。家长对未成年子女的监护权，私营企业对人财物的管理指挥权，都来源于法律，但显然不是行政授权，而是法律的权利赋予。行政机关委托律师代理法律事务，也不是行政委托，而是一种民事委托。权利来源于法律或行政机关与这一权利是何种性质的权利，并没有必然的逻辑联系。相反，如果某项权力是行政权，那么即使授权或委托并不合法，其也仍然是行政权。

以上观点虽然并不符合扩大行政诉讼受案范围的大趋势，也不符合国际社会的人权保护发展趋势，但是也在一定程度上表明了现行法律的不足以及理论界不同观点的交锋。首先，《教育法》的这个规定似有矛盾，这个问题与我国法律界对受教育权的性质认识不清有一定关系。从本条文的用语来看，学校的处分与学校、教师侵犯其人身权、财产权等合法权益的行为是并列的关系，但事实上，学校对于学生的错误处分不仅可能侵犯学生的受教育权，也可能侵犯学生的财产权，如开除学生的决定使学生无法按计划完成学业，因此将遭受经济损失。同时，也应该看到由于我国法制还不够完备，在很多问题上还存在空白，而这正需要法院灵活地运用法治的一般原则和基本原则审理案件，不能因循守旧，对于没有明确法律条文规定的情况一概不理，从而放弃推动我国法治进步的责任。其次，学生和学校之间的关系曾被认为是特别权力关系，随着人权理论的发展和法治的进步，这种理论已经逐渐消亡。

通常，对于当事人的诉讼请求没有法律明文规定的，法官会频繁使用“于法无据”，其中不乏一些法官以法律没有明文的规定为由来回避问题。“法官有责任维护法律，不得根据与法律不一致的个人观点来判决。”① 审判是保护权利、自由的最后一道屏障，当合法权益受到不法侵害时，法院将是公正的维护者。因此，认识和理解法律精神是法官的责任，法官不仅在案件的审判中充当法律的维护者，同时在案件审判中，作为法律的适用者，不应当拘泥于法律条文的规定，机械地适用法律，应当在审判中，充分理解法律的原则和精神，在审判中以现有的实体法、程序法、法学理论和司法解释发展法律，最大限度地保护当事人的合法权益。学校的地位以及其和学生之间关系的特点表明，学校相对于学生处在主导地位，学校作

① ［美］史蒂文·J. 伯顿：《法律和法律推理导论》，张志铭、解兴权译，中国政法大学出版社1998年版，第151页。

为独立于政府的自治机构，在法律授权范围内具有制定内部规定的权力，学生必须遵守学校的规定。学校对学生进行管理的行为是行使权力的行为，而不是平等主体之间的权利。无救济即无权利，本案被诉行为属于行政行为，将其纳入行政诉讼的受案范围符合行政诉讼法的原则和精神，有利于依法保护受教育者的权益。

（二）关于第二个裁判要点的说明

第二个裁判要点涉及教育自主权的行使范围问题。本案中，被告根据原国家教委关于严肃考场纪律的指示精神，于1994年制定了校发（94）第068号《关于严格考试管理的紧急通知》（以下简称068号通知）。该068号通知规定，凡考试作弊的学生一律按退学处理，取消学籍。被告依据068号通知的规定，于1996年3月5日在学校的“期末考试工作简报”中通报了田某考试作弊一事，并决定对田某按退学处理。068号通知应当理解为学校为了实施管理发布的规范性文件。被告答辩认为，该文件是根据原国家教委的文件精神制定的，在内容上与文件的精神一致，被告依据相关文件的精神发布068号通知，属于办学自主权范围内的事项。被告认为，根据068号通知，学校对田某作退学处理属于高校办学自主权范围内在学籍管理上的一种合法、有效的处理形式。

本案不能回避的问题是高校的办学自主权问题。根据《教育法》的规定，高校享有办学自主权，为了实现办学的宗旨，可以独立进行教育管理，实施教育活动，这是高校的专有权力。办学自主权包括：（1）教学自主权，学校有权为实现办学宗旨，独立自主进行教育教学管理活动；（2）招收学生及其他受教育者；（3）组织教学、科研，对学生进行考试、考核；（4）聘用教师；（5）管理和使用本单位的设备和经费；（6）拒绝任何组织或个人对教育教学活动的非法干预。在高校办学自主权问题上有观点认为，在学籍问题上，只有学校才能决定学生学籍的存续与否，是学校行政管理的专属权限。持这种观点的人并同时认为，学校与学生之间是内部行政关系，学校对学生的处理决定一经作出，只有学校或上级才能够以同样的决定予以改正或撤销。此观点来源于对教育自主权的不同理解。法官在本案审判中也认识到高校的办学自主权对学生的学籍管理如何调控是该案审判的重点问题，涉及法院能否对学校的学籍管理进行司法审查。从理论上，我们需要明确学校内部规定的法律地位以及法律效力，以便进一步分析法院在诉讼中对于学校内部规定应当采取的态度以及审查的标准。

法律授权公法人有制定自治规章的权力是为了促进社会上团体力量自主性的发挥。从性质上说，自治规章属于从属性法源，它之所以发生法律效力在于法律之授权，自治团体依授权的内容与范围制定自治规章。自治规章的立法权来自国家法律，为国家所承认，在国家授权范围内立法，因此需要受到一定的限制：第一，自治规章的内容应限于公法组织的法定的任务与职权；第二，自治规章之效力适用于自治体内的成员；第三，法律优位原则的适用；第四，法律保留之事项，自治规章不得规定。也即若无国家法律之授权，自治规章不得干预人民之自由及权利。大学作为进行高等教育的机构，在国家法律规定的范围内享有自治权，具有自治团体的地位，因此拥有自治规章的制定权，这些规章包括大学的章程以及其他内部规范。例如，《德国大学基准法》第58条第2项规定大学制定基本章则，其内容包括大学本质、任务、内部成员的权利义务等。除基本章则以外，还有学位的授予、考试规则、注册规则、内部秩序的维持等也属于这个范围。

对于大学自治规章的监督，从世界范围内看，主要依靠两种方式：第一是行政监督。如德国大学法规定大学自治规章应经上级机关的许可，许可是自治规章生效的要件。《中华人民共和国高等教育法》只规定学校章程的制定和修改需要经过教育主管机关的审批，而对于其他规定，则是学校校长职权。该法第二十九条第三款规定："高等学校和其他高等教育机构分立、合并、终止，变更名称、类别和其他重要事项，由原审批机关审批；章程的修改，应当报原审批机关核准。"① 第二是司法监督。法国的做

① 对应《中华人民共和国高等教育法》（2018年修正）第二十九条第三款："高等学校和其他高等教育机构分立、合并、终止，变更名称、类别和其他重要事项，由本条第一款规定的审批机关审批；修改章程，应当根据管理权限，报国务院教育行政部门或者省、自治区、直辖市人民政府教育行政部门核准。"

法是在审查依据内部自治规章作出的行为的合法性时一并审查规则的有效性。我国目前由于大学的公法地位不够明确，因此大学自治的程度还很低，泛机关化的现象还没有得到纠正，因此如何对自治规章进行监督还是一个不甚明确的问题。

本案判决书虽然没有直接宣布被告发布的068号文件的中涉案条款无效，但是已经指明该文件与上位法规章中的规定相抵触。高等学校在对受教育者实施管理过程中，虽然根据法律、法规、规章的规定，拥有相应的教育自主权，可以自主制定相关校纪、校规，但其职权行使不得违背国家法律、法规、规章的规定。本案中，北京科技大学制定的068号通知规定“凡考试作弊者，一律按退学处理”，直接与《普通高等学校学生管理规定》第二十九条[①]规定的法定退学条件相抵触，因而是无效的。人民法院审理行政案件依据法律、行政法规和地方性法规，参照规章，对行政主体制定的规范性文件，有权进行合法性审查，以决定是否予以适用。[②]

（三）关于第三个裁判要点的说明

第三个裁判要点涉及正当法律程序问题，正当的行政程序是行政行为合法的要件之一。一审法院在田某案的判决书中指出：“退学处理的决定涉及原告的受教育权利，从充分保障当事人权益原则出发，被告应将此决定向本人送达、宣布，听取当事人的申辩意见。而被告既未依此原则处理，尊重当事人的权利，也未实际给原告办理迁移学籍、户籍、档案等手续。”本案中涉及对学校的纪律处分原则的研究。纪律处分虽然不同于行政处罚，但是在世界范围内已经普遍认为，严重的纪律处分涉及被处分人的重大或基本权益的，也应当遵循正当程序原则。因此，《最高人民法院公报》刊登的田某案指出：“按退学处理，涉及被处理者的受教育权利，

---

① 对应《普通高等学校学生管理规定》（2017年）第三十条。

② 根据《最高人民法院关于印发〈关于审理行政案件适用法律规范问题的座谈会纪要〉的通知》（法〔2004〕96号），人民法院经审查认为被诉具体行政行为依据的其他规范性文件合法、有效并合理、适当的，在认定被诉具体行政行为合法性时应承认其效力；人民法院可以在裁判理由中对其他规范性文件是否合法、有效、合理或适当进行评述。

从充分保障当事人权益的原则出发，作出处理决定的单位应当将该处理决定直接向被处理者本人宣布、送达，允许被处理者本人提出申辩意见。北京科技大学没有按照正当程序原则办理，忽视当事人的申辩权利，这样的行政管理行为不具有合法性。”在美国，公立学校给予学生纪律处分的行为也是公行政的研究范围。“根据正当程序要求，在学生因其不轨行为而被公立学校开除之前，必须给予其通知并给其受审讯（即听证）的机会。法院一致确认，正当程序条款适用于公立学校作出的开除学生的决定。”①

正当程序的原则具体表现为以下制度：一是听证制度，不同的体制下，纪律处分的程序是不同的，但是给予被处分人听证的机会是保证程序正当的一个因素；二是辩护权，在所有的情况下，被处分人的辩护权应该被尊重，这种辩护权是被法律条文和法律基本原则确定的；三是说明理由，说明理由制度是行政行为的基本原则。行政主体在作出对相对人合法权益产生不利影响的行政行为时，除法律有特别规定外，必须向行政相对人说明其作出该行政行为的事实因素、法律根据以及进行自由裁量时所考虑的政策、公益等因素。②

随着近年来我国法学界对程序正义的大力宣传介绍，人们对健全的程序在国家法律中的作用的认识日益普及深化，我们不得不正视这样一个现实：虽然我们正在转变重实体、轻程序的法律传统模式，在公开审判中对程序价值有了相当的重视，我国行政法领域也切实进行了一系列基本程序制度的努力，却仍处于起始阶段。《中华人民共和国行政处罚法》规定了一些基本的行政程序方面的制度，诸如听证制度、告知制度、职能分离制度等，但这些规定尚显粗糙，在当前行政诉讼活动中，行政程序违法、不履行行政机关告知义务、在作出行政行为之前不向相对人说明理由、侵犯相对人知情权，导致败诉现象屡有发生。目前，随着依法行政、法治政府建设的不断推进，保障行政相对人的知情权、申辩权，行政机关的行政告

---

① ［美］伯纳德·施瓦茨：《行政法》，徐炳译，群众出版社1986年版，第218页。

② 章剑生：《行政行为说明理由研究》，载《法学研究》1998年第3期。其他定义参见李春燕：《行政行为说明理由制度的构建》，载《行政法学研究》1998年第3期；姜明安：《行政的现代化与行政程序制度》，载《中外法学》1998年第1期。

知义务及行政决定的送达及宣布义务已成为所有行政机关及其工作人员必须严格遵守的基本法则，这是程序公平原则的具体体现。

本案中，被告作出的退学决定和学籍变更通知事关当事人受教育的基本权利，对当事人合法权益具有重大影响，但被告并未将决定事项向田某宣布、送达，没有说明作出决定的理由，也没有给予田某陈述、申辩的机会，其处理决定缺乏最低限度的程序正义要件，违反正当法律程序，属于违法行政行为，应当承担由此产生的法律后果。

四、其他相关问题的说明

（一）指导案例38号与39号的区别和联系

两个案例，即田某案与何某强案，虽然都是因为高等学校拒绝颁发毕业证、学位证引起的行政诉讼，但两案在基本案情、裁判结果和裁判要点等方面有所不同。首先，田某案是因为大学生违反校规、校纪，高等学校对其作出退学处理决定而拒绝颁发毕业证书、学位证书；何某强案是因为大学本科毕业生因为没有通过大学英语四级考试，高等学校在学术自治范围内经过审查，认为学生达不到学术标准拒绝授予学位证引起的。其次，两案都涉及高等学校自行制定的校规、校纪问题。田某案中，北京科技大学发布的068号通知，由于违背国家法律、行政法规或规章等上位法的规定，被告据此通知对大学生作出退学处理决定的，被判败诉。何某强案中，华中科技大学和武昌分校制定的授予本科毕业生学士学位实施细则等规定，将通过全国大学外语四级考试作为非外国语专业学生申请学士学位的必备条件之一。最终法院认定高等学校依法定授权，在学术自治范围内实施的审查授权学士学位行为合法。最后，田某案的第一个裁判要点在说理方面，侧重阐释高等学校实施了影响受教育者基本权利的管理行为，就可能成为行政诉讼中的适格被告。而何某强案第一个裁判要点突出的是高等学校实施的审查授予学位行为属于依法定授权实施的行政行为，具有可诉性，属于行政诉讼的受案范围。二者结论是一样的，只是阐释的角度有所不同。还有，田某案第三个裁判要点还涉及正当法律程序原则，即应当保障受教育者在教育管理活动中享有最低程序权利原则，这一问题在何某强案中没有涉及。

(二) 本案例裁判要点在编写时的一些具体问题的说明

一是吸收了教育部提出的意见，即将案例标题和裁判要点中的“学业证书”修改为“学历证书”，以与高等教育法保持一致。另外，田某案中原告是大学毕业生，被告拒绝向其颁发本科毕业学历证书和学士学位证书，裁判要点直接使用了学历证书、学位证书，这样本案例的参照适用不局限于本科阶段，可以推广到硕士和博士阶段，保证案例参照适用的普遍指导价值。二是本案例裁判要点在编写时，选择了高等学校的行政诉讼主体地位、高等学校行使教育自主权不得违背法律、法规、规章规定，以及教育行政活动应遵循正当程序原则三个要点，并未涉及被告是否应当颁发毕业证书、学位证书以及办理毕业派遣手续等问题。因为，上述三个要点是本案例的前提问题、核心问题，也是本案例在法律适用方面最具指导价值的要点，解决了上述三个问题，确认了被告决定的违法性，认定原告仍然具备学籍，本案涉及的其他相关问题也就迎刃而解。因此，本案例在编写裁判要点时有所取舍。三是本案例说理部分引用的《普通高等学校学生管理规定》(1990年1月20日国家教育委员会令第7号发布) 已被《普通高等学校学生管理规定》 (2005年3月25日发布，2005年9月1日实施)① 修改。但该规定的修改并未影响本案例的判决依据和说理。

(执笔人：饶亚东、石磊)

---

① 现为《普通高等学校学生管理规定》(2017年2月4日发布，2017年9月1日实施)。

▶ 申请人对高等学校不授予其学位的决定不服提起行政诉讼的，人民法院应当依法受理

30．何某强诉华中科技大学拒绝授予学位案*

（最高人民法院审判委员会讨论通过　2014年12月25日发布）

【关键词】

行政诉讼　学位授予　高等学校　学术自治

【裁判要点】

1. 具有学位授予权的高等学校，有权对学位申请人提出的学位授予申请进行审查并决定是否授予其学位。申请人对高等学校不授予其学位的决定不服提起行政诉讼的，人民法院应当依法受理。

2. 高等学校依照《中华人民共和国学位条例暂行实施办法》的有关规定，在学术自治范围内制定的授予学位的学术水平标准，以及据此标准作出的是否授予学位的决定，人民法院应予支持。

【相关法条】

《中华人民共和国学位条例》第四条、第八条第一款

* 摘自2014年12月24日最高人民法院发布的第九批指导性案例（指导案例39号）。

《中华人民共和国学位条例暂行实施办法》第二十五条

【基本案情】

原告何某强系第三人华中科技大学武昌分校（以下简称武昌分校）2003级通信工程专业的本科毕业生。武昌分校是独立的事业单位法人，无学士学位授予资格。根据国家对民办高校学士学位授予的相关规定和双方协议约定，被告华中科技大学同意对武昌分校符合学士学位条件的本科毕业生授予学士学位，并在协议附件载明《华中科技大学武昌分校授予本科毕业生学士学位实施细则》。其中第二条规定“凡具有我校学籍的本科毕业生，符合本《实施细则》中授予条件者，均可向华中科技大学学位评定委员会申请授予学士学位”。第三条规定“……达到下述水平和要求，经学术评定委员会审核通过者，可授予学士学位……（三）通过全国大学英语四级统考”。2006年12月，华中科技大学作出《关于武昌分校、文华学院申请学士学位的规定》，规定通过全国大学外语四级考试是非外国语专业学生申请学士学位的必备条件之一。

2007年6月30日，何某强获得武昌分校颁发的《普通高等学校毕业证书》，由于其本科学习期间未通过全国英语四级考试，武昌分校根据上述《实施细则》，未向华中科技大学推荐其申请学士学位。8月26日，何某强向华中科技大学和武昌分校提出授予工学学士学位的申请。2008年5月21日，武昌分校作出书面答复，因何某强没有通过全国大学英语四级考试，不符合授予条件，华中科技大学不能授予其学士学位。

【裁判结果】

湖北省武汉市洪山区人民法院于2008年12月18日作出（2008）洪行初字第81号行政判决：驳回原告何某强要求被告华中科技大学为其颁发工学学士学位的诉讼请求。湖北省武汉市中级人民法院于2009年5月31日作出（2009）武行终字第61号行政判决：驳回上诉，维持原判。

【裁判理由】

法院生效裁判认为：本案争议焦点主要涉及被诉行政行为是否可诉、是否合法以及司法审查的范围问题。

一、被诉行政行为具有可诉性

根据《中华人民共和国学位条例》等法律、行政法规的授权，被告华中科技大学具有审查授予普通高校学士学位的法定职权。依据《中华人民共和国学位条例暂行实施办法》第四条第二款“非授予学士学位的高等院校，对达到学士学术水平的本科毕业生，应当由系向学校提出名单，经学校同意后，由学校就近向本系统、本地区的授予学士学位的高等院校推荐。授予学士学位的高等院校有关的系，对非授予学士学位的高等院校推荐的本科毕业生进行审查考核，认为符合本暂行办法及有关规定的，可向学校学位评定委员会提名，列入学士学位获得者名单”，以及国家促进民办高校办学政策的相关规定，华中科技大学有权按照与民办高校的协议，对于符合本校学士学位授予条件的民办高校本科毕业生经审查合格授予普通高校学士学位。

本案中，第三人武昌分校是未取得学士学位授予资格的民办高校，该院校与华中科技大学签订合作办学协议约定，武昌分校对该校达到学士学术水平的本科毕业生，向华中科技大学推荐，由华中科技大学审核是否授予学士学位。依据《中华人民共和国学位条例暂行实施办法》的规定和华中科技大学与武昌分校之间合作办学协议，华中科技大学具有对武昌分校推荐的应届本科毕业生进行审查和决定是否颁发学士学位的法定职责。武昌分校的本科毕业生何某强以华中科技大学在收到申请之日起60日内未授予其工学学士学位，向人民法院提起行政诉讼，符合《最高人民法院关于执行〈中华人民共和国行政诉讼法〉若干问题的解释》第三十九条第一款[①]的规定。因此，华中科技大学是本案适格的被告，何某强对华中科技

① 参见《最高人民法院关于适用〈中华人民共和国行政诉讼法〉的解释》第六十六条。

大学不授予其学士学位不服提起诉讼的，人民法院应当依法受理。

二、被告制定的《华中科技大学武昌分校授予本科毕业生学士学位实施细则》第三条的规定符合上位法规定

《中华人民共和国学位条例》第四条规定：“高等学校本科毕业生，成绩优良，达到下述学术水平者，授予学士学位：（一）较好地掌握本门学科的基础理论、专门知识和基本技能……”《中华人民共和国学位条例暂行实施办法》第二十五条规定：“学位授予单位可根据本暂行条例实施办法，制定本单位授予学位的工作细则。”该办法赋予学位授予单位在不违反《中华人民共和国学位条例》所规定授予学士学位基本原则的基础上，在学术自治范围内制定学士学位授予标准的权力和职责，华中科技大学在此授权范围内将全国大学英语四级考试成绩与学士学位挂钩，属于学术自治的范畴。高等学校依法行使教学自主权，自行对其所培养的本科生教育质量和学术水平作出具体的规定和要求，是对授予学士学位的标准的细化，并没有违反《中华人民共和国学位条例》第四条和《中华人民共和国学位条例暂行实施办法》第二十五条的原则性规定。因此，何某强因未通过全国大学英语四级考试不符合华中科技大学学士学位的授予条件，武昌分校未向华中科技大学推荐其申请授予学士学位，故华中科技大学并不存在不作为的事实，对何某强的诉讼请求不予支持。

三、对学校授予学位行为的司法审查以合法性审查为原则

各高等学校根据自身的教学水平和实际情况在法定的基本原则范围内确定各自学士学位授予的学术水平衡量标准，是学术自治原则在高等学校办学过程中的具体体现。在符合法律法规规定的学位授予条件前提下，确定较高的学士学位授予学术标准或适当放宽学士学位授予学术标准，均应由各高等学校根据各自的办学理念、教学实际情况和对学术水平的理想追求自行决定。对学士学位授予的司法审查不能干涉和影响高等学校的学术自治原则，学位授予类行政诉讼案件司法审查的范围应当以合法性审查为基本原则。

理解与参照

《何某强诉华中科技大学拒绝授予学位案》的理解与参照*

——高等学校在学术自治范围内有依法制定学术评价标准职权

最高人民法院案例指导工作办公室

2014年12月25日，最高人民法院发布了指导案例39号《何某强诉华中科技大学拒绝授予学位案》。为了正确理解和准确参照适用该指导案例，现对该指导案例的推选经过、裁判要点等有关情况予以解释、论证和说明。

一、推选过程及指导意义

2010年11月26日，最高人民法院发布了《最高人民法院关于案例指导工作的规定》（以下简称《规定》），标志着中国特色的案例指导制度得以确立。该《规定》第九条规定，对于本规定施行前，最高人民法院已经发布的对全国法院审判、执行工作具有指导意义的案例，应当清理、编纂后作为指导性案例公布。《最高人民法院公报》（以下简称《公报》）自1985年5月创刊开始即向社会发布各类典型案例，这些案例在案例指导

* 摘自《最高人民法院司法解释与指导性案例理解与适用》（第六卷），人民法院出版社2018年版，第668~676页。

制度确立以前，对于审判和执行工作，事实上发挥了一定的指导或参考作用。2013年4月23日，最高人民法院召开了案例清理工作会议，下发了《最高人民法院案例清理工作会议纪要》（以下简称《会议纪要》），会议决定对《公报》刊发的对全国法院审判、执行工作具有指导意义的案例进行清理、编纂。清理范围原则上以2005年1月后刊发的案例为主。本案例原刊登于《公报》2012年第2期，鉴于其具有较为重要的指导价值，将其列入了《公报》案例清理、编纂的范围。

按照《会议纪要》的要求，最高人民法院行政庭经过初审，同意推荐该案例。行政庭经审查认为，本案例涉及高校办学相关政策、规范性文件相关规定的理解，特别对如何界定独立学院与其挂名高校诉讼主体资格、如何理解学术自治很有普遍性和现实意义。2013年7月9日，案例清理工作领导小组办公室经征求《公报》编辑部意见，将该案例列为第二阶段案例清理范围，并再次送行政庭。行政庭经过复审，经主管院领导审核同意该案例进入下一阶段清理程序，并编写了指导性案例文本。2014年4月22日，案例清理工作领导小组办公室经过修改，将该案例提交研究室室务会讨论，室务会同意推荐该案例，报院领导审核后提交最高人民法院审判委员会审议。10月21日，审判委员会经过讨论同意该案例作为指导性案例发布。12月25日，最高人民法院以法〔2014〕337号文件将该案例列入第九批指导性案例予以发布。

该指导案例旨在明确高等学校作出不授予学位的决定属于行政诉讼的受案范围，以及高等学校在学术自治的范围内有依法自行制定学术评价标准的职权。该案例再次重申高等学校依据法定职权实施的学位授予行为的可诉性，并明确了高等学校学术自治的法治内涵，这对依法保障受教育者的合法权益，正确理解学术自治与司法审查范围的关系有重要指导意义，具有较强的普遍性和现实意义。

二、关于本案例的背景情况

自20世纪90年代初期以来，我国教育领域中因招生不公平、学校乱收费等问题引起的纠纷，施教过程中学生与学校之间的纠纷，教师与学校之间在教学服务、待遇保障、惩戒处分等方面的纠纷，以及社会力量办学等引发的纠纷逐渐增多。但这些涉及学生与学校、教师与学校之间的纠纷属于什么性质，通过什么途径解决，怎么解决都是难点问题。由于缺乏明确的法律规定，加上人们观念的不同，这些纠纷进入诉讼后的处理方式和结果也不同。1998 年，北京市海淀区人民法院正式受理了田某诉北京科技大学拒绝颁发毕业证、学位证一案，判决被告败诉。被告不服，提起上诉，1999 年北京市第一中级人民法院判决驳回上诉，维持原判。同期，北京大学 1992 级电子学系博士研究生刘某文因母校拒绝向其颁发毕业证、学位证将北京大学告上法庭。1999 年 9 月，北京市海淀区人民法院受理此案，一审判决北京大学败诉，北京大学上诉后，北京市第一中级人民法院裁定撤销一审判决，发回重审。2000 年 12 月，北京市海淀区人民法院以“超过诉讼时效”为由，驳回了刘某文的诉讼请求。2002 年 10 月初，重庆某大学女生李某与其大学生男友张某在外出旅游途中同居并怀孕。事情发生后，学校依据原国家教委颁布的《普通高等学校学生管理规定》等规定，以及该校《违纪学生处罚条例》等校规、校纪，认定李某、张某“道德败坏，品行恶劣”，给予两名当事学生勒令退学的处分。两名学生将母校告上法庭，2003 年 1 月底，重庆市南岸区人民法院作出一审行政裁定，以此事不属于法院受理范围为由驳回了当事人的起诉。原告不服上诉，重庆市中级人民法院维持了一审裁定。这些案件引起了人们的高度关注，教育行政案件开始进入人们的视野，教育行政案件的一些审判规则引起了人们的热烈讨论。田某案的判决明确了受教育者的基本权利可以得到司法救济的基本原则，对高校教育管理的自主权与司法审查权的关系也给予了一定的阐释。此后，教育行政案件经过一段时间的曲折反复之后，逐渐打开了进入诉讼途径的大门，案件类型逐渐增多，审判规则进一步明晰。

最高人民法院发布的第九批指导性案例，其中指导案例 38 号即为《田某诉北京科技大学拒绝颁发毕业证、学位证案》。《何某强诉华中科技大学拒绝授予学位案》同批作为指导案例 39 号发布。两个案例涉及的行政诉讼案由基本相同，但基本案情、裁判结果和法律适用问题有一定区别，为了更全面地阐释教育行政案件的审判规则，两个案例经过审委会讨论，都作为指导性案例予以发布。

三、裁判要点的理解与说明

该指导案例的裁判要点确认：(1) 具有学位授予权的高等学校，有权对学位申请人提出的学位授予申请进行审查并决定是否授予其学位。申请人对高等学校不授予其学位的决定不服提起行政诉讼的，人民法院应当依法受理。(2) 高等学校依照《中华人民共和国学位条例暂行实施办法》的有关规定，在学术自治范围内制定的授予学位的学术水平标准，以及据此标准作出的是否授予学位的决定，人民法院应予支持。现围绕与该裁判要点相关的问题逐一论证和说明如下。

(一) 关于第一个裁判要点的说明

第一个裁判要点核心是被诉行为的可诉性问题。根据我国关于学位授予的法律法规等规定，具有学位授予权的高等学校，有权对学位申请人提出的学位授予申请进行审查并决定是否授予其学位。但是，这种学位授予行为性质是什么？高等学校拒绝授予申请人学位的，申请人是否可以提起行政诉讼？

本案中，原告何某强是第三人华中科技大学武昌分校的2003级本科毕业生。[①] 当时武昌分校并无学士学位授予资格，而是根据国家有关规定，以及武昌分校与被告华中科技大学的合作办学协议，被告华中科技大学被委托审查授予学士学位。由于被告华中科技大学拒绝向何某强授予学士学位，何某强将其告上法庭。高等学校拒绝向其学生授予学位行为的可诉性问题，实际在田某案中已予以解决，田某案已经认定高校授予学位行为属于法律法规授权组织依据法律法规授权实施的具体行政行为，具有可诉

① 武昌分校系通常所说的“独立学院”，性质上属于民办高校。独立学院是20世纪90年代末期，我国为充分利用教育资源，鼓励公办本科院校结合社会资金，通过合作办学形式举办的独立的学院。教育部在2003年、2008年先后发布有关文件对此予以规范。根据2008年教育部第26号令《独立学院设置与管理办法》的规定，独立学院，是指实施本科以上学历教育的普通高等学校与国家机构以外的社会组织或者个人合作，利用非国家财政性经费举办的实施本科学历教育的高等学校。

性。但由于本案涉及独立学院、合作办学等问题，有一定特殊性。

根据我国教育行政管理有关法律法规的规定，高等学校是法律法规授权的组织，在行政法上具有行政主体资格。1995年《中华人民共和国教育法》第二十一条[①]规定："国家实行学位制度。学位授予单位依法对达到一定学术水平或者专业技术水平的人员授予相应的学位，颁发学位证书。"[②]《中华人民共和国学位条例》（以下简称《学位条例》）第八条第一款规定："学士学位，由国务院授权的高等学校授予……"因此，高等学校依职权所实施的学位授予行为，属于行使法律法规授予的职权的行为，根据《中华人民共和国行政诉讼法》（以下简称《行政诉讼法》）及相关司法解释的规定，具有可诉性，属于人民法院司法审查的范围。[③]根据《学位条例》《中华人民共和国学位条例暂行实施办法》（以下简称《实施办法》）、《国务院批准首批授予学士学位高等学校名单》等行政法规、规章的授权，被告华中科技大学具有审查授予普通高校学士学位的法定职权。根据国家法律法规和国家促进民办高校办学政策的相关规定，华中科技大学可以接受民办高校委托对于符合本校学士学位授予条件的民办高校应届本科毕业生经审查合格授予普通高校学士学位。本案中，由于当时武昌分校并无学士学位授予资格，其与华中科技大学依据法律法规等规定签订合作办学协议，委托华中科技大学对武昌分校推荐的应届本科毕业生进行审查和决定是否授予学士学位。因此，何某强对华中科技大学不授予学位的行为不服的，可以依法提起行政诉讼。

本案属于当事人申请行政主体履行法定职责的案件，故何某强以华中科技大学在收到申请之日起60日内未授予其工学学士学位，向人民法院提起行政诉讼，符合《最高人民法院关于执行〈中华人民共和国行政诉讼

① 对应《中华人民共和国教育法》（2021年修正）第二十二条。

② 本案例不涉及学业证书颁发问题，故本文对此不再赘述。

③ 1989年《中华人民共和国行政诉讼法》第二条规定："公民、法人或者其他组织认为行政机关和行政机关工作人员的具体行政行为侵犯其合法权益，有权依照本法向人民法院提起诉讼。"《最高人民法院关于执行〈中华人民共和国行政诉讼法〉若干问题的解释》第一条第一款规定："公民、法人或者其他组织对具有国家行政职权的机关和组织及其工作人员的行政行为不服，依法提起诉讼的，属于人民法院行政诉讼的受案范围。"

法〉若干问题的解释》第三十九条第一款①的规定，人民法院应当依法受理。

本案中还涉及当事人方面的问题。《公报》总结的“裁判摘要”第一点即集中于这个问题上。第一点原文如下：“根据有关行政法规、规章及民办高校办学相关政策、规范性文件的规定，大学作为独立学院的挂名高校，具有授予独立学院符合条件毕业生学士学位的法定职责。学生以独立学院无根据未授予学士学位为由起诉的，大学应为适格被告。因独立学院作出具有终局性的初审行为，对学生的利益有直接利害关系，亦应作为被告。学生坚持起诉大学，而不起诉独立学院的，法院应将独立学院列为第三人。”

本案中，何某强是华中科技大学武昌分校的本科毕业生，华中科技大学武昌分校在当时是没有取得学士学位授予权的民办普通高等院校。《实施办法》第四条第二款规定：“非授予学士学位的高等院校，对达到学士学术水平的本科毕业生，应当由系向学校提出名单，经学校同意后，由学校就近向本系统、本地区的授予学士学位的高等院校推荐。授予学士学位的高等院校有关的系，对非授予学士学位的高等院校推荐的本科毕业生进行审查考核，认为符合本暂行办法及有关规定的，可向学校学位评定委员会提名，列入学士学位获得者名单。”因此，虽然何某强不是华中科技大学本校的大学生，但根据法律法规规定和相关合作办学协议，华中科技大学武昌分校对该校达到学士学术水平的本科毕业生，应当向华中科技大学推荐，由华中科技大学审核是否授予学士学位。1989 年《行政诉讼法》第二十五条第一款规定：“公民、法人或者其他组织直接向人民法院提起诉讼的，作出具体行政行为的行政机关是被告。”② 由于审查授予学位的职权属于华中科技大学，且以其名义实施，故华中科技大学是本案适格的被

---

① 该款规定：“公民、法人或者其他组织申请行政机关履行法定职责，行政机关在接到申请之日起 60 日内不履行的，公民、法人或者其他组织向人民法院提起诉讼，人民法院应当依法受理。法律、法规、规章和其他规范性文件对行政机关履行职责的期限另有规定的，从其规定。”参见《最高人民法院关于适用〈中华人民共和国行政诉讼法〉的解释》第六十六条。

② 对应《中华人民共和国行政诉讼法》（2017 年修正）第二十六条第一款：“公民、法人或者其他组织直接向人民法院提起诉讼的，作出行政行为的行政机关是被告。”

告。《行政诉讼法》第二十七条又规定："同提起诉讼的具体行政行为有利害关系的其他公民、法人或者其他组织，可以作为第三人申请参加诉讼，或者由人民法院通知参加诉讼。"[①] 应当说，华中科技大学武昌分校是未取得学士学位授予资格的民办高校，故不具有审查授予学士学位的职权，不能成为本案适格的被告。但因其与学位授予行为具有利害关系，根据法律的规定，可以作为第三人申请参加诉讼，或者由人民法院通知参加诉讼。《公报》"裁判摘要"概括的"因独立学院作出具有终局性的初审行为，对学生的利益有直接利害关系，亦应作为被告。学生坚持起诉大学，而不起诉独立学院的，法院应将独立学院列为第三人"的观点值得商榷。

（二）关于第二个裁判要点的说明

第二个裁判要点实质是关于司法审查的强度问题。行政诉讼以对行政行为的合法性审查为基本原则。各高等学校根据自身的教学水平和实际情况在法定的基本原则范围内确定各自学士学位授予的学术标准，是学术自治原则在高等学校办学过程中的具体体现。在不违反上位法规定的情况下，学校有权决定具体的学术标准要求。法院不是学校管理的专家，应当对高校的学术自治保持尊重，法院更多是从法律的角度去审查高校的教育行政管理行为。因此，法院对学士学位授予的司法审查不能干涉和影响高等学校的学术自治原则，学位授予类行政诉讼案件司法审查的强度应当以合法性审查为基本原则。

《学位条例》对于授予学士学位的标准作了原则性的规定，其第四条规定："高等学校本科毕业生，成绩优良，达到下述学术水平者，授予学士学位：（一）较好地掌握本门学科的基础理论、专门知识和基本技能……"《实施办法》第二十五条规定："学位授予单位可根据本暂行条例实施办法，制定本单位授予学位的工作细则。"《实施办法》赋予学位授予单位在

---

① 对应《中华人民共和国行政诉讼法》（2017年修正）第二十九条："公民、法人或者其他组织同被诉行政行为有利害关系但没有提起诉讼，或者同案件处理结果有利害关系的，可以作为第三人申请参加诉讼，或者由人民法院通知参加诉讼。人民法院判决第三人承担义务或者减损第三人权益的，第三人有权依法提起上诉。"

不违反《学位条例》所规定授予学士学位基本原则的基础上可自行制定学士学位授予标准的权力和职责。具体到本案中，被告华中科技大学作为有学士学位授予权的教育部部属重点高等院校，其在国家学士学位授予基本原则范围内自行对其所培养的本科生教育质量和学术水平作出具体的规定和要求，有权自行制定授予学士学位的学术标准和规则。全国大学英语四级考试是目前全国大多数高等院校普遍用于检验大学英语课程教学学习水平的一种标准化外语考试，这种标准化外语考试的目的在于通过考试检测本科生大学英语课程的学习水平和实际掌握运用英语开展学术研究的能力。华中科技大学将英语四级考试成绩与学士学位挂钩，是在法律法规的授权范围之内，并没有违反《学位条例》第四条和《实施办法》第二十五条的原则性规定。

目前，全国有很多高等院校均将通过全国大学英语四级考试作为学士学位授予必备的学术水平衡量标准，这一标准并未超出法定的学术水平范围，属于高等院校的学术自治范畴。各高等院校根据自身的教学水平和实际情况在法定的基本原则范围内确定各自学士学位授予的学术标准，是学术自治原则在高等院校办学过程中的具体体现，坚持确定较高的学士学位授予学术标准抑或适当放宽学士学位授予学术标准均应由各高等院校根据各自的办学理念、教学实际情况和对学术水平的理想追求自行决定，对学士学位授予的司法审查不能干涉和影响高等院校的学术自治原则，学位授予类行政诉讼案件司法审查的深度和广度应当以合法性审查为基本原则。因此，高等学校在法定授权范围内将通过全国大学英语四级考试作为授予学士学位的条件，并据此作出是否授予学士学位决定的，这是高等学校学术自治范围内的事项，人民法院应当仅进行合法性审查，对于符合法律规定的，应当予以支持。对教育行政案件的司法审查注意尊重高校的学术自治，有利于促进高校依法进行学校管理，不断提升教育水平。

四、其他相关问题的说明

（一）本案例与田某案的区别和联系

两个案例虽然都是因为高等学校拒绝颁发毕业证、学位证引起的行政诉讼，但两案在基本案情、裁判结果和裁判要点把握的角度等方面具有不同。首先，田某案是因为大学生违反校规、校纪，高等学校对其作出退学处理决定而拒绝颁发毕业证书、学位证书；何某强案是因为大学本科毕业生因为没有通过大学英语四级考试，高等学校在学术自治范围内经过审查，认为学生达不到学术标准拒绝授予学位证引起的。其次，两案都涉及高等学校自行制定的校规、校纪问题。田某案中，北京科技大学发布的《关于严格考试管理的紧急通知》，由于违背国家法律、行政法规或规章等上位法的规定，被告据此通知对大学生作出退学处理决定的，被判败诉。何某强案中，华中科技大学和武昌分校制定的授予本科毕业生学士学位实施细则等规定，将通过全国大学外语四级考试作为非外国语专业学生申请学士学位的必备条件之一。最终法院认定高等学校依法定授权，在学术自治范围内实施的审查授权学士学位行为合法。最后，田某案的第一个裁判要点在说理方面，侧重阐释高等学校实施了影响受教育者基本权利的管理行为，就可能成为行政诉讼中的适格被告。而何某强案第一个裁判要点突出的是高等学校实施的审查授予学位属于依法定授权实施的行政行为，具有可诉性，属于行政诉讼的受案范围。二者结论是一样的，只是阐释的角度有所不同。还有，田某案第三个裁判要点还涉及正当法律程序原则，即应当保障受教育者在教育管理活动中享有最低程序权利原则，这一问题在何某强案中没有涉及。

（二）本案例裁判要点在编写时的一些具体考虑

根据《教育部关于鼓励和引导民间资金进入教育领域促进民办教育健康发展的实施意见》（教发〔2012〕10号）的规定，民办高校可以申请学士、硕士和博士学位授予权，其审批程序和要求与公办高校相同。当前，大量民办高校已经具有独立学位授予权。如本案中，当时华中科技大学武昌分校没有学位授予权，但其已于2012年通过学士学位授予权评估，获得学士学位授予权。经征求教育部意见，考虑到民办高校挂靠高等学校取得学位授予权的情况将逐渐减少，以及教育改革中高等学校学位申请人情形将日趋多样化，所以在编写第一个裁判要点时，没有再引述武昌分校委托华中科技大学审查授予学位的事实，而是使用了“学位申请人”的表述。即直接表述为“具有学位授予权的高等学校，有权对学位申请人提出的学位授予申请进行审查并决定是否授予其学位”。这样第一个裁判要点的适用情形更为广泛，更适应目前民办高校的发展实际情况。

另外，本案例标题和两个裁判要点中，直接使用了“学位”这一概念，没有限制为“学士学位”。学位包括学士学位、硕士学位和博士学位，这样用词的目的主要是学位的范围较学士学位大一些，用学位可适当推广本案例的适用范围。本案例文本只有在特定的语境下，为了前后文一致才使用“学士学位”这一概念。

本案例第二个裁判要点基于的事实是被告将学士学位授予与四级考试挂钩，但裁判要点在编写时作了适当抽象概括，没有限制于四级考试，而是扩展表述为高等学校在学术自治范围内实施的审查授予学位决定，人民法院应当以合法性审查为原则，合法的应当予以支持。这样表述也是为了适当扩展本案例适用的情形。

(执笔人：石磊)

31．梁某某诉徐州市云龙区民政局离婚登记行政确认案*

不具有级别管辖权的婚姻登记机关为符合离婚实质要件的涉外婚姻当事人进行离婚登记，其后又以无管辖权为由，以自行纠正方式确认离婚登记行为无效的行政行为，人民法院不予支持

【裁判摘要】

1. 离婚登记是婚姻登记机关依当事人的申请，对当事人之间就自愿解除婚姻关系及对于子女抚养、财产分配等问题所达成的协议予以认可，并以颁发离婚证的形式确认当事人之间婚姻关系解除的行政行为。离婚登记一经完成，当事人之间的婚姻关系即告解除，婚姻解除情况即产生对外效力，具有社会公信力。

2. 不具有级别管辖权的婚姻登记机关为符合离婚实质要件的涉外婚姻当事人进行离婚登记，其后又以无管辖权为由，以自行纠正方式确认离婚登记行为无效的，对于该自行纠正的行政行为，人民法院不予支持。

原告：梁某某，男，1959 年 8 月 21 日出生，住中华人民共和国江苏省徐州市铜山区。

被告：徐州市云龙区民政局，住所地：中华人民共和国江苏省徐州市云龙区和平大道。

---

* 摘自《最高人民法院公报》2022 年第 1 期。

法定代表人：周绍泰，该局局长。

第三人：黄某某，国籍：新加坡共和国，女，1965年1月2日出生，住新加坡共和国。

原告梁某某因认为被告徐州市云龙区民政局（以下简称云龙区民政局）作出的婚姻登记行政确认无效，向徐州市中级人民法院提起诉讼。

原告梁某某诉称：梁某某与第三人黄某某于1985年11月2日登记结婚，因感情破裂，双方自愿协议离婚，并于2015年8月10日至被告云龙区民政局婚姻登记处办理离婚手续。2018年3月5日，在梁某某不知情的情况下，云龙区民政局作出了《关于黄某某隐瞒国籍与梁某某办理离婚登记的情况说明》（以下简称案涉《离婚登记情况说明》）。该说明是对梁某某人身权有直接重大影响的具体行政行为，云龙区民政局作出的该行为程序严重违法，主要证据不足。(1) 该行为违反正当法律程序。云龙区民政局作出说明前未告知梁某某拟作出行为的事实根据和法律根据，未给予梁某某陈述和申辩的权利，未听取梁某某的陈述和申辩，未送达该说明，未告知申请复议或提起诉讼的救济权利。(2) 云龙区民政局作出该说明没有事实依据和法律依据。首先，从《中华人民共和国婚姻法》（以下简称《婚姻法》）第三十一条[①]的规定来看，男女双方离婚的实质和核心要件就是“自愿离婚”。梁某某和黄某某离婚是双方自愿作出的真实意思表示，符合《婚姻法》的规定。云龙区民政局确认离婚登记无效的行政行为没有事实根据。其次，《婚姻登记条例》《婚姻登记工作规范》未规定婚姻登记可因登记机关无管辖权而无效，也无任何法律规定违反管辖规定的婚姻登记无效。婚姻登记管辖权的规定，旨在明确婚姻登记机关的内部职权范围，并非婚姻效力的判断依据。因此，云龙区民政局确认梁某某与黄某某的离婚登记无效没有法律依据，是无效的。(3) 该说明使梁某某与黄某某可能陷入犯罪境地。假如梁某某与黄某某2015年8月10日自愿离婚后，一方或双方再婚，则云龙区民政局作出确认离婚登记无效、双方仍为夫妻关系的行为，直接使得已经再婚的当事人陷入重婚犯罪的危险之中。(4) 云龙区民

---

① 对应《中华人民共和国民法典》第一千零七十六条、第一千零七十八条。下同。

政局作出的说明违反了行政行为的确定力，属滥用职权的违法行政行为。梁某某与黄某某自愿离婚后，双方的婚姻关系已经解除，至今已有两年多，离婚登记行为因已经超过救济期限而具有不可争力。对于云龙区民政局而言，离婚登记一经作出，即具有不可变更力，即实质确定力。在双方当事人均未提出异议的情况下，云龙区民政局单方作出了确认离婚登记无效的说明，显然违反了行政行为的确定力，破坏了法律和社会秩序的安定性。综上，云龙区民政局作出的确认离婚登记无效的行为属于明显重大的违法行政行为，是无效行政行为。请求法院判决确认云龙区民政局于2018年3月5日作出的情况说明中记载的确认其与黄某某在2015年8月10日办理的离婚登记无效的行为无效。

被告云龙区民政局答辩称：（1）原告梁某某与第三人黄某某的离婚登记是无效的登记行为。本案涉及的离婚登记是涉外婚姻登记行为，二人办理离婚登记时，黄某某已经取得新加坡国籍，且定居新加坡。根据《中华人民共和国国籍法》第九条的规定，定居外国的中国公民，自愿加入或取得外国国籍的，即自动丧失中国国籍。《婚姻登记条例》第二条第二款规定，中国公民同外国人等办理婚姻登记的机关是省级人民政府民政部门或其确定的机关。第十一条规定，办理离婚登记的外国人、华侨还应出具本人的有效护照或其他有效国际旅行证件。云龙区民政局对二人的离婚登记无管辖权限，应由江苏省民政厅涉外婚姻登记处办理。并且，办理离婚登记时，双方故意隐瞒黄某某已经取得新加坡国籍且定居新加坡的事实，亦未提交黄某某的有效护照或国际旅行证件，致使云龙区民政局婚姻登记处办理了离婚登记。因云龙区民政局无管辖权限，不具有为二人办理离婚登记的主体资格，依据《中华人民共和国行政诉讼法》（以下简称《行政诉讼法》）第七十五条的规定，云龙区民政局婚姻登记处作出的离婚登记行为无效。（2）云龙区民政局作出的情况说明内容合法，程序正当。2018年2月，云龙区民政局发现黄某某隐瞒国籍与梁某某办理离婚登记的事实。2月27日，云龙区民政局工作人员通过电话方式与梁某某取得联系，向其了解情况，对其与黄某某以隐瞒国籍的方式办理离婚登记情况之无效情形进行了释明。后在云龙区民政局婚姻登记处，工作人员接待了梁某某，对登记无效情况再次进行释明，听取了梁某某的陈述意见。2018 年 3 月 5 日，云龙区民政局在查询梁某某自 2015 年 8 月 10 日起，未在江苏省再次登记结婚的基础上，依据江苏省民政厅《关于进一步明确婚姻登记工作有关事项的通知》(苏民事〔2013〕2 号，以下简称《婚姻登记工作事项通知》)中规定的“婚姻登记机关在登记后自主发现登记瑕疵时，应及时采取补正、更正、确认无效等方式予以纠正，同时将纠正内容存入或记录在婚姻档案中，并告知婚姻当事人纠正事项和内容”，确认双方于 2015 年 8 月 10 日办理的离婚登记为无效登记。综上，云龙区民政局作出的情况说明认定事实清楚，适用法律、法规正确，符合法定程序，请求依法驳回梁某某的诉讼请求。

第三人黄某某述称：被告云龙区民政局在为原告梁某某及黄某某办理离婚登记时尽到了审慎审查的职责，没有过错。发现梁某某及黄某某隐瞒身份进行离婚登记后，其依据江苏省民政厅的相关规定进行纠正且出具情况说明，该行为符合相关规定。因此，请求驳回梁某某的诉讼请求。

徐州市中级人民法院一审查明：原告梁某某与第三人黄某某于 1985 年 11 月登记结婚。2007 年 3 月 27 日，黄某某取得新加坡国籍。2015 年 8 月 10 日，梁某某与黄某某以感情破裂为由持中国居民身份证、户口本等至被告云龙区民政局婚姻登记处办理离婚登记。二人就离婚、子女抚养、财产分割等签订离婚协议书，同时签署了申请离婚登记声明书，声明书中国籍部分打印为“中华人民共和国”，二人填写的常住户口所在地均为“云龙区解放路×××号×号楼×单元×××室”。经审查，云龙区民政局婚姻登记处当日为二人办理离婚登记，并颁发离婚证。

2018 年 2 月 27 日，被告云龙区民政局婚姻登记处主任袁某明与原告梁某某电话联系，口头告知其因第三人黄某某办理离婚登记时已取得新加坡国籍，二人 2015 年 8 月 10 日办理的离婚登记无效，并要求梁某某将离婚证交回。后，梁某某与他人又曾至云龙婚姻登记处找袁某明了解情况，袁某明为梁某某复印了相关婚姻登记规范文件。2018 年 3 月 5 日，云龙区民政局婚姻登记处作出案涉《离婚登记情况说明》并存放至徐州市云龙区档案馆。梁某某在徐州市云龙区档案馆复印获取该情况说明。

被告云龙区民政局婚姻登记处收回了第三人黄某某持有的离婚证，但原告梁某某仍持有云龙区民政局婚姻登记处颁发的离婚证。

徐州市中级人民法院一审认为：依法行政是行政机关作出行政行为时的基本准则。对于行政机关作出的违法行政行为，行政相对人可以诉请人民法院予以监督纠正，作出行政行为的行政机关基于有错必纠的原则也可自行纠正。《行政诉讼法》第六十二条、第七十四条第二款第二项，《最高人民法院关于适用〈中华人民共和国行政诉讼法〉的解释》第八十一条，《江苏省行政程序规定》（江苏省人民政府令第100号）第一百零三条第一款等均规定，对于行政机关作出的违法行政行为，行政机关应当依职权或者依申请自行纠正。本案中，被告云龙区民政局对原告梁某某、第三人黄某某作出离婚登记后发现登记错误，即作出确认离婚登记无效的行为。依据上述规定，云龙区民政局当然可依职权或依申请自行纠正原离婚登记行为。

首先，本案中被告云龙区民政局认定的无效行政行为是否具有事实和法律依据的问题。根据《中华人民共和国国籍法》第三条、第九条的规定，我国不承认双重国籍，中国公民取得外国国籍的，自动丧失中国国籍。原告梁某某与第三人黄某某办理离婚登记之前，黄某某已取得了新加坡国籍，其在办理离婚登记时已属外国人，不是中国公民，对于该事实，梁某某、黄某某在办理离婚登记时是明知的，诉讼过程中二人对此并未提出异议。根据《婚姻登记条例》第二条第二款、民政部《婚姻登记工作规范》第五条第一款第二项、江苏省民政厅《江苏省婚姻登记工作规范》第三条规定，江苏省民政厅设置婚姻登记处，负责办理全省涉外、涉港澳台居民、华侨、出国人员的婚姻登记。云龙区民政局婚姻登记处办理梁某某、黄某某的离婚登记显然属于事实清楚超越职权的无效行政行为。

其次，被告云龙区民政局自行纠正确认无效是否妥当的问题。本案中，云龙区民政局不具备涉案离婚登记的行政主体资格，其于2015年8月10日作出的离婚登记行为属于超越职权行为，该行政行为无效。如通过人民法院纠正该离婚登记行为，人民法院可能会撤销该离婚登记行为。但在婚姻登记过程中，行政机关自行纠正违法行政行为时可否采取上述撤销方式，并无明确规定。从《婚姻法》《婚姻登记条例》、民政部《婚姻登记工作规范》、江苏省民政厅《江苏省婚姻登记工作规范》等对撤销婚姻登记的规定来看，可撤销的婚姻登记仅限于因胁迫进行的结婚登记。对于自行纠错时可采取的处理方式，江苏省民政厅《婚姻登记工作事项通知》在第四部分关于“完善行政执法监督管理机制”中规定，婚姻登记机关在登记事后自主发现登记瑕疵时，应及时采取补正、更正、确认无效等方式予以纠正，同时将纠正内容存入或记录在婚姻档案中，并告知婚姻当事人纠正事项和内容。因此，在有规范性文件明确规定的情况下，云龙区民政局以确认无效方式纠正原违法离婚登记行为并无不当。

最后，被告云龙区民政局确认离婚登记无效的行为是否符合正当程序原则。虽然没有法律、法规及规章对行政机关自行纠正行为的程序作出明确规定，但行政机关在作出纠错行为时也应遵循正当程序原则。本案中，案涉《离婚登记情况说明》作出前，云龙区民政局婚姻登记处袁某明主任电话告知了原告梁某某拟作出的行政行为及相应的事实依据，梁某某在通话过程中也发表了自己的意见。后，梁某某又与他人至袁某明处获取了相关的婚姻登记规范文件。云龙区民政局婚姻登记处作出案涉《离婚登记情况说明》后虽未向梁某某送达，但告知了获取途径，梁某某通过该途径也实际取得了记载行政行为的书面材料。云龙区民政局确认原离婚登记行为无效后，收回了黄某某持有的离婚证，也通过一定的方式告知收回向梁某某颁发的离婚证，梁某某虽未上缴其持有的离婚证，但不影响云龙区民政局依规定将纠正内容存入婚姻档案。云龙区民政局自发现涉案离婚登记错误后，自行纠正、纠正内容存档、告知涉案离婚双方当事人纠正内容及办理涉外离婚登记合法的行政机关，并无不当。因此，云龙区民政局作出案涉《离婚登记情况说明》并不违背正当程序原则。

综上，被告云龙区民政局作出的案涉《离婚登记情况说明》证据确凿，适用法律、法规正确，不违反法定程序，不存在超越职权、滥用职权、明显不当情形，原告梁某某的诉讼请求不能成立，不予支持。徐州市中级人民法院依照《行政诉讼法》第六十九条之规定，于 2018 年 8 月 29 日作出判决：驳回梁某某的诉讼请求。

梁某某不服一审判决，向江苏省高级人民法院提起上诉，主要理由是：梁某某与黄某某系自愿离婚，2018 年 3 月 5 日，在梁某某不知情的情况下，被上诉人云龙区民政局作出了案涉《离婚登记情况说明》，虽于 2018 年 2 月 27 日电话告知了该情况说明，但未给予梁某某陈述和申辩的权利，程序严重违法，且该情况说明的作出亦无法律依据，破坏了法律和社会秩序的安定性。请求二审法院撤销原审判决，依法作出裁判。

被上诉人云龙区民政局答辩称，上诉人梁某某与原审第三人黄某某办理离婚登记前，黄某某已经取得新加坡国籍。根据《婚姻登记条例》第二条第二款、第十一条规定，云龙区民政局对二人的离婚登记无管辖权限，应由江苏省民政厅涉外婚姻登记部门办理。梁某某与黄某某双方故意隐瞒黄某某已经取得新加坡国籍且定居新加坡的事实，亦未提交黄某某的有效护照或国际旅行证件，致使云龙区民政局婚姻登记处办理的案涉离婚登记是无效的登记行为。2018 年 2 月，云龙区民政局发现黄某某隐瞒国籍与梁某某办理离婚登记的事实。2 月 27 日，云龙区民政局工作人员通过电话方式与梁某某取得联系，向其了解情况，对其与黄某某以隐瞒国籍的方式办理离婚登记情况之无效情形进行了释明。后在云龙区民政局婚姻登记处，工作人员接待了梁某某，对登记无效情况再次进行释明，听取了梁某某的陈述意见。2018 年 3 月 5 日，云龙区民政局在查询梁某某自 2015 年 8 月 10 日起，未在江苏省再次登记结婚的基础上，依据江苏省民政厅《婚姻登记工作事项通知》中关于对婚姻登记瑕疵予以纠正的规定，确认双方于 2015 年 8 月 10 日办理的离婚登记为无效登记。综上，云龙区民政局作出的案涉《离婚登记情况说明》认定事实清楚，适用法律、法规正确，符合法定程序。请求二审法院驳回上诉，维持原判。

原审第三人黄某某述称，被上诉人云龙区民政局以确认无效的方式纠正原违法离婚登记行为符合相关法律规定，原审判决事实认定清楚，符合法律规定。请求二审法院驳回上诉，维持原判。

江苏省高级人民法院经二审，确认了一审查明的事实。

二审另查明：被上诉人云龙区民政局是徐州市云龙区办理婚姻登记的法定职能机关，云龙区民政局婚姻登记处是云龙区民政局设置的具体办理婚姻登记的部门。在二审期间，针对二审法院的询问，上诉人梁某某与原审第三人黄某某均确认，截至2019年7月17日两人未通过涉外婚姻登记机关或法院离婚，亦均未与他人再次结婚。

江苏省高级人民法院二审认为：本案诉争的案涉《离婚登记情况说明》和原审判决是否符合法律规定，涉及以下两个问题：

一、关于行政越权无效原则的适用问题

行政越权，是指行政主体在行政活动中，超越其法定的权力范围或权力限度而作出的行政行为。行政越权无效（含可撤销）是行政法的基本原则并体现在我国相关具体法律规范中，如《行政诉讼法》第七十条第四项、第七十五条等规定。对于绝大多数行政越权行为，可通过行政机关自纠、层级监督及法院裁判等途径以确认无效或撤销的方式予以纠正。但对于极少数特定的行政越权行为，若以确认无效或撤销的形式予以纠正，会给国家利益、社会公共利益及相关法律秩序带来重大损害，且该损害客观上难以得到有效恢复与补救，则该类行政越权行为应当作为行政越权无效的例外情形，不应确认无效或予以撤销。本案婚姻登记机关对婚姻当事人越权作出的案涉离婚登记即为例外情形之一。

就离婚登记，《婚姻法》第三十一条规定，男女双方自愿离婚的，准予离婚。双方必须到婚姻登记机关申请离婚。婚姻登记机关查明双方确实是自愿并对子女和财产问题已有适当处理时，发给离婚证。据此，离婚登记是婚姻登记机关依当事人的申请，对当事人之间自愿解除婚姻关系及子女抚养、财产等问题所达成的协议予以认可，并以颁发离婚证的形式确认当事人之间婚姻关系解除的行政行为。因在婚姻登记机关颁发离婚证之时，婚姻登记机关对当事人之间的离婚登记即已完成，当事人之间的婚姻关系即已解除，离婚证所确认的婚姻解除情况即产生对外效力，具有社会公信力。在已离婚人员持有离婚证的情况下，符合法定条件的其他人员完全可以对离婚证所反映的婚姻解除情况产生信赖，进而与已离婚人员建立合法的婚姻关系或其他特定关系。如果婚姻登记机关或其他职能部门可以对离婚登记中的被解除的婚姻关系确认无效或予以撤销，将会使相关人身

法律关系处于随时可变化的不稳定状态，也会使社会公众对婚姻登记机关的离婚登记行为产生不安全感及不信任感，使《婚姻法》确定的一夫一妻等基本原则和基本社会关系架构遭到破坏，进而损害现实的法律秩序和社会公共利益，故当事人之间的婚姻关系一经离婚登记予以解除后便具有不可逆性。而该不可逆性在我国法律法规中亦有体现，《婚姻法》《婚姻登记条例》针对结婚规定了无效婚姻和可撤销婚姻情形，但对离婚没有规定无效离婚或可撤销离婚情形，亦没有法律规范授权婚姻登记机关对已完成的离婚登记中被解除的婚姻关系能够确认无效或予以撤销。需要指出的是，我国现行诉讼制度也未设立无效离婚或可撤销离婚之诉；而针对生效离婚判决书、调解书所解除的婚姻关系，我国民事诉讼制度已实际作了不可逆的特别规定，《中华人民共和国民事诉讼法》（以下简称《民事诉讼法》）第二百零二条[①]规定，当事人对已经发生法律效力的解除婚姻关系的判决、调解书，不得申请再审。《最高人民法院关于规范人民法院再审立案的若干意见（试行）》第十四条第三项也规定，人民法院判决、调解解除婚姻关系的案件，当事人提出再审申请的，人民法院不予受理；但当事人就财产分割问题申请再审的除外。基于此，对于离婚，无论是婚姻登记机关作出离婚登记，还是法院判决、调解离婚，当事人在领取离婚证之时或法院准予离婚的判决书、调解书生效之时，其婚姻关系即被解除，且被解除的婚姻关系具有不可逆性。

因离婚登记中当事人婚姻关系的解除具有不可逆性；对于离婚登记中的子女、财产事项，虽然依相关法律规范，当事人可以向法院申请变更、撤销等法定方式寻求救济，但也没有法律规范授权婚姻登记机关可予确认无效或予以撤销。故对于当事人在婚姻登记机关进行的离婚登记，一旦婚姻登记机关以颁发离婚证的形式完成后，该婚姻登记机关并无确认该离婚登记无效或撤销该离婚登记的职权。对于已完成的离婚登记，如在登记过程中确有违法情形，则由存在相关违法行为的当事人或登记机关及其工作人员依法承担相应的民事、行政、刑事责任。

---

① 对应《中华人民共和国民事诉讼法》（2021 年修正）第二百零九条。

就涉外离婚登记，《婚姻登记条例》第二条第二款规定，中国公民同外国人，内地居民同香港特别行政区居民、澳门特别行政区居民、台湾地区居民、华侨办理婚姻登记的机关是省、自治区、直辖市人民政府民政部门或者省、自治区、直辖市人民政府民政部门确定的机关。《江苏省婚姻登记工作规范》（江苏省民政厅苏民福〔2005〕62号）第三条规定，省民政厅设置婚姻登记处，负责办理全省涉外、涉港澳台居民、华侨、出国人员的婚姻登记。本案中，上诉人梁某某与原审第三人黄某某办理案涉离婚登记之前，黄某某已取得了新加坡国籍，其在办理案涉离婚登记时系外国人，并非中国公民。因此，被上诉人云龙区民政局并无办理该离婚登记的职权，梁某某与黄某某应在江苏省民政厅办理涉外婚姻登记的部门进行离婚登记。黄某某与梁某某于2015年8月10日在云龙区民政局自愿办理离婚登记时，未告知云龙区民政局黄某某系新加坡国籍，在黄某某持有未注销的中国内地户口簿、身份证的情况下，云龙区民政局依规定审查了黄某某与梁某某提交的离婚申请材料后，为黄某某与梁某某颁发了离婚证，以法定形式完成了该离婚登记。即使此后云龙区民政局发现其没有办理涉外离婚登记的职权，其亦无职权确认该离婚登记无效或撤销该离婚登记。

据此，被上诉人云龙区民政局作出案涉《离婚登记情况说明》，确认案涉离婚登记应为无效登记及由此形成的相关后果缺乏法律依据，原审法院关于云龙区民政局以确认无效方式纠正原违法离婚登记行为并无不当的认定错误，应予纠正。

二、关于行政程序法律原则的适用问题

行政主体及其工作人员要严格按照法定的行政程序作出行政行为。一般情况下，无论是行政机关还是法院，如直接适用法律原则来判断行政行为的程序合法性需具备前提条件：查明法律规范对该行政行为的程序存在规则不能情形。如查明相关行政程序有可适用的具体法律规范，则应当直接适用该具体法律规范；如查明没有可适用的具体法律规范，即存在行政程序规则缺失、规则模糊等规则不能的情况下，方可直接以正当程序原则等相关行政程序法律原则来判断行政行为的程序合法性。

本案原审法院在未查明案涉相关行政程序可适用的具体法律规范的情况下，直接适用相关行政程序法律原则对案涉行政程序进行合法性评价不当，应予纠正。《江苏省行政程序规定》第三十九条规定，本规定所称行政执法，是指行政机关依据法律、法规和规章，作出的行政许可、行政处罚、行政强制、行政给付、行政征收、行政确认等影响公民、法人或者其他组织权利、义务的行政行为。被上诉人云龙区民政局以《婚姻登记条例》第二条等法律规范为依据作出的案涉《离婚登记情况说明》，是对黄某某、梁某某的权利、义务产生直接影响的行政确认行为，虽然没有法律规范对该类行政行为的程序作出特别规定，但在《江苏省行政程序规定》对此已有一般规定的情形下，云龙区民政局应当履行该程序规定所确定的程序义务。《江苏省行政程序规定》第五十三条规定，行政机关在作出行政执法决定前，应当告知当事人、利害关系人享有陈述、申辩的权利，并听取其陈述和申辩。对于当事人、利害关系人的陈述和申辩，行政机关应当予以记录并归入案卷。对当事人、利害关系人提出的事实、理由和证据，行政机关应当进行审查，并采纳其合理的意见；不予采纳的，应当说明理由。根据在案证据，云龙区民政局在案涉《离婚登记情况说明》作出前，其婚姻登记处主任袁某明告知了上诉人梁某某拟作出的行政行为、相应的事实依据及理由，梁某某也发表了自己的意见，故梁某某已行使了自己的陈述、申辩权。但本案并无证据证明云龙区民政局对梁某某的陈述、申辩进行了记录，故不符合前述关于记录的规定，应予纠正。《江苏省行政程序规定》第六十八条第三款规定，行政执法决定的送达程序参照《民事诉讼法》有关规定执行。《民事诉讼法》第八十五条至第九十二条规定了诉讼文书的直接送达、留置送达、电子送达、委托及邮寄送达、公告送达等送达方式及程序。但云龙区民政局作出案涉《离婚登记情况说明》后并未向梁某某送达，而是要求梁某某自行到档案馆查询。虽然梁某某在档案馆查到案涉《离婚登记情况说明》并提起本案诉讼，该情况说明已实际产生外化结果，但云龙区民政局未按照《民事诉讼法》规定的方式向梁某某送达案涉《离婚登记情况说明》的行为，不符合前述关于送达的规定，亦应予以纠正。

综上，江苏省高级人民法院依照《中华人民共和国行政诉讼法》第七十五条、第八十九条第一款第二项之规定，于2019年9月9日作出判决：一、撤销江苏省徐州市中级人民法院（2018）苏03行初139号行政判决；二、确认徐州市云龙区民政局于2018年3月5日作出的《关于黄某某隐瞒国籍与梁某某办理离婚登记的情况说明》无效。

本判决为终审判决。

行政允诺

32. 崔某书诉丰县人民政府行政允诺案*

行政机关不得对行政允诺关键内容作出无事实根据和法律依据的随意解释

【裁判摘要】

诚实信用原则是行政允诺各方当事人应当共同遵守的基本行为准则。在行政允诺的订立和履行过程中，基于公共利益保护的需要，赋予行政主体在解除和变更中的相应的优益权固然必要，但行政主体不能滥用优益权。优益权的行使既不得与法律规定相抵触，也不能与诚实信用原则相违背。行政机关作出行政允诺后，在与相对人发生行政争议时，对行政允诺关键内容作出无事实根据和法律依据的随意解释的，人民法院不予支持。

原告：崔某书，男，66 岁，汉族，住江苏省丰县。

被告：丰县人民政府。住所地：江苏省丰县人民中路。

法定代表人：郭某习，该县县长。

出庭应诉负责人：许某莉，该县副县长。

原告崔某书因与被告丰县人民政府（以下简称丰县政府）产生招商引资奖励允诺纠纷，向江苏省徐州市中

* 摘自《最高人民法院公报》2017 年第 11 期。

级人民法院提起诉讼。

原告崔某书诉称：根据中共丰县县委、丰县政府2001年6月18日丰委发〔2001〕23号《关于印发丰县招商引资优惠政策的通知》（以下简称《23号通知》）的精神和承诺，崔某书从2003年年初起就积极为丰县招商引资，经过多方奔走，四处联络，最终为丰县引进并建成投产了徐州康达环保水务有限公司（以下简称徐州康达公司），该项目总投资额6733.9万元，为丰县经济社会发展作出了积极贡献，并带动和提高了相关人员参与招商引资工作的积极性，起到了良好的示范作用，用实际行动兑现了对丰县政府的庄严承诺。在崔某书长期从未间断的要求下，丰县政府却拒不履行自己的承诺，违背诚信，失信于民。为切实保障崔某书应有的权益，特提起诉讼，要求丰县政府支付所欠奖金140万元。

被告丰县政府辩称：（1）本案不属于行政诉讼受案范围，依法应驳回原告的起诉。原告崔某书据以提起诉讼的根据是《23号通知》，该政策在民法上应该属于一种要约或者要约邀请，从原告诉求的理由和依据的事实看，原告与丰县政府之间产生的是民事权利义务关系，而不是行政管理或行政奖励关系。原告享受奖励的条件必须是为了完成丰县政府的要约而付出的民事活动，丰县政府作出的《23号通知》不是履行行政管理的职责，而是以发展地方经济为目的作出的一种悬赏，应该属于民事行为。因此，原告提起行政诉讼是不适当的。（2）原告的诉求没有事实和法律根据，从实体上应驳回原告的诉求。①徐州康达公司的签约不是基于招商引资完成，而是重庆康达环保股份有限公司（以下简称重庆康达公司）通过李某恩的市场运作实现的。在重庆康达公司与丰县政府签约的过程中，丰县政府无需任何人通过任何关系引进重庆康达公司，实际上是重庆康达公司花推介费交由李某恩在全国范围内帮助寻找投资机遇来完成与丰县政府的签约。②原告在丰县污水处理厂的项目中没有做任何的工作，也无需其做任何工作，原告也没有任何花费，所有的费用支出都是丰县建设委员会支付的，因此，原告无权要求丰县政府奖励。③原告诉求的涉案项目也并非招商引资项目，更不符合丰县政府作出的《23号通知》中关于奖励的规定，该规定是对引进外资的奖励而不包括国内资金的投资。④涉案项目并没有按照《丰县招商引资优惠政策》的规定在丰县商务局办理招商引资备案，从2003年至今没有任何人向该局提出过奖励申请，既然原告从2001年即知晓《丰县招商引资优惠政策》的规定，则时隔十余年才要求奖励早已超过诉讼时效，其诉求也不应得到法律的支持与保护。综上，原告的起诉不属于行政诉讼受案范围，依法应驳回其起诉；从实体看，原告的诉求没有事实和法律根据，依法应驳回其诉讼请求。

江苏省徐州市中级人民法院一审查明：2001年9月24日，重庆康达公司向李某恩出具《关于城市污水处理厂项目运作的合作承诺》，对由李某恩负责运作的城市污水处理项目成功后，该公司向李某恩支付项目经营费的标准及方式等作出承诺。2002年3月28日，江苏省发展计划委员会作出苏计投资发〔2002〕332号《关于丰县污水处理厂一期工程可行性研究报告的批复》，同意丰县建设污水处理厂一期工程。2003年1月4日，李某恩以重庆康达公司名义与丰县建设局签订《关于投资建设江苏省丰县四万吨污水处理厂的框架协议书》。2003年3月10日，被告丰县政府与重庆康达公司签订《特许经营权协议书》，双方就丰县污水处理厂厂区工程的投资建设、特许经营事宜进行了约定；同日，丰县建设局与重庆康达公司签订《建设经营丰县污水处理厂厂区工程合同书》，就双方合作建设丰县污水处理厂的相关事宜进行了详细约定。

2013年5月17日，丰县人民法院立案受理李某恩诉重庆康达公司居间合同纠纷一案，李某恩要求重庆康达公司支付丰县污水处理厂二期项目经营费40万元。该案审理过程中，李某恩提交了其书写的《推介江苏丰县污水处理厂项目的概况》，其中有“2000年年底我在帮助康达运作徐州市开发区污水投资项目时得知丰县污水项目已立项，准备建四万吨级的污水处理厂，第二年年初我就通过江苏丰县人大刘副主任介绍认识了丰县建设局刘某君局长……我分别多次向他们介绍了重庆康达的业绩、经济实力和投资意向；几经工作，建设局报县政府相关领导，同意重庆康达用BOT方式投建该污水处理厂……”的陈述。2013年6月3日，李某恩与重庆康达公司签订调解协议并经丰县人民法院出具民事调解书予以确认，重庆康达公司应于2013年6月24日前支付李某恩赔偿款30万元，李某恩自愿放弃其余诉讼请求。

2014年4月12日，徐州康达公司出具证明，内容为："康达丰县污水处理厂（徐州康达环保水务有限公司）是在李某恩的推介运作下，由重庆康达环保股份有限公司［现为重庆康达环保产业（集团）有限公司］投资建设的。特此证明。"2014年4月15日，重庆康达公司出具证明，内容为："丰县人民政府：重庆康达环保产业（集团）有限公司前身为重庆环保股份有限公司，成立于1996年7月19日，当时该企业性质为股份有限公司。2003年公司以BOT模式投资建设运营康达丰县污水处理厂（徐州康达环保水务有限公司），特许经营期25年（不含建设期），该项目推介人为李某恩。"

2001年6月28日，中共丰县县委和丰县政府印发《23号通知》，其中《丰县招商引资优惠政策》中载明：制订的优惠政策包括：一、土地使用。二、税费征收。三、服务保护。四、引资奖励，其中第25条规定，对引进外资项目实行分类奖励。引进资金用于工业生产和农业综合开发项目的，五年内，按纳税额的5%奖励引资人；引进资金用于高新技术项目或对我县经济发展有较大带动作用的项目，五年内，按纳税额的10%奖励给引资人；引进资金用于社会公益事业项目的，竣工后按引资额的1%奖励引资人。第30条规定，凡需要奖励的，引荐人须向县招商局等有关单位提出申请，由招商局牵头，会同县金融、财政、税务、审计等部门对其进行初审，并将初审意见上报县政府，县政府区别不同情况研究确定是否奖励、奖励标准及兑现方式……五、附则规定，本县新增固定资产投入300万元人民币以上者，可参照此政策执行……本文由县体改委负责解释。2015年5月，原告崔某书提起本案诉讼。一审案件审理过程中，崔某书当庭明确其要求奖励的依据是《23号通知》第25条，后变更其要求奖励的依据为《23号通知》第25条及附则的规定。

一审审理期间，被告丰县政府提供了2015年6月19日丰县发展改革与经济委员会（以下简称丰县发改委）出具的《关于对〈关于印发丰县招商引资优惠政策的通知〉部分条款的解释》（以下简称《招商引资条款解释》），对《23号通知》中的部分条款及概念作如下说明："1. 外资：是指其他国家地区（包括港澳台地区）来中国大陆以从事经济社会活动为主要目的，在遵守中国法律法规前提下，遵循市场机制法则，本着互利互惠的原则进行的独资、合资、参股等市场流入的资金。2. 外资项目：是指利用外资建设的项目。3. 本县新增固定资产投入300万元人民币以上者，可参照此政策执行。本条款是为了鼓励本县原有企业，增加固定资产投入，扩大产能，为我县税收作出新的贡献，可参照本优惠政策执行。”应一审法院要求，丰县政府提供了丰委发〔1988〕48号《关于建立丰县经济体制改革委员会的通知》、丰政办发〔1997〕90号《县政府办公室关于印发〈丰县人民政府办公室职能配置、内设机构和人员编制方案〉的通知》等文件，以证明丰县经济体制改革委员会已不存在，其职能由丰县发改委行使，丰县发改委对《23号通知》中的部分条款及概念进行解释有职权依据。

本案的争议焦点是：被告丰县政府是否应当兑现对原告崔某书招商引资奖励的承诺。

江苏省徐州市中级人民法院一审认为：根据审理查明的事实，徐州康达公司系李某恩帮助重庆康达公司进行市场运作、以BOT模式投资建设运营的项目。

一、关于该项目是否属于《23号通知》规定的引进外资项目

法院认为，首先，《23号通知》中凡涉及外商投资额的内容，均以美元而非人民币作为货币种类；对引荐的对外承包工程项目或劳务合作项目，项目总额也以美元计。其次，《23号通知》规定的有权解释主体丰县体改委已不存在，承继其职能的丰县发改委对该文件进行解释属于有权解释；且丰县发改委《招商引资条款解释》中将“外资”界定为“其他国家地区（包括港澳台地区）来中国大陆以从事经济社会活动为主要目的，在遵守中国法律法规前提下，遵循市场机制法则，本着互利互惠的原则进行的独资、合资、参股等市场流入的资金”，将外资项目界定为“利用外资建设的项目”，上述解释符合《23号通知》的本意，予以采信。综合以上两点，徐州康达公司不属于《23号通知》规定的引进外资项目。

二、关于该项目是否属于《23 号通知》附则规定的“本县新增固定资产投入 300 万元人民币以上者”

一审法院认为，根据该文件的字面本意及有权解释机关丰县发改委的《招商引资条款解释》，“本县新增固定资产投入 300 万元人民币以上者”，是指丰县原有企业增加固定资产投入、扩大产能。因徐州康达公司系重庆康达公司以 BOT 模式投资建设运营的新企业，故不属于《23 号通知》附则规定的“本县新增固定资产投入 300 万元人民币以上者”。

综上，无论原告崔某书提供的丰县人大常委会的两份证明、丰县建设局的证明是否真实，无论徐州康达公司是否系崔某书引进，均因该项目不属于《23 号通知》第 25 条及附则规定的奖励范畴而不应予以奖励。江苏省徐州市中级人民法院依据《中华人民共和国行政诉讼法》第六十九条之规定，于 2015 年 11 月 18 日判决：驳回崔某书的诉讼请求，诉讼费 50 元由崔某书承担。

崔某书不服一审判决，向江苏省高级人民法院提起上诉称：根据《23 号通知》，上诉人成功引进了徐州康达公司项目并已竣工投产，依照《23 号通知》第 25 条和附则的规定，上诉人应该获得 11500 万元总投资 1%的奖励。丰县发改委的《招商引资条款解释》歪曲篡改了《23 号通知》的宗旨和原则，理应不予采用。重庆康达公司与李某恩之间的民事关系与上诉人应当获得的行政奖励无关。请求依法撤销一审判决。

被上诉人丰县政府答辩称：根据丰县发改委的《招商引资条款解释》，《23 号通知》第 25 条规定的引资奖励针对的是外资，结合优惠政策中关于引资性质均为美元的表述，说明该政策除了附则外，均是对外资项目的奖励。而涉案的徐州康达公司不属于外资项目，因此不符合第 25 条规定的条件。徐州康达公司系通过市场化运作在丰县建设的 BOT 的项目，根本不存在投资的事实，所以上诉人亦不符合《23 号通知》附则规定的奖励条件。上诉人只起到了推荐的作用，且李某恩因同一项目已经获得了相应赔偿，故丰县人民政府不应当承担对崔某书的奖励义务。一审法院的判决认定事实清楚，适用法律法规正确，请求驳回上诉，维持原判。

江苏省高级人民法院经二审，确认了一审查明的事实。

另查明：上诉人崔某书与李洪某系夫妻关系，案外人李某恩系李洪某哥哥。崔某书曾任宋楼镇砖瓦厂厂长，李洪某曾任宋楼镇妇女联合会主任。一审中上诉人崔某书提供了三份证明材料：(1) 2003 年 10 月 13 日丰县人民代表大会常务委员会出具的《证明》，该《证明》称："丰县污水处理厂建设项目由宋楼镇砖瓦厂厂长崔某书同志引进。"(2) 2003 年 10 月 13 日丰县人民代表大会常务委员会致李某恩的函，该函称："今派崔某书同志前去接洽，请您代表康达环保有限公司速来我县洽谈投资地面水厂建设事宜。"(3) 2005 年 6 月 18 日丰县建设局出具《证明》，该《证明》称："丰县污水处理厂建设项目由宋楼镇砖瓦厂厂长崔某书、李红某夫妻二人引进。"上述三份材料均为复印件。一审庭审中，上诉人崔某书称上述三份材料的原件已在以往申请奖励时交予政府有关部门。被上诉人丰县政府对上述三份材料的真实性不予认可。

二审期间，上诉人崔某书提供了徐州市妇女联合会（以下简称徐州市妇联）2004 年 3 月颁发的"李红某"被评为徐州市妇联系统"十佳招商引资先进个人"的《荣誉证书》原件，并称该证据系一审后才找到，以进一步证明徐州康达公司系崔某书、李洪某夫妻二人共同完成的招商引资项目，并称证书中的"李红某"系李洪某的曾用名。在二审法院组织的质证中，被上诉人丰县政府认为，没有证据可以证明《荣誉证书》中的"李红某"系崔某书的代理人李某侠；亦不能确定《荣誉证书》上所称的招商引资项目为本案所涉的徐州康达公司项目，对《荣誉证书》的真实性不予认可。

经上诉人崔某书申请，二审法院依职权调取了徐州市妇联在"全国农村妇女转移就业现场培训大会"上的发言材料、徐州市妇联举办的"坚持科学发展观为指导，务实创新，积极推进农村妇女劳动力转移会议"上的发言材料以及徐州市妇联组织的巡回报告团在铜山县巡回报告时有关领导的主持词，上述三份文稿中均提到李洪某克服种种困难，引进了丰县污水厂项目，受到表彰的事实。在二审法院组织的质证过程中，崔某书及其代理人李洪某均称，夫妻二人在涉案招商引资项目中共同出力，崔某书所作工作更多，只是因为其文化程度不高，不善言辞，且李某侠系镇妇联干部，所以在有关表彰活动中，荣誉均给了李洪某，由崔某书出面提起本案之诉是夫妻二人的共同意思表示。崔某书对上述证据的关联性、合法性和真实性均予认可。被上诉人丰县政府坚持认为，上述证据不能证明涉案项目系崔某书引进。在二审法院组织的质证过程中，双方当事人均认可，丰县当地仅有徐州康达公司一个污水处理厂项目，且目前经营状况良好。

法院认为，本案相关证据材料中“李红某”和“李洪某”的名字虽多次交替出现，但联系本案所涉的特定的徐州康达公司项目，可以认定，本案相关证据中“李红某”和“李洪某”系同一人。被上诉人丰县政府未能提供证据证明除徐州康达公司外，上诉人崔某书、李洪某夫妻二人在丰县还有其他招商引资项目。丰县人民代表大会常务委员会 2003 年 10 月 13 日出具的《证明》和函件，以及丰县建设局 2005 年 6 月 18 日出具的《证明》虽均为复印件，但彼此内容可以相互印证。同时，结合二审期间崔某书提供的《荣誉证书》、二审法院调取的徐州市妇联相关证据材料，可以认定，徐州康达公司系上诉人崔某书及其妻子李洪某介绍引进，且该招商引资项目已经取得实际效果。

江苏省高级人民法院二审认为：本案当事人之间的争议主要在于，如何正确适用法律，准确理解《23 号通知》中的有关规定以及被上诉人丰县政府是否应当依法、依约履行相应义务等问题。

一、如何正确适用法律，准确理解《23 号通知》中的有关规定

二审法院认为，本案涉及的《23 号通知》系被上诉人丰县政府为充分调动社会各界参与招商引资积极性，以实现政府职能和公共利益为目的向不特定相对人发出的承诺，在相对人实施某一特定行为后，由自己或其所属职能部门给予该相对人物质奖励的单方面意思表示。根据该行为的法律特征，应当认定《23 号通知》属于行政允诺。对于被上诉人丰县政府在《23 号通知》所作出的单方面行政允诺，只要相对人作出了相应的承诺并付诸行动，即对双方产生约束力。本案中，上诉人崔某书及其妻子李洪某

响应丰县政府《23号通知》的号召，积极联系其亲属，介绍重庆康达公司与丰县建设局签订投资建设协议，以BOT模式投资建设成涉案项目并投产运行至今，为丰县地方取得了良好的经济效益和社会效益。基于丰县政府在《23号通知》中的明确允诺，丰县政府至今未履行《23号通知》中允诺相应奖励义务的现实，崔某书夫妻二人推举崔某书为代表提起本案之诉，于法有据。

本案中，被上诉人丰县政府作出的《23号通知》已就丰县当地的招商引资奖励政策和具体实施作出了相应规定，该规定与现行法律规范中的强制性规定并无抵触。同时，由于当事人双方系在《23号通知》内容的基础上，达成有关招商引资奖励的一致意思表示，因此该文件应当是本案审查丰县政府是否应当兑现相关允诺的依据。依照《最高人民法院关于适用〈中华人民共和国行政诉讼法〉若干问题的解释》第十四条的规定，本案的审理可以适用不违反行政法和行政诉讼法强制性规定的民事法律规范。对丰县政府相关行为的审查，既要审查合法性，也要审查合约性。不仅要审查丰县政府的行为有无违反行政法的规定，也要审查其行为有无违反准用的民事法律规范所确定的基本原则。

法治政府应当是诚信政府。诚实信用原则不仅是契约法中的帝王条款，也是行政允诺各方当事人应当共同遵守的基本行为准则。在行政允诺的订立和履行过程中，基于保护公共利益的需要，赋予行政主体在解除和变更中的相应的优益权固然必要，但行政主体不能滥用优益权。行使优益权既不得与法律规定相违背，也不能与诚实信用原则相抵触。在对行政允诺关键内容的解释上，同样应当限制行政主体在无其他证据佐证的情况下，任意行使解释权。否则，将可能导致该行政行为产生的基础，即双方当事人当初的意思表示一致被动摇。

本案一审判决驳回上诉人崔某书诉讼请求的主要根据是丰县发改委在一审期间作出的《招商引资条款解释》，该解释将"本县新增固定资产投入"定义为，仅指丰县原有企业，追加投入，扩大产能。二审法院认为，该解释不能作为认定被上诉人丰县政府行为合法的依据。主要理由是：（1）《招商引资条款解释》系对被上诉人业已作出的招商引资文件所作的行政解释，在本案中仅作为判定行政行为是否合法的证据使用，其关联性、合法性、真实性理应受到司法审查。（2）《招商引资条款解释》是在丰县政府收到一审法院送达的起诉状副本后自行收集的证据，根据《最高人民法院关于行政诉讼证据若干问题的规定》第六十条第一项的规定，该证据不能作为认定被诉具体行政行为合法的依据。（3）我国统计指标中所称的“新增固定资产”是指通过投资活动所形成的新的固定资产价值，包括已经建成投入生产或交付使用的工程价值和达到规定资产标准的设备、工具、器具的价值及有关应摊入的费用。从文义解释上看，《23 号通知》中的“本县新增固定资产投入”，应当理解为新增的方式不仅包括该县原有企业的扩大投入，也包括新企业的建成投产。申言之，如《23 号通知》在颁布时需对“本县新增固定资产投入”作出特别规定，则应当在制定文件之初即予以公开明示，以避免他人陷入误解。（4）诚实守信是法治政府的基本要求之一，诚信政府是构建诚信社会的基石和灵魂。《论语·为政》言明，言而无信，不知其可。本案中丰县政府所属工作部门丰县发改委，在丰县政府涉诉之后，再对《23 号通知》中所作出的承诺进行限缩性解释，有为丰县政府推卸应负义务之嫌疑。丰县政府以此为由，拒绝履行允诺义务，在一定程度上构成了对优益权的滥用，有悖于诚实信用原则。故对丰县发改委作出的《招商引资条款解释》，不予采信。

二、被上诉人丰县政府是否应当依法、依约履行相应义务

本案上诉人崔某书一审中提交的丰县人民代表大会常务委员会和丰县建设局在不同时间出具的三份材料虽均为复印件，但其在一审质证中，已经对不能提供原件的理由进行了说明，上述三份材料之间的内容可以相互印证。同时，结合二审法院二审中查明的事实，足以认定涉案的丰县康达公司项目系崔某书及其妻子李洪某介绍引进，该项目投资高于《23 号通知》附则所指的新增固定资产投入 300 万元，且已建成并运行良好。故应当认定崔某书已经履行自身相关义务，被上诉人丰县政府应当依照《23 号通知》附则中的规定，兑现其招商引资奖励允诺。依照《中华人民共和国行政诉讼法》第三十四条的规定，结合本案的特点，丰县政府对其行政行

为的合法性和合约性负有举证责任。丰县政府虽主张崔某书不符合《23号通知》规定的条件，不应当予以参照奖励。但并未提供充分证据证明之。无论是主体还是内容，案外人李某恩通过居间活动从重庆康达公司获得报酬，与本案之间不属于同一法律关系。丰县政府以案外人李某恩已经从重庆康达公司获取了中介报酬，从而认为崔某书不应当依照行政允诺获得奖励的主张，没有法律依据，依法不予支持。本案在卷证据足以证明，丰县政府存在未依法、未依约履行招商引资奖励允诺义务之情形。一审判决未能依照本案的特点，准确适用相关法律规定，未能对丰县政府不履行约定义务的行为作出正确判断，应依法予以纠正。

鉴于《23号通知》中凡涉及外商投资额的内容，均以美元而非人民币作为货币种类；对引荐的对外承包工程项目或劳务合作项目，项目总额也以美元计。同时，将“外资”理解为引进自其他国家和地区（包括港澳台地区）的资金亦符合社会公众对这一概念的通常理解，故上诉人崔某书主张被上诉人丰县政府应当按照《23号通知》第25条的规定履行奖励义务的观点缺乏事实根据，依法不予支持。

综上，上诉人崔某书的部分上诉理由成立，其请求撤销一审判决依法有据。一审法院认定事实不清，适用法律错误，判决结果不当。江苏省高级人民法院依照《中华人民共和国行政诉讼法》第七十八条第一款、第八十九条第一款第二项的规定，于2017年3月29日判决如下：一、撤销江苏省徐州市中级人民法院（2015）徐行初字第00102号行政判决；二、责令被上诉人丰县人民政府依照丰委发〔2001〕23号《关于印发丰县招商引资优惠政策的通知》，在本判决生效后60日内依法履行对崔某书的奖励义务。本案一审案件受理费计人民币50元，二审案件受理费计人民币50元，两项合计人民币100元整，由被上诉人丰县人民政府承担。

本判决为终审判决。

政府信息公开

▶
公民通过政府公众网络提交政府信息公开申请的日期以系统确认申请提交成功日为准

33. 李某雄诉广东省交通运输厅政府信息公开案*

（最高人民法院审判委员会讨论通过 2014年1月26日发布）

【关键词】

行政　政府信息公开　网络申请　逾期答复

【裁判要点】

公民、法人或者其他组织通过政府公众网络系统向行政机关提交政府信息公开申请的，如该网络系统未作例外说明，则系统确认申请提交成功的日期应当视为行政机关收到政府信息公开申请之日。行政机关对于该申请的内部处理流程，不能成为行政机关延期处理的理由，逾期作出答复的，应当确认为违法。

【相关法条】

《中华人民共和国政府信息公开条例》第二十四条①

---

* 摘自2014年1月26日最高人民法院发布的第17批指导性案例（指导案例26号）。

① 对应《中华人民共和国政府信息公开条例》（2019年修订）第三十三条："行政机关收到政府信息公开申请，能够当场答复的，应当当场予以答复。行政机关不能当场答复的，应当自收到申请之日起20个工作日内予以答复；需要延长答复期限的，应当经政府信息公开工作机构负责人同意并告知申请人，延长的期限最长不得超过20个工作日。行政机关征求第三方和其他机关意见所需时间不计算在前款规定的期限内。"下同。

【基本案情】

原告李某雄诉称：其于2011年6月1日通过广东省人民政府公众网络系统向被告广东省交通运输厅提出政府信息公开申请，根据《中华人民共和国政府信息公开条例》（以下简称《政府信息公开条例》）第二十四条第二款的规定，被告应在当月23日前答复原告，但被告未在法定期限内答复及提供所申请的政府信息，故请求法院判决确认被告未在法定期限内答复的行为违法。

被告广东省交通运输厅辩称：原告申请政府信息公开通过的是广东省人民政府公众网络系统，即省政府政务外网（以下简称省外网），而非被告的内部局域网（以下简称厅内网）。按规定，被告将广东省人民政府“政府信息网上依申请公开系统”的后台办理设置在厅内网。由于被告的厅内网与互联网、省外网物理隔离，互联网、省外网数据都无法直接进入厅内网处理，需通过网闸以数据“摆渡”方式接入厅内网办理，因此，被告工作人员未能立即发现原告在广东省人民政府公众网络系统中提交的申请，致使被告未能及时受理申请。根据《政府信息公开条例》第二十四条、《国务院办公厅关于做好施行〈中华人民共和国政府信息公开条例〉准备工作的通知》等规定，政府信息公开中的申请受理并非以申请人提交申请为准，而是以行政机关收到申请为准。原告称2011年6月1日向被告申请政府信息公开，但被告未收到该申请，被告正式收到并确认受理的日期是7月28日，并按规定向原告发出了《受理回执》。8月4日，被告向原告当场送达《关于政府信息公开的答复》和《政府信息公开答复书》，距离受理日仅5个工作日，并未超出法定答复期限。因原告在政府公众网络系统递交的申请未能被及时发现并被受理应视为不可抗力和客观原因造成，不应计算在答复期限内，故请求法院依法驳回原告的诉讼请求。

法院经审理查明：2011年6月1日，原告李某雄通过广东省人民政府公众网络系统向被告广东省交通运输厅递交了政府信息公开申请，申请获取广州广园客运站至佛冈的客运里程数等政府信息。政府公众网络系统以申请编号11060100011予以确认，并通过短信通知原告确认该政府信息公开申请提交成功。7月28日，被告作出受理记录确认上述事实，并于8月4日向原告送达《关于政府信息公开的答复》和《政府信息公开答复书》。庭审中被告确认原告基于生活生产需要获取上述信息，原告确认8月4日收到被告作出的《关于政府信息公开的答复》和《政府信息公开答复书》。

【裁判结果】

广州市越秀区人民法院于2011年8月24日作出（2011）越法行初字第252号行政判决：确认被告广东省交通运输厅未依照《政府信息公开条例》第二十四条规定的期限对原告李某雄2011年6月1日申请其公开广州广园客运站至佛冈客运里程数的政府信息作出答复违法。

【裁判理由】

法院生效裁判认为：《政府信息公开条例》第二十四条规定："行政机关收到政府信息公开申请，能够当场答复的，应当当场予以答复。行政机关不能当场答复的，应当自收到申请之日起15个工作日内予以答复；如需延长答复期限的，应当经政府信息公开工作机构负责人同意，并告知申请人，延长答复的期限最长不得超过15个工作日。"本案原告于2011年6月1日通过广东省人民政府公众网络系统向被告提交了政府信息公开申请，申请公开广州广园客运站至佛冈的客运里程数。政府公众网络系统生成了相应的电子申请编号，并向原告手机发送了申请提交成功的短信。被告确认收到上述申请并认可原告是基于生活生产需要获取上述信息，却于2011年8月4日才向原告作出《关于政府信息公开的答复》和《政府信息公开答复书》，已超过了上述规定的答复期限。由于广东省人民政府"政府信息网上依申请公开系统"作为政府信息申请公开平台所应当具有的整合性与权威性，如未作例外说明，则从该平台上递交成功的申请应视为相关行政机关已收到原告通过互联网提出的政府信息公开申请。至于外网与内网、上下级行政机关之间对于该申请的流转，属于行政机关内部管理事务，不能成为行政机关延期处理的理由。被告认为原告是向政府公众网络系统提交的申请，因其厅内网与互联网、省外网物理隔离而无法及时发现原告申请，应以其 2011 年 7 月 28 日发现原告申请为收到申请日期而没有超过答复期限的理由不能成立。因此，原告通过政府公众网络系统提交政府信息公开申请的，该网络系统确认申请提交成功的日期应当视为被告收到申请之日，被告逾期作出答复的，应当确认为违法。

理解与参照

《李某雄诉广东省交通运输厅政府信息公开案》的理解与参照*

——行政机关内部处理程序不能成为信息公开延期理由

最高人民法院案例指导工作办公室

2014 年 1 月 26 日，最高人民法院发布了指导案例 26 号《李某雄诉广东省交通运输厅政府信息公开案》。为了正确理解和准确参照适用该指导案例，现对该指导案例的推选经过、裁判要点等有关情况予以解释、论证和说明。

一、推选过程及指导意义

2013 年 7 月 15 日，广东省高级法院向最高人民法院案例指导工作办公室推荐该案例。广东省高级法院审判委员会讨论认为，本案例对于网络电子数据证据效力的认定正确，充分考虑了当事人举证能力平衡问题，对于规范行政机关网上受理政府信息公开申请，保护公众依法申请政府信息

* 摘自《最高人民法院司法解释与指导性案例理解与适用》（第三卷），人民法院出版社 2015 年版，第 429~433 页。

公开的权利具有一定意义，本案例对于指导类似案件的审判具有积极作用。8月29日，最高人民法院案例指导工作办公室对该案例经集体讨论后征求了最高人民法院行政庭的意见。行政庭同意本案例作为备选指导案例。行政庭审查认为，本案例适用法律正确，对于完善网上申请政府信息公开制度具有良好的促进作用。11月20日，研究室室务会讨论通过本案例，同意报主管院领导审核后提交审委会审议。2014年1月21日，最高人民法院审判委员会经过讨论，同意本案例作为指导案例。1月26日，最高人民法院以法〔2014〕18号文件将该案例列入第六批指导性案例予以发布。

该指导案例旨在明确行政相对人通过政府公众网络系统向行政机关提交政府信息公开申请的，如该网络系统未作例外说明，则系统确认申请提交成功的日期应当视为行政机关收到政府信息公开申请之日。行政机关对于该申请的内部处理流程，不能成为行政机关延期处理的理由，逾期作出答复的，应当确认为违法。本案例及时回应了政府信息公开网络建设中遇到的法律问题，明确了对政府信息公开网上申请答复期限的理解，有利于促进行政机关加强内部管理衔接，提高政府信息公开的工作效率，监督行政机关依法行政，及时、充分地保护行政相对人的知情权。

二、裁判要点的理解与说明

该指导案例的裁判要点确认：公民、法人或者其他组织通过政府公众网络系统向行政机关提交政府信息公开申请的，如该网络系统未作例外说明，则系统确认申请提交成功的日期应当视为行政机关收到政府信息公开申请之日。行政机关对于该申请的内部处理流程，不能成为行政机关延期处理的理由，逾期作出答复的，应当确认为违法。现围绕与该裁判要点相关的问题逐一论证和说明如下：

（一）行政相对人通过政府公众网络系统提交政府信息公开申请的，行政机关答复期限如何计算

随着计算机网络系统的普及，电子政务逐渐成为行政管理重要的手段

和方式。我国相关法律和政策，都指出要将政府信息公开和电子政务的发展结合起来，通过电子政务建设，更好地促进政府信息公开。实践中，政府不仅通过网络向社会公众公布有关政府信息，也通过网络接收社会公众提出的政府信息公开申请。通过计算机网络受理政府信息公开申请，不仅有利于提高政府工作效率，降低行政管理的成本，也为社会公众提供了便利，有关法律法规对此作出了明确规定。《中华人民共和国政府信息公开条例》（以下简称《政府信息公开条例》）第二十条第一款即规定，公民、法人或者其他组织依照该条例第十三条规定向行政机关申请获取政府信息的，应当采用书面形式（包括数据电文形式）。[①] 根据《中华人民共和国电子签名法》的规定，数据电文是指以电子、光学、磁或类似手段生成、发送、接收或者存储的信息。数据电文包括电报、电传、传真、电子数据交换和电子邮件等可以有形地表现所载内容的形式。根据《中华人民共和国电子签名法》及其他法律规定，数据电文可以作为证据使用。因此，电子政务下的政府信息公开，在申请和答复方式、期限、证据等方面出现了很多新的问题。

《政府信息公开条例》第二十四条规定："行政机关收到政府信息公开申请，能够当场答复的，应当当场予以答复。行政机关不能当场答复的，应当自收到申请之日起15个工作日内予以答复；如需延长答复期限的，应当经政府信息公开工作机构负责人同意，并告知申请人，延长答复的期限最长不得超过15个工作日。申请公开的政府信息涉及第三方权益的，行政机关征求第三方意见所需时间不计算在本条第二款规定的期限内。"[②] 本条第一款和第二款分别规定了当场答复和附期限答复两种答复方式。规定这

---

① 对应《中华人民共和国政府信息公开条例》（2019年修订）第二十九条第一款："公民、法人或者其他组织申请获取政府信息的，应当向行政机关的政府信息公开工作机构提出，并采用包括信件、数据电文在内的书面形式……"

② 对应《中华人民共和国政府信息公开条例》（2019年修订）第三十三条："行政机关收到政府信息公开申请，能够当场答复的，应当当场予以答复。行政机关不能当场答复的，应当自收到申请之日起20个工作日内予以答复；需要延长答复期限的，应当经政府信息公开工作机构负责人同意并告知申请人，延长的期限最长不得超过20个工作日。行政机关征求第三方和其他机关意见所需时间不计算在前款规定的期限内。"下同。

两种答复方式和法定的答复期限，对于提高政府信息公开的效率以及促进社会公众知情权的实现具有积极意义。根据上述规定，政府信息的依申请公开程序是以“行政机关收到政府信息公开申请”作为行政机关答复期限的起算点，除了能够当场答复或需要延期答复的，一般情形下，行政机关的答复期限为15个工作日。与许多国家政府信息公开申请的答复期限相比，15个工作日属于较短的，从便民和建设服务型政府等方面看，更有利于行政相对人，也对行政机关在工作管理衔接、提升行政效率等方面提出了更高的要求。

本案例中，原告李某雄向被告广东省交通运输厅申请获取广州广园客运站至佛冈的客运里程数等政府信息。原告通过广东省人民政府的“政府信息网上依申请公开系统”，即广东省政府公众网络系统向被告提出政府信息公开申请，通过网络链接点击递交申请后，系统并没有反馈受理回执或凭证，只有屏幕显示由系统生成的电子申请编号，同时原告的手机收到系统端口发送的申请提交成功的短信。因此，原告主张广东省政府公众网络系统已确认受理其申请，即应视为被告广东省交通运输厅已收到原告提交的政府信息公开申请。而被告广东省交通运输厅认为，根据有关文件规定，该厅将省政府公众网络系统后台办理程序设置在该厅内网中，由于厅内网与省政府公众网络系统物理隔离，省政府公众网络系统的数据无法直接进入厅内网处理，需要通过网闸以数据“摆渡”方式接入厅内网处理。被告认为，根据法律规定，政府信息公开中的申请受理并非以申请人提交申请为准，而是以行政机关收到申请为准。原告虽然通过广东省政府公众网络系统提交了申请，但被告广东省交通运输厅内网并未实时收到，由于网络系统之间的物理隔离，被告实际收到申请的时间要滞后一段时间。原告的申请未能及时被厅内网收取，应当视为不可抗力和客观原因造成的，不应计算在答复期限内，请求法院依法驳回原告的诉讼请求。

原告在诉讼中提供了广东省政府公众网络系统产生的电子申请编号，以及确认申请成功提交的短信，法院经查证属实，该系统未作例外说明，应认定该系统已收到原告网上提交的政府信息公开申请。法院生效判决认为，由于广东省人民政府“政府信息网上依申请公开系统”作为政府信息申请公开平台所应当具有的整合性与权威性，如未作例外说明，则从该平台上递交成功的申请应视为相关行政机关已收到原告通过互联网提出的政府信息公开申请。至于外网与内网、上下级行政机关工作人员之间对于该信息申请的流转过程，应属于行政机关内部事务，不能成为行政机关延期处理的依据。行政法规规定的15个工作日的答复期限，包含了行政机关内部对于申请的流转和处理时间，此乃应有之义。本案例中，原告于2011年6月1日通过政府公众网络系统提交了政府信息公开申请，被告确认原告是基于生活生产需要申请获取相关信息的。被告没有需要延期答复的理由，但却于同年8月4日才作出答复，已经超出了法律规定的15个工作日答复期限，属于逾期答复行为。

（二）行政机关逾期答复政府信息公开申请是否构成违法

《政府信息公开条例》第二十一条的规定："对申请公开的政府信息，行政机关根据下列情况分别作出答复：（一）属于公开范围的，应当告知申请人获取该政府信息的方式和途径；（二）属于不予公开范围的，应当告知申请人并说明理由；（三）依法不属于本行政机关公开或者该政府信息不存在的，应当告知申请人，对能够确定该政府信息的公开机关的，应当告知申请人该行政机关的名称、联系方式；（四）申请内容不明确的，应当告知申请人作出更改、补充。"①

本案中，原告申请事项属于公开范围，被告应当依法答复原告，告知

① 对应《中华人民共和国政府信息公开条例》（2019年修订）第三十六条："对政府信息公开申请，行政机关根据下列情况分别作出答复：（一）所申请公开信息已经主动公开的，告知申请人获取该政府信息的方式、途径；（二）所申请公开信息可以公开的，向申请人提供该政府信息，或者告知申请人获取该政府信息的方式、途径和时间；（三）行政机关依据本条例的规定决定不予公开的，告知申请人不予公开并说明理由；（四）经检索没有所申请公开信息的，告知申请人该政府信息不存在；（五）所申请公开信息不属于本行政机关负责公开的，告知申请人并说明理由；能够确定负责公开该政府信息的行政机关的，告知申请人该行政机关的名称、联系方式；（六）行政机关已就申请人提出的政府信息公开申请作出答复、申请人重复申请公开相同政府信息的，告知申请人不予重复处理；（七）所申请公开信息属于工商、不动产登记资料等信息，有关法律、行政法规对信息的获取有特别规定的，告知申请人依照有关法律、行政法规的规定办理。"

其获取该政府信息的方式和途径。但是被告并未在《政府信息公开条例》第二十四条规定的期限内答复原告。原告于2011年7月27日向法院提起诉讼，在本案诉讼期间，被告于8月4日才向原告作出答复。根据《最高人民法院关于执行〈中华人民共和国行政诉讼法〉若干问题的解释》第五十条第三款、第四款[①]的规定，应当判决确认被告逾期作出答复违法。

三、其他需要说明的问题

本案是广州市法院系统审理的首宗公民通过网上提交政府信息公开申请引起的行政诉讼案件，契合了近两年全国政府信息公开行政诉讼这一热点。另外，广东省越秀区人民法院是行政案件简易程序全国试点法院，本案是根据《最高人民法院关于开展行政诉讼简易程序试点工作的通知》的规定，经当事人同意，适用行政诉讼简易程序审结的新类型案件。

客观上说，目前有的地方政府公众网络系统与下属各个行政机关的内部网络系统联网建设还比较滞后，有的系统之间信息交换时间比较长。实践中，有的行政机关以上述系统内部公文流转过程长作为延期处理的借口，给依法开展政府信息公开工作造成了一定的困扰。本指导案例的裁判要点明确，只要政府公众网络系统接收了公民的申请，除非有例外说明，否则就要开始计算处理期限，逾期答复的应当确认为违法。本指导案例有利于纠正实践中错误的认识和做法，正确理解法律法规的相关规定，对于促进行政机关加强内部管理，推进依法行政，维护行政相对人的合法权益，具有一定的积极意义。

（执笔人：石磊）

① 对应《最高人民法院关于适用〈中华人民共和国行政诉讼法〉的解释》第八十一条第三款、第四款。

34. 罗某昌诉重庆市彭水苗族土家族自治县地方海事处政府信息公开案*

政府信息公开案件中,行政机关以政府信息不存在为由答复的,应对其已尽到充分合理的查找、检索义务承担举证责任

(最高人民法院审判委员会讨论通过 2018 年 12 月 19 日发布)

【关键词】

行政 政府信息公开 信息不存在 检索义务

【裁判要点】

在政府信息公开案件中,被告以政府信息不存在为由答复原告的,人民法院应审查被告是否已经尽到充分合理的查找、检索义务。原告提交了该政府信息系由被告制作或者保存的相关线索等初步证据后,若被告不能提供相反证据,并举证证明已尽到充分合理的查找、检索义务的,人民法院不予支持被告有关政府信息不存在的主张。

* 摘自 2018 年 12 月 19 日最高人民法院发布的第 19 批指导性案例(指导案例 101 号)。

【相关法条】

《中华人民共和国政府信息公开条例》第二条、第十三条[①]

【基本案情】

原告罗某昌是兴运2号船的船主，在乌江流域从事航运、采砂等业务。2014年11月17日，罗某昌因诉重庆大唐国际彭水水电开发有限公司财产损害赔偿纠纷案需要，通过邮政特快专递向被告重庆市彭水苗族土家族自治县地方海事处（以下简称彭水县地方海事处）邮寄书面政府信息公开申请书，具体申请的内容为：（1）公开彭水苗族土家族自治县港航管理处（以下简称彭水县港航处）、彭水县地方海事处的设立、主要职责、内设机构和人员编制的文件。（2）公开下列事故的海事调查报告等所有事故材料：兴运2号在2008年5月18日、2008年9月30日的两起安全事故及鑫源306号、鑫源308号、高谷6号、荣华号等船舶在2008年至2010年发生的安全事故。

彭水县地方海事处于2014年11月19日签收后，未在法定期限内对罗某昌进行答复，罗某昌向彭水苗族土家族自治县人民法院（以下简称彭水县法院）提起行政诉讼。2015年1月23日，彭水县地方海事处作出（2015）彭海处告字第006号《政府信息告知书》，载明：一是对申请公开的彭水县港航处、彭水县地方海事处的内设机构名称等信息告知罗某昌获取的方式和途径；二是对申请公开的海事调查报告等所有事故材料经查该政府信息不存在。彭水县法院于2015年3月31日对该案作出（2015）彭法行初字第00008号行政判决，确认彭水县地方海事处在收到罗某昌的政府信息公开申请后未在法定期限内进行答复的行为违法。

---

① 分别对应《中华人民共和国政府信息公开条例》（2019年修订）第二条、第十三条。第二条规定："本条例所称政府信息，是指行政机关在履行行政管理职能过程中制作或者获取的，以一定形式记录、保存的信息。"第十三条规定："除本条例第十四条、第十五条、第十六条规定的政府信息外，政府信息应当公开。行政机关公开政府信息，采取主动公开和依申请公开的方式。"下同。

2015年4月22日，罗某昌以彭水县地方海事处作出的（2015）彭海处告字第006号《政府信息告知书》不符合法律规定，且与事实不符为由，提起行政诉讼，请求撤销彭水县地方海事处作出的（2015）彭海处告字第006号《政府信息告知书》，并由彭水县地方海事处向罗某昌公开海事调查报告等涉及兴运2号船的所有事故材料。

另查明，罗某昌提交了涉及兴运2号船于2008年5月18日在彭水高谷长滩子发生整船搁浅事故以及于2008年9月30日在彭水高谷煤炭沟发生沉没事故的《乌江彭水水电站断航碍航问题调查评估报告》《彭水县地方海事处关于近两年因乌江彭水万足电站不定时蓄水造成船舶搁浅事故的情况报告》《重庆市发展和改革委员会关于委托开展乌江彭水水电站断航碍航问题调查评估的函》（渝发改能函〔2009〕562号）等材料。在案件二审审理期间，彭水县地方海事处主动撤销了其作出的（2015）彭海处告字第006号《政府信息告知书》，但罗某昌仍坚持诉讼。

【裁判结果】

重庆市彭水苗族土家族自治县人民法院于2015年6月5日作出（2015）彭法行初字第00039号行政判决，驳回罗某昌的诉讼请求。罗某昌不服一审判决，提起上诉。重庆市第四中级人民法院于2015年9月18日作出（2015）渝四中法行终字第00050号行政判决，撤销（2015）彭法行初字第00039号行政判决；确认彭水苗族土家族自治县地方海事处于2015年1月23日作出的（2015）彭海处告字第006号《政府信息告知书》行政行为违法。

【裁判理由】

法院生效裁判认为：《中华人民共和国政府信息公开条例》第十三条规定，除本条例第九条、第十条、第十一条、第十二条规定的行政机关主动公开的政府信息外，公民、法人或者其他组织还可以根据自身生产、生活、科研等特殊需要，向国务院部门、地方各级人民政府及县级以上地方人民政府部门申请获取相关政府信息。彭水县地方海事处作为行政机关，负有对罗某昌提出的政府信息公开申请作出答复和提供政府信息的法定职责。根据《中华人民共和国政府信息公开条例》第二条“本条例所称政府信息，是指行政机关在履行职责过程中制作或者获取的，以一定形式记录、保存的信息”的规定，罗某昌申请公开彭水县港航处、彭水县地方海事处的设立、主要职责、内设机构和人员编制的文件，属于彭水县地方海事处在履行职责过程中制作或者获取的，以一定形式记录、保存的信息，当属政府信息。彭水县地方海事处已为罗某昌提供了彭水编发（2008）11号《彭水苗族土家族自治县机构编制委员会关于对县港航管理机构编制进行调整的通知》的复制件，明确载明了彭水县港航处、彭水县地方海事处的机构性质、人员编制、主要职责、内设机构等事项，罗某昌已知晓，予以确认。

罗某昌申请公开涉及兴运 2 号船等船舶发生事故的海事调查报告等所有事故材料的信息，根据《中华人民共和国内河交通事故调查处理规定》的相关规定，船舶在内河发生事故的调查处理属于海事管理机构的职责，其在事故调查处理过程中制作或者获取的，以一定形式记录、保存的信息属于政府信息。彭水县地方海事处作为彭水县的海事管理机构，负有对彭水县行政区域内发生的内河交通事故进行立案调查处理的职责，其在事故调查处理过程中制作或者获取的，以一定形式记录、保存的信息属于政府信息。罗某昌提交了兴运 2 号船于 2008 年 5 月 18 日在彭水高谷长滩子发生整船搁浅事故以及于 2008 年 9 月 30 日在彭水高谷煤炭沟发生沉没事故的相关线索，而彭水县地方海事处作出的（2015）彭海处告字第 006 号《政府信息告知书》第二项告知罗某昌申请公开的该项政府信息不存在，仅有彭水县地方海事处的自述，没有提供印证证据证明其尽到了查询、翻阅和搜索的义务。故彭水县地方海事处作出的（2015）彭海处告字第 006 号《政府信息告知书》违法，应当予以撤销。在案件二审审理期间，彭水县地方海事处主动撤销了其作出的（2015）彭海处告字第 006 号《政府信息告知书》，罗某昌仍坚持诉讼。根据《中华人民共和国行政诉讼法》第七十四条第二款第二项之规定，判决确认彭水县地方海事处作出的政府信息告知行为违法。

（生效裁判审判人员：张红梅、蒲开明、王宏）

理解与参照

《罗某昌诉重庆市彭水苗族土家族自治县地方海事处政府信息公开案》的理解与参照*

——行政机关应对政府信息不存在承担举证责任

最高人民法院案例指导工作办公室

2018年12月19日，最高人民法院发布了第19批指导性案例，包括第97号至第101号共5件指导案例，总结了审判实践中某些普遍的疑难复杂法律适用问题，有利于进一步明确裁判规则，统一司法尺度。其中，第101号指导案例为《罗某昌诉重庆市彭水苗族土家族自治县地方海事处政府信息公开案》。为了正确理解和准确参照适用该指导案例，现对该指导案例的选编过程、裁判要点、参照适用等有关情况予以解释和说明。

一、案例选编过程

重庆市第四中级人民法院认为该案例较为典型，对人民法院审理类似

* 摘自《人民司法·案例》2021年第17期。

案件具有指导价值，遂作为备选参考性案例向重庆市高级人民法院参考性案例编选委员会推荐。重庆市高级人民法院参考性案例编选委员会经审查，认为该案例所涉法律适用问题相关法律规定不明确，该案例提炼的裁判要点所确立的裁判规则具有指导意义，遂作为参考性案例和备选指导性案例提交重庆市高级人民法院审判委员会讨论。经重庆市高级人民法院2017年第9次审判委员会讨论，同意将该案例作为重庆法院第26号参考性案例发布，并作为备选指导性案例向最高人民法院推荐。2017年7月7日，最高人民法院案例指导工作办公室收到该案例，经过初审，认为基本符合指导性案例的要求，建议提交研究室室务会讨论。2018年6月19日，研究室室务会讨论同意推荐该案例，并要求征求最高人民法院行政庭意见。经征求意见后，案例指导工作办公室对该案例进行了修改，并报审委会讨论。11月20日，最高人民法院民专会第302次会议讨论通过该案例。12月19日，最高人民法院以法〔2018〕338号文件将该案例列为第19批指导性案例予以发布。

二、关于本案例的相关情况

（一）本案例的基本案情

本案中，原告罗某昌是兴运2号船的船主，在乌江流域从事航运、采砂等业务。2014年11月17日，罗某昌通过邮政特快专递向被告重庆市彭水苗族土家族自治县地方海事处（以下简称彭水县地方海事处）邮寄书面政府信息公开申请书，申请公开的其中一项内容为：公开兴运2号船2008年5月18日、2008年9月30日两起安全事故的海事调查报告等所有事故材料。2015年1月23日，彭水县地方海事处作出（2015）彭海处告字第006号《政府信息告知书》，其第二项载明：对申请公开的海事调查报告等所有事故材料经查该政府信息不存在。2015年4月22日，罗某昌以彭水县地方海事处作出的（2015）彭海处告字第006号《政府信息告知书》不符合法律规定，且与事实不符为由，提起行政诉讼，请求撤销彭水县地方海事处海事处作出的（2015）彭海处告字第006号《政府信息告知书》，并由彭水县地方海事处向罗某昌公开海事调查报告等涉及兴运2号船的所有事故材料。罗某昌提供被告已制作或获取并保存案涉政府信息的相关线索。在案件二审审理期间，彭水县地方海事处主动撤销了其作出的（2015）彭海处告字第006号《政府信息告知书》，罗某昌仍坚持诉讼。

重庆市彭水苗族土家族自治县人民法院于2015年6月5日作出（2015）彭法行初字第00039号行政判决，驳回罗某昌的诉讼请求。罗某昌不服一审判决，提起上诉。重庆市第四中级人民法院于2015年9月18日作出（2015）渝四中法行终字第00050号行政判决，撤销（2015）彭法行初字第00039号行政判决；确认彭水苗族土家族自治县地方海事处于2015年1月23日作出的（2015）彭海处告字第006号《政府信息告知书》行政行为违法。

（二）本案例的推荐理由及指导价值

《中华人民共和国政府信息公开条例》（以下简称《政府信息公开条例》）颁布实施以来，政府工作透明度及依法行政水平不断提高，公民的知情权得到更加有效的保障。但是，在政府信息公开实践中，行政机关对政府信息公开申请的答复频繁出现以信息不存在为由拒绝公开的情形。通常而言，政府信息不存在是行政机关处理公开申请的一种答复方式。但在政府信息公开行政案件中，行政机关处于信息优势地位，原告一般处于信息劣势地位。一方面，如果将证明责任分配给原告（信息申请者）极不公平，如果没有被告（被申请机关）的配合，这将是一项“不可能完成的任务”。[①] 另一方面，但若将“信息不存在”这一否定性事实的举证责任分配给被告承担，又有违背“肯定者应证明，否定者不应证明”这一证明责任分配的古老法谚。[②] 司法实践中，法院在对该类案件进行裁判时处于两难

---

① 章剑生：《知情权及其保障——以〈政府信息公开条例〉为例》，载《中国法学》2008年第4期。

② 郑涛：《政府信息不存在诉讼之证明责任分配探析》，载《清华法学》2016年第6期。

境地，由于举证责任分配标准不统一，往往会出现“类案不类判”的情形。因此，人民法院对行政机关政府信息不存在答复是否合法应如何审查判断，事关保障公众政府信息知情权，也是审理该类案件的关键所在。

该案例旨在明确在政府信息公开案件中，被告以政府信息不存在为由答复原告的，人民法院应审查被告是否已经尽到充分合理的查找、检索义务。该案例确认的裁判规则进一步明确了此类案件的审查标准，指导价值较强，对有效监督政府依法公开信息、依法保障公民政府信息知情权具有重要意义。

三、裁判要点的理解与说明

该指导案例的裁判要点确认：在政府信息公开案件中，被告以政府信息不存在为由答复原告的，人民法院应审查被告是否已经尽到充分合理的查找、检索义务。原告提交了该政府信息系由被告制作或者保存的相关线索等初步证据后，若被告不能提供相反证据，并举证证明已尽到充分合理的查找、检索义务的，人民法院不予支持被告有关政府信息不存在的主张。现围绕与该裁判要点相关的问题逐一解释和说明如下：

（一）关于政府信息不存在诉讼司法审查相关规定

根据我国《政府信息公开条例》第二条的规定，政府信息是指行政机关在履行职责过程中制作或者获取的，以一定形式记录、保存的信息。[①] 在审理行政机关以政府信息不存在为答复的案件中，首先应当明确行政机关是否具有制作或获取涉案政府信息的职责，同时这也是政府信息是否存在的前提条件。若行政机关不具有相应职责，就没有合理理由和机会制作或获取该政府信息。本案中，根据《中华人民共和国内河交通事故调查处理规定》的相关规定，彭水县地方海事处作为彭水县的海事管理机构，负

① 对应《中华人民共和国政府信息公开条例》（2019 年修订）第二条：“本条例所称政府信息，是指行政机关在履行行政管理职能过程中制作或者获取的，以一定形式记录、保存的信息。”

有对彭水县行政区域内发生的内河交通事故进行立案调查处理的职责，其在事故调查处理过程中制作或者获取的，以一定形式记录、保存的信息属于政府信息。据此，即可断定彭水县地方海事处具有制作或获取涉案政府信息的职责。但若行政机关能够说明其不可能制作或获取信息的，如申请公开的信息不属于被告的职权范围，无合理理由和机会制作或获取政府信息，在此情况下无需进一步提供证据。

我国《政府信息公开条例》第十三条①、第二十一条②、第三十三条③规定：公民、法人或者其他组织还可以根据自身生产、生活、科研等特殊需要，向国务院部门、地方各级人民政府及县级以上地方人民政府部门申请获取相关政府信息。依法不属于本行政机关公开或者该政府信息不存在的，应当告知申请人。公民、法人或者其他组织认为行政机关不依法履行政府信息公开义务的，可以向上级行政机关、监察机关或者政府信息公开工作主管部门举报。公民、法人或者其他组织认为行政机关在政府信息公开工作中的具体行政行为侵犯其合法权益的，可以依法申请行政复议或者提起行政诉讼。据此，对行政机关答复政府信息不存在的，相关信息申请人可以向人民法院提起诉讼。针对政府信息不存在的司法审查，《最高人民法院关于审理政府信息公开行政案件若干问题的规定》第五条第一款、第二款、第五款规定：被告拒绝向原告提供政府信息的，应当对拒绝的根据以及履行法定告知和说明义务的情况举证；因公共利益决定公开涉及商业秘密、个人隐私政府信息的，被告应当对认定公共利益以及不公开可能对公共利益造成重大影响的理由进行举证和说明；被告主张政府信息不存在，原告能够提供该政府信息系由被告制作或者保存的相关线索的，可以申请人民法院调取证据。第十二条第一项规定：不属于政府信息、政府信

---

① 本案适用的是2007年4月5日公布的《中华人民共和国政府信息公开条例》。2019年4月3日，该条例进行了修订，已删去了原来第十三条规定的“三需要”等相关规定。第十三条规定：“除本条例第十四条、第十五条、第十六条规定的政府信息外，政府信息应当公开。行政机关公开政府信息，采取主动公开和依申请公开的方式。”

② 对应《中华人民共和国政府信息公开条例》(2019年修订)第三十六条。

③ 对应《中华人民共和国政府信息公开条例》(2019年修订)第五十一条。

息不存在、依法属于不予公开范围或者依法不属于被告公开的，被告已经履行法定告知或者说明理由义务的，人民法院应当判决驳回原告的诉讼请求。根据上述规定，在政府信息公开诉讼中，被告拒绝提供政府信息的，应当对拒绝的根据以及履行法定告知和说明理由义务的情况举证。如果原告能够提供该政府信息系由被告制作或者保存的相关线索的，可以申请人民法院调取证据。

（二）关于政府信息是否存在的举证责任分配

《中华人民共和国行政诉讼法》第三十四条第一款规定："被告对作出的行政行为负有举证责任，应当提供作出该行政行为的证据和所依据的规范性文件。"但在政府信息公开诉讼中，对于政府信息是否存在的举证责任如何分配问题则有其特殊性，主要存在两种认识：一是认为行政诉讼中被告对被诉行政行为的合法性承担举证责任，被告既然主张政府信息不存在，就有责任提供证据；二是认为在被告主张政府信息不存在的特殊情形下，原告认为政府信息存在，则由原告提供证据，否则法院不能否定行政机关的这一认定。从举证责任分配的一般理论来说，一方面，当事人对其认为不存在的事实不应承担直接举证责任。由此，在政府信息不存在案件中，被告行政机关就没有必要对信息不存在提供证据。另一方面，如果由原告证明"信息存在"，同样存在障碍，因为政府信息是由行政机关掌握的，要求明显处于弱势地位的原告承担全部的证明责任，几乎等同于直接宣布其败诉。①

由于举证责任的分配关系到行政诉讼的结果，在没有法律明确规定的前提下，法院应从公平正义的角度出发，结合行政法律关系的特殊性，对原被告的举证责任作适当的分配。在具体分配的过程中，需要考虑的因素包括：行政行为的特点、举证的难易程度、行政机关与行政相对人的举证能力、举证的便利性、公民权益的保障、行政机关行使职权的实际状况以

① 包蕾、何斐明、余韬：《政府信息公开诉讼中的信息不存在》，载《人民司法》2013年第7期。

及纠纷解决的可能性。[①]

对此,《最高人民法院关于行政诉讼证据若干问题的规定》第一条规定:根据《中华人民共和国行政诉讼法》第三十二条[②]和第四十三条[③]的规定,被告对作出的具体行政行为负有举证责任,应当在收到起诉状副本之日起10日内,提供据以作出被诉具体行政行为的全部证据和所依据的规范性文件。被告不提供或者无正当理由逾期提供证据的,视为被诉具体行政行为没有相应的证据。根据上述规定,在政府信息公开诉讼中,被告对作出的政府信息不存在的行政行为的合法性承担举证责任。虽然政府信息不存在作为一个否定性事实,一般由主张事实存在的一方举证,但是考虑到双方的举证能力等因素,法院依然要对行政机关主张政府信息不存在的事实和理由进行合法性审查,否则容易助长被告以政府信息不存在为由规避公开责任和诉讼风险。因此,在政府信息公开诉讼中,被告承担主要的举证责任,同时原告承担补充证明责任。由于否定性事实难以从正面直接予以证明,被告需要通过向法院提供能够证明其已经尽到合理搜索义务的材料,从而完成证明信息不存在的举证责任。[④]

(三)关于原告对政府信息存在的补充证明责任

如上所述,在政府信息不存在的案件中,被告需举证证明其对涉案政府信息进行了合理检索责任,但由于对不存在的事实很难证明,法院同时可以要求原告提供被告已制作或获取并保存涉案政府信息的相关线索。一般来讲,原告向被告申请政府信息公开,对涉案政府信息是否存在有一定的了解,原告应承担提供政府信息存在线索及涉案政府信息系由被告制作或保存的补充证明责任。

---

① 江必新、梁凤云:《行政诉讼法理论与实务》(上卷),北京大学出版社2009年版,第506页。

② 对应《中华人民共和国行政诉讼法》(2017年修正)第三十四条。

③ 对应《中华人民共和国行政诉讼法》(2017年修正)第六十七条。

④ 陈振宇:《政府信息不存在情形下举证责任的分配》,载《人民司法》2010年第24期。

第一，如果原告不能提供任何相关政府信息存在线索，人民法院可依据《最高人民法院关于审理政府信息公开行政案件若干问题的规定》第十二条第一项，不属于政府信息、政府信息不存在、依法属于不予公开范围或者依法不属于被告公开的，被告已经履行法定告知或者说明理由义务的，人民法院应当判决驳回原告的诉讼请求之规定，认定涉案政府信息不存在，判决驳回原告的诉讼请求。

第二，如果原告进一步提供了政府信息实际存在的证据或线索的情况下，比如其他政府文件已明确将被申请信息作为依据、有明确的文号等，应认定原告已经达到了其相应的证明责任。在此情况下，若行政机关未能举示相关证据材料或作出合理说明，人民法院可以判令撤销“政府信息不存在”的答复，责令被告重新作出相应的行政行为；亦可依据《最高人民法院关于审理政府信息公开行政案件若干问题的规定》第五条第五款“被告主张政府信息不存在，原告能够提供该政府信息系由被告制作或者保存的相关线索的，可以申请人民法院调取证据”之规定，申请人民法院调取证据。若行政机关在诉讼中主动撤销其作出的“政府信息不存在”答复，原告仍坚持诉讼的，应确认其之前作出“政府信息不存在”答复的行政行为违法。

（四）关于行政机关对政府信息合理检索义务的审查

“政府信息不存在”的含义应当是明确的，也就是“从未制作过或者获取过”,[①] 这是法院处理该类案件时应当明确的问题。在因政府信息不存在而引发的政府信息公开诉讼中，行政机关对于政府信息不存在负有证明责任，应举证证明其对相关政府信息尽到合理、充分的查找、检索义务。对该类案件进行裁判时，应着重对被告对告知义务的履行情况、搜寻与说明理由义务的合法性进行审查。[②] 行政机关对政府信息不存在应当承担何种举证责任，是准确审理此类案件的关键所在，一般以被告提供其已经尽

① 殷勇：《“政府信息不存在”情形下的司法审查》，载《法学》2012 年第 1 期。
② 郑涛：《政府信息不存在诉讼之证明责任分配探析》，载《清华法学》2016 年第 6 期。

到了合理搜索义务的证据材料或合理说明为判断标准。被告主张政府信息不存在的，必须提供相应的证据材料或对其查找经过作出合理说明来证明其尽到了合理的搜索义务，没有提供相关检索或工作记录的，法院对其“政府信息不存在”的主张，不予支持。

行政机关对涉案政府信息是否尽到合理检索义务是司法审查的重点。那么，如何判断行政机关达到合理检索的标准？一般情况下，法院对行政机关是否正确履行检索义务应从以下几个方面进行判断：第一，用以检索的载体（如数据库、信息目录）包含的信息资料是否全面。检索载体收纳的数据越多，检索结果越具有合理性。第二，检索方法是否妥当。选用不同的检索关键词、采用不同的检索方法会产生不同的检索结果，选取适当的检索方法是确保检索合理性的重要内容；检索的方法包括人工检索、浏览目录、网页检索等等。第三，检索人员的工作态度是否认真。检索看似一个技术性工作，但不同的工作态度直接会对检索方法的选取以及最后的检索结果产生不同的影响。若有证据证明检索工作人员的工作态度是为了尽其可能帮助申请人获取信息的话，其检索结果便更具有合理性。①

具体而言，法院可从以下几个方面进行审查：第一，根据原告提供的线索，要求被告提供其进行了相关搜索的证据材料，并对搜索方法和搜索结果作出说明；第二，根据原告提供的信息制作时间线索，要求被告提供相关信息公开指南、年度报告、公开目录等关联性证据；第三，根据原告提供的信息文号线索，要求被告提供相关政府信息文件编号方式以及涉诉文号的对应文件名称、时间、制作机关证据材料；第四，根据原告提供的信息出处线索，要求行政机关提供相关调查结果或者相关卷宗材料，必要时法院可以依申请调查。如果经过上述途径依旧无法证实原告所申请公开的信息存在，而原告又坚持认为该信息存在的，应由原告承担举证责任，由其提供证据证明其申请公开的政府信息在被告处实际存在。② 此外，在审查行政机关检索是否合理时，检索关键词的选择应以有利于检索到申请

① 陈振宇：《政府信息不存在情形下举证责任的分配》，载《人民司法》2010 年第 24 期。
② 李广宇：《政府信息公开诉讼理念、方法与案例》，法律出版社 2009 年版，第 76 页。

人申请获取的政府信息为原则，被告提供的生成其检索记录的数据库应是专门制作的用以开展信息公开工作的数据库，应包含其所掌握的全部政府信息。本案中，法院以行政机关是否尽到合理的查找、检索义务作为审查行政机关政府信息不存在答复是否合法的标准，符合法理、情理和事理，符合社会公众的正义观和社会发展的趋势，对法院裁判类案具有指导价值，有利于促使行政机关及其工作人员依法行政，对于依法保障公民知情权、推进法治政府建设具有重要的社会导向意义。二审中，行政机关主动撤销作出的《政府信息告知书》亦说明该裁判规则被原、被告双方认可，实现了法律效果和社会效果的统一。

四、参照适用时应注意的问题

合法性审查原则是行政诉讼的一项基本原则，人民法院应当围绕行政行为证据是否确凿，适用法律、法规是否正确，是否符合法定程序进行审查。对因政府信息不存在而引发的政府信息公开的诉讼，审查被告是否已经尽到充分合理的查找、检索义务建立在合理分配举证责任的基础之上，但这主要涉及行政机关“政府信息不存在”答复的证据是否确凿这一方面。值得进一步指出的是，除此之外还应当对被诉行政行为适用法律、法规是否正确，程序是否合法进行全面审查，进而对行政机关所作“政府信息不存在”答复是否合法进行准确的裁判。

（执笔人：游中川、王宏、石磊）

35．陆某霞诉南通市发展和改革委员会政府信息公开答复案*

公民提起政府信息公开申请违背《政府信息公开条例》立法本意且不具有善意的，构成知情权的滥用

【裁判摘要】

知情权是公民的一项法定权利。公民必须在现行法律框架内申请获取政府信息，并符合法律规定的条件、程序和方式，符合立法宗旨，能够实现立法目的。如果公民提起政府信息公开申请违背了《政府信息公开条例》的立法本意且不具有善意，就会构成知情权的滥用。当事人反复多次提起琐碎的、轻率的、相同的或者类似的诉讼请求，或者明知无正当理由而反复提起诉讼，人民法院应对其起诉严格依法审查，对于缺乏诉的利益、目的不当、有悖诚信的起诉行为，因违背了诉权行使的必要性，丧失了权利行使的正当性，应认定构成滥用诉权行为。

原告：陆某霞，女，38岁，住南通市港闸区。

被告：南通市发展和改革委员会。住所地：南通市世纪大道6号。

原告陆某霞因不服被告南通市发展和改革委员会（以下简称南通市发改委）政府信息公开答复，向南通

* 摘自《最高人民法院公报》2015年第11期。

市港闸区人民法院提起诉讼。

原告陆某霞诉称：原告向被告南通市发改委申请公开“长平路西延绿化工程的立项批文”，被告作出被诉答复并提供了通发改投资〔2010〕67号《市发改委关于长平路西延工程的批复》。原告认为自己申请公开的是“长平路西延绿化工程”，而被告公开的却是“长平路西延工程”，虽只有两字之差，但内容完全不同。请求依法撤销被告作出的通发改信复〔2013〕14号《政府信息公开申请答复书》并责令重新作出答复。

被告南通市发改委辩称：（1）被诉答复适用依据正确、程序合法、内容适当、符合法律规定。被诉答复公开的《市发改委关于长平路西延工程的批复》包括长平路西延工程的道路、桥涵、管线、绿化及附属设施等建设内容，包含了原告陆某霞申请公开的内容。（2）原告及其家人存在明显滥用政府信息公开申请权的行为，违背了《中华人民共和国政府信息公开条例》（以下简称《政府信息公开条例》）的目的和宗旨，其行为不具有正当性。请求驳回原告的诉讼请求。

南通市港闸区人民法院一审查明：2013年11月26日，原告陆某霞向被告南通市发改委申请公开“长平路西延绿化工程的立项批文”。同年11月28日，被告作出通发改信复〔2013〕14号《政府信息公开申请答复书》并提供了通发改投资〔2010〕67号《市发改委关于长平路西延工程的批复》。

南通市港闸区人民法院在审理过程中依职权向南通市人民政府法制办公室、南通市中级人民法院、如东县人民法院调查，查明以下事实：据不完全统计，2013年至2015年1月期间，原告陆某霞及其父亲陆某国、伯母张某三人以生活需要为由，分别向南通市人民政府、南通市城乡建设局、南通市发改委、南通市住房保障和房产管理局、南通市规划局、南通市国土资源局、南通市公安局、南通市公安局港闸分局等共提起至少94次政府信息公开申请，要求公开南通市人民政府财政预算报告，所拥有公车的数量、牌照号码及公车品牌，政府信息公开年度报告，南通市拘留所被拘留人员2013年度伙食费标准，拘留人员权利和义务告知书，城北大道工程征地的供地方案、农用地转用方案，城北大道拆迁工程是否由南通市港闸区人民政府出资，南通市港闸区城市建设开发总公司是否由南通市港闸区人民政府出资成立，港闸区人民政府2007年度财政预算决算报告，城北大道工程前期征地拆迁费用1.5亿元资金的来源、使用情况及资金列入哪一年财政预算，港闸区人民政府以何种形式授权南通市港闸区城市建设开发总公司实施城北大道工程中征地拆迁等前期工作，陆某霞通过短信、电话向南通市城乡建设局顾队长及举报平台举报违法施工后有无按照《建筑工程施工许可管理办法》的规定责令违法施工单位停止施工，拆迁安置房屋所有权人的认定依据，长平路西延绿化工程的建设项目规划选址意见书，南通市港闸区天生港镇街道国庆村15组登记在陆富（付）某名下的土地使用证所记载的地籍号地块是否征用，2014年3月8日21时44分唐闸派出所调查过程中具体是哪位天生港镇街道干部多次用什么号码的电话要求派出所将哪些参与“稳控”的人员放回，唐闸派出所在该所询问室对弘祥拆迁公司员工刘某进行询问的监控录像，2014年7月12日收到陆某霞《刑事控告书》后是否受案等政府信息。

在以上提出的政府信息公开申请中，原告陆某霞、张某分别向南通市人民政府、南通市港闸区人民政府申请公开“南通市人民政府2013年度政府信息公开工作年度报告、南通市港闸区人民政府2007年度《财政预算决算报告》”等内容相同的信息；陆某国、张某分别向南通市人民政府、南通市发改委、南通市住房保障和房产管理局、南通市港闸区审计局等单位申请公开“城北大道工程征地的供地方案、农用地转用方案、征收土地方案、补充耕地方案、城北大道的立项批文、城北大道工程的拆迁计划和拆迁方案、房屋拆迁公告、房屋拆迁许可证、城北大道工程拆迁管理费的审计内容及该工程拆迁管理费的总额”等内容相同的信息。

原告陆某霞及其父亲陆某国、伯母张某在收到行政机关作出的相关《政府信息公开申请答复》后，分别向江苏省人民政府、江苏省公安厅、江苏省国土资源厅、南通市人民政府、南通市审计局等复议机关共提起至少39次行政复议。在经过行政复议程序之后，三人又分别以政府信息公开答复“没有发文机关标志、标题不完整、发文字号形式错误，违反《党政机关公文处理工作条例》的规定，属形式违法；未注明救济途径，属程序违法”等为由向南通市中级人民法院、如东县人民法院、港闸区人民法院提起政府信息公开之诉至少36次。

南通市港闸区人民法院一审认为：获取政府信息和提起诉讼是法律赋予公民的权利。为了保障公民知情权的实现，行政机关应当主动公开政府信息，以提高政府工作的透明度。《政府信息公开条例》第十三条还进一步明确，除行政机关主动公开的政府信息外，公民、法人或者其他组织还可以根据自身生产、生活、科研等特殊需要，向国务院部门、地方各级人民政府及县级以上地方人民政府部门申请获取相关政府信息。[①] 为了监督行政机关依法行政，切实保障公民依法获取政府信息，公民认为行政机关在政府信息公开工作中的行政行为侵犯其合法权益的，可以依法提起行政诉讼。而需要指出的是：任何公民享有宪法和法律规定的权利，同时必须履行宪法和法律规定的义务；公民在行使自由和权利的时候，不得损害国家的、社会的、集体的利益和其他公民的合法的自由和权利；公民在行使权利时，应当按照法律规定的方式和程序进行，接受法律及其内在价值的合理规制。

《政府信息公开条例》第一条规定，制定本条例的目的是“保障公民、法人和其他组织依法获取政府信息，提高政府工作的透明度，促进依法行政，充分发挥政府信息对人民群众生产、生活和经济社会活动的服务作用”。[②] 因此，保障社会公众获取政府信息的知情权是《政府信息公开条例》的最主要的立法目的之一。而有关“依法获取政府信息”的规定，表明申请获取政府信息也必须在现行法律框架内行使，应当按照法律规定的

① 对应《中华人民共和国政府信息公开条例》（2019年修订）第十三条：“除本条例第十四条、第十五条、第十六条规定的政府信息外，政府信息应当公开。行政机关公开政府信息，采取主动公开和依申请公开的方式。”下同。

② 对应《中华人民共和国政府信息公开条例》（2019年修订）第一条：“为了保障公民、法人和其他组织依法获取政府信息，提高政府工作的透明度，建设法治政府，充分发挥政府信息对人民群众生产、生活和经济社会活动的服务作用，制定本条例。”

条件、程序和方式进行，必须符合立法宗旨，能够实现立法目的。

本案原告陆某霞所提出的众多政府信息公开申请具有以下几个明显特征：一是申请次数众多。仅据不完全统计，自2013年开始原告及其家人向南通市人民政府及其相关部门至少提出94次政府信息公开申请，2014年1月2日当天就向南通市人民政府提出了10件申请。二是家庭成员分别提出相同或类似申请，内容多有重复。如原告与其父亲陆某国、伯母张某多次分别申请市、区两级人民政府年度财政预算报告、数十次申请城北大道工程相关审批手续等信息。三是申请公开的内容包罗万象。诸如政府公车数量、牌照、品牌，刑事立案，接警处置中使用的电话号码及监控录像，拘留所伙食标准等信息，且有诸多咨询性质的提问，原告对部分信息也明知不属于《政府信息公开条例》规定的政府信息范畴。四是部分申请目的明显不符合《政府信息公开条例》的规定。原告申请政府信息和提起诉讼的目的是向政府及其相关部门施加压力，以引起对自身拆迁补偿安置问题的重视和解决。

上述特征表明，原告陆某霞不间断地向政府及其相关部门申请获取所谓政府信息，真实目的并非获取和了解所申请的信息，而是借此表达不满情绪，并向政府及其相关部门施加答复、行政复议和诉讼的压力，以实现拆迁补偿安置利益的最大化。对于拆迁利益和政府信息之间没有法律上关联性的问题，行政机关已经反复进行了释明和引导，且本案中被告南通市发改委已向原告提供了其所申请的政府信息。原告这种背离《政府信息公开条例》立法目的，任凭个人主观意愿执意不断提出申请的做法，显然已经构成了获取政府信息权利的滥用。

保障当事人的诉权与制约恶意诉讼、无理缠诉均是审判权的应有之义。对于个别当事人反复多次提起轻率的、相同的或者类似的诉讼请求，或者明知无正当理由而反复提起的诉讼，人民法院对其起诉应严格依法审查。本案原告陆某霞所提起的相关诉讼因明显缺乏诉的利益、目的不当、有悖诚信，违背了诉权行使的必要性，因而也就失去了权利行使的正当性，属于典型的滥用诉权行为。

首先，原告陆某霞的起诉明显缺乏诉的利益。诉的利益是原告存在司法救济的客观需要，没有诉讼利益或仅仅是为了借助诉讼攻击对方当事人的不应受到保护。本案原告的起诉源于政府信息公开申请，作为一项服务于实体权利的程序性权利，由于对获取政府信息权利的滥用，原告在客观上并不具有此类诉讼所值得保护的合法的、现实的利益。

其次，原告陆某霞的起诉不具有正当性。《中华人民共和国行政诉讼法》第二条明确规定："公民、法人或者其他组织认为行政机关和行政机关工作人员的具体行政行为侵犯其合法权益，有权依照本法向人民法院提起诉讼。"① 显然，行政诉讼是保护公民、法人和其他组织合法权益的制度，原告陆某霞不断将诉讼作为向政府及其相关部门施加压力、谋求私利的手段，此种起诉已经背离了对受到侵害的合法权益进行救济的诉讼本旨。

最后，原告陆某霞起诉违背诚实信用原则。诚实信用原则要求当事人实施诉讼行为、行使诉讼权利必须遵守伦理道德，诚实守诺，并在不损害对方合法利益和公共利益的前提下维护自身利益。骚扰、泄愤、盲目、重复、琐碎性质的起诉显然不符合诚实信用原则的要求。原告本已滥用了政府信息公开申请权，所提起的数十起诉讼要么起诉理由高度雷同，要么是在已经获取、知悉所申请政府信息的情形下仍坚持提起诉讼，这种对诉讼权利任意行使的方式有违诚实信用原则。

针对原告陆某霞所提起的频繁诉讼，人民法院也多次向其释明《政府信息公开条例》的立法目的、政府信息的含义，并多次未支持其不合法的申请和起诉，原告对法律的规定显然明知，也应当知道如何正确维护自身的合法权益。原告在明知其申请和诉讼不会得到支持，仍然一再申请政府信息公开，不论政府及相关部门如何答复，均执意提起行政复议和行政诉讼。行政资源和司法资源的有限性，决定了行政机关和人民法院只能满足

---

① 对应《中华人民共和国行政诉讼法》（2017 年修正）第二条："公民、法人或者其他组织认为行政机关和行政机关工作人员的行政行为侵犯其合法权益，有权依照本法向人民法院提起诉讼。前款所称行政行为，包括法律、法规、规章授权的组织作出的行政行为。"下同。

当事人有效的行政和司法需求。原告的申请行为和诉讼行为，已经使行政和司法资源在维护个人利益与公共利益之间有所失衡，《政府信息公开条例》的立法宗旨也在此种申请—答复—复议—诉讼的程序中被异化。原告所为已经背离了权利正当行使的本旨，超越了权利不得损害他人的界限。纵观本案及相关联的一系列案件，无论是原告所提出的政府信息公开申请还是向该院所提起的诉讼均构成明显的权利滥用。

在现行法律规范尚未对滥用获取政府信息权、滥用诉权行为进行明确规制的情形下，该院根据审判权的应有之义，结合立法精神，决定对原告陆某霞的起诉不作实体审理。为了兼顾维护法律的严肃性、有效利用公共资源和保障原告依法获取政府信息、提起诉讼的权利，对于原告今后再次向行政机关申请类似的政府信息公开、向人民法院提起类似的行政诉讼，均应依据《政府信息公开条例》的现有规定进行严格审查，原告须举证说明其申请和诉讼是为了满足自身生产、生活、科研等特殊需要，否则将承担不利后果。

据此，南通市港闸区人民法院根据修改前的《中华人民共和国行政诉讼法》第二条、《最高人民法院关于执行〈中华人民共和国行政诉讼法〉若干问题的解释》[1] 第三十二条第二款、第四十四条第一款第十一项、第九十七条、参照《中华人民共和国民事诉讼法》第十三条之规定，于2015年2月27日裁定如下：驳回原告陆某霞的起诉。

陆某霞不服一审裁定，向南通市中级人民法院提起上诉称：(1) 一审法院审理本案违反法定程序。一审法院调查上诉人父亲陆某国、伯母张某信息公开、行政复议、行政诉讼的行为超越法定职权；一审法院剥夺了上诉人陈述、辩论的权利，也剥夺了当庭举证、质证的权利。(2) 一审法院认定上诉人滥用获取政府信息权和滥用诉权，裁定驳回上诉人起诉错误。上诉人与父亲陆某国、伯母张某均为独立的民事主体，各自对自己的行为承担责任，一审法院将三人行为混同不当；上诉人与陆某国、张某先后有五件

① 《最高人民法院关于执行〈中华人民共和国行政诉讼法〉若干问题的解释》已于2018年2月8日失效。

行政案件胜诉，所提起的行政诉讼具有诉的利益、目的恰当，并不违背诚实信用原则；根据《中华人民共和国行政诉讼法》《政府信息公开条例》等法律法规的规定，陆某霞的起诉符合行政诉讼的受理条件，法院应当实体审理。（3）一审法院超越职权，没有权力对陆某霞今后的信息公开申请提出限制，亦无权要求行政机关和其他人民法院对陆某霞的信息公开申请、行政诉讼进行严格审查。请求二审法院撤销一审裁定，责令一审法院继续审理本案。

南通市中级人民法院经二审，确认了一审查明的事实。

南通市中级人民法院二审认为：

1. 一审法院并未违反法定程序。修改前的《中华人民共和国行政诉讼法》第三十四条第一款规定：人民法院有权向有关行政机关以及其他组织、公民调取证据。[①]《最高人民法院关于行政诉讼证据若干问题的规定》第二十二条规定：对涉及国家利益、公共利益或者他人合法权益的事实认定的，人民法院有权向有关行政机关以及其他组织、公民调取证据。本案中，针对上诉人陆某霞是否存在滥用获取政府信息权、滥用诉权的行为，一审法院依职权调取陆某霞及其父亲、伯母有关信息公开申请、行政复议和行政诉讼的材料，符合相关法律、司法解释的规定。

一审法院在2015年2月27日庭审中，将调取的证据材料当庭向上诉人陆某霞出示，陆某霞亦发表了质证意见和诉讼主张，陆某霞认为一审法院剥夺其陈述、辩论的权利和当庭举证、质证的权利与事实不符。

2. 一审法院认定陆某霞存在滥用获取政府信息权和滥用诉权行为依法有据，裁定驳回陆某霞的起诉并无不当。上诉人陆某霞与陆某国是父女关系，陆某国申请信息公开、提起行政复议及行政诉讼均由陆某霞经手或作为委托代理人。张某系陆某霞伯母，两人均住南通市港闸区某小区，与港闸区政府均存在房屋拆迁补偿争议。陆某霞、张某分别向南通市人民政府申请公开“南通市人民政府2013年度政府信息公开工作年度报告”申请

---

① 对应《中华人民共和国行政诉讼法》（2017年修正）第三十九条：“人民法院有权要求当事人提供或者补充证据。”

表，以及陆某国、张某分别向南通市人民政府、南通市住房保障和房产管理局申请公开“城北大道工程征地的供地方案”“城北大道工程拆迁计划和方案、房屋拆迁公告、房屋拆迁许可证”申请表内容完全一致。2014年陆某国与张某分别向法院提起的每起行政诉讼的诉状，除当事人不同外，其他内容高度雷同或者一致。三人基于共同目的，以各自名义分别实施申请信息公开、提起行政复议和行政诉讼的行为，可视为陆某霞等三人的共同行为。

2012年年底，上诉人陆某霞与港闸区人民政府产生拆迁争议。2013年开始，陆某霞三人先后提起至少94次政府信息公开申请，2014年1月2日当天就向南通市人民政府提出10件申请。其中，所提申请多有相同或类似，如重复申请市、区两级人民政府年度财政预算报告，20余次申请城北大道相关审批手续等信息。申请公开的内容繁多、形式各异，如政府公车数量、牌照及品牌，接处警电话号码及监控录像，拘留所伙食标准等信息，且很多系以信息公开的名义进行咨询询问。陆某霞持续申请公开众多政府信息，借此表达自己不满情绪，通过重复、大量提起信息公开的方式给有关部门施压，从而达到实现拆迁补偿安置利益最大化目的。这种行为已经明显偏离了公民依法、理性、正当行使知情权和监督权的正常轨道，超过了正当行使知情权的合理限度，背离了政府信息公开制度的初衷与立法目的，故一审法院认定陆某霞滥用获取政府信息权是适当的。

公民在行使权利的时候，不得损害国家的、社会的、集体的利益和其他公民的合法权利。作为权利之一的获取政府信息公开权和诉权当然也不能滥用。上诉人陆某霞的起诉源于政府信息公开申请，其起诉的理由多以被诉答复无发文机关标志、标题不完善、无发文字号、程序违法为由，反复多次提起相同或类似的诉讼请求。陆某霞不当的申请和起诉多次未获人民法院的支持，而其仍然频繁提起行政复议和行政诉讼，已经使有限的公共资源在维护个人利益与他人利益、公共利益之间有所失衡，超越了权利行使的界限，亦有违诚实信用原则，已构成诉讼权利的滥用，一审法院驳回其起诉并无不当。

3. 一审法院对上诉人陆某霞今后的信息公开申请及行政诉讼进行适当限制是适当的。《政府信息公开条例》第十三条规定：除行政机关主动公开的政府信息外，公民、法人或者其他组织还可以根据自身生产、生活、科研等特殊需要，向国务院部门、地方各级人民政府及县级以上地方人民政府部门申请获取相关政府信息。《政府信息公开条例》第二十条规定了政府信息公开申请应当包括申请人的姓名或者名称、联系方式；申请公开的政府信息的内容描述；申请公开的政府信息的形式要求。①《政府信息公开条例》没有规定申请人在提出政府信息公开申请时要说明使用信息的用途、理由等，故政府信息主管部门和工作机构在实务中不得随意增设申请人的义务。但上诉人陆某霞持续、琐碎、轻率甚至带有骚扰性质的滥用获取政府信息权、滥用诉权的行为，超越了权利行使界限，应当对其设定一个限制反复的约束。一审法院从维护法律的严肃性、促进公共资源的有效利用出发，同时也为了保障诉讼权利平衡、保障陆某霞依法获取政府信息，对其今后再次申请类似信息公开、提起行政诉讼设定了一定的条件，符合《政府信息公开条例》的立法精神和目的。

据此，南通市中级人民法院依照修改前的《中华人民共和国行政诉讼法》第六十一条第一项②之规定，于 2015 年 7 月 6 日裁定如下：

驳回上诉，维持原裁定。

① 对应《中华人民共和国政府信息公开条例》（2019 年修订）第二十九条第二款：“政府信息公开申请应当包括下列内容：（一）申请人的姓名或者名称、身份证明、联系方式；（二）申请公开的政府信息的名称、文号或者便于行政机关查询的其他特征性描述；（三）申请公开的政府信息的形式要求，包括获取信息的方式、途径。”

② 对应《中华人民共和国行政诉讼法》（2017 年修正）第八十九条第一款第一项。

36．孙某荣诉吉林省人民政府行政复议不予受理决定案*

▶

行政机关针对咨询申请作出的答复以及不予答复行为不属于政府信息公开行为，不属于行政复议的受理范围

【裁判摘要】

《中华人民共和国政府信息公开条例》调整的“政府信息”是指现实存在的，并以一定形式记录、保存的信息。申请了解文件效力，属于咨询性质，不属于该条例第二十六条规定的“应当按照申请人要求的形式予以提供”政府信息的情形。行政机关针对咨询申请作出的答复以及不予答复行为，不属于政府信息公开行为，不会对咨询人的权利义务产生实际影响，故不属于行政复议的受理范围。起诉人缺乏诉的利益，则无原告资格，人民法院可以不予受理或者裁定驳回起诉。

再审申请人（一审原告、二审上诉人）：孙某荣，男，1950年3月13日出生，汉族，住吉林省长春市。

再审被申请人（一审被告、二审被上诉人）：吉林省人民政府。住所地：吉林省长春市新发路329号。

法定代表人：蒋某良，该省省长。

---

* 摘自《最高人民法院公报》2016年第12期，最高人民法院（2015）行提字第19号行政判决书。

委托代理人：闫某，吉林省人民政府法制办公室工作人员。

委托代理人：闫某梅，吉林省人民政府法制办公室工作人员。

再审申请人：孙某荣诉吉林省人民政府行政复议不予受理决定一案，吉林省高级人民法院于2011年12月29日作出（2011）吉行终字第21号行政判决，已经发生法律效力。孙某荣不服，向本院申请再审。本院于2014年9月26日作出（2012）行监字第682号行政裁定，对本案进行提审。本院依法组成由审判员马永欣担任审判长，审判员梁凤云、代理审判员胡文利参加的合议庭审理了本案。本案现已审理终结。

吉林省长春市中级人民法院一审查明：2010年，孙某荣向吉林省长春市房地产管理局提出将其房屋用途由“住宅”变更为“商用”。登记机关称，依据吉林省住房和城乡建设厅（以下简称吉林省住建厅）1999年11月17日公布的吉建房字〔1999〕27号《关于申请房屋用途变更登记有关问题的通知》（以下简称吉建房字〔1999〕27号通知），变更用途须经规划许可。在规划部门拒绝作出相应行政许可之后，2011年2月，孙某荣向吉林省住建厅提交了关于查询吉建房字〔1999〕27号通知是否已过时效的申请，并要求给予书面答复。吉林省住建厅一直未予书面答复。2011年4月26日，孙某荣以吉林省住建厅对其申请推托未予书面答复为由向吉林省人民政府提起行政复议，请求依据《中华人民共和国政府信息公开条例》（以下简称《政府信息公开条例》）及相关法律规定，责令吉林省住建厅依法给予书面答复。2011年4月28日，吉林省人民政府作出吉政复不字〔2011〕号不予受理决定，认为孙某荣提出的行政复议申请不在行政复议范围之内，根据《中华人民共和国行政复议法》（以下简称《行政复议法》）第六条、第十七条的规定，决定不予受理。2011年5月31日，吉林省住建厅在其网站上公布废止了吉建房字〔1999〕27号通知。2011年7月6日，孙某荣向吉林省长春市中级人民法院提起行政诉讼，请求人民法院撤销吉林省人民政府吉政复不字〔2011〕号不予受理决定，并责令重新作出行政行为。

一审法院认为，原告孙某荣以吉林省住建厅不依法履行查询吉建房字

〔1999〕27号通知是否有效以及给予书面答复职责为由，向被告吉林省人民政府申请复议，要求被告吉林省人民政府责令吉林省住建厅依法给予明确书面答复。根据《行政复议法》第六条的规定，原告孙某荣申请行政复议的事项，不属于行政复议范围。所以，被告吉林省人民政府以原告孙某荣对吉林省住建厅未履行政府信息公开职责，其提出的行政复议申请不在行政复议范围之内为由，根据《行政复议法》第六条、第十七条的规定，决定不予受理是正确的。原告孙某荣认为被告吉林省人民政府作出的不予受理决定违反相关法律规定，请求人民法院依法撤销吉政复不字〔2011〕号不予受理决定的理由不成立，对其诉讼主张法院不予支持。综上，被告吉林省人民政府对原告孙某荣作出的不予受理决定，事实清楚，适用法律、法规正确，符合法定程序。依照《中华人民共和国行政诉讼法》（以下简称《行政诉讼法》）第五十四条第一项[①]之规定，作出（2011）长行初字第1号行政判决：维持吉林省人民政府2011年4月28日作出的吉政复不字〔2011〕号不予受理决定。

孙某荣不服一审判决，向吉林省高级人民法院提起上诉。二审法院对一审法院查明的案件事实予以确认。

二审法院认为，孙某荣因为自身利害关系向吉林省住建厅提出申请，要求书面确认吉建房字〔1999〕27号通知是否有效，吉林省住建厅工作人员对其作出过口头答复（未给予书面答复）的行为，法律并未明确规定可以申请行政复议，吉林省人民政府以吉林省住建厅的行为不属于《政府信息公开条例》第三十三条[②]第二款规定的可以申请行政复议的“具体行政行为”为由，作出不予受理决定并无明显违法、不当之处，一审判决认定事实清楚，适用法律正确，审判程序合法，依法应予维持。依照《中华人民共和国行政诉讼法》第六十一条第一项[③]之规定，作出（2011）吉行终字第21号行政判决：驳回上诉，维持原判。

---

① 参见《中华人民共和国行政诉讼法》（2017年修正）第六十九条。
② 对应《中华人民共和国政府信息公开条例》（2019年修订）第五十一条。下同。
③ 对应《中华人民共和国行政诉讼法》（2017年修正）第八十九条第一项。

孙某荣不服二审判决，向本院申请再审称：吉林省住建厅对其查询文件是否有效的申请，仅作出口头答复，未按申请要求给予书面答复，属于未依法履行政府信息公开义务；对吉林省住建厅未依法履行政府信息公开义务提起行政复议，吉林省人民政府应予受理。一审法院以本案复议事项不属《中华人民共和国行政复议法》第六条规定的受理范围为由，二审法院以吉林省住建厅口头答复（未给予书面答复）行为不属《政府信息公开条例》第三十三条第二款规定的“具体行政行为”为由，认为吉林省人民政府作出行政复议不予受理决定并不违法的观点，属于法律适用错误。请求最高人民法院撤销原审判决，撤销被诉的不予受理决定，并责令被申请人依法重新作出行政行为。

吉林省人民政府提交意见称：孙某荣向吉林省住建厅查询吉建房字〔1999〕27号通知是否有效，应属于咨询行为，与政府信息公开无关。因为，法律没有规定必须给予书面答复的义务，所以其作为复议机关，作出被诉的不予受理决定并无不当。而且，行政机关对于政府信息公开申请未依法履行义务的，公民、法人或者其他组织只能依照《政府信息公开条例》第三十三条第一款规定的举报途径进行救济。此外，吉建房字〔1999〕27号通知有《中华人民共和国城市房地产管理法》等上位法依据，孙某荣在其诉吉林省长春市规划局不予变更原规划许可一案中败诉，故孙某荣查询的文件是否有效均不影响其实体权益。孙某荣申请再审目的在于通过法院施压，迫使住建、规划部门变更其房屋用途。

本院经审理对原审查明的事实予以确认。另查明，本案中孙某荣向吉林省住建厅提交的申请内容为：“1999年11月17日由贵厅下发的吉建房字〔1999〕27号《关于申请房屋用途变更登记有关问题的通知》，根据吉林省人民政府令第201号《吉林省规章规范性文件清理办法》相关规定，该文件已超时效。不知现是否仍然有效？敬请给以书面答复。”在孙某荣向吉林省住建厅申请了解吉建房字〔1999〕27号通知是否有效时，吉林省住建厅正在根据《关于规章和规范性文件清理工作有关问题的通知》（吉府法〔2010〕74号）要求，组织开展规范性文件的清理工作，清理范围包括了吉建房字〔1999〕27号通知。针对孙某荣的申请内容，吉林省住建厅向其作出了口头答复。以上事实有孙某荣于2011年2月20日向吉林省住建厅提交的申请、吉林省住建厅于2011年5月31日发布的规范性文件清理结果目录公告、一审庭审笔录等在卷佐证。

本院认为，《政府信息公开条例》第二条规定："本条例所称政府信息，是指行政机关在履行职责过程中制作或者获取的，以一定形式记录、保存的信息。"[①] 据此，该条例所指的政府信息，应当是现有的，以一定形式记录、保存的信息。为准确把握政府信息的适用范畴，国务院办公厅《关于做好政府信息依申请公开工作的意见》（国办发〔2010〕5号）第二条明确规定："行政机关向申请人提供的政府信息，应该是现有的，一般不需要行政机关汇总、加工或者重新制作（作区分处理的除外）。"本案中，孙某荣向吉林省住建厅申请了解的是吉建房字〔1999〕27号通知的效力问题，并非申请公开"以一定形式记录、保存的"政府文件本身，在性质上属于咨询，不属于《政府信息公开条例》调整的范畴，况且针对咨询作出答复以及答复与否，不会对咨询人的权利义务产生实际影响。因此，吉林省人民政府作出吉政复不字〔2011〕号不予受理决定，符合《行政复议法》第六条、第十七条的规定。孙某荣认为吉林省人民政府违反《政府信息公开条例》及相关法律规定，请求人民法院依法撤销不予受理决定的理由不能成立，本院不予支持。原一、二审法院维持吉林省人民政府作出的吉政复不字〔2011〕号不予受理决定，并无不当。

根据《政府信息公开条例》第二十六条的规定，行政机关依申请公开的政府信息，应当按照申请人要求的形式予以提供。[②] 本案中，孙某荣的

---

① 对应《中华人民共和国政府信息公开条例》（2019年修订）第二条："本条例所称政府信息，是指行政机关在履行行政管理职能过程中制作或者获取的，以一定形式记录、保存的信息。"

② 对应《中华人民共和国政府信息公开条例》（2019年修订）第四十条："行政机关依申请公开政府信息，应当根据申请人的要求及行政机关保存政府信息的实际情况，确定提供政府信息的具体形式；按照申请人要求的形式提供政府信息，可能危及政府信息载体安全或者公开成本过高的，可以通过电子数据以及其他适当形式提供，或者安排申请人查阅、抄录相关政府信息。"

申请既然属于咨询性质，就不属于该条所规定的“应当按照申请人要求的形式予以提供”政府信息的情形。对于此类咨询申请，法律并无要求行政机关必须书面答复的明确规定。在吉林省住建厅已以口头方式作出答复，尤其是在孙某荣提起本案诉讼前吉林省住建厅已经公布废止吉建房字〔1999〕27号通知的情况下，孙某荣仍然要求人民法院责令行政机关对该通知的效力问题作出答复，其起诉并无应受司法保护的现实利益，其请求被申请人重新作出行政行为已丧失诉的基础。

综上，依照《中华人民共和国行政诉讼法》第八十九条第一款第一项以及最高人民法院《关于执行〈中华人民共和国行政诉讼法〉若干问题的解释》第七十六条[①]的规定，判决如下：维持吉林省高级人民法院（2011）吉行终字第21号行政判决。

本判决为终审判决。

① 对应《最高人民法院关于适用〈中华人民共和国行政诉讼法〉的解释》第一百一十九条。

行政批复

37．上海笛爱建筑材料有限公司诉上海市浦东新区人民政府行政批复案*

事故调查过程中，调查组成员所在行政机关与事故调查结果之间存在利害关系的，该行政机关与其工作人员均应当回避

【裁判摘要】

事故调查过程中，事故调查组的主要职责在于查明事故情况、认定事故责任并提交事故调查报告。调查组成员参与事故调查属于职务行为，为维护事故调查的客观公正，调查组成员所在行政机关与事故调查结果之间存在利害关系的，该行政机关与其工作人员均应当回避。

原告：上海笛爱建筑材料有限公司，住所地：上海市奉贤区大叶公路。

法定代表人：王某欢，该公司总经理。

被告：上海市浦东新区人民政府，住所地：上海市浦东新区世纪大道。

法定代表人：杭某伟，该区区长。

原告上海笛爱建筑材料有限公司（以下简称笛爱公司）不服被告上海市浦东新区人民政府（以下简称浦东新区政府）作出的浦府安〔2019〕16号《关于〈上海笛爱建筑材料有限公司“11·19”车辆伤害死亡事故调

* 摘自《最高人民法院公报》2022年第7期。

查报告〉的批复》(以下简称被诉批复),向上海市第一中级人民法院提起诉讼。

原告笛爱公司诉称:《上海笛爱建筑材料有限公司“11·19”车辆伤害死亡事故调查报告》(以下简称《事故调查报告》)的事实认定及责任认定均有误,且事故调查组组成不合法。具体理由如下:(1)涉案工程建设方是上海市浦东新区张江镇人民政府(以下简称张江镇政府),总包单位为上海市浦东新区建设(集团)有限公司(以下简称浦建公司),分包单位为上海元迅建设发展有限公司(以下简称元迅公司),监理单位为上海申筑建设监理有限公司(以下简称申筑监理公司)。上述单位对涉案工程工地均有安全生产监管责任,但在事发时,上述单位均无人员在现场,应当分别承担责任。笛爱公司只是元迅公司的供货商,对施工工地不具有安全管理义务。笛爱公司与死者王某才之间仅存在运输合同关系,双方是托运人与承运人的关系。根据事故车辆的机动车行驶证上记载,事故车辆属于上海鸿渐汽车销售有限公司(以下简称鸿渐公司)所有,笛爱公司委托鸿渐公司运输货物。笛爱公司作为托运人对承运人王某才并无安全管理职责,且事故发生时,王某才并非为原告运输货物,而是为他人运输货物。(2)事故调查组组成不合法。首先,张江镇政府应当回避。张江镇政府作为发包方本身就具有安全生产管理职责,但是,张江镇政府事故调查过程中又作为事故调查组成员参与调查,影响本案的调查和处理。其次,浦东新区监察委员会没有在签到单上签字就代表其没有参与事故调查。事故调查组缺少必要的组成人员。综上,被诉批复及《事故调查报告》实体和程序均违法,故请求法院判决撤销被告浦东新区政府作出的被诉批复及《事故调查报告》。

被告浦东新区政府辩称:其依据《生产安全事故报告和调查处理条例》(以下简称《安全事故条例》)的相关规定作出被诉批复,主体适格,合法有效;事故调查处理科学严谨、依法依规、实事求是、符合法定程序。原告笛爱公司将人行道砖运输业务委托发包给案外人王某才的行为违法。王某才系在履行原告委托发包的业务过程中发生的事故。原告对王某才的运输装卸作业具有不可推卸的安全管理义务。关于事故调查组的组成，《安全事故条例》没有规定回避的情形，张江镇政府作为属地人民政府参与事故调查组不违反法律规定；《安全事故条例》第二十二条规定了事故调查组成员的组成，因为机构职能调整，人民检察院的相关职能调整到了监察委员会，所以，事故调查组邀请了监察机关派员参加，但不在名单上签字。原告的诉请缺乏事实和法律根据，请求法院驳回原告的诉讼请求。

上海市第一中级人民法院一审查明：涉案工程的建设方是张江镇政府，总包单位为浦建公司，分包单位为元迅公司，监理单位为申筑监理公司。祎晨公司是元迅公司道路石材铺设供货单位。祎晨公司将人行道砖转由原告笛爰公司向元迅公司提供。笛爰公司委托王某才运输涉案工程工地货物，并与王某才结算货物运输款。2018 年 11 月 19 日 13 时 10 分左右，王某才将前几天停放在涉案工程工地上的叉车，通过自制铁架斜坡从地面往货车厢板倒车，东侧支撑承受不住叉车重量，变形断裂，叉车失去重心侧翻将王某才压在了叉车下。现场工友见状后，立刻拨打了“120”急救电话，“120”急救人员到场后，确认王某才已死亡。

被告浦东新区政府委托原浦东安监局对一般生产安全事故（特种设备事故除外）组织事故调查组进行调查。事故发生后，原浦东安监局、上海市公安局浦东分局、张江镇政府等政府及部门组成调查组赴现场调查取证，拟写了《事故调查报告》。2019 年 1 月 25 日，调查组人员讨论通过《事故调查报告》，原浦东安监局于 2019 年 2 月 12 日将《事故调查报告》报送被告，被告于 2019 年 2 月 22 日作出被诉批复，并于 2019 年 3 月 13 日将《事故调查报告》及被诉批复送达原告笛爰公司。原告不服被诉批复中对事故发生原因和责任的认定，向法院提起本案诉讼，请求法院判决撤销被告作出的被诉批复及《事故调查报告》。

上海市第一中级人民法院一审认为：

本案一审的争议焦点是：张江镇政府作为涉案工程的建设方，是否可以作为属地人民政府成为事故调查组的成员。

根据《安全事故条例》第二十八条的规定，事故调查组成员在事故调查工作中应当诚信公正、恪尽职守，遵守事故调查组纪律，保守事故调查秘密。对此，法院认为，公正不仅包括实体公正，还包括程序公正。本案中，张江镇政府既是事故发生地人民政府，同时也是涉诉事故调查报告所查明的新建道路工程的建设单位。根据《中华人民共和国安全生产法》以及《建设工程安全生产管理条例》的相关规定，张江镇政府就涉案项目建设的安全生产具有相应的安全生产责任，是涉案生产安全事故的被调查对象，可能承担相应的安全生产责任。不应在调查之前即将其排除出调查范围。《安全事故条例》第二十二条规定，根据事故的具体情况，事故调查组由有关人民政府、安全生产监督管理部门、负有安全生产监督管理职责的有关部门、监察机关、公安机关以及工会派人组成，并应当邀请人民检察院派人参加。该条规定并未明确规定由哪一级地方人民政府参与事故调查组，且根据该条规定，事故调查组的组成应当根据事故的具体情况决定。因负有安全生产责任，张江镇政府属于被调查对象，其作为事故调查组成员开展事故调查工作，有违正当程序原则。被告浦东新区政府不应当要求、认可或者接受张江镇政府派员参加事故调查组。被告批复同意该调查组作出的《事故调查报告》，显属不当。被告应当依照《中华人民共和国安全生产法》《安全事故条例》等相关规定重新组织事故调查组认定本案事实并适用法律作出责任认定，履行相关法定职责。

综上，被告浦东新区政府作出的被诉批复违反法定程序，原告笛爱公司要求撤销被诉批复的诉讼请求，具有事实根据和法律依据，应予支持。上海市第一中级人民法院依照《中华人民共和国行政诉讼法》第七十条第三项的规定，于2020年3月6日判决如下：一、撤销被告上海市浦东新区人民政府于2019年2月22日作出的浦府安〔2019〕16号《关于〈上海笛爱建筑材料有限公司“11·19”车辆伤害死亡事故调查报告〉的批复》；二、责令被告上海市浦东新区人民政府于本判决生效之日起90日内重新作出行政行为。

浦东新区政府不服一审判决，向上海市高级人民法院提起上诉，请求二审法院撤销一审判决，维持其作出的被诉批复。

浦东新区政府上诉称：属地政府派员参加事故调查组是法定制度，调查组成员在事故调查中有明确的、不可替代的职责分工；调查组由具体调查人员组成，依据相关规定，回避的对象应该是调查组的组成人员，而不是成员单位；事故调查组有充分的制度设计确保调查的公正性，属地政府派员参与事故调查不影响事故调查的公正性，事故调查不涉及民事责任分配；涉案事故属于运输服务过程中发生的事故，并非建筑施工过程中发生的事故，张江镇政府作为建设方其安全责任也仅限于建设工程，与涉案事故没有关联；其严格按照法律规定的要求组织事故调查就是维护事故调查的程序公正，将没有直接关联的单位推定为负有安全责任扩大了事故调查范围。

被上诉人笛爱公司辩称：建设工程的发包方、承包方、分包方，包括监理单位都是被调查对象，张江镇政府是涉案工程的发包方、建设方，是直接责任人，应该作为被调查对象；其与王某才是委托运输关系，在运输过程中没有发生道路交通事故，其不应承担责任；运输的车辆有挂靠单位，事故调查组没有调查挂靠单位，请求驳回上诉，维持原判。

上海市高级人民法院经二审，确认了一审查明的事实。

上海市高级人民法院二审认为：涉案生产安全事故 1 人死亡，系一般事故。根据国务院《安全事故条例》第十九条第二款、第二十九条及第三十二条规定，原浦东安监局接受上诉人浦东新区政府的委托对“11·19”事故组织调查组进行调查，拟写《事故调查报告》并报送浦东新区政府，浦东新区政府自收到《事故调查报告》后于法定期限 15 日内作出批复，符合法律规定。浦东新区政府作为负责涉案事故调查的人民政府在收到事故调查组提交的《事故调查报告》后，具有作出被诉批复的法定职责。《安全事故条例》第二十二条第二款、第二十三条规定，事故调查组的主要职责在于查明事故情况、认定事故责任并提交事故调查报告。

政府部门一般不直接从事生产经营活动，通常情况下，属地人民政府参加事故调查组，参与事故调查及认定事故责任，有利于配合做好服务保障和相关社会管理工作。但在本案中，张江镇政府是涉案工程的建设单位，在此特定情形下，张江镇政府就涉案工程建设的安全生产具有相应的安全生产责任，有可能是涉案生产安全事故的被调查对象，不应在调查之前即将其排除出调查范围。张江镇政府工作人员参加事故调查组，参与事故调查并认定事故责任，显然有违正当程序的法治原则。上诉人浦东新区政府批复同意该调查组作出的《事故调查报告》，显属不当，一审据此认定浦东新区政府作出被诉批复违反法定程序，判决撤销该批复并责令浦东新区政府于一审判决生效之日起90日内重新作出行政行为正确。

为准确查清事故原因，查明事故性质和责任，维护事故调查的客观公正，组织事故调查组不仅应该严格遵循法律法规规定，而且应该结合事故个案的具体情况，排除对事故调查公正性的合理怀疑。事故调查组由具体调查人员组成，法规已明确规定事故调查组成员应当与所调查的事故没有直接利害关系。基于正当程序原则，为防止偏见、排除合理怀疑，派出调查组人员参与组成调查组的单位也理所应当与所调查的事故没有直接利害关系，故作为涉案新建工程项目建设单位的张江镇政府，在有可能作为被调查对象的情况下，应当主动回避，不参与涉案事故调查过程以及对事故原因的分析判断和事故责任的认定处理。因此，上诉人浦东新区政府提出回避对象应是调查组的组成成员而非成员单位的上诉主张，不能成立。

涉案事故发生时，涉案工程尚未竣工验收、交付使用，属在建工程。张江镇政府在本案中既是事故发生地人民政府，同时也是涉诉《事故调查报告》所查明的新建道路工程的建设单位。在张江镇政府建设的新建道路工程工地上，在运输工程所用人行道砖车辆的装卸过程中发生生产安全事故，事故调查组自然应该调查该在建工程相关主体在事故中的安全责任。事故被调查对象不应当在调查开展前即预先确定，而应该随着调查的开展，基于查清事实、明确责任的需要，逐步确定或排除。如前所述，张江镇政府作为涉案在建工程的建设单位，有可能是事故的被调查对象。浦东新区政府上诉中主张，涉案事故发生于运输服务过程中，而非建筑施工过程中，在事故调查组开展调查、作出事故责任认定之前，即将张江镇政府作为建设单位可能承担的安全生产责任局限于建筑施工过程，进而预先认定张江镇政府不属涉案事故的被调查对象，这一预设前提显然缺乏依据，浦东新区政府相关上诉主张亦不能成立。

综上所述，一审法院以违反法定程序为由，判决撤销被诉批复并责令浦东新区政府于一审判决生效之日起 90 日内重新作出行政行为，认定事实清楚，适用法律、法规正确，程序合法，应予维持。

据此，上海市高级人民法院依照《中华人民共和国行政诉讼法》第八十九条第一款第一项之规定，于 2020 年 9 月 28 日判决如下：驳回上诉，维持原判。

本判决为终审判决。

行政处理

38．魏某高、陈某志诉来安县人民政府收回土地使用权批复案*

（最高人民法院审判委员会讨论通过　2013年11月8日发布）

行政管理部门直接将地方人民政府的批复付诸实施并对行政相对人的权利义务产生了实际影响，该批复属于行政诉讼受案范围

【关键词】

行政诉讼　受案范围　批复

【裁判要点】

地方人民政府对其所属行政管理部门的请示作出的批复，一般属于内部行政行为，不可对此提起诉讼。但行政管理部门直接将该批复付诸实施并对行政相对人的权利义务产生了实际影响，行政相对人对该批复不服提起诉讼的，人民法院应当依法受理。

【相关法条】

《中华人民共和国行政诉讼法》第十一条①

【基本案情】

2010年8月31日，安徽省来安县国土资源和房产

* 摘自2013年11月8日最高人民法院发布的第五批指导性案例（指导案例22号）。

① 对应《中华人民共和国行政诉讼法》（2017年修正）第十二条。

管理局向来安县人民政府报送《关于收回国有土地使用权的请示》，请求收回该县永阳东路与塔山中路部分地块土地使用权。9月6日，来安县人民政府作出《关于同意收回永阳东路与塔山中路部分地块国有土地使用权的批复》。来安县国土资源和房产管理局收到该批复后，没有依法制作并向原土地使用权人送达收回土地使用权决定，而直接交由来安县土地储备中心付诸实施。魏某高、陈某志的房屋位于被收回使用权的土地范围内，其对来安县人民政府收回国有土地使用权批复不服，提起行政复议。2011年9月20日，滁州市人民政府作出《行政复议决定书》，维持来安县人民政府的批复。魏某高、陈某志仍不服，提起行政诉讼，请求人民法院撤销来安县人民政府上述批复。

【裁判结果】

安徽省滁州市中级人民法院于2011年12月23日作出（2011）滁行初字第6号行政裁定：驳回魏某高、陈某志的起诉。魏某高、陈某志提出上诉。安徽省高级人民法院于2012年9月10日作出（2012）皖行终字第14号行政裁定：一、撤销滁州市中级人民法院（2011）滁行初字第6号行政裁定；二、指令滁州市中级人民法院继续审理本案。

【裁判理由】

法院生效裁判认为：根据《土地储备管理办法》和《安徽省国有土地储备办法》以收回方式储备国有土地的程序规定，来安县国土资源行政主管部门在来安县人民政府作出批准收回国有土地使用权方案批复后，应当向原土地使用权人送达对外发生法律效力的收回国有土地使用权通知。来安县人民政府的批复属于内部行政行为，不向相对人送达，对相对人的权利义务尚未产生实际影响，一般不属于行政诉讼的受案范围。但本案中，来安县人民政府作出批复后，来安县国土资源行政主管部门没有制作并送达对外发生效力的法律文书，即直接交来安县土地储备中心根据该批复实施拆迁补偿安置行为，对原土地使用权人的权利义务产生了实际影响；原土地使用权人也通过申请政府信息公开知道了该批复的内容，并对批复提起了行政复议，复议机关作出复议决定时也告知了诉权，该批复已实际执行并外化为对外发生法律效力的具体行政行为。因此，对该批复不服提起行政诉讼的，人民法院应当依法受理。

理解与参照

《魏某高、陈某志诉来安县人民政府收回土地使用权批复案》的理解与参照*

——内部行政行为外部化具有可诉性

最高人民法院案例指导工作办公室

2013年11月8日，最高人民法院发布了指导案例22号《魏某高、陈某志诉来安县人民政府收回土地使用权批复案》。为了正确理解和准确参照适用该指导性案例，现对其推选经过、裁判要点、需要说明的问题等情况予以解释、论证和说明。

一、推选经过及其指导意义

该案例系安徽省高级人民法院向最高人民法院案例指导工作办公室推荐。最高人民法院案例指导工作办公室经集体讨论，并征求了最高人民法院行政庭的意见。行政庭经审查认为，本案例明确了收回土地使用权批复

* 摘自《最高人民法院司法解释与指导性案例理解与适用》（第二卷），人民法院出版社2014年版，第490~496页。

的可诉性，进而将内部行政行为的可诉情形进行了完善，该案例以最高人民法院行政庭的相关答复为依据，适用法律正确，同意作为备选指导性案例。2013 年 7 月 23 日，最高人民法院研究室室务会经讨论并报院领导同意提交审委会审议。10 月 28 日，最高人民法院审判委员会经讨论认为，该案例符合《最高人民法院关于案例指导工作的规定》第二条的有关规定，同意将该案例确定为指导性案例。11 月 8 日，最高人民法院以法〔2013〕241 号文件将该案例列入第五批指导性案例予以发布。

该指导案例旨在明确内部行政行为外部化后的可诉性问题。该案例明确下级行政机关直接将上级行政机关的批复付诸实施，并对相对人的权利义务产生了实际影响，相对人对该批复不服提起诉讼的，人民法院应当依法受理。该案例法律适用符合《中华人民共和国行政诉讼法》（以下简称《行政诉讼法》）立法精神，有利于畅通行政相对人权利救济的渠道，依法保护行政相对人合法权益，监督和促进行政机关依法行政。

二、裁判要点的理解与说明

该指导案例的裁判要点确认：地方人民政府对其所属行政管理部门的请示作出的批复，一般属于内部行政行为，不可对此提起诉讼。但行政管理部门直接将该批复付诸实施并对行政相对人的权利义务产生了实际影响，行政相对人对该批复不服提起诉讼的，人民法院应当依法受理。以下围绕与该裁判要点相关的问题逐一论证和说明。

（一）内部行政行为的界定

最早将行政行为划为内部行政行为与外部行政行为的理论是德国的一般权力关系理论。后经国内学者引入，行政法理论界和实务界普遍接受了“内部行政行为与外部行政行为”的划分。因此，内部行政行为是相对于外部行政行为而言的，我国划分内部行政行为和外部行政行为的标准，主要是基于身份上的隶属关系。内部行政行为是行政主体基于行政隶属关系针对内部相对人而实施的行政行为。但是，针对内部相对人所作的行政行为并非都是内部行政行为，只有当行政主体针对内部相对人，同时基于行政隶属关系而实施的行政行为才是内部行政行为。①

对于内部行政行为的范围界定，通常有广义说和狭义说之分。本文所讨论的内部行政行为采狭义说，根据行为的性质将内部行政行为分为两类，一类是工作性质的，例如上级对下级机关或者行政首长对其所属的机构人员进行的工作上的批准、命令以及指示、批复，还包括行政机关内部的工作计划、安排、制度等；而另外一类是人事性质的，例如对工作人员的奖惩、调动、工资福利待遇以及任免考核等方面。② 本指导案例涉及的内部行政行为是地方人民政府对其所属行政管理部门的请示作出的批复，其属于上述分类中的第一类，即工作性质的内部行政行为。另外，平级机关之间的职务行为也属于内部行政行为，可以归为工作性质的内部行政行为，例如审计机关的审计监督行为、委托执行公务行为等。③

（二）内部行政行为的可诉性

通说一般认为内部行政行为不可诉，即不属于行政诉讼的受案范围，其主要法律依据是《行政诉讼法》第十二条第三项④。该款规定，行政机关对行政机关工作人员的奖惩、任免等决定不属于行政诉讼的受案范围。根据《最高人民法院关于执行〈中华人民共和国行政诉讼法〉若干问题的解释》（以下简称《行政诉讼法解释》）第一条第二款第六项⑤的规定，对公民、法人或者其他组织权利义务不产生实际影响的行为，不属于人民法院行政诉讼的受案范围。内部行政行为不直接对外产生法律效力，对行政相对人的权利义务不产生实际影响，因而不具有可诉性。但随着行政法

---

① 姜明安主编：《行政法与行政诉讼法》，北京大学出版社、高等教育出版社 2007 年版，第 183 页。

② 胡美静：《内部行政行为的可诉性分析》，中国政法大学 2010 年硕士学位论文。

③ 闫尔宝：《论内部行政行为的几个问题》，载《行政法学研究》1996 年第 4 期。

④ 对应《中华人民共和国行政诉讼法》（2017 年修正）第十三条第三项。下同。

⑤ 对应《最高人民法院关于适用〈中华人民共和国行政诉讼法〉的解释》第一条第二款第十项。下同。

理论和实践的不断发展，对内部行政行为的可诉性出现了越来越多不同的认识。根据前述内部行政行为的分类，本文将内部行政行为的可诉性分为两部分进行探讨。

1. 关于人事性质内部行政行为的可诉性。此类事项根据《行政诉讼法》第十二条第三项的规定，被明确排除在行政诉讼受案范围之外。另外，《中华人民共和国公务员法》第九十条第一款[①]规定对处分、辞退或者取消录用、降职等八项人事处理不服的只能申请复核、提出申诉，或直接提出申诉，而无法进入法院的行政诉讼程序。《行政机关公务员处分条例》第四十八条再次明确行政机关内部人事处理事项只能申请复核或者申诉。

行政机关内部人事处理事项不可诉，从立法背景看，主要是受德国、日本的特别权力关系理论的影响。该学说认为，行政机关对其工作人员的人事处理行为乃是一种特别权力行为，基于此种特别权力，行政机关可对其所属工作人员的权利进行必要的限制。而作为被管理对象的工作人员则不能对机关的惩戒行为提请司法救济。但随着各国法治的发展与逐步健全，该种理论日益受到批评和指责，即使在德日等国，这种行政机关对其工作人员的奖惩、任免等决定被排除于司法审查之外的理论基础早已开始动摇。人事处理行为从性质上讲属于行政机关作出的行政法律行为，同样会引起相对一方权利义务的取得、丧失或变更，涉及其相关的人身及财产权益。比如，开除公职的行政处分行为，不仅会使该被处理人员与国家行政机关之间的职务关系归于消灭，而且同时造成了该工作人员的失业，对其个人生活造成了严重影响。[②] 因此，应当赋予合法权益受到侵害的机关公务人员通过司法途径救济的权利。有人也提出了在我国建立任公职诉讼的相关建议。[③] 这类内部行政行为不是本指导案例涉及的内容，所以本文在此仅作一简述。

---

① 对应《中华人民共和国行政诉讼法》(2017 年修正) 第九十五条第一款。

② 闫尔宝:《论内部行政行为的几个问题》，载《行政法学研究》1996 年第 4 期。

③ 马瑞:《任公职诉讼探究——以内部行政行为可诉性视角切入》，载《长春教育学院学报》2013 年第 5 期。

2. 关于工作性质内部行政行为的可诉性。对于工作性质的内部行政行为不可诉，除了特别权力关系理论的影响，在我国理论和实务上尚有下述观点支持。有人认为，机关对机关所作出的内部行政行为，因为多属行政权力的制约与调整，主要涉及的是国家利益、部门利益和机关利益，其中不包括私人利益的成分。而从我国设立行政诉讼制度的基本出发点来看，我国的行政诉讼制度体现的是公民私人权利对于行政权力的制约与监督。原告一方本身并不享有任何行政权力。因此，就目前我国行政诉讼的根本宗旨而言，体现权力制约的机关诉讼不符合中国的具体国情，因此对行政机关之间，无论是上下级机关之间，还是平级机关之间的权力争议处理的内部行政行为不能纳入行政诉讼的受案范围。[①] 虽然《行政诉讼法》第十二条第三项并未明确直接将这类内部行政行为排除在行政诉讼受案范围之外，但《行政诉讼法解释》第一条第二款第六项的规定可以作为内部行政行为不具有可诉性的依据。理论上和实践中一般认为内部行政行为不可诉为通说。从上面分析看，内部行政行为不可诉符合行政诉讼的立法目的，有司法解释等相关规定作为依据，也符合我国行政法治的现状。因此，类似在本指导案例中，地方人民政府对其所属国土行政管理部门的请示作出的批复，一般认为属于内部行政行为，不可对此提起诉讼。

（三）内部行政行为的外部化及其可诉性

内部行政行为的外部化是指内部行政行为作出的本意是不对外产生法律效力，但其实施对行政机关以外的行政相对人产生了实际影响，其效力超出了机关内部的范围。内部行政行为不可诉，理论上的重要依据之一即内部行政行为并未对外产生法律效力，对行政相对人的权利义务没有产生实际影响。但内部行政行为外部化以后，即内部行政行为被付诸实施，对行政相对人权利义务产生了实际影响，行政相对人是否有权提起行政诉讼实现权利救济呢？这个问题在行政诉讼实践中早有涉及，我们先从一则案

① 闫尔宝：《论内部行政行为的几个问题》，载《行政法学研究》1996年第4期。

例看起。

赖某安为渝州大学教职工，因工资和职称问题与渝州大学产生纠纷。1996年10月5日，渝州大学根据重庆市教育委员会的要求，对赖某安反映的问题进行调查研究，将“关于赖某安同志反映的问题及处理情况”材料报给重庆市教育委员会。同月23日，重庆市教育委员会拟写了重教函〔1996〕21号“关于赖某安同志反映的问题及处理情况”报告（以下简称重教函〔1996〕21号报告），将渝州大学上报的材料呈报给国家教育委员会、四川省教育委员会，并抄送了赖某安。赖某安不服，就重庆市教育委员会的重教函〔1996〕21号报告向重庆市人民政府申请复议。重庆市人民政府以赖某安“要求复议的事项属于教育行政机关或教育机构对教职工的内部管理行为，不属于《行政复议条例》规定的申请复议的范围”为由，根据《行政复议条例》第三十四条第二项之规定，于1998年7月6日作出渝府复裁〔1998〕3号不予受理的复议裁定。赖某安不服复议裁定，于1998年7月20日向重庆市高级人民法院提起行政诉讼。

重庆市高级人民法院经审理认为，重庆市教育委员会作出的重教函〔1996〕21号报告系行政机关内部公文，不是对赖某安所作的具体行政行为。重庆市人民政府渝府复裁〔1998〕3号行政复议裁定，认定事实清楚，适用法律正确，程序合法。遂判决维持重庆市人民政府作出的行政复议裁定。赖某安不服，向最高人民法院提出上诉。

最高人民法院作出〔1998〕行终字第10号行政判决认为，重庆市教育委员会重教函〔1999〕21号报告从形式上看属于行政机关内部公文，但在抄送赖某安本人后，即已具有具体行政行为的性质；由于该报告需待上级主管部门审批，其内容尚未最终确定，对赖某安的权利义务并未产生实际影响，故该行为属不成熟的行政行为，不具有可诉性，重庆市人民政府裁定不予受理赖某安的提议申请，其结论是正确的。赖某安因该报告与重庆市教育委员会产生的纠纷是否可以申请复议，国务院《行政复议条例》未作明确规定。重庆市人民政府渝府复裁〔1998〕3号行政复议裁定关于“赖某安要求复议的事项属于教育行政机关或教育机构对教职工的内部管理行为，不属于申请复议的范围”的认定，缺乏法律依据，一审法院据此维持重庆市人民政府的复议裁定亦缺乏法律依据。但鉴于《中华人民共和国行政复议法》已经颁布实施，且明确规定此类事项不属于申请复议的范围，故判决撤销该复议裁定并判令重庆市人民政府重新作出复议裁定已无实际意义。此外，赖某安提出的由渝州大学赔偿经济损失的上诉请求，不属于本案审理范围，应予驳回。

本案判决虽然最终认定重教函〔1999〕21号报告不可诉，但其理由是该报告需待上级主管部门审批，其内容尚未最终确定，对赖某安的权利义务并未产生实际影响，故该行为属不成熟的行政行为，不具有可诉性。但是，本案判决认为，重教函〔1999〕21号报告从形式上看虽然属于行政机关内部公文，但在抄送赖某安本人后，即已具有具体行政行为的性质。也就是说，内部行政行为在实施时外部化了，在抄送赖某安本人后，取得了与具体行政行为一样的对外法律效力。本案判决虽然最终没有认定涉案内部行政行为可诉，但其结论却承认内部行政行为外部化后具有可诉性。

指导案例22号对这一问题给予了更为直接的回应。在本案中，安徽省来安县国土资源和房产管理局于2010年8月31日向来安县人民政府报送《关于收回国有土地使用权的请示》，请求收回该县永阳东路与塔山中路部分地块土地使用权。同年9月6日，来安县人民政府作出《关于同意收回永阳东路与塔山中路部分地块国有土地使用权的批复》。来安县国土资源和房产管理局收到该批复后，没有依法制作并向原土地使用权人送达收回土地使用权决定，而直接交由来安县土地储备中心付诸实施。魏某高、陈某志的房屋位于被收回使用权的土地范围内，其对来安县人民政府收回国有土地使用权批复不服，提起行政复议。2011年9月20日，滁州市人民政府作出行政复议决定书，维持来安县人民政府的批复。魏某高、陈某志仍不服，提起行政诉讼，请求人民法院撤销来安县人民政府上述批复。滁州市中级人民法院于2011年12月23日作出（2011）滁行初字第6号行政裁定：驳回魏某高、陈某志的起诉。魏某高、陈某志提出上诉。安徽省高级人民法院于2012年9月10日作出（2012）皖行终字第14号行政裁定：

一、撤销滁州市中级人民法院（2011）滁行初字第6号行政裁定；二、指令滁州市中级人民法院继续审理本案。本案最终认定来安县人民政府作出的批复虽然属于内部行政行为，一般情况下不可诉，但由于其所属国土行政管理部门直接将该批复付诸实施并对行政相对人的权利义务产生了实际影响，故该批复法律效力外部化，具有了可诉性。

安徽高级人民法院在作出行政裁定前，曾就本案请示最高人民法院行政庭。最高人民法院〔2012〕行他字第9号《关于地方人民政府作出的同意收回国有土地使用权批复是否属于可诉具体行政行为问题的答复》认为，地方人民政府对其所属土地行政管理部门作出的同意收回国有土地使用权批复，土地行政管理部门直接据此付诸实施且已经过复议程序，原国有土地使用权人对地方人民政府同意收回土地使用权的批复不服提起诉讼的，人民法院应当依法受理。

另外，《最高人民法院关于审理行政许可案件若干问题的规定》第四条规定："当事人不服行政许可决定提起诉讼的，以作出行政许可决定的机关为被告；行政许可依法须经上级行政机关批准，当事人对批准或者不批准行为不服一并提起诉讼的，以上级行政机关为共同被告；行政许可依法须经下级行政机关或者管理公共事务的组织初步审查并上报，当事人对不予初步审查或者不予上报不服提起诉讼的，以下级行政机关或者管理公共事务的组织为被告。"该条规定，行政许可依法须经上级行政机关批准，当事人对批准或者不批准行为不服一并提起诉讼的，以上级行政机关为共同被告，对内部行政行为外部化后批准机关可以作被告作出了规定，从另一个角度肯认了内部行政行为外部化后的可诉性问题。

过去很多年实践中存在内部行政行为外部化后可诉性的争议，当年深圳贤成大厦案即存在这方面的法律问题，内部行政行为外部化后到底可诉不可诉，直接关系到行政相对人权利救济如何实现。例如，在指导案例22号中，本来下级行政机关根据上级行政机关的批复应当作出一个对外发生法律效力的决定，但下级行政机关担心作被告，就直接依据上级的批复实施了，如果相对人对批复不服提起诉讼不予受理的话，就很难得到权利救济。本指导案例明确了这种情形下内部行政行为外部化后，对行政相对人权利义务产生了实际影响，行政相对人对批复不服提起诉讼的，人民法院应当依法受理，从而充分地保护了行政相对人的诉权。最高人民法院于2000年2月23日作出的（1998）行终字第10号行政判决实际已明确了内部行政行为外部化具有可诉性之规则。12年后，最高人民法院再次对该问题作出答复，重申了这一规则，说明此问题在审判实践中仍需进一步明确和强调。因此，指导案例22号仍然具有较强的现实意义，对指导行政审判具有重要作用。

三、其他需要说明的问题

本指导案例在参照适用时要注意以下几个问题：

一是关于被告的确定。在本指导案例中，魏某高、陈某志对来安县人民政府作出的同意收回国有土地使用权的批复不服提起的行政诉讼，本案的审理对象是批复的合法性，由于作出批复的行政主体是来安县人民政府，而非当地所属的国土和房产局，所以被告应当是来安县人民政府。

二是关于批复是否需要先经过复议才可诉。本指导案例裁判要点在初稿中曾有如下表述：土地行政管理部门直接将批复付诸实施且已经过复议程序，原国有土地使用权人对批复不服提起诉讼的，人民法院应当依法受理。在修改裁判要点时删除了“且已经过复议程序”，本指导案例中所涉批复是否经过复议不影响其可诉性，即是否经过复议不是相对人提起行政诉讼的前置条件，故删去。此外，在修改要点时补充了实施该批复“对原国有土地使用权人的权利义务产生了实际影响”的表述，这样裁判要点的依据和说理更加具体明确，易于理解。

（执笔人：石磊）

39．宣某成等诉浙江省衢州市国土资源局收回国有土地使用权案*

(最高人民法院审判委员会讨论通过　2014年12月25日发布)

行政机关作出行政行为未引用具体法律条款，且在诉讼中不能证明该行政行为符合法律具体规定，视为该行政行为没有法律依据

【关键词】

行政诉讼　举证责任　未引用具体法律条款　适用法律错误

【裁判要点】

行政机关作出具体行政行为时未引用具体法律条款，且在诉讼中不能证明该具体行政行为符合法律的具体规定，应当视为该具体行政行为没有法律依据，适用法律错误。

【相关法条】

《中华人民共和国行政诉讼法》第三十二条①

【基本案情】

原告宣某成等18人系浙江省衢州市柯城区卫宁巷1

* 摘自2014年12月24日最高人民法院发布的第九批指导性案例（指导案例41号）。

① 对应《中华人民共和国行政诉讼法》（2017年修正）第三十四条。

号（原14号）衢州府山中学教工宿舍楼的住户。2002年12月9日，衢州市发展计划委员会根据第三人建设银行衢州分行（以下简称衢州分行）的报告，经审查同意衢州分行在原有的营业综合大楼东南侧扩建营业用房建设项目。同日，衢州市规划局制定建设项目选址意见，衢州分行为扩大营业用房等，拟自行收购、拆除占地面积为205平方米的府山中学教工宿舍楼，改建为露天停车场，具体按规划详图实施。18日，衢州市规划局又规划出衢州分行扩建营业用房建设用地平面红线图。20日，衢州市规划局发出建设用地规划许可证，衢州分行建设项目用地面积756平方米。25日，被告衢州市国土资源局（以下简称衢州市国土局）请示收回衢州府山中学教工宿舍楼住户的国有土地使用权187.6平方米，报衢州市人民政府审批同意。同月31日，衢州市国土局作出衢市国土（2002）37号《收回国有土地使用权通知》（以下简称《通知》），并告知宣某成等18人其正在使用的国有土地使用权将收回及诉权等内容。该《通知》说明了行政决定所依据的法律名称，但没有对所依据的具体法律条款予以说明。原告不服，提起行政诉讼。

【裁判结果】

浙江省衢州市柯城区人民法院于2003年8月29日作出（2003）柯行初字第8号行政判决：撤销被告衢州市国土资源局2002年12月31日作出的衢市国土（2002）第37号《收回国有土地使用权通知》。宣判后，双方当事人均未上诉，判决已发生法律效力。

【裁判理由】

法院生效裁判认为：被告衢州市国土局作出《通知》时，虽然说明了该通知所依据的法律名称，但并未引用具体法律条款。在庭审过程中，被告辩称系依据《中华人民共和国土地管理法》（以下简称《土地管理法》）第五十八条第一款作出被诉具体行政行为。《土地管理法》第五十八条第一款规定："有下列情况之一的，由有关人民政府土地行政主管部门报经原批准用地的人民政府或者有批准权的人民政府批准，可以收回国有土地使用权：（一）为公共利益需要使用土地的；（二）为实施城市规划进行旧城区改建，需要调整使用土地的……”① 衢州市国土局作为土地行政主管部门，有权依照《土地管理法》对辖区内国有土地的使用权进行管理和调整，但其行使职权时必须具有明确的法律依据。被告在作出《通知》时，仅说明是依据《土地管理法》及浙江省的有关规定作出的，但并未引用具体的法律条款，故其作出的具体行政行为没有明确的法律依据，属于适用法律错误。

本案中，衢州市国土局提供的衢州市发展计划委员会（2002）35号《关于同意扩建营业用房项目建设计划的批复》《建设项目选址意见书审批表》《建设银行衢州分行扩建营业用房建设用地规划红线图》等有关证据，难以证明其作出的《通知》符合《土地管理法》第五十八条第一款规定的“为公共利益需要使用土地”或“实施城市规划进行旧城区改造需要调整使用土地”的情形，主要证据不足，故被告主张其作出的《通知》符合《土地管理法》规定的理由不能成立。根据《中华人民共和国行政诉讼法》及其相关司法解释的规定，在行政诉讼中，被告对其作出的具体行政行为承担举证责任，被告不提供作出具体行政行为时的证据和依据的，应当认定该具体行政行为没有证据和依据。

综上，被告作出的收回国有土地使用权具体行政行为主要证据不足，适用法律错误，应予撤销。

① 对应《中华人民共和国土地管理法》第五十八条第一款：“有下列情形之一的，由有关人民政府自然资源主管部门报经原批准用地的人民政府或者有批准权的人民政府批准，可以收回国有土地使用权：（一）为实施城市规划进行旧城区改建以及其他公共利益需要，确需使用土地的……”下同。

理解与参照

《宣某成等诉浙江省衢州市国土资源局收回国有土地使用权案》的理解与参照*

——行政机关作出具体行政行为未引用具体法律条款，且在诉讼中不能证明该具体行政行为符合法律的具体规定，视为该具体行政行为没有法律依据

最高人民法院案例指导工作办公室

2014年12月25日，最高人民法院发布了指导案例41号《宣某成等诉浙江省衢州市国土资源局收回国有土地使用权案》。为了正确理解和准确参照适用该指导案例，现对该指导案例的推选经过、裁判要点等有关情况予以解释、论证和说明。

一、推选过程及指导意义

2010年11月26日，最高人民法院发布了《最高人民法院关于案例指导工作的规定》（以下简称《规定》）。该《规定》第九条规定，对于本规定施行前，最高人民法院已经发布的对全国法院审判、执行工作具有指导意义的案例，应当清理、编纂后作为指导性案例公布。《最高人民法院

* 摘自《最高人民法院司法解释与指导性案例理解与适用》（第六卷），人民法院出版社2018年版，第683~688页。

公报》（以下简称《公报》）自1985年5月创刊开始即向社会发布各类典型案例，这些案例在案例指导制度确立以前，对于审判和执行工作，事实上发挥了一定的指导或参考作用。2013年4月23日，最高人民法院召开了案例清理工作会议，下发了《最高人民法院案例清理工作会议纪要》（以下简称《会议纪要》），会议决定对《公报》刊发的对全国法院审判、执行工作具有指导意义的案例进行清理、编纂。清理范围原则上以2005年1月后刊发的案例为主。本案例原刊登于《公报》2004年第4期，鉴于其具有较为重要的指导价值，也将其列入了《公报》案例清理、编纂的范围。

按照《会议纪要》的要求，最高人民法院行政庭经过初审认为，本案例对于行政机关作出收回国有土地使用权的决定时，引用法律依据的规范进行了明确，具有一定指导意义。因此，同意推荐本案例。2013年7月9日，案例清理工作领导小组办公室经征求《公报》编辑部意见，将该案例列为第二阶段案例清理范围，并再次送行政庭。行政庭经过复审，经主管院领导审核同意该案例进入下一阶段清理程序，并编写了指导性案例文本。2014年4月22日，案例清理工作领导小组办公室经过修改，将该案例提交研究室室务会讨论，室务会同意推荐该案例，报院领导审核后提交最高人民法院审判委员会审议。10月21日，审判委员会经过讨论同意该案例作为指导性案例。12月25日，最高人民法院以法〔2014〕337号文件将该案例列入第九批指导性案例予以发布。

该指导案例旨在明确行政机关作出具体行政行为时未引用具体法律条款，且在诉讼中不能证明该具体行政行为符合法律的具体规定，应当视为该具体行政行为没有法律依据，适用法律错误。这对于促进行政机关规范执法行为，严守执法程序，保护行政相对人的合法权益具有较强的指导价值和现实意义。

二、关于本案例的背景情况

目前，我国国有土地使用权的收回，大致分为以下四种情形：一是因行政处罚收回。具体来说是指因土地使用者违反了法律、法规的禁止性规定，被人民政府或土地行政主管部门依照法律、法规的规定收回土地使用权。例如，《中华人民共和国城市房地产管理法》第二十五条[①]规定："以出让方式取得土地使用权进行房地产开发的，必须按照土地使用权出让合同约定的土地用途、动工开发期限开发土地。超过出让合同约定的动工开发日期满一年未动工开发的，可以征收相当于土地使用权出让金百分之二十以下的土地闲置费；满二年未动工开发的，可以无偿收回土地使用权；但是，因不可抗力或者政府、政府有关部门的行为或者动工开发必需的前期工作造成动工开发迟延的除外。"《中华人民共和国城镇国有土地使用权出让和转让暂行条例》第十七条规定："土地使用者应当按照土地使用权出让合同的规定和城市规划的要求，开发、利用、经营土地。未按合同规定的期限和条件开发、利用土地的，市、县人民政府土地管理部门应当予以纠正，并根据情节可以给予警告、罚款直至无偿收回土地使用权的处罚。"二是因土地使用权期满收回，是指出让的国有土地使用权期满后，由于土地使用者未申请续期，或者虽申请续期但未获得批准，依照出让合同的约定，土地使用权由国家无偿收回。例如，《中华人民共和国土地管理法》（以下简称《土地管理法》）第五十八条第一款第三项规定："有下列情形之一的，由有关人民政府土地行政主管部门报经原批准用地的人民政府或者有批准权的人民政府批准，可以收回国有土地使用权……（三）土地出让等有偿使用合同约定的使用期限届满，土地使用者未申请续期或者申请续期未获批准的。"[②]《中华人民共和国城市房地产管理法》第二十一条[③]第二款规定："土地使用权出让合同约定的使用年限届满，土地使用者未申请续期或者虽申请续期但依照前款规定未获批准的，土地使用权由国家无偿收回。"《中华人民共和国城镇国有土地使用权出让和转让暂行条例》第四十条也规定："土地使用权期满，土地使用权及其地上建筑物、其他附着物所有权由国家无偿取得。土地使用者应当交还土地使用

① 对应《中华人民共和国城市房地产管理法》（2019年修正）第二十六条。

② 对应《中华人民共和国土地管理法》第五十八条第一款第二项："有下列情形之一的，由有关人民政府自然资源主管部门报经原批准用地的人民政府或者有批准权的人民政府批准，可以收回国有土地使用权：……（二）土地出让等有偿使用合同约定的使用期限届满，土地使用者未申请续期或者申请续期未获批准的。"下同。

③ 对应《中华人民共和国城市房地产管理法》（2019年修正）第二十二条。

证，并依照规定办理注销登记。”三是因公共利益等其他法定事由收回。指土地使用者在没有违反法律、法规禁止性规定的情况下，因发生法律、法规规定的应当收回土地使用权的情形，而被土地行政主管部门收回土地使用权。例如，《土地管理法》第五十八条第一款规定：“有下列情形之一的，由有关人民政府土地行政主管部门报经原批准用地的人民政府或者有批准权的人民政府批准，可以收回国有土地使用权：（一）为公共利益需要使用土地的；（二）为实施城市规划进行旧城区改建，需要调整使用土地的……（四）因单位撤销、迁移等原因，停止使用原划拨的国有土地的；（五）公路、铁路、机场、矿场等经核准报废的。”① 四是因受让人的原因或土地出让合同的约定需向出让人交回土地使用权的其他非法定情形。根据《中华人民共和国行政诉讼法》（以下简称《行政诉讼法》）第三十四条第一款的规定，人民政府或土地行政管理部门在作出收回国有土地使用权的决定时，必须载明所依据的法律、法规等规范性文件，否则，如果在行政诉讼中作为被告的人民政府或土地行政管理部门不能证明收回土地的行政行为符合法律的具体规定，则应当视为该具体行政行为没有法律依据，适用法律错误。②

三、裁判要点的理解与说明

该指导案例的裁判要点确认：行政机关作出具体行政行为时未引用具体法律条款，且在诉讼中不能证明该具体行政行为符合法律的具体规定，应当视为该具体行政行为没有法律依据，适用法律错误。现围绕与该裁判

---

① 对应《中华人民共和国土地管理法》第五十八条第一款：“有下列情形之一的，由有关人民政府自然资源主管部门报经原批准用地的人民政府或者有批准权的人民政府批准，可以收回国有土地使用权：（一）为实施城市规划进行旧城区改建以及其他公共利益需要，确需使用土地的……（三）因单位撤销、迁移等原因，停止使用原划拨的国有土地的；（四）公路、铁路、机场、矿场等经核准报废的。”

② 本案在作出判决时适用的是1989年《中华人民共和国行政诉讼法》第三十二条：“被告对作出的具体行政行为负有举证责任，应当提供作出该具体行政行为的证据和所依据的规范性文件。”《中华人民共和国行政诉讼法》于2014年11月1日经过修正，原第三十二条修改为第三十四条第一款：“被告对作出的行政行为负有举证责任，应当提供作出该行政行为的证据和所依据的规范性文件。”主要是将“具体行政行为”修改为“行政行为”，不影响本案例对法律依据的引用和裁判说理。

要点相关的问题逐一论证和说明如下。

(一)关于适用法律错误

行政法上所谓的适用法律错误是指行政主体在作出具体行政行为时将法律规范的规定与相关的案件事实作了错误的结合,从而使行政行为存在较大瑕疵的情形,包括上位法与下位法之间的适用错误、特别法与一般法之间的适用错误、新法与旧法之间的适用错误、行政实体法与行政程序法的适用错误、行政法原则与行政法规则的适用错误等。《行政诉讼法》第六十九条规定:"行政行为证据确凿,适用法律、法规正确,符合法定程序的,或者原告申请被告履行法定职责或者给付义务理由不成立的,人民法院判决驳回原告的诉讼请求。"第七十条规定:"行政行为有下列情形之一的,人民法院判决撤销或者部分撤销,并可以判决被告重新作出行政行为:(一)主要证据不足的;(二)适用法律、法规错误的;(三)违反法定程序的;(四)超越职权的;(五)滥用职权的;(六)明显不当的。"第七十五条规定:"行政行为有实施主体不具有行政主体资格或者没有依据等重大且明显违法情形,原告申请确认行政行为无效的,人民法院判决确认无效。"①

综上,适用法律错误将会导致行政行为被撤销或是确认无效,因此,行政机关在作出具体行政行为时应有明确的法律依据。本案当中,衢州市国土资源局作出的书面决定通知中,仅说明该决定是依照《土地管理法》及浙江省的有关规定作出的,未引用具体的条款,导致行政相对人无法从

① 本案作出判决时适用的是1989年《中华人民共和国行政诉讼法》,该法于2014年11月1日经过修正。本案在作出判决时适用的1989年《中华人民共和国行政诉讼法》及其相关司法解释条文如下。《中华人民共和国行政诉讼法》第五十四条第一项规定:"人民法院经过审理,根据不同情况,分别作出以下判决:(一)具体行政行为证据确凿,适用法律、法规正确,符合法定程序的,判决维持。"而对于适用法律错误的行政行为,《中华人民共和国行政诉讼法》第五十四条第二项规定:"具体行政行为有下列情形之一的,判决撤销或者部分撤销,并可以判决被告重新作出具体行政行为……2. 适用法律、法规错误的……"《最高人民法院关于执行〈中华人民共和国行政诉讼法〉若干问题的解释》第五十七条第二款规定:"有下列情形之一的,人民法院应当作出确认被诉具体行政行为违法或者无效的判决:(一)被告不履行法定职责,但判决责令其履行法定职责已无实际意义的;(二)被诉具体行政行为违法,但不具有可撤销内容的;(三)被诉具体行政行为依法不成立或者无效的。"

上述决定中获知明确具体的法律依据。这种情况，应当根据《行政诉讼法》第三十四条第一款条及相关司法解释的规定，将行政机关作出的决定视为没有法律依据，否则行政相对人的合法权益将在模糊的法律名义下无从得到保障。换句话说，行政机关对作出的行政行为所适用的法律依据，只笼统提到有关规定，未引用具体法律条文的，不符合依法行政原则的要求，属于适用法律错误的一种情形。

(二) 关于主要证据不足

根据《行政诉讼法》第三十四条第一款的规定，行政诉讼被告对作出的行政行为负有举证责任，应当提供作出该行政行为的证据和所依据的规范性文件。本案在庭审过程中衢州市国土局称其作出被诉具体行政行为依据的是《土地管理法》第五十八条第一款第一项、第二项规定："有下列情形之一的，由有关人民政府土地行政主管部门报经原批准用地的人民政府或者有批准权的人民政府批准，可以收回国有土地使用权：(一) 为公共利益需要使用土地的；(二) 为实施城市规划进行旧城区改建，需要调整使用土地的。"但衢州市国土局提供的《关于同意扩建营业用房项目建设计划的批复》《建设项目选址意见书审批表》《第三人扩建营业用房建设用地规划红线图》等有关证据，不足以证明其作出的行政行为符合上述法定情形，应承担举证不能的法律后果。根据《行政诉讼法》及其相关司法解释的规定，在行政诉讼中，被告对其作出的具体行政行为不提供或者不能提供作出具体行政行为时的证据、依据的，应当认定该具体行政行为没有证据、依据。因此，本案被告作出的收回国有土地使用权具体行政行为主要证据不足，适用法律错误，应予撤销。这里需要说明的是，本案同时存在适用法律错误和主要证据不足的问题，就二者的关系而言，应当说是有着紧密联系的。行政法上所关注的适用法律的"错误"应当能够体现于行政行为的瑕疵上，如果没有行政行为的瑕疵，即便有行政主体对法律的错误认识亦不构成适用法律错误。就本案而言，虽然被告没有载明具体适用的法律条款，但如果其在诉讼过程中能够说明作出的收回土地的行政行为符合相关法律规定，事实清楚、证据确凿，那么司法机关显然不能仅仅因为行政行为在告知方面的缺陷而撤销该行为。

四、其他相关问题的说明

本案例在编写裁判理由时，将衢州市国土局在作出收回各原告住宅国有土地使用权决定时，对所依据的法律条款应当予以具体说明而没有说明，属于“适用法律错误”之说理方面作了补充，弥补了原审判决主要强调被告行为证据不足，对适用法律错误方面着墨不多的缺憾。

另外，《最高人民法院关于执行〈中华人民共和国行政诉讼法〉若干问题的解释》第二十六条第二款[①]规定，被告不提供或者无正当理由逾期举证的，应当“认定”其“具体行政行为”没有证据、依据。而《最高人民法院关于行政诉讼证据若干问题的规定》第一条第一款规定，被告不提供或者无正当理由逾期提供证据的，“视为”被诉“具体行政行为”没有相应的证据。两款用词存在“认定”“视为”之区别。相对而言，本案例情形使用“视为”一词更为准确些，故裁判要点采用了“应当视为该具体行政行为没有法律依据，适用法律错误”的表述。

（执笔人：阎巍、石磊）

① 对应《最高人民法院关于适用〈中华人民共和国行政诉讼法〉的解释》第三十四条。

40．定安城东建筑装修工程公司与海南省定安县人民政府、第三人中国农业银行定安支行收回国有土地使用权及撤销土地证案*

行政机关作出收回国有土地使用权决定前未听取当事人的陈述和申辩意见的，构成“违反法定程序”

【裁判摘要】

行政机关作出对当事人不利的行政行为，未听取其陈述、申辩，违反正当程序原则的，属于《中华人民共和国行政诉讼法》第五十四条第二项第3目“违反法定程序”的情形。行政机关根据《中华人民共和国土地管理法》第五十八条第一款第一项、第二项规定，依法收回国有土地使用权的，对土地使用权人应当按照作出收回土地使用权决定时的市场评估价给予补偿。因行政补偿决定违法造成逾期付补偿款的，人民法院可以根据当事人的实际损失等情况，判决其承担逾期支付补偿款期间的同期银行利息损失。

申请再审人（一审原告、二审被上诉人）：定安城东建筑装修工程公司。住所地：海南省定安县定城镇大众中路克泽大厦一楼。

* 摘自《最高人民法院公报》2015年第2期，最高人民法院（2012）行提字第26号行政判决书。

法定代表人：莫某瑞，经理。

委托代理人：吴某平，海南鹏达律师事务所律师。

委托代理人：莫某泽，定安县工商局退休干部。

被申请人（一审被告、二审上诉人）：海南省定安县人民政府。住所地：定安县定城镇兴安大道。

法定代表人：符某东，县长。

委托代理人：周某桀，海南东方国信律师事务所律师。

委托代理人：曾某，定安县国土环境资源局公务员。

原审第三人：中国农业银行定安支行。

负责人：何某高，行长。

委托代理人：何某，海南省金裕律师事务所律师。

委托代理人：钟某，该行法律顾问。

申请再审人海南省定安城东建筑装修工程公司（以下简称城东公司）因诉被申请人海南省定安县人民政府（以下简称县政府）及原审第三人中国农业银行定安支行（以下简称定安支行）收回国有土地使用权及撤销土地证一案，不服海南省高级人民法院（以下简称海南高院）作出的（2008）琼行终字第159号行政判决，向本院申请再审。经审查，本院作出（2011）行监字第91号行政裁定，决定提审本案，并依法组成合议庭，于2013年8月30日在海南省高级人民法院第三法庭公开开庭审理本案，申请再审人的委托代理人吴某平、莫某泽，被申请人的委托代理人周某桀、曾某，原审第三人的委托代理人何某、钟某到庭参加诉讼。审理期间，本院依法委托杜鸣联合房地产评估（北京）有限公司对涉案土地价值进行评估，并组织各方当事人进行协调，但协调未果。本案现已审理终结。

一审经审理查明：1994年9月10日，定安县建设委员会（以下简称县建委）就定城人民北路东横街排水和路面建设工程与城东公司签订《工程承包合同》。后因县建委拖欠城东公司工程款80.472万元，县政府同意在该县塔岭工业开发区划出10亩土地作为补偿。1995年10月27日，县政府根据城东公司递交的《关于给人民北路东横街续建工程重新调整补偿用地问题的请示》，作出定府函〔1995〕117号《关于重新调整城东建筑装修工程公司补偿用地的批复》，决定在见龙路旁以每亩8万元的价格重新调整10亩土地给城东公司。同年12月8日，定安县土地管理局（以下简称县土地局）给城东公司颁发第14号《建设用地规划许可证》。同月27日，县政府作出定府〔1995〕299号《关于出让国有土地使用权给定安城东建筑装修工程公司的决定》，将位于塔岭开发区东北侧的6706平方米土地，以总价款80.472万元，出让给城东公司作为建设用地。随后城东公司与县土地局签订《国有土地使用权出让合同》。1995年12月28日，城东公司就出让所得6706平方米土地申请登记发证，但其填报申请土地登记时未写明土地用途，县土地局在审核过程中亦未在《地籍调查表》《土地登记审批表》等文书上载明土地用途。1996年1月22日，县政府根据城东公司的申请和县土地局的审核，在城东公司缴纳土地登记费后，给该公司颁发了定安国用（96）字第6号《国有土地使用证》（以下简称第6号国土证）。此后，城东公司在该宗土地上开办了水泥预制厂。2001年11月9日，城东公司以该宗土地作为抵押物向定安支行贷款，并在定安县建设与国土环境资源局（原县土地局）办理抵押登记。2004年1月4日，县政府以城东公司土地闲置为由，在《海南日报》发布公告，拟无偿收回城东公司第6号国土证项下的土地使用权，但县政府并未实施无偿收地行为。2007年11月5日，县政府为落实塔岭规划新区城市规划用地的需要，作出定府〔2007〕112号《关于有偿收回国有土地使用权的通知》（以下简称112号通知），决定按原登记成本价80.6072万元有偿收回城东公司第6号国土证项下的土地使用权，并于11月8日送达城东公司。同年12月6日，县建设局（原定安县建设与国土环境资源局拆分为建设局、国土环境资源局）以海南省政府2007年1月27日已批准将城东公司受让的6706平方米综合公建用地调整为行政办公用地为由，决定撤销第14号《建设用地规划许可证》。同年12月7日，定安县国土环境资源局（以下简称县国土资源局）就有偿收回城东公司国有土地使用权事宜通知该公司和定安支行于12月11日举行听证会，城东公司没有参加听证。同年12月14日，县政府以城东公司申请土地登记发证未填写土地用途、县土地局在审核过程中亦未在《地籍调查登记表》《土地登记审批表》等有关文书上载明土地用途导致错误登记发证为由，告知城东公司拟撤销第6号国土证。同年12月29日，县政府作出定府〔2007〕150号《关于撤销定安国用（96）字第6号〈国有土地使用证〉的决定》（以下简称150号撤证决定），撤销第6号国土证。城东公司不服该决定，向原海南省海南中级人民法院（现更名为海南省第一中级人民法院）提起行政诉讼。

一审判决认为：涉讼土地是县政府1996年为抵偿工程款而补偿给城东公司并颁证的土地。根据《中华人民共和国土地管理法》第五十八条的规定，县政府为公共利益的需要，可以有偿收回涉案土地使用权。但县政府112号通知决定按原抵偿价有偿收回其土地使用权，未考虑土地增值的因素，其收地行为显然是不适当的。县政府在作出112号通知前，没有提出有偿收回国有土地使用权的方案，并存在先决定收回后举行听证的情形，违反法定程序。鉴于本案涉讼土地现已由县政府作为行政办公用地使用，撤销112号通知将会给国家利益造成损失，故不宜判决撤销而应确认违法。《土地登记规则》第十一条规定，申请土地登记时应在土地登记申请书上载明土地用途。但土地登记申请书未载明土地用途并不是注销土地登记的法定事由。因此，县政府以城东公司申请土地登记时未填写土地用途为由撤销第6号国土证没有法律依据。但撤销该行为无实际意义，故应确认150号撤证决定违法。依照《最高人民法院关于执行〈中华人民共和国行政诉讼法〉若干问题的解释》[①] 第五十八条规定判决：一、确认县政府作出的112号通知违法。二、确认县政府作出的150号撤证决定违法。三、责令县政府对收回城东公司国有土地使用权的损失采取补救措施。县政府不服一审判决提起上诉。

海南高院二审判决对一审判决认定事实予以确认，但认为城东公司自

① 《最高人民法院关于执行〈中华人民共和国行政诉讼法〉若干问题的解释》已于2018年2月8日失效。下同。

1996年1月取得争议土地后，未对该土地进行实质性的开发，只是在该土地上办了简易的水泥预制厂。2004年1月，县政府根据争议土地闲置两年以上的事实，拟无偿收回争议土地。但为使城东公司合法权益不受损害，结合本案讼争土地已经海南省人民政府批准作为县政府行政办公用地的实际情况，县政府根据《中华人民共和国土地管理法》第五十八条第一款规定，作出有偿收回涉案土地的决定，其做法已经充分维护了城东公司的合法权益。因此，县政府作出的112号通知认定事实清楚，适用法律正确，应予维持。县政府作出的150号撤证决定是对112号通知有关事宜的完善，撤销第6号国土证并不意味着城东公司的合法权益无法得到保护，其可依据112号通知就有偿收地具体方案与县政府协商。依照《中华人民共和国行政诉讼法》第六十一条第三项①和《最高人民法院关于执行〈中华人民共和国行政诉讼法〉若干问题的解释》第五十六条第四项和第七十条之规定判决：一、撤销（2008）海南行初字第69号行政判决。二、驳回城东公司的诉讼请求。

申请再审人称：海南高院判决的认定有悖法律与事实。一是涉案土地在1996年是一片尚未开发的土地，属工业商业住宅综合性建设用地。申诉人进行土地平整建水泥预制厂符合规划，已进行了实质性开发和利用。二是土地闲置两年以上不是事实。该土地抵偿给申诉人后就建了水泥预制厂从未闲置，不适用闲置土地法律规定，更不适用无偿收回，这也是被申诉人公告无偿收回后，又以公共利益为由有偿收回的原因所在。三是县政府为自己建设办公大楼，不能认定是“公共利益”，这与《中华人民共和国土地管理法》是背道而驰的。四是“适当补偿”要根据市场评估定价。海南高院（2008）琼行终字第159号行政判决适用法律错误，请求予以撤销。

被申请人答辩称：（1）城东公司闲置土地事实明确。按照县国土部门与城东公司签订的《国有土地出让合同》约定，城东公司应当在1997年12月20日前完成项目建设，而城东公司建设与规划不相符的水泥预制厂

① 对应《中华人民共和国行政诉讼法》（2017年修正）第八十九条第三项、第四项。

项目，明显违反《中华人民共和国城市规划法》第二十九条的规定，构成闲置土地。(2) 行政办公用地可以界定为“公共利益”。参照《国有土地上房屋征收与补偿条例》第八条规定，政府组织的市政公用等公共事业需要属于公共利益范畴。(3) 有偿收回土地的补偿标准并无不当。县政府以80.6万元的价格有偿收回涉案土地使用权，此价格与当时土地价格差距不大。城东公司在长达10年的时间里未对涉案土地进行实质开发建设，属于严重闲置土地行为，本可无偿收回土地，但考虑社会和谐，选择了有偿收回。闲置土地的增值部分不应由县政府承担，城东公司这种意图通过囤积土地待价而沽的行为也是不值得提倡的。

原审第三人答辩称：(1) 涉案土地已经办理抵押登记手续，取得他项权利证书，抵押权合法有效，抵押优先受偿权应受法律保护。(2) 定安支行是善意抵押权人，没有过错，若涉案土地使用权被收回，将导致抵押权消灭，显失公平，也对交易安全造成巨大风险。县政府应当基于公平原则维护银行抵押权。(3) 就算县政府112号通知和150号撤证决定合法，依照《中华人民共和国担保法》[①] 第五十八条、《最高人民法院关于适用〈中华人民共和国担保法〉若干问题的解释》第八十条[②]，以及《中华人民共和国物权法》第一百七十四条[③]之规定，定安支行也有从城东公司的土地补偿金中优先受偿的权利。(4) 县政府112号通知和150号撤证决定存在违法，且严重损害抵押权人的合法权益，依法应予撤销。请求支持城东公司的诉讼请求，维护定安支行的主债权和抵押权。

本院庭审中，除以下三项事实外，各方当事人对原审判决认定主要事实均无异议，本院予以确认。

1. 城东公司对原审判决认定其“申请土地登记发证时未填报土地用途”提出异议，认为涉案土地是县政府因欠工程款抵债而来，应当由县政府办理，未填写土地用途不是该公司的错误。县政府辩称，涉案土地当时

---

① 《中华人民共和国担保法》已于2021年1月1日失效。

② 参见《最高人民法院关于适用〈中华人民共和国民法典〉有关担保制度解释》第四十二条。

③ 对应《中华人民共和国民法典》第三百九十条。

应当属于工业用地，但确实没有申报项目、没有规划，土地证上也未注明用途，未注明用途的原因不清楚。定安支行表示，对颁证过程不清楚。

本院认为，原审判决认定“申请土地登记发证时未填报土地用途”仅仅是一个事实陈述，各方当事人对此事实并无异议，未填写的过错责任不属于本案事实认定问题。因此，对原审判决认定的该项事实予以确认。

2. 城东公司对原审判决认定其未参加听证会的事实提出异议，称其代表提前10分钟到会场，但因会议室门未开，等了约一小时离开，并认为一审县政府提交的听证会记录是伪造的。县政府辩称：举证有听证会通知书、送达回证、会议记录等证据证明，已书面通知城东公司、定安支行参加听证会。定安支行到会，城东公司未到会。定安支行表示，参加听证会的人确是该行工作人员，但对听证会记录的真实性不予表态。

本院认为，根据一审县政府所举听证会通知书、送达回证及城东公司的陈述，可以认定事先通知城东公司和定安支行参加听证会；根据听证会会议记录和听证会签到单及定安支行对到会人员身份的认可，可以证明2007年12月11日就收回土地事宜举行听证会。城东公司认为听证会记录系伪造，没有提供相应证据证明，其抗辩理由不能成立。本院对原审判决认定的该项事实予以确认。

3. 县政府对原审判决认定城东公司取得土地证后在该宗土地上办了水泥预制厂的事实提出异议，认为没有证据证明该公司在涉案土地上建了水泥预制厂。城东公司辩称，公司营业执照及拆除前的现场照片可以证明建水泥预制厂的事实。定安支行认可城东公司的意见。

本院认为，城东公司2007年营业执照经营范围主营项目栏中有“室内外装修工程”和“建筑材料销售”的内容，现场照片可见与涉案土地相邻的楼房及空地堆放大量预制水泥管，两者与城东公司及定安支行的陈述相互印证，可以认定涉案土地上建有水泥预制厂的事实。县政府否定该项事实，没有提供充分证据，本院不予支持。

审理过程中，本院委托杜鸣评估公司以住宅用地用途对涉案土地在2007年11月5日县政府决定收回土地使用权时的市场价格进行评估。杜鸣评估公司作出京杜鸣估 F 字〔2013〕第 91292 号《房地产估价报告》，评估结果为：估价对象在估价基准日的市场价值为人民币 135 万元。庭审中，本院对该项证据进行了质证。城东公司对评估主体、程序等无异议，但对评估结果有异议，认为以 2007 年 11 月 5 日作为评估基准日不当。县政府对该评估报告无异议。定安支行提出，庭后咨询相关人士后再发表意见。其在庭后提交书面意见认为，该评估价明显低于当地市场价。

本院认为，杜鸣评估公司及其评估人员具有法定的土地价格评估资质，评估主体合法；评估过程中，本院组织评估机构及各方当事人对评估材料进行质证、认证，并进行现场勘查；评估机构按照本院委托书要求和法定程序依法作出评估。以申请再审人合法权益受到具体行政行为影响即县政府决定收回土地使用权时的市场价格进行评估，并无不当。定安支行认为评估价明显低于当地市场价，但并未提出评估报告错误的理由和证据，经与评估时点定安县同区域同类土地市场价格相比较，涉案土地评估价格并不存在明显偏低的事实。城东公司及定安支行的抗辩理由不能成立。评估报告合法有效，本院予以采信。

本案争议焦点主要有：一是被诉 112 号通知中收回土地使用权决定的合法性问题；二是被诉 112 号通知中行政补偿决定的合法性问题；三是 150 号撤证决定的合法性问题。

1. 关于被诉 112 号通知中收回土地使用权决定的合法性问题。根据《中华人民共和国土地管理法》第五十八条第一款规定，县政府有偿收回涉案土地使用权，具有法定职权。但县政府在作出被诉 112 号通知之前，未听取当事人的陈述和申辩意见，事后通知城东公司和定安支行举行听证，违反“先听取意见后作决定”的基本程序规则。国务院国发〔2004〕10 号《全面推进依法行政实施纲要》明确要求，行政机关实施行政管理要“程序正当”，“除涉及国家秘密和依法受到保护的商业秘密、个人隐私的外，应当公开，注意听取公民、法人和其他组织的意见；要严格遵循法定程序，依法保障行政管理相对人、利害关系人的知情权、参与权和救济权。”县政府作出 112 号通知前，未听取当事人意见，违反正当程序原则，本应依法撤销，但考虑到县政府办公楼已经建成并投入使用，撤销112号通知中有偿收回涉案土地使用权决定已无实际意义，且可能会损害公共利益。依据《最高人民法院关于执行〈中华人民共和国行政诉讼法〉若干问题的解释》第五十八条规定，应当依法判决确认该行政行为违法。

2. 关于112号通知中行政补偿内容的合法性问题。根据《中华人民共和国土地管理法》第五十八条第二款规定，因公共利益需要使用土地收回国有土地使用权的，对土地使用权人应当给予适当补偿。县政府根据省政府批准的总体规划要求为建设县政府办公楼需要使用涉案土地，收回城东公司的土地使用权，应当依法给予“适当补偿”。所谓“适当补偿”应当是公平合理的补偿，即按照被收回土地的性质、用途、区位等，以作出收地决定之日的市场评估价予以补偿。县政府按土地原成本价予以补偿于法无据。城东公司以收地决定违法，涉案土地使用权至今仍属于其享有为由，主张应以最终判决时的市场评估价予以补偿，其理由不能成立。本案收地决定属于违反程序，判决确认收地决定违法并未否定其法律效力。根据《中华人民共和国物权法》第二十八条[①]规定，涉案土地使用权自收地决定生效之日已经发生物权转移的效力。考虑到涉案土地登记资料中“土地用途”栏系空白，结合当地土地交易市场情况，对涉案土地以使用年限最长、市场价值最高的“住宅用地”用途进行评估，有利于维护行政相对人的合法权益。鉴于县政府收回土地使用权行为违法，补偿价格明显不公，且收地决定作出后涉案土地升值较大，而当事人因不能以转让土地使用权方式及时偿还银行贷款，存在贷款利息损失，县政府在支付补偿款的同时，还应当支付自决定收回土地使用权之日起至实际支付全部补偿款之日的同期银行贷款利息。

3. 关于150号撤证决定的合法性问题。县政府作出112号通知后，并未要求城东公司持有关证明文件到土地管理部门申请注销土地登记，而是以该公司持有的《国有土地使用证》未按《土地登记规则》第十一条规定载明土地用途，土地管理部门也未按《土地登记规则》第十四条规定全面

① 对应《中华人民共和国民法典》第二百二十九条。

审核并填写土地登记审批表，造成错误登记发证为由，作出150号撤证决定。当初未填写土地用途，并非城东公司的原因所致，本可以补正方式解决，县政府却以此为由撤销城东公司合法持有的《国有土地使用证》，属于滥用行政职权，依法应予撤销。考虑到涉案土地已经收回并建成办公楼投入使用，根据《最高人民法院关于执行〈中华人民共和国行政诉讼法〉若干问题的解释》第五十八条规定，亦应依法确认该行政行为违法。

综上，112号通知中收地决定行为违反法定程序，被诉150号撤证决定滥用职权，应当依法判决确认违法；112号通知中行政补偿决定适用法律错误、违反法定程序，并显失公正，依法应予纠正。二审判决驳回原告诉讼请求错误，依法应予撤销。一审判决确认112号通知中行政补偿决定违法，并责令县政府对城东公司的损失采取补救措施，判决内容不具体，依法应予撤销和改判。城东公司申请再审理由部分成立，依法应予支持。原审定安支行对抵押物享有优先受偿权的主张成立，县政府在支付补偿款时应依法予以保护。依照《最高人民法院关于执行〈中华人民共和国行政诉讼法〉若干问题的解释》第五十八条、第七十八条规定，判决如下：一、撤销海南省高级人民法院（2008）琼行终字第159号行政判决。二、维持原海南省海南中级人民法院（2008）海南行初字第69号行政判决第一项对定安县人民政府2007年11月5日作出的定府〔2007〕112号《关于有偿收回国有土地使用权的通知》确认违法中有关收回国有土地使用权部分的内容；维持该判决第二项对定安县人民政府2007年12月29日作出的定府〔2007〕150号《关于撤销定国用（96）字第6号〈国有土地使用证〉的决定》确认违法的内容。三、撤销原海南省海南中级人民法院（2008）海南行初字第69号行政判决第一项确认定安县人民政府2007年11月5日作出的定府〔2007〕112号《关于有偿收回国有土地使用权的通知》中有关"按成本价80.6072万元"对定安城东建筑装修工程公司进行行政补偿部分的内容。四、撤销原海南省海南中级人民法院（2008）海南行初字第69号行政判决第三项责令定安县人民政府对收回定安城东建筑装修工程公司国有土地使用权的损失采取补救措施的判决；责令定安县人民政府自本判决送达之日起15日内一次性向定安城东建筑装修工程公司支付收回土地使用权补偿款135万元及同期银行贷款利息（贷款利息自2007年11月5日起计算，至本息实际支付完毕止）。一、二审案件受理费共计100元，土地评估及其他费用16776元，合计16876元，由定安县人民政府负担。上述费用定安城东建筑装修工程公司已经支付，定安县人民政府在支付补偿款及贷款利息同时将上述款项一并支付给定安城东建筑装修工程公司。

本判决为终审判决。

▶ 补偿问题未依法定程序解决前，被征收人有权拒绝交出房屋和土地

41．山西省安业集团有限公司诉山西省太原市人民政府收回国有土地使用权决定案*

【裁判摘要】

有征收必有补偿，无补偿则无征收。征收补偿应当遵循及时补偿原则和公平补偿原则。补偿问题未依法定程序解决前，被征收人有权拒绝交出房屋和土地。

再审申请人（一审原告、二审上诉人）：山西省安业集团有限公司。住所地：山西省太原市双塔西街50号。

法定代表人：卫某麟，该公司董事长。

委托代理人：王某杰，山西慧科律师事务所律师。

委托代理人：潘某林，山西省安业集团有限公司工作人员。

再审被申请人（一审被告、二审被上诉人）：山西省太原市人民政府。住所地：山西省太原市新建路69号。

---

* 摘自《最高人民法院公报》2017年第2期，最高人民法院（2016）最高法行再80号行政判决书。

法定代表人：耿某波，该市市长。

委托代理人：孟某俊，山西省太原市人民政府法制办工作人员。

委托代理人：郭某栋，山西省太原市国土资源局工作人员。

再审申请人山西省安业集团有限公司（以下简称安业公司）诉山西省太原市人民政府（以下简称太原市政府）收回国有土地使用权决定一案，不服山西省高级人民法院（2015）晋行终字第50号行政判决，向本院申请再审。经听证审查后，本院于2016年5月24日作出（2015）行监字第2102号行政裁定，决定提审本案。提审后，本院依法组成由审判员耿宝建、代理审判员李纬华、代理审判员周觅参加的合议庭，对本案公开开庭进行了审理。安业公司委托代理人王某杰、潘某林，太原市政府委托代理人孟某俊、郭某栋到庭参加诉讼。现已审理终结。

一、二审法院查明以下主要事实：安业公司于2004年4月和2005年10月先后办理了双塔西街162号的《国有土地使用证》，并于2006年3月1日办理了《房屋产权证》。太原市政府为实施解放南路长治路改造道路建设，于2014年4月4日发布并政收告〔2014〕018号《太原市人民政府为实施解放南路长治路改造道路建设涉及收回迎泽大街以南，中心街以北部分国有土地使用权的通告》（以下简称《通告》），并公示于2014年4月10日《太原日报》、山西省太原市国土资源局网站收地专栏。该《通告》告知各有关单位和住户，市政府决定收回解放南路长治路道路建设所涉及87个单位776.85亩的国有土地使用权。涉及的单位和住户自通告发布之日起15日内带有关土地手续到太原市国土资源局办理土地使用权注销手续；逾期不交回的，将予以注销。《通告》载明所涉安业公司两幅土地的面积分别为7.77平方米、741.73平方米，共749.5平方米。安业公司对《通告》不服提起本案诉讼，请求依法撤销太原市政府收回其国有土地使用权的行为。

一、二审法院认为：太原市政府于2014年4月4日发布《通告》，决定收回解放南路长治路道路建设所涉及87个单位776.85亩的国有土地使用权，有明确的南北界线、涉及单位和收回土地面积。收回通告区域内的国有土地，是为实现城市规划而实施道路建设改造工程，属于因公共利益需要使用土地。根据法律规定，经有权机关批准，人民政府可以收回国有土地使用权。《通告》发布前，相关单位办理了用地规划手续，并报请太原市政府批复同意，其收回程序符合法律规定。根据《中华人民共和国土地管理法》（以下简称《土地管理法》）的规定，依法收回的国有土地，可直接办理注销登记。因此，《通告》中有关土地使用权注销事项的内容并不违反法律规定。太原市政府收回安业公司依法取得的国有土地使用权，应当依照法律规定予以补偿。《通告》中也明确，收回上述国有土地使用权涉及的拆迁补偿事宜按照有关规定依法进行。2014 年 4 月 10 日《通告》公示后，即于 5 月 7 日决定该项目暂缓实施，故未能实际开展补偿工作。安业公司认为太原市政府在作出通告前必须落实补偿的主张没有事实和法律依据。据此，一审法院判决驳回安业公司要求撤销太原市政府并政收告〔2014〕018 号行政征收决定的诉讼请求。安业公司不服，提起上诉，二审法院判决驳回上诉，维持原判。

再审申请人安业公司在向本院提出的再审申请中请求撤销山西省高级人民法院终审判决。理由有：第一，太原市政府在补偿事宜均未落实的情况下，直接作出收回土地使用权的决定属于程序违法。第二，国有土地使用权收回的主体是人民政府的土地行政主管部门，太原市政府作为地市一级的人民政府直接作出收回国有土地使用权的决定，属于滥用行政权力。第三，收回国有土地使用权必须符合土地利用总体规划和城市总体规划，同时规划手续的办理须经论证会、听证会或者其他方式征求专家和公众的意见，修改规划的应当依法办理审批程序报批。本案中，太原市政府在道路改造的规划手续未经法定程序办理的情况下即直接决定收回国有土地使用权，属于程序违法。第四，《中华人民共和国城市房地产管理法》《中华人民共和国城镇国有土地使用权出让和转让暂行条例》等法律法规均规定，土地使用权在特殊情况下，根据社会公共利益的需要，国家可以依照法律程序提前收回。太原市政府的收地行为显然与法律规定的“特殊情况”不符，收地决定作出至今已有两年之久，而道路改造项目并未开工建设，显然与我国依法行政、合理行政的基本原则相违背。第五，根据正当程序原则以及相关法律规定，国家行政机关在作出涉及公民、法人或者其他组织切身利益的决定前，应当告知相对人决定的事实、理由和依据，并听取当事人的陈述和申辩，作出行政决定后，应当将该决定书面送达行政相对人。太原市政府自始至终没有向安业公司送达收回国有土地使用权的书面决定，也没有告知收回国有土地使用权决定的任何事实、理由和依据，更没有听取安业公司的陈述和申辩，取而代之的是仅仅在太原市国土资源局网站收地专栏以通告的形式公示了收回安业公司土地的面积共计749.5平方米（具体四至范围不清）。综上，太原市政府的行政行为明显程序不当，属于违法行政。原审法院判决驳回安业公司的诉讼请求不当，应依法予以撤销。

再审被申请人太原市政府答辩称：根据《土地管理法》第五十八条的规定，为公共利益需要使用土地的，土地行政主管部门经有权机关批准，可以收回国有土地使用权。太原市政府作出收回国有土地使用权的决定，主体适格，系在法定权限内作出。太原市政府对收回道路改造区域内的土地使用权作出通告，并在媒体进行了公示，作出收回国有土地使用权的决定，事实清楚，程序合法。根据《土地登记办法》的规定，依法收回的国有土地可以直接办理注销登记，太原市政府要求包括安业公司在内的有关单位及住户自通告发布之日起15日内办理土地使用权注销手续，逾期不交回的，将予以注销，符合法律规定。请求驳回安业公司的再审请求。

在本院对本案的听证审查和庭审中，双方当事人对原审判决认定的主要事实均无异议，本院予以确认。但在本案再审庭审中，再审被申请人太原市政府表示，原审判决认定"2014年4月10日《通告》公示后，即于5月7日决定并公告该项目暂缓实施"，系一、二审法院根据相关证据认定的事实，目前虽然相关报纸已经公开报道过暂缓实施该项目，但太原市政府及相关职能部门并未作出暂缓实施的书面决定。

本案审理过程中，根据本院要求，双方当事人曾多次协商解决本案纠纷，但未达成一致意见。

本院认为：有征收必有补偿，无补偿则无征收。为了保障国家安全、促进国民经济和社会发展等公共利益的需要，国家可以依法收回国有土地使用权，也可征收国有土地上单位、个人的房屋；但必须对被征收人给予及时公平补偿，而不能只征收不补偿，也不能迟迟不予补偿。通常，征收决定应当包括具体补偿内容，因评估或者双方协商以及其他特殊原因，征收决定未包括补偿内容的，征收机关应当在征收决定生效后的合理时间内，及时通过签订征收补偿协议或者作出征收补偿决定的方式解决补偿问题。征收补偿应当遵循及时补偿原则和公平补偿原则。国家因公共利益需要使用城市市区的土地和房屋的，市、县人民政府一般应按照《国有土地上房屋征收与补偿条例》（以下简称《征补条例》）规定的程序和方式进行，并应根据《国有土地上房屋征收评估办法》和《城镇土地估价规程》等规定精神，由专业的房地产价格评估机构在实地查勘的基础上，根据被征收不动产的区位、用途等影响被征收不动产价值的因素和当地房地产市场状况，综合选择市场法、收益法、成本法、假设开发法等评估方法对被征收不动产价值进行评估，合理确定评估结果，并在此基础上进行补偿。对国有土地上房屋所有权人补偿内容已经包含了国有土地使用权补偿的，对同时收回的国有土地的土地使用权人不再单独给予补偿。对被征收不动产价值评估的时点，一般应当为征收决定公告之日或者征收决定送达被征收人之日。因征收人原因造成征收补偿问题不合理迟延的，且被征收不动产价格明显上涨的，被征收人有权主张以作出征收补偿决定或者签订征收补偿协议时的市场价格作为补偿基准。被征收人对征收补偿决定或者征收补偿协议所确定的补偿金额和其他内容有异议的，可以依法提起行政诉讼。征收机关依法办理相关提存等手续并书面告知被征收人领取补偿款项、使用安置房屋等内容的，被征收人无法定正当理由拒绝领取的，征收机关对诉讼期间被征收财物价格上涨而形成的损失不承担补偿责任。

本案中，因实施道路建设改造工程的需要，太原市政府与相关职能部门可以依法收回国有土地使用权，但应当遵循法定的程序和步骤并应依法及时解决补偿问题。在本案中，太原市政府收回安业公司拥有使用权的749.5平方米土地时，既未听取安业公司的陈述申辩，也未对涉案土地的四至范围作出认定，尤其是至今尚未对安业公司进行任何补偿，不符合

《土地管理法》第五十八条、《中华人民共和国物权法》第四十二条第三款[①]、《中华人民共和国城市房地产管理法》第六条以及《征补条例》第八条、第十三条、第二十七条等规定的精神，依法应予以撤销。但考虑到相关道路建设改造工程确属公共利益需要，因此根据《中华人民共和国行政诉讼法》第七十四条第一款第一项规定，对太原市政府以《通告》形式收回安业公司 749.5 平方米国有土地使用权的行政行为应确认违法。今后如因道路建设改造实际使用安业公司相应土地，安业公司有权主张以实际使用土地时的土地市场价值为基准进行补偿；安业公司也有权要求先补偿后搬迁，在未依法解决补偿问题前，安业公司有权拒绝交出土地。综上，依照《中华人民共和国行政诉讼法》第七十四条第一款第一项、第八十九条第一款第二项及《最高人民法院关于执行〈中华人民共和国行政诉讼法〉若干问题的解释》第七十八条[②]之规定，判决如下：一、撤销山西省高级人民法院（2015）晋行终字第 50 号行政判决和山西省太原市中级人民法院（2014）并行初字第 43 号行政判决；二、确认再审被申请人山西省太原市人民政府并政收告〔2014〕018 号《太原市人民政府为实施解放南路长治路改造道路建设涉及收回迎泽大街以南，中心街以北部分国有土地使用权的通告》中有关收回山西省安业集团有限公司 749.5 平方米国有土地使用权的行政行为违法；一、二审案件受理费共计 100 元，由再审被申请人山西省太原市人民政府负担。

本判决为终审判决。

---

① 对应《中华人民共和国民法典》第二百四十三条第三款。

② 对应《最高人民法院关于适用〈中华人民共和国行政诉讼法〉的解释》第一百二十二条。

42. 罗某荣诉吉安市物价局物价行政处理案*

行政机关对与举报人有利害关系的举报仅作出告知性答复，未依法进行处理的，具有可诉性，举报人是适格原告

（最高人民法院审判委员会讨论通过 2016年12月28日发布）

【关键词】

行政诉讼　举报答复　受案范围　原告资格

【裁判要点】

1. 行政机关对与举报人有利害关系的举报仅作出告知性答复，未按法律规定对举报进行处理，不属于《最高人民法院关于执行〈中华人民共和国行政诉讼法〉若干问题的解释》第一条第六项规定的“对公民、法人或者其他组织权利义务不产生实际影响的行为”，因而具有可诉性，属于人民法院行政诉讼的受案范围。

2. 举报人就其自身合法权益受侵害向行政机关进行举报的，与行政机关的举报处理行为具有法律上的利害关系，具备行政诉讼原告主体资格。

* 摘自2016年12月28日最高人民法院发布的第15批指导性案例（指导案例77号）。

【相关法条】

《中华人民共和国行政诉讼法》（2014 年 11 月 1 日修正）第十二条、第二十五条

【基本案情】

原告罗某荣诉称：2012 年 5 月 20 日，其在江西省吉安市吉州区井冈山大道电信营业厅办理手机号码时，吉安电信公司收取了原告 20 元卡费并出具了发票。原告认为吉安电信公司收取原告首次办理手机号码的卡费，违反了《集成电路卡应用和收费管理办法》中不得向用户单独收费的禁止性规定，故向被告吉安市物价局申诉举报，并提出了要求被告履行法定职责进行查处和作出书面答复等诉求。被告虽然出具了书面答复，但答复函中只写明被告调查时发现一个文件及该文件的部分内容。答复函中并没有对原告申诉举报信中的请求事项作出处理，被告的行为违反了《中华人民共和国价格法》《价格违法行为举报规定》等相关法律规定。请求法院确认被告在处理原告申诉举报事项中的行为违法，依法撤销被告的答复，判令被告依法查处原告申诉举报信所涉及的违法行为。

被告吉安市物价局辩称：原告的起诉不符合《中华人民共和国行政诉讼法》(以下简称《行政诉讼法》）的有关规定。行政诉讼是指公民、法人、其他组织对于行政机关的具体行政行为不服提起的诉讼。本案中，被告于 2012 年 7 月 3 日对原告作出的答复不是一种具体行政行为，不具有可诉性。被告对原告的答复符合《价格违法行为举报规定》的程序要求，答复内容也是告知原告，被告经过调查后查证的情况。请求法院依法驳回原告的诉讼请求。

法院经审理查明：2012 年 5 月 28 日，原告罗某荣向被告吉安市物价局邮寄一份申诉举报函，对吉安电信公司向原告收取首次办理手机卡卡费 20 元进行举报，要求被告责令吉安电信公司退还非法收取原告的手机卡卡费 20 元，依法查处并没收所有电信用户首次办理手机卡被收取的卡费，依法奖励原告和书面答复原告相关处理结果。2012 年 5 月 31 日，被告收到

原告的申诉举报函。2012 年 7 月 3 日，被告作出《关于对罗某荣 2012 年 5 月 28 日〈申诉书〉办理情况的答复》，并向原告邮寄送达。答复内容为："2012 年 5 月 31 日我局收到您反映吉安电信公司新办手机卡用户收取 20 元手机卡卡费的申诉书后，我局非常重视，及时进行调查，经调查核实：江西省通管局和江西省发改委联合下发的《关于江西电信全业务套餐资费优化方案的批复》（赣通局〔2012〕14 号）规定：UIM 卡收费上限标准：入网 50 元/张，补卡、换卡：30 元/张。我局非常感谢您对物价工作的支持和帮助。"原告收到被告的答复后，以被告的答复违法为由诉至法院。

【裁判结果】

江西省吉安市吉州区人民法院于 2012 年 11 月 1 日作出（2012）吉行初字第 13 号判决：撤销吉安市物价局《关于对罗某荣 2012 年 5 月 28 日〈申诉书〉办理情况的答复》，限其在 15 日内重新作出书面答复。宣判后，当事人未上诉，判决已发生法律效力。

【裁判理由】

法院生效裁判认为：关于吉安市物价局举报答复行为的可诉性问题。根据《行政诉讼法》（1989 年 4 月 4 日通过）第十一条第一款第五项[①]规定，申请行政机关履行保护人身权、财产权的法定职责，行政机关拒绝履行或者不予答复的，人民法院应受理当事人对此提起的诉讼。本案中，吉安市物价局依法应对罗某荣举报的吉安市电信公司收取卡费行为是否违法进行调查认定，并告知调查结果，但其作出的举报答复将《关于江西电信全业务套餐资费优化方案的批复》（以下简称《批复》）中规定的 UIM 卡收费上限标准进行了罗列，未载明对举报事项的处理结果。此种以告知《批复》有关内容代替告知举报调查结果行为，未能依法履行保护举报人财产权的法定职责，本身就是对罗某荣通过正当举报途径寻求救济的权利的一种侵犯，不属于《最高人民法院关于执行〈中华人民共和国行政诉讼

① 对应《中华人民共和国行政诉讼法》（2017 年修正）第十二条第一款第六项。

法〉若干问题的解释》(以下简称《行政诉讼法解释》)第一条第六项[①]规定的“对公民、法人或者其他组织权利义务不产生实际影响的行为”的范围，具有可诉性，属于人民法院行政诉讼的受案范围。

关于罗某荣的原告资格问题。根据《行政诉讼法》第二条、第二十四条第一款[②]及《行政诉讼法解释》第十二条规定，举报人就举报处理行为提起行政诉讼，必须与该行为具有法律上的利害关系。本案中，罗某荣虽然要求吉安市物价局“依法查处并没收所有电信用户首次办理手机卡被收取的卡费”，但仍是基于认为吉安电信公司收取卡费行为侵害其自身合法权益，向吉安市物价局进行举报，并持有收取费用的发票作为证据。因此，罗某荣与举报处理行为具有法律上的利害关系，具有行政诉讼原告主体资格，依法可以提起行政诉讼。

关于举报答复合法性的问题。《价格违法行为举报规定》第十四条规定：“举报办结后，举报人要求答复且有联系方式的，价格主管部门应当在办结后五个工作日内将办理结果以书面或者口头方式告知举报人。”本案中，吉安市物价局作为价格主管部门，依法具有受理价格违法行为举报，并对价格是否违法进行审查，提出分类处理意见的法定职责。罗某荣在申诉举报函中明确列举了三项举报请求，且要求吉安市物价局在查处结束后书面告知罗某荣处理结果，该答复未依法载明吉安市物价局对被举报事项的处理结果，违反了《价格违法行为举报规定》第十四条的规定，不具有合法性，应予以纠正。

(生效裁判审判人员：胡建明、张冰华、刘桃生)

① 对应《最高人民法院关于适用〈中华人民共和国行政诉讼法〉的解释》第一条第十项。
② 对应《中华人民共和国行政诉讼法》(2017年修正)第二十五条第一款。

理解与参照

《罗某荣诉吉安市物价局物价行政处理案》的理解与参照*

——行政机关实施的与举报人有利害关系的举报处理行为具有可诉性

最高人民法院案例指导工作办公室

2016年12月28日，最高人民法院发布了指导案例77号《罗某荣诉吉安市物价局物价行政处理案》。为了正确理解和准确参照适用该指导案例，现对该指导案例的推选过程、裁判要点等有关情况予以解释、论证和说明。

一、推选过程及指导意义

该案例经江西省吉安市中级人民法院审判委员会讨论后向江西省高级人民法院（以下简称江西省高院）报送，江西省高院研究室初审后，报案例编审委员会委员审核，再经行政审判庭庭长复核，最后报江西省高院审判委员会讨论，一致同意作为备选指导性案例报送最高人民法院案例指导工作办公室。2016年9月7日，研究室室务会经讨论同意推荐该案例，并送最高人民法院行政庭征求意见。11月2日，行政庭回复原则同意推荐该案例，并提出了修改意见。该案例经过修改，于11月8日提交审委会予以

* 摘自《司法文件选解读》第9辑（总第69辑），人民法院出版社2018年版，第58~65页。

审议。12月6日，最高人民法院第256次民专会讨论通过该案例，同意作为指导性案例。12月28日，最高人民法院以法〔2016〕449号文件将该案例列入第15批指导性案例予以发布。

该指导案例旨在明确行政机关实施的与举报人有利害关系的举报处理行为具有可诉性，属于人民法院行政诉讼的受案范围，举报人就其自身合法权益受侵害向行政机关进行举报的，与行政机关的举报处理行为具有法律上的利害关系，具备行政诉讼原告主体资格。该案例明确了实践中较为常见的行政机关对举报处理行为的可诉性问题，明确了行政机关实施的与举报人有利害关系的举报处理行为具有可诉性，以及此种情形下举报人具有行政诉讼的原告主体资格。该案例明确的裁判规则有助于厘清实践中对举报处理行为的模糊认识，有利于依法保护当事人诉权，监督行政机关依法行政。

二、关于本案例的相关情况

本案中，原告罗某荣于2012年5月28日向被告吉安市物价局邮寄一份申诉举报函，对吉安电信公司向原告收取首次办理手机卡卡费20元进行举报，要求被告责令吉安电信公司退还非法收取的手机卡卡费20元，依法查处并没收所有电信用户首次办理手机卡被收取的卡费，依法奖励原告和书面答复原告相关处理结果。2012年5月31日，被告收到原告的申诉举报函，随后作出了答复。但原告认为，被告虽然作出了书面答复，但答复中只写明被告调查时发现的一个文件及该文件的部分内容。答复中并没有对原告申诉举报函中的请求事项作出处理，原告以被告的答复行为违反了《价格违法行为举报规定》《中华人民共和国价格法》等相关法律规定为由诉至法院。

依法处理社会公众的有关举报，是行政机关的一项重要职责。但实践中对举报置之不理、不闻不问、避重就轻的现象较为普遍，既制约了当事人举报权利的实现，也放任了一些违法侵权行为的发展。不少举报人为了保障合法权益的实现，就行政机关举报不作为及不当的举报处理行为纷纷提起行政诉讼。本案涉及两个值得研究的问题：一是是否行政机关的举报答复行为具有可诉性，即属于行政诉讼的受案范围；二是举报人的原告资格如何认定问题。对这两个问题的认识，审判实践中存在一定分歧。对于举报答复的可诉性问题，一种意见是举报答复实际上是告知行为，对举报人的权利义务不产生实际影响，不属于行政诉讼受案范围。另一种意见认为，举报答复应当载明举报处理结果，答复行为或者相应的不作为均对举报人权利义务产生实际影响，系可诉性行政行为。对原告资格问题，有观点认为，举报人与举报处理行为不具备法律上的利害关系，不具有行政诉讼原告主体资格。但另一种观点认为，如果举报事项与举报人具有法律上的利害关系，举报答复行为就会对举报人权利义务产生实质性影响，此时举报人具有行政诉讼原告主体资格，可以对行政机关的举报答复行为提起诉讼。本案基本采纳了两个问题的第二种观点。本案的处理体现了在现有法律规则下行政审判积极回应人民群众司法新需求的法理探索，以及促进行政机关依法行政水平提升的积极意义。

三、裁判要点的理解与说明

该指导案例的裁判要点确认：(1) 行政机关对与举报人有利害关系的举报仅作出告知性答复，未按法律规定对举报进行处理，不属于《最高人民法院关于执行〈中华人民共和国行政诉讼法〉若干问题的解释》（以下简称《行政诉讼法解释》）第一条第六项①规定的“对公民、法人或者其他组织权利义务不产生实际影响的行为”，因而具有可诉性，属于人民法院行政诉讼的受案范围。(2) 举报人就其自身合法权益受侵害向行政机关进行举报的，与行政机关的举报处理行为具有法律上的利害关系，具备行政诉讼原告主体资格。现围绕与该裁判要点相关的问题逐一论证和说明如下：

（一）告知性举报答复的可诉性问题

本案中吉安市物价局的举报答复将《关于江西电信全业务套餐资费优化方案的批复》（以下简称《批复》）中规定的 UIM 卡收费上限标准进行

① 对应《最高人民法院关于适用〈中华人民共和国行政诉讼法〉的解释》第一条第十项。下同。

了罗列，并未载明对举报事项的处理结果。对于该举报答复是否属于可诉性行政行为，形成了两种意见：

第一种意见是该举报答复列明《批复》的收费标准，是一种告知行为，对罗某荣的权利义务不产生实际影响，不属于行政诉讼受案范围。对罗某荣合法权益的保护，可要求其通过起诉吉安市物价局行政不作为的方式另行解决。

第二种意见是吉安市物价局依法应对罗某荣举报的吉安市电信公司收取卡费行为是否违法进行调查认定，并告知调查结果，但吉安市物价局却简单地以告知《批复》有关内容予以代替，本身就是对罗某荣通过正当举报途径寻求救济的权利的一种侵犯，不属于《行政诉讼法解释》第一条第六项规定的“对公民、法人或者其他组织权利义务不产生实际影响的行为”的范围，属于可诉性行政行为。另外，要求罗某荣另行起诉吉安市物价局行政不作为增加了当事人的诉累，不利于及时保护当事人合法权益。

第二种意见是成立的。理由是：第一，根据《中华人民共和国行政诉讼法》（以下简称《行政诉讼法》）第十一条第一款第五项①规定，申请行政机关履行保护人身权、财产权的法定职责，行政机关拒绝履行或者不予答复的，人民法院应受理当事人对此提起的诉讼。本案中吉安市物价局虽予答复，但避重就轻、文不对题，对当事人举报的涉及个人权益的具体事项并未作出相应处理，未能依法履行保护举报人财产权的法定职责，罗某荣直接起诉该答复行为，并不违反《行政诉讼法》的有关规定。第二，最高人民法院有关司法解释规定了行政不作为的概念，从而引发了有关明示拒绝，乃至更大范围意义上的积极行为是行政作为还是行政不作为之争。审判实践中，应摒弃纯理论性的概念之争，从有利于原告合法权益的保护、节约司法资源和便于案件裁判的角度，具体案件具体分析。本案中，吉安市物价局虽然仅是列举了《批复》中规定的有关收费标准，但在字面上非常容易产生吉安市电信公司的收取卡费行为符合有关规定的理解，产生了一定的拘束力，允许罗某荣直接起诉该答复行为，对其权益保

① 对应《中华人民共和国行政诉讼法》(2017年修正) 第十二条第一款第六项。

护最为直接和有效。

（二）举报人的原告主体资格问题

从举报事项是否侵害自身合法权益的角度来看，举报人可分为两大类，一类是未受举报事项侵害的举报人，另一类是受举报事项侵害的举报人。根据《行政诉讼法》及有关司法解释的规定，举报人就举报处理行为提起行政诉讼，必须与该行为具有法律上的利害关系。对于前一类举报人，因自身合法权益并未受到侵害，与举报处理行为不具备法律上的利害关系，不具有行政诉讼原告主体资格。对于后一类举报人，一方面要求其自身合法权益受到举报事项的侵害，另一方面要求这种侵害有一定的事实根据，符合上述两方面条件，即具有行政诉讼原告主体资格。本案中，罗某荣虽然要求吉安市物价局“依法查处并没收所有电信用户首次办理手机卡被收取的卡费”，但原告在办理手机号码时，吉安电信公司收取了其20元卡费并出具了发票，故罗某荣仍是基于认为吉安电信公司收取卡费行为侵害了其自身合法权益，向吉安市物价局进行举报，并持有收取费用的发票作为证据。因此，罗某荣的举报事项虽然包含了要求物价部门对电信公司一般物价违法行为的处理要求，但其自身也是电信公司物价违法行为的受害者，与举报处理行为具有法律上的利害关系，依法可以提起行政诉讼。

四、其他相关问题的说明

实践中，不少未受举报事项侵害的举报人，基于实名举报而期待获得举报奖励的权利或者利益，往往针对举报处理行为提起行政诉讼。但未受举报事项侵害的举报人获得举报奖励只是一种可期待的权利或者利益，举报人可能获得举报奖励，也可能无法获得举报奖励，其主张与举报处理行为具有法律上的利害关系，并没有客观上的事实根据。因此，未受举报事项侵害的举报人不服举报答复行为，以此为由起诉的，人民法院不应受理。这种情况下，举报人可以应当获得举报奖励而未获得为由提起行政诉讼。

（执笔人：郑红葛、石磊）

住房公积金缴存具有强制性和专属性，用人单位与职工不得通过协商改变缴存方式或者减免缴存义务

43. 镇江市鸿兴磁选设备有限公司诉镇江市住房公积金管理中心、顾某泽撤销行政处理案*

【裁判摘要】

住房公积金是单位及其职工必须依法缴存的长期住房储金，其缴存具有强制性和专属性。《住房公积金管理条例》对住房公积金的缴存范围、对象、数额、方式、期限以及提取、使用、管理、监督等方面均作出了明确规定。国家对住房公积金实行强制储蓄、专户存储制度，单位应当按照法定方式和数额及时为职工缴存住房公积金，不得通过协商改变缴存方式或者减免缴存义务。

原告：镇江市鸿兴磁选设备有限公司，住所地：江苏省镇江市润兴路西侧南岗组。

法定代表人：汤某，该公司总经理。

被告：江苏省镇江市住房公积金管理中心，住所地：镇江市南山路。

法定代表人：张某明，该中心主任。

第三人：顾某泽，男，1964 年 3 月 28 日出生，汉

---

* 摘自《最高人民法院公报》2020 年第 11 期。

族，住江苏省镇江市。

原告镇江市鸿兴磁选设备有限公司（以下简称鸿兴公司）因与被告镇江市住房公积金管理中心（以下简称公积金中心）、第三人顾某泽发生住房公积金缴存行政处理纠纷，向江苏省镇江市润州区人民法院提起诉讼。

原告鸿兴公司起诉称：第三人顾某泽原为原告的销售员。2016 年 1 月 14 日，第三人向原告出具承诺书载明双方在经济上已全部结清。2016 年 1 月 19 日，第三人与原告经协商解除劳动关系。江苏省镇江市润州区人民法院生效民事判决已确认第三人与原告之间协议解除劳动关系合法有效。2016 年 4 月，第三人又向被告公积金中心投诉，要求原告支付住房公积金，被告于 2016 年 7 月 4 日作出镇公积金行政处理〔2016〕第 4 号行政处理决定，责令原告补缴公积金。原告认为被告的行政处理决定没有事实与法律依据，故诉至法院，请求判决撤销被告作出的镇公积金行政处理〔2016〕第 4 号行政处理决定书。

被告公积金中心辩称：（1）被告具有处理职工住房公积金未缴纳事宜的行政职权；（2）被告作出的具体行政行为合法；（3）被告作出的具体行政行为并未侵犯生效民事判决（司法权）。综上，请求依法驳回原告鸿兴公司的诉讼请求。

第三人顾某泽述称：没有任何书面协议证明第三人与原告鸿兴公司达成一致，承诺书不是第三人的本意。请求驳回原告的诉讼请求。

江苏省镇江市润州区人民法院一审查明：第三人顾某泽原为原告鸿兴公司销售员。2016 年 1 月 14 日，第三人向原告鸿兴公司出具承诺书载明："经济上与公司两清。"同年 1 月 19 日，原告向第三人出具终止、解除劳动合同证明并办理了退工登记。2016 年 4 月，第三人向被告公积金中心提出"住房公积金追偿申请书"，请求被告为第三人向原告追偿"自 2011 年 9 月至 2016 年 1 月（共计 53 个月）劳动关系存在期间"的应得住房公积金及滞纳金。被告查明，原告在与第三人劳动关系存续期间，确未替第三人缴纳住房公积金，遂于 2016 年 7 月 4 日作出镇公积金行政处理〔2016〕第 4 号行政处理决定书，责令原告为第三人补缴自 2011 年 9 月至 2016 年 1 月劳动关系存续期间应缴未缴的住房公积金 6913 元、第三人补缴 6913 元。

另查明，第三人顾某泽于2016年3月向江苏省镇江市润州区人民法院起诉本案原告鸿兴公司，要求原告补足其工资差额、支付经济补偿金等，镇江市润州区人民法院于2016年6月6日作出一审判决，判决中确认第三人与原告于2016年1月协议解除劳动关系合法有效。该判决已生效。对此，被告公积金中心在作出行政处理决定前已知悉。

江苏省镇江市润州区人民法院一审认为：《住房公积金管理条例》（以下简称《条例》）第一条规定："为了加强对住房公积金的管理，维护住房公积金所有者的合法权益，促进城镇住房建设，提高城镇居民的居住水平，制定本条例。"第三条规定："职工个人缴存的住房公积金和职工所在单位为职工缴存的住房公积金，属于职工个人所有。"从以上规定可以看出，住房公积金属于劳动者的个人权益，《条例》的目的之一在于保护劳动者的合法权益。既然住房公积金属于劳动者的个人权益，劳动者就有权处分。本案中，第三人顾某泽在与原告鸿兴公司协议解除劳动关系时向原告出具承诺"经济上与公司两清"，该承诺现无证据表明非第三人的真实意思表示，应视为第三人已经处分了自己和原告有关的经济利益，之后不得再向原告主张权利，具体到本案而言就是第三人在与原告协议解除劳动关系时已经放弃了要求原告为其缴纳住房公积金的权利。"有权利就有救济"，既然已经放弃权利，就无救济之必要。因此，被告公积金中心再行介入已失去前提条件，其作出的行政处理决定无法律、法规依据，应予撤销。原告诉请成立，应予支持。

据此，江苏省镇江市润州区人民法院依照《中华人民共和国行政诉讼法》第七十条第二项之规定，于2017年5月26日作出判决：

撤销被告镇江市住房公积金管理中心作出的镇公积金行政处理〔2016〕第4号行政处理决定书。

公积金中心不服一审判决，向江苏省镇江市中级人民法院提起上诉称：(1) 缴纳住房公积金的法定义务主体包括单位、职工，职工的缴纳义务是通过单位代扣代缴的方式完成。住房公积金管理中心作为法律、法规授权单位有权对不缴或者少缴的情形依法处理。职工作为义务主体，缴纳住房公积金的法定义务无权选择是否放弃。(2)《条例》明确规定单位应当按时、足额缴存住房公积金，不得逾期缴存或者少缴。单位与职工应当按时足额缴存住房公积金，是强制性规定，即使单位与职工协商约定不缴、少缴或不按时缴，也因违反法律、法规的强制性规定而无效。（3）住房公积金是指国家机关、国有企业、城镇集体企业、外商投资企业、城镇私营企业及其他城镇企业、事业单位、民办非企业单位、社会团体及其在职职工缴存的长期住房储备金。原审法院认为住房公积金属于劳动者的个人权益，劳动者就有权处分的观点是错误的。综上，一审判决适用法律错误。请求撤销一审判决，并依法改判。

被上诉人鸿兴公司辩称：被上诉人作为用工单位，已尽应有的义务，一审第三人顾某泽是自愿放弃权利，2016 年 1 月 19 日通过会议的形式和书面会议纪要已经向其作了明确说明，第三人也作出明确的表态，并且在补偿到位的情况下写了承诺书，第三人是主动放弃了权利。请求驳回上诉，维持原判。

一审第三人顾某泽述称：支持上诉人公积金中心的上诉请求，请求维护第三人的合法权益，维护社会公平和劳动者的合法权益，纠正被上诉人鸿兴公司恶意逃避劳动法应承担的对劳动者报酬方面的一切义务。

江苏省镇江市中级人民法院经二审，确认了一审查明的事实。

另查明：一审第三人顾某泽诉被上诉人鸿兴公司劳动争议案，于 2016 年 1 月 26 日向镇江市劳动人事争议仲裁委员会提起仲裁申请，镇江市劳动人事争议仲裁委员会作出镇劳人仲案字〔2016〕第 52 号仲裁裁决书，载明：顾某泽明确承诺“经济上与公司两清”，在该承诺未被证明存在无效或可撤销情况的情形下，对该承诺的效力予以认可。该书面承诺实则为顾某泽对自己在“经济”方面相关权利的有效处分，在劳动法律关系中，该“经济”方面的权利应当包括工资、经济补偿等内容。裁决确认顾某泽与鸿兴公司 2011 年 9 月至 2016 年 1 月存在劳动关系，鸿兴公司补发顾某泽经济补偿差额 3000 元。2016 年 3 月，顾某泽又向一审法院提起民事诉讼，要求鸿兴公司补足其工资差额、支付经济补偿金等，一审法院于 2016 年 6 月 6 日作出（2016）苏 1111 民初 973 号生效判决，确认顾某泽与鸿兴公司于 2016 年 1 月协议解除劳动关系合法有效；鸿兴公司支付顾某泽业务费

2378 元；鸿兴公司交付江苏孟家港项目销售协议原件或与原件核对无误后的复印件；驳回顾某泽的其他诉讼请求。

江苏省镇江市中级人民法院二审认为：住房公积金是国家机关、国有企业、城镇集体企业、外商投资企业、城镇私营企业及其他城镇企业、事业单位、民办非企业单位、社会团体及其在职职工缴存的长期住房储金。《条例》对住房公积金的缴存范围、对象、数额、方式、期限以及提取、使用、管理、监督等方面均作出了明确规定。《条例》第十三条第一款、第二款规定，住房公积金管理中心应当在受委托银行设立住房公积金专户。单位应当向住房公积金管理中心办理住房公积金缴存登记，并为本单位职工办理住房公积金账户设立手续。每个职工只能有一个住房公积金账户。第十九条规定，职工个人缴存的住房公积金，由所在单位每月从其工资中代扣代缴。单位应当于每月发放职工工资之日起 5 日内将单位缴存的和为职工代缴的住房公积金汇缴到住房公积金专户内，由受委托银行计入职工住房公积金账户。第二十条第一款规定，单位应当按时、足额缴存住房公积金，不得逾期缴存或者少缴。第三十八条规定，违反本条例的规定，单位逾期不缴或者少缴住房公积金的，由住房公积金管理中心责令限期缴存；逾期仍不缴存的，可以申请人民法院强制执行。由此可见，国家对住房公积金实行强制储蓄、专户存储制度，用人单位为职工缴纳的住房公积金应当依法缴存至职工的住房公积金账户，用人单位逾期不缴或者少缴住房公积金的，住房公积金管理中心可以责令限期缴存。

用人单位为职工缴存公积金系其法定义务，缴存的数额和方式亦属于法律强制性规定，因此用人单位与职工不得通过协商改变缴存方式或者减免缴存义务。本案中，镇劳人仲案字〔2016〕第 52 号仲裁裁决和（2016）苏 1111 民初 973 号民事判决均未确定“经济上与公司两清”包含应缴纳的住房公积金款项。况且，无论一审第三人顾某泽出具“经济上与公司两清”的承诺是否包含对公积金的约定，都不能免除被上诉人鸿兴公司按照法定方式和数额及时为原审第三人顾某泽缴存住房公积金的法定义务。鸿兴公司提出其与一审第三人解除劳动关系时已经达成协议，不再负有任何法定义务的抗辩理由不能成立。

本案上诉人公积金中心接到一审第三人顾某泽的投诉后，经调查核实，认定在顾某泽任职期间，被上诉人鸿兴公司未为其按期足额缴纳住房公积金，遂按照每年度住房公积金缴纳比例计算出鸿兴公司应补缴住房公积金数额，并告知了鸿兴公司拟对其作出责令限期补缴处理决定的事实、理由及依据，而后作出镇公积金行政处理〔2016〕第 4 号行政处理决定书，责令鸿兴公司和顾某泽分别补缴住房公积金 6913 元，并送达各方当事人。公积金中心作出的上述行政处理决定书认定事实清楚，程序合法，适用法律正确。一审判决撤销公积金中心作出的镇公积金行政处理〔2016〕第 4 号行政处理决定书，属适用法律错误，应予纠正。

综上，江苏省镇江市中级人民法院依照《中华人民共和国行政诉讼法》第八十九条第一款第二项、第三款之规定，于 2017 年 10 月 11 日判决如下：一、撤销江苏省镇江市润州区人民法院（2017）苏 1111 行初 1 号行政判决；二、驳回鸿兴公司要求撤销镇公积金行政处理〔2016〕第 4 号行政处理决定的诉讼请求。

本判决为终审判决。

44. 王某超等诉吉林省长春市九台区住房和城乡建设局紧急避险决定案*

住房和城乡建设局借紧急避险为由行违法强拆之实的行政行为，应当予以撤销

【裁判摘要】

住房和城乡建设局为了节省工期，对于已经启动征地程序的房屋，错误地采取危房鉴定和强制拆除的做法，刻意规避补偿程序，构成程序滥用，严重侵犯当事人合法权益。借紧急避险为由行违法强拆之实的行政行为，应当予以撤销。

一、基本案情

2010年，吉林省人民政府作出批复，同意对向阳村集体土地实施征收，王某超等3人所有的房屋被列入征收范围。后王某超等3人与征收部门就房屋补偿安置问题未达成一致意见，2013年11月19日，长春市国土资源管理局作出责令交出土地决定。2015年4月7日，经当地街道办事处报告，吉林省建筑工程质量检测中心作出鉴定，认定涉案房屋属于“D级危险”房屋。同年4月23日，长春市九台区住房和城乡建设局（以下简称九台区住建局）对涉案房屋作出紧急避险决定。在催告、限期拆除未果的情况下，九台区住建局于2015年4月28日对涉案房屋实

* 摘自2018年5月15日最高人民法院发布的人民法院征收拆迁典型案例（第二批）。

施了强制拆除行为。王某超等3人对上述紧急避险决定不服，提起行政诉讼，请求法院判决确认该紧急避险决定无效、责令被告在原地重建房屋等。

二、裁判结果

吉林省长春市九台区人民法院一审认为：本案紧急避险决定所涉的房屋建筑位于农用地专用项目的房屋征收范围内，应按照征收补偿程序进行征收。九台区住建局作出紧急避险决定，对涉案房屋予以拆除的行为违反法定程序，属于程序违法。一审判决撤销被诉的紧急避险决定，但同时驳回王某超等3人要求原地重建的诉讼请求。王某超等人不服，提起上诉。长春市中级人民法院二审认为：涉案房屋应当由征收部门进行补偿后，按照征收程序予以拆除。根据《城市危险房屋管理规定》相关要求，提出危房鉴定的申请主体应当是房屋所有人和使用人，而本案系当地街道办事处申请，主体不适格；九台区住建局将紧急避险决定直接贴于无人居住的房屋外墙，送达方式违法；该局在征收部门未予补偿的情况下，对涉案房屋作出被诉的紧急避险决定，不符合正当程序，应予撤销。但王某超等3人要求对其被拆除的房屋原地重建的主张，不符合该区域的整体规划。二审法院遂判决驳回上诉、维持原判。

三、典型意义

在行政执法活动尤其是不动产征收当中，程序违法是一种常见多发的违法形态。本案中，被告为了节省工期，对于已经启动征地程序的房屋，错误地采取危房鉴定和强制拆除的做法，刻意规避补偿程序，构成程序滥用，严重侵犯当事人合法权益。对于此种借紧急避险为由行违法强拆之实的情形，人民法院依法判决撤销被诉行为，彰显了行政诉讼保护公民产权的制度功能。此案的典型意义在于昭示了行政程序的价值，它不仅是规范行政权合法行使的重要方式，也是维护相对人合法权益的保障机制。在土地征收当中，行政机关只有遵循行政程序，才能做到“严格、规范、公正、文明”执法，才能体现以人为本，尊重群众主体地位，才能实现和谐拆迁，才能符合新时代中国特色社会主义法治精神的要求。

行政复议

▶

建筑施工企业违法将自己承包的工程交由自然人实际施工，该自然人因工伤亡，社会保险行政部门认定建筑施工企业为承担工伤保险责任单位的，人民法院应予支持

45. 刘某丽诉广东省英德市人民政府行政复议案*

（最高人民法院审判委员会讨论通过　2022年12月8日发布）

【关键词】

行政　行政复议　工伤认定　工伤保险责任

【裁判要点】

建筑施工企业违反法律、法规规定将自己承包的工程交由自然人实际施工，该自然人因工伤亡，社会保险行政部门参照《最高人民法院关于审理工伤保险行政案件若干问题的规定》第三条第一款有关规定认定建筑施工企业为承担工伤保险责任单位的，人民法院应予支持。

【相关法条】

《工伤保险条例》第十五条

【基本案情】

2016年3月31日，朱某雄与茂名市茂南建安集团

* 摘自最高人民法院2022年12月8日发布的第三十四批指导性案例（指导案例191号）。

有限公司（以下简称建安公司）就朱某雄商住楼工程签订施工合同，发包人为朱某雄，承包人为建安公司。补充协议约定由建安公司设立工人工资支付专用账户，户名为陆某峰。随后，朱某雄商住楼工程以建安公司为施工单位办理了工程报建手续。案涉工程由梁某某组织工人施工，陆某峰亦在现场参与管理。施工现场大门、施工标志牌等多处设施的醒目位置，均标注该工程的承建单位为建安公司。另查明，建安公司为案涉工程投保了施工人员团体人身意外伤害保险，保险单载明被保险人 30 人，未附人员名单。2017 年 6 月 9 日，梁某某与陆某峰接到英德市住建部门的检查通知，二人与工地其他人员在出租屋内等待检查。该出租屋系梁某某承租，用于工地开会布置工作和发放工资。当日 15 时许，梁某某被发现躺在出租屋内，死亡原因为猝死。

梁某某妻子刘某丽向广东省英德市人力资源和社会保障局（以下简称英德市人社局）申请工伤认定。英德市人社局作出《关于梁某某视同工亡认定决定书》（以下简称《视同工亡认定书》），认定梁某某是在工作时间和工作岗位，突发疾病在 48 小时之内经抢救无效死亡，符合《工伤保险条例》第十五条第一款第一项规定的情形，视同因工死亡。建安公司不服，向广东省英德市人民政府（以下简称英德市政府）申请行政复议。英德市政府作出《行政复议决定书》，以英德市人社局作出的《视同工亡认定书》认定事实不清，证据不足，适用依据错误，程序违法为由，予以撤销。刘某丽不服，提起诉讼，请求撤销《行政复议决定书》，恢复《视同工亡认定书》的效力。

【裁判结果】

广东省清远市中级人民法院于 2018 年 7 月 27 日作出（2018）粤 18 行初 42 号行政判决：驳回刘某丽的诉讼请求。刘某丽不服一审判决，提起上诉。广东省高级人民法院于 2019 年 9 月 29 日作出（2019）粤行终 390 号行政判决：驳回上诉，维持原判。刘某丽不服二审判决，向最高人民法院申请再审。最高人民法院于 2020 年 11 月 9 日作出（2020）最高法行申 5851 号行政裁定，提审本案。2021 年 4 月 27 日，最高人民法院作出

（2021）最高法行再1号行政判决：一、撤销广东省高级人民法院（2019）粤行终390号行政判决；二、撤销广东省清远市中级人民法院（2018）粤18行初42号行政判决；三、撤销英德市政府作出的英府复决〔2018〕2号《行政复议决定书》；四、恢复英德市人社局作出的英人社工认〔2017〕194号《视同工亡认定书》的效力。

【裁判理由】

最高人民法院认为：

一、建安公司应作为承担工伤保险责任的单位

作为具备用工主体资格的承包单位，既然享有承包单位的权利，也应当履行承包单位的义务。在工伤保险责任承担方面，建安公司与梁某某之间虽未直接签订转包合同，但其允许梁某某利用其资质并挂靠施工，参照原劳动和社会保障部《关于确立劳动关系有关事项的通知》（劳社部发〔2005〕12号）第四条、《人力资源和社会保障部关于执行〈工伤保险条例〉若干问题的意见》（人社部发〔2013〕34号，以下简称《人社部工伤保险条例意见》）第七点规定以及《最高人民法院关于审理工伤保险行政案件若干问题的规定》（以下简称《工伤保险行政案件规定》）第三条第一款第四项、第五项规定精神，可由建安公司作为承担工伤保险责任的单位。

二、建安公司应承担梁某某的工伤保险责任

英德市政府和建安公司认为，根据法律的相关规定，梁某某是不具备用工主体资格的"包工头"，并非其招用的劳动者或聘用的职工，梁某某因工伤亡不应由建安公司承担工伤保险责任。对此，最高人民法院认为，将因工伤亡的"包工头"纳入工伤保险范围，赋予其享受工伤保险待遇的权利，由具备用工主体资格的承包单位承担用人单位依法应承担的工伤保险责任，符合工伤保险制度的建立初衷，也符合《工伤保险条例》及相关规范性文件的立法目的。

首先，建设工程领域具备用工主体资格的承包单位承担其违法转包、

分包项目上因工伤亡职工的工伤保险责任，并不以存在法律上劳动关系或事实上劳动关系为前提条件。根据《人社部工伤保险条例意见》第七点规定、《工伤保险行政案件规定》第三条规定，为保障建筑行业中不具备用工主体资格的组织或自然人聘用的职工因工伤亡后的工伤保险待遇，加强对劳动者的倾斜保护和对违法转包、分包单位的惩戒，现行工伤保险制度确立了因工伤亡职工与承包单位之间推定形成拟制劳动关系的规则，即直接将违法转包、分包的承包单位视为用工主体，并由其承担工伤保险责任。

其次，将“包工头”纳入工伤保险范围，符合建筑工程领域工伤保险发展方向。根据《国务院办公厅关于促进建筑业持续健康发展的意见》（国办发〔2017〕19号）、《人力资源社会保障部办公厅关于进一步做好建筑业工伤保险工作的通知》（人社厅函〔2017〕53号）等规范性文件精神，要求完善符合建筑业特点的工伤保险参保政策，大力扩展建筑企业工伤保险参保覆盖面。即针对建筑行业的特点，建筑施工企业对相对固定的职工，应按用人单位参加工伤保险；对不能按用人单位参保、建筑项目使用的建筑业职工特别是农民工，按项目参加工伤保险。因此，为包括“包工头”在内的所有劳动者按项目参加工伤保险，扩展建筑企业工伤保险参保覆盖面，符合建筑工程领域工伤保险制度发展方向。

再次，将“包工头”纳入工伤保险对象范围，符合“应保尽保”的工伤保险制度立法目的。《工伤保险条例》关于“本单位全部职工或者雇工”的规定，并未排除个体工商户、“包工头”等特殊的用工主体自身也应当参加工伤保险。易言之，无论是工伤保险制度的建立本意，还是工伤保险法规的具体规定，均没有也不宜将“包工头”排除在工伤保险范围之外。“包工头”作为劳动者，处于违法转包、分包等行为利益链条的最末端，参与并承担着施工现场的具体管理工作，有的还直接参与具体施工，其同样可能存在工作时间、工作地点因工作原因而伤亡的情形。“包工头”因工伤亡，与其聘用的施工人员因工伤亡，就工伤保险制度和工伤保险责任而言，并不存在本质区别。如人为限缩《工伤保险条例》的适用范围，不将“包工头”纳入工伤保险范围，将形成实质上的不平等；而将“包工头”等特殊主体纳入工伤保险范围，则有利于实现对全体劳动者的倾斜保护，彰显社会主义工伤保险制度的优越性。

最后，“包工头”违法承揽工程的法律责任，与其参加社会保险的权利之间并不冲突。根据《中华人民共和国社会保险法》第一条、第三十三条规定，工伤保险作为社会保险制度的一个重要组成部分，由国家通过立法强制实施，是国家对职工履行的社会责任，也是职工应该享受的基本权利。不能因为“包工头”违法承揽工程违反建筑领域法律规范，而否定其享受社会保险的权利。承包单位以自己的名义和资质承包建设项目，又由不具备资质条件的主体实际施工，从违法转包、分包或者挂靠中获取利益，由其承担相应的工伤保险责任，符合公平正义理念。当然，承包单位依法承担工伤保险责任后，在符合法律规定的情况下，可以依法另行要求相应责任主体承担相应的责任。

（生效裁判审判人员：耿宝建、宋楚潇、刘艾涛）

理解与参照

《刘某丽诉广东省英德市人民政府行政复议案》的理解与参照*

——包工头因工伤亡可依法认定为工伤

最高人民法院案例指导工作办公室

为了正确理解和准确参照适用第191号指导性案例，现对其基本案情、

* 摘自《人民司法·案例》2023年第23期。

裁判要点、参照适用等有关情况予以解释、论证和说明。

一、本案例的相关情况

(一)基本案情及裁判结果

2016年3月31日，朱某雄与广东省茂名市茂南建安集团有限公司(以下简称建安公司)就朱某雄商住楼工程签订施工合同，发包人为朱某雄，承包人为建安公司。补充协议约定由建安公司设立工人工资支付专用账户，户名为陆某峰。随后，朱某雄商住楼工程以建安公司为施工单位办理了工程报建手续。案涉工程由梁某某组织工人施工，陆某峰亦在现场参与管理。施工现场大门、施工标志牌等多处设施的醒目位置，均标注该工程的承建单位为建安公司。另查明，建安公司为案涉工程投保了施工人员团体人身意外伤害保险，保险单载明被保险人30人，未附人员名单。2017年6月9日，梁某某与陆某峰接到英德市住建部门的检查通知，二人与工地其他人员在出租屋内等待检查。该出租屋系梁某某承租，用于工地开会布置工作和发放工资。当日15时许，梁某某被发现躺在出租屋内，死亡原因为猝死。

梁某某妻子刘某丽向广东省英德市人力资源和社会保障局(以下简称英德市人社局)申请工伤认定。英德市人社局作出《关于梁某某视同工亡认定决定书》(以下简称《视同工亡认定书》)，认定梁某某是在工作时间和工作岗位，突发疾病在48小时之内经抢救无效死亡，符合《工伤保险条例》第十五条第一款第一项规定的情形，视同因工死亡。建安公司不服，向英德市人民政府申请行政复议。英德市政府作出《行政复议决定书》，以英德市人社局作出的《视同工亡认定书》认定事实不清，证据不足，适用依据错误，程序违法为由，予以撤销。刘某丽不服，提起诉讼，请求撤销《行政复议决定书》，恢复《视同工亡认定书》的效力。

本案一审判决驳回刘某丽的诉讼请求，二审维持一审判决。刘某丽不服，向最高人民法院申请再审。最高人民法院经审查认为，建安公司作为具备用工主体资格的承包单位，应作为承担工伤保险责任的单位，包工头梁某某因工伤亡，应纳入工伤保险范围，由承包单位承担其工伤保险责任。2021 年 4 月 27 日，最高人民法院作出（2021）最高法行再 1 号行政判决：撤销一、二审判决，撤销英德市政府作出的《行政复议决定书》，恢复英德市人社局作出的《视同工亡认定书》的效力。

（二）本案例的争议焦点

本案的主要争议焦点在于，梁某某作为建设项目实际施工人，即俗称的包工头，其自身因工死亡是否可以认定工伤。本案中英德市政府、建安公司的主要抗辩意见，以及一、二审判决的主要理由在于，相关法律规范仅规定包工头招用的劳动者或者包工头聘用的职工因工伤亡的，建设单位才可能承担工伤保险责任，包工头自身并非其招用的劳动者或聘用的职工，不符合认定工伤的对象范围。最高人民法院再审认为，包工头也是劳动者，《最高人民法院关于审理工伤保险行政案件若干问题的规定》（以下简称《工伤保险规定》）第三条第一款第四项、第五项的规定，一方面是为了让工伤职工获得应有的救济，另一方面也是为了让具备用人资格的单位承担相应的法律责任，实现权责统一。至于转包给不具备用工主体资格的自然人即包工头后，包工头聘用的职工因工伤亡，与包工头本人从事承包业务时因工伤亡，并不存在本质区别。

（三）本案例的指导价值

本案例明确认可了包工头等特殊主体也是劳动者，应当纳入工伤保险对象范围，同时明确了《工伤保险规定》第三条第一款第四项规定的工伤保险对象范围，包括不具备用工主体资格的自然人本人。

首先，建设工程领域中，因工伤亡的劳动者工伤保险责任的承担并不以劳动者和用人单位之间存在劳动关系为前提。

其次，建筑施工企业违反法律法规规定，将工程转包、发包给不具备用工主体资格的自然人的，由建筑施工企业承担工伤保险责任，符合工伤保险制度的立法本意。

最后，工伤保险作为社会保险制度的一个重要组成部分，是国家对职工履行的社会责任，也是职工应该享受的基本权利。

二、裁判要点的理解与说明

本案例的裁判要点：建筑施工企业违反法律、法规规定将自己承包的工程交由自然人实际施工，该自然人因工伤亡，社会保险行政部门参照《工伤保险规定》第三条第一款有关规定认定建筑施工企业为承担工伤保险责任单位的，人民法院应予支持。

现围绕与上述裁判要点相关的问题逐一解释和说明如下：

（一）建设工程承包单位是建设项目工伤保险的责任单位，亦应承担因违法转包、分包而产生的法律责任与风险

《中华人民共和国建筑法》第二十六条规定，承包建筑工程的单位应当持有依法取得的资质证书，并在其资质等级许可的业务范围内承揽工程。禁止建筑施工企业超越本企业资质等级许可的业务范围或者以任何形式用其他建筑施工企业的名义承揽工程。禁止建筑施工企业以任何形式允许其他单位或者个人使用本企业的资质证书、营业执照，以本企业的名义承揽工程。第二十八条规定，禁止承包单位将其承包的全部建筑工程转包给他人，禁止承包单位将其承包的全部建筑工程肢解以后以分包的名义分别转包给他人。《中华人民共和国民法典》第七百九十一条第三款亦有相同规定。可见，在建设工程领域，我国法律一直明确禁止承包人将工程分包、转包给不具备相应资质条件的主体，但是，实践中违法转包、层层分包的情形仍不少见。建设单位以自己的名义和资质承包建设项目，又交由不具备资质条件的主体实际施工，从违法转包、分包中获取利益，或者允许他人借用自己资质并以自己名义组织施工，挂靠施工的，应当承担违法转包、分包直到借用资质、挂靠而产生的法律风险和法律责任；建设单位既享有承包单位的权利，也应履行承包单位的义务，在工伤保险责任的承担方面也不例外。

（二）建设工程领域工伤认定早已突破以确认劳动关系为前提的传统模式，并且正朝着“项目参保”等新形式发展

根据《人力资源和社会保障部关于执行〈工伤保险条例〉若干问题的意见》（人社部发〔2013〕34号）第七点等规定，认定工伤保险责任或用工主体责任，已经不以存在法律上劳动关系为必要条件。根据《工伤保险规定》第三条规定，能否进行工伤认定和是否存在劳动关系，并不存在绝对的对应关系。从前述司法解释和规章等规定来看，为保障建筑行业中不具备用工主体资格的组织或自然人聘用的职工因工伤亡后的工伤保险待遇，加强对劳动者的倾斜保护和对违法转包、分包单位的惩戒，现行工伤保险制度确立了因工伤亡职工与违法转包、分包的承包单位之间推定形成拟制劳动关系的规则，即直接将违法转包、分包的承包单位视为用工主体，并由其承担工伤保险责任。因此，在建设工程领域，工伤认定早就已经不以确认法律上或事实上劳动关系为前提条件。

同时，根据《人力资源社会保障部、住房城乡建设部、安全监管总局、全国总工会关于进一步做好建筑业工伤保险工作的意见》（人社部发〔2014〕103号），《人力资源社会保障部办公厅关于进一步做好建筑业工伤保险工作的通知》（人社厅函〔2017〕53号）等规范性文件，为适应建筑业流动用工的特点和实际，近年来，我国已建立健全建筑业按项目参加工伤保险的制度，要求建筑项目“先参保、再开工”，即所谓“项目参保”。也就是说，建筑施工企业对相对固定的职工，应按用人单位参加工伤保险；对不能按用人单位参保、建筑项目使用的建筑业职工特别是农民工，按项目参加工伤保险。在扩展建筑业工伤保险参保覆盖面的政策视野下，建筑项目上施工人员因工伤亡，与施工管理人员、包工头因工伤亡，并不存在本质区别。为包括包工头在内的所有劳动者按项目参加工伤保险，符合建筑工程领域工伤保险制度发展方向。

(三) 将包工头纳入工伤保险对象范围，符合"应保尽保"的工伤保险制度立法目的

考察《工伤保险条例》相关规定，工伤保险制度的目的在于保障因工作遭受事故伤害或者患职业病的职工获得医疗救治和经济补偿，促进工伤预防和职业康复，分散用人单位的工伤风险。《工伤保险条例》第二条规定："中华人民共和国境内的企业、事业单位、社会团体、民办非企业单位、基金会、律师事务所、会计师事务所等组织和有雇工的个体工商户(以下称用人单位) 应当依照本条例规定参加工伤保险，为本单位全部职工或者雇工（以下称职工）缴纳工伤保险费。中华人民共和国境内的企业、事业单位、社会团体、民办非企业单位、基金会、律师事务所、会计师事务所等组织的职工和个体工商户的雇工，均有依照本条例的规定享受工伤保险待遇的权利。"显然，该条强调的"本单位全部职工或者雇工"，并未排除个体工商户、包工头等特殊的用工主体自身也应当参加工伤保险。易言之，无论是从工伤保险制度的建立本意，还是从工伤保险法规的具体规定，均没有也不宜将包工头排除在工伤保险范围之外。包工头作为劳动者，处于违法转包、分包利益链条的最末端，参与并承担着施工现场的具体管理工作，有的还直接参与具体施工，其同样可能存在工作时间、工作地点因工作原因而伤亡的情形。包工头因工伤亡，与其聘用的施工人员因工伤亡，就工伤保险制度和工伤保险责任而言，并不存在本质区别。如人为限缩《工伤保险条例》的适用范围，不将包工头纳入工伤保险范围，将形成实质上的不平等；而将包工头等特殊主体纳入工伤保险范围，则有利于实现对全体劳动者的倾斜保护，彰显社会主义工伤保险制度的优越性。

诚然，本案例对相关法律规范的解释，综合运用了文义解释、立法目的解释、体系解释等多种解释方法，一定程度上构成了对法律漏洞的填补，因此必然引发一些争议。反对理由包括：(1) 包工头与承包单位之间是承揽关系而非劳动关系，包工头获取的是承包建设项目产生的利润，而非其付出劳务而应得的工资，不应作为劳动者对待。(2) 根据司法解释的

规定，具有用人资质的承包单位承担了赔偿责任之后，有权向相关组织、单位和个人追偿。也就是说，若建设项目未购买工伤保险，承包单位承担了包工头的工伤保险责任支付了赔偿金后，又可以向包工头追偿相应部分。

对这些问题，本案例在再审判决中也作出了回应。再审判决认为，包工头违法承揽工程的法律责任，与其参加社会保险的权利之间并不冲突。《中华人民共和国社会保险法》第一条规定，公民参加社会保险和享受社会保险待遇，是法律明确规定的合法权益，也是为了使公民更好地共享发展成果，促进社会和谐稳定。第三十三条规定，职工应当参加工伤保险，由用人单位缴纳工伤保险费，职工不缴纳工伤保险费。工伤保险作为社会保险制度的一个重要组成部分，由国家通过立法强制实施，是国家对职工履行的社会责任，也是职工应该享受的基本权利。不能因为包工头违法承揽工程违反建筑领域法律规范，而否定其享受社会保险的权利。承包单位以自己的名义和资质承包建设项目，又由不具备资质条件的主体实际施工，从违法转包、分包或者挂靠中获取利益，由其承担相应的工伤保险责任，符合公平正义理念。再审判决还指出，承包单位依法承担工伤保险责任后，在符合法律规定的情况下，可以依法另行要求相应责任主体承担相应的责任。也就是说，包工头经依法认定工伤后，其工伤保险赔偿金额实际如何支付，包工头与承包单位或是发包方之间的工程款如何结算、相应争议如何处理，取决于建设项目是否购买了工伤保险、建设工程施工中当事人的具体约定，是另外的法律问题，并不应当影响工伤认定这一社会保险法问题。

包工头的劳动法地位是社会广泛关注的重要热点问题，但长期以来一直没有得到很好的解决。改革开放初期，为满足农村剩余劳动力参与城市建设的需要，包工头应运而生。但实践中，包工头与施工企业之间有挂靠、违法转包、借用资质等多种形式，其法律地位一直未予明确。近年来，随着工伤保险制度不断深化改革，包工头所聘用的农民工已经被纳入了工伤保险范畴，农民工因工伤亡，由施工企业承担用工主体责任，但相关部委规章和规范性文件对包工头自身因工伤亡却缺乏明确规定。笔者认为，不承认包工头的劳动者身份，拒绝将其纳入工伤保险范畴，既有违社会保障制度的宗旨和目的，也会给包工头及其家庭造成巨大影响。

本案例通过最高人民法院的再审判决，确立了包工头作为社会主义建设者、劳动者应有的法律地位，赋予了包工头同等享有工伤保险待遇的权利，对于贯彻《中华人民共和国宪法》《中华人民共和国民法典》和《中华人民共和国劳动法》平等保护全体劳动者的价值取向，彰显中国特色社会主义劳动法律制度的优越性，具有重要意义。本案例创造性地解释了人力资源和社会保障部、最高人民法院相关规定，明确将包工头纳入工伤保险对象范围，符合工伤保险制度以及国家扩展建筑企业工伤保险参保覆盖面，亦符合建筑工程领域工伤保险制度发展方向，实现了对劳动者的倾斜保护，有利于促进建筑行业劳动法律关系健康发展。

（执笔人：耿宝建、刘艾涛、黄姝
编审人：李予霞）

46. 夏某英诉山东省威海市人民政府行政复议再审案*

行政复议决定中对行政行为的处理和对一并提出的行政赔偿请求的处理彼此可分，当事人仅就行政赔偿请求的处理起诉时，人民法院应不就行政行为的处理进行审理和裁判

【裁判摘要】

若行政复议机关对被申请复议的行政行为的处理，和对一并提出的行政赔偿请求的处理，载于同一行政复议决定中，彼此可分，公民、法人或其他组织仅就行政复议决定中有关行政赔偿请求的处理提出起诉，人民法院应遵循不告不理原则，不就行政复议决定中有关行政行为的处理进行审理和裁判。

再审申请人（一审原告、二审上诉人）：夏某英，女，1953年11月2日出生，汉族，住山东省威海市。

委托诉讼代理人：徐某，北京市盛廷律师事务所律师。

委托诉讼代理人：龚某菲，北京市盛廷律师事务所律师。

再审被申请人（一审被告、二审上诉人）：山东省威海市人民政府。住所地：山东省威海市新威路1号。

法定代表人：张某波，该市人民政府市长。

委托诉讼代理人：黄某临，该市人民政府工作

* 摘自《最高人民法院公报》2020年第12期，最高人民法院（2018）最高法行再128号行政裁定书。

人员。

委托诉讼代理人：王某东，山东时中律师事务所律师。

一、二审第三人：山东省威海经济技术开发区桥头镇人民政府。住所地：山东省威海经济技术开发区桥头镇。

法定代表人：王某辉，该镇人民政府镇长。

委托诉讼代理人：朱某喜，该镇人民政府副镇长。

委托诉讼代理人：贾某帅，山东省威海市环翠区法律援助中心律师。

再审申请人夏某英因诉山东省威海市人民政府（以下简称威海市政府）行政复议一案，不服山东省高级人民法院于2016年6月22日作出的（2016）鲁行终346号行政判决，向本院申请再审。本院于2018年6月28日作出（2016）最高法行申4350号行政裁定，提审本案。提审后，本院依法组成合议庭，于2018年12月12日公开开庭审理了本案。再审申请人夏某英的委托诉讼代理人徐某、龚某菲，再审被申请人威海市政府的委托诉讼代理人黄某临、王某东，原审第三人山东省威海经济技术开发区桥头镇人民政府（以下简称桥头镇政府）的委托诉讼代理人朱某喜、贾某帅到庭参加诉讼。本案现已审理终结。

山东省威海市中级人民法院一审查明：(1) 2003年2月8日，夏某英与盘川夼村村民刘某静签订土地转包合同，约定刘某静将其在盘川夼村承包的50亩土地转包给夏某英经营。2013年，桥头镇政府修建7号公路占用夏某英在盘川夼村承包地4.44亩，该部分承包地栽种白蜡树2123棵。2013年3月29日，盘川夼村收到因修建7号公路的补偿款93624元，刘某静于4月3日支付给夏某英补偿款7万元。2013年7月11日，威海市国土资源局作出威国土经监字〔2013〕第015号行政处罚决定，认定桥头镇政府修建公路占用盘川夼等村集体土地的行为违法，并给予罚款等处罚。2014年，桥头镇政府修建金鸡大道占用姚家圈村部分集体土地。（2）2014年10月30日，夏某英以桥头镇政府为被申请人向威海市政府提起行政复议申请，称桥头镇政府修建7号公路和金鸡大道分别占用其在盘川夼村、姚家圈村承包地并毁掉其栽种的树木，请求确认桥头镇政府占用其土地修建7号公路和金鸡大道的行为违法，责令桥头镇政府限期将违法占用的土地恢复原状，并赔偿因违法占用土地给其所造成的财产损失170.1999万元。2014年11月21日，威海市政府作出威政复受字〔2014〕第81号《行政复议受理通知书》，对夏某英的行政复议申请予以受理。2015年1月20日，威海市政府作出威政复延字〔2014〕第81号《行政复议延期审理通知书》，告知夏某英审理期限延长至2015年2月19日。2015年2月6日，威海市政府作出威政复决字〔2014〕第81号《行政复议决定书》（以下简称81号复议决定）。该复议决定认为：①关于夏某英是否具有申请行政复议的主体资格。夏某英虽不是涉案盘川夼村和姚家圈村土地的所有权人，但在经过盘川夼村村民委员会同意的情况下从刘某静处转包土地，是盘川夼村涉案土地的合法承包人，具有合法的土地承包经营权。夏某英以其女儿刘某杰的名义承包姚家圈村的土地，但实际上由夏某英经营管理。故夏某英因其涉案的承包土地被占用，与其有法律上的利害关系，具有提出行政复议申请的主体资格。②关于桥头镇政府因修建道路占用夏某英承包土地的具体行政行为是否符合法律规定。根据《中华人民共和国土地管理法》第二条、第四十三条、第四十四条的规定，任何单位和个人进行建设需要使用农用地的，应当办理农用地转用审批手续。本案中，桥头镇政府占用盘川夼村和姚家圈村的集体土地进行道路建设，威海市国土资源局经济技术开发区分局对桥头镇政府作出了行政处罚决定，确认属未经批准非法占用土地，该行政处罚决定已经生效。故对夏某英关于桥头镇政府修建道路未办理用地手续，属于违法用地的主张，予以支持。③关于夏某英的行政赔偿请求是否具有事实和法律依据。根据《中华人民共和国行政复议法实施条例》第二十一条第二项的规定，因具体行政行为侵害而造成损害的举证责任，应由夏某英承担。本案中，夏某英申请行政复议时仅提交了户口簿、土地承包合同书、信访户回访单、现场照片及证人证言等证据材料，户口簿用于证明夏某英与刘某杰之间的亲属关系，土地承包合同书中只能确认夏某英承包土地的亩数，信访户回访单用以证明威海市国土资源局经济技术开发区分局对桥头镇政府的建设道路行为进行了查处，现场照片用于反映道路修建情况，证人证言用于证明夏某英实际经营管理姚家圈村的承包地。根据夏某英提交的上述证据无法确认其被损坏果树的棵数、种类、状态、生长期和大小等具体情况，从而无法确认其是否受到具体行政行为侵害及受具体行政行为侵害而遭受损失的具体数额，夏某英应承担法律上的不利后果。故对夏某英要求行政赔偿的复议请求，不予支持。根据《中华人民共和国行政复议法》第二十八条第一款第三项、《中华人民共和国行政复议法实施条例》第四十八条第一款第二项之规定，决定确认桥头镇政府的行为违法；驳回夏某英要求行政赔偿的请求。(3) 夏某英不服 81 号复议决定，向该院提起行政诉讼，请求撤销该复议决定的第二项复议决定，并判令威海市政府限期对其请求责令桥头镇政府恢复土地原状及赔偿损失部分重新审理，重新作出复议决定。

一审法院认为，根据《中华人民共和国行政复议法》第九条的规定，公民、法人或者其他组织认为具体行政行为侵犯其合法权益的，可以提出行政复议申请。本案中，桥头镇政府认可其修建 7 号公路占用夏某英从盘川夼村村民刘某静处转包的承包地，故夏某英对桥头镇政府修建 7 号公路占用土地的行为有权申请行政复议。桥头镇政府认可其修建金鸡大道占用姚家圈村部分集体土地，但否认占用夏某英的承包地，并提交姚家圈村村民委员会（以下简称姚家圈村委会）与村民邹某东、夏某江、夏某波签订的土地补偿、地表附着物补偿协议书及姚家圈村村民领取补偿款的凭证，用以证实已将补偿款支付相关村民。夏某英提交其女儿刘某杰与姚家圈村委会分别于 2001 年 12 月 9 日、2002 年 2 月 8 日签订的土地承包合同书两份及证人证言十份，用以证实该宗承包地由夏某英实际经营，金鸡大道占用了该宗承包地。对此该院认为，上述土地承包合同书系刘某杰与姚家圈村委会签订，刘某杰本人并未出具证明证实夏某英系实际经营人；夏某英主张金鸡大道占用 2002 年 2 月 8 日签订的土地承包合同书所载明的南山及西山，但该合同并未载明承包土地的四至，无法说明承包地的具体位置。故综合夏某英、桥头镇政府在行政复议程序中提交的证据，威海市政府认定夏某英对桥头镇政府修建金鸡大道占用土地行为具有行政复议申请人资格证据不足，81 号复议决定依法应予撤销。夏某英在庭审中提交的用以证实其损失的证据及桥头镇政府提供的证人邹某的证言，在行政复议程序中均未提交，故不能作为审查 81 号复议决定是否合法的证据，不予审查认定。威海市政府应当根据夏某英、桥头镇政府在行政复议程序及行政诉讼程序中提交的所有证据，正确运用举证责任分配规则，对夏某英的行政复议申请重新作出决定。据此依照《中华人民共和国行政诉讼法》第七十条第一项之规定，作出（2015）威行初字第3号行政判决，撤销威海市政府作出的81号复议决定；责令威海市政府重新作出行政复议决定。

夏某英和威海市政府均不服，提起上诉。

山东省高级人民法院二审对一审法院查明的事实予以确认。二审法院认为，夏某英提起诉讼请求赔偿包括两个地块：桥头镇政府修建7号公路占用夏某英从盘川夼村村民刘某静处转包的承包地，桥头镇政府修建金鸡大道占用夏某英承包土地并毁损其承包土地上的附着物。针对桥头镇政府修建7号公路占用夏某英承包土地的事实，桥头镇政府事实上予以认可，故夏某英针对桥头镇政府修建7号公路占用其承包地提起行政复议，具有行政复议申请人资格。一审法院判决认定夏某英对桥头镇政府修建7号公路占用土地的行为具有行政复议申请人资格正确。关于桥头镇政府修建金鸡大道是否占用夏某英承包土地的问题。在行政复议过程中，桥头镇政府否认占用夏某英承包地，并提交姚家圈村委会与村民夏某江、夏某波、邹某东签订的土地补偿、地表附着物补偿协议书及姚家圈村村民领取补偿款的凭证，用以证实已将补偿款支付相关村民。夏某英为证明桥头镇政府违法占地提交了其女儿刘某杰与姚家圈村委会签订的土地承包合同书及证人证言，用以证实该宗承包地由夏某英实际经营。综合分析当事人提供的证据，夏某英提供的土地承包合同书系刘某杰与姚家圈村委会签订，且并未载明承包土地的四至，亦无法说明承包土地的具体位置，刘某杰亦未出具证明证实夏某英实际承包经营涉案土地。故一审法院认为威海市政府认定夏某英对桥头镇政府修建金鸡大道占用夏某英土地行为具有行政复议申请人资格证据不足，并无不当，予以确认。关于一审法院审判程序是否违法的问题。人民法院审理行政机关作出的行政复议决定是否合法正确应当进行全面审查，包括申请人复议资格、复议程序、复议决定的事实认定及结果。本案中，一审法院根据双方提供的证据综合分析判断，认为威海市政府认定夏某英对桥头镇政府修建金鸡大道占用土地行为具有行政复议申请人资格证据不足，并据此判决撤销威海市政府作出的行政复议决定，并责令威海市政府重新作出行政复议决定，事实清楚，程序合法。至于夏某英称一审法院中止审理，程序违法的上诉理由，因一审法院根据审理情况，中止审理后，又恢复审理，并不违反法律规定，故审判程序合法。一审法院判决认定事实清楚，适用法律正确。据此依照《中华人民共和国行政诉讼法》第八十九条第一款第一项之规定，判决驳回上诉，维持一审判决。

再审申请人夏某英向本院申请再审称：(1)一审法院认定其对桥头镇政府修建金鸡大道占用土地的行为不具有行政复议申请人资格，属于认定事实错误，二审法院予以维持错误。其在原审诉讼过程中提供了其女儿刘某杰与姚家圈村委会签订的承包合同，该村委会收取承包费的收款收据，及当地村民和帮助其种树、看山等知情人的证人证言，用以证明其是涉案地块的实际经营管理人，也是涉案地块所种树木的实际所有人。其提交的桥头镇政府工作人员参与数树及沟通补偿事宜的照片、录音资料也都可以证明，桥头镇政府、姚家圈村委会都认可在以刘某杰名义承包的土地上所种的树木都是其栽种的。本案上诉过程中，其也提交了刘某杰的证明，证实其就是姚家圈地块的实际承包人，也是涉案被毁树木的实际所有人。威海市政府向姚家圈村委会及涉案地块村民进行的实地了解，对其观点予以证实。其对涉案土地及地上树木具有经营权和所有权，对桥头镇政府修路造成的树木毁损存在利害关系，故具有申请行政复议的主体资格。(2)一审法院超出其诉讼请求范围进行越权审理，二审法院予以维持错误。其提起本案诉讼，主要是基于威海市政府对其请求行政赔偿的部分未予支持。其诉讼请求已经明确，对确认具体行政行为违法的部分不存在争议，复议双方也未对该部分复议决定提起诉讼，该部分复议决定对其及桥头镇政府已生效。确认行政行为违法与申请国家赔偿是两个程序和两个案件，其只是在复议过程中一并依法提出国家赔偿。其原本也可以根据复议决定已经确认行政行为违法的事实，直接向人民法院起诉桥头镇政府给予国家赔偿。(3)一审法院对其提交的证明损失的证据不予认定错误，二审法院对其申请行政赔偿应否得到支持未作分析及评判违法。其在复议程序中向威海市政府提交了视频及录音光盘，并在复议程序听证过程中进行了质证，用以证明桥头镇政府因违法占地给其树木造成的侵害与遭受的损失，但威海市政府在复议过程中遗漏了其提交的光盘证据。一审法院认定的威海市政府提交的证据14正是其在复议程序中所提交的证据。一审法院认定其未在行政复议阶段提交证明损失的证据材料，对其赔偿请求不予支持是未查清案件重要事实且认定事实错误。(4) 一审法院在当事人均未申请中止审理的情况下，擅自中止案件的审理，超期作出一审判决，程序违法，二审法院认定一审法院审理程序合法错误。故请求撤销一、二审判决，发回重审或者改判撤销威海市政府所作行政复议决定的第二项，判令威海市政府限期对其提出的责令桥头镇政府恢复土地原状及赔偿损失的请求重新作出复议决定。

再审申请人夏某英向本院提交了三种新证据：(1) 刘某杰于2015年11月23日出具的《证明》、夏某英缴纳土地承包费收据、谈话笔录；(2) 威海市政府现场勘察时的录音录像光盘一张及光盘内容说明；(3) 夏某英方数次市长热线投诉电话、110报警电话及森林公安的报警电话记录。再审申请人以上述三种证据证明其与桥头镇政府修建金鸡大道的行政行为具有法律上的利害关系及桥头镇政府违法修路对其造成的经济损失。

再审被申请人威海市政府辩称：(1) 一、二审法院认定夏某英不具有行政复议申请人资格系事实认定错误。夏某英在复议过程中提交的其女儿刘某杰与姚家圈村委会签订的土地承包合同书、信访户回访单、现场照片、十份证人证言、录音资料及整理的文字材料、桥头镇政府征地公告、户口本复印件等证据材料相互印证，证实刘某杰在姚家圈村承包的土地实际上是由夏某英栽植树木并经营管理，夏某英才是涉案土地的实际承包人。桥头镇政府修建金鸡大道占用了夏某英在姚家圈村的部分承包地，并毁损了夏某英栽植的树木，影响到夏某英的合法权益。夏某英具有申请行政复议的主体资格。其于2015年11月25日在姚家圈村对邹某东、夏某江、夏某波、邹某等人的调查询问，夏某英女儿出具的证明也能证实夏某英具有申请行政复议的主体资格。桥头镇政府提供的姚家圈村委会与邹某东、夏某江、夏某波签订的土地补偿协议书及姚家圈村村民领取补偿款的凭证，不能证明该三人应当领取地上附着物补偿，也不能以此否定夏某英具有获取地上附着物补偿的主体资格。（2）夏某英的行政赔偿和恢复土地原状的请求没有事实和法律依据。根据《中华人民共和国行政复议法实施条例》第二十一条第二项的规定，因具体行政行为侵害而造成损害的举证责任，应由申请人承担。夏某英在申请行政复议时提交的证据材料不能证明夏某英在盘川夼村承包地上被损坏树木的棵数、种类、状态、生长期和大小，无法确认夏某英因桥头镇政府修建7号公路占用承包地的情况，夏某英应当承担法律上的不利后果。桥头镇政府修建7号公路系为了公共利益，将土地恢复原状将给国家利益、社会公共利益造成重大损害，故不宜将土地恢复原状。（3）其作出行政复议决定程序合法。故请求维持81号复议决定。

再审被申请人威海市政府向本院提交了两种新证据：（1）刘某杰于2015年11月23日出具的《证明》；（2）威海市政府于2015年11月25日制作的《调查笔录》。再审被申请人以上述两种证据证明夏某英具有对桥头镇政府修建金鸡大道的行政行为申请行政复议的主体资格。

原审第三人桥头镇政府述称：（1）夏某英不具有行政复议主体资格和行政诉讼主体资格。其一直否认夏某英的主体资格，从未认可。其修建7号公路需占用的盘川夼村部分集体土地中有刘某静承包的土地4.44亩。因刘某静转包给了夏某英，刘某静主动协商夏某英解除了转包合同关系，并由该村将地上树木全部移栽到另一地块。在其修路时，该地块上已经没有任何附着物。其将地上附着物全部补偿款拨到该村村委会，刘某静领取后将其中的7万元给付了夏某英。苗木的移栽及款项的领取，夏某英全部同意。夏某英在苗木没有任何损失的情况下又领取了补偿费用。夏某英在姚家圈村没有承包地，其修建金鸡大道也未占用夏某英女儿刘某杰承包的土地，其修建金鸡大道的行为与夏某英没有任何利害关系。（2）夏某英无权要求其恢复土地原状及赔偿损失。其修路占用的土地均系村集体占有和使用，夏某英不具有涉案地块的使用权，无权主张该地块恢复原状。其修路未给夏某英造成任何损失，夏某英无权要求赔偿。其及村委会从未承认刘某杰承包的土地实际上由夏某英经营，刘某杰从未证明将该承包土地转包给夏某英经营，且修路也未占用刘某杰承包的土地。故请求驳回夏某英的再审请求。

本院经审理对一、二审法院查明的事实予以确认。对于再审申请人夏某英和再审被申请人威海市政府向本院提交的新证据，经审查，再审申请人和再审被申请人提交上述证据材料所欲证明的事实与本再审案的裁判无关，故在本案中不予采纳。另查明：（1）在本案原审判决生效后，威海市政府对夏某英的行政复议申请重新进行了审理，于2016年8月25日作出威政复决字〔2014〕第81-1号《行政复议决定书》（以下简称81-1号复议决定）。该复议决定确认桥头镇政府修建7号公路的行政行为违法；驳回夏某英对桥头镇政府修建金鸡大道的行政行为提起的行政复议申请；驳回夏某英要求桥头镇政府限期将占用的土地恢复原状的行政复议请求；驳回夏某英要求桥头镇政府赔偿1701999元的行政赔偿请求。（2）夏某英不服81-1号复议决定，于2016年9月9日以桥头镇政府为被告向山东省威海经济技术开发区人民法院提起行政诉讼，请求确认桥头镇政府占用其土地修建7号公路和金鸡大道并毁坏其树木的行政行为违法，判令桥头镇政府限期将违法占用的其土地恢复原状，判令桥头镇政府赔偿因违法占用其土地并毁坏其树木给其造成的财产损失共计1701999元。该院于2016年10月8日对夏某英的起诉，裁定不予立案。夏某英上诉后，山东省威海市中级人民法院于2017年3月23日裁定驳回上诉，维持一审裁定。对于夏某英的再审申请，山东省高级人民法院于2018年5月3日裁定撤销该案一、二审裁定，指令山东省威海经济技术开发区人民法院受理。（3）夏某英不服81-1号复议决定，以威海市政府为被告向山东省威海市中级人民法院提起行政诉讼，请求撤销该复议决定的第二项、第三项、第四项，判令威海市政府限期对其请求确认桥头镇政府修建金鸡大道的行政行为违法、责令桥头镇政府恢复土地原状及赔偿损失部分的复议请求重新审理，重新作出复议决定。该院于2017年4月19日决定立案审理，于2018年9月4日裁定该案中止诉讼。以上事实有81-1号复议决定，山东省威海经济技术开发区人民法院（2016）鲁1092行初10号行政裁定，山东省威海市中级人民法院（2017）鲁10行终25号行政裁定，山东省高级人民法院（2017）鲁行申856号行政裁定，夏某英向山东省威海市中级人民法院提交的行政起诉书，山东省威海市中级人民法院（2017）鲁10行初11号行政裁定及就该案作出的受理案件通知书等在卷佐证。

本院认为，一、二审法院对本案的审理是否超出了法定审理范围是解决本案争议的首要问题。再审被申请人威海市政府所作81号复议决定有两项内容：一是确认桥头镇政府占用再审申请人夏某英土地修建7号公路和金鸡大道的行为违法，二是驳回再审申请人要求行政赔偿的请求。再审申请人起诉时仅针对后者，并不包括前者。一审法院对前者进行审查，以再审被申请人认定再审申请人对桥头镇政府修建金鸡大道占用土地的行为具有行政复议申请人资格证据不足为由，对81号复议决定予以判决撤销，便产生是否超出法定审理范围的问题。对此本院认为，复议机关对被申请复议的行政行为的处理和对一并提出的行政赔偿请求的处理虽可载明于同一行政复议决定中，但彼此可分，因为这两种处理引起的诉讼相互独立。按照不告不理原则，当事人仅挑战其中之一时，人民法院不宜主动审理另外一个并作出裁判。在再审申请人只对81号复议决定中有关行政赔偿请求的处理提出起诉的情况下，一审法院却对该复议决定中有关行政行为的处理进行审查，并进而撤销了该复议决定，有违不告不理原则，超出了法定审理范围。另外，一审法院对本案的处理，使再审申请人行使诉权的结果比不行使诉权更加不利，对诉权的充分行使和诉讼渠道的畅通产生阻碍效果，与行政诉讼制度的宗旨显有不合。行政诉讼中的全面审查一般是指人民法院在行政案件审理中，应当对被诉行政行为的事实根据、法律依据、行政程序、职责权限等各方面进行合法性审查，不受诉讼请求和理由的拘束。全面审查原则通常适用于诉讼标的为行政行为的单一案件中，但81号复议决定对原行政行为的处理并非本案诉讼标的，故该原则不适用。二审法院以全面审查原则为据，对再审申请人就一审法院审判程序所提质疑不予采纳，判决理由显有不当。再审申请人主张一、二审法院超出其诉讼请求进行审理错误，该主张成立，依法应予支持。一审法院判决撤销81号复议决定，适用法律错误，依法应予撤销；二审法院判决驳回上诉、维持一审判决同样构成适用法律错误，依法亦应撤销。

就法律关系而言，在一、二审判决撤销81号复议决定并责令再审被申请人重新作出复议决定的内容被撤销之后，再审被申请人所作 81-1 号复议决定随之失去法律基础，本案应回到再审申请人提起本案诉讼时的状态。此时需要解决的问题是，再审申请人就 81 号复议决定对其行政赔偿请求所作处理不服提起的诉讼是否符合法定起诉条件。对此本院认为，对于以获得行政赔偿为目的的诉讼而言，《中华人民共和国国家赔偿法》规定的救济方式是直接起诉赔偿义务机关，并不包括起诉复议机关，即不包括要求人民法院判决复议机关就赔偿义务机关的行政赔偿问题作出处理或者重新处理的情形。《中华人民共和国行政诉讼法》有关复议机关为被告的规定同样不包括该情形。从实践层面看，以起诉复议机关履行法定职责的方式解决赔偿义务机关的行政赔偿问题，与直接起诉赔偿义务机关相比，不仅程序更加烦琐，耗费更多的资源，而且难以直接解决行政赔偿问题，容易形成循环诉讼。从行政诉讼实质解决行政争议的立法宗旨看，上述法律在这一问题上未作规定表明，以解决赔偿义务机关行政赔偿问题为目的的诉讼不宜以复议机关为被告。故再审申请人提起本案诉讼，要求判令再审被申请人通过行政复议解决桥头镇政府的行政赔偿问题，即属此种情形。一审法院于 2015 年 3 月 19 日受理本案。当时有效的《最高人民法院关于执行〈中华人民共和国行政诉讼法〉若干问题的解释》第四十四条第一款第三项[①]规定“起诉人错列被告且拒绝变更的”情形适用驳回起诉裁定。该规定隐含着人民法院的释明义务。在撤销一、二审判决之后，对于再审申请人提出的起诉，本院本应按照该规定作出释明，并根据释明结果作出相应处理。但考虑到释明的目的在于将就行政赔偿争议提出的起诉导入正确的诉讼程序，而再审申请人事实上已另案起诉桥头镇政府，要求判令桥头镇政府承担行政赔偿责任，且该案正在审理中，故释明的目的已经达到。在此情况下，再审申请人提出的起诉为正在审理的相关行政赔偿案件所吸收，无进入实体审理的可能，故不符合法定起诉条件，依法应予驳回。

① 对应《最高人民法院关于适用〈中华人民共和国行政诉讼法〉的解释》第六十九条第一款第三项。

综上，再审申请人所提再审主张部分成立，一、二审判决适用法律错误，依法应予撤销。再审申请人的起诉不符合法定起诉条件，依法应予裁定驳回。再审申请人与桥头镇政府之间的行政赔偿争议可以适当方式通过正在审理的相关行政赔偿案件加以解决。依照《中华人民共和国行政诉讼法》第八十九条第一款第二项及《最高人民法院关于适用〈中华人民共和国行政诉讼法〉的解释》第六十九条第一款第三项之规定，裁定如下：一、撤销山东省高级人民法院（2016）鲁行终346号行政判决；二、撤销山东省威海市中级人民法院（2015）威行初字第3号行政判决；三、驳回夏某英的起诉。一审案件受理费50元，退还山东省威海市人民政府；二审案件受理费50元，退还夏某英和山东省威海市人民政府。

本裁定为终审裁定。

47．启东市发圣船舶工程有限公司诉启东市人民政府渡口行政许可及南通市人民政府行政复议案*

行政机关履行法定职责的期限，如存在正当理由或不可抗力的，即便行政机关超出人民法院生效判决所确定的期限作出行政决定，亦不能认定该行为构成程序违法

【裁判摘要】

人民法院在确定行政机关履行法定职责的期限时，应当遵循一定的原则。当法律规范明确规定了行政机关的履责期限，除特殊情形外，人民法院一般应当参照相关法律规范的规定确定行政机关的履责期限；法律规范未对行政机关履责期限作出规定的，人民法院应结合具体案情，充分考虑当事人合法权益保护的及时性和行政机关履责的可行性等因素，根据《中华人民共和国行政诉讼法》第四十七条的规定，合理确定行政机关的履责期限。如存在正当理由或不可抗力的，即便行政机关超出人民法院生效判决所确定的期限作出行政决定，亦不能认定该行为构成程序违法。

原告：启东市发圣船舶工程有限公司，住所地：启东市汇龙镇台角村。

法定代表人：沈某冲，该公司董事长。

* 摘自《最高人民法院公报》2020年第12期。

被告：启东市人民政府，住所地：启东市汇龙镇世纪大道。

法定代表人：杨某坚，该市代市长。

被告：南通市人民政府，住所地：南通市世纪大道。

法定代表人：王某，该市市长。

原告启东市发圣船舶工程有限公司（以下简称发圣公司）因与被告启东市人民政府（以下简称启东市政府）、南通市人民政府（以下简称南通市政府）发生渡口行政许可及行政复议纠纷，向江苏省南通市中级人民法院提起诉讼。

原告发圣公司诉称：启东北新镇至启隆乡长江段上原设有汽渡，并一直由原告经营，后因周边进行围垦致原汽渡被启东市政府撤销，现完全符合重新设置渡口的条件。被告启东市政府未许可其设置渡口的申请违法，主要表现在（1）启东市政府违法适用《江苏省渡口管理办法》等下位法的规定，违法增设渡船、船员等行政许可条件；（2）原告的汽渡船证书过期失效及码头被拆除系因该市政府围垦行为等所致；（3）海事部门、交通部门要求启东市政府进一步进行可行性及必要性研究，其未予组织研究即行作出决定违法；（4）启东市政府未在生效判决确定的期限内作出行政决定，行政程序违法；（5）被告南通市政府复议后维持启东市政府作出的启政许不准字〔2017〕第1号不予行政许可决定（以下简称《1号不予许可决定》）不当。综上，请求判决：（1）确认《1号不予许可决定》违法并予撤销；（2）撤销南通市政府作出的〔2017〕通行复第88号行政复议决定书（以下简称《88号复议决定》）。

被告启东市政府辩称：（1）原告发圣公司申请材料中无码头设置选址资料、渡口设置可行性研究报告，也未能提供有效的船舶、码头的证明文件；（2）原告申请设置渡口的地段安全隐患严重，不符合设置渡口的条件；（3）海事部门明确案涉地段附近已建有崇启大桥，且存在严重安全隐患，故案涉长江段上不具有设置渡口的必要性和可行性；（4）启东市政府作出的《1号不予许可决定》认定事实依据充分；（5）启东市政府在答复过程中征求海事部门意见及要求原告补正材料的期间应当扣除，故启东市政府的答复期限并未超过生效判决的规定。请求二审法院驳回原告的诉讼请求。

被告南通市政府辩称：原告发圣公司不符合渡口设置的法定条件，被告启东市政府所作《1号不予许可决定》合法；南通市政府复议程序合法，复议结果适当。请求二审法院驳回原告的诉讼请求。

江苏省南通市中级人民法院一审查明：启东红阳港至启东市启隆乡的长江段原设有汽渡，原告发圣公司原为该汽渡的车客渡船运输的经营者。2011年，汽渡沿岸进行了围垦，汽渡南岸的启隆码头被拆除。此后，该汽渡停止运营。2012年5月10日，被告启东市政府作出启政复〔2012〕19号《市政府关于同意撤回红阳港和兴隆沙渡口设置的批复》，以崇启大桥建成通车、渡口存在的必要性已消失，以及渡口北岸有一条约300米的暗沙，严重影响渡船安全航行，自2010年以来该渡口已发生三起船舶搁浅险情，安全隐患严峻为由，撤回了该渡口设置的行政许可。2014年，发圣公司就汽渡重设及复航事项向启东市北新镇人民政府、启隆乡人民政府提出了书面报告。2014年10月13日，启东市北新镇人民政府、启隆乡人民政府根据发圣公司的申请，向启东市政府提交了《关于设立启东至启隆乡汽渡的申请》，建议重新开设启东至启隆的航线。启东市政府当时的分管领导在该申请上签署了“请交通局按程序审核批准，确保安全和运营规范”的意见。2015年，发圣公司再次提交了关于筹建和经营红阳港至兴隆沙渡口的报告，启东市政府未予答复。为此，发圣公司曾于2016年6月提起行政诉讼，江苏省南通市中级人民法院经审理后，于2016年11月21日作出（2016）苏06行初86号行政判决，责令启东市政府在判决生效后60日内作出答复。同月26日，启东市政府收到该判决。

2016年12月12日，被告启东市政府向原告发圣公司寄送了启政补正告字〔2016〕1号行政许可申请及材料补正告知书，要求发圣公司在7日内按照《江苏省渡口管理办法》以及2011年修订的《中华人民共和国内河交通安全管理条例》（以下简称《内河交通安全管理条例》）等的规定，补充提交汽车渡口设置可行性研究报告、渡口安全管理制度、渡船的船舶检验证书、海事管理机构意见书等材料。2016年12月29日、2017年1月5日，启东市政府分别向中华人民共和国南通启东海事处（以下简称启东海事处）、中华人民共和国崇明海事局（以下简称崇明海事局）发送关于发圣公司申请筹建和经营红阳港至兴隆沙渡口征求意见的函。2016年12月30日，启东海事处作出回复，主要意见为：（1）启东市政府原建桥撤渡符合渡运安全管理和交通事业发展战略；（2）渡口下游12公里左右已建有崇启大桥，上游另设有渡口，新设渡口的必要性要进一步研究，如新设会导致非理性竞争，对渡口安全营运造成影响；（3）长江口渡运安全隐患多，红阳港渡口位置处于岸线整治范围，不利于恢复设置渡口，且沿岸线已在整治过程中，原红阳港渡口处于整治范围内。2017年1月11日，崇明海事局作出复函，主要内容为：（1）建桥撤渡符合国家交通发展战略，崇启大桥通车、2012年5月红阳港至兴隆沙渡口停运，北支水域车客船搁浅险情明显下降；（2）长江口北支下游水域水文通航条件复杂多变，暗沙、浅滩较多，且常年未经扫测，新设渡口需进行可行性研究和通航安全评估；（3）长江口北支水域无常驻应急救援力量，设置渡口需考虑配套应急救援船舶和设施。此外，启东市政府还于2016年12月30日向启东市交通运输局征求意见。2017年2月6日，启东市交通运输局作出回复，主要意见为：根据《江苏省渡口管理办法》第八条的规定，渡口以必须设置为前提，故应首先进行必要性研究，在确定必要后，应开展可行性研究，包括选址、岸线使用、通航安全评估等工作，可行性研究通过后设计、建造码头并确定具备经营资质的经营主体，方可批准设渡。发圣公司具备渡运能力和资质，但目前尚未进行必要性研究，且原码头已经拆除，发圣公司提交的资料中，无新码头选址、建设等资料，无建设渡口的可行性研究报告，目前不具备批准设渡的条件。2017年2月24日，启东市政府向发圣公司作出《1号不予许可决定》。

原告发圣公司不服《1号不予许可决定》，于2017年3月10日向被告南通市政府申请复议。2017年3月13日，南通市政府收悉复议申请，并在同日向发圣公司邮寄了复议受理通知，向启东市政府邮寄了答复通知。启东市政府在规定期限内进行了答复。2017年5月2日，南通市政府组织听证会对案件进行了审理。后因案情复杂，于2017年5月10日向双方当事人送达了延期审理通知书。2017年6月6日，南通市政府作出《88号复议决定》，认为启东市政府作出的《1号不予许可决定》符合渡口设置许可的相关法律规定，行政程序亦无不当，遂维持了《1号不予许可决定》。发圣公司不服，向法院提起本案诉讼，请求确认《1号不予许可决定》违法，并撤销该决定和《88号复议决定》。

江苏省南通市中级人民法院一审认为，本案的争议焦点主要在于：（1）原告发圣公司是否符合渡口设置及运营条件；（2）被告启东市政府作出的行政行为程序是否合法；（3）被告南通市政府复议程序是否合法。

一、关于原告发圣公司是否符合渡口设置及运营条件问题

长江是我国重要的航运通道，在长江上设置渡口，应当具有必要性和可行性，并符合法律法规规定的条件。根据《内河交通安全管理条例》第三十五条、第三十六条，《江苏省渡口管理办法》第七条、第八条，中华人民共和国交通运输部《内河渡口渡船安全管理规定》第五条、第六条、第七条的规定，渡口的设置应当符合下列条件：第一，设置渡口，应当经渡口所在地的县级人民政府审批；县级人民政府审批前，应当征求当地海事管理机构的意见，并经过所在地设区的市、县（市）交通主管部门审查同意。第二，渡口的设置应当以必须为前提，县级人民政府在审批渡口的设置时应当充分考虑安全因素。渡口的设置还应当符合下列条件：（1）选址应当在水流平缓、水深足够、坡岸稳定、视野开阔、适宜船舶停靠的地点，并远离危险物品生产、堆放场所；（2）具备货物装卸、旅客上下的安全设施；（3）配备必要的救生设备和专门管理人员；（4）有合格的渡船；（5）相应资格的船员；（6）有符合要求的码头；（7）有相应的安全管理制度；（8）公路渡口应当有与公路相连接的符合公路工程技术标准要求的满足渡运量需要的道路；（9）渡口应当根据其渡运对象的种类、数量、水域情况和过渡要求，合理设置码头、引道，配置必要的指示标志、船岸通讯和船舶助航、消防、安全救生等设施。渡口引道的宽度、纵坡和码头的设置应当满足相应的技术标准。

本案中，原红阳港至兴隆沙渡口设置时，虽满足上述条件，但该渡口设置后水文、水运条件、安全设施和人员状况已经发生变化。原渡口已经

因渡口周边有暗沙，自2010年以来该渡口已发生三起船舶搁浅险情，渡口安全隐患日趋严峻，渡口上下游已经建有崇启大桥、渡口，案涉渡口设置因不具有必要性而被撤销，原渡口南岸的码头也已经拆除。现原告发圣公司申请在该处重新设置渡口，既未能提供渡口经营所必备的码头、齐全的安全管理制度等申请材料，也未就重设渡口进行必要性、可行性研究。渡口周边的海事部门即启东海事处、崇明海事局以及渡口所在地的交通部门也未能审核同意发圣公司的申请。故应当认定，发圣公司要求在原址附近重置渡口，不符合法规、规章规定的条件。启东市政府结合本案的实际情况，根据海事部门及交通部门的意见，裁量认定目前重设渡口不具有可行性和必要性，不予批准发圣公司的渡口设置申请并无不当。

需要说明的是，渡口是指设于河流、湖泊、水库两岸专供渡运人、货、车的场所及设施。渡口的设置及运营，当然应当包括渡运所需场地、码头、渡船及为渡运服务的其他设施。《内河交通安全管理条例》第五章中规定了渡口管理内容，该条例对船舶、船员等管理内容另行规定在其他章节中，原告发圣公司以该条例第五章第三十六条中没有规定渡船、船员等条件为由，主张《江苏省渡口管理办法》、中华人民共和国交通运输部《内河渡口渡船安全管理规定》两规章中关于渡船、船员等条件的规定属于违反上位法，系增设行政许可条件的理由不能成立。此外，发圣公司申请渡口设置及运营，在具备必要性和可行性的基础上，应当无条件地保证经营所需船舶、码头等符合规定，至于发圣公司的有关证书失效及码头被拆除的原因并不属于本案审理的范畴。

二、关于被告启东市政府行政行为程序是否合法问题

被告启东市政府根据生效的裁判文书，对原告发圣公司的申请事项全面进行了审查，按《内河交通安全管理条例》第三十五条及《江苏省渡口管理办法》第七条第一款规定的程序征求了海事部门、交通部门的意见，作出不予行政许可决定后送达发圣公司，行政行为的程序并无明显违法之处。需要指出的是，江苏省南通市中级人民法院所作原判决因考虑启东市政府作出答复前需要勘查及对发圣公司的申请材料进行审核，故限定其在

判决生效后60日内作出答复。但本案所涉的渡口设置许可事项，根据上述行政法规、规章的规定，征求海事部门、交通主管部门的意见是行政许可必经的前置程序。启东市政府作为作出行政许可的职能机关，当然应当遵守法律、法规和规章的规定。且相关法律、法规及规章并未对被征求意见的机关何时作出答复作出明确规定，被征求意见的单位何时作出答复，并非启东市政府所能控制的期限，故启东市政府提出的上述期限应予扣除的主张，属于正当、合理的事由，应予支持。发圣公司认为启东市政府的行政行为超过法定期限，并据此提出行政行为程序违法的主张不能成立。

三、关于被告南通市政府行政复议程序是否合法问题

被告南通市政府收到发圣公司的复议申请后，依法予以受理，通知启东市政府答复，并组织听证会听取了双方当事人的意见，因案情复杂经审批延期后，作出《88号复议决定》，并送达双方当事人，行政复议程序合法，复议结果适当。

综上，被告启东市政府作出的《1号不予许可决定》及被告南通市政府作出的《88号复议决定》认定事实清楚，适用法律正确，行政程序合法。原告发圣公司的诉讼请求缺乏事实根据和法律依据。江苏省南通市中级人民法院依照《中华人民共和国行政诉讼法》第六十九条之规定，于2017年12月18日判决如下：驳回原告发圣公司的诉讼请求。

发圣公司不服一审判决，向江苏省高级人民法院提起上诉称：（1）被上诉人启东市政府及其职能部门曾口头承诺启东红阳港渡口复航，此系行政允诺，应当遵守；（2）一审法院曾作出判决，责令被上诉人启东市政府在判决书生效后60日内对其设置渡口的申请作出答复，该市政府超出上述期限作出《1号不予许可决定》，属于程序违法；（3）本案纠纷涉及渡口管理，应当适用《内河交通安全管理条例》，一审法院援引《江苏省渡口管理办法》系适用法律错误；（4）一审法院未对上诉人提供的部分证据进行质证，审理程序违法；（5）上诉人符合渡口设置及运营条件，相关搁浅险情是因启东市政府不落实航道疏浚职责导致；（6）复航是便民措施，设渡具有必要性。请求二审法院撤销一审判决，改判支持上诉人的一审诉讼

请求。

被上诉人启东市政府答辩称，其从来没有承诺过允许上诉人发圣公司复航，一审判决认定事实清楚；根据法律规定，其在作出许可决定前必须征求相关机关的意见，故作出的《1号不予许可决定》未超过法院生效判决所确定的60日期限。请求二审法院驳回上诉，维持原判。

被上诉人南通市政府答辩称，《88号复议决定》程序合法；一审判决认定事实清楚、适用法律正确。请求二审法院驳回上诉，维持原判。

江苏省高级人民法院经二审，确认了一审查明的事实。

江苏省高级人民法院二审认为：

一、关于被上诉人启东市政府作出的《1号不予许可决定》是否具有事实根据和法律依据问题

《内河交通安全管理条例》第三十五条、第三十六条规定，设置或者撤销渡口，应当经渡口所在地的县级人民政府审批；县级人民政府审批前，应当征求当地海事管理机构的意见。渡口的设置应当具备下列条件：（1）选址应当在水流平缓、水深足够、坡岸稳定、视野开阔、适宜船舶停靠的地点，并远离危险物品生产、堆放场所；（2）具备货物装卸、旅客上下的安全设施；（3）配备必要的救生设备和专门管理人员。《江苏省渡口管理办法》第八条规定，渡口以必须设置为前提，并应当具备下列条件：（1）有合格的渡船；（2）有相应资格的船员；（3）有符合要求的码头；（4）有相应的安全管理制度；（5）公路渡口应当有与公路相连接的符合公路工程技术标准要求的满足渡运量需要的道路。渡口应当设置在河势稳定、岸平水缓、河道宽畅、上下方便的地方。不得在狭窄、弯曲、水流湍急的河段上设渡，不得在易燃易爆生产场所和仓库地设渡。本案中，被上诉人启东市政府依据（2016）苏06行初86号行政判决启动相关程序，对上诉人发圣公司申请渡口行政许可进行审查处理，并根据上述法律规范的规定，分别向启东海事处、崇明海事局和启东市交通运输局发函，了解上述专业机关对设置渡口的意见。启东海事处和崇明海事局的反馈意见表明，因附近已建有崇启大桥，欲设置渡口地的上游亦另设有渡口，故新设

渡口的必要性不强，且考虑到长江口北支下游水域水文及通航条件复杂多变，暗沙浅滩较多，目前无常驻应急救援力量，新设渡口安全隐患大等因素，发圣公司不具备申请设置红阳港至兴隆沙渡口的条件。启东市交通运输局在《关于发圣船舶工程有限公司申请筹建和经营红阳港至兴隆沙渡口征求意见的回复》中也明确表示发圣公司不具备设置渡口的条件。由于渡口设置涉及较强的专业性问题，人民法院在对被诉行政行为涉及专业性问题审查时，应当秉承司法的谦抑性，尊重行政机关的专业判断权。本案中启东市政府收到发圣公司申请设置渡口的材料后，依法向启东海事处、崇明海事局以及启东市交通运输局征求意见，并根据上述专门机关出具的意见，结合当地的实际情况，作出不准许发圣公司申请的决定，其已尽到法定的、审慎的审查义务。故应当认为，启东市政府作出的《1号不予许可决定》具有事实根据和法律依据。

二、关于被上诉人启东市政府作出的《1号不予许可决定》程序是否合法问题

本案中，各方当事人对被上诉人启东市政府作出的《1号不予许可决定》程序是否合法存在较大争议。上诉人发圣公司认为，一审法院作出的（2016）苏06行初86号行政判决责令启东市政府在判决生效后60日内对其设置渡口的申请作出答复，但该市政府作出《1号不予许可决定》的时间明显超过了上述判决所确定的期限，属于程序违法。启东市政府认为，扣除上诉期和向有关机关征求意见的合理时间，其作出《1号不予许可决定》未超过生效判决确定的60日期限，不构成违法。被上诉人南通市政府同意启东市政府的观点。

二审法院认为，本案在卷证据显示，2016年11月26日，被上诉人启东市政府收到一审法院（2016）苏06行初86号行政判决，后于2017年2月24日作出《1号不予许可决定》。在二审法院庭审中，上诉人发圣公司和被上诉人启东市政府均认可，启东市政府在2017年2月28日向发圣公司直接送达了《1号不予许可决定》。单从时间上看，启东市政府作出的《1号不予许可决定》确实超过了人民法院生效判决确定的60日期限，但

判断该行为是否构成程序违法，还需要考虑多种因素。《中华人民共和国行政诉讼法》第七十二条规定，查明被告不履行法定职责的，人民法院判决被告在一定期限内履行。人民法院在确定行政机关履行法定职责的期限时，虽然拥有一定的裁量权，但该权力的行使并非不受限制，应当遵循一定的原则。当法律规范明确规定了行政机关履责期限的，除因特殊情形外，人民法院一般应当按照法律规范的规定确定行政机关的履责期限；如法律规范未对履行期限作出明确规定的，人民法院应结合个案具体情况，考量相关因素后，根据《中华人民共和国行政诉讼法》第四十七条的规定，确定行政机关的履责期限。一旦人民法院确定了行政机关的履责期限，即便该期限与法律、法规所规定的行政机关履责期限不一致，也因人民法院具有司法裁判权，进而在案件审理中拥有最终确定行政机关履行法定职责期限的权力，故行政机关应依据人民法院确定的履责期限作出相关行政处理决定。除非存在正当事由或不可抗力，行政机关超过该期限作出行政决定的，构成程序违法。就本案而言，启东市政府作出的《1号不予许可决定》并未超过法定期限，主要理由如下：

1. 被上诉人启东市政府履行法定职责的时间应当从一审法院（2016）苏06行初86号行政判决生效之日起计算。《中华人民共和国行政许可法》第三十二条第一款规定，行政机关对申请人提出的行政许可申请，应当根据下列情况分别作出处理：（1）申请事项依法不需要取得行政许可的，应当即时告知申请人不受理；（2）申请事项依法不属于本行政机关职权范围的，应当即时作出不予受理的决定，并告知申请人向有关行政机关申请；（3）申请材料存在可以当场更正的错误的，应当允许申请人当场更正；（4）申请材料不齐全或者不符合法定形式的，应当当场或者在五日内一次告知申请人需要补正的全部内容，逾期不告知的，自收到申请材料之日起即为受理；（5）申请事项属于本行政机关职权范围，申请材料齐全、符合法定形式，或者申请人按照本行政机关的要求提交全部补正申请材料的，应当受理行政许可申请。为了督促行政机关尽快对申请材料作出审查，避免拖延，《中华人民共和国行政许可法》对行政机关的受理期限作出了较为严格的规定，要求许可机关快速处理当事人的行政许可申请。如果存在申请材料不齐全的情形，行政机关应当自收到申请材料之日起5日内一次性告知申请人补正。超过5日而未告知的，视为已经受理了当事人的许可申请。本案中，上诉人发圣公司曾于2014年提出设置渡口的申请，启东市政府当时的分管领导在该申请上签署“请交通局按程序审核批准，确保安全和运营规范”的意见。此后，发圣公司又提出了申请，但启东市政府直至发圣公司2016年6月提起不履行法定职责之诉时，一直未向该公司作出答复。依据上述法律规定，应当认定启东市政府已经受理了发圣公司的申请。虽然启东市政府曾于2016年12月12日向发圣公司发出补正通知，要求补充提交相关材料，但该补正行为并不影响启东市政府已经受理了发圣公司行政许可申请的认定。因此，启东市政府履行法定职责的时间应当从一审法院（2016）苏06行初86号行政判决生效之日起计算。

2. 被上诉人启东市政府履行案涉法定职责所需征求意见的时间应当扣除。《内河交通安全管理条例》第三十五条规定，设置或者撤销渡口，应当经渡口所在地的县级人民政府审批；县级人民政府审批前，应当征求当地海事管理机构的意见。《江苏省渡口管理办法》第七条第一款规定，渡口的设置、迁移与撤销应当经所在地设区的市、县（市）交通主管部门审查同意后，报所在地同级人民政府批准。本案所涉及的渡口设置事关公民的人身和财产安全等重大公共利益，应当征求海事等机关的意见。在江面宽阔、航运繁忙、水文条件复杂的长江下游设置渡口，更应当认真听取相关专业机关的评审意见。因此，征求海事等机关的意见是启东市政府在处理渡口申请过程中应当履行的法定程序。《中华人民共和国行政许可法》第四十五条规定，行政机关作出行政许可决定，依法需要听证、招标、拍卖、检验、检测、检疫、鉴定和专家评审的，所需时间不计算在本节规定的期限内。《江苏省行政程序规定》第六十六条第三款规定，行政机关在法定期限或者承诺期限内，非因法定或者正当事由，虽然启动行政执法程序但是未及时作出行政执法决定的，属于拖延履行法定职责。根据上述规定，启东市政府在作出行政许可之前，应当征求相关行政机关意见，但现行法律规范并未对渡口设置相关部门何时反馈征求意见作出明确规定。本案中，启东市政府于2016年12月29日、2016年12月30日和2017年1

月5日相继向启东海事处、启东市交通运输局和崇明海事局发出函件，就上诉人发圣公司申请筹建和经营红阳港至兴隆沙渡口征求意见，上述三个单位分别于2016年12月30日、2017年2月6日和2017年1月11日作出回复。被上诉人启东市政府收到相关回复意见后，于2017年2月24日作出《1号不予许可决定》，并于同年2月28向发圣公司送达。依照上述法律规定审查相关时间节点，应当认为，启东市政府征求意见符合法律规定，且所用时间在合理范围之内。扣除上诉期和征求意见的时间，启东市政府作出的《1号不予许可决定》并未超过生效判决所确定的60日期限，行政程序合法。

三、关于是否存在启东市政府及其职能部门曾口头承诺启东红阳港渡口复航问题

“谁主张，谁举证”是诉讼的基本原则。上诉人发圣公司主张被上诉人启东市政府及其职能部门曾口头承诺启东红阳港渡口复航，应当对此负有举证责任。但在本案一、二审审理过程中，发圣公司均未能提供充分证据证明启东市政府或其职能部门曾作出过上述承诺。因此，应当认为发圣公司的该主张缺乏事实根据，依法不予支持。

四、关于《88号复议决定》合法性问题

《中华人民共和国行政复议法》第二十八条第一款第一项规定，行政行为认定事实清楚，证据确凿，适用依据正确，程序合法，内容适当的，决定维持。该法第三十一条第一款规定，行政复议机关应当自受理申请之日起60日内作出行政复议决定；但是法律规定的行政复议期限少于60日的除外。情况复杂，不能在规定期限内作出行政复议决定的，经行政复议机关的负责人批准，可以适当延长，并告知申请人和被申请人；但是延长期限最多不超过30日。本案中，上诉人发圣公司不服《1号不予许可决定》申请行政复议，被上诉人南通市政府于2017年3月13日收悉复议申请。因案情复杂，南通市政府决定延期审理，并于2017年5月10日向双方当事人送达了延期审理通知书。经审理，南通市政府于2017年6月6日

作出《88 号复议决定》，认定被上诉人启东市政府作出的《1 号不予许可决定》符合渡口设置许可的相关法律规定，行政程序亦无不当，作出维持《1 号不予许可决定》的行政复议决定符合上述法律规定。

此外，本案在卷的 2017 年 9 月 13 日一审庭审笔录证明，一审法院当庭组织了各方当事人对上诉人发圣公司提交的与《1 号不予许可决定》相关的证据进行质证。上诉人提交的（2016）苏 06 行初 86 号行政判决书、《1 号不予许可决定》以及《88 号复议决定》分别系生效的人民法院裁判文书和本案被诉行政行为，其真实性为各方当事人所认可，一审法院未在庭审中对此进行质证并无不当。发圣公司称一审法院未对其提供的部分证据进行质证，审理程序违法的主张缺乏事实根据。

需要指出的是，本案一审行政判决书第七页第五行中“在 7 日内按照《中华人民共和国内河交通安全管理条例》”的表述不准确。在卷证据显示，被上诉人启东市政府于 2016 年 12 月 12 日向上诉人发圣公司寄送了启政补正告字〔2016〕1 号行政许可申请及材料补正告知书，要求发圣公司于 2016 年 12 月 27 日前补正相关材料。故应当认定一审判决书对此表述有误，应予以纠正。

综上，上诉人发圣公司的上诉理由和请求不能成立。江苏省高级人民法院依照《中华人民共和国行政诉讼法》第八十九条第一款第一项之规定，于 2020 年 8 月 19 日判决如下：驳回上诉，维持原判。

本判决为终审判决。

48. 王某国诉重庆市万州区人力资源和社会保障局工伤认定及重庆市人力资源和社会保障局行政复议案*

职工住所地与工作地相隔两城，在休息日期间为上下班在合理时间内跨越城际往返于两地的合理路线，应当认定为“上下班途中”

【裁判摘要】

职工的家庭住所地与工作地相隔两城，法定节假日或约定休息日期间，职工为上下班在合理时间内跨越城际往返于两地的合理路线，应当认定为《工伤保险条例》第十四条规定的“上下班途中”。

原告：王某国，男，1964年2月6日出生，住重庆市江北区。

被告：重庆市万州区人力资源和社会保障局，住所地：重庆市万州区江南大道。

法定代表人：冉某富，该局局长。

被告：重庆市人力资源和社会保障局，住所地：重庆市渝北区春华大道。

法定代表人：陈某春，该局局长。

第三人：重庆长安跨越车辆有限公司，住所地：重庆市万州区申明北路。

法定代表人：韩某，该公司总经理。

---

* 摘自《最高人民法院公报》2022年第5期。

原告王某国因与被告重庆市万州区人力资源和社会保障局（以下简称万州区人社局）、重庆市人力资源和社会保障局（以下简称市人社局）、第三人重庆长安跨越车辆有限公司（以下简称长安跨越公司）发生工伤认定及行政复议纠纷，向重庆市渝北区人民法院提起诉讼。

原告王某国诉称：（1）其从重庆主城返回万州是以上班为目的，符合《工伤保险条例》关于“上下班途中”的目的要素。原告家庭居住地与工作地距离200余公里，需要提前一天前往工作地，且原告与公司其他同事均提前一天从重庆主城返回万州宿舍，原告此行目的是上班，具有合理时间上班的正当性。（2）原告从重庆主城到万州的上班路线属于合理路线，第三人公司是由重庆主城搬迁至万州，包括原告在内的大部分员工都居住在重庆主城，原告发生交通事故的地点位于沪渝高速出城方向1672千米处，属于重庆主城前往万州的合理路线。（3）原告发生交通事故的时间属于上班途中的合理时间，原告从重庆主城居住地到万州公司上班约需3.5小时车程，原告于2018年4月7日18时30分左右从重庆主城居住地出发返回万州工作地，发生交通事故时间为当天19时55分，属于上班途中的合理时间。（4）原告申请工伤认定符合《工伤保险条例》等劳动法律法规的规定及保护职工合法权益的立法精神。（5）二被告作出被诉行政行为程序不合法，被告万州区人社局没有如《不予认定工伤决定书》所记载依法向原告出具补正材料通知书，被告市人社局没有提供证据证明作出《行政复议决定书》的工作人员已通过国家统一法律职业资格考试。因此，二被告作出的被诉行政行为认定事实不清，适用法律法规错误，程序不合法，请求法院撤销万州区人社局作出的万州人社伤险不认字〔2018〕8号《不予认定工伤决定书》及市人社局作出的渝人社复决字〔2018〕109号《行政复议决定书》，并责令万州区人社局重新作出工伤认定决定。

被告万州区人社局辩称：（1）2018年4月7日为休息日，原告王某国当天从重庆主城家中前往万州工作地，不属于《工伤保险条例》第十四条第六项及人力资源和社会保障部〔2016〕29号文件规定的上下班途中的“合理时间”。（2）原告当天前往万州的目的是休息，而不是上班，不属于《工伤保险条例》第十四条第六项及人力资源和社会保障部〔2016〕29号文件规定的上下班途中的“上班目的”。至于第三人长安跨越公司发布的《关于对渝万往返乘车安排的通知》，主要是规范渝万往返员工的乘车安排及费用报销问题，其关于“返万时间原则上为假期最后一日”的表述，并不是要求员工于假期最后一日上班，而是提醒员工第二天按时上班。（3）原告于2018年4月7日发生的交通事故伤害，不符合《工伤保险条例》第十四条第六项认定工伤的情形，本局作出的被诉不予认定工伤决定适用法律正确。（4）本局作出的不予认定工伤决定符合工伤认定程序。综上，请求驳回原告的诉讼请求。

被告市人社局辩称：（1）本局于2018年9月20日收到原告王某国的行政复议申请书，经初审后于次日受理，并分别向原告和被告万州区人社局制发了《行政复议受理通知书》和《行政复议答复通知书》。万州区人社局答复后，本局于2018年11月6日作出《行政复议决定书》，并于同月22日邮寄送达原告和第三人长安跨越公司。故本局行政复议程序合法。（2）原告系第三人公司员工，任该公司副总经理职务，原告于2018年4月7日下午乘车从重庆返回万州途中发生交通事故致受伤，但根据第三人发布的《关于2018年“清明节”放假有关安排的通知》载明，事发当天该公司处于放假状态，且没有证据证明原告当天返回万州是为了参加当天的公司级会议，故原告受到的此次事故伤害不符合《工伤保险条例》第十四条第六项规定的情形，经复议，决定维持万州区人社局作出的不予认定工伤决定。综上，请驳回原告的诉讼请求。

第三人长安跨越公司未陈述意见。

重庆市渝北区人民法院一审查明：第三人长安跨越公司是依法成立的有限责任公司，经营地位于重庆万州区。原告王某国系该公司员工，任副总经理职务，分管质量部，其家庭住址位于重庆江北区，工作日期间其居住于第三人提供的位于万州区的单位宿舍。第三人为其配备了渝A2××××号小型客车。2018年4月5日至7日为清明节法定节假日，第三人下发连续放假三天的通知，告知2018年4月8日正常打卡上下班，并安排冉某某、唐某某、程某分别为假期值班领导。2018年4月7日18时许，由第三人员工陈某某驾驶渝A2××××号小型客车搭乘原告及第三人员工刘某从重庆市江北区原告家中出发，共同返回第三人所在的万州区。19时55分许，当车辆行驶至沪渝高速公路出城方向1672千米处时追尾撞击前方由驾驶人刘某某驾驶的渝GF××××号小型客车，致使原告受伤及两车不同程度受损。后经重庆三峡中心医院、重庆医科大学附属第一医院治疗，原告被诊断为颈椎间盘突出症（C5/6、C6/7）、颈椎间盘突出（C3/4、C4/5）。2018年4月10日，重庆市交通行政执法总队高速公路第四支队一大队作出〔2018〕第2073000095005号《道路交通事故认定书》，认定此次道路交通事故由驾驶人陈某某承担全部责任。

2018年4月28日，第三人长安跨越公司就原告王某国此次受伤事宜向被告万州区人社局申请工伤认定，并提交了工伤认定申请表、事故伤害报告表、王某国身份材料、营业执照、劳动合同书、病历材料、证人证言、道路交通事故认定书、照片等材料，后又补充《关于对渝万往返乘车安排的通知》《关于2018年“清明节”放假有关安排的通知》两份材料。在第三人《关于对渝万往返乘车安排的通知》第三条乘车规定的第八项载明：返万时间原则上为假期最后一日，但因工作需要需提前返回的必须提前告知行政管理部和人力资源部，登记时间、原因等信息，如未进行登记的，除按《考勤管理办法》相关规定给予考核外，往返的交通费用不予报销。万州区人社局于2018年5月16日受理该工伤认定申请，并于同月18日送达第三人。万州区人社局审查认为，2018年4月7日是清明节假期，不是工作日，而第三人《关于对渝万往返乘车安排的通知》主要是规范渝万往返员工的乘车安排及费用报销问题，对“返万时间原则上为假期最后一日”的表述，并不是要求员工于假期最后一日上班，而是提醒员工第二天按时上班，故原告于2018年4月7日前往万州的目的是休息，而不是上班，不属于《工伤保险条例》第十四条第六项规定的上班途中。2018年7月4日，万州区人社局作出万州人社伤险不认字〔2018〕8号《不予认定工伤决定书》，认为原告此次受伤情形不符合《工伤保险条例》第十四条第六项认定工伤的规定，决定不予认定为工伤。同月26日，万州区人社局将上述文书送达原告和第三人。原告不服，向被告市人社局申请行政复议。市人社局于2018年9月21日受理，并告知万州区人社局答辩。后该局向市人社局提交了《行政复议答复书》和证据材料。市人社局经审查于2018年11月6日作出渝人社复决字〔2018〕109号《行政复议决定书》，认为2018年4月7日为国家法定节假日，第三人单位处于放假状态，并未上班，且无证据证明王某国返回万州是为了参加当天的公司级会议，王某国的受伤情形不符合《工伤保险条例》第十四条第六项认定工伤的规定，故决定维持万州区人社局作出的万州人社伤险不认字〔2018〕8号《不予认定工伤决定书》。同月16日，市人社局向原告和第三人寄送了行政复议决定书。

原告王某国收到后不服，认为原告家住重庆江北区，距离第三人长安跨越公司经营地和职工宿舍约280公里，原告惯常往返居住地和工作地的方式是乘坐第三人配备的渝A2××××号小型客车，并在假期最后一日返回工作地，结合原告家庭与公司的距离、惯常往返两地的方式和时间、公司上下班时间安排等情况，原告于假期最后一日返回万州是为及时、正常开展工作，符合公司要求和常理，且原告分管的质量部在2018年4月7日正常开工，原告具有对当日工作开展情况进行检查监督的职责，故原告返回万州的目的是为上班，符合《工伤保险条例》第十四条第六项认定工伤的规定。综上，原告提起本诉，请求撤销被告万州区人社局作出的万州人社伤险不认字〔2018〕8号《不予认定工伤决定书》和被告市人社局作出的渝人社复决字〔2018〕109号《行政复议决定书》。

重庆市渝北区人民法院一审认为：《工伤保险条例》第五条第二款规定，县级以上地方各级人民政府社会保险行政部门负责本行政区域内的工伤保险工作。故被告万州区人社局具有作出本案工伤认定决定的法定职责。被告市人社局作为被告万州区人社局的上一级主管部门，具有作出本案行政复议决定的法定职责。

《工伤保险条例》第十四条第六项规定，职工在上下班途中，受到非本人主要责任的交通事故或者城市轨道交通、客运轮渡、火车事故伤害的，应当认定为工伤；《最高人民法院关于审理工伤保险行政案件若干问题的规定》第六条第一项、第三项规定，在合理时间内往返于工作地与住所地、经常居住地、单位宿舍的合理路线的上下班途中或者从事属于日常工作生活所需要的活动，且在合理时间和合理路线的上下班途中，社会保险行政部门认定为“上下班途中”的，人民法院应予支持。

根据本案查明的事实，各方对原告王某国与第三人长安跨越公司存在劳动关系、原告在从家中出发前往万州的路途上发生交通事故受伤，且本人无责任等事实无异议。本案的争议问题是：原告于 2018 年 4 月 7 日 18 时左右返回万州是否属于在上班途中。

原告王某国主张其分管的质量部于 2018 年 4 月 7 日已开工，其须对当日工作开展情况进行检查监督，故其返回万州是为当日履行岗位职责，但其提供的证据不足以证明该主张，且在工伤认定阶段其亦未提出该主张，故法院不予采纳。

那么，对于原告王某国主张其于 2018 年 4 月 7 日 18 时左右返回万州是为第二天上班作准备，应属于“上下班途中”的问题。法院认为，对“上下班途中”的判断标准，需考量职工行程的意图是否为“上下班”及其在“上下班”意图之下实施了出行行为，同时兼顾考虑职工的出行时间是否属于“合理时间”，出行路线是否属于“合理路线”。

具体到本案，第三人长安跨越公司关于清明节的放假通知中载明了 2018 年 4 月 8 日职工应正常打卡上下班，第三人亦要求职工返万时间原则上为假期最后一日，结合原告王某国家庭住址距离万州工作地约 280 公里及原告惯常节假日最后一日返回万州上班等因素，表明原告 2018 年 4 月 7 日返回万州的目的是为次日上班，其出行意图明确。囿于出行路途较远、驾车亦需花费三小时至四小时左右时间这一情况，为避免迟到和为次日正常开展工作做好充分准备，原告于前一日 18 时左右返回工作地符合常理常情，也符合公司要求。如认为职工必须在工作日出行才属于“上下班途中”，而不考虑职工出行的意图和合理因素，则可能不利于保护如原告这类职工在《工伤保险条例》之下的合法权利。《工伤保险条例》本属于社会法范畴，其立法宗旨是为分担用工主体的用工风险和保障职工合法权利，在运用该条例考量具体案情时，普遍倾向作有利于职工权利的理解。故结合本案实际情况，考虑原告出行意图、路程、所需时间及原告公司考勤要求和原告在该要求下惯常通勤模式等因素，认定原告在 2018 年 4 月 7

日 18 时左右从家中出发返回工作地万州，其行程和时间符合上班途中“合理时间”和“合理路线”的要求为宜。因此，原告在该行程中受到非本人主要责任的交通事故伤害，应属于工伤。被告万州区人社局未考虑原告行程的合理性因素，认定原告受伤情形不符合《工伤保险条例》第十四条第六项的规定，而作出万州人社伤险不认字〔2018〕8 号《不予认定工伤决定书》，不予认定原告受伤属于工伤，系适用法律错误，依法应予撤销。被告市人社局作出渝人社复决字〔2018〕109 号《行政复议决定书》，维持被告万州区人社局的《不予认定工伤决定书》，亦属适用法律错误，应一并予以撤销。

据此，重庆市渝北区人民法院依照《中华人民共和国行政诉讼法》第七十条第二项、第七十九条，《最高人民法院关于适用〈中华人民共和国行政诉讼法〉的解释》第一百三十六条第一款、第三款之规定，于 2019 年 4 月 30 日作出判决：一、撤销被告重庆市万州区人力资源和社会保障局于 2018 年 7 月 4 日作出的万州人社伤险不认字〔2018〕8 号《不予认定工伤决定书》；二、撤销被告重庆市人力资源和社会保障局于 2018 年 11 月 6 日作出的渝人社复决字〔2018〕109 号《行政复议决定书》；三、责令被告重庆市万州区人力资源和社会保障局于本判决生效之日起 60 日内重新作出行政行为。

万州区人社局不服一审判决，向重庆市第一中级人民法院提起上诉称：被上诉人王某国于 2018 年 4 月 7 日 16 时 55 分，在沪渝高速出城方向 1672 千米处发生交通事故，4 月 7 日是“清明节”假期的最后一天，当天是休息日不是工作日，离第二天上班间隔 15 小时左右，不符合《工伤保险条例》规定的“上下班途中”的情形。王某国于 4 月 7 日从重庆主城家中返回万州的目的是休息，并非上班，故不属于上班途中。因此，一审认定事实不清，请求撤销一审判决，改判维持上诉人作出的万州人社伤险不认字〔2018〕8 号《不予认定工伤决定书》。

被上诉人王某国与一审第三人长安跨越公司以及一审被告市人社局均未向法院提交书面答辩意见。

重庆市第一中级人民法院经二审，确认了一审查明的事实。

重庆市第一中级人民法院二审认为：上诉人万州区人社局作为该辖区的社会保险行政主管部门，具有作出万州人社伤险不认字〔2018〕8号《不予认定工伤决定书》的法定职责，其受理一审第三人长安跨越公司提出的工伤认定申请符合《工伤保险条例》的规定；一审被告市人社局作为万州区人社局的上级主管部门，受理被上诉人王某国提出的行政复议申请并作出渝人社复决字〔2018〕109号《行政复议决定书》，符合《中华人民共和国行政复议法》的规定。

本案争议焦点是：被上诉人王某国遭遇交通事故时是否属于上班的合理时间即是否符合“上下班途中”。《工伤保险条例》第十四条规定：“职工有下列情形之一的，应当认定为工伤……（六）在上下班途中，受到非本人主要责任的交通事故或者城市轨道交通、客运轮渡、火车事故伤害的……”同时，《最高人民法院关于审理工伤保险行政案件若干问题的规定》第六条第一项、第三项规定，在合理时间内往返于工作地与住所地、经常居住地、单位宿舍的合理路线的上下班途中或者从事属于日常工作生活所需要的活动，且在合理时间和合理路线的上下班途中，社会保险行政部门认定为“上下班途中”的，法院应予支持。本案中，根据上诉人万州区人社局举示的《劳动合同》、工伤认定调查笔录、《道路交通事故认定书》等证据，结合庭审笔录中各方当事人的陈述，能够认定被上诉人王某国在一审第三人长安跨越公司工作，2018年4月7日18时许，乘坐公司为其配备的渝A2××××号小型客车，从居住地重庆市江北区出发前往公司所在地万州区，19时55分许车辆行驶至沪渝高速公路出城方向1672千米处与前车发生追尾交通事故致其受伤，王某国在此次交通事故中不承担事故责任的事实。上述证据相互印证，可以证明王某国是为了4月8日能准时上班而提前于4月7日16时许从距离万州280余公里的家中出发前往公司。虽然事发当日不是上班时间（“清明”小长假的最后一天），但因王某国属于异地工作，居家与工作地相距较远，放假回家后提前一天返回职工宿舍，既符合其平时的惯常往返方式也符合常理，同时亦符合公司《关于对渝万往返乘车安排的通知》第三条“乘车规定：（8）返万时间原则上为假期最后一日……”的规定。王某国发生事故时是4月7日19时50分，已经是晚上，故其提前返回公司的时间处于合理范围内，并未过分提前超出必要限度。如果苛求王某国必须于4月8日当天工作日上班出行，才构成《工伤保险条例》“上下班途中”的要求，那么王某国须于当日凌晨3时左右就要出发前往万州才能按时到达工作岗位，显然既不符合人体生理条件也不符合常理，更不利于对异地工作劳动者的保护。因此，王某国事发当日提前返回公司宿舍休息，也是为了第二天能够正常上班不耽误，符合以“上下班为目的”基本条件，具有正当性和合理性，应当认定其发生交通事故时处于上班的合理时间。因此，王某国受伤符合《工伤保险条例》第十四条第六项及《最高人民法院关于审理工伤保险行政案件若干问题的规定》第六条第一项、第三项之规定，应当认定为工伤。上诉人作出的万州人社伤险不认字〔2018〕8号《不予认定工伤决定书》认定事实清楚，但适用法律错误，依法应予撤销。同理，一审被告市人社局作出的渝人社复决字〔2018〕109号《行政复议决定书》亦属适用法律错误，同样应予撤销。上诉人认为王某国不是正常上班时间而受伤不应认定工伤的理由不能成立，法院不予支持。万州区人社局作出的万州人社伤险不认字〔2018〕8号《不予认定工伤决定书》以及市人社局作出的渝人社复决字〔2018〕109号《行政复议决定书》适用法律错误，一审予以撤销并无不当。上诉人的上诉理由及上诉请求均不能成立，依法不予支持。

据此，重庆市第一中级人民法院依照《中华人民共和国行政诉讼法》第八十九条第一款第一项之规定，于2019年7月1日作出判决：驳回上诉，维持原判。

本判决为终审判决。

49．项某敏诉六盘水市人民政府改变原行政行为行政复议决定案*

人民法院经审理认为复议决定改变原行政行为错误的，在判决撤销复议决定时，可以一并判决恢复原行政行为的法律效力

【裁判摘要】

在车辆挂靠关系中，被挂靠人向挂靠人收取挂靠费，应与挂靠人共同承担经营运输风险，仅以协议约定不能免除其作为被挂靠人应承担的风险和责任。个人挂靠其他单位对外经营，其聘用的人员因工伤亡，被挂靠单位以不存在劳动关系为由，主张不承担工伤保险责任的，人民法院不予支持。

依照《最高人民法院关于适用〈中华人民共和国行政诉讼法〉的解释》第八十九条规定，人民法院经审理认为复议决定改变原行政行为错误的，在判决撤销复议决定时，可以一并判决恢复原行政行为的法律效力。

原告：项某敏，女，汉族，1992 年 2 月 17 日生，住贵州省黔西县。

被告：六盘水市人民政府，住所地：贵州省六盘水市钟山区钟山西路。

法定代表人：张某超，该市市长。

* 摘自《最高人民法院公报》2022 年第 11 期。

第三人：六盘水市人力资源和社会保障局，住所地：贵州省六盘水市钟山中路。

法定代表人：张某钢，该局局长。

第三人：六盘水快易通运输有限公司，住所地：贵州省六盘水市钟山经济开发区金果建材城。

法定代表人：姚某，该公司总经理。

原告项某敏因与被告六盘水市人民政府（以下简称六盘水市政府）及第三人六盘水市人力资源和社会保障局（以下简称六盘水市人社局）、六盘水快易通运输有限公司（以下简称快易通公司）发生改变原行政行为行政复议决定纠纷，向贵州省六盘水市中级人民法院提起行政诉讼。

原告项某敏诉称：原告系死者周某鹏之妻，于2019年12月16日向第三人六盘水市人社局提交其丈夫周某鹏的工伤认定申请，该局于2020年1月7日作出《认定工伤决定书》（六盘水工认字〔2020〕0100036号），认定周某鹏所受伤害为工伤，后因第三人快易通公司不服该决定，向被告六盘水市政府提起行政复议，被告于2020年4月29日作出《行政复议决定书》（六盘水府行复决字〔2020〕4号），撤销《认定工伤决定书》，要求六盘水市人社局重新作出行政行为。六盘水市人社局又于2020年6月15日作出《认定工伤决定书》（六盘水工认字〔2020〕0100692号），认定周某鹏所受伤害为工伤，快易通公司再次就该决定书提起行政复议，被告于2020年10月16日作出《行政复议决定书》（六盘水府行复决字〔2020〕16号），撤销六盘水市人社局作出的《认定工伤决定书》，并要求六盘水市人社局重新作出行政行为。原告认为，原告丈夫周某鹏所受伤害，应予认定为工伤，六盘水市人社局作出的《认定工伤决定书》认定事实清楚，适用法律正确，应予维持。理由如下：（1）周某鹏与快易通公司之间形成了事实劳动关系；（2）周某鹏所受伤害符合认定工伤之情形，六盘水市政府作出的《行政复议决定书》认定事实错误，证据不足，依法应当撤销。请求：（1）撤销六盘水市政府作出的《行政复议决定书》（六盘水府行复决字〔2020〕16号）；（2）本案诉讼费用由六盘水市政府承担。

被告六盘水市政府辩称：（1）被告行政复议程序合法。第三人快易通公司不服第三人六盘水市人社局作出的100692号《认定工伤决定书》，提起行政复议申请，六盘水市政府受理后，向原告项某敏送达了《第三人参加行政复议通知书》《第三人权利义务告知书》。经审查，六盘水市政府作出16号行政复议决定，撤销六盘水市人社局作出的100692号认定工伤决定，向项某敏送达了16号复议决定，并告知不服行政复议决定可提起行政诉讼。(2) 行政复议决定于法有据。根据《工伤保险条例》第十四条、第十五条、第十八条规定，确认劳动者与用人单位之间存在劳动关系是认定工伤的前提。《最高人民法院关于审理工伤保险行政案件若干问题的规定》第三条第一款第五项对单位依法承担的工伤保险条例责任的具体认定，这是对“责任”承担的规定，不适用对工伤的认定。本案中，在周某鹏与快易通公司之间是否存在劳动关系尚未查清的情况下，六盘水市人社局认定周某鹏受到的事故伤害符合《工伤保险条例》第十四条第一项之规定，属于认定事实不清。六盘水市政府根据《中华人民共和国行政复议法》第二十八条第一款第三项之规定，撤销100692号认定工伤决定并无不当。

第三人六盘水市人社局述称：(1) 根据《最高人民法院行政审判庭关于车辆挂靠其他单位经营车辆实际所有人聘用的司机工作中伤亡能否认定为工伤问题的答复》，罗某私人车辆挂靠在第三人快易通公司运营，其聘用的驾驶员周某鹏与快易通公司形成事实劳动关系；(2) 根据《工伤保险条例》第十四条第一项之规定，周某鹏是在工作时间工作场所内因工作原因受到事故伤害，所以应当认定为工伤。

第三人快易通公司述称：根据最高人民法院关于挂靠单位的相关规定，车辆挂靠在我公司，但是没有以公司名义经营，公司也没有参与任何经营，也没有收取周某鹏任何费用。周某鹏是罗某自己找的驾驶员，公司完全不参与任何一方，所以责任不能全部由公司承担。

六盘水市中级人民法院一审查明：原告项某敏系涉案事故被害人周某鹏妻子。罗某聘请周某鹏为案涉车辆贵BB××××油罐车驾驶员，案涉车辆登记所有人为第三人快易通公司。2017年9月29日，以罗某母亲作为乙方与快易通公司作为甲方就案涉车辆签订货运车代管协议，约定：乙方每年向甲方交纳管理费12000元，由甲方办理车辆的所有权年审及其他事务。

案涉车辆使用公司营运资质、以甲方公司名义对外运营，驾驶员的安全责任由乙方负责。2019年11月19日18时30分，周某鹏驾驶案涉车辆行至人民路白鹤村独木冲砂场路段处时，因操作不当，致使车辆冲下路坎侧翻，造成燃油泄漏的交通事故，驾驶员周某鹏当场死亡。项某敏于2019年12月16日向第三人六盘水市人社局提交周某鹏工伤认定申请，该局于2020年1月7日作出100036号认定工伤决定，认定周某鹏所受伤害为工伤，快易通公司不服该决定，向被告六盘水市政府提起行政复议，六盘水市政府于2020年4月29日作出4号复议决定，撤销100036号认定工伤决定，要求六盘水市人社局重新作出行政行为。六盘水市人社局又于2020年6月15日作出100692号认定工伤决定，认定周某鹏所受伤害为工伤，快易通公司再次就该决定书提起行政复议，六盘水市政府于2020年10月16日作出16号复议决定，撤销六盘水市人社局作出的100692号认定工伤决定，并要求六盘水市人社局重新作出行政行为。项某敏不服该行政复议决定，遂提起本案行政诉讼。

六盘水市中级人民法院一审认为，本案一审的争议焦点为：被告六盘水市政府作出的16号复议决定是否有事实及法律依据。

《最高人民法院关于审理工伤保险行政案件若干问题的规定》第三条第一款第五项规定，个人挂靠其他单位对外经营，其聘用的人员因工伤亡的，被挂靠单位为承担工伤保险责任的单位。本案中，原告项某敏提交的《货运车辆代管协议》《危险货物运输车辆承包经营合同》及《道路交通事故责任认定书》等证据能够证实，周某鹏在驾驶贵BB××××油罐车过程中受到伤害以及该车辆系挂靠第三人快易通公司且以快易通公司名义进行经营的事实。快易通公司主张该车辆未以其公司名义经营，无事实依据，不能成立。虽周某鹏系罗某个人聘用的贵BB××××油罐车的驾驶员，但因该车登记的所有人为快易通公司，快易通公司应为周某鹏法律上的雇主，快易通公司与周某鹏之间形成事实劳动关系。第三人六盘水市人社局根据本案事实，依据《最高人民法院关于审理工伤保险行政案件若干问题的规定》第三条第一款第五项及《工伤保险条例》第十四条第一项的规定，认定周某鹏所受伤害为工伤，认定事实清楚，适用法律、法规正确，程序合法。被告六盘水市政府作出的16号复议决定，认定事实不清，适用法律错误，应予撤销并恢复100692号认定工伤决定的法律效力。

据此，六盘水市中级人民法院依照《中华人民共和国行政诉讼法》第七十条第一项、第二项及《最高人民法院关于适用〈中华人民共和国行政诉讼法〉的解释》第八十九条之规定，于2020年12月15日作出判决：一、撤销六盘水市人民政府作出的六盘水府行复决字〔2020〕16号《行政复议决定书》；二、恢复六盘水市人力资源和社会保障局作出的六盘水工认字〔2020〕0100692号《认定工伤决定书》的法律效力。案件受理费50元，由六盘水市人民政府负担。

快易通公司不服一审判决，向贵州省高级人民法院提起上诉称：（1）一审判决对被上诉人项某敏提交的证据予以采信，违反了证据原则，导致事实认定错误。在周某鹏与快易通公司不存在劳动关系的情形下，一审第三人六盘水市人社局直接认定周某鹏受到的事故伤害符合《工伤保险条例》第十四条第一项之规定，认定为工伤，认定事实不清、无事实依据；（2）该决定书中未对周某鹏受到的何种事故伤害及情形进行法律事实认定；（3）代管协议中明确约定快易通公司不干预一方的经营活动，不参加利润分配，且不承担经营风险。至于项某敏称车辆是以公司名义对外经营，快易通公司不予承认，项某敏并未提供有效证据证明。请求撤销原判，改判支持上诉人的诉讼请求。

贵州省高级人民法院经二审，确认了一审查明的事实。

贵州省高级人民法院二审认为：本案二审的争议焦点为：（1）罗某与上诉人快易通公司之间是否形成挂靠关系；（2）一审第三人六盘水市人社局认定工伤是否需以周某鹏与快易通公司具有劳动关系为前提；（3）本案举证责任分配是否正确。

1\. 关于罗某与上诉人快易通公司之间是否形成挂靠关系的问题。依照《中华人民共和国道路运输条例》第二十三条之规定，申请从事危险货物运输经营，应当具备5辆以上经检测合格的危险货物运输专用车辆、设备等条件。本案中，罗某因不具备从事危险货物运输经营的资质，以其母亲的名义与快易通公司签订《货物车辆代管协议》《危险货物运输车辆承包经营合同》等协议，将其实际使用的车辆落户到快易通公司名下，委托快易通公司代管经营，快易通公司再以承包的形式，将涉案车辆交由罗某使用。上述协议中亦明确约定，罗某需向快易通公司支付一定的费用，遵守并执行快易通公司的规章制度，服从快易通公司的管理；快易通公司亦需向罗某提供运输市场信息，利用公司优势积极为其联系货源、协调运输物资等。由此可见，罗某和快易通公司之间实际形成了挂靠关系。

2. 关于一审第三人六盘水市人社局认定工伤是否需以周某鹏与上诉人快易通公司之间具有劳动关系为前提的问题。《工伤保险条例》第十八条第一款第二项规定，申请工伤认定应当提交与用人单位存在劳动关系（包括事实劳动关系）的证明材料。因此，一般而言，社会保险行政部门认定工伤，应当以劳动者和用人单位之间存在劳动关系为前提，除非法律、法规及司法解释另有规定。《最高人民法院关于审理工伤保险行政案件若干问题的规定》第三条第一款第五项明确规定，个人挂靠其他单位对外经营，其聘用的人员因工伤亡的，被挂靠单位为承担工伤保险责任的单位。该条规定遵照劳动者倾斜保护原则，对将劳动关系作为工伤认定前提的一般规定作了相应补充。只要存在个人挂靠其他单位对外经营的情形时，被挂靠单位承担工伤保险责任不以存在劳动关系为前提。工伤保险本质上是一种社会保障，国家建立工伤保险制度，是维护劳动者合法权益的重要手段，强调对工伤劳动者及其家人基本生活需求的保障。相较于用人单位而言，劳动者往往处于弱势地位。在车辆挂靠关系中，被挂靠人向挂靠人收取挂靠费，应与挂靠人共同承担经营运输的风险，仅以协议约定不能免除其同意挂靠后应承担的风险和责任。被挂靠人承担工伤保险责任，符合《中华人民共和国宪法》《中华人民共和国劳动法》《工伤保险条例》中“保护劳动者合法权益”的立法宗旨。本案中，六盘水市人社局依照该条规定认定由快易通公司承担工伤保险责任并无不当。

3. 关于本案举证责任分配是否正确的问题。依照《最高人民法院关于行政诉讼证据若干问题的规定》第四条第一款“公民、法人或者其他组织向人民法院起诉时，应当提供其符合起诉条件的相应的证据材料”、《工伤保险条例》第十八条第一款“提出工伤认定申请表应当提交下列材料：

（一）工伤认定申请表；（二）与用人单位存在劳动关系（包括事实劳动关系）的证明材料；（三）医疗诊断证明或者职业病诊断证明书（或者职业病诊断鉴定书）”以及第十九条第二款“职工或者其近亲属认为是工伤，用人单位不认为是工伤的，由用人单位承担举证责任”之规定，劳动者对劳动关系和工伤事实负有初步举证责任，而用人单位认为不是工伤的，应当由用人单位承担举证责任。本案中，被上诉人项某敏已经提供了《货运车辆代管协议》《危险货物运输车辆承包经营合同》《证明》等证据，完成了初步举证责任。上诉人快易通公司主张案涉车辆不是以公司的名义进行经营，依照前述规定，应由快易通公司举证证明其主张，而快易通公司未能举证，其应承担举证不能的法律后果。快易通公司的该项上诉理由不能成立。

综上，贵州省高级人民法院依照《中华人民共和国行政诉讼法》第八十九条第一款第一项之规定，于2021年8月9日作出判决：驳回上诉，维持原判。

本判决为终审判决。

行政裁决

50．马某忠与宁夏回族自治区固原市人民政府行政批复、宁夏回族自治区固原市住房和城乡建设局房屋拆迁行政裁决案*

▶ 在无法律规定的情况下，除非存在关联事实等特殊情况及出于诉讼经济的便宜考虑，一般不得在同一个行政案件中将两个或两个以上的行政行为列为被诉行政行为

【裁判摘要】

在一个行政案件中，被诉行政行为一般仅指一个行政机关作出的一个行政行为，或两个及两个以上的行政机关作出的同一个行政行为。在无法律规定的情况下，除非存在关联事实等特殊情况及出于诉讼经济的便宜考虑，一般不得在同一个行政案件中将两个或两个以上的行政行为列为被诉行政行为。

上诉人（原审起诉人）：马某忠，男，1954年4月11日出生，回族，住宁夏回族自治区银川市兴庆区。

上诉人马某忠因诉宁夏回族自治区固原市人民政府（以下简称固原市政府）行政批复、宁夏回族自治区固原市住房和城乡建设局房屋拆迁行政裁决一案，不服宁夏回族自治区高级人民法院于2019年1月15日作出的（2019）宁行初1号行政裁定，向本院提起上诉。本院

* 摘自《最高人民法院公报》2019年第12期，最高人民法院（2019）最高法行终1号行政裁定书。

依法组成合议庭，对本案进行了审理。现已审理终结。

原审法院于2018年10月12日收到马某忠以固原市政府为被告的起诉状。经该院释明后，马某忠于2019年1月14日变更起诉状，增加原固原市建设局（现更名为固原市住房和城乡建设局）为被告。马某忠起诉称：（一）固原市政府于2003年3月18日出示《关于房屋拆迁补偿基准价格及临时安置补助标准的批复》（固政函〔2003〕3号，以下简称3号批复）中关于“房屋拆迁重置价”的行政批复行为，违反国务院《城市房屋拆迁管理条例》第二十四条①和《宁夏回族自治区城市房屋拆迁管理办法》第二十七条②的规定，在房屋拆迁评估中侵犯被拆迁人合法权益，应当给予认定该行政行为违法。（二）被告属于固原市2003年、2006年房屋征收部门，有权对该市房屋拆迁、安置补偿制定措施，但在本案中以职权确定该市“房屋拆迁重置价”的3号批复和《关于规范房屋拆迁补偿的通知》（固政发〔2006〕83号，以下简称83号通知），停止执行该级人民政府常务会议讨论通过并以第5号政府令公布的《固原市城市房屋拆迁管理暂行办法》规定的该市房屋拆迁补偿方式，侵犯被拆迁人合法权益，其依法请求被告固原市政府予以赔偿涉案被拆迁房屋自身补偿金、临时安置补助费用及因拆迁造成停业损失费的各项主张，有充分的证据证明。故请求：（1）判决确认固原市政府于2003年3月18日批复该市“房屋拆迁重置价”的行政行为违法；（2）判决撤销原固原市建设局固建裁字〔2006〕第02号房屋拆迁裁决书（以下简称02号拆迁裁决）的具体行为；（3）判决确认固原市政府于2006年6月15日停止执行该级人民政府第5号令部分内容的行政行为违法；（4）一并审查规范性文件，即83号通知和固政发〔2007〕87号通知（以下简称87号通知）；（5）一并解决安置被拆迁人（原告）居住生活问题；（6）判决被告予以赔偿两次拆除其国有土地上房屋总建筑面积422.69平方米，曾经未按规定补偿的各项损失合计3082631.25元；（7）本案诉讼费用由被告全部承担。

---

① 参见《国有土地上房屋征收与补偿条例》第十九条。

② 参见《宁夏回族自治区实施〈国有土地上房屋征收与补偿条例〉办法》第二十八条。

原审法院认为，当事人向人民法院提起行政诉讼，应在法定期限内主张权利。本案起诉人马某忠相关房产的拆迁、安置事实及固原市政府、原固原市建设局相关行政行为均发生在2008年以前，涉案房产拆迁、安置过程中均有原固原市建设局作出的房屋拆迁裁决书和马某忠与固原市市政公司签订的拆迁（安置）协议，且马某忠已领取了相应拆迁安置补偿款，并不存在马某忠对相关行政行为内容不知晓的情形。《最高人民法院关于执行〈中华人民共和国行政诉讼法〉若干问题的解释》第四十一条第一款规定："行政机关作出具体行政行为时，未告知公民、法人或者其他组织诉权或者起诉期限的，起诉期限从公民、法人或者其他组织知道或者应当知道诉权或者起诉期限之日起计算，但从知道或者应当知道具体行政行为内容之日起最长不得超过2年。"① 马某忠于2018年10月12日向人民法院提起诉讼，已经超过了法律规定的起诉期限且无正当理由。依照《中华人民共和国行政诉讼法》第五十一条第二款之规定，裁定对马某忠的起诉不予立案。

马某忠上诉称，其起诉符合《中华人民共和国行政诉讼法》第五十二条规定的起诉条件，原审法院不予立案确有错误。（1）本案被诉行为系固原市政府因征收房屋而作出的行政行为，被征收房屋属于不动产，因不动产提起诉讼的案件自行政行为作出之日起超过二十年的，人民法院才不予受理。本案最初行政行为作出之日为2003年3月18日，其次为2006年6月15日，其于2018年10月12日提起诉讼主张权利，并未超过期限。（2）原审法院在宁夏回族自治区人民检察院对本案的起诉受理实行法律监督中，才于2018年10月12日接收行政起诉状，但并未出具书面凭证。至送达裁定书之日前，未出具过行政案件受理通知书，更未告知合议庭组成人员。原审法院的案件处理程序违反《中华人民共和国行政诉讼法》第五十一条的规定。（3）原审法院既不立案，又不开庭审理，依职权主动适用诉讼时

① 对应《最高人民法院关于适用〈中华人民共和国行政诉讼法〉的解释》第六十四条第一款："行政机关作出行政行为时，未告知公民、法人或者其他组织起诉期限的，起诉期限从公民、法人或者其他组织知道或者应当知道起诉期限之日起计算，但从知道或者应当知道行政行为内容之日起最长不得超过一年。"

效的规定，违反《中华人民共和国民法总则》第一百九十三条之规定。故请求本院撤销原审裁定，指令原审法院依法立案。

本院经核查上诉人马某忠在提起本案诉讼时提交的证据材料，其所提诉讼请求涉及的3号批复、02号拆迁裁决、83号通知、87号通知的相关情况为：（1）3号批复系固原市政府基于原固原市建设局呈报的《关于上报〈固原市房屋拆迁补偿基准价格及临时安置补助标准〉的请示》于2003年3月18日对该局作出。该批复的主要内容为："一、房屋拆迁重置价(基准价)：砖混楼房：500元/平方米……二、临时安置补助费为：居住用房：3元/月·平方米……三、搬迁补助费为：3元/平方米。"（2）02号拆迁裁决系原固原市建设局于2006年9月1日作出。该拆迁裁决载明的申请人为"固原市市政公司"，被申请人为"马某忠"。该裁决另载明："如当事人对裁决不服的，可在接到裁决书之日起60日内申请行政复议或在接到裁决书之日起3个月内向人民法院起诉……"（3）83号通知系固原市政府于2006年6月15日对"各县（区）人民政府，市政府各部门、直属机构，各事企业单位"作出。该通知关于修改调整固原市政府第5号令的部分内容为："停止执行固原市人民政府第5号令公布的《固原市城市房屋拆迁管理暂行办法》中的第十八条……的规定，调整为'拆迁补偿安置的方式只实行产权调换（等价值调换）'；停止执行第十九条……的规定，调整为'按重置价由有资质的房屋评估中介机构进行评估'；停止执行第二十一条……的规定。"（4）87号通知的名称为《关于停止执行固原市人民政府〈关于规范房屋拆迁补偿的通知〉的通知》。该通知系固原市政府于2007年7月27日对"各县（区）人民政府，市直各有关单位"作出。该通知的主要内容为："一、停止执行固原市人民政府《关于规范房屋拆迁补偿的通知》(固政发〔2006〕83号)。二、关于固原城市规划区征收集体土地地上附着物的原补偿标准不变，另行公布。三、本通知自发布之日起执行。"

本院认为，对于上诉人马某忠提出的起诉，原审法院以《中华人民共和国行政诉讼法》第五十一条第二款为据裁定不予立案，本案的核心争议为上诉人提出的起诉是否符合法定起诉条件。《中华人民共和国行政诉讼法》第四十九条第三项规定的"有具体的诉讼请求"便是法定起诉条件之一。通常认为，“有具体的诉讼请求”主要是指要有确切具体的被诉行政行为。被诉行政行为构成人民法院进行合法性审查的对象，亦决定了人民法院审理和裁判的范围。在一个行政案件中，被诉行政行为一般仅指一个行政机关作出的一个行政行为，或两个及两个以上的行政机关作出的同一个行政行为。尽管公民、法人或其他组织在起诉时可以提出多项具有内在逻辑牵连的诉讼请求，但作为诉讼请求基础的被诉行政行为却须只有一个。此即通常所谓的“一行为一诉讼”的行政诉讼立案受理原则。不同行政行为的作出主体不同，所依据的行政实体和程序法律存在差别，所基于的事实有异，人民法院进行合法性审查的范围、内容、强度等亦不完全一致。若在一个行政案件中同时对两个或两个以上的行政行为提出起诉，则不仅不利于行政机关有效应诉，而且势必对人民法院聚焦被诉行政行为，归纳争议焦点，组织举证质证，认定案件事实，安排法庭辩论，准确适用法律，作出清晰明确的裁判等诉讼活动的有序开展产生阻碍，进而影响到行政案件的公正、及时审理及保护公民、法人和其他组织合法权益、监督行政机关依法行使职权的审判职能作用发挥，还无益于有针对性地促进行政争议的实质性化解。该原则实为行政诉讼规律使然。《中华人民共和国行政诉讼法》第二十六条第四款关于共同作出同一行政行为的行政机关为共同被告的规定及第二十七条关于因同一行政行为产生的必要共同诉讼的规定就典型地体现了这一原则。在无法律规定的情况下，除非存在关联事实等特殊情况及出于诉讼经济的便宜考虑，一般不得在一个行政案件中将两个或两个以上的行政行为列为被诉行政行为。《中华人民共和国行政诉讼法》第二十六条第二款关于复议机关维持原行政行为的，原行政行为机关和复议机关为共同被告的规定是一种非常例外的行政诉讼制度设置。即便如此，依照《最高人民法院关于适用〈中华人民共和国行政诉讼法〉的解释》第一百三十五条第一款的规定，原行政行为的合法性仍是审查的重心，复议决定的合法性只是一并予以审查。另需注意的是，《中华人民共和国行政诉讼法》第二十七条关于因同类行政行为产生的普通共同诉讼的规定只是对相互独立的两个及两个以上行政案件的合并审理，而非同一个行政案件。本案中，上诉人提出的前六项诉讼请求系对多个行为提出起诉，明显有违该原则，构成诉讼请求不具体。但依照《最高人民法院关于适用〈中华人民共和国行政诉讼法〉的解释》第六十八条第三款的规定，人民法院应当进行必要的指导和释明，以便协助诉讼能力不足的公民、法人或其他组织在一个行政案件中恰当确定一个被诉行政行为。原审裁定未显示原审法院进行了相关指导和释明，有欠妥当，但从接下来对上诉人所提诉讼请求逐项分析的情况看，此种欠妥并未影响到上诉人诉权的依法合理行使。

第一项和第三项诉讼请求系针对3号批复和83号通知提出起诉。从本院核查的情况看，3号批复和83号通知是固原市政府对相关单位作出的内部批复，并未直接对特定的公民、法人或其他组织的权利义务产生法律效果，不属于可诉的行政行为。第二项诉讼请求涉及原固原市建设局作出的02号拆迁裁决。从本院核查的情况看，原固原市建设局于2006年9月1日作出该拆迁裁决时告知了诉权和起诉期限。上诉人对该拆迁裁决提出起诉已远远超过当时有效的、修改前的《中华人民共和国行政诉讼法》第三十九条①关于3个月的起诉期限的规定，且其提交的证据材料未显示存在超过法定起诉期限的正当理由。由于上诉人已知道该拆迁裁决的内容，其提出的适用20年的最长诉讼保护期限的主张不能成立。诉讼时效是民事实体法的规定，起诉期限则是《中华人民共和国行政诉讼法》的规定。在法定期限内提起诉讼为法定起诉条件之一，人民法院应当依职权主动审查。原审裁定系以上诉人提起本案诉讼超过法定起诉期限且无正当理由为由，而非上诉人主张的适用了诉讼时效的规定，故上诉人所提原审法院违反《中华人民共和国民法总则》第一百九十三条规定的主张亦不成立。第四项诉讼请求涉及《中华人民共和国行政诉讼法》第五十三条第一款关于行政诉讼附带审查规范性文件的规定。但进行该种附带审查的前提条件之一是对行政行为的起诉已符合法定起诉条件。若对行政行为的起诉尚不成立，则对规范性文件的附带审查也就无所依附。上诉人请求审查83号通知和87号通知即是此种情形。且上诉人对83号通知同时提出起诉和请求进行规范性文件审查，显然有违法律规定。关于第五项诉讼请求，上诉人提

---

① 对应《中华人民共和国行政诉讼法》(2017年修正) 第四十六条第一款。

交的02号拆迁裁决、拆迁协议等证据材料显示，其为被拆迁人，对其承担补偿安置义务的是拆迁人固原市市政公司。无论是固原市政府，还是原固原市建设局，均非拆迁人，亦不存在上诉人上诉所称固原市政府因征收房屋而作出行政行为的情况，且对于原审法院所作上诉人已领取相应拆迁安置补偿款的认定，上诉人在向本院上诉中未予否定，故上诉人请求一并解决安置其居住生活问题显然缺乏事实根据。第六项诉讼请求为行政赔偿诉讼请求。依照《中华人民共和国国家赔偿法》第四条的规定，存在违法的行政行为是公民、法人或其他组织就其财产权所受损害获得行政赔偿的基本前提。上诉人诉请赔偿两次拆除其国有土地上房屋对其造成的损失，但并未提交证据证明固原市政府、原固原市建设局作出了拆除其房屋的行为，其提交的证据材料亦难以证明该二机关存在拆除其房屋的可能性或是存在该二机关依法应对其他主体拆除其房屋承担法律责任的可能性，故上诉人所提该项诉讼请求明显不具备基础。因此，就上诉人所提六项诉讼请求单个而论，亦均不符合法定起诉条件。上诉人还称，原审法院存在违反《中华人民共和国行政诉讼法》第五十一条规定的情况。原审法院接到上诉人提交的起诉状后已进行了审查，且作出不予立案裁定，再结合对上诉人所提诉讼请求的上述分析，故即使上诉人所称属实，该有待依法予以完善之处也未对上诉人诉权的依法合理行使产生实质影响，也难以证明其提起本案诉讼符合法定起诉条件。

综上，上诉人马某忠提出的起诉不符合法定起诉条件，本院对其上诉请求不予支持。原审法院笼统地以超过法定起诉期限为由裁定驳回上诉人的起诉，认定事实及适用法律存在瑕疵，但结果正确，应予维持。依照《中华人民共和国行政诉讼法》第八十九条第一款第一项、第一百零一条及《最高人民法院关于适用〈中华人民共和国民事诉讼法〉的解释》第三百三十四条[①]之规定，裁定如下：驳回上诉，维持原裁定。

本裁定为终审裁定。

① 《最高人民法院关于适用〈中华人民共和国民事诉讼法〉的解释》（2022年修正）第三百三十二条。

51．王某俊诉北京市房山区住房和城乡建设委员会拆迁补偿安置行政裁决案*

在集体土地征收拆迁中，不应简单以拆迁户口冻结统计的时间节点确定安置人口数量

【裁判摘要】

住房和城乡建设委员会对农村宅基地进行拆迁补偿时，应当按照入户和分户条件对宅基地上人口进行计算，不得无故将因婚姻、出生的人口列为拆迁补偿认定范围之外。

一、基本案情

2010年，北京市房山区因轨道交通房山线东羊庄站项目建设需要对部分集体土地实施征收拆迁，王某俊所居住的房屋被列入拆迁范围。该户院宅在册人口共7人，包括王某俊的儿媳和孙女。因第三人房山区土储分中心与王某俊未能达成拆迁补偿安置协议，第三人遂向北京市房山区住房和城乡建设委员会（以下简称房山区住建委）申请裁决。2014年3月6日，房山区住建委作出被诉行政裁决，以王某俊儿媳、孙女的户籍迁入时间均在拆迁户口冻结统计之后、不符合此次拆迁补偿和回迁安置方案中确认安置人口的规定为由，将王某俊户的

* 摘自2018年5月15日最高人民法院发布的人民法院征收拆迁典型案例（第二批）。

在册人口认定为5人。王某俊不服诉至法院，请求撤销相应的行政裁决。

二、裁判结果

北京市房山区人民法院一审认为：王某俊儿媳与孙女的户籍迁入时间均在拆迁户口冻结统计之后，被诉的行政裁决对在册人口为5人的认定并无不当，故判决驳回王某俊的诉讼请求。王某俊不服，提起上诉。北京市第二中级人民法院二审认为：依据《北京市集体土地房屋拆迁管理办法》第八条第一款第三项有关用地单位取得征地或者占地批准文件后，可以向区、县国土房管局申请在用地范围内暂停办理入户、分户，但因婚姻、出生、回国、军人退伍转业、经批准由外省市投靠直系亲属、刑满释放等原因必须入户、分户的除外的规定，王某俊儿媳因婚姻原因入户，其孙女因出生原因入户，不属于上述条款中规定的暂停办理入户和分户的范围，不属于因擅自办理入户而在拆迁时不予认定的范围。据此，被诉的行政裁决将王某俊户的在册人口认定为5人，属于认定事实不清、证据不足，二审法院判决撤销一审判决及被诉的行政裁决，并责令房山区住建委重新作出处理。

三、典型意义

在集体土地征收拆迁当中，安置人口数量之认定关乎被拆迁农户财产权利的充分保护，准确认定乃是依法行政应有之义。实践中，有些地方出于行政效率等方面的考虑，简单以拆迁户口冻结统计的时间节点来确定安置人口数量，排除因婚姻、出生、回国、军人退伍转业等原因必须入户、分户的特殊情形，使得某些特殊人群尤其是弱势群体的合理需求得不到应有的尊重，合法权益得不到应有的保护。本案中，二审法院通过纠正错误的一审判决和被诉行政行为，正确贯彻征收补偿的法律规则，充分保护农民合法权益的同时，也体现了国家对婚嫁女、新生儿童等特殊群体的特别关爱。

行政协议

▶ 行政机关在职权范围内对行政协议条款进行的解释，人民法院经审查可作为审查行政协议的依据

52. 萍乡市亚鹏房地产开发有限公司诉萍乡市国土资源局不履行行政协议案*

（最高人民法院审判委员会讨论通过 2016年12月28日发布）

【关键词】

行政 行政协议 合同解释 司法审查 法律效力

【裁判要点】

行政机关在职权范围内对行政协议约定的条款进行的解释，对协议双方具有法律约束力，人民法院经过审查，根据实际情况，可以作为审查行政协议的依据。

【相关法条】

《中华人民共和国行政诉讼法》第十二条

* 摘自2016年12月28日最高人民法院发布的第15批指导性案例（指导案例76号）。

【基本案情】

2004年1月13日，江西省萍乡市土地收购储备中心受萍乡市肉类联合加工厂委托，经被告萍乡市国土资源局（以下简称市国土局）批准，在萍乡日报上刊登了国有土地使用权公开挂牌出让公告，定于2004年1月30日至2004年2月12日在土地交易大厅公开挂牌出让TG-0403号国有土地使用权，地块位于萍乡市安源区后埠街万公塘，土地出让面积为23173.3平方米，开发用地为商住综合用地，冷藏车间维持现状，容积率2.6，土地使用年限为50年。萍乡市亚鹏房地产开发有限公司（以下简称亚鹏公司）于2006年2月12日以投标竞拍方式并以人民币768万元取得了TG-0403号国有土地使用权，并于2006年2月21日与被告市国土局签订了《国有土地使用权出让合同》。合同约定出让宗地的用途为商住综合用地，冷藏车间维持现状。土地使用权出让金为每平方米331.42元，总额计人民币768万元。2006年3月2日，市国土局向亚鹏公司颁发了萍国用（2006）第43750号和萍国用（2006）第43751号两本国有土地使用证，其中萍国用（2006）第43750号土地证地类（用途）为工业，使用权类为出让，使用权面积为8359平方米，萍国字（2006）第43751号土地证地类为商住综合用地。对此，亚鹏公司认为约定的“冷藏车间维持现状”是维持冷藏库的使用功能，并非维持地类性质，要求将其中一证地类由“工业”更正为“商住综合”；但市国土局认为维持现状是指冷藏车间保留工业用地性质出让，且该公司也是按照冷藏车间为工业出让地缴纳的土地使用权出让金，故不同意更正土地用途。2012年7月30日，萍乡市规划局向萍乡市土地收购储备中心作出《关于要求解释〈关于萍乡市肉类联合加工厂地块的函〉》中有关问题的复函，主要内容是：我局在2003年10月8日出具规划条件中已明确了该地块用地性质为商住综合用地（冷藏车间约7300平方米，下同）但冷藏车间维持现状。根据该地块控规，其用地性质为居住（兼容商业），但由于地块内的食品冷藏车间是目前我市唯一的农产品储备保鲜库，也是我市重要的民生工程项目，因此，暂时保留地块内约7300平方米冷藏库的使用功能，未经政府或相关主管部门批准不得拆除。2013 年 2 月 21 日，市国土局向亚鹏公司书面答复：（1）根据市规划局出具的规划条件和宗地实际情况，同意贵公司申请 TG-0403 号地块中冷藏车间用地的土地用途由工业用地变更为商住用地。（2）由于贵公司取得该宗地中冷藏车间用地使用权是按工业用地价格出让的，根据《中华人民共和国城市房地产管理法》之规定，贵公司申请 TG-0403 号地块中冷藏车间用地的土地用途由工业用地变更为商住用地，应补交土地出让金。补交的土地出让金可按该宗地出让时的综合用地（住宅、办公）评估价值减去的同等比例计算，即 297.656 万元×70%＝208.36 万元。（3）冷藏车间用地的土地用途调整后，其使用功能未经市政府批准不得改变。亚鹏公司于 2013 年 3 月 10 日向法院提起行政诉讼，要求判令被告将萍国用（2006）第 43750 号国有土地使用证上的地类用途由“工业”更正为商住综合用地（冷藏车间维持现状）。撤销被告《关于对市亚鹏房地产有限公司 TG-0403 号地块有关土地用途问题的答复》中第二项关于补交土地出让金 208.36 万元的决定。

【裁判结果】

江西省萍乡市安源区人民法院于 2014 年 4 月 23 日作出（2014）安行初字第 6 号行政判决：一、被告萍乡市国土资源局在本判决生效之日起九十天内对萍国用（2006）第 43750 号国有土地使用证上的 8359.1 平方米的土地用途应依法予以更正。二、撤销被告萍乡市国土资源局于 2013 年 2 月 21 日作出的《关于对市亚鹏房地产开发有限公司 TG-0403 号地块有关土地用途的答复》中第二项补交土地出让金 208.36 万元的决定。宣判后，萍乡市国土资源局提出上诉。江西省萍乡市中级人民法院于 2014 年 8 月 15 日作出（2014）萍行终字第 10 号行政判决：驳回上诉，维持原判。

【裁判理由】

法院生效裁判认为：行政协议是行政机关为实现公共利益或者行政管理目标，在法定职责范围内与公民、法人或者其他组织协商订立的具有行政法上权利义务内容的协议，本案行政协议即是市国土局代表国家与亚鹏公司签订的国有土地使用权出让合同。行政协议强调诚实信用、平等自愿，一经签订，各方当事人必须严格遵守，行政机关无正当理由不得在约定之外附加另一方当事人义务或单方变更解除。本案中，TG-0403 号地块出让时对外公布的土地用途是“开发用地为商住综合用地，冷藏车间维持现状”，出让合同中约定为“出让宗地的用途为商住综合用地，冷藏车间维持现状”。但市国土局与亚鹏公司就该约定的理解产生分歧，而萍乡市规划局对原萍乡市肉类联合加工厂复函确认 TG-0403 号国有土地使用权面积 23173.3 平方米（含冷藏车间）的用地性质是商住综合用地。萍乡市规划局的解释与挂牌出让公告明确的用地性质一致，且该解释是萍乡市规划局在职权范围内作出的，符合法律规定和实际情况，有助于树立诚信政府形象，并无重大明显的违法情形，具有法律效力，并对市国土局关于土地使用性质的判断产生约束力。因此，对市国土局提出的冷藏车间占地为工业用地的主张不予支持。亚鹏公司要求市国土局对“萍国用（2006）第 43750 号”土地证（土地使用权面积 8359.1 平方米）地类更正为商住综合用地，具有正当理由，市国土局应予以更正。亚鹏公司作为土地受让方按约支付了全部价款，市国土局要求亚鹏公司如若变更土地用途则应补交土地出让金，缺乏事实依据和法律依据，且有违诚实信用原则。

（生效裁判审判人员：朱江红、李修贵、邹绍良）

理解与参照

《萍乡市亚鹏房地产开发有限公司诉萍乡市国土资源局不履行行政协议案》的理解与参照*

——行政协议履行争议中行政机关合同解释行为的法律效力及司法审查

最高人民法院案例指导工作办公室

2016年12月28日，最高人民法院发布了指导案例76号《萍乡市亚鹏房地产开发有限公司诉萍乡市国土资源局不履行行政协议案》。为了正确理解和准确参照适用该指导案例，现对该指导案例的推选过程、裁判要点等有关情况予以解释、论证和说明。

一、推选过程及指导意义

该案例经江西省萍乡市中级人民法院审判委员会讨论后向江西省高级人民法院报送，江西省高级人民法院研究室初审后，报案例编审委员会委员审核，再经行政审判庭庭长复核，最后报江西省高级人民法院审判委员会讨论，一致同意作为备选指导性案例报送最高人民法院案例指导工作办公室。2016年9月7日，研究室室务会经讨论同意推荐该案例，并送最高人民法院行政庭征求意见。11月4日，行政庭回复同意推荐该案例。该案

* 摘自《司法文件选解读》第9辑（总第69辑），人民法院出版社2018年版，第48~57页。

例经过修改，于11月8日提交审委会予以审议。12月6日，经最高人民法院第256次民专会讨论，同意该案例作为指导性案例，并提出修改意见，即要明确人民法院对有关行政机关对行政协议作出的解释应当予以审查，审查应当考虑行政机关的解释是否符合实际情况。该案例根据民专会提出的意见进行了修改，报请院领导审核后予以发布。12月28日，最高人民法院以法〔2016〕449号文件将该案例列为第15批指导性案例予以发布。

该指导案例旨在明确行政机关在职权范围内对行政协议约定的条款进行的解释，对协议双方具有法律约束力，人民法院经过审查，根据实际情况，可以作为审查行政协议的依据。行政机关在其职权范围内对行政协议约定的条款进行的解释，如果符合法律规定和实际情况，则具有法律效力，对其他行政机关的行政行为具有一定的约束力。此案例明确的裁判规则，有助于人民法院依法正确审理类似案件，促进行政机关依法行政，维护诚信政府形象。

二、关于本案例的相关情况

本案中，2004年1月13日，萍乡市土地收购储备中心受萍乡市肉类联合加工厂委托，经被告萍乡市国土资源局（以下简称萍乡市国土局）批准，在《萍乡日报》上刊登了国有土地使用权公开挂牌出让公告，在土地交易大厅公开挂牌出让TG-0403号国有土地使用权，开发用地为商住综合用地，冷藏车间维持现状，容积率2.6，土地使用年限为50年。萍乡市亚鹏房地产开发有限公司（以下简称亚鹏公司）于2006年2月12日以投标竞拍方式并以人民币768万元取得了TG-0403号国有土地使用权，并于2006年2月21日与被告萍乡市国土局签订了《国有土地使用权出让合同》。合同约定出让宗地的用途为商住综合用地，冷藏车间维持现状。土地使用权出让金为每平方米331.42元，总额计人民币768万元。但是在2006年3月2日，萍乡市国土局向亚鹏公司颁发的国有土地使用证中，将冷藏车间所占土地明确为工业用地。对此，亚鹏公司认为约定的“冷藏车间维持现状”是维持冷藏库的使用功能，并非维持地类性质，要求将地类由“工业”更正为“商住综合”。

2012年7月30日，萍乡市规划局向萍乡市土地收购储备中心作出《关于要求解释〈关于萍乡市肉类联合加工厂地块的函〉》中有关问题的复函，主要内容是："我局在2003年10月8日出具规划条件中已明确了该地块用地性质为商住综合用地（冷藏车间约7300平方米、下同），但冷藏车间维持现状。根据该地块控规，其用地性质为居住（兼容商业），但由于地块内的食品冷藏车间是目前我市唯一的农产品储备保鲜库，也是我市重要的民生工程项目，因此，暂时保留地块内约7300平方米冷藏库的使用功能，未经政府或相关主管部门批准不得拆除。"随后，虽然萍乡市国土局于2013年2月21日向亚鹏公司答复同意冷藏车间用地的土地用途由工业用地变更为商住用地，但认为亚鹏公司取得该宗地中冷藏车间用地使用权是按工业用地价格出让的，应按照《中华人民共和国城市房地产管理法》相关规定补交土地出让金208.36万元。亚鹏公司于2013年3月10日向法院提起行政诉讼，要求判令被告将萍国用（2006）第43750号国有土地使用证上的地类用途由"工业"更正为商住综合用地（冷藏车间维持现状）。撤销被告《关于对市亚鹏房地产有限公司TG-0403号地块有关土地用途问题的答复》中第二项关于补交土地出让金208.36万元的决定。

本案是行政机关不依法履行、未按照约定履行行政协议的典型案件。本案的所涉及的疑难问题在于，国有土地出让方与受让方对合同条款产生不同理解，第三方行政机关在职权范围内进行解释，是否具有法律效力，对争议双方能否产生约束力。对合同解释行为，民事上的认识与行政法上的解析有所不同。民事合同当事人或其他人虽属于广义的解释主体范畴，但其解释却没有法律约束力。梁慧星教授认为，尽管当事人双方都会发表对于合同解释的意见，法官在审理案件时也会一定程度地参考当事人所作的说明，但最终作为判决的事实依据，是法庭所作出的解释。民事上合同解释理论认为，只有受理合同纠纷的法院或者仲裁机构作出的解释，才是权威的、具有法律约束力的解释。而在行政合同领域，若以行政机关为合同当事人的身份，或者是合同当事人以外其他人的身份，一语判定其对合同的解释没有法律约束力，则稍显武断。行政法上，基于对行政机关合同解释行为性质的厘定，衍生出相应的司法审查规则，自成其理，本案则对此提供了较好的观察窗口。

三、裁判要点的理解与说明

该指导案例的裁判要点确认：行政机关在职权范围内对行政协议约定的条款进行的解释，对协议双方具有法律约束力，人民法院经过审查，根据实际情况，可以作为审查行政协议的依据。现围绕与该裁判要点相关的问题逐一论证和说明如下：

(一) 本案中市规划局作出的解释行为系行政优益权行为

与单方行政行为相比，行政合同虽呈现出柔和平易的特点，但归根结底还是行政机关行使权力的方式，其属性仍然具有一定的行政行为特征。行政机关在缔结、履行行政合同中享有的主导性权利，称之为行政优益权，亦称之为行政主体的合同特权。对行政机关的合同解释行为能否作为行政优益权行为，从有关论著对行政优益权行为内容的列举情况来看，存在两种观点：

一是未将合同解释权列为行政优益权。如杨解君主编的《中国行政合同理论与实践探索》一书，其中所列举的八项权利没有合同解释权。这种观点有着比较法上的支持：根据王名扬教授所著的《法国行政法》一书，法国法律所规定行政优益权主要有合同履行的指挥命令权，单方变更、单方解约权，制裁权、强制执行权等，其中并未列明合同解释权。德国法律所规定的行政优益权范围更为狭窄，只有特别解约权和合同约定条件下直接强制执行权两种。

二是将合同解释权列为行政优益权。如余凌云教授在其《行政契约论》一书中就提出，基于行政合同是推行行政政策的手段，而行政机关对行政目的的理解具有权威性之考量，可以考虑将解释权赋予行政机关。最高人民法院原副院长江必新《中国行政合同法律制度》一文，及最高人民法院行政审判庭原庭长赵大光在其《行政合同与司法审查》一文，将合同解释权作为六项行政优益权之一。

笔者认为，对于本案所涉市规划局的解释行为性质的界定，应从解释对象（即冷藏车间所占土地的使用性质）是否具有公共性和行政性两方面分析：

1. 公共性。《中华人民共和国土地管理法》第四条规定，国家实行土地用途管制制度。土地用途管制制度，是指国家为保证土地资源的合理利用，经济、社会和环境的协调发展，通过编制土地利用总体规划划定土地用途区域，确定土地使用限制条件，土地的所有者、使用者严格按照国家确定的用途利用土地的制度。本案冷藏车间所占土地作何用途，是亚鹏公司主张的商住综合用地，还是萍乡市国土局主张的工业用地，关涉土地资源的合理利用及经济社会与环境的协调发展，无疑具有公共性。

2. 行政性。根据《国务院关于加强城乡规划监督管理的通知》及《建设部关于加强国有土地使用权出让规划管理工作的通知》，国有土地使用权出让前，出让地块必须具备由城市规划行政主管部门依据控制性详细规划出具的拟出让地块的规划设计条件，规划设计条件的一项重要内容就是土地使用性质。也就是说，土地出让合同中用地性质的内容是行政机关在决定出让土地时就已先行确定的，受让人只能接受，具有明显的行政性。

据此，对本案争议土地确定何种用地性质，不是双方合意的产物，而是市规划局单方决定的结果。由于城市总体规划和控制性详细规划均由市规划局拟定，其对为何确定争议土地性质为商住综合用地的目的具有权威性的考量，其在本案中的解释行为是在职权范围内对行政意志的明确行为，属于行政优益权行为。

（二）市规划部门作出的解释行为具有法律效力

行政优益权是行政合同中集中体现行政性的部分，其不必与相对人协商依单方意志即可作出，具有与单方行政行为及其类似的特点。因此，对行政机关行使特权的行为，人民法院应当予以审查。我们在行政审判实践中，行政行为除了作为审查对象对其进行合法性审查外，还可能以两种面貌出现：一是作为证据，对其证据三性进行审查；二是作为前置行政行为，按照“重大明显违法”的标准对其合法性进行审查。本案的被诉行政行为是萍乡市国土局作出的答复行为，而萍乡市规划局的解释（复函）只是亚鹏公司提交的证据材料。萍乡市规划局的解释作为证据材料，虽不能对其进行全面的合法性审查，但鉴于该解释对被诉行政行为的合法性影响非其他普通证据可比，应采用较普通证据较高的审查强度，即“重大明显违法”的审查标准。依此标准，对萍乡市规划局的解释行为可进行以下几方面的审查：

1. 解释的职权依据审查。行政合同作为一种行政手段，应当受到依法行政原则的约束。合同解释权内涵于以合同方式作出行政行为的权力中。《中华人民共和国城镇国有土地使用权出让和转让暂行条例》第十条规定，土地使用权出让的地块、用途、年限和其他条件，由市、县人民政府土地管理部门会同城市规划和建设管理部门、房产管理部门共同拟订方案，按照国务院规定的批准权限报经批准后，由土地管理部门实施。国土资源部2002年《招标拍卖挂牌出让国有土地使用权规定》第六条明确，市、县人民政府土地行政主管部门应当按照出让计划，会同城市规划等有关部门共同拟订拟招标拍卖挂牌出让地块的用途、年限、出让方式、时间和其他条件等方案，报经市、县人民政府批准后，由市、县人民政府土地行政主管部门组织实施。根据上述行政法规、规章规定，萍乡市规划局虽然未与亚鹏公司签订土地出让合同，但却与萍乡市国土局共同拟定合同条款报政府批准，其既有权参与拟定合同，亦有权对所拟定内容进行解释。

2. 作出解释的程序审查。对行政机关以何种程序作出合同解释，法律法规没有具体规定。萍乡市国土局作出解释的程序是否正当，可由法院根据具体案情确定。本案中，萍乡市规划局是应市国土局的公函要求作出解释的，且向亚鹏公司予以公开，并无明显的程序不当之处。

3. 解释方法是否具有正当性。一般而言，合同解释的方法有文义解释、体系解释、目的解释、公平解释、诚信解释等多种解释方法。从解释的内容看，萍乡市规划局采用了多种解释方法。一是文义解释，该局认为该地块用地为商住综合用地，“该地块”是指出让地块，冷藏车间所占土地属于出让地块范围，当然也是商住综合用地。二是目的解释，该局明确冷藏车间维持现状的目的是保证该市唯一的农产品储备保鲜库的使用功能，而不是维持用地性质不变。三是解释与先前确定的地块控规及出让公告内容一致，符合诚信原则。

经以上几方面审查，萍乡市规划局的解释符合法律规定，有助于树立诚信政府形象，并无重大明显的违法情形，具有法律效力，并对萍乡市国土局关于土地使用性质的判断产生约束力。萍乡市国土局虽同意亚鹏公司变更该幅土地性质，但要求其补交土地出让金，实质上仍是坚持该幅土地的工业用地性质，与萍乡市规划局在职权范围作出的商住综合用地的解释内容不相符合，不应支持，依法应予撤销。

（执笔人：郑红葛、石磊）

53. 濮阳市华龙区华隆天然气有限公司因濮阳华润燃气有限公司诉河南省濮阳市城市管理局、河南省濮阳市人民政府确认行政协议无效再审案*

人民法院在审理行政协议效力认定案件时，不仅要根据《行政诉讼法》及相关司法解释规定的无效情形进行审查，还要遵从相关民事法律规范对于合同效力认定的规定

【裁判摘要】

行政协议系行政机关为实现行政管理或公共服务目标，与公民、法人或者其他组织协商订立的具有行政法上权利义务内容的协议。管道燃气特许经营协议作为政府特许经营协议，属于典型的行政协议，该协议兼具"行政性"和"合同性"。人民法院在审理行政协议效力认定案件时，不但要根据《中华人民共和国行政诉讼法》及相关司法解释规定的无效情形进行审查，还要遵从相关民事法律规范对于合同效力认定的规定。

再审申请人（一审第三人、二审上诉人）：濮阳市华龙区华隆天然气有限公司，住所地河南省濮阳市中原路东段路南华龙配气站院内。

法定代表人：薛某1，该公司董事长。

---

* 摘自《最高人民法院公报》2022年第5期，最高人民法院（2020）最高法行再509号行政判决书。

委托诉讼代理人：田某钢，河南金谋律师事务所律师。

委托诉讼代理人：张某辉，河南金谋律师事务所律师。

被申请人（一审被告、二审上诉人）：河南省濮阳市城市管理局，住所地河南省濮阳市人民路中段112-2号。

法定代表人：侯某峰，该局局长。

出庭负责人：吕某杰，该局副局长。

委托诉讼代理人：韩某山，该局工作人员。

委托诉讼代理人：薛某2，河南濮水律师事务所律师。

被申请人（一审被告）：河南省濮阳市人民政府，住所地河南省濮阳市华龙区人民路158号。

法定代表人：万某峰，该市人民政府市长。

委托诉讼代理人：靳某红，该市司法局工作人员。

委托诉讼代理人：李某，该市司法局工作人员。

被申请人（一审原告、二审上诉人）：濮阳华润燃气有限公司，住所地河南省濮阳市金堤中路659号。

法定代表人：陈某勇，该公司董事长。

委托诉讼代理人：史某乾，河南瀛豫律师事务所律师。

委托诉讼代理人：李某颖，河南德问行律师事务所律师。

再审申请人濮阳市华龙区华隆天然气有限公司（以下简称华隆公司）因濮阳华润燃气有限公司（以下简称华润公司）诉河南省濮阳市城市管理局（以下简称濮阳市城管局）、河南省濮阳市人民政府（以下简称濮阳市政府）确认行政协议无效一案，不服河南省高级人民法院（2018）豫行终111号行政判决，向本院申请再审。本院于2020年11月24日作出（2019）最高法行申13741号行政裁定，对本案提起再审。提审后，本院依法组成合议庭，于2021年9月10日公开开庭审理了本案。再审申请人华隆公司的法定代表人薛某1、委托诉讼代理人田某钢，被申请人濮阳市城管局的行政机关负责人吕某杰、委托诉讼代理人韩某山、薛某2，被申请人濮阳市政府的委托诉讼代理人靳某红、李某，被申请人华润公司的委托诉讼代理人史某乾、李某颖到庭参加诉讼。本案现已审理终结。

华润公司向河南省鹤壁市中级人民法院（以下简称一审法院）起诉称，2012 年 8 月 21 日，濮阳市政府委托濮阳市城管局（2015 年 12 月 31 日，原濮阳市公用事业局组建为濮阳市城管局，以下统称为濮阳市城管局）与华润公司签订《濮阳华润燃气有限公司管道燃气特许经营协议》。2013 年 12 月 10 日，濮阳市政府委托濮阳市城管局与华隆公司签订《濮阳市城市管道燃气特许经营协议》(以下简称被诉协议)。两份协议约定的经营区域部分重合，濮阳市城管局与华隆公司签署上述被诉协议，将已由华润公司特许经营的区域又交给华隆公司经营，严重侵犯华润公司权益，请求确认被诉协议无效。

一审法院经审理查明，2012 年 8 月 21 日，华润公司与濮阳市城管局签订《濮阳华润燃气有限公司管道燃气特许经营协议》，合同约定的特许经营权行使范围为：濮阳市规划区［包括但不仅限于华龙区、濮阳市高新技术开发区、濮阳工业园区（濮阳市产业聚集区）等以及下属的各乡镇］及原濮阳市天然气公司已取得的其他经营区域，并随所在区域的扩大而扩大，但在《设立濮阳华润燃气有限公司合资合同》签署时在濮阳市规划区内已经由濮阳市城管局批复的中原油田内部职工自供用户范围、濮阳市天伦燃气有限公司的供气区域除外。

2013 年 12 月 10 日，濮阳市城管局作为甲方与乙方华隆公司签订被诉协议。协议约定华隆公司的特许经营权范围为：（1）①现清丰县南县界以南、文化路以东、绿城路以北、龙乡路以西，该区域不包括油田内部单位、企业和职工住宅区；②绿城路以南、盘锦路以东、黄河路以北、龙乡路以西；③在规定区域内，由其他燃气公司供应的原用户保持不变；④特殊情况由市燃气主管部门根据情况确定。(详见附件 2《濮阳市华龙区华隆天然气有限公司特许经营区域图示》)（2）在濮阳市市城区内，乙方不得超出协议第 3.4 条（1）项所划定的特许经营区域经营管道燃气。毗邻乙方的管道燃气特许经营者的供气管道需要通过乙方的特许经营区域并影响乙方的燃气设施建设或安全时，毗邻双方先自行协商确定路由等建设方案；双方达不成一致意见的，管道燃气建设方应制定详细的方案，甲方在听取乙方的合理意见后有权依法确定方案，甲方有权通知乙方执行该方案，乙方不得拒绝执行。（3）在濮阳市市城区内，乙方的供气管道需要通过毗邻的特许经营区域时，乙方有权提请甲方协调按照本协议第3.4（2）项约定的同等条件和程序执行，乙方的供气管道允许通过，但不许开口或安装阀门。（4）在濮阳市市城区内，乙方与其他毗邻管道燃气经营者就管道燃气特许经营区域产生争议的，在争议解决之前，任何一方不得改变供气现状、擅自停止供气及调整供气量、擅自建设。

2015年8月1日，濮阳市城管局又与华润公司签订《濮阳华润燃气有限公司管道燃气特许经营补充协议》。协议又将华润公司特许经营范围确定为：（1）现清丰县南县界以南、金堤路以东、绿城路以北、文化路以西，该区域不包括油田内部单位、企业和职工住宅区；（2）绿城路以南、开州路以东、黄河路以北、盘锦路以西，该区域不包括油田内部单位、企业和职工住宅区；（3）黄河路以南、濮阳市界以东、现濮阳市市区行政辖区南界以北、106国道以西，该区域不包括油田内部单位、企业和职工住宅区及濮阳县行政所辖区；（4）现黄河路以南的王助乡和新习乡行政所辖区；（5）濮阳市工业园区［《濮阳市人民政府（濮政文〔2010〕322号）关于濮阳市产业集聚区空间发展规划和濮阳市产业集聚区控制性详细规划的批复》］（A. 纬一路以南、经一路以东、顺北路—经四路—纬九路以北、经五路以西；B. 纬三路以南、经五路以东、纬八路以北、顺西路以西；C. 纬五路以南、顺西路—赵寨路以东、于家村路以北、大寨口路—周村路以西）；（6）龙乡路以东现岳村乡行政所辖区；（7）黄河以南、106国道以东、现濮阳县北县界以北、西县界以西的濮阳市区行政管辖区；（8）特殊情况由市燃气主管部门根据情况确定。（具体经营区域详见附件：《濮阳华润燃气有限公司特许经营区域图示》）

一审法院经审理认为，濮阳市城管局是独立的机关法人，独立承担法律责任，在签订协议过程中，濮阳市政府没有作出行政行为。华润公司诉称经濮阳市政府授权濮阳市城管局签订协议，无证据支持，依法不予采信。濮阳市城管局与华润公司签订的《濮阳华润燃气有限公司管道燃气特许经营协议》约定的特许经营范围，与被诉协议约定的范围，四至不清，表述不明。濮阳市城管局2012年8月21日与华润公司签订了《濮阳华润燃气有限公司管道燃气特许经营协议》，又在2013年12月10日与华隆公司签订被诉协议，约定的经营区域部分重叠，该约定行为违法。一审法院依照《中华人民共和国行政诉讼法》第七十四条第一款第一项、第七十八条之规定，判决：一、确认濮阳市城管局与华隆公司于2013年12月10日签订的被诉协议中第3.4条款违法；二、责令濮阳市城管局采取补救措施；三、驳回华润公司的其他诉讼请求。一审案件受理费50元，由濮阳市城管局负担。

华润公司、华隆公司、濮阳市城管局均不服一审判决，向河南省高级人民法院（以下简称二审法院）提起上诉。

二审法院对一审法院查明的事实予以确认。

二审法院经审理认为：（1）管道燃气经营属于《中华人民共和国行政许可法》第十二条规定的“有限自然资源开发利用、公共资源配置以及直接关系公共利益的特定行业的市场准入等，需要赋予特定权利的事项”，管道燃气特许经营协议中关于经营范围的内容属于行政许可。本案中，濮阳市城管局与华润公司于2012年8月21日签订的《濮阳华润燃气有限公司管道燃气特许经营协议》3.4载明：“乙方管道燃气经营区域：濮阳市规划区［包括但不仅限于华龙区、濮阳市高新技术开发区、濮阳工业园区（濮阳市产业集聚区）等以及下属的各乡镇］及原濮阳市天然气公司已取得的其他经营区域，并随所在区域的扩大而扩大。”华润公司以2005—2020年城市规划图、燃气规划图等证据主张涉案争议经营区域在其燃气特许经营许可范围内，濮阳市政府、濮阳市城管局、华隆公司虽然均主张该争议区域边界不明，但未提供相反证据予以证实。濮阳市政府主张华润公司提供的城市规划图已经废止，但未提供相应证据予以支持，且濮阳市政府、濮阳市城管局、华隆公司均未提供濮阳市其他城市规划图等来证明规划图之间关于涉案争议区域不一致、边界不清晰或未包含涉案争议区域的事实，故该院对华润公司的主张予以支持。濮阳市城管局于2013年12月10日与华隆公司签订的被诉协议约定的经营区域，与其和华润公司签订的《濮阳华润燃气有限公司管道燃气特许经营协议》约定的经营区域部分重叠，该重叠部分属于重复许可，自始不发生法律效力。因涉案争议区域是签订被诉协议的基础，故该协议依法应属无效协议。（2）濮阳市城管局与华润公司签订的《濮阳华润燃气有限公司管道燃气特许经营补充协议》对争议经营区域的经营权归属没有明确，濮阳市城管局以该补充协议主张华润公司与华隆公司特许经营区域不重叠的理由不成立。（3）关于濮公用〔2016〕1号《濮阳市公用事业局关于濮阳华润燃气有限公司濮阳市华龙区华隆燃气有限公司经营区域内部分地块调整的通知》（以下简称濮公用〔2016〕1号文），濮阳市城管局和华隆公司均主张该文系各方协调的结果，华润公司不予认可。因濮公用〔2016〕1号文的表现形式是单方决定，濮阳市城管局和华隆公司均没有举出协商一致的其他证据，且该文第二条中涉及的调整给华润公司作为补偿的华隆公司的两块经营区域，原本在濮阳市城管局与华润公司2012年8月签订的《濮阳华润燃气有限公司管道燃气特许经营协议》约定的经营范围内，不符合常理，故对濮阳市城管局和华隆公司的该项主张不予支持。（4）《城镇燃气管理条例》第五条第二款规定："县级以上人民政府燃气管理部门负责本行政区域内的燃气管理工作。"濮阳市城管局是濮阳市政府成立的职能机构，其主要职责包括负责燃气经营许可，故本案适格被告是濮阳市城管局，濮阳市政府不是本案适格被告。华润公司关于该局无权签订协议的理由不能成立。综上，一审认定事实清楚，但适用法律错误，予以纠正。二审法院依照《中华人民共和国行政诉讼法》第八十九条第一款第二项之规定，判决：一、撤销一审法院（2014）鹤行初字第38号行政判决；二、确认2013年12月10日濮阳市城管局与华隆公司签订的被诉协议无效。本案一审和二审诉讼费各50元，由濮阳市城管局、濮阳市政府、华隆公司共同负担。

华隆公司不服二审判决，向本院申请再审称：（1）濮阳市华龙区人民政府（以下简称华龙区政府）与华隆公司2010年8月18日签订《濮阳市濮东产业集聚区燃气项目投资建设合同》后，华隆公司已开始在濮阳市华龙区实际投资、经营管道燃气。（2）濮阳市城管局2012年8月21日与华润公司签订的《濮阳华润燃气有限公司管道燃气特许经营协议》约定的特许经营区域四至不明，其燃气经营许可证载明的特许经营区域与上述协议不一致，亦可说明上述问题。濮阳市城管局将部分华隆公司特许经营区域重复授权给华润公司，侵害了华隆公司的合法权益，该授权未经过招投标，也未听证，程序违法。（3）华润公司诉请确认被诉协议无效，根据《最高人民法院关于适用〈中华人民共和国行政诉讼法〉的解释》第一百六十二条的规定，应当不予立案。一、二审法院受理并作出判决，适用法律错误，违反法定程序。请求撤销二审判决，将本案发回重审或改判驳回华润公司的诉讼请求。

濮阳市城管局答辩称：（1）濮阳市城管局按照国家、河南省的相关规定和要求，于2013年12月10日与华隆公司签订被诉协议，该协议经过原濮阳市人民政府法制办公室（以下简称濮阳市法制办）合法性审核。（2）濮阳市城管局与华润公司于2012年8月21日签订的《濮阳华润燃气有限公司管道燃气特许经营协议》四至不明确，未按照原中华人民共和国建设部发布的示范合同要求，明确特许经营区域和四至。（3）濮阳市城管局与华润公司之间签订的上述协议没有通过濮阳市法制办的审核，因此，濮阳市城管局才与华润公司于2015年8月签订了《濮阳华润燃气有限公司管道燃气特许经营补充协议》，该协议的签订部分解决了华润公司、华隆公司之间的经营权争议。（4）濮公用〔2016〕1号文的作出，是为了解决华润公司、华隆公司在濮阳市濮东产业集聚区管道燃气经营权的争议问题，是组织双方商谈协调的结果。该文作出后，华隆公司将所有针对华润公司的诉讼都撤回，华润公司将在河南省范县人民法院对华隆公司提起的诉讼撤回，但未撤回本案诉讼。（5）濮阳市城管局根据濮公用〔2016〕1号文的内容，结合华隆公司、华润公司的现实情况，已经明确了两家公司的各自经营范围，实际上本案纠纷已经彻底解决。

濮阳市政府答辩称：（1）濮阳市政府不是本案的适格被告。（2）濮阳市政府同意濮阳市城管局的答辩意见。

华润公司答辩称：（1）濮阳市城管局与华润公司2012年8月21日签订的《濮阳华润燃气有限公司管道燃气特许经营协议》对特许经营区域约定具体、明确，不存在边界不明的情况。城市规划区作为法律概念，系指城市建成区及因城乡建设和发展需要，必须实行规划控制的区域，故上述协议约定的“濮阳市规划区”界限具体、清晰、明确。（2）华润公司作为原濮阳市天然气公司管道燃气经营的承继单位，承继该公司管道燃气业务具有历史原因。华润公司与濮阳市城管局签订的《濮阳华润燃气有限公司管道燃气特许经营协议》合法有效，亦非本案被诉标的，华隆公司主张该协议的签订未经招投标、听证，程序违法，不应予以支持。（3）华润公司依据与濮阳市城管局签订的《濮阳华润燃气有限公司管道燃气特许经营补充协议》，对不存在争议的经营区域先行办理燃气经营许可证，具有事实根据，不能证明华润公司特许经营区域四至不清。（4）濮阳市城管局把已经由华润公司取得特许经营权的区域，通过签订被诉协议的方式授权华隆公司进行经营，侵害了华润公司合法权益。濮公用〔2016〕1号文系濮阳市城管局单方作出，华润公司不服，已向濮阳市政府申请行政复议。濮阳市政府以相关争议在诉讼过程中为由，决定中止该案的审理。综上，二审判决确认被诉协议无效，认定事实清楚，适用法律、法规正确，程序合法。华隆公司申请再审的理由不能成立，请求驳回其再审申请。

华隆公司再审过程中向本院提交了两份新证据，分别为河南省濮阳市华龙区人民法院（2019）豫0902行初62号行政判决和河南省濮阳市中级人民法院（2020）豫09行终13号行政判决，用于证明华润公司与濮阳市城管局签订的《濮阳华润燃气有限公司管道燃气特许经营补充协议》因侵犯濮阳县博远天然气有限公司的在先权利，已被部分确认无效。对于华隆公司提交的上述新证据，本院认为其所欲证明的事实与本案裁判无关，故在本案中不予采纳。

本院除对一、二审法院查明的事实予以确认外，根据各方当事人在一、二审程序中提交的证据和质证的意见，再审另查明以下事实：2010年8月18日，华龙区政府与华隆公司签订《濮阳市濮东产业集聚区燃气项目投资建设合同》，合同约定华龙区政府授权华隆公司在濮东产业集聚区独家投资建设城市燃气管网，特许经营30年，不再审批其他管道燃气运营商在2010年7月新规划的濮东产业集聚区从事城市燃气管网建设、设备安装及燃气经营活动。同年12月2日，原濮阳市国土资源局作出《关于濮东产业集聚区天然气门站建设项目用地的意见》，认为华隆公司关于濮东产业集聚区天然气门站建设项目选址符合《濮阳市土地利用总体规划（2006—

2020年）》。2011年3月15日，濮阳市发展和改革委员会作出濮发改基础〔2011〕99号《濮阳市发展和改革委员会关于对华龙区濮东产业集聚区天然气利用管网工程项目核准的批复》，同意华隆公司作为项目业主投资建设濮东产业集聚区的天然气利用管网工程。同年7月25日，原濮阳市公用事业局向华隆公司作出濮公用〔2011〕106号《濮阳市公用事业局关于濮阳市华龙区华隆天然气有限公司申请备案的批复》，认为华隆公司基本符合燃气企业备案条件，原则同意备案。2012年3月16日，濮东产业集聚区管理委员会对华隆公司作出《关于对濮阳市华龙区华隆天然气有限公司管网敷设的批复》，同意华隆公司按濮东产业集聚区控制性详细规划燃气工程规划进行敷设。2012年5月7日，濮阳市华龙区发展和改革委员会作出《河南省企业投资项目备案确认书》，确认华隆公司申请备案的濮东产业集聚区天然气管网低压输气管线建设项目符合国家产业政策，准予备案。

本院再审还查明，2012年5月，原濮阳市天然气公司与华润燃气投资（中国）有限公司签订《设立濮阳华润燃气有限公司合资合同》。当月，原濮阳市公用事业局向濮阳市政府上报濮公用〔2012〕73号《濮阳市公用事业局关于报批〈濮阳市天然气公司、濮阳市燃气工程处改制实施方案〉的请示》。濮阳市政府于2012年6月26日作出濮政文〔2012〕175号《濮阳市人民政府关于濮阳市天然气公司濮阳市燃气工程处改制实施方案的批复》，原则同意濮阳市天然气公司、濮阳市燃气工程处改制实施方案。2012年6月21日，华润公司注册成立。

2012年8月15日，濮阳市法制办作出濮政法审〔2012〕81号《法制审核意见书》，就濮阳市城管局与华润公司即将签署的《濮阳华润燃气有限公司管道燃气特许经营协议》3.4约定的特许经营区域，提出如下意见："针对上述特许经营区域的表述，濮阳县博远天然气有限公司、濮阳市天伦燃气有限公司、华龙区华隆天然气有限公司提出异议。我们认为，特许经营区域条款具有排他性，协议签署前不应存在争议。为此，针对上述争议，建议市公用事业局进一步协调，对各方特许经营区域予以明确，达成一致意见。"

2014年6月，华隆公司以华润公司与濮阳市城管局于2012年8月21日签订的《濮阳华润燃气有限公司管道燃气特许经营协议》侵犯其特许经营权为由，向濮阳市华龙区人民法院提起诉讼，请求确认该协议无效。诉讼中，华隆公司向法院提出撤诉申请，濮阳市华龙区人民法院裁定准许其撤回起诉。2014年11月14日，河南省住房和城乡建设厅向华隆公司颁发燃气经营许可证，允许其经营的范围执行被诉协议。2014年12月25日，华润公司认为华龙区政府与华隆公司于2010年8月18日签订的《濮阳市濮东产业集聚区燃气项目投资建设合同》中涉及的特许经营范围与其特许经营范围在濮东产业集聚区内有重合，向河南省范县人民法院提起行政诉讼，请求确认华龙区政府与华隆公司签订的上述协议违法、无效。河南省范县人民法院经审理认为，华龙区政府授予华隆公司濮东产业集聚区燃气特许经营权的行为系超越职权的行为，该院于2015年12月12日作出（2015）范行初字第00001号行政判决，撤销华龙区政府与华隆公司2010年8月18日签订的《濮阳市濮东产业集聚区燃气项目投资建设合同》中一、（一）1①. 2①及（二）1⑤条款，即撤销关于特许经营权年限、区域以及不再在特许经营范围内为其他管道燃气运营商审批的独家经营权利的约定。该判决作出后，各方当事人均未上诉，已经发生法律效力。

本院再审又查明，2016年1月6日，濮阳市城管局作出濮公用〔2016〕1号文，该文载明：因华隆公司已在龙乡路以东的部分区域建设安装了燃气管道及有关燃气设施，实施了供气，为确保正常供气，将绿城路以南、龙乡路以东、纬一路以北、Y004（08线）以西的地块，划归华隆公司经营范围；将华隆公司原特许经营区域内的两个区块划归华润公司作为补偿。一是现清丰县南县界以南、文化路以东、绿城路以北、盘锦路以西；二是中原路以南、盘锦路以东、黄河路以北、106国道以西。华隆公司、华润公司在对方区域内既有的供应用户维持现状、保持不变、继续经营，新建管网不得重复投资、相互交叉建设、杜绝安全隐患。濮阳市城管局与华隆公司、华润公司分别签订的特许经营协议约定经营区域及濮公用〔2015〕9号文件未涉及的其他区域保持不变。目前，华隆公司与华润公司各自向其用气单位提供管道燃气服务，两家公司的实际经营区域不存在重叠情形。

本院认为，为了实现行政管理及提供社会公共服务的需要，濮阳市城管局和华隆公司签订了本案被诉协议。该协议属于典型的政府特许经营协议，即政府根据有关法律、法规的规定，在提供社会公用产品或公共服务领域，通过市场竞争机制，选择公用事业投资者或者经营者，授权其在一定期限和范围内进行经营管理、并与其订立的协议。因政府特许经营协议具有行政法上权利义务内容，故其属于行政协议。根据《中华人民共和国行政诉讼法》第十二条第一款第十一项的规定，依法属于行政诉讼受案范围。《城镇燃气管理条例》第五条第二款规定："县级以上地方人民政府燃气管理部门负责本行政区域内的燃气管理工作。"因此，濮阳市城管局具有签订被诉协议的法定职权，其作为能够独立承担法律责任的行政主体，是本案的适格被告。濮阳市政府不是签订被诉协议的主体，一、二审法院关于其不是本案适格被告的认定，本院予以认可。

本案争议焦点为被诉协议是否存在无效情形，以及华润公司关于被诉协议侵害其权益的主张是否成立。行政协议作为一种特殊的行政行为，兼具"行政性"和"合同性"。《最高人民法院关于审理行政协议案件若干问题的规定》第十二条第一款、第二款规定："行政协议存在行政诉讼法第七十五条规定的重大且明显违法情形的，人民法院应当确认行政协议无效。人民法院可以适用民事法律规范确认行政协议无效。"据此，人民法院在审理行政协议效力认定的案件时，首先要根据行政诉讼法规定的无效情形进行审查，此外，还要遵从相关民事法律规范对于合同效力认定的规定。

一、本案被诉协议是否存在行政诉讼法规定的无效情形

《中华人民共和国行政诉讼法》第七十五条规定："行政行为有实施主体不具有行政主体资格或者没有依据等重大且明显违法情形，原告申请确认行政行为无效的，人民法院判决确认无效。"根据行政诉讼法的规定可知，无效行政行为是指该行为存在"重大且明显"的违法情形。"重大"一般是指行政行为的实施将给公民、法人或者其他组织的合法权益带来重

大影响；而“明显”一般是指行政行为的违法性已经明显到任何有理智的人都能够作出判断的程度。行政行为只有同时存在“重大且明显”违法的情形，该行为才能被认定为无效。在《最高人民法院关于适用〈中华人民共和国行政诉讼法〉的解释》中，对行政行为无效情形亦作了例举式规定。该解释第九十九条规定：“有下列情形之一的，属于行政诉讼法第七十五条规定的‘重大且明显违法’：（一）行政行为实施主体不具有行政主体资格；（二）减损权利或者增加义务的行政行为没有法律规范依据；（三）行政行为的内容客观上不可能实施；（四）其他重大且明显违法的情形。”

本案中，被诉协议约定了华隆公司在濮阳市特许经营管道燃气的区域、年限等内容。《城镇燃气管理条例》第五条第二款规定：“县级以上地方人民政府燃气管理部门负责本行政区域内的燃气管理工作。”《市政公用事业特许经营管理办法》第四条第三款规定：“直辖市、市、县人民政府市政公用事业主管部门依据人民政府的授权（以下简称主管部门），负责本行政区域内的市政公用事业特许经营的具体实施。”据此，濮阳市城管局具有负责濮阳市包括城市供气在内的市政公用事业特许经营管理工作的职权。根据《建设部关于印发〈关于加快市政公用行业市场化进程的意见〉的通知》中关于“城市市政公用行业主管部门代表城市政府与被授予特许经营权的企业签订特许经营合同”的规定，濮阳市城管局作为城市市政公用行业主管部门，与华隆公司签订被诉协议，具有法律依据，因此，该协议不存在“签订主体没有行政主体资格或者超越法定权限”的情形。此外，该协议中也不存在《最高人民法院关于适用〈中华人民共和国行政诉讼法〉的解释》第九十九条规定的“减损权利或者增加义务的行政行为没有法律规范依据”“行政行为的内容客观上不可能实施”或者其他重大且明显违法的情形。因此，本院认为，被诉协议不存在《中华人民共和国行政诉讼法》第七十五条规定的无效情形。

二、被诉协议是否存在民事法律规范规定的无效情形

本案被诉协议签订时有效的《中华人民共和国合同法》第五十二条[①]规定:"有下列情形之一的,合同无效:(一)一方以欺诈、胁迫的手段订立合同,损害国家利益;(二)恶意串通,损害国家、集体或者第三人利益;(三)以合法形式掩盖非法目的;(四)损害社会公共利益;(五)违反法律、行政法规的强制性规定。"本案中,华润公司未提出被诉协议违反前述法律规定的主张,且被诉协议作为在濮阳市城管局和华隆公司之间签订的政府特许经营协议,亦不存在《中华人民共和国合同法》第五十二条规定的无效情形。

三、华润公司关于被诉协议侵害其权益的主张是否成立

第一,根据本案再审查明的事实,华隆公司与华龙区政府于2010年8月18日已签订《濮阳市濮东产业集聚区燃气项目投资建设合同》,该合同约定华龙区政府授权华隆公司在濮东产业集聚区独家投资建设城市燃气管网。尽管该合同中关于特许经营权年限、区域等约定在2015年12月经人民法院生效判决撤销,但华隆公司基于该合同已于2010年开始在濮阳市投资建设燃气管网,相应的项目用地、建设项目、工程规划经过濮阳市、华龙区政府相关职能部门审批,其经营的天然气管网低压输气管线建设项目经过备案,河南省住房和城乡建设厅亦向华隆公司颁发了燃气经营许可证。上述事实可以证明,华隆公司早在本案被诉协议签订前,已实际在濮阳市濮东产业集聚区投资修建管道并经营管道燃气。

第二,根据本案再审查明的事实,在华润公司与濮阳市城管局签订《濮阳华润燃气有限公司管道燃气特许经营协议》之前,濮阳市法制办就该协议作出濮政法审〔2012〕81号《法制审核意见书》,指出华隆公司、濮阳县博远天然气有限公司、濮阳市天伦燃气有限公司均对该协议所涉特

① 参见《中华人民共和国民法典》第一百四十六条、第一百四十八条、第一百五十三条、第一百五十四条。下同。

许经营区域提出异议，建议濮阳市城管局进一步协调，对各方特许经营区域予以明确，达成一致意见。该事实可以证明，对于华润公司管道燃气的特许经营范围是存有争议的。根据《河南省城镇燃气管理办法》第十二条规定，“特许经营协议应当明确特许经营内容、区域、范围、有效期限及服务标准等”。《河南省住房和城乡建设厅关于进一步规范全省城镇管道燃气特许经营管理的通知》中亦有“签订特许经营协议时要充分考虑到城市发展的动态变化，对特许经营的区域要明确界定，标明四至并附《特许经营区域范围图示》”的规定。根据原中华人民共和国建设部建城〔2004〕162号《关于印发城市供水、管道燃气、城市生活垃圾处理特许经营协议示范文本的通知》中《管道燃气特许经营协议示范文本》（GF-2004-2502）的指引，管道燃气特许经营协议中“特许经营权经营范围”应当标明地理四至。因此，签订管道燃气特许经营协议时，应将特许经营的范围标明地理四至，即东西南北各至何路、何界，该特许经营的范围应当是相对固定的。华润公司于2012年8月21日与濮阳市城管局签订《濮阳华润燃气有限公司管道燃气特许经营协议》，将特许经营范围约定为“濮阳市规划区”，该约定并没有明确的地理四至，且“濮阳市规划区”亦非一级行政区划。据此，华润公司虽与濮阳市城管局签订特许经营协议的时间早于本案被诉协议签订时间，但因《濮阳华润燃气有限公司管道燃气特许经营协议》约定的特许经营区域四至不明，故不能证明被诉协议与其经营区域部分重叠，亦不能证明华润公司的合法权益受到侵害，故本院认为华润公司关于被诉协议侵害其权益的主张不能成立。

此外，本院还认为，对行政协议效力的审查，一方面要严格按照法律及司法解释的相关规定，另一方面，基于行政协议的订立是为了进行行政管理和提供公共服务的目的，从维护国家利益和社会公共利益的角度出发，对行政协议无效的认定要采取谨慎的态度，如果可以通过瑕疵补正的，应当尽可能减少无效行政协议的认定，以推动协议各方主体继续履行义务。本案中，濮阳市城管局通过与华润公司签订补充协议明确四至，以及华隆公司、华润公司各自按照实际经营区域办理燃气特许经营许可证，都可以说明市场秩序已经稳定。

综上，濮阳市城管局与华隆公司于2013年12月10日签订的被诉协议没有《中华人民共和国行政诉讼法》第七十五条以及协议签订时有效的《中华人民共和国合同法》第五十二条规定的无效情形。华润公司提起本案诉讼，请求确认上述协议无效，不应支持。二审判决确认被诉协议无效，适用法律错误，本院予以纠正。本案经本院审判委员会民事行政审判专业委员会会议讨论决定，依照《中华人民共和国行政诉讼法》第八十九条第一款第二项、《最高人民法院关于适用〈中华人民共和国行政诉讼法〉的解释》第一百一十九条第一款之规定，判决如下：一、撤销河南省高级人民法院（2018）豫行终111号行政判决；二、撤销河南省鹤壁市中级人民法院（2014）鹤行初字第38号行政判决；三、驳回濮阳华润燃气有限公司的诉讼请求。本案一、二审诉讼费各50元，由濮阳华润燃气有限公司承担。

本判决为终审判决。

行政补偿

54. 孙某兴诉浙江省舟山市普陀区人民政府房屋征收补偿案*

被征收人拒绝履行配合与协助的义务导致无法评估，不利后果应由被征收人承担

【裁判摘要】

依法开展国有土地上房屋征收补偿工作离不开被征收人自身的配合与协助。因被征收人拒绝配合征收部门和评估机构开展入户评估工作，导致被征收房屋的装饰装修及房屋附属物无法评估的，不利后果应由被征收人承担。因被征收人原因无法调查、评估被征收房屋装饰装修价值的，征收补偿决定可以不包括对被征收房屋装饰装修价值的补偿，并载明经另行评估后按实予以补偿。

一、基本案情

2015年2月10日，浙江省舟山市普陀区人民政府（以下简称普陀区政府）作出普政房征决（2015）1号房屋征收决定，对包括孙某兴在内的国有土地上房屋及附属物进行征收。在完成公告房屋征收决定、选择评估机构、送达征收评估分户报告等法定程序之后，孙某兴未在签约期限内达成补偿协议、未在规定期限内选择征收补偿方式，且因孙某兴的原因，评估机构无法入户调

* 摘自2018年5月15日最高人民法院发布的人民法院征收拆迁典型案例（第二批）。

查，完成被征收房屋的装饰装修及附属物的价值评估工作。2015年5月19日，普陀区政府作出被诉房屋征收补偿决定，并向其送达。该补偿决定明确了被征收房屋补偿费、搬迁费、临时安置费等数额，决定被征收房屋的装饰装修及附属物经入户按实评估后，按规定予以补偿及其他事项。孙某兴不服，提起诉讼，请求撤销被诉房屋征收补偿决定。

二、裁判结果

浙江省舟山市中级人民法院一审认为：本案房地产价格评估机构根据被征收房屋所有权证所载内容并结合前期调查的现场勘察结果，认定被征收房屋的性质、用途、面积、位置、建筑结构、建筑年代等，并据此作出涉案房屋的征收评估分户报告，确定了评估价值（不包括装修、附属设施及未经产权登记的建筑物）。因孙某兴的原因导致无法入户调查，评估被征收房屋的装饰装修及附属物的价值，故被诉房屋征收补偿决定载明对于被征收房屋的装饰装修及附属物经入户按实评估后按规定予以补偿。此符合《浙江省国有土地上房屋征收与补偿条例》第三十三条第三款的规定，并未损害孙某兴的合法权益，遂判决驳回了孙某兴的诉讼请求。孙某兴提起上诉，浙江省高级人民法院判决驳回上诉、维持原判。

三、典型意义

评估报告只有准确反映被征收房屋的价值，被征收人才有可能获得充分合理的补偿。要做到这一点，不仅需要行政机关和评估机构依法依规实施评估，同时也离不开被征收人自身的配合与协助。如果被征收人拒绝履行配合与协助的义务导致无法评估，不利后果应由被征收人承担。本案即属此种情形，在孙某兴拒绝评估机构入户，导致装饰装修及房屋附属物无法评估的情况下，行政机关没有直接对上述财物确定补偿数额，而是在决定中载明经入户按实评估后按规定予以补偿，人民法院判决对这一做法予以认可。此案判决不仅体现了对被拆迁人合法权益的保护，更值得注意的是，以个案方式引导被征收人积极协助当地政府的依法征拆工作，依法维护自身的合法权益。

55．吉林省永吉县龙达物资经销处诉吉林省永吉县人民政府征收补偿案*

评估报告作为确定征收补偿价值的核心证据需要具有客观性、公正性

【裁判摘要】

在征收拆迁案件当中，评估报告作为确定征收补偿价值的核心证据需要具有客观性、公正性。从形式内容看，评估报告需要评估师签字，附带设备、资产明细或者说明，并标注或者释明被征收人申请复核评估的权利等符合法定要求；从实体内容看，需要对被征收的附属物评估和资产、设备评估等事项。

一、基本案情

2015年4月8日，吉林省永吉县人民政府（以下简称永吉县政府）作出房屋征收决定，决定对相关的棚户区实施改造，同日发布永政告字（2015）1号《房屋征收公告》并张贴于拆迁范围内的公告栏。永吉县龙达物资经销处（以下简称经销处）所在地段处于征收范围。2015年4月27日至29日，永吉县房屋征收经办中心作出选定评估机构的实施方案，并于4月30日召开选定大会，确定改造项目的评估机构。2015年9月15日，

* 摘自2018年5月15日最高人民法院发布的人民法院征收拆迁典型案例（第二批）。

永吉县政府依据评估结果作出永政房征补（2015）3号房屋征收补偿决定。经销处认为，该征收补偿决定存在认定事实不清、程序违法，评估机构的选定程序和适用依据不合法，评估价格明显低于市场价格等诸多问题，故以永吉县政府为被告诉至法院，请求判决撤销上述房屋征收补偿决定。

二、裁判结果

吉林省吉林市中级人民法院一审认为：被诉房屋征收补偿决定依据的评估报告从形式要件看，分别存在没有评估师签字，未附带设备、资产明细或者说明，未标注或者释明被征收人申请复核评估的权利等不符合法定要求的形式问题；从实体内容看，在对被征收的附属物评估和资产、设备评估上均存在评估漏项的问题。上述评估报告明显缺乏客观性、公正性，不能作为被诉房屋征收补偿决定的合法依据。遂判决撤销被诉房屋征收补偿决定，责令永吉县政府60日内重新作出行政行为。永吉县政府不服提起上诉，吉林省高级人民法院二审以与一审相同的理由判决驳回上诉、维持原判。

三、典型意义

在征收拆迁案件当中，评估报告作为确定征收补偿价值的核心证据，人民法院能否依法对其进行有效审查，已经在很大程度上决定着案件能否得到实质解决，被拆迁人的合法权益能否得到充分保障。本案中，人民法院对评估报告的审查是严格的、到位的，因而效果也是好的。在认定涉案评估报告存在遗漏评估设备、没有评估师的签字盖章、未附带资产设备的明细说明、未告知申请复核的评估权利等系列问题之后，对这些问题的性质作出评估，得出了两个结论：一是评估报告不具备合法的证据形式，不能如实地反映被征收人的财产情况。二是据此认定评估报告缺乏客观公正性、不具备合法效力。在上述论理基础上撤销了被诉房屋征收补偿决定并判令行政机关限期重作。本案对评估报告所进行的适度审查，可以作为此类案件的一种标杆。

56．王某影诉辽宁省沈阳市浑南现代商贸区管理委员会履行补偿职责案*

人民法院可适用地方政府规章等规定对行政协议未约定事项依法“填漏补缺”

【裁判摘要】

对于行政协议遗漏的约定事项，即本案中两个行政协议均未约定的“双倍支付”临时安置补助费的内容，法院依据《沈阳市国有土地上房屋征收与补偿办法》“超期未回迁的，按照双倍支付临时安置补助费”的规定，结合行政机关未能履行2011年协议承诺的交房义务以及2016年已协议改变补偿方式等事实，判令行政机关按照上述规定追加补偿原告2015年2月至2016年5月期间一倍的临时安置补助费。

一、基本案情

2011年12月5日，王某影与辽宁省沈阳市东陵区（浑南新区）第二房屋征收管理办公室（以下简称房屋征收办）签订国有土地上房屋征收与补偿安置协议，选择实物安置的方式进行拆迁补偿，并约定房屋征收办于2014年3月15日前交付安置房屋，由王某影自行解决过渡用房，临时安置补助费每月996.3元。然而，房屋

* 摘自2018年5月15日最高人民法院发布的人民法院征收拆迁典型案例（第二批）。

征收办一直未履行交付安置房屋的约定义务。2016年5月5日，王某影与房屋征收办重新签订相关协议，选择货币方式进行拆迁补偿。其实际收到补偿款316829元，并按每月996.3元的标准领取了至2016年5月的临时安置补助费。其后因政府发文调整征收职责，相关职责下发到各个功能区管理委员会负责。王某影认为按照《沈阳市国有土地上房屋征收与补偿办法》第三十六条有关超期未回迁的双倍支付临时安置补助费的规定，沈阳市浑南现代商贸区管理委员会（以下简称浑南商贸区管委会）未履行足额支付其超期未回迁安置补助费的职责，遂以该管委会为被告诉至法院，请求判决被告支付其自2014年1月1日起至2016年5月止的超期未回迁安置补助费47822.4元（以每月1992.6元为标准）。

二、裁判结果

沈阳市大东区人民法院一审认为：王某影以实物安置方式签订的回迁安置协议已变更为以货币补偿方式进行拆迁补偿。合同变更后，以实物安置方式为标的的回迁安置协议已终止，遂判决驳回王某影的诉讼请求。王某影不服，提起上诉。沈阳市中级人民法院二审认为：本案焦点问题在于浑南商贸区管委会是否应当双倍支付临时安置补助费。由于2016年5月王某影与房屋征收办重新签订货币补偿协议时，双方关于是否双倍给付过渡期安置费问题正在民事诉讼过程中，未就该问题进行约定。根据《沈阳市国有土地上房屋征收与补偿办法》（2015年2月实施）第三十六条第三项有关“超期未回迁的，按照双倍支付临时安置补助费。选择货币补偿的，一次性支付4个月临时安置补助费”的规定，浑南商贸区管委会应当双倍支付王某影2015年2月至2016年5月期间的临时安置补助费。虑及王某影已经按照一倍标准领取了临时安置补助费，二审法院遂撤销一审判决，判令浑南商贸区管委会以每月996.3元为标准，支付王某影2015年2月至2016年5月期间的另一倍的临时安置补助费15940.8元。

三、典型意义

在依法治国的进程中，以更加柔和、富有弹性的行政协议方式代替以命令强制为特征的高权行为，是行政管理的一个发展趋势。如何通过行政协议的方式在约束行政权的随意性与维护行政权的机动性之间建立平衡，如何将行政协议置于依法行政理念支配之下是加强法治政府建设面临的重要课题之一。本案即为人民法院通过司法审查确保行政机关对行政协议权的行使符合法律要求，切实保障被征收人合法权益的典型案例。本案中，当事人通过合意，即签订国有土地上房屋征收与补偿安置协议的形式确定了各自行政法上具体的权利义务。行政协议约定的内容可能包罗万象，但依然会出现遗漏约定事项的情形。对于两个行政协议均未约定的“双倍支付”临时安置补助费的内容，二审法院依据 2015 年 2 月实施的《沈阳市国有土地上房屋征收与补偿办法》有关“超期未回迁的，按照双倍支付临时安置补助费”之规定，结合行政机关未能履行 2011 年协议承诺的交房义务以及 2016 年已协议改变补偿方式等事实，判令行政机关按照上述规定追加补偿原告 2015 年 2 月至 2016 年 5 月期间一倍的临时安置补助费。此案判决明确了人民法院可适用地方政府规章等规定对行政协议未约定事项依法“填漏补缺”的裁判规则，督促行政机关在房屋征收补偿工作中及时准确地适用各种惠及民生的新政策、新规定，对如何处理行政协议约定与既有法律规定之间的关系具有重要的指导意义。

57. 谷某梁、孟某林诉江苏省盐城市亭湖区人民政府房屋征收补偿决定案*

▶
结合征收补偿决定的形成过程分析程序正当性以判断安置补偿方式与结果的合法性

【裁判摘要】

区政府在被征收人未协商选定评估机构的情况下，在公证机构的公证下通过抽签方式依法确定评估机构，被征收人未在规定期限内选择补偿方式的，政府按照征收补偿方案作出房屋征收补偿决定，符合法定程序。

一、基本案情

2015年4月3日，江苏省盐城市亭湖区人民政府（以下简称亭湖区政府）作出涉案青年路北侧地块建设项目房屋征收决定并予公告，同时公布了征收补偿实施方案，确定亭湖区住房和城乡建设局（以下简称亭湖区住建局）为房屋征收部门。谷某梁、孟某林两人的房屋位于征收范围内。其后，亭湖区住建局公示了4家评估机构，并按法定方式予以确定。2015年4月21日，该局公示了分户初步评估结果，并告知被征收人10日内可申请复估。后给两人留置送达了《房屋分户估价报告

* 摘自2018年5月15日最高人民法院发布的人民法院征收拆迁典型案例（第二批）。

单》《装饰装潢评估明细表》《附属物评估明细表》，两人未书面申请复估。2016 年 7 月 26 日，该局向两人发出告知书，要求其选择补偿方式，逾期将提请亭湖区政府作出征收补偿决定。两人未在告知书指定期限内选择，也未提交书面意见。2016 年 10 月 10 日，亭湖区政府作出征收补偿决定书，经公证后向两人送达，且在征收范围内公示。两人不服，以亭湖区政府为被告提起行政诉讼，请求撤销上述征收补偿决定书。

二、裁判结果

江苏省盐城市中级人民法院一审认为：亭湖区政府具有作出征收补偿决定的法定职权。在征收补偿过程中，亭湖区住建局在被征收人未协商选定评估机构的情况下，在公证机构的公证下于 2015 年 4 月 15 日通过抽签方式依法确定仁禾估价公司为评估机构。亭湖区政府根据谷某梁、孟某林的户籍证明、房屋登记信息表等权属证明材料，确定被征收房屋权属、性质、用途及面积等，并将调查结果予以公示。涉案评估报告送达给谷某梁、孟某林后，其未在法定期限内提出异议。亭湖区政府依据分户评估报告等材料，确定涉案房屋、装饰装潢、附属物的价值，并据此确定补偿金额，并无不当。征收部门其后书面告知两人有权选择补偿方式。在两人未在规定期限内选择的情形下，亭湖区政府为充分保障其居住权，根据亭湖区住建局的报请，按照征收补偿方案作出房屋征收补偿决定，确定产权调换的补偿方式进行安置，依法向其送达。被诉决定认定事实清楚，适用法律、法规正确，程序合法，故判决驳回原告诉讼请求。一审宣判后，双方均未上诉。

三、典型意义

“正义不仅要实现，而且要以看得见的方式实现。”科学合理的程序可以保障人民群众的知情权、参与权、陈述权和申辩权，促进实体公正。程序正当性在推进法治政府建设过程中具有独立的实践意义和理论价值，这既是党的十九大对加强权力监督与运行机制的基本要求，也是法治发展到一定阶段推进依法行政、建设法治政府的客观需要。《国有土地上房屋征收补偿条例》确立了征收补偿应当遵循决策民主、程序正当、结果公开原则，并对评估机构选择、评估过程运行、评估结果送达以及申请复估、申请鉴定等关键程序作了具有可操作性的明确规定。在房屋征收补偿过程中，行政机关不仅要做到实体合法，也必须做到程序正当。本案中，人民法院结合被诉征收补偿决定的形成过程，着重从评估机构的选定、评估事项的确定、评估报告的送达、评估异议以及补偿方式的选择等多个程序角度，分析了亭湖区政府征收全过程的程序正当性，进而肯定了安置补偿方式与结果的合法性。既强调被征收人享有的应受法律保障的程序与实体权利，也支持了本案行政机关采取的一系列正确做法，有力地发挥了司法监督作用，对于确立相关领域的审查范围和审查标准，维护公共利益具有示范意义。

行政赔偿

58. 沙某保等诉马鞍山市花山区人民政府房屋强制拆除行政赔偿案*

（最高人民法院审判委员会讨论通过 2017年11月15日发布）

在房屋强制拆除行政赔偿案件中，因行政机关的原因导致赔偿请求人无法对财产损失进行举证的，人民法院对请求人合理的赔偿请求应予以支持

【关键词】

行政 行政赔偿 强制拆除 举证责任 市场合理价值

【裁判要点】

在房屋强制拆除引发的行政赔偿案件中，原告提供了初步证据，但因行政机关的原因导致原告无法对房屋内物品损失举证，行政机关亦因未依法进行财产登记、公证等措施无法对房屋内物品损失举证的，人民法院对原告未超出市场价值的符合生活常理的房屋内物品的赔偿请求，应当予以支持。

【相关法条】

《中华人民共和国行政诉讼法》第三十八条第二款

* 摘自2017年11月15日最高人民法院发布的第17批指导性案例（指导案例91号）。

【基本案情】

2011年12月5日，安徽省人民政府作出皖政地〔2011〕769号《关于马鞍山市2011年第35批次城市建设用地的批复》，批准征收马鞍山市花山区霍里街道范围内农民集体建设用地10.04公顷，用于城市建设。2011年12月23日，马鞍山市人民政府作出2011年37号《马鞍山市人民政府征收土地方案公告》，将安徽省人民政府的批复内容予以公告，并载明征地方案由花山区人民政府实施。苏某华名下的花山区霍里镇丰收村丰收村民组B××房屋在本次征收范围内。苏某华于2011年9月13日去世，其生前将该房屋处置给四原告所有。原告古某英系苏某华的女儿，原告沙某保、沙某虎、沙某莉系苏某华的外孙。在实施征迁过程中，征地单位分别制作了《马鞍山市国家建设用地征迁费用补偿表》《马鞍山市征迁住房货币化安置（产权调换）备案表》，对苏某华户房屋及地上附着物予以登记补偿，原告古某英的丈夫领取了安置补偿款。2012年年初，被告组织相关部门将苏某华户房屋及地上附着物拆除。原告沙某保等四人认为马鞍山市花山区人民政府非法将上述房屋拆除，侵犯了其合法财产权，故提起诉讼，请求人民法院判令马鞍山市花山区人民政府赔偿房屋损失、装潢损失、房租损失共计2827680元；房屋内物品损失共计10万元，主要包括衣物、家具、家电、手机等5万元；实木雕花床5万元。

马鞍山市中级人民法院判决驳回原告沙某保等四人的赔偿请求。沙某保等四人不服，上诉称：（1）2012年年初，马鞍山市花山区人民政府对案涉农民集体土地进行征收，未征求公众意见，上诉人亦不知以何种标准予以补偿；（2）2012年8月1日，马鞍山市花山区人民政府对上诉人的房屋进行拆除的行为违法，事前未达成协议，未告知何时拆迁，屋内财产未搬离、未清点，所造成的财产损失应由马鞍山市花山区人民政府承担举证责任；（3）2012年8月27日，上诉人沙某保、沙某虎、沙某莉的父亲沙某金受胁迫在补偿表上签字，但其父沙某金对房屋并不享有权益且该补偿表系房屋被拆后所签。综上，请求二审法院撤销一审判决，支持其赔偿请求。

马鞍山市花山区人民政府未作书面答辩。

【裁判结果】

安徽省马鞍山市中级人民法院于 2015 年 7 月 20 日作出（2015）马行赔初字第 00004 号行政赔偿判决：驳回沙某保等四人的赔偿请求。宣判后，沙某保等四人提出上诉，安徽省高级人民法院于 2015 年 11 月 24 日作出（2015）皖行赔终字第 00011 号行政赔偿判决：撤销马鞍山市中级人民法院（2015）马行赔初字第 00004 号行政赔偿判决；判令马鞍山市花山区人民政府赔偿上诉人沙某保等四人房屋内物品损失 8 万元。

【裁判理由】

法院生效裁判认为：根据《中华人民共和国土地管理法实施条例》第四十五条①的规定，土地行政主管部门责令限期交出土地，被征收人拒不交出的，申请人民法院强制执行。马鞍山市花山区人民政府提供的证据不能证明原告自愿交出了被征土地上的房屋，其在土地行政主管部门未作出责令交出土地决定亦未申请人民法院强制执行的情况下，对沙某保等四人的房屋组织实施拆除，行为违法。关于被拆房屋内物品损失问题，根据《中华人民共和国行政诉讼法》第三十八条第二款之规定，在行政赔偿、补偿的案件中，原告应当对行政行为造成的损害提供证据。因被告的原因导致原告无法举证的，由被告承担举证责任。马鞍山市花山区人民政府组织拆除上诉人的房屋时，未依法对屋内物品登记保全，未制作物品清单并交上诉人签字确认，致使上诉人无法对物品受损情况举证，故该损失是否存在、具体损失情况等，依法应由马鞍山市花山区人民政府承担举证责任。上诉人主张的屋内物品 5 万元包括衣物、家具、家电、手机等，均系日常生活必需品，符合一般家庭实际情况，且被上诉人亦未提供证据证明这些物品不存在，故对上诉人主张的屋内物品种类、数量及价值应予认定。上诉人主张实木雕花床价值为 5 万元，已超出市场正常价格范围，其

① 对应《中华人民共和国土地管理法实施条例》（2021 年修订）第六十二条。

又不能确定该床的材质、形成时间、与普通实木雕花床有何不同等，法院不予支持。但出于最大限度保护被侵权人的合法权益考虑，结合目前普通实木雕花床的市场价格，按“就高不就低”的原则，综合酌定该实木雕花床价值为3万元。综上，法院作出如上判决。

（生效裁判审判人员：王新林、宋鑫、阮秀芳）

理解与参照

《沙某保等诉马鞍山市花山区人民政府房屋强制拆除行政赔偿案》的理解与参照*

——违法强制拆除行政赔偿案件的举证责任分配及赔偿数额认定

最高人民法院案例指导工作办公室

2017年11月15日，最高人民法院发布了第17批指导性案例，包括第88号至第92号共5件指导性案例，总结了行政审判、知识产权审判实践中某些普遍的疑难复杂法律适用问题，有利于进一步明确裁判规则，统一司法尺度。其中，第91号指导案例为《沙某保等诉马鞍山市花山区人民政府房屋强制拆除行政赔偿案》。为了正确理解和准确参照适用该指导案例，现对该指导案例的选编过程、裁判要点、参照适用等有关情况予以

* 摘自《司法文件选解读》2019年第7辑（总第79辑），人民法院出版社2019年版，第25~32页。

解释和说明。

一、选编过程及指导意义

该案由安徽省高级人民法院于2015年11月24日作出二审行政赔偿判决。安徽省高级人民法院行政庭经过讨论，将该案作为备选参考性案例向安徽省高级人民法院案例编审委员会办公室推荐。在推荐之前，行政庭经过了庭务会讨论，并报请了分管院领导审批。案例编审委员会办公室详细查阅和审核了案例的全部资料，包括裁判文书、相关法律法规及相关法学理论，认为本案符合《安徽省高级人民法院关于加强参考性案例工作的意见》第一条的有关规定，同意报审委员讨论。安徽省高级人民法院审判委员会讨论通过了该案例，于2016年9月26日作为参考性案例发布。

2016年10月，安徽省高级人民法院正式向最高人民法院案例指导工作办公室推荐作为备选指导性案例。11月23日，研究室2016年第22次室务会经过讨论，认为该案例基本符合指导性案例的有关要求，建议送最高人民法院行政庭征求意见。12月12日，行政庭回复同意推荐。根据室务会及行政庭修改意见修改后，案例指导工作办公室建议将该案例报审委会进行审议。2017年10月31日，该案例经最高人民法院民专会第273次会议审议原则通过，提出修改意见，并要求就该案例的指导价值和裁判要点撰写再征求行政庭、赔偿办意见。行政庭、赔偿办对修改后的案例回复同意。11月15日，最高人民法院以法〔2017〕332号文件将该案例列入第17批指导案例予以发布。

该指导案例旨在明确在房屋强制拆除引发的行政赔偿案件中，原告提供了初步证据，但因行政机关的原因导致原告无法对房屋内物品损失举证，行政机关亦因未依法进行财产登记、公证等措施无法对房屋内物品损失举证的，人民法院对原告未超出市场价值的符合生活常理的房屋内物品的赔偿请求，应当予以支持。该案例明确的裁判规则较好地诠释了《中华人民共和国行政诉讼法》（以下简称《行政诉讼法》）第三十八条第二款的规定，对于人民法院在审理涉及行政强制拆除造成被拆迁人财产损失如何确定的举证责任分配和赔偿数额认定等方面具有较强的指导意义。该案依法合理地维护了当事人的合法权益，既有利于引导当事人诉讼请求合理化、理性化，减少不必要的诉讼、缠讼，也有利于促进行政机关及其工作人员在实施行政行为过程中不断强化证据意识、法定程序意识。

二、关于本案例的相关情况

本案系因房屋强制拆除引发的行政赔偿案件，根据《行政诉讼法》及司法解释的规定，人民法院审理行政赔偿案件，就当事人之间的行政赔偿争议进行审理和裁判。马鞍山市中级人民法院已另案确认马鞍山市花山区人民政府强制拆除沙某保房屋的行为违法，双方均未上诉，该案已发生法律效力。故本案中，人民法院要对当事人之间的行政赔偿争议进行审查，就要全面审查马鞍山市花山区政府的强制拆除行为对沙某保等人的合法财产权益造成损失的情况。针对沙某保提出的房屋及装潢损失、房屋内物品损失的赔偿请求，一审法院以其无证据证明其赔偿损失为由，驳回了沙某保等人的赔偿请求。二审法院认为，对涉及当事人没有自愿主动交出土地的集体土地征收案件，马鞍山市花山区人民政府的土地行政主管部门未作出责令交出土地决定且未申请人民法院强制执行的情况下，即自行组织拆除沙某保房屋，系违法强拆。双方对因违法强拆导致房屋及房屋内物品损失的价值产生巨大分歧，并且房屋已被拆除财物损失殆尽，双方均无法提供有效证据证明各自主张。最终人民法院结合当事人的主张及相关证据，遵循社会公平正义原则，运用逻辑推理和生活经验、生活常识等改判马鞍山市花山区人民政府赔偿沙某保等人房屋内物品损失8万元。

本案的典型意义在于：进一步明确了《行政诉讼法》第三十八条第二款所规定的行政赔偿、补偿案件对原、被告双方举证责任的分配，解决了当事人的损失由于客观原因双方无法举证证明的，人民法院如何裁判等司法实践问题。由于《行政诉讼法》第三十八条第二款仅对行政赔偿案件的举证责任作了原则性的分配，但在司法实践中往往会出现这种情况：一方面因为行政机关的违法强拆，特别是行政机关采取野蛮强拆，夜间强拆，导致原告无法对房屋内物品损失情况举证；另一方面行政机关在强拆过程中没有依法对房屋内物品登记保全、未制作物品清单交由原告签字确认等，行政机关也无法对房屋内物品损失情况进行举证。对此法律、法规及司法解释均无具体规定，各地裁判标准不一，裁判结果不一，有损司法公信力。鉴于此，该指导案例明确的裁判规则，一是合理地分配了举证责任，解决了诉讼实践中的一个难题；二是防止了当事人漫天要价，对其赔偿请求进行了符合公平、合乎常理的认定；三是警示行政机关应当依法行政，按照法定程序实施强拆，否则要承担举证不能的法律责任，具有较强的典型意义和指导价值。

三、裁判要点的理解与说明

该指导案例的裁判要点确认：在房屋强制拆除引发的行政赔偿案件中，原告提供了初步证据，但因行政机关的原因导致原告无法对房屋内物品损失举证，行政机关亦因未依法进行财产登记、公证等措施无法对房屋内物品损失举证的，人民法院对原告未超出市场价值的符合生活常理的房屋内物品的赔偿请求，应当予以支持。该指导案例确定的裁判要点主要涉及原、被告双方对违法强制拆除所造成的损失均无法举证时，人民法院在分配举证责任、确定赔偿范围、赔偿数额等方面应考虑的因素及应把握的裁判原则。现围绕与该裁判要点相关的问题逐一解释和说明如下：

（一）举证责任的分配

《行政诉讼法》第三十八条第二款规定，在行政赔偿、补偿的案件中，原告应当对行政行为造成的损害提供证据。因被告的原因导致原告无法举证的，由被告承担举证责任。该条款主要涉及行政赔偿、补偿案件中，对原被告举证责任如何分配问题，该指案例在适用该条款时有以下几个问题需要说明。

一是关于原告的举证责任。行政赔偿诉讼审查的是行政行为是否造成损害后果，其主要解决的是行政机关是否对行政相对人承担财产责任的问题。通说认为，行政赔偿之诉性质上属于给付诉讼，其举证责任分配与民事损害赔偿之诉并无不同。法律上的赔偿以损害的存在为前提条件，有损害才有赔偿，无损害则无赔偿。因此在行政赔偿诉讼中，赔偿请求人应当对具体行政行为造成其损害的事实提供证据。在实践中，赔偿请求人提供证据证明的内容一般包括：赔偿义务机关实施的行政行为违法，该违法行为对行政相对人的合法权益造成了实际损害，该损害与赔偿义务机关的行为有因果关系，赔偿义务机关应予赔偿的损失数额等等。

具体到本案，沙某保因马鞍山市花山区人民政府强制拆除其房屋的行为被确认违法提起行政赔偿之诉，其对房屋内家具、家电、手机、实木雕花床等提出了具体的赔偿请求。在一般情况下，沙某保应当对其主张的上述财产损失提供证据，如果其无法提供证据或其提供的证据无法证明其财产损失的，就要承担败诉的后果。本案中，沙某保提供的基本证据能够证明马鞍山市花山区人民政府对其房屋组织实施拆除的行为，直接导致其房屋内物品损失殆尽，由于该拆除行为导致沙某保等人对房屋内财产损失价值客观上举证不能，这时相应的举证责任即转移至被告。

二是关于被告的举证责任。因被告的原因导致原告无法举证的，由被告承担举证责任。如前所述在行政赔偿诉讼中，原告应当对存在损失的事实及具体的损失金额承担举证责任，但如果由于行政机关未依法进行财产登记、公证等方式留存证据导致原告对灭失的财产无法负举证责任的，且原告能够提供初步证据证明有财产损失的情况下，举证责任即转移至被告，被告应当对其强制拆除行为没有造成相应的损失承担举证责任，并承担举证不能的后果。这种特殊的举证责任不仅充分保障原告的合法权益，同时也警醒行政机关应当依法行政，按照法定程序实施强拆。

本案中，马鞍山市花山区人民政府在组织实施强制拆除过程中，既未制作物品清单，又未委托公证部门对房屋内物品公证并登记，房屋拆除后也未能说明房屋内物品的去向，导致沙某保对房屋内物品损失客观上举证不能。沙某保提供了初步证据证明其有财产损失，并提出了具体的赔偿请求，此时举证责任转移至马鞍山市花山区人民政府。但马鞍山市花山区人民政府既没有提供证据证明其强制拆除行为没有对沙某保造成财产损失，也没有对沙某保提出的赔偿请求提供反证，其应当承担举证不能可能带来的法律后果。

（二）赔偿范围的认定

针对沙某保提出的关于涉案土地、房屋的价值及装饰、装潢损失问题，根据《中华人民共和国土地管理法》第四十七条[①]的规定，征收土地的，按照被征收土地的原用途给予补偿，其中包括对地上附着物的补偿。沙某保主张的房屋及装饰、装潢损失，属于土地征收补偿的范畴，依法应由征地实施单位进行补偿安置。且就涉案房屋相关权利人已与征地实施单位达成补偿安置协议，并履行完毕，因此该部分损失，人民法院未予支持。需要说明的是如原告在起诉时提出行政赔偿请求，人民法院经审理认为应当属于行政补偿问题，应当向原告释明，要求其变更诉讼请求。原告坚持不变更，如果补偿与赔偿的标的并无实质区别且尚未协商解决的，为实质性化解行政争议，人民法院也可以根据原告提出的行政赔偿事实，就补偿问题作出实体判决。

（三）赔偿数额的认定

本案审理的难点在于，在原、被告双方都举证困难的情况下，人民法院对房屋内物品损失的赔偿数额如何确定。在法律没有明确规定的情况下，实践中，要靠法官综合全案的证据进行酌情确定。酌定是法官的自由裁量权，但也不能毫无道理和依据地行使酌定裁量的权利。酌定的前提，应该是对证据的充分分析与认定。从本案的审理情况看，沙某保主张房屋内物品损失5万元包括衣物、家具、家电、手机等，均系日常生活必需品，符合一般家庭实际情况，且马鞍山市花山区人民政府亦未提供证据证明上述物品不存在，故对上述5万元房屋内物品损失，人民法院予以确认。沙某保主张实木雕花床价值为5万元，已经超出市场正常价格范围，其又不能确定该床的材质、形成时间、与普通实木雕花床有何区别等，但出于最大限度保护被侵权人的合法权益考虑，结合目前普通实木雕花床的市场价格，综合酌定该实木雕花床的价值为3万元。这样既保护了当事人的合法

① 对应《中华人民共和国土地管理法》第四十八条。

权益，也防止了当事人漫天要价，在符合社会经验和生活逻辑的前提下对其赔偿请求进行了符合公平、合乎常理的认定。

四、参照适用时应注意的问题

关于负有举证责任的当事人穷尽举证能力问题。法官作为专业的司法人员，往往没有能力对有关财产权益作出最符合客观实际的认定，这时要借助鉴定部门、公证部门等社会专业机构、专业人员对相关财产权益作出认定，只有在专业机构、专业人员也无法作出认定的情况下，人民法院为解决实质解决行政争议，保护公民的合法权益，才能酌情认定赔偿数额。具体来讲，一是要求负有举证责任的当事人要提供基本的证据；二是负有举证责任的当事人无法举证的，其应当申请鉴定；三是负有责任的当事人不申请鉴定的，经双方同意后，人民法院可以组织有鉴定资质的鉴定机构进行鉴定；四是由于客观原因鉴定机构也无法鉴定的，人民法院可以根据生活经验、逻辑推理进行酌情认定。

审判实践中还存在大量类似的行政赔偿案例，即存在损害事实难以查明的情况下，法官未审查这一情况的出现是否是因被告的原因导致，简单适用“谁主张，谁举证”的举证责任，判决驳回原告的赔偿请求。这样将会导致被告通过不依法进行财产登记、公证等方式留存证据以规避赔偿责任的现象，这样不仅不利于行政相对人合法权益的保护，而且将严重损害法律的公平正义。从另外一方面讲，行政机关应当承担举证不能的相应法律后果。这个“相应”，也应当符合法律的原则和精神，符合一般的社会经验和生活常理。否则，可能损害社会公共利益，诱发道德风险，造成缠讼闹访，不利于社会矛盾纠纷的疏导和化解。

（执笔人：宋鑫、石磊）

59．陈某河与洛阳市人民政府、洛阳中房地产有限责任公司行政赔偿案*

拆迁人和相关行政机关违法实施拆迁，长期未补偿安置，房价上涨时，其有义务保证被拆迁人得到公平合理的补偿安置

【裁判摘要】

“任何人不得从自己的错误行为中获益。”拆迁人和相关行政机关违法实施拆迁，导致被拆迁人长期未依法得到补偿安置的，房价上涨时，拆迁人和相关行政机关有义务保证被拆迁人得到公平合理的补偿安置。被拆迁人选择实行房屋产权调换时，拆迁人和相关行政机关无适当房屋实行产权调换的，则应向被拆迁人支付生效判决作出时以同类房屋的房地产市场评估价格为标准的补偿款。

再审申请人（一审原告、二审上诉人）：陈某河，男，1958年5月24日生，汉族，住洛阳市老城区。

再审被申请人（一审被告、二审上诉人）：洛阳市人民政府。住所地：洛阳市洛龙区开元大道228号。

法定代表人：李某身，该市市长。

原审第三人：洛阳中房地产有限责任公司。住所地：洛阳市涧西区青岛路15号新上海商厦5楼。

法定代表人：杨某，该公司经理。

* 摘自《最高人民法院公报》2015年第4期，最高人民法院（2014）行监字第148号行政裁定书。

再审申请人陈某河因与再审被申请人洛阳市人民政府、原审第三人洛阳中房地产有限责任公司（原中国房地产开发集团洛阳房地产开发公司，以下简称中房公司）行政赔偿一案，不服河南省高级人民法院（2005）豫法行终字第00115号行政赔偿判决，向本院申请再审。本院依法组成合议庭进行了书面审查。本案现已审查终结。

河南省洛阳市中级人民法院（2005）洛行初字第11号判决认定：2002年4月30日，陈某河从洛阳市房地产管理局瀍河分局处以购买方式取得争议房屋。2002年5月30日，洛阳市房地产管理局给陈某河颁发了洛市房权证（2002）字第X180121号房屋所有权证。2002年8月19日，陈某河根据洛阳市人民政府成立的新街道路建设及周边环境整治工程指挥部（以下简称指挥部）的安排，将其房屋及附属物交给了指挥部。8月20日，陈某河宅院内的房屋及附属物全部被拆除。被强拆时陈某河家庭共有三人。2002年9月14日、17日，陈某河两次从指挥部领取款项共计1万元；2003年12月6日，指挥部经陈某河要求暂借陈某河1万元。以上三笔款项的相关字据中，原审第三人中房公司均加盖财务专用章。

河南省洛阳市中级人民法院（2005）洛行初字第11号判决认为，洛阳市人民政府组建的指挥部组织有关部门对陈某河房屋及附属物实施拆迁，违反法定程序，该强拆行为已被洛阳市中级人民法院（2004）洛行初字第11号行政判决确认违法。洛阳市人民政府应该对陈某河合法权益造成的损失承担国家赔偿责任。洛市价房字（1997）第5号文件《关于公布洛阳市城市建设拆迁安置补偿标准的通知》（以下简称《1997年拆迁安置补偿标准》）不违背法律规定，人民法院审理行政赔偿案件时可以参照。鉴于陈某河的房屋已经被拆除，评估已失去了客观条件，其赔偿标准可参照《1997年拆迁安置补偿标准》规定。陈某河的房屋为砖木结构平房，属营业房。赔偿数额计算如下：（1）55.31平方米，每平方米按620元补偿，营业房再增加100%的补偿，即68584.40元；（2）石棉瓦简易棚32.07平方米，每平方米按100元补偿，即3207元；（3）明棚12.38平方米，每平方米按20元补偿，即247.60元；（4）阁楼22.68平方米，每平方米按300元补偿，即6804元；（5）三相电机、电线及安装费2000元；（6）搬家费：每人100元，陈某河家庭3口人共300元；（7）过渡费：拆除陈某河建筑物及明棚、石棉瓦棚、阁楼共计122.44平方米，每平方米按6元计算至18个月，即13223.52元；（8）学生交通费：陈某河家庭一个学生按200元计算；（9）电话安装费140元。以上9项共计为94706.52元，洛阳市人民政府应给予补偿。陈某河庭审中称其104.31平方米房产全是营业房，应全部按营业房赔偿，无事实和法律依据，不予支持。依照《最高人民法院关于执行〈中华人民共和国行政诉讼法〉若干问题的解释》第五十八条之规定，判决洛阳市人民政府在30日内支付给陈某河房屋拆迁补偿款94706.52元（含陈某河已领取的2万元）。

陈某河、洛阳市人民政府均不服一审判决，向河南省高级人民法院提起上诉。

河南省高级人民法院（2005）豫法行终字第00115号二审判决认定的事实与一审判决认定事实一致。

河南省高级人民法院二审判决另查明，该案是该院发回重审的案件。在已被撤销的洛阳市中级人民法院作出的（2004）洛行初字第12号行政赔偿判决书中，一审法院认定陈某河的诉讼请求为判决洛阳市人民政府调换产权或赔偿经济损失25万元。陈某河的行政赔偿起诉书中的诉讼请求第二项为“判令被告产权调换或赔偿损失25万元”。陈某河另提供了2004年1月10日的行政赔偿起诉书，其诉讼请求第二项是“依法要求104.31平方米营业房的产权调换”。该起诉书盖有洛阳市中级人民法院的调查档案专用章。

河南省高级人民法院二审判决认为：第一，关于赔偿方式。虽然《城市房屋拆迁管理条例》第二十三条第一款规定：“拆迁补偿的方式可以实行货币补偿，也可以实行房屋产权调换。”① 但本案是国家赔偿案件，陈某河以洛阳市人民政府违法损坏了其房产为理由请求国家赔偿，只能适用国家赔偿制度，在赔偿方式上也只能适用法定的国家赔偿方式。《中华人民

① 对应《国有土地上房屋征收与补偿条例》第二十一条第一款：“征收人可以选择货币补偿，也可以选择房屋产权调换。”下同。

共和国国家赔偿法》第二十五条第一款[①]规定："国家赔偿以支付赔偿金为主要方式。"本案的赔偿方式应适用赔偿金的方式。产权调换是拆迁程序中的补偿方式问题，与本案国家赔偿程序中的赔偿方式无本质关系，本案不能以产权调换为赔偿方式。因此，对陈某河有关产权调换的请求不予支持。第二，关于赔偿数额。由于陈某河的房屋已经被拆除，陈某河在诉讼中没有提供其他标准，一审法院参照《1997年拆迁安置补偿标准》确定陈某河的赔偿数额，不违背法律规定，符合公平原则，应予支持。洛阳市人民政府虽然对赔偿数额提出上诉，但违法拆迁的责任是洛阳市人民政府造成的，其上诉理由不足，不予支持。河南省高级人民法院判决驳回上诉，维持原判。

陈某河申请再审称：（1）一、二审判决虽认定争议房屋为营业房，但在确定营业房价值时，既不参照市场价，又不根据申请人递交的司法鉴定评估申请书委托评估，最终却参考《1997年拆迁安置补偿标准》，确定争议房屋及附属物拆迁补偿款为94706.52元，明显不当。（2）2002年拆迁时，因政府相关部门不认可争议房屋为营业房形成纠纷，到2005年河南省洛阳市中级人民法院一审判决时，房屋价格已经发生巨大变化，继续以《1997年拆迁安置补偿标准》确定的价格难以在同区位实现产权调换。请求本院撤销原一、二审判决，依法予以再审。

对河南省高级人民法院（2005）豫法行终字第00115号判决认定的事实，申请人陈某河并无异议，本院依法予以确认。

本院认为，洛阳市人民政府组建的指挥部在2002年组织有关部门对陈某河房屋及附属物实施拆迁，违反法定程序，该强拆行为已被洛阳市中级人民法院（2004）洛行初字第11号行政判决确认违法。因此，对该拆迁行为给陈某河合法权益造成的损失，原审法院判决其承担相应的责任并无不当。但原审判决认为陈某河的房屋已被拆除，评估已失去客观条件，故参照《1997年拆迁安置补偿标准》确定陈某河房屋价值，显属不当。

洛阳市人民政府及相关职能部门，在2002年未依法将争议房屋性质确

① 对应《中华人民共和国国家赔偿法》（2012年修正）第三十二条。

定为营业房，是双方未能就拆迁补偿安置达成一致、导致陈某河未能依法获得补偿安置的主要原因。陈某河自2002年房屋被拆除至今未得到公平合理的安置补偿，其中既有拆迁人中房公司未履行补偿安置责任的原因，也有洛阳市人民政府及相关职能部门未依法行政的原因。在房屋价格明显上涨且被拆迁人未及时获得合理补偿安置的前提下，一、二审判决洛阳市人民政府仅向陈某河支付按《1997年拆迁安置补偿标准》确定的拆迁补偿安置款，对陈某河明显有失公平。

陈某河配合拆迁工作，服从相关政府部门的要求，在未依法获得补偿安置的情况下，将房屋及附属物交由相关部门拆除，其自身并无过错，不应承担相应的损失。拆迁人中房公司和洛阳市人民政府及其职能部门有义务保证陈某河得到公平合理的补偿安置。陈某河有权要求根据拆迁当时有效的《城市房屋拆迁管理条例》第二十三条和第二十四条[①]的规定，主张实行房屋产权调换或者要求根据被拆迁房屋的区位、用途、建筑面积等因素，通过房地产市场评估来确定货币补偿金额。如拆迁人和洛阳市人民政府无适当房屋进行产权调换，则应向陈某河支付生效判决作出时以同类房屋的房地产市场评估价格为标准的补偿款，以保证陈某河选择产权调换的权利。

综上，原一、二审判决认定事实不清，适用法律错误，应予纠正。依照《中华人民共和国行政诉讼法》第六十三条第二款[②]、《最高人民法院关于执行〈中华人民共和国行政诉讼法〉若干问题的解释》第六十三条第一款第十三项[③]的规定，裁定如下：一、本案指令河南省高级人民法院另行组成合议庭进行再审；二、再审期间中止原判决的执行。

---

① 参见《国有土地上房屋征收与补偿条例》第十九条。

② 对应《中华人民共和国行政诉讼法》（2017年修正）第九十二条第二款。

③ 对应《最高人民法院关于适用〈中华人民共和国行政诉讼法〉的解释》第一百零一条第一款第十三项。

60. 魏某英、齐某与辽宁省新民市人民政府强制清除地上物并行政赔偿案*

评估机构提供虚假证明材料妨碍案件审理的，人民法院应当依法对评估机构及其主要负责人、直接责任人员予以处罚

【裁判摘要】

人民法院对于评估机构在诉讼中提供虚假证明材料，妨碍人民法院审理案件的行为，应当根据《中华人民共和国行政诉讼法》第五十九条的规定，对评估机构及其主要负责人、直接责任人员予以处罚。

再审申请人（一审被告、二审上诉人）：辽宁省新民市人民政府。住所地：新民市南郊路2号。

法定代表人：邢某，市长。

委托代理人：张某，新民市交通局局长。

委托代理人：迟某英，辽宁申胜律师事务所律师。

被申请人（一审原告、二审被上诉人）：魏某英，女，汉族，住新民市新柳街。

被申请人（一审原告、二审被上诉人）：齐某，男，汉族，住新民市新柳街。

委托代理人：张某强，辽宁毕圣律师事务所律师。

---

* 摘自《最高人民法院公报》2019年第6期，最高人民法院（2015）行监字第1921号行政裁定书。

再审申请人新民市人民政府（以下简称新民市政府）因被申请人魏某英、齐某诉其强制清除地上物并行政赔偿一案，不服辽宁省高级人民法院于2015年4月24日作出的（2015）辽行终字第81号行政判决，向本院申请再审。本院于2015年11月5日立案，依法组成合议庭进行审查，并于2015年12月16日下午在本院第二巡回法庭（沈阳）第三法庭组织各方当事人进行询问，再审申请人新民市政府的委托代理人张某、迟某英，被申请人魏某英、齐某及其委托代理人张某强，到庭参加询问活动；沈阳嘉森森林资源资产价格评估事务所（以下简称嘉森评估所）评估技术人员周某杰作为证人出庭接受质询。案件现已审查终结。

魏某英、齐某在新民市前营子村东侧有7.2亩承包地，2008年之前即开始在承包地上从事苗木、风景树繁育、销售活动。京沈铁路客运专线途经新民市七个乡、镇、街道，在新民市境内的线路长度为55.655公里，魏某英、齐某的承包土地在该工程用地范围之内。为配合京沈铁路客运专线工程建设，2009年6月25日和2013年12月18日，新民市政府两次发布公告，禁止在项目用地范围内抢栽抢建。2013年12月21日，新民市政府发布《京沈铁路客运专线（新民段）项目建设征地拆迁补偿实施方案》，附件中关于紫叶稠李的补偿标准为每株50元。2014年3月9日，新民市政府组织人员对魏某英、齐某承包地上的苗木进行核查，确认承包地上栽种有3年生紫叶稠李23116株，嘉森评估所丛某健、裴某峰、张某强三人参加了核查工作。2014年3月9日，新民市政府发布《关于清除京沈客专铁路沿线非法抢栽抢建地上物和设施的通知》，要求抢栽抢建的当事人自通告发布之日起3日内自行清除抢栽抢建的地上物和设施，逾期不自行清除的，公安机关及有关执法部门将依据相关法律法规规定，予以强制清除。2014年3月13日，新民市政府对魏某英、齐某7.2亩承包地上的紫叶稠李实施了强制清除。魏某英、齐某不服，诉至沈阳市中级人民法院，请求确认强制清除行为违法，赔偿经济损失147万元。另查明，2014年10月17日，国土资源部下发国土资函〔2014〕528号《关于新建北京至沈阳铁路客运专线（沈阳、阜新、朝阳段）工程建设用地的批复》，同意将包括涉案承包地在内的共计1101.3334公顷集体所有农用地转为建设用地，并办理征地手续。2014年11月7日，辽宁省国土资源厅作出辽国土资函〔2014〕218号《转发国土资源部关于新建北京至沈阳铁路客运专线（沈阳、阜新、朝阳段）工程建设用地批复的函》。还查明，本案二审判决生效后，新民市政府委托嘉森评估所对魏某英、齐某的紫叶稠李进行价格评估，嘉森评估所于2015年8月28日出具了沈嘉林评字〔2015〕第530号《京沈客专项目涉及齐某所有紫叶稠李资产价值评估报告书》（以下简称530号《评估报告》），认定魏某英、齐某的紫叶稠李苗木价格为每株5元，评估技术人员为周某杰、张某亮。新民市政府将该评估报告作为新证据提交本院，请求撤销一、二审判决。

一审判决认为，《辽宁省实施〈中华人民共和国土地管理法〉办法》第二十五条第二款[①]规定："自征地公告发布之日起，突击栽种的树木、青苗和抢建的建筑物、构筑物等，不予补偿。"新民市政府提交的证据不能证明魏某英、齐某使用的土地在被强制清除时已经由有权机关批准征收，并发布了征地公告。同时，根据魏某英、齐某提供的证据可以证明，2008年以前魏某英、齐某即一直从事繁育销售苗木的经营活动，在京沈客运专线征地拆迁前，魏某英、齐某并未改变原种植苗木的种类，未实施抢栽抢种行为，新民市政府以魏某英、齐某于2009年6月后抢栽抢种为由，实施强制清除行为，缺少事实依据，应当确认违法。魏某英、齐某对违法强制清除行为造成的财产损失，有取得行政赔偿的权利。魏某英、齐某的紫叶稠李被强制清除，已经灭失，不具备评估条件，可参照涉案征地补偿方案规定的标准予以赔偿，故新民市政府应赔偿紫叶稠李苗木损失23116株×50元/株=1155800元。依照《最高人民法院关于执行〈中华人民共和国行政诉讼法〉若干问题的解释》[②]第五十七条第二款第二项、《中华人民共和国国家赔偿法》第四条第二项之规定，判决确认新民市政府强制清除行为违法；新民市政府在判决生效之日起15日内赔偿魏某英、齐某地上种植

---

① 对应《辽宁省实施〈中华人民共和国土地管理法〉办法》(2020年修正）第二十四条第二款。

② 《最高人民法院关于执行〈中华人民共和国行政诉讼法〉若干问题的解释》已于2018年2月8日失效。

物损失 1155800 元。新民市政府不服，提起上诉。

二审判决认为，新民市政府在未取得征地批复、未发布征地公告的情况下，径行认定魏某英、齐某栽种的紫叶稠李苗木属于抢栽抢种的树木，明显违反《辽宁省实施〈中华人民共和国土地管理法〉办法》的规定。新民市政府虽然在二审中提交了涉案土地获得征地批复的证据，但该证据不能证明强制清除地上苗木的行为具备合法性。新民市政府主张应当按照国土资源部国土资发〔2004〕238 号《关于完善征地补偿安置制度的指导意见》第三条第九项的规定，认定魏某英、齐某栽种的紫叶稠李苗木属于抢栽抢种，但因新民市政府并未在征地依法报批前，将征地情况书面告知魏某英、齐某，故依此规定认定魏某英、齐某的行为属于抢栽抢种，仍缺乏事实依据。依照修改前的《中华人民共和国行政诉讼法》第六十一条第一项①的规定，判决驳回上诉，维持原判。

新民市政府申请再审称：（1）新民市政府确认魏某英、齐某承包地上有 23116 株紫叶稠李，只是对客观事实的记载，不能显示植物密度的合理性。（2）补偿方案中紫叶稠李每株 50 元的补偿标准，是针对同类成树，不适用魏某英、齐某种植的树苗。（3）新民市政府委托嘉森评估所对魏某英、齐某的树苗进行评估，结论是种植树苗价格为每株 5 元。根据《中华人民共和国行政诉讼法》第九十一条第二项、第三项规定申请再审，请求撤销一、二审判决，改判补偿魏某英、齐某 115580 元。

魏某英、齐某答辩称：（1）一、二审判决赔偿数额的证据都是来源于新民市政府，客观公正，应予支持。（2）作为京沈铁路客运专线（新民段）的土地被征收人，魏某英、齐某应享受与其他被征收人同等待遇。（3）2015 年 9 月 9 日，新民市政府主动与魏某英、齐某达成协议，同意按照生效判决予以赔偿，现又提出再审申请，出尔反尔，不讲诚信。

本院经审查认为，新民市政府在未取得征地批复、未发布征地公告的情况下，认定魏某英、齐某栽种的紫叶稠李属于抢栽抢种，并予以强制清除，缺乏事实和法律依据，一、二审判决确认违法，双方并无异议，本院

① 对应《中华人民共和国行政诉讼法》（2017 年修正）第八十九条第一项。

亦予确认。新民市政府违法强制清除造成魏某英、齐某的财产损失，应当依法赔偿。

一、关于紫叶稠李的株数问题

《最高人民法院关于行政诉讼证据若干问题的规定》第五十三条规定："人民法院裁判行政案件，应当以证据证明的案件事实为依据。"2014年9月16日，嘉森评估所出具《关于齐某所有紫叶稠李资产调查情况的说明》(以下简称《紫叶稠李情况说明》)，内容为：嘉森评估所接受新民市土地房屋征收办公室委托，2014年3月9日与新柳街道、前营子村村委会派员共同进行调查，认定齐某所有紫叶稠李苗龄3年，总株数为23116株。该调查结果系苗木核查过程中形成的资料，新民市政府亦予认可，并作为己方证据向一审法院提交，一审庭审质证过程中，双方当事人均未对该证据的真实性、合法性提出质疑。一审采纳该证据，认定魏某英、齐某被强制清除的紫叶稠李株数，并无不当。新民市政府再审申请称，《紫叶稠李情况说明》不能显示植物密度的合理性，否定该证据的证明效力，但没有提供足以推翻该证据的反证，且在本院询问过程中新民市政府的委托代理人称，不再对紫叶稠李的株数提出异议。故对新民市政府有关紫叶稠李株数的申请再审理由，本院不予支持。

二、关于赔偿标准问题

《中华人民共和国国家赔偿法》第三十六条第八项规定，侵犯公民、法人和其他组织的财产权造成损害的，按照直接损失给予赔偿。所谓直接损失，是指受到损害财产的市场价值。新民市政府违法强制清除魏某英、齐某栽种的紫叶稠李，应当按照紫叶稠李的市场评估价格予以赔偿。在紫叶稠李已经被强制清除，无法根据现状进行评估的情况下，一、二审判决参照新民市政府征收补偿方案规定的每株50元的标准予以赔偿，体现了市场价格赔偿的基本原则，判决结果并无不当。新民市政府主张补偿方案中每株50元的补偿标准系针对紫叶稠李成树的补偿标准，但是，从补偿方案的表述看，并不能得出该结论，且新民市政府亦未提供其他相关证据证明其主张。新民市政府将530号《评估报告》作为“新的证据”向本院提交。根据《最高人民法院关于行政诉讼证据若干问题的规定》第五十二条规定，再审“新证据”是指以下证据：(1) 在一审程序中应当准予延期提供而未获准许的证据；(2) 当事人在一审程序中依法申请调取而未获准许或者未取得，人民法院在第二审程序中调取的证据；(3) 原告或者第三人提供的在举证期限届满后发现的证据。本案中，新民市政府在一、二审程序中，均未对涉案的紫叶稠李价格申请评估，在二审判决生效后，委托评估机构作出的评估结论，明显不属于应当再审的“新证据”。

三、关于评估报告的真实性问题

嘉森评估所接受新民市政府的委托作出的530号《评估报告》，严重违反评估程序，评估结论没有事实依据，不具有真实性，不能作为认定涉案紫叶稠李赔偿价格的依据。主要理由如下：

1. 根据《资产评估准则——评估程序》第十一条的规定，注册资产评估师应当首先明确评估目的。530号《评估报告》中确定的评估目的为：“核定齐某所有的紫叶稠李资产总价值，客观、公正作出征收紫叶稠李的补偿标准，为委托方征收补偿提供依据”，该评估目的与客观事实存在冲突。首先，辽宁省高级人民法院已于2015年4月24日作出二审判决，确认新民市政府强制清除紫叶稠李的行为违法，需进行赔偿而非补偿；其次，新民市政府已于2013年制定了京沈客专项目（新民段）征地拆迁补偿实施方案，明确了包括紫叶稠李在内的各种地上物的补偿标准。故530号《评估报告》确定的评估目的不能成立。

2. 根据《资产评估准则——评估程序》第六条的规定，现场调查属于基本评估程序，注册资产评估师不得随意删减基本评估程序。嘉森评估所称，涉案紫叶稠李的现场调查工作就是该所于2014年3月9日开展的调查工作。第一，2014年3月9日嘉森评估所进行的调查在其接受本次资产评估委托之前，且2014年的调查并非基于资产价值评估为目的开展的调查，新民市政府在二审及再审申请中均明确，2014年的调查仅系逐户普查的程序性资料，该调查不能替代本次评估中的调查程序；第二，2014年3月9

日参与调查的人员系嘉森评估所的丛某健、裴某峰、张某强三人，与完成本次评估的人员完全不同；第三，2014年3月9日的调查表，对于紫叶稠李仅有“树龄3年，树高1.2米”的描述，缺乏地径、胸径、冠幅、分枝数量等具体状态的陈述和记载；第四，2014年3月9日调查的影像资料只有数张现场照片，无拍摄地点、拍摄时间、比例尺等信息，无法准确还原涉案紫叶稠李的全貌。故530号《评估报告》缺少现场调查程序。

3. 530号《评估报告》中确定的评估基准日为2015年8月28日，该评估基准日并非涉案紫叶稠李被强制清除的时间。在本院询问中，嘉森评估所称自2013年以来，苗木市场价格逐年走低。评估报告以2015年8月作为评估基准日，涉案紫叶稠李在被强制清除时的价值难以准确体现。

4. 根据《资产评估准则——评估程序》第十九条的规定，注册资产评估师应当通过多种方式进行调查，获取评估业务需要的基础资料，了解评估对象现状，关注评估对象法律权属。涉案紫叶稠李系3年生，在2012年春季经过一次平茬。嘉森评估所称在评估时系以1年生的苗条作为询价对象，未将涉案紫叶稠李按3年树龄的整树作为询价对象，询价对象严重失实。

5. 530号《评估报告》采用的评估方法是市价法。根据《资产评估准则——评估程序》第二十二条至第二十四条的规定，注册资产评估师应当根据业务需要收集评估资料，并进行必要分析、归纳和整理，形成评定估算的依据，其中评估资料应包括查询记录、询价结果、行业资讯、分析资料等形式。嘉森评估所在询问中称评估技术人员进行了市场询价，但不能提供准确的询价对象、询价方式、询价过程以及评估师如何通过具体的分析、计算和判断，形成初步评估结论及最终评估结论。评估结论没有任何事实依据。

6. 根据《资产评估准则——工作底稿》的规定，注册资产评估师执行资产评估业务，应当编制和管理工作底稿。工作底稿包括管理类工作底稿和操作类工作底稿，其中操作类工作底稿应当包括市场调查及数据分析资料、相关的历史和预测资料、询价记录、其他专家鉴定及专业人士报告等内容。嘉森评估所称开展了网络及电话询价、咨询行业专家等工作，但在询问中承认并未制作和保存任何工作底稿，无法证明其开展了相关询价、咨询专家等工作。

7. 根据《资产评估准则——评估报告》第六条的规定，评估报告中应当提供必要信息，使评估报告使用者能够合理理解评估结论。530 号《评估报告》的结论为，涉案紫叶稠李的现行市场价格为每株 5 元，但是在新民市政府 2013 年制定的征地拆迁补偿实施方案中紫叶稠李补偿价格为每株 50 元，二者价格存在十倍差距，但是评估报告中对此差距未作任何说明和分析。

嘉森评估所作出的 530 号《评估报告》违反评估程序，评估结论缺乏基本的事实根据，属于提供虚假证明材料，妨碍人民法院审理案件的行为，根据《中华人民共和国行政诉讼法》第五十九条第一款第二项以及第二款的规定，对嘉森评估所及其主要负责人、直接责任人员应当处以罚款处罚。

综上，新民市政府的再审申请不符合《中华人民共和国行政诉讼法》第九十一条第二项、第三项规定的情形。依照《最高人民法院关于执行〈中华人民共和国行政诉讼法〉若干问题的解释》第七十四条[①]的规定，裁定如下：驳回新民市人民政府的再审申请。

① 对应《最高人民法院关于适用〈中华人民共和国行政诉讼法〉的解释》第一百一十六条。

61. 马某某诉某区人民政府行政赔偿案*

不予赔偿决定依法属于行政赔偿诉讼受案范围

【裁判摘要】

行政机关作出的不予赔偿决定依法属于行政赔偿诉讼受案范围。赔偿请求人对该不予赔偿决定告知书不服的，可以向人民法院提起诉讼。

一、基本案情

马某某认为某区人民政府及相关部门对其实施限制人身自由并造成损害，向某区人民政府提交行政赔偿申请书。某区人民政府作出告知书，告知马某某其所提供的材料不能证明该区人民政府存在限制其人身自由的违法行为，故该区人民政府不是行政赔偿义务机关。马某某不服向某市中级人民法院提起本案诉讼，请求确认某区人民政府在法定时间内未作出赔偿决定违法，并赔偿损失18万余元。

二、裁判结果

一审法院以本案未经确认违法即要求赔偿不符合法

* 摘自《最高人民法院关于审理行政赔偿案件若干问题的规定》（法释〔2022〕10号）参考案例。

定起诉条件为由裁定驳回起诉，二审法院则以不予作出赔偿决定行为系程序性行为，不对马某某权利义务产生实际影响为由裁定维持一审裁定。马某某不服，向最高人民法院申请再审。

最高人民法院经审理认为，马某某就赔偿问题向某区人民政府请求先行处理并由某区人民政府作出决定不予赔偿的告知书。依据新修订的《中华人民共和国国家赔偿法》第十四条第二款规定，赔偿请求人对该不予赔偿决定告知书不服的，可以向人民法院提起诉讼。人民法院受理本案后，依法应当对某区人民政府和马某某之间的行政赔偿争议进行审理。

62. 杨某某诉某区人民政府行政赔偿案*

当事人对行政强制确认违法及行政赔偿同时提起诉讼，即使人民法院分别立案，仍属于一并提起行政赔偿诉讼，无须等待确认违法判决生效后再另行主张赔偿

【裁判摘要】

当事人对行政强制确认违法及行政赔偿同时提起诉讼，即使人民法院分别立案，仍属于一并提起行政赔偿诉讼，无须等待确认违法判决生效后再另行主张赔偿。行政赔偿申请人在提起行政诉讼时一并请求行政赔偿的，人民法院在确认行政行为违法的同时，应当依法对行政赔偿请求一并作出实体裁判。

一、基本案情

杨某某一并就某区人民政府行政强制及行政赔偿案件向某市中级人民法院提起行政诉讼。对于行政强制案件，该院作出一审行政判决确认某区人民政府对杨某某房屋强拆行为违法，二审法院以同一理由维持一审判决。

二、裁判结果

对于行政赔偿案件，一审法院以一审期间由于违法

---

* 摘自《最高人民法院关于审理行政赔偿案件若干问题的规定》(法释〔2022〕10号)参考案例。

侵害的事实及赔偿责任主体未经人民法院生效判决确认，为避免司法程序空转为由裁定驳回起诉。二审法院认为，虽然二审期间违法侵害的事实及赔偿责任主体已经人民法院生效判决确认，杨某某仍可通过向某区人民政府申请行政赔偿或者另行提起行政赔偿诉讼等途径维护自身合法权益，故维持一审裁定。杨某某不服，向最高人民法院申请再审。

最高人民法院经审理认为，为了实质化解行政争议，依据《中华人民共和国国家赔偿法》相关规定，行政赔偿申请人在提起行政诉讼时一并请求行政赔偿的，人民法院在确认行政行为违法的同时，应当依法对行政赔偿请求一并作出实体裁判。本案一、二审法院裁定驳回杨某某对某区人民政府要求行政赔偿的起诉，属于变相剥夺了当事人一并提起行政赔偿诉讼的合法权利。

63. 李某某诉某县人民政府及县林业局林业行政赔偿案*

▶

由于第三人提供虚假材料，导致行政机关作出的行政行为违法，造成损害的，人民法院应当根据违法行政行为在损害发生和结果中的作用大小，确定行政机关承担相应的行政赔偿责任

【裁判摘要】

本案中，某县林业局在颁发涉诉林木采伐许可证时未依照法定程序尽到审慎合理的审查义务，颁证行为违法。某县林业局的违法颁证行为与范某提供虚假材料申办林木采伐许可证及其私自砍伐林木的民事侵权行为共同致使李某某财产损失，某县林业局应根据其违法行为在损害过程和结果中所起作用承担相应的赔偿责任。

一、基本案情

李某某与袁某婚后与村民干某等人签订《土地承包合同》并办理公证，承包干某等人山地共 82 亩并种植了杉树。之后，李某某与袁某协议离婚，82 亩杉树归李某某所有。2010 年 6 月 23 日，袁某将 82 亩种植杉树出售给范某和黄某。2010 年 7 月 12 日，范某以他人名义提交砍伐申请，某县林业局向范某发放了 81 号《林木采伐许可证》。2011 年 11 月 22 日，李某某以颁发林木

* 摘自《最高人民法院关于审理行政赔偿案件若干问题的规定》（法释〔2022〕10 号）参考案例。

采伐许可证的行政行为违法为由，向某县人民政府提交《国家赔偿违法确认申请书》，请求撤销 81 号《林木采伐许可证》，并要求某县林业局赔偿损失共计 120 万元。某县人民政府作出复议决定：一、撤销 81 号《林木采伐许可证》。二、范某未经李某某等人的授权，私自进行砍伐，属于个人行为，不属于国家赔偿范畴。李某某诉至法院，请求判令某县林业局赔偿其经济损失 120 万元；某县人民政府与某县林业局承担连带赔偿责任。

二、裁判结果

一、二审法院认为，某县林业局履行了必要的审查义务，该行政行为并无不妥。虽然该采伐许可证后被某县人民政府撤销，但撤销的原因系范某冒用权利人名义申请所为，而非某县林业局违法审查所致。故判决驳回李某某的诉讼请求。李某某不服，向最高人民法院申请再审。

最高人民法院经审查认为，某县林业局在颁发涉诉林木采伐许可证时未依照法定程序尽到审慎合理的审查义务，颁证行为违法。某县林业局的违法颁证行为与范某提供虚假材料申办林木采伐许可证及其私自砍伐林木的民事侵权行为共同致使李某某财产损失，某县林业局应根据其违法行为在损害过程和结果中所起作用承担相应的赔偿责任。

64. 范某某诉某区人民政府强制拆除房屋及行政赔偿案*

▶ 违法征收征用土地、房屋案件中，人民法院判决给予被征收人的行政赔偿，不得少于被征收人依法应当获得的安置补偿权益

【裁判摘要】

行政机关违法征收征用土地、房屋，人民法院判决给予被征收人的行政赔偿，不得少于被征收人依法应当获得的安置补偿权益。在违法强制拆除房屋的情形下，人民法院以决定赔偿时的市场评估价格对被征收人予以行政赔偿。

一、基本案情

2011年1月，某区人民政府在未与范某某就补偿安置达成协议、未经批准征用土地的人民政府作出安置补偿裁决的情况下，将范某某位于征收范围内的集体土地上的房屋拆除，人民法院生效判决确认拆除行为违法。范某某依法提起本案诉讼请求赔偿。

二、裁判结果

一、二审法院判决某区人民政府以决定赔偿时的市场评估价格予以赔偿。某区人民政府不服，向最高人民

* 摘自《最高人民法院关于审理行政赔偿案件若干问题的规定》（法释〔2022〕10号）参考案例。

法院申请再审。

最高人民法院经审查认为，行政机关违法强制拆除房屋的，被征收人获得的行政赔偿数额不应低于赔偿时被征收房屋的市场价格。否则，不仅有失公平而且有纵容行政机关违法之嫌。因此，在违法强制拆除房屋的情形下，人民法院以决定赔偿时的市场评估价格对被征收人予以行政赔偿，符合房屋征收补偿的立法目的。

65．易某某诉某区人民政府房屋强拆行政赔偿案*

为了最大限度保护当事人的权益，房屋损失赔偿时点的确定，应当选择最能弥补当事人损失的时点

【裁判摘要】

财产损害赔偿中，损害发生时该财产的市场价格不足以弥补受害人损失的，可以采用其他合理方式计算。

一、基本案情

在未与易某某达成安置补偿协议或者作出相应补偿决定的情况下，易某某的房屋被某区人民政府强制拆除。生效行政判决亦因此确认强拆行为违法。易某某向某区人民政府申请行政赔偿，法定期限内某区人民政府未作出赔偿决定。易某某遂提起本案诉讼，请求判令某区人民政府恢复原状，或者赔偿同等区位、面积、用途的房屋；判令某区人民政府赔偿动产经济损失3万余元。

二、裁判结果

一、二审法院判决由某区人民政府赔偿违法拆除易

* 摘自《最高人民法院关于审理行政赔偿案件若干问题的规定》（法释〔2022〕10号）参考案例。

某某房屋所造成的经济损失共计 16 万余元的同时，驳回易某某要求赔偿动产损失的诉讼请求。易某某不服，向最高人民法院申请再审。

最高人民法院经审理认为，房屋作为一种特殊的财物，价格波动较大，为了最大限度保护当事人的权益，房屋损失赔偿时点的确定，应当选择最能弥补当事人损失的时点。在房屋价格增长较快的情况下，以违法行政行为发生时为准，无法弥补当事人的损失。此时以法院委托评估时为准，更加符合公平合理的补偿原则。

66. 李某某诉某区人民政府行政赔偿案*

房屋因强制拆除已毁损灭失，无法恢复原状的，人民法院应当判令赔偿义务机关支付赔偿金和相应的利息损失

【裁判摘要】

涉案房屋因强制拆除已毁损灭失，且涉案地块已经纳入征收范围，涉案房屋不具备恢复原状的可能性，不予支持行政相对人主张的恢复原状的请求。但其仍享有取得赔偿的权利，人民法院应当依法通过判决赔偿金等方式作出相应的赔偿判决。

一、基本案情

2012年7月16日，某区人民政府组建的建设指挥部工作人员强制拆除了李某某的房屋，2015年4月27日，法院生效行政判决确认某区人民政府强制拆除李某某房屋程序违法。李某某向某区人民政府递交《行政赔偿申请书》，某区人民政府不予答复。李某某提起本案行政赔偿诉讼，请求恢复原状。本案再审审查阶段，某区人民政府就涉案房屋作出《行政赔偿决定书》。

* 摘自《最高人民法院关于审理行政赔偿案件若干问题的规定》(法释〔2022〕10号)参考案例。

二、裁判结果

一、二审法院认为，根据《中华人民共和国国家赔偿法》相关规定，应当返还的财产灭失的，给付相应的赔偿金。涉案房屋被拆除已灭失，无恢复原状的可能，李某某经释明后拒绝变更“要求将被拆除房屋恢复原状”的诉讼请求，据此判决驳回李某某的诉讼请求。李某某不服，向最高人民法院申请再审。

最高人民法院经审理认为，涉案房屋因强制拆除已毁损灭失，且涉案地块已经纳入征收范围，涉案房屋不具备恢复原状的可能性，原审对李某某主张的恢复原状的请求不予支持，并无不当。但李某某仍享有取得赔偿的权利，法院应当依法通过判决赔偿金等方式作出相应的赔偿判决，仅以恢复原状诉请不予支持为由判决驳回李某某诉请，确有不当。

67. 魏某某诉某区人民政府行政赔偿案*

人民法院可以对行政机关作出赔偿的方式、项目、标准等予以明确，赔偿内容直接且确定的，应当作出具有赔偿金额等给付内容的判决

【裁判摘要】

基于司法最终原则，人民法院对行政赔偿之诉应当依法受理并作出明确而具体的赔偿判决，以保护赔偿请求人的合法权益，实质解决行政争议，原则上不应再判决由赔偿义务机关先行作出赔偿决定，使赔偿争议又回到行政途径，增加当事人的诉累。人民法院审理行政赔偿案件，可以对行政机关作出赔偿的方式、项目、标准等予以明确，赔偿内容直接且确定的，应当作出具有赔偿金额等给付内容的判决。

一、基本案情

魏某某案涉集体土地上房屋位于某区城中村改造范围，因未能达成安置补偿协议，2010年5月25日，魏某某涉案房屋被拆除，法院生效判决确认了某区人民政府强制拆除行为违法。2015年6月，魏某某依法提起本案行政赔偿诉讼，要求判令某区人民政府赔偿损失。

* 摘自《最高人民法院关于审理行政赔偿案件若干问题的规定》(法释〔2022〕10号)参考案例。

二、裁判结果

一审法院判决某区人民政府赔偿魏某某房屋损失等损失。二审法院判决撤销一审行政赔偿判决，责令某区人民政府于判决生效之日起90日内对魏某某依法予以全面赔偿。魏某某不服，向最高人民法院申请再审。

最高人民法院经审理认为，基于司法最终原则，人民法院对行政赔偿之诉应当依法受理并作出明确而具体的赔偿判决，以保护赔偿请求人的合法权益，实质解决行政争议，原则上不应再判决由赔偿义务机关先行作出赔偿决定，使赔偿争议又回到行政途径，增加当事人的诉累。本案中，二审判决撤销一审行政赔偿判决，责令某区人民政府对魏某某依法予以全面赔偿，无正当理由且有违司法最终原则，裁判方式明显不当。

68．杜某某诉某县人民政府行政赔偿案*

行政相对人的损失已经通过行政补偿途径获得充分救济的，人民法院应当依法判决驳回其行政赔偿请求

【裁判摘要】

行政行为被确认违法并不必然产生行政赔偿责任，只有造成实际的损害，才承担赔偿责任。行政相对人的损失已经通过行政补偿途径获得充分救济的，人民法院应当依法判决驳回其行政赔偿请求。

一、基本案情

2014年年初，某县人民政府为了绕城高速公路工程建设需要，经上级政府批准后，其成立的征迁指挥部与被征收人杜某某签订《房屋征收补偿安置协议书》并约定付款时间及交房时间。随后，征迁指挥部依约履行了相关义务。同年10月，案涉房屋在没有办理移交手续的情况下被拆除。该拆除行为经诉讼，法院生效判决确认某县人民政府拆除行为违法。2016年11月7日，杜某某向某县人民政府申请行政赔偿，某县人民政府在法定期限内不予答复。杜某某提起本案赔偿之诉。

* 摘自《最高人民法院关于审理行政赔偿案件若干问题的规定》(法释〔2022〕10号)参考案例。

二、裁判结果

一、二审法院认为，在房屋被强制拆除前，杜某某已经获得《房屋征收补偿安置协议书》约定的相关补偿款项及宅基地安置补偿，在房屋拆除后，杜某某向村委会领取了废弃物品补偿款及搬迁误工费用，故判决驳回杜某某的诉讼请求。杜某某不服，向最高人民法院申请再审。

最高人民法院经审理认为，行政行为被确认违法并不必然产生行政赔偿责任，只有造成实际的损害，才承担赔偿责任。某县人民政府成立的征迁指挥部与杜某某已签订《房屋征收补偿安置协议书》，该协议已被法院生效判决认定为合法有效且已经实际履行。因此，杜某某的房屋虽被违法强制拆除，但其在诉讼中并未提供证据证明其存在其他损害，其合法权益并未因违法行政行为而实际受损，其请求赔偿缺乏事实和法律依据。

69．周某某诉某经济技术开发区管理委员会拆迁行政赔偿案*

▶

通过行政补偿程序依法应当获得的奖励、补贴等以及对财产造成的其他实际损失属于直接损失

【裁判摘要】

“直接损失”不仅包括既得财产利益的损失，还应当包括虽非既得但又必然可得的如应享有的农房拆迁安置补偿权益等财产利益损失。通过行政补偿程序依法应当获得的奖励、补贴等以及对财产造成的其他实际损失属于直接损失。

一、基本案情

周某某在某自然村集体土地上拥有房屋两处，该村于2010年起开始实施农房拆迁改造。因未能与周某某达成安置补偿协议，2012年3月，拆迁办组织人员将涉案建筑强制拆除。周某某不服诉至法院，请求判令某经济技术开发区管理委员会对其安置赔偿人民币800万余元。

二、裁判结果

一、二审法院认为，涉案房屋已被拆除且无法再行

* 摘自《最高人民法院关于审理行政赔偿案件若干问题的规定》（法释〔2022〕10号）参考案例。

评估，当事人双方对建筑面积、附属物等亦无异议，从有利于周某某的利益出发，可参照有关规定并按照被拆除农房的重置价格计算涉案房屋的赔偿金，遂判决某经济技术开发区管理委员会赔偿周某某49万余元，驳回其他诉讼请求。周某某不服，向最高人民法院申请再审。

最高人民法院经审理认为，为了最大程度地发挥《中华人民共和国国家赔偿法》维护和救济受害行政相对人合法权益的功能与作用，对该法第三十六条中关于赔偿损失范围之“直接损失”的理解，不仅包括既得财产利益的损失，还应当包括虽非既得但又必然可得的如应享有的农房拆迁安置补偿权益等财产利益损失。本案中，如果没有某经济技术开发区管理委员会违法强拆行为的介入，周某某是可以通过拆迁安置补偿程序依法获得相应补偿的，故这部分利益属于必然可得利益，应当纳入国家赔偿法规定的“直接损失”范围。

行政公益诉讼

▶ 法院对检察院就同一污染环境行为提起的环境民事公益诉讼可以分别立案、一并审理、分别判决

70．吉林省白山市人民检察院诉白山市江源区卫生和计划生育局、白山市江源区中医院环境公益诉讼案*

（最高人民法院审判委员会讨论通过　2019年12月26日发布）

【关键词】

行政　环境行政公益诉讼　环境民事公益诉讼　分别立案　一并审理

【裁判要点】

人民法院在审理人民检察院提起的环境行政公益诉讼案件时，对人民检察院就同一污染环境行为提起的环境民事公益诉讼，可以参照《中华人民共和国行政诉讼法》及其司法解释规定，采取分别立案、一并审理、分别判决的方式处理。

【相关法条】

《中华人民共和国行政诉讼法》第六十一条

---

* 摘自最高人民法院2019年12月26日发布的第24批指导性案例（指导案例136号）。

【基本案情】

白山市江源区中医院新建综合楼时，未建设符合环保要求的污水处理设施即投入使用。吉林省白山市人民检察院发现该线索后，进行了调查。调查发现白山市江源区中医院通过渗井、渗坑排放医疗污水。经对其排放的医疗污水及渗井周边土壤取样检验，化学需氧量、五日生化需氧量、悬浮物、总余氯等均超过国家标准。还发现白山市江源区卫生和计划生育局在白山市江源区中医院未提交环评合格报告的情况下，对其《医疗机构职业许可证》校验为合格，且对其违法排放医疗污水的行为未及时制止，存在违法行为。检察机关在履行了提起公益诉讼的前置程序后，诉至法院，请求：1. 确认被告白山市江源区卫生和计划生育局于2015年5月18日为第三人白山市江源区中医院校验《医疗机构执业许可证》的行为违法；2. 判令白山市江源区卫生和计划生育局履行法定监管职责，责令白山市江源区卫生和计划生育局限期对白山市江源区中医院的医疗污水净化处理设施进行整改；3. 判令白山市江源区中医院立即停止违法排放医疗污水。

【裁判结果】

吉林省白山市中级人民法院于2016年7月15日以（2016）吉06行初4号行政判决，确认被告白山市江源区卫生和计划生育局于2015年5月18日对第三人白山市江源区中医院《医疗机构执业许可证》校验合格的行政行为违法；责令被告白山市江源区卫生和计划生育局履行监管职责，监督第三人白山市江源区中医院在三个月内完成医疗污水处理设施的整改。同日，白山市中级人民法院作出（2016）吉06民初19号民事判决，判令被告白山市江源区中医院立即停止违法排放医疗污水。一审宣判后，各方均未上诉，判决已经发生法律效力。

【裁判理由】

法院生效裁判认为：根据国务院《医疗机构管理条例》第五条及第四

十条[①]的规定，白山市江源区卫生和计划生育局对辖区内医疗机构具有监督管理的法定职责。《吉林省医疗机构审批管理办法（试行）》第四十四条规定，医疗机构申请校验时应提交校验申请、执业登记项目变更情况、接受整改情况、环评合格报告等材料。白山市江源区卫生和计划生育局在白山市江源区中医院未提交环评合格报告的情况下，对其《医疗机构职业许可证》校验为合格，违反上述规定，该校验行为违法。白山市江源区中医院违法排放医疗污水，导致周边地下水及土壤存在重大污染风险。白山市江源区卫生和计划生育局作为卫生行政主管部门，未及时制止，其怠于履行监管职责的行为违法。白山市江源区中医院通过渗井、渗坑违法排放医疗污水，且污水处理设施建设完工及环评验收需要一定的时间，故白山市江源区卫生和计划生育局应当继续履行监管职责，督促白山市江源区中医院污水处理工程及时完工，达到环评要求并投入使用，符合《吉林省医疗机构审批管理办法（试行）》第四十四条规定的校验医疗机构执业许可证的条件。

《中华人民共和国侵权责任法》第六十五条、第六十六条[②]规定，因污染环境造成损害的，污染者应当承担侵权责任。因污染环境发生纠纷，污染者应当就法律规定的不承担责任或者减轻责任的情形及其行为与损害之间不存在因果关系承担举证责任。本案中，根据公益诉讼人的举证和查明的相关事实，可以确定白山市江源区中医院未安装符合环保要求的污水处理设备，通过渗井、渗坑实施了排放医疗污水的行为。从检测机构的检测结果及检测意见可知，其排放的医疗污水，对附近地下水及周边土壤存在重大环境污染风险。白山市江源区中医院虽辩称其未建设符合环保要求的排污设备系因政府对公办医院投入建设资金不足所致，但该理由不能否定其客观上实施了排污行为，产生了周边地下水及土壤存在重大环境污染风

① 分别对应《医疗机构管理条例》（2022 年修订）第五条、第三十九条。

② 分别对应《中华人民共和国民法典》第一千二百二十九条：“因污染环境、破坏生态造成他人损害的，侵权人应当承担侵权责任。”第一千二百三十条：“因污染环境、破坏生态发生纠纷，行为人应当就法律规定的不承担责任或者减轻责任的情形及其行为与损害之间不存在因果关系承担举证责任。”

险的损害结果，以及排污行为与损害结果存在因果关系的基本事实。且环境污染具有不可逆的特点，故作出立即停止违法排放医疗污水的判决。

（生效裁判审判人员：张文宽、王辉、历彦飞）

理解与参照

《吉林省白山市人民检察院诉白山市江源区卫生和计划生育局、白山市江源区中医院环境公益诉讼案》的理解与参照*

——行政公益诉讼案件审理过程中提起的民事公益诉讼可以分别立案、一并审理、分别判决

最高人民法院案例指导工作办公室

2019年12月26日，最高人民法院发布了第24批指导性案例，包括第127号至第139号共13件指导性案例。这批案例为生态环境保护专题指导性案例，总结了近些年环境资源审判领域中某些普遍的疑难复杂法律适用问题，有利于进一步明确裁判规则，统一司法尺度。其中，第136号指导案例为《吉林省白山市人民检察院诉白山市江源区卫生和计划生育局、白山市江源区中医院环境公益诉讼案》。为了正确理解和准确参照适用该指导案例，现对该指导案例的选编过程、裁判要点、参照适用等有关情况

* 摘自《司法文件选解读》2023年第2辑（总第122辑），人民法院出版社2023年版，第49~55页。

予以解释、论证和说明。

一、案例选编过程

该案例曾入选2017年最高人民法院发布的环境公益诉讼十大典型案例。吉林省白山市中级人民法院研究室审查后，认为该案例符合《最高人民法院关于案例指导工作的规定》之规定，遂报送白山市中级人民法院审判委员会委员书面审核，全部委员均同意将该案作为备选参考性案例向吉林省高级人民法院研究室推荐，该案例由吉林省高级人民法院研究室进行了审查和修改，经吉林省高级人民法院审判委员会2017年第七次全体会议讨论通过，2017年12月26日作为第二批参考性案例在全省发布并作为备选指导性案例向最高人民法院案例指导工作办公室推荐。该案例由案例指导工作办公室作为环资专题案例之一进行了审查和修改。2019年9月16日，研究室室务会讨论同意推荐，并要求送最高人民法院环资庭征求意见。10月12日，环资庭经研究讨论，同意推荐该案例作为备选指导性案例。12月11日，最高人民法院民专会第328次会议讨论通过该案例。2019年12月26日，最高人民法院以法〔2019〕297号文件将该案例编入第24批指导性案例予以发布。

二、关于本案例的相关情况

白山市江源区中医院新建综合楼时，未建设符合环保要求的污水处理设施即投入使用。白山市检察院发现该线索后，进行了调查。调查发现白山市江源区中医院通过渗井、渗坑排放医疗污水。经对其排放的医疗污水及渗井周边土壤取样检验，化学需氧量、五日生化需氧量、悬浮物、总余氯等均超过国家标准。还发现白山市江源区卫生和计划生育局（以下简称白山市江源区卫计局）在白山市江源区中医院未提交环评合格报告的情况下，对其《医疗机构执业许可证》校验为合格，且对其违法排放医疗污水的行为未及时制止，存在违法行为。检察机关在履行了提起公益诉讼的前置程序后，诉至法院，请求：（1）确认被告白山市江源区卫计局于2015

年5月18日为第三人白山市江源区中医院校验《医疗机构执业许可证》的行为违法;(2)判令白山市江源区卫计局履行法定监管职责,责令白山市江源区卫计局限期对白山市江源区中医院的医疗污水净化处理设施进行整改;(3)判令白山市江源区中医院立即停止违法排放医疗污水。

公益诉讼人诉称:被告于2012年新建综合楼时,未同时建设污水处理设施,未经环保验收即投入使用。医疗污水通过渗井、渗坑排放,存在造成环境污染的重大风险。公益诉讼人根据《全国人民代表大会常务委员会关于授权最高人民检察院在部分地区开展公益诉讼试点工作的决定》及《检察机关提起公益诉讼试点方案》的有关规定,在严格落实诉前程序后,被告仍未停止排放超标医疗污水,请求:判令被告白山市江源区中医院立即停止违法排放医疗污水。

被告辩称:被告是由白山市江源区政府举办的承担公益职能的事业单位,由于政府对公立医院投入不足,造成基础设施不完善。被告多次向政府申请污水处理系统建设资金,但由于政府资金短缺,尚未解决。被告只能采用人工消毒方法处理污水,达不到用设备处理污水的排放效果,如长期排放,可能给地下水造成污染。白山市江源区人民政府收到检察机关的检察建议后,已将被告污水处理项目列为政府集中采购执行计划。被告已与吉林省康源环保设备工程有限公司签订了关于污水处理工程的承揽合同。工程已开工建设,近期即可投入使用。

法院生效裁判认为:根据国务院《医疗机构管理条例》第五条、第四十条①的规定,白山市江源区卫计局对辖区内医疗机构具有监督管理的法定职责。《吉林省医疗机构审批管理办法(试行)》第四十四条规定,医疗机构申请校验时应提交校验申请、执业登记项目变更情况、接受整改情况、环评合格报告等材料。白山市江源区卫计局在白山市江源区中医院未提交环评合格报告的情况下,对其《医疗机构执业许可证》校验为合格,违反上述规定,该校验行为违法。白山市江源区中医院违法排放医疗污

① 分别对应《医疗机构管理条例》(2022年修订)第五条、第三十九条。

水，导致周边地下水及土壤存在重大污染风险。白山市江源区卫计局作为卫生行政主管部门，未及时制止，其怠于履行监管职责的行为违法。白山市江源区中医院通过渗井、渗坑违法排放医疗污水，且污水处理设施建设完工及环评验收需要一定的时间，故白山市江源区卫计局应当继续履行监管职责，督促白山市江源区中医院污水处理工程及时完工，达到环评要求并投入使用，符合《吉林省医疗机构审批管理办法（试行）》第四十四条规定的校验《医疗机构执业许可证》的条件。

原《中华人民共和国侵权责任法》第六十五条、第六十六条①规定，因污染环境造成损害的，污染者应当承担侵权责任。因污染环境发生纠纷，污染者应当就法律规定的不承担责任或者减轻责任的情形及其行为与损害之间不存在因果关系承担举证责任。本案中，根据公益诉讼人的举证和查明的相关事实，可以确定白山市江源区中医院未安装符合环保要求的污水处理设备，通过渗井、渗坑实施了排放医疗污水的行为。从检测机构的检测结果及检测意见可知，其排放的医疗污水，对附近地下水及周边土壤存在重大环境污染风险。白山市江源区中医院虽辩称其未建设符合环保要求的排污设备系因政府对公办医院投入建设资金不足所致，但该理由不能否定其客观上实施了排污行为，产生了周边地下水及土壤存在重大环境污染风险的损害结果，以及排污行为与损害结果存在因果关系的基本事实。且环境污染具有不可逆的特点，故作出立即停止违法排放医疗污水的判决。

本案系检察机关提起的全国首例行政附带民事公益诉讼，为提高审判效率，避免相互矛盾的裁判结果，白山市中级人民法院统筹适用了民事、行政责任，充分发挥行政审判监督行政机关依法行政作用，民事审判保障人民群众合法权益、维护环境权益的作用，全方位保护生态环境。通过案

① 分别对应《中华人民共和国民法典》第一千二百二十九条："因污染环境、破坏生态造成他人损害的，侵权人应当承担侵权责任。"第一千二百三十条："因污染环境、破坏生态发生纠纷，行为人应当就法律规定的不承担责任或者减轻责任的情形及其行为与损害之间不存在因果关系承担举证责任。"

件推动，相关行政机关进一步强化了依法行政理念，白山市江源区中医院及时建设了符合环保要求的污水处理设施并投入使用，避免了重大环境污染的发生，取得了良好的审判效果。

三、裁判要点的理解与说明

该指导案例的裁判要点确认：人民法院在审理人民检察院提起的环境行政公益诉讼案件时，对人民检察院就同一污染环境行为提起的环境民事公益诉讼，可以参照《中华人民共和国行政诉讼法》及其司法解释规定，采取分别立案、一并审理、分别判决的方式处理。现围绕与该裁判要点相关的问题逐一解释和说明如下：(1) 关于环境公益诉讼。目前，理论界对环境公益诉讼的定义主要有两种。第一种环境行政公益诉讼，是指当环境行政机关的违法行为或不作为对公众环境权益造成侵害或有侵害可能时，法院允许无直接利害关系人为维护公众环境权益而提起行政诉讼，要求行政机关履行法定职责或纠正、停止其侵害行为的制度。第二种环境民事公益诉讼，是指特定的国家机关、相关的组织和个人作为公共利益的代表人，在环境受到可能被污染或破坏的情形下，为维护环境公益不受损害，对行为人提起诉讼的活动。(2) 关于行政公益诉讼与民事公益诉讼一并审理模式的探索。近年来，最高人民法院指导全国各级人民法院始终坚持以习近平生态文明思想为引领，紧紧围绕“努力让人民群众在每一个司法案件中感受到公平正义”的目标要求，充分发挥审判职能作用，依法公正高效审理好涉及环境污染防治、生态保护、资源开发利用、气候变化应对以及环境治理与服务等各类环境资源案件。但在当前人民群众普遍关心的大气、水、土壤环境污染案件中，侵害公共利益的民事违法行为与行政机关违法或不作为行政行为常常交织在一起，导致民事公益诉讼制度无法正常落实，再加上行政公益诉讼制度两者并行，互相牵连影响，分不清到底是何种性质的责任。这两种公益诉讼制度中单独的一种制度都不能对交错产生的问题彻底厘清并解决。要对涉及公共利益的以民事问题为主伴随着行政机关的行政行为问题这两个领域内的问题全面覆盖并解决，有必要构建一种全新的公益诉讼制度——行政公益诉讼附带民事公益诉讼。本案就充分发挥了司法智慧，探索开展创造性地确立了行政公益诉讼与民事公益诉讼一并审理的模式，充分发挥了诉前程序及时解决问题、有效节约司法资源的优势。(3) 关于分别立案、一并审理、分别判决。根据全国人大常委会的授权，检察机关提起公益诉讼制度自2015年7月起在13个省、市、自治区试点运行。2017年6月27日，第十二届全国人大常委会第二十八次会议通过修法决定，在《中华人民共和国民事诉讼法》第五十五条①和《中华人民共和国行政诉讼法》第二十五条分别增加一款，检察机关提起公益诉讼制度正式入法。基于此，本案在审理过程中只能分别立案。由于该案在两种诉讼中存在着大量共同的事实和证据，为节省司法资源、提高审判效率、避免相互矛盾的判断，本案决定一并审理、分别判决。如此处理既符合庭审规则，又考虑到行政案件和民事案件当事人诉讼地位不同、举证责任不同、适用法律不同的特点；既考虑到两种诉讼在案件事实、当事人、证据以及庭审阶段的重复性，又体现出公益诉讼案件的特点，可谓两全之策。在法律效果上确立了“分别立案、一并审理、分别判决”的裁判方式原则；在社会效果上促使相关行政机关进一步强化了依法行政理念，环保责任人及时建设了符合环保要求的污水处理设施并投入使用，避免了重大环境污染的发生，取得了良好的社会效果，对同类案件具有指导意义。

四、参照适用时应注意的问题

该案作为检察公益诉讼实践探索中的一项创新，具有一定的积极意义。各级人民法院在审理环境资源类案件中要始终注重贯彻绿色原则，遵循预防优先理念，把环境污染和生态破坏消灭在源头或者控制在合理范围内；遵循注重修复理念，确保生态环境得到及时有效修复；遵循最严格制度最严密法治理念，促进构建源头严防、过程严管、损害严惩、责任追究

① 对应《中华人民共和国民事诉讼法》(2021年修正) 第五十八条。

为内容的制度体系；遵循“绿水青山就是金山银山”理念，统筹协调经济发展与生态环境保护的关系。根据案件情况，进一步探索对环境民事、行政公益诉讼一并审理模式，促进行政机关依法行政，保护人民群众环境权益，为生态环境保护筑牢法治屏障。

（执笔人：刘洪颖、刘慧慧

编审人：石磊）

71. 云南省剑川县人民检察院诉剑川县森林公安局怠于履行法定职责环境行政公益诉讼案*

（最高人民法院审判委员会讨论通过　2019年12月26日发布）

▶ 环境行政公益诉讼案件中，审查行政机关履行法定职责应以穷尽行政手段有效制止违法行为且充分保护公共利益为标准

【关键词】

行政　环境行政公益诉讼　怠于履行法定职责　审查标准

【裁判要点】

环境行政公益诉讼中，人民法院应当以相对人的违法行为是否得到有效制止，行政机关是否充分、及时、有效采取法定监管措施，以及国家利益或者社会公共利益是否得到有效保护，作为审查行政机关是否履行法定职责的标准。

【相关法条】

《中华人民共和国森林法》第十三条、第二十条①

《中华人民共和国森林法实施条例》第四十三条

---

* 摘自2019年12月26日最高人民法院发布的第24批指导性案例（指导案例137号）。

① 对应《中华人民共和国森林法》（2019年修订）第八十二条。

《中华人民共和国行政诉讼法》第七十条、第七十四条

【基本案情】

2013年1月，剑川县居民王某全受玉鑫公司的委托在国有林区开挖公路，被剑川县红旗林业局护林人员发现并制止，剑川县林业局接报后交剑川县森林公安局进行查处。剑川县森林公安局于2013年2月20日向王某全送达了林业行政处罚听证权利告知书，并于同年2月27日向王某全送达了剑川县林业局剑林罚书字（2013）第288号林业行政处罚决定书。行政处罚决定书载明：玉鑫公司在未取得合法的林地征占用手续的情况下，委托王某全于2013年1月13日至19日期间，在13林班21、22小班之间用挖掘机开挖公路长度为494.8米、平均宽度为4.5米、面积为2226.6平方米，共计3.34亩。根据《中华人民共和国森林法实施条例》第四十三条第一款规定，决定对王某全及玉鑫公司给予如下行政处罚：（1）责令限期恢复原状；（2）处非法改变用途林地每平方米10元的罚款，即22266.00元。2013年3月29日玉鑫公司交纳了罚款后，剑川县森林公安局即对该案予以结案。其后直到2016年11月9日，剑川县森林公安局没有督促玉鑫公司和王某全履行"限期恢复原状"的行政义务，所破坏的森林植被至今没有得到恢复。

2016年11月9日，剑川县人民检察院向剑川县森林公安局发出检察建议，建议依法履行职责，认真落实行政处罚决定，采取有效措施，恢复森林植被。2016年12月8日，剑川县森林公安局回复称自接到《检察建议书》后，即刻进行认真研究，采取了积极的措施，并派民警到王某全家对剑林罚书字（2013）第288号处罚决定第一项责令限期恢复原状进行催告，鉴于王某全死亡，执行终止。对玉鑫公司，剑川县森林公安局没有向其发出催告书。

另查明，剑川县森林公安局为剑川县林业局所属的正科级机构，2013年年初，剑川县林业局向其授权委托办理本县境内的所有涉及林业、林地处罚的林政处罚案件。2013年9月27日，《云南省人民政府关于云南省林业部门相对集中林业行政处罚权工作方案的批复》，授权各级森林公安机

关在全省范围内开展相对集中林业行政处罚权工作，同年 11 月 20 日，经云南省人民政府授权，云南省人民政府法制办公室对森林公安机关行政执法主体资格单位及执法权限进行了公告，剑川县森林公安局也是具有行政执法主体资格和执法权限的单位之一。同年 12 月 11 日，云南省林业厅发出通知，决定自 2014 年 1 月 1 日起，各级森林公安机关依法行使省政府批准的 62 项林业行政处罚权和 11 项行政强制权。

【裁判结果】

云南省剑川县人民法院于 2017 年 6 月 19 日作出（2017）云 2931 行初 1 号行政判决：一、确认被告剑川县森林公安局怠于履行剑林罚书字（2013）第 288 号处罚决定第一项内容的行为违法；二、责令被告剑川县森林公安局继续履行法定职责。宣判后，当事人服判息诉，均未提起上诉，判决已发生法律效力，剑川县森林公安局也积极履行了判决。

【裁判理由】

法院生效裁判认为：公益诉讼人提起本案诉讼符合最高人民法院《人民法院审理人民检察院提起公益诉讼案件试点工作实施办法》及最高人民检察院《人民检察院提起公益诉讼试点工作实施办法》规定的行政公益诉讼受案范围，符合起诉条件。《中华人民共和国行政诉讼法》第二十六条第六款规定："行政机关被撤销或者职权变更的，继续行使其职权的行政机关是被告。"2013 年 9 月 27 日，《云南省人民政府关于云南省林业部门相对集中林业行政处罚权工作方案的批复》授权各级森林公安机关相对集中行使林业行政部门的部分行政处罚权，因此，根据规定剑川县森林公安局行使原来由剑川县林业局行使的林业行政处罚权，是适格的被告主体。本案中，剑川县森林公安局在查明玉鑫公司及王某全擅自改变林地的事实后，以剑川县林业局名义作出对玉鑫公司和王某全责令限期恢复原状和罚款 22266.00 元的行政处罚决定符合法律规定，但在玉鑫公司缴纳罚款后三年多时间里没有督促玉鑫公司和王某全对破坏的林地恢复原状，也没有代为履行，致使玉鑫公司和王某全擅自改变的林地至今没有恢复原状，且未提供证据证明有相关合法、合理的事由，其行为显然不当，是怠于履行法定职责的行为。行政处罚决定没有执行完毕，剑川县森林公安局依法应该继续履行法定职责，采取有效措施，督促行政相对人限期恢复被改变林地的原状。

（生效裁判审判人员：赵新科、白灿山、张吉元）

理解与参照

《云南省剑川县人民检察院诉剑川县森林公安局怠于履行法定职责环境行政公益诉讼案》的理解与参照*

——环境行政公益诉讼案件中审查行政机关履行法定职责应以穷尽行政手段有效制止违法行为且充分保护公共利益为标准

最高人民法院案例指导工作办公室

2019年12月26日，最高人民法院发布了第24批指导性案例，包括第127号至第139号共13件指导性案例。这批案例为生态环境保护专题指导性案例，总结了近些年环境资源审判领域中某些普遍的疑难复杂法律适用问题，有利于进一步明确裁判规则，统一司法尺度。其中，第137号指

* 摘自《司法文件选解读》2023年第2辑（总第122辑），人民法院出版社2023年版，第56~64页。

导案例为《云南省剑川县人民检察院诉剑川县森林公安局怠于履行法定职责环境行政公益诉讼案》。为了正确理解和准确参照适用该指导案例，现对该指导案例的选编过程、裁判要点、参照适用等有关情况予以解释、论证和说明。

一、案例的选编过程

本案系由云南省剑川县人民法院于2017年6月19日作出一审判决并生效。云南省高级人民法院环资庭同意将该案例作为备选指导性案例向最高人民法院环资庭推荐。2019年10月12日，环资庭经审查同意向最高人民法院案例指导工作办公室推荐。案例指导工作办公室将该案例作为环资专题案例之一进行了审查和修改，并提交研究室室务会予以集体讨论。10月30日，研究室室务会讨论同意推荐，建议报最高人民法院审委会审议。12月11日，最高人民法院民专会第328次会议讨论通过该案例。2019年12月26日，最高人民法院以法〔2019〕297号文件将该案例编入第24批指导性案例予以发布。

二、案例的相关情况

（一）基本案情

2013年1月，剑川县居民王某全受玉鑫公司的委托在国有林区开挖公路，被剑川县红旗林业局护林人员发现并制止。剑川县林业局接报后交剑川县森林公安局进行查处，剑川县森林公安局于2013年2月27日向王某全送达剑川县林业局剑林罚书字（2013）第288号林业行政处罚决定书，决定对王某全及玉鑫公司给予责令限期恢复原状和罚款的行政处罚。玉鑫公司交纳罚款后剑川县森林公安局即予结案。其后三年间，剑川县森林公安局没有督促玉鑫公司和王某全履行“限期恢复原状”的义务，也没有代为履行，所破坏的森林植被没有得到恢复。2016年11月9日，剑川县人民检察院发出检察建议，建议剑川县森林公安局依法履行职责，认真落实行政处罚决定，采取有效措施，恢复森林植被。剑川县森林公安局回复，民警曾到王某全家对责令限期恢复原状进行催告，鉴于王某全死亡，执行终止。剑川县森林公安局未向玉鑫公司发出催告书。剑川县人民检察院提起行政公益诉讼，请求确认剑川县森林公安局怠于履行法定职责的行为违法，判令剑川县森林公安局在一定期限内履行法定职责。

云南省剑川县人民法院经审理认为，剑川县人民检察院提起本案诉讼符合《人民法院审理人民检察院提起公益诉讼案件试点工作实施办法》及《人民检察院提起公益诉讼试点工作实施办法》(已失效) 规定的行政公益诉讼受案范围，符合起诉条件。《中华人民共和国行政诉讼法》第二十六条第六款规定："行政机关被撤销或者职权变更的，继续行使其职权的行政机关是被告。"2013 年 9 月 27 日，《云南省人民政府关于云南省林业部门相对集中林业行政处罚权工作方案的批复》授权各级森林公安机关相对集中行使林业行政部门的部分行政处罚权，因此，根据规定剑川县森林公安局行使原来由剑川县林业局行使的林业行政处罚权，是适格的被告主体。本案中，剑川县森林公安局在查明玉鑫公司及王某全擅自改变林地的事实后，以剑川县林业局名义作出对玉鑫公司和王某全责令限期恢复原状和罚款 22266.00 元的行政处罚决定符合法律规定，但在玉鑫公司缴纳罚款后三年多时间里没有督促玉鑫公司和王某全对破坏的林地恢复原状，也没有代为履行，致使玉鑫公司和王某全擅自改变的林地至今没有恢复原状，且未提供证据证明有相关合法、合理的事由，其行为显然不当，是怠于履行法定职责的行为。行政处罚决定没有执行完毕，剑川县森林公安局依法应该继续履行法定职责，采取有效措施，督促行政相对人限期恢复被改变林地的原状。

综上，云南省剑川县人民法院一审依法支持了剑川县人民检察院的诉讼请求。宣判后，当事人服判息诉，均未提起上诉，判决已发生法律效力，剑川县森林公安局也积极履行了判决。

(二) 争议焦点

1. 环境行政公益诉讼中，人民法院应主要以相对人的违法行为是否得到有效制止且受侵害的环境公共利益是否得到有效保护为审查行政机关是否履行法定职责的标准。

本案中，被告剑川县森林公安局在玉鑫公司缴纳罚款后三年多时间里没有督促玉鑫公司和王某全对破坏的林地恢复原状，也没有代为履行，致使玉鑫公司和王某全擅自改变的林地至今没有恢复原状，使得国家利益或者社会公共利益仍处于受侵害状态，且被告未提供证据证明有相关合法、合理的事由，其行为系怠于履行法定职责的行为。行政处罚决定没有执行完毕，被告剑川县森林公安局应当继续履行法定职责。

2. 行政机关虽然采取了履职措施，但未穷尽行政手段，使得环境公共利益仍处于受侵害状态，人民法院可以认定行政机关未依法履行职责。

本案中，被告剑川县森林公安局作出行政处罚后，即使存在被处罚人王某全已经死亡的客观情况，也应对是否可以代履行进行审查，以确保受损害的林地得以恢复原状。但是被告剑川县森林公安局对此未予审查，致使受损环境未予恢复的，属于未依法全面履职。

（三）指导价值

本案是云南省剑川县人民法院受理的第一件行政公益诉讼案件，是检察机关为依法督促行政机关履行监管职责提起的环境行政公益诉讼。云南省剑川县位于长江中上游的“三江并游”地区，林草资源丰富，加强对林草资源的保护对于促进长江上游水土保持和水源涵养意义重大，剑川县人民法院充分发挥审判职能作用，积极服务和保障了长江源头生态环境治理和林草资源保护。该案判决对于督促行政机关全面履行监管职责，积极开展生态修复，确保森林植被恢复具有典型意义。2018 年 11 月 28 日，本案被最高人民法院发布为人民法院环境资源审判保障长江经济带高质量发展典型案例之一。该案的审理及裁判也是检察机关提起公益诉讼、法院进行审理和判决的有力实践，本案明确了环境行政公益诉讼中行政机关依法履职的审查标准，并且提出从主观不能与客观不能两个方面全面判断行政机关是否未依法履职，对类似案件的审判具有指导意义。

三、裁判要点的理解与说明

本案裁判要点确认：环境行政公益诉讼中，人民法院应当以负有相应的法定职责的行政机关是否穷尽行政手段有效制止相对人的违法行为，以及环境公共利益是否因此得到有效保护，作为审查行政机关是否履行法定职责的标准。现围绕与该裁判要点相关的问题逐一解释和说明如下。

环境行政公益诉讼旨在通过对行政行为的合法性进行监督和制约，维护环境公共利益。由于环境公共利益具有涉及主体的广泛性、侵害行为的多样性以及损害后果的严重性等多重特点，同时，负有相应的法定职责的行政机关对环境公共利益负有主体责任且具备更强的维护能力，因此，在审查行政机关是否履行环境公益的法定职责时，审查标准应符合环境公共利益保护的客观要求，对行政机关应尽且能尽的法定职责作出司法指引。

（一）上述标准的审查逻辑

有效制止损害环境的违法行为是保障环境公共利益的必要手段，环境公共利益得到有效保护是有效制止损害环境的违法行为追求的必然结果。在涉及环境公共利益的领域，有效制止损害环境的违法行为有赖于相关行政机关充分、及时、有效地采取法定监管措施和处罚措施，积极作为、适时作为、合理作为。因此，在环境行政公益诉讼中，判断行政机关是否履行法定职责，是否穷尽了有效的行政手段，要考量行政机关是否采取了制止违法的行政行为，以及是否实现了环境保护（修复）效果，二者缺一不可。

对于上述标准的判断顺序，有观点认为，二者并行，无先后之分，同时满足即可认定行政机关依法履行法定职责；也有观点认为，应以环境保护（修复）效果为先，“穷尽行政手段”是判断是否全面履职的最终标准[①]。我们倾向于后一种观点，理由是：（1）是否有效制止违法行为，关系到相对人侵害环境公共利益的违法行为是否持续损害环境公共利益。如

① 参见张雪樵：《检察公益诉讼比较研究》，载《国家检察官学院学报》2019年第1期。

果该违法行为没有停止，环境公共利益的损害必然还将持续发生，负有相关监管职能的行政主体的全面履职就无从谈起。环境保护（修复）效果，关系到环境公共利益是否得到有效保护或者受损的环境公共利益是否得到有效恢复。即使违法行为不再持续，但受损的环境公共利益并未得到有效恢复，环境公共利益受侵害的状态仍在持续，行政机关履行法定职责的目的尚未实现，故负有相关监管职能的行政机关当然需要继续履行法定职责。(2) 在前面两者均未达到的情形下，是否穷尽行政手段的审查必要。因为如果已经保护了环境公共利益，并且不存在新的环境公共利益侵害，一般也就失去了督促行政机关依法履职的诉讼空间。而如果前两者均未实现，但行政机关已经穷尽了法定的履职手段，就不宜再要求行政机关继续履职。

（二）行政手段是否穷尽的审查

环境行政公益诉讼中，履行不能和不完全履行是行政机关不履行法定职责的两种常见形态。其中，履行不能是指行政机关未能依法履职，包括主观不能和客观不能；不完全履行是指行政机关未全面履行法定职责，包括部分履行和瑕疵履行（不适当履行）。

判断行政手段是否穷尽，首先，需要从主观不能和客观不能两方面进行分析。主观不能是指行政机关由于主观上对没有履行法定职责存在过错，而导致其相应职责未能履行，此时，可直接认定行政机关不履行法定职责，而无须审查行政手段是否穷尽。客观不能是指行政机关由于不可归结于自身的原因，客观上已不可能履行法定职责，此时应审查行政手段是否穷尽。如果行政机关已经充分用尽了法定措施，再无他法，则应认定行政机关履行了法定职责；反之，则应认定行政机关不履行法定职责。其次，可进一步审查是否存在部分履行和瑕疵履行（不适当履行）的情形。部分履行是指行政机关虽然履行部分职责，但是没有履行全部职责。瑕疵履行（不适当履行）是指行政机关虽然实施了履行法定职责的行为，但是没有达到履职目的或履职行为不当。存在上述两种情形之一的，应认定行政机关不履行法定职责。

本案中，行政处罚决定包含责令限期恢复原状和罚款两项内容，即限定了剑川县森林公安局的履职范围为应当督促玉鑫公司和王某全全面履行行政处罚决定。首先，剑川县森林公安局在仅执行罚款的情况下即对该案予以结案，对限期恢复受损林地未作处理，明显属于主观不能。检察院发出检察建议后，行政处罚决定执行期间王某全死亡，虽然造就了剑川县森林公安局对督促王某全限期恢复原状客观不能的情况，但是剑川县森林公安局仍可以督促玉鑫公司限期恢复原状，并审查王某全的部分是否可以代履行。剑川县森林公安局未履行上述职责即终结执行，同样属于主观不能。其次，剑川县森林公安局督促履行行政处罚决定包含两个主体和两个方面的内容，而其仅对罚款部分履行了职责，明显属于部分履行。检察院发出检察建议后，也仅对王某全进行催告，未向玉鑫公司发出催告书，同样属于部分履行。此外，剑川县森林公安局以履行一定的法定职责，但最终未达到使受损的林地得以恢复的目标，环境公共利益的损害没有消除，故亦可视为瑕疵履行（不适当履行）。综上，法院判决确认剑川县森林公安局怠于履行法定职责的行为违法，并判令剑川县森林公安局在一定期限内履行法定职责，事实和法律依据充分。

四、参照适用时应注意的问题

人民法院审查类似案件时，还应注意基于某一时间节点（以下简称基准时间）的事实（以下简称基准事实）审查行政机关是否履行法定职责的问题。从域外研究的情况来看，普通行政诉讼中，基准时间普遍存在处分时（行政行为作出时）说与判决时说两种对峙观点。[①] 司法实践中，处分时说与判决时说的适用争议基本出现于行政行为作出时合法但因事实或法律状态变动而嗣后违法的情形。至于行政行为作出时违法而嗣后变为合法的场合，由于无论从监督行政还是权利救济的立法目的出发，法院都应以

① 参见［德］弗里德赫尔穆·胡芬：《行政诉讼法》，莫光华译，法律出版社2003年版，第399页。转引自梁君瑜：《行政诉讼裁判基准时之考量因素与确定规则》，载《河南财经政法大学学报》2016年第5期。

处分时为裁判基准时，故不存在选择适用上的困难。[①] 本案中，事实或法律状态始终恒定，没有出现变化，对该问题无进一步分析的必要，但在类案参照适用中，不排除事实或法律状态变动的情况产生，故该问题也值得注意。

环境行政公益诉讼中还有诉前程序，基准事实产生的时间点问题更为复杂——在处分时与判决时之间，还有一个时间点即检察建议执行时。在任何一个时间点上或前后两个时间点之间产生的事实或法律状态变动，都可能对上述标准的认定产生影响。此时，应就个案具体分析。

（执笔人：鲁军、王立、刘慧慧

编审人：石磊）

① 参见梁君瑜：《行政诉讼裁判基准时之考量因素与确定规则》，载《河南财经政法大学学报》2016 年第 5 期。

72. 铜仁市万山区人民检察院诉铜仁市万山区林业局不履行林业行政管理职责行政公益诉讼案*

林业等行政主管部门针对破坏生态环境行为没有履行法定管理职责时，行政公益诉讼起诉人可以向人民法院请求其履行职责

(最高人民法院审判委员会讨论通过 2022年12月30日发布)

【关键词】

行政 行政公益诉讼 林业行政管理 行政处罚与刑罚衔接 特殊功能区环境修复

【裁判要点】

1. 违法行为人的同一行为既违反行政法应受行政处罚，又触犯刑法应受刑罚处罚的情形下，行政机关在将案件移送公安机关时不应因案件移送而撤销已经作出的行政处罚。对刑事判决未涉及的行政处罚事项，行政机关在刑事判决生效后作出行政处罚决定的，人民法院应予支持。

2. 违法行为人在刑事判决中未承担生态环境修复责任的，林业等行政主管部门应当及时责令其依法履行修复义务，若违法行为人不履行或者不完全履行时应组织代为履行。林业等行政主管部门未履行法定生态修复监督管理职责，行政公益诉讼起诉人请求其依法履职的，人民法院应予支持。

---

* 摘自最高人民法院2022年12月30日发布的第三十批指导性案例（指导性案例211号）。

3. 特殊功能区生态环境被破坏，原则上应当原地修复。修复义务人或者代履行人主张异地修复，但不能证明原地修复已不可能或者没有必要的，人民法院不予支持。

【相关法条】

《中华人民共和国森林法》（2019 年修订）第七十四条、第八十一条（本案适用的是 2009 年修正的《中华人民共和国森林法》第十条、第四十四条）

《中华人民共和国行政处罚法》（2021 年修订）第三十五条（本案适用的是 2017 年修正的《中华人民共和国行政处罚法》第二十八条）

【基本案情】

2014 年 4 月，被告人沈某祥投资设立一人公司武陵农木业公司并任法定代表人。2014 年 5 月至 7 月，该公司以修建种植、养殖场为由，在没有办理林地使用许可手续的情况下，雇用施工队使用挖掘机械在贵州省铜仁市万山区茶店街道梅花村隘口山组及万山区大坪乡大坪村马鞍山等处林地剥离地表植被进行挖掘，致使地表植被毁坏，山石裸露。经鉴定，毁坏林地 276. 17 亩，其中重点公益林 49. 38 亩，一般公益林 72. 91 亩，重点商品林 108. 93 亩，一般商品林 44. 95 亩。涉案公益林功能设定为水土保持和水源涵养。本案一审审理时，被毁坏林地部分新植马尾松苗，苗木低矮枯黄，地表干涸破碎；水源涵养公益林部分未作任何处理，山岩裸露，碎石堆积，形如戈壁。

2015 年 1 月，铜仁市万山区林业局（以下简称万山区林业局）以上述行为涉嫌构成非法占用农用地罪移送铜仁市公安局万山分局，但公安机关立案侦查后作撤案处理。万山区林业局遂对沈某祥和武陵农木业公司作出行政处罚决定：责令限期恢复原状（未载明期限），并处罚款 1841134 元，但被处罚人均未履行。2016 年 1 月 20 日，铜仁市公安局万山分局重新立案侦查。次日，万山区林业局撤销上述行政处罚决定。2016 年 12 月，铜仁市万山区人民法院以（2016）黔 0603 刑初 67 号刑事判决，认定被告人沈某祥犯非法占用农用地罪，判处有期徒刑二年，并处罚金人民币 5 万元。判决生效后，铜仁市万山区人民检察院向万山区林业局发出检察建议，建议其依法履行森林资源保护监管职责，责令沈某祥限期恢复原状，按每平方米 10 元至 30 元并处罚款。万山区林业局书面回复，因沈某祥在服刑，公司倒闭，人员解散，无法实施复绿；林业局拟部分复绿造林，对其中难以复绿造林地块异地补植复绿；按一事不再罚原则不予罚款处罚。

检察机关以万山区林业局既未对沈某祥作出行政处罚，也未采取有效措施予以补植复绿，没有履行生态环境监管职责，导致林地被破坏的状态持续存在，当地生态环境遭受严重破坏为由提起行政公益诉讼，请求确认万山区林业局未依法履行监管职责的行为违法并判令其依法履行环境保护监管职责。

【裁判结果】

贵州省遵义市播州区人民法院于 2017 年 9 月 29 日作出（2017）黔 0321 行初 97 号行政判决：由被告铜仁市万山区林业局对沈某祥以铜仁市万山区武陵农木业生产开发有限公司名义毁坏铜仁市万山区茶店街道梅花村隘口山组、大坪乡大坪村马鞍山林地补植复绿恢复原状依法履行监督管理法定职责，并限期完成复绿工程验收。宣判后，双方均未上诉，判决发生法律效力。

【裁判理由】

法院生效裁判认为：

一、万山区林业局未依法履行职责

万山区林业局作为万山区人民政府林业行政主管部门，依照《中华人民共和国森林法》（2009 年修改）第十条规定，负责对万山区行政区域内森林资源保护、利用、更新的监督管理。万山区林业局应当依法履行职责，对违反林业管理法律、法规占用、毁坏森林资源、改变林地用途的行为依法查处。依照《中华人民共和国森林法》（2009 年修改）第四十四条的规定，责令违法行为人停止违法行为并按法律规定补种树木，违法行为人拒不补种或者补种不符合国家有关规定的，由林业主管部门代为补种，所需费用向违法行为人追偿，但是万山区林业局未依法履行职责。

二、公安机关立案侦查后，万山区林业局撤销行政处罚的决定违法

违法行为人的同一行为既违反行政法应受行政处罚，又触犯刑法应受刑罚处罚的情形下，行政执法机关在将案件移送司法机关之前已经作出的行政处罚，折抵相同功能的刑罚。依照《中华人民共和国行政处罚法》（2017 年修正）第二十八条“违法行为构成犯罪，人民法院判处拘役或者有期徒刑时，行政机关已经给予当事人行政拘留的，应当依法折抵相应刑期。违法行为构成犯罪，人民法院判处罚金时，行政机关已经给予当事人罚款的，应当折抵相应罚金”，《行政执法机关移送涉嫌犯罪案件的规定》第十一条第三款“依照行政处罚法的规定，行政执法机关向公安机关移送涉嫌犯罪案件前，已经依法给予当事人罚款的，人民法院判处罚金时，依法折抵相应罚金”的规定，这种折抵是执行上的折抵，而不是处罚决定本身的折抵，且仅折抵惩罚功能相同的处罚，功能不同的处罚内容不能折抵。因此，在刑事侦查立案前已经作出的行政处罚不应撤销。万山区林业局在将涉嫌犯罪的行政违法行为移送公安机关，公安机关立案后万山区林业局又撤销其在先已经作出的行政处罚决定时，不但撤销了与刑事裁判可能作出的罚金刑功能相同的罚款处罚，还一并撤销了不属于刑罚处罚功能的责令违法行为人补植复绿以恢复原状的行政处罚。万山区林业局这一撤销行为违反了法律规定。

三、刑事判决生效后，万山区林业局未责令违法行为人恢复被毁坏林地的行为违法

对刑事判决未涉及的处罚事项，行政机关在刑事判决生效后应作出行政处罚决定。责令犯罪人补植复绿以修复环境，不属于刑罚处罚范畴，而属于法律赋予行政主管机关的行政权，属于行政处罚范围。刑事判决生效后，在先没有作出行政处罚的，刑事判决生效后，行政机关不得基于同一行为作出与刑罚功能相同的行政处罚。在对违法行为人追究刑事责任后，刑罚处罚未涉及环境修复责任的，行政机关应当依法作出决定，责令违法行为人按《中华人民共和国森林法》要求种植树木、修复环境。因此，万山区林业局在刑事判决生效后应当依法作出责令违法行为人履行补植复绿义务的行政处罚决定并监督违法行为人履行，违法行为人拒不履行或者履行不合格的，应当代为补植复绿，并责令违法行为人承担费用。被告万山区林业局未作出责令沈某祥及武陵农木业公司补植复绿以恢复原状并监督履行的行为违法。

四、万山区林业局未履行代为补植复绿职责

特殊功能区生态环境被破坏的，原则上应当原地修复。修复义务人或者代履行人主张异地修复，但不能证明原地修复已不可能或者没有必要的，人民法院不予支持。万山区林业局在未作出责令违法行为人修复环境决定的情形下，会同乡镇人民政府等在被毁坏的林地上种植了部分树苗，但效果较差，没有保证成活率，没有达到环境修复的目的。且对于毁坏严重，形同戈壁的土地未进行治理复绿。鉴于被毁坏林地及林木的公益林性质和水源涵养、水土保持功能，补植复绿应当就地进行，不得异地替代。万山区林业局代为补植树木的行为，虽已部分履行职责，但尚未正确、全面履行，仍应继续履行。

（生效裁判审判人员：何林、李兴蓉、何德华）

其　　他

73．季某不服宜兴市公安局宜城派出所治安其他行政行为案*

行政机关适用兜底条款的情形，应与同条款中已经明确列举的情形具有相同或相似的价值，在性质、影响程度等方面具有一致性，且符合该条款的立法目的

【裁判摘要】

行政机关适用兜底条款时，应与同条款中已经明确列举的情形相联系，参照同条款已经明确列举的情形所设置的标准，确定兜底条款能否适用。适用兜底条款的情形，应与同条款中已经明确列举的情形具有相同或相似的价值，在性质、影响程度等方面具有一致性，且符合该条款的立法目的。

"证据不足"情况下，无法排除未来重新作出行政处罚决定的可能性，与修改前的《公安机关办理行政案件程序规定》第二百三十三条第一款前三项列举的终止调查情形不具有相同或相似的性质，不属于"其他需要终止调查的情形"。

原告：季某，男，1973年3月1日出生，汉族，住江苏省宜兴市。

被告：宜兴市公安局宜城派出所，住所地：江苏省宜兴市宜城街道建设新村。

法定代表人：朱某洪，该所所长。

---

* 摘自《最高人民法院公报》2022年第3期。

第三人：沈某良，男，1962 年 2 月 12 日出生，汉族，住江苏省宜兴市。

第三人：沈某，男，1986 年 2 月 18 日出生，汉族，住江苏省宜兴市。

原告季某因不服被告宜兴市公安局宜城派出所（以下简称宜城派出所）终止案件调查决定行为，向江苏省江阴市人民法院提起行政诉讼。

原告季某诉称：沈某良、沈某纠集社会青年，私自闯入其家中，无故持械殴打其及家人，致其当场昏迷不醒，其亲属当即报警。当天宜城派出所虽派员出警，但并未对沈某良等人绳之以法。2017 年 8 月 4 日，宜城派出所以“证据不足，办案期限届满”为由，作出宜公（城）行终止决字〔2017〕1 号终止案件调查决定书（以下简称终止调查决定），决定终止调查。其对终止调查决定不服，故向法院提起诉讼。本案审理中，季某变更诉讼请求为：（1）判决撤销宜城派出所作出的终止调查决定；（2）判令宜城派出所履行法定职责，对其亲属的报警事项继续调查处理；（3）本案诉讼费由宜城派出所承担。

被告宜城派出所辩称：其作出的终止调查决定事实清楚，程序合法，适用法律正确。沈某良、沈某等人与季某鸿、季某等人发生肢体冲突，推撞中致季某受伤。其接到报警后，即派警到现场了解情况，分别对季某鸿、沈某良、沈某等人进行询问并制作笔录。后宜兴市公安局物证鉴定室对季某进行伤情鉴定，鉴定意见明确季某的伤情为轻微伤。2017 年 1 月 25 日，其立案受理后又传唤沈某良、沈某等人制作询问笔录。同年 7 月，季某及其母闵某金经两次合法传唤，均无正当理由拒不到所接受询问。同年 8 月 4 日，其依据《公安机关办理行政案件程序规定》（以下简称修改前的《程序规定》）第二百三十三条第一款[①]规定作出终止调查决定。其认为，其积极履行了法定职责，在事发后及时开展工作，全面调查了解、收集证据，但季某及其母闵某金却不予配合，未到所接受询问。因办案期限届满，其在现有证据不足以证明沈某良等人具有违法行为的情况下，作出终

---

① 对应《公安机关办理行政案件程序规定》（2020 年修正）第二百五十九条第一款。下同。

止调查决定是正确的。请求法院驳回季某的诉讼请求。

第三人沈某良、沈某述称：其二人不存在违法情形，请求驳回季某的诉讼请求。

江苏省江阴市人民法院一审查明：2017 年 1 月 11 日上午 9 时左右，沈某良、沈某及案外人徐某到季某家找其父季某鸿（季某与季某鸿同住）索要债务（保证金），双方在季某鸿房间内发生争吵，季某及闵某金、妹妹季某 1 听到争吵声后进入该房间，后双方发生肢体冲突，季某受伤被送往医院治疗。宜城派出所于当日接到季某 1 报警后指派民警到现场处理，于当天传唤季某鸿与沈某良、沈某分别进行询问调查。同年 1 月 15 日、22 日，宜城派出所对季某 1、季某分别进行了询问调查。

2017 年 1 月 27 日，宜城派出所根据前期调查情况予以受案登记。同年 2 月 2 日，宜城派出所对徐某进行询问调查。同年 6 月 30 日、7 月 1 日，宜城派出所再次对沈某良、沈某分别进行询问核实。7 月 4 日，宜城派出所办理延长案件办理期限的审批，延长办案期限 30 日。7 月 5 日，宜城派出所对案外人史某平进行询问调查。8 月 4 日，宜城派出所作出终止调查决定，认为因季某被故意伤害案具有证据不足、办案期限届满的情形，根据修改前的《程序规定》第二百三十三条第一款之规定，决定终止调查，并于次日将终止调查决定送达季某。

本案一审审理中，宜城派出所明确作出终止调查决定时适用的法律依据是修改前的《程序规定》第二百三十三第一款第四项，即“其他需要终止调查的情形”，因在法定办案期限内尚无法查清事实，相关人员又不配合，认定违法事实证据不足，故宜城派出所决定终止调查。

另查明：2017 年 1 月 17 日，宜城派出所委托宜兴市公安局物证鉴定室对季某身体损伤程度进行法医鉴定。宜兴市公安局物证鉴定室于 2017 年 6 月 12 日出具法医鉴定意见，结论为季某的损伤构成轻微伤。

根据宜城派出所提供的执法仪视频资料反映，2017 年 7 月，宜城派出所传唤季某及闵某金到派出所接受询问调查，上门送达传唤证时，季某鸿提出宜城派出所以前电话通知他们去，但派出所民警未作笔录，认为该案承办人员存在执法不公的现象。季某及闵某金未再到派出所接受询问。

江苏省江阴市人民法院一审认为：本案一审的争议焦点是，“证据不足、办案期限届满”是否属于“其他需要终止调查的情形”，案涉终止调查决定适用兜底条款是否正确。

根据《中华人民共和国治安管理处罚法》、修改前的《程序规定》的相关规定，宜城派出所具有对其辖区内受理的报案、控告进行调查并作出处理的职责。

修改前的《程序规定》第二百三十三条第一款规定：“经过调查，发现行政案件具有下列情形之一的，经公安派出所、县级公安机关办案部门或者出入境边防检查机关以上负责人批准，终止调查：（一）没有违法事实的；（二）违法行为已过追究时效的；（三）违法嫌疑人死亡的；（四）其他需要终止调查的情形。”根据该规定，公安机关在办理治安行政案件过程中，在出现调查工作已经没有必要或者无法继续进行下去的情形时，应当及时终止案件调查工作，终止调查为案件终结的一种方式。法律条文采用列举式规定，行政机关进行自由裁量适用兜底条款时，应与同条之内确定性的规定具有相同或相似的价值，与同条已明确列举的行为性质、影响程度具有一致性，符合立法目的，而不得任意适用。宜城派出所作出终止调查决定所认定的情形为“证据不足、办案期限届满”，显然与列举情形并不类似或相当。

综上，宜城派出所以证据不足、办案期限届满为由，依据修改前的《程序规定》第二百三十三条第一款第四项规定作出终止调查决定，理由明显不当，适用法律法规错误，依法应予撤销。江苏省江阴市人民法院依照《中华人民共和国行政诉讼法》第七十条第二项、第六项规定，于2019年2月11日判决如下：一、撤销宜城派出所作出的终止调查决定。二、责令宜城派出所于本判决发生法律效力之日起六十日内重新作出处理决定。

宜城派出所不服一审判决，向江苏省无锡市中级人民法院提起上诉，请求二审法院撤销原判，发回重审或者依法改判驳回季某的诉讼请求。

上诉人宜城派出所的上诉理由是：（1）“证据不足、办案期限届满”作为终止调查的理由并无不当。“证据不足、办案期限届满”要表达的真实含义是在法定办案期限即将届满时，由于季某方面不配合调查的客观障碍，导致现有证据对涉案人员进行处罚或者不予处罚均证据不充分、该终止理由即使书写表达欠妥，但是不影响“证据不足”这一实际终止原因。(2) 其作出的终止调查决定适用法律正确。修改前的《程序规定》第二百三十二条①和第二百三十三条规定了案件终结的两种形式，即结案和终止调查。两个条文的区别在于：第二百三十二条规定的是能够对行为人作出处理、处罚而结案的案件终结；第二百三十三条规定的是对行为人不能作出处理处罚的情形下的案件终结。法律赋予行政机关根据实际情况适用兜底条款的自由裁量权，该案终止调查的原因在于“证据不足”，而非没有违法事实，即结合案情不能完全排除涉案人员存在违法事实的可能性。所以，其适用修改前的《程序规定》第二百三十三条第一款第四项的规定终止调查，与同一法条之内的确定性的规定具有相同或者相似的价值，适用法律正确。

被上诉人季某答辩称：一审认定事实清楚，适用法律正确。请求驳回上诉，维持原判。

一审第三人沈某良、沈某未陈述意见。

江苏省无锡市中级人民法院经二审，确认了一审查明的事实。

江苏省无锡市中级人民法院二审认为：上诉人宜城派出所具有对其辖区内受理的报案、控告进行调查并作出处理的职责。修改前的《程序规定》第二百三十三条第一款第四项规定了“其他需要终止调查的情形”，属于兜底条款。设置兜底条款，作为一种立法技术，固然是为了避免法律的不周延性，以适应社会情势的变迁。但是，行政机关通过行政裁量适用兜底条款时，不得任意适用，应与同条款中已经明确列举的情形相联系，参照同条款已经明确列举的情形所设置的标准，来确定能否适用。适用兜底条款的情形，应与同条款中已经明确列举的情形具有相同或相似的价值，在性质、影响程度等方面具有一致性，且应符合该条款的立法目的。修改前的《程序规定》第二百三十三条第一款明确列举的“没有违法事实、违法行为已过追究时效、违法嫌疑人死亡”这三种情形都是确定性的

① 对应《公安机关办理行政案件程序规定》(2020 年修正) 第二百五十八条。下同。

事实，该事实的出现使得公安机关无法或没有必要再针对该案件采取任何调查措施，即该事实的出现足以产生终局性的、不可逆的终止案件调查的效果。宜城派出所以“证据不足、办案期限届满”为由终止调查，显然该情形与上述条款明确列举的情形在性质、影响程度上并不具有相同或者相似的价值。

“办案期限届满”并非终止案件调查的合理理由，而“证据不足”也不应产生终止案件调查的效果。即使确如宜城派出所在上诉状及二审询问中所称的“证据不足、办案期限届满”这一终止案件调查的理由存在书写表达欠妥，实际终止原因是“证据不足”，即结合案情不能完全排除涉案人员存在违法事实的可能性。但是，根据依法行政原则，在没有充分的证据证明涉案人员违法事实成立的情况下，宜城派出所应当按照修改前的《程序规定》第一百四十七条第一款第三项①的规定，对涉案人员作出不予处罚决定。其后公安机关又发现新的证据，使违法行为能够认定时，可以根据2019年1月1日起施行的《程序规定》第一百七十二条第二款的规定，依法重新作出处理决定，并撤销原不予行政处罚决定。所以，即使确如宜城派出所所言，实际终止调查的原因是“证据不足”的情况下，宜城派出所作出终止调查决定也是缺乏依据的。

综上，一审法院以适用法律错误为由，判决撤销宜城派出所作出的终止调查决定，并责令其限期重新作出处理决定，认定事实清楚，适用法律正确，程序合法，结论恰当，应予维持。宜城派出所的上诉请求没有事实和法律依据，依法不应支持。江苏省无锡市中级人民法院依照《中华人民共和国行政诉讼法》第八十九条第一款第一项的规定，于2019年6月26日判决如下：驳回上诉，维持原判。

本判决为终审判决。

---

① 对应《公安机关办理行政案件程序规定》(2020年修正)第一百七十二条。

▶
行政机关对城镇的总体规划行为不属于行政受案范围，不宜通过司法审查程序监督

74．湛江喜强工业气体有限公司与遂溪县住房和城乡规划建设局等编制并批准土地利用总体规划纠纷案*

【裁判摘要】

就城镇总体规划可诉性而言，总体规划内容实施尚有不确定性，且需借助详细规划尤其是修建性详细规划才能实施，更需要通过"一书两证"才能得以具体化。当事人认为总体规划内容侵犯其合法权益的，应当通过对实施总体规划的详细规划尤其是修建性详细规划的异议程序以及对颁发或不颁发"一书两证"行政行为的司法审查程序寻求救济。对总体规划的监督既可以通过《中华人民共和国城乡规划法》第十六条等规定的民主审议程序进行，也可以通过专业判断和公众参与等程序进行，但不宜通过司法审查程序监督。

再审申请人（一审原告、二审上诉人）：湛江喜强工业气体有限公司，住所地广东省遂溪县岭北镇374省道甘岭糖厂对面。

* 摘自《最高人民法院公报》2022年第3期，最高人民法院（2019）最高法行申10407号行政裁定书。

法定代表人：许某喜，该公司总经理。

被申请人（一审被告、二审被上诉人）：遂溪县住房和城乡规划建设局，住所地广东省遂溪县遂城镇东山路18号。

法定代表人：王某龙，该局局长。

被申请人（一审被告、二审被上诉人）：遂溪县人民政府，住所地广东省遂溪县中山路133号。

法定代表人：余某创，该县县长。

一审第三人：广东北部湾农产品批发中心有限公司，住所地广东省遂溪县岭北镇金岭糖厂办公楼二楼。

法定代表人：林某才，该公司董事长。

再审申请人湛江喜强工业气体有限公司（以下简称湛江喜强公司）因诉被申请人遂溪县人民政府、遂溪县住房和城乡规划建设局（以下简称遂溪住建局）、一审第三人广东北部湾农产品批发中心有限公司（以下简称广东北部湾公司）编制并批准土地利用总体规划一案，不服广东省高级人民法院（2018）粤行终159号行政裁定，向本院申请再审。本院依法组成合议庭对本案进行了审查。现已审查终结。

一审法院认为，《中华人民共和国土地管理法》第十七条第一款①规定："各级人民政府应当依据国民经济和社会发展规划、国土整治和资源环境保护的要求、土地供给能力以及各项建设对土地的需求，组织编制土地利用总体规划。"城乡总体规划是指人民政府依据国民经济和社会发展规划以及当地的自然环境、资源条件、历史情况、现状特点、统筹兼顾、综合部署，为确定城乡的规模和发展方向，实现城乡的经济和社会发展目标，合理利用城乡土地，协调城乡空间布局等所作的一定期限内的综合部署和具体安排，是对不特定的多数人制定的拟定计划行为，具有普遍适用性与约束力。根据《中华人民共和国行政诉讼法》第十三条第二项规定，公民、法人或者其他组织对行政法规、规章或者行政机关制定、发布的具有普遍约束力的决定、命令提起行政诉讼的，人民法院不予受理。因此，

① 对应《中华人民共和国土地管理法》（2019年修正）第十五条第一款。

湛江喜强公司起诉请求确认遂溪住建局、遂溪县人民政府编制《遂溪县岭北镇总体规划（2012—2030）》行为违法并予以撤销，不属于人民法院行政诉讼受案范围。依照《中华人民共和国行政诉讼法》第四十九条第四项，《最高人民法院关于适用〈中华人民共和国行政诉讼法〉若干问题的解释》第三条第一款规定，公民、法人或者其他组织提起行政诉讼，应当属于人民法院受案范围，对已经立案但不符合起诉条件的，应当裁定驳回起诉。据此，一审法院根据《中华人民共和国行政诉讼法》第十二条、第十三条第二项、第四十九条第四项，《最高人民法院关于适用〈中华人民共和国行政诉讼法〉若干问题的解释》第三条第一款之规定，裁定驳回湛江喜强公司的起诉。

二审法院认为，本案系行政规划纠纷。被诉的《遂溪县岭北镇总体规划（2012—2030）》是遂溪县岭北镇人民政府报请遂溪县人民政府批准实施的区域性行政规划，批准日期是2013年2月5日，湛江喜强公司对遂溪县人民政府作出的审批行为不服提起诉讼，应在《中华人民共和国行政诉讼法》第四十六条第一款规定的6个月起诉期限内提出，但湛江喜强公司在2017年3月提起本案诉讼，超过了法定的起诉期限。据此，一审法院裁定驳回湛江喜强公司的起诉结果正确，予以维持。湛江喜强公司主张撤销原审裁定的理由不成立，不予支持。二审法院依据《中华人民共和国行政诉讼法》第八十九条第一款第一项规定，裁定驳回上诉，维持原裁定。

湛江喜强公司申请再审称：（1）湛江喜强公司用地符合规划，证照齐全，并且早于广东北部湾公司的用地许可、规划及建设许可多年。（2）两被申请人违反法律法规，给予广东北部湾公司用地规划、许可，并且留下严重的安全生产隐患，一旦事故发生，后果不堪设想。2012年，被申请人及广东北部湾公司在未征求申请人意见下，变更了包括湛江喜强公司厂区范围在内的周边用地规划，并先后向广东北部湾公司颁发了地字第440823201400012号《建设用地规划许可证》《建设工程规划许可证》。（3）两被申请人违法变更用地规划，没有相关的法律依据，造成湛江喜强公司损失后，多次口头承诺给予安置、补偿，却没有妥善处理矛盾。（4）一、二审人民法院没有依法查明事实，程序严重违法，没有切实维护湛江喜强公司的合法权益。《中华人民共和国城乡规划法》（以下简称《城乡规划法》）第五十条规定："在选址意见书、建设用地规划许可证、建设工程规划许可证或者乡村建设规划许可证发放后，因依法修改城乡规划给被许可人合法权益造成损失的，应当依法给予补偿……"被申请人颁发给第三人的建设用地规划许可及建设工程规划许可，已经违反了上述规定，并严重损害了湛江喜强公司的合法权益，造成了极其严重的安全生产隐患。被申请人已违反《城乡规划法》相关规定。湛江喜强公司提起本案诉讼并未超过法定起诉期限。

本院经审查认为，本案再审审查的焦点问题为岭北镇人民政府编制、遂溪县人民政府审批《遂溪县岭北镇（2012—2030）总体规划》行为是否属于行政诉讼受案范围。

《城乡规划法》第二条、第五条规定，城市规划、镇规划分为总体规划和详细规划。详细规划分为控制性详细规划和修建性详细规划。其中，城市总体规划是依据城市社会经济发展的战略对一定时期的城市性质、发展规模、土地利用、空间布局以及各项城市基础设施所做的综合部署和空间安排，是城市建设和发展的总体部署和总纲，具有综合性、战略性、政策性、长期性和指导性。城市总体规划编制主要考虑当地的社会经济发展情况、自然条件、资源条件、历史背景、现状特点，统筹兼顾、综合协调，属于公共政策和规范制定范畴，具有抽象性和实施中的不确定性，其法律意义在于对下一层次的规划权力进行限制，而不是对具体的建设项目进行直接约束。总体规划的内容，需要通过控制性详细规划和修建性详细规划来加以落实和具体化，并通过对建设项目颁发"一书两证"（即建设项目选址意见书、建设用地规划许可证和建设工程规划许可证）等行政许可决定才能得以具体化。而控制性详细规划即为城市总体规划在城市局部地区的解释与深化，确定局部地区建设用地中可开发地块的土地使用性质、开发强度等控制指标以及道路和市政规划控制要求的空间安排，是城市总体规划与土地开发的桥梁，是行政权对建设项目管理的直接依据。修建性详细规划则是依据控制性详细规划确定的指标，对将要进行建设的地区，编制的具体的、操作性的规划，作为各项建筑和工程设施设计和施工的依据，更是颁发“一书两证”和规划管理的依据。因此，就总体规划可诉性而言，总体规划内容实施尚有不确定性，且需借助详细规划尤其是修建性详细规划才能实施，更需要通过“一书两证”才能得以具体化。当事人认为总体规划内容侵犯其合法权益的，应当通过对实施总体规划的详细规划尤其是修建性详细规划的异议程序以及对颁发或不颁发“一书两证”行政行为的司法审查程序寻求救济。对总体规划的监督既可以通过《城乡规划法》第十六条等规定的民主审议程序进行，也可以通过专业判断和公众参与等程序进行，但不宜通过司法审查程序监督。

编制和修改详细规划，的确可能影响土地权利人对土地的开发和利用，甚至是减损权利人已经依法取得的土地利用权和开发权。尤其是控制性详细规划一经批准，就形成约束力，是规划管理的最直接依据，是国有土地使用权出让、开发和建设管理的法定前置条件，城乡规划部门必须严格按规划实施管理，建设单位必须严格按规划实施建设，各相关利益群体必须服从规划管理。因此，对地方政府编制和修改详细规划行为亦有司法救济的必要。但与仅设定特定行政管理相对人权利义务的传统行政行为不同，详细规划涉及局部地区建设用地中可大批量开发地块总体空间安排且具有高度政策性和公众参与性，司法机关对详细规划行为受理和合法性审查应当审慎。特定地块权利人一般并不宜对详细规划的整体内容提起诉讼。权利人对与其土地利用权有直接利害关系的内容提起诉讼的，人民法院仍应结合详细规划实施情况、权利人或者利益相对方申请许可情况以及是否已经依据详细规划取得“一书两证”情况等综合判定被诉行政行为、起诉时机以及具体的审查内容和审查标准。只有在详细规划已经直接限制当事人权利且无需通过“一书两证”行为即能得出明确限制结论的情况下，才宜考虑承认修建性详细规划中有关特定地块规划限制内容的可诉性；相对人还应明确具体的诉讼请求。对详细规划内容的合法性审查，应尊重总体规划控制和专业判断，尊重行政机关的政策调整，并考虑详细规划的稳定性；合法性审查更多体现在程序合法性审查。规划行政主管部门已经依据详细规划作出“一书两证”行为的，当事人应直接对颁发“一书两证”行为申请行政复议或提起行政诉讼，或者对规划行政主管部门不依法履行颁发“一书两证”行政许可职责的行为申请行政复议或提起行政诉讼，而不宜再对详细规划的内容申请复议和诉讼。当事人认为详细规划侵犯其土地利用权的，可以根据《中华人民共和国行政复议法》第七条、《中华人民共和国行政诉讼法》第五十三条等规定在对“一书两证”行为引发的复议和诉讼案件中，一并请求对详细规划进行审查，以维护合法权益。详细规划的编制和修改给权利人已经取得的权利造成损失的，权利人还可依据《城乡规划法》第五十条规定精神，直接诉请相关主体依法补偿损失。

总之，根据《中华人民共和国行政诉讼法》第十三条规定以及《最高人民法院关于适用〈中华人民共和国行政诉讼法〉的解释》第二条第二款规定，人民法院不受理公民、法人或者其他组织对行政机关制定、发布的具有普遍约束力的决定、命令提起的诉讼，城市总体规划和镇总体规划，不应纳入行政诉讼受案范围，以避免现行法律制度框架下原告资格、起诉期限、合法性审查标准和审查强度、既判力范围等方面的冲突。湛江喜强公司对岭北镇人民政府编制、遂溪县人民政府审批《遂溪县岭北镇（2012—2030）总体规划》行为的起诉，不属于行政诉讼受案范围。一、二审人民法院分别裁定驳回其起诉和上诉，符合法律规定。湛江喜强公司认为规划行政主管部门向广东北部湾公司颁发地字第440823201400012号《建设用地规划许可证》《建设工程规划许可证》等侵犯其合法权益的，可以直接以颁证机关为被告、以相关规划行政许可为审查对象，依法申请行政复议或提起行政诉讼。

综上，湛江喜强公司的再审申请不符合《中华人民共和国行政诉讼法》第九十一条规定的情形。本院依照《最高人民法院关于适用〈中华人民共和国行政诉讼法〉的解释》第一百一十六条第二款的规定，裁定如下：驳回湛江喜强工业气体有限公司的再审申请。